复旦百年经典文库

德国古典美学
先秦音乐美学思想论稿

蒋孔阳 著
朱立元 编

复旦大学出版社

凡　例

一、"复旦百年经典文库"旨在收录复旦大学建校以来长期任教于此、在其各自专业领域有精深学问并蜚声学界的学人所撰著的经典学术著作,以彰显作为百年名校的复旦精神,以及复旦人在一个多世纪岁月长河中的学术追求。入选的著作以具有代表性的专著为主,并酌情选录论文名篇。

二、所收著作和论文,均约请相关领域的专家整理编订并撰写导读,另附著者小传及学术年表等,系统介绍著者的学术成就及该著作的成书背景、主要内容和学术价值。

三、所收著作,均选取版本优良的足本、精本为底本,并尽可能参考著者手稿及校订本,正其讹误。

四、所收著作,一般采取简体横排;凡较多牵涉古典文献征引及考证者,则采用繁体横排。

五、考虑到文库收录著述的时间跨度较大,对于著者在一定时代背景下的用语风格、文字习惯、注释体例及写作时的通用说法,一般予以保留,不强求统一。对于确系作者笔误及原书排印讹误之处,则予以径改。对于异体字、古体字等,一般改为通行的正体字。原作中缺少标点或仅有旧式标点者,统一补改新式标点,专名号从略。

六、各书卷首,酌选著者照片、手迹,以更好展现前辈学人的风采。

总　目

德国古典美学 …………………………………………………………………… 1

先秦音乐美学思想论稿 ………………………………………………………… 287

附录 …………………………………………………………………………… 487
　　蒋孔阳《德国古典美学》、《先秦音乐美学思想论稿》导读 ……………… 489
　　蒋孔阳著述年表 ………………………………………………………… 505

德国古典美学

目　次

一、德国古典美学的产生和形成 ······································ 6
　（一）德国古典美学产生和形成的阶级基础和社会基础 ····· 6
　（二）德国古典美学的唯心主义性质 ······························ 19
　（三）德国古典美学的思想渊源 ····································· 24
　　　1. 与十八世纪启蒙运动的关系 ····························· 25
　　　2. 与英国经验派美学的关系 ································ 34
　　　3. 与德国理性派美学的关系 ································ 38
　（四）德国古典美学的历史地位 ····································· 42

二、康德 ··· 47
　（一）生平和著作 ·· 47
　（二）康德美学的出发点 ··· 52
　（三）美的分析 ··· 59
　　　1. 无利害感 ·· 60
　　　2. 没有概念的普遍性 ··· 61
　　　3. 没有目的的合目的性 ······································ 63
　　　4. 没有概念的必然性 ··· 67
　　　5. 对于"美的分析"的总注 ································· 68
　（四）崇高的分析 ·· 71
　　　1. 崇高与美的比较 ·· 73
　　　2. 数学的崇高与力学的崇高 ································ 75
　　　3. 康德崇高理论的缺点 ······································ 78
　（五）艺术与天才 ·· 80
　　　1. 艺术 ·· 81
　　　2. 天才 ·· 84

  3. 审美意象 ……………………………………………………… 89
  4. 艺术的分类 …………………………………………………… 92
 (六) 康德美学思想的小结 ……………………………………………… 94
三、费希特与谢林 …………………………………………………………… 96
 (一) 费希特及其哲学观点 ……………………………………………… 96
 (二) 费希特的哲学观点对于当时浪漫主义美学思想的影响 ………… 101
 (三) 谢林的"同一哲学" ……………………………………………… 106
 (四) 谢林的美学思想 …………………………………………………… 111
  1. 对于美和艺术的看法 ………………………………………… 111
  2. 对于艺术直觉的看法 ………………………………………… 112
  3. 对于神话和艺术发展的看法 ………………………………… 114
  4. 对于艺术分类的看法 ………………………………………… 115

四、歌德与席勒 ……………………………………………………………… 118
 (一) 歌德与席勒在德国古典美学中的地位 …………………………… 118
 (二) 歌德论自然与艺术的关系 ………………………………………… 123
  1. 对自然和美的看法 …………………………………………… 123
  2. 艺术创作应当从客观自然出发 ……………………………… 127
  3. 自然的真实与艺术的真实 …………………………………… 130
 (三) 歌德论古典的与浪漫的 …………………………………………… 135
 (四) 席勒的《审美教育书简》 ………………………………………… 140
 (五) 席勒的《素朴的诗和感伤的诗》 ………………………………… 151

五、黑格尔 …………………………………………………………………… 159
 (一) 生平和著作 ………………………………………………………… 159
 (二) 黑格尔的美学在他的哲学体系中的地位 ………………………… 165
 (三) 黑格尔的辩证法及其在美学中的运用 …………………………… 173
  1. 关于矛盾是运动和发展的根源的概念 ……………………… 175
  2. 关于从抽象到具体、从简单到复杂的概念 ………………… 176
  3. 关于相互联系和相互转化的概念 …………………………… 178
  4. 关于质、量相互变化的概念 ………………………………… 179
  5. 关于内容与形式的概念 ……………………………………… 180
 (四) 美是理念的感性显现 ……………………………………………… 182

（五）自然美 194
　　（六）艺术美 199
　　　　1. 艺术美的概念 199
　　　　2. 一般世界情况 204
　　　　3. 情境和冲突 209
　　　　4. 动作和人物性格 213
　　　　5. 艺术家 218
　　（七）艺术发展的历史类型 223
　　　　1. 象征主义艺术 225
　　　　2. 古典主义艺术 228
　　　　3. 浪漫主义艺术 231
　　（八）各门艺术的体系 237
　　　　1. 建筑 238
　　　　2. 雕刻 239
　　　　3. 绘画 239
　　　　4. 音乐 240
　　　　5. 诗 240
　　（九）黑格尔美学思想的小结 246
六、对于德国古典美学的批判 249
　　（一）资产阶级右翼对于德国古典美学的批判 250
　　　　1. 叔本华对于康德美学的批判 250
　　　　2. 克罗齐对于黑格尔美学的批判 252
　　（二）资产阶级左翼对于德国古典美学的批判 254
　　　　1. 费尔巴哈对于康德和黑格尔美学的批判 254
　　　　2. 车尔尼雪夫斯基对于黑格尔美学的批判 260
　　（三）马克思主义经典作家对于德国古典美学的批判和继承 264
　　　　1. 马克思主义经典作家对待德国古典美学的基本态度 264
　　　　2. 马克思主义经典作家对于德国古典美学的批判和继承 267
后记 286

一、德国古典美学的产生和形成

（一）德国古典美学产生和形成的阶级基础和社会基础

什么是德国古典美学呢？这就是十八世纪末到十九世纪初,在德国以康德、费希特、谢林、歌德、席勒和黑格尔等为代表,所形成的一个美学流派。这个流派,不仅以德国古典哲学作为理论基础,而且就是德国古典哲学的一个组成部分。因此,了解了德国古典哲学的产生和形成,也就了解了德国古典美学的产生和形成。

关于德国古典哲学,恩格斯在《大陆上社会改革运动的进展》一文中,曾经这样加以论述：

> 在法国发生政治革命的同时,德国发生了哲学革命。这个革命是由康德开始的。他推翻了前世纪末欧洲各大学所采用的陈旧的莱布尼茨的形而上学体系。费希特和谢林开始了哲学的改造工作,黑格尔完成了新的体系。从人们有思维以来,还从未有过象黑格尔体系那样包罗万象的哲学体系。①

从恩格斯的话看来,可见德国古典哲学是从康德到黑格尔所进行的一场哲学上的革命。其体系的广大和包罗万象,是人类自有哲学以来,还从未有过的。这对于德国古典美学来说,也是如此。作为一个美学流派,它继承和发展了过去的美学传统,并从唯心主义立场出发,批判和改造了十八世纪的唯物主义的美学,从而在资产阶级的美学中,形成一个声势最大、影响最深、承先启后的流派。因此,研究和批判资产阶级的美学,就不能不特别重视这一个流派。

---

① 《马克思恩格斯全集》第 1 卷,第 588 页,人民出版社,1960 年。

那么,这个美学流派是怎样产生和形成的呢？它又有一些什么特点呢？

马克思说:"不是人们的意识决定人们的存在,相反,是人们的社会存在决定人们的意识。"①美学是一种社会意识形态,因此,任何一种美学流派都是一定的社会存在的产物,都是在一定的社会历史条件下,在一定的社会关系和阶级关系中产生和形成的。

德国古典美学,从康德的《判断力批判》于1790年出版,到黑格尔的《美学》于1838年全部出齐,正好经历了法国大革命、拿破仑战争、神圣同盟和王政复辟,以至法国七月革命的一段历史时期。在这段历史时期内,阶级斗争的基本形势是上升的资产阶级和没落的封建贵族之间的矛盾和斗争。在这场矛盾和斗争中,德国古典美学家们,基本上是站在资产阶级一面的。他们代表了当时德国资产阶级的利益,成为这个阶级思想意识的代言人。

当时德国的资产阶级是怎样的一个阶级呢？马克思在《资产阶级和反革命》一文中,曾经这样加以分析:

> 与1789年法国的资产阶级不同,普鲁士的资产阶级并不是一个代表整个现代社会反对代表旧社会的君主制和贵族的阶级。它降到了一种等级的水平,既脱离国王又远离人民,对国王和人民双方都采取敌对态度……它一开始就蓄意背叛人民,而与旧社会的戴皇冠的代表人物妥协,因为它本身已是属于旧社会的了;它不是代表新社会的利益去反对旧社会,而是代表已经陈腐的社会内部更新了的利益;它操纵革命的舵轮,并不是因为它有人民为其后盾,而是因为人民在后面推着它走;它居于领导地位并不是因为它代表新社会时代的首创精神,而只是因为它反映旧社会时代的不满情绪……对于保守派来说是革命的,对于革命派来说却是保守的;不相信自己的口号,用空谈代替思想,害怕世界大风暴,同时又利用这个大风暴来谋私利。②

这段话,很清楚地说明了：当时德国的资产阶级,虽然是一个新兴的阶级,对封建的生产关系也的确感到不满,因而具有一定的革命的要求;但是,它一开

---

① 马克思:《〈政治经济学批判〉序言》,《马克思恩格斯全集》第13卷,第8页。
② 《马克思恩格斯全集》第6卷,第126—127页。

始就远离人民,害怕人民,不但不能代表整个社会,领导人民去进行彻底的革命,反而处处寻求与封建贵族的妥协,与封建贵族共同来镇压人民。正因为这样,所以它虽然处在历史赋予它以领导革命的光荣地位,但它却"没有负起世界历史使命"①。在政治上,它既不能像法国的资产阶级那样,进行大胆的暴力革命,确立资产阶级的统治地位;在经济上,它又不能像英国的资产阶级那样,大力地推动产业革命,相比之下,德国的资产阶级是软弱无力的。它没有像英、法的资产阶级那样,完全成长起来,形成一股强大的社会力量。

是什么阻挡了德国资产阶级的成长和壮大,使它变得如此软弱无力呢?我们说,这应当从当时德国特定的历史社会条件,来进行探讨。

文艺复兴以后,十六世纪时,德国象英、法等国一样,已经出现了资本主义的生产关系。著名的反封建的宗教改革和农民战争,就是在德国发生的。但是,由于这两次斗争的失败,统一德国和消灭封建剥削制度的要求,不但没有达到,反而加强了封建割据的局面,加强了封建诸侯的力量。也就是说,这两次斗争,并没有达到为德国资本主义的发展扫清道路的目的。到了十七世纪,连续的战争,特别是1618—1648年之间的三十年战争,更是严重地破坏和阻碍了德国生产力的发展。恩格斯说:"物质的破坏,人口的凋零,是无穷无尽的。当和平到来的时候,德国已经不可救药了,已经被踏碎、被撕破,遍身流血,躺倒地下了。"②不仅这样,而且封建割据和分裂的局面,也没有得到任何的改变。三百个大小不一的诸侯领地,一千多个独立的骑士领地,各自为政,到处设立关卡,严重地阻碍了国内贸易的发展,从而成为发展资本主义生产力的主要障碍。同时,德国所处的地理位置也很不利,"距离已经成为世界贸易要道的大西洋太远"③。由于这样一些原因,所以"当时德国的资产阶级远没有英国或法国资产阶级那样富裕和集中"④。"在英国从十七世纪起,在法国从十八世纪起,富有的、强大的资产阶级就在形成,而在德国则只是从十九世纪初才有所谓资产阶级。"⑤德国资产阶级处在这样的历史社会条件下,先天不足,后天失调,自然软弱无力了。

然而,更糟糕的是,德国资产阶级既然在国内国外都找不到市场,找不到出

---

① 《马克思恩格斯全集》第6卷,第127页。
② 恩格斯:《马克》,转引自《世界通史》中古部分,第462页,人民出版社,1962年。
③ 恩格斯:《德国的革命和反革命》,《马克思恩格斯选集》第1卷,第503页,人民出版社,1972年。
④ 同上。
⑤ 恩格斯:《德国的制宪问题》,《马克思恩格斯全集》第4卷,第52页。

路,于是他们不得不回过头来,依附封建贵族了。封建贵族和官吏,成了他们主要的主顾。这样,他们与封建贵族的矛盾,就不是那么尖锐,而是在某些方面,相互依存,狼狈为奸,串通起来,共同去对付人民。恩格斯分析了当时德国的状况:"这是一堆正在腐朽和解体的讨厌的东西",各方面都很糟,"只不过是一个粪堆"。资产阶级"处在这个粪堆中却很舒服,因为他们本身就是粪,周围的粪使他们感到很温暖"。①

可是,法国大革命来了。它"象霹雳一样击中了这个叫做德国的混乱世界"②。面对这个革命,德国资产阶级作为一个新兴的上升的阶级,不能没有革命的要求。因此,当法国革命的消息传来时,整个德国沸腾起来了,到处引起了骚动;到处都掀起了要求改革的呼声。"整个资产阶级和贵族中的优秀人物都为法国国民议会和法国人民齐声欢呼。成千上万的德国诗人没有一个不歌颂光荣的法国人民。"③然而,毕竟由于德国资产阶级的软弱无力,它不仅没有及时地把法国革命的旗帜接到手中来,而是相反的,当它看到英、法资产阶级革命斗争之激烈、规模之宏大,以及随之而出现的无产阶级和人民群众浩荡的革命力量,它被吓住了,害怕了,退缩了,走向了与封建贵族妥协并向之投降的道路。它和封建贵族联合起来,去反对汹涌澎湃的人民革命运动。恩格斯就曾经这样说:"所有这些当初为革命欢欣鼓舞的朋友现在都变成了革命的最疯狂的敌人。他们从奴颜婢膝的德国人报刊上得到有关巴黎的、显然全被歪曲了的消息后,便宁肯保持自己那古老的安宁的神圣罗马粪堆,而不要人民那种勇敢地摆脱奴隶制的锁链并向一切暴君、贵族和僧侣挑战的令人颤栗的行动了。"④

这一情形,完全反映到当时德国资产阶级知识分子当中来。他们作为新兴的资产阶级的代言人,没有一个不狂热地欢迎过法国大革命。他们把法国革命当成新时代的来临,当成人道主义和自由的伟大胜利。但是,像他们的阶级一样,后来几乎无不对法国大革命感到失望,并转过来反对法国大革命。⑤德国古典美学的代表人物,就是如此。例如康德,法国革命时他已到了晚年。一方面,他受了法国革命的影响,接受法国启蒙运动者和法国革命关于建立共和国的理

---

① 恩格斯:《德国状况》,《马克思恩格斯全集》第 2 卷,第 633 页。
② 同上,第 635 页。
③ 同上,第 635 页。
④ 同上,第 635 页。
⑤ 有个别的例外,如诗人弗尔斯特(1754—1794),不但参加了美因茨共和国的领导工作,后来还去巴黎,一直拥护法国革命。

论和理想；但另一方面，他又认为这一理想是永远不能实现的，只能诉之于"彼岸世界"。这就典型地表现了他对于法国革命的双重态度。又例如费希特，没有一个人比他开始时更热烈地欢迎法国大革命的了。他在法国革命的影响下，坚决主张建立资产阶级的民主自由，宣称"任何认为自己是别人的主人的人，他自己就是奴隶"。① 可是，当法国革命的影响深入到德国的时候，他却退缩了，转到了同反动势力相妥协的立场，从宣传民主自由转到宣传宗教信仰。对于这一转变，海涅曾经这样加以描述："他从一个唯心主义的巨人，一个借着思想的天梯攀登到天界，用大胆的手在天界的空旷的屋宇中东触西摸的巨人，竟变成了一个弯腰曲背、类似基督徒那样，不断地为了爱而长吁短叹的人。"②

谢林当法国大革命时，也曾经欢欣鼓舞过。他与黑格尔、荷尔德林（1770—1843）一道，到郊外种了一棵自由树，用以表示对法国革命的拥护。同时，他还把《马赛曲》翻译成了德文。然而，他后来的表现却比任何人都坏。他公开投降德国反动势力，宣扬"天启哲学"，为被法国革命所摧毁了的教会和盲目信仰唱"招魂赋"。

席勒和歌德，这两位伟大的诗人，和同时代的德国人一样，也都从赞扬革命走到反对革命。席勒曾经写过《斐哀斯柯》③一剧，歌颂共和制度，法国国民议会还因此送予他以法国荣誉公民的称号。可是，当雅各宾党人专政、法王路易十六被送上断头台的时候，他却对革命感到失望，转过来反对革命，并自愿表示要去当路易十六的"辩护人"。歌德的情形，也是如此。他早年曾写过《普洛米修斯》④、《葛兹·冯·柏里欣根》⑤等那种具有叛逆精神的作品；到了晚年，他在与艾克尔曼的谈话中，虽然承认革命不是人民的罪过，而是政府的罪过，但是，他坚决地说："那是真的，我不能是法国革命的朋友。"他甚至把革命者称为"暴徒"，说："的确，我不是革命暴徒的朋友。他们的目的是抢劫、屠杀和破坏，他们在公共福利的假面具后面，怀着最卑贱的自私目的。我不是这样的人的朋友，正好像

---

① 费希特：《论学者的使命》，转引自《费希特的哲学》，第13页，商务印书馆，1963年。
② 海涅：《论德国宗教和哲学的历史》，第137页，商务印书馆，1974年。
③ 《斐哀斯柯》：席勒继《强盗》之后，于1783年写的第二个剧本。主角斐哀斯柯和共和主义者们一道，推翻了暴君，但他自己又想当暴君，结果为共和主义的英雄凡里那所杀。席勒早年写的《强盗》，也是很革命的，剧中公开提出了"反对暴君"的口号。
④ 《普洛米修斯》：歌德于1773年写的一个剧本，歌颂反叛天神的英雄普洛米修斯。他在人间还没有火的时候，把火种从天上偷到人间。
⑤ 《葛兹·冯·柏里欣根》：歌德于1771年写的一个剧本，歌颂反叛的骑士葛兹·冯·柏里欣根。恩格斯在《德国状况》一文中，说作者"向一个叛逆者表示哀悼和敬意"，从而肯定了这个剧本。

我不是路易十五的朋友一样。"①

至于黑格尔,这个列宁称为集"德国古典哲学最大的成果"②的代表人物,也像当时所有的德国资产阶级知识分子一样,对法国大革命前后持截然相反的态度。大革命开始时,他亲手种过自由树,绕着树跳舞,以示庆祝;在自己的纪念册上,他又写满了"自由万岁!"、"让—雅克万岁!"之类的口号;据说他还是图宾根神学院秘密读书会的中心成员,专门阅读有关法国革命的禁书。他在著作中,也公开宣称:"我们这个时代是一个新时期降生和过渡的时代。"在降生和过渡的当中,法国革命像"日出"一样,"升起的太阳就如闪电般一下子建立起了新世界的形象"③。可是,另一方面,他坚决反对雅各宾的激烈行动,1794年他写给谢林的信中,谈到雅各宾党人的审讯时,说:"这场审讯非常重要,已把罗伯斯庇尔派的丑行败德完全揭发出来了。"④这就充分暴露了他激烈反对平民阶级中的雅各宾主义。在理论上,他又认为:"不解放良心而可以解放法权和自由,没有〔宗教〕改革而可以有〔政治〕革命,乃是一个错误的原理。"⑤他还污蔑法国革命之所以终于失败,是因为信奉一种"主观意志"的"虚伪原则"。这一原则,不是建立在现实的合乎理性的规律发展上,而是建立在"意见"上,建立在对现实的"愤慨"上,因而也就"带来了最可怕的暴虐,它不经过任何法律的形式,随便行使权力,加在人身上的刑罚也是同样的简单——死刑"。⑥ 就这样,他否定了法国革命。他甚至认为"王政复辟"也是正当的,声称复辟是革命的必然结果,是意识与现实的和解,是世界精神的胜利。他的《历史哲学》的最后一段话,就是宣扬"'精神'和'世界历史'同现实相调和"⑦。

德国古典美学家们,对待法国革命的这种矛盾惶遽的态度,充分反映了当时德国资产阶级的两面性和妥协性。从他们所处的历史地位来说,应当是革命的。可是由于他们的阶级软弱无力,没有力量摆脱封建贵族的束缚,所以他们并没有勇敢地投身到革命的洪流中去。他们只是站在岸上,欢呼着,指点着,议论着。

---

① 歌德:《与艾克尔曼谈话录》,第56、138页,《蓬斯丛书》英译本。艾克尔曼是歌德的秘书,他将歌德日常的谈话记录和整理,成为此书。
② 列宁:《卡尔·马克思》,《列宁全集》第21卷,第35页,人民出版社,1955年。
③ 黑格尔:《精神现象学》,第7页,商务印书馆,1979年。
④ 引自卢卡奇:《青年黑格尔》,第41页,商务印书馆,1963年。
⑤ 同上,第48页。
⑥ 黑格尔:《历史哲学》,第497页,商务印书馆,1963年。
⑦ 同上,第503页。

等到革命的洪流卷到他们的脚边,他们又害怕地退缩了。他们诅咒溅到他们身上的革命的浪花,逃到旧时代的反动势力那儿去寻找庇护所。

这一点,他们和十八世纪法国的启蒙运动者,很不相同。法国启蒙运动者,反对封建专制和教会,公开鼓吹民主和自由,直接为法国大革命制造舆论。因此,他们不得不经常在迫害和斗争中生活。例如伏尔泰,曾两次被关进巴士底狱,一次被驱逐出国。他的《哲学通讯》出版之后,立即被法国高等法院判决焚毁。卢梭长期过着穷苦漂泊的生活,当过学徒和仆役,当过家庭音乐教师等。他的《爱弥儿》一出版,巴黎议会不但议决焚毁,而且通缉作者,他只好逃到瑞士。跟着又被驱逐,不得不迁居英国。拉美特利因为发表了《心灵的自然史》,书被焚毁,人被撤职;因为发表了《人是机器》,僧侣和当局更要把他处以死刑,他只好逃到国外。狄德罗也是书遭焚毁,人被关禁,罪名是"思想危险"。恩格斯曾称赞他是"为了'对真理和正义的热诚'而献出了整个生命"[①]的人。比较起来,德国古典美学家们所处的地位就完全不同了。他们除了个别的情况之外[②],不但没有受到封建统治当局的迫害,而且是依附于封建统治当局的教授、学者和官吏。恩格斯就曾这样比较德国的"哲学革命"和法国的"哲学革命":

> 正象在十八世纪的法国一样,在十九世纪的德国,哲学革命也作了政治变革的前导。但是这两个哲学革命看起来是多么地不同呵!法国人同一切官方科学,同教会,常常也同国家进行公开的斗争;他们的著作要拿到国外,拿到荷兰或英国去印刷,而他们本人则随时准备着进巴士底狱。反之,德国人是一些教授,是一些由国家任命的青年的导师;他们的著作是公认的教科书,而全部发展的最终体系,即黑格尔的体系,甚至在某种程度上已经被推崇为普鲁士王国的国家哲学![③]

这段话,把当时德国资产阶级知识分子的阶级本质,可说揭露无遗了。他们和十八世纪法国的启蒙运动者不同,他们不是革命者,而是依附于当时统治阶级的一些教授和学者。他们虽然和统治阶级有其矛盾的一面,对现实有些不满,具有某些革命的要求;但是,他们毕竟依附于统治阶级,和统治阶级有其利害与共

---

① 恩格斯:《路德维希·费尔巴哈和德国古典哲学的终结》,第 23 页,人民出版社,1972 年。
② 例如费希特于 1798 年,曾因被控宣传无神论,一度离开了讲师的职位。
③ 恩格斯:《路德维希·费尔巴哈和德国古典哲学的终结》,第 5 页。

的地方;因此,他们就不可能像法国人那样具有强烈的革命精神了。

然而,在这样一种阶级基础上所产生的德国古典美学,却为什么会具有那么丰富的内容,形成那样庞大的一个体系,并在资产阶级美学中成为影响那么大的一个流派呢?我们说,阶级基础决定一个学术流派的根本性质,但整个社会经济文化发展的具体形势,也就是政治经济的情况、物质生活和科学文化艺术所达到的水平,以及从事这一工作的人他们本身各方面的修养,却决定了这一流派所能达到的成就的高低。正因为这样,所以在阶级基础之外,我们还需要探讨一下德国古典美学产生和形成的社会基础。

德国古典美学所处的历史时期,正是资产阶级革命蓬勃高涨并在英、法取得了胜利的时期,人们的社会政治生活和思想意识,其中包括审美意识,都在发生急剧的变化。同时,自然科学、政治经济学以及文学艺术等等方面,经过文艺复兴、十八世纪的启蒙运动等等重大的思想运动后,不仅基本上从中世纪的神学束缚中解放出来,而且开拓了许多新的领域,提出了许多新的问题,取得了史无前例的巨大的成就。正是在这样一种情况下,美学研究不仅已经正式成为一门独立的学科,在英、法、德等国都已经出现了许多专门的美学论著,而且随着现实生活与文学艺术的迅速变化和发展,不断对美学提出新的要求和新的问题,从而推动着美学必然要进一步向前发展。德国古典美学,就这样,一方面批判地继承了过去美学的传统;另一方面,又在新的形势下力图来解答现实生活和文学艺术中所提出来的新的美学问题;因此德国古典美学虽然是资产阶级的唯心主义的美学,虽然所代表的是当时软弱无力的德国资产阶级,但它比起过去的美学来,却有所前进,有所发展。

那么,是一些什么样的社会原因,促使德国古典美学思想的形成和发展呢?

第一,资产阶级革命和资本主义生产方式所造成的社会政治生活的巨大变化。

这个变化,是很明显的,也是很惊人的。不但旧的经济基础崩溃了,动摇了,整个上层建筑也在崩溃,也在动摇。法国和其他国家的革命,美国的独立战争,以及由于资本主义生产方式所造成的社会生活方式的急剧变化,都沉重地打击了旧的停滞不前的形而上学的观点,人们都开始学会用发展和变化的观点来看待问题。这是辩证法和历史观点之所以能够深入德国古典美学,特别是黑格尔美学的客观原因之一。同时,当时德国资产阶级的知识分子,作为一个要求革命但又软弱无力的阶级的代言人,他们迫切地面对着许多具体的不能解决的矛盾。

这些矛盾，主要的是：

(1) 他们曾经一度把自己的解放寄托在法国革命身上，可是当法国革命转变成对德的侵略战争之后，不但没有达到德国资产阶级所祈求的民族统一，反而使德国更加分崩离析。加上德国资产阶级对于法国革命本来所怀抱的恐惧心理，这就使矛盾变得更加突出。

(2) 法国革命的胜利，所带来的并不是什么"理性的王国"的胜利，而是相反的，"由'理性的胜利'建立起来的社会制度和政治制度竟是一幅令人极度失望的讽刺画"。这就使本来对法国革命已经感到失望的德国资产阶级知识分子，更加失望，陷入更深的矛盾。

(3) 随着资本主义生产方式的发展，分工与雇佣劳动的普遍推行，资产阶级知识分子所一向重视的个人与社会的矛盾问题，不但没有得到缓和，反而变得更为尖锐和更为突出了。

德国资产阶级知识分子一方面紧迫地感到矛盾的普遍存在和不可避免，因而很自然地把矛盾的观点和发展的观点渗入到他们的哲学和美学中去；另一方面，由于他们阶级的软弱性和两面性，他们又不能够正确地对待这些矛盾，而是唯心主义地想方设法来调和这些矛盾，回避这些矛盾，或者是从性质上来改变这些矛盾。例如康德，他就认为矛盾是不可克服的，因而提出了"二律背反"；席勒也只是力图调和矛盾，使它们取得"和谐"；黑格尔这个辩证法的大师，他虽然十分重视矛盾，也对矛盾的规律作出卓越的分析，但是，他却把现实的矛盾转化为纯粹思维的矛盾，让矛盾到观念世界中去充分展开，并在观念世界中去加以克服。

这一情况，反映到美学中，就是他们把对于资本主义社会阶级矛盾的分析，转变成为对于人性分裂的分析。他们把人性的分裂看成是现代社会所固有的矛盾，并把这一矛盾当成是他们美学的出发点。如何在审美的自由活动中克服人性的分裂，克服矛盾，让人性重新回复到希腊古代的"和谐"而又"静穆"的境界，就成了他们美学的最高理想。在现实世界中这是不可能实现的，于是他们把希望寄托在美和艺术上。他们认为美和艺术在本质上是与资本主义社会所争逐的"利益"不相容的，因此他们提倡文学艺术中的非功利主义，提倡审美活动中的"无利害感"，强调文学艺术的特殊性等。这些，无疑的都是他们的阶级给他们所造成的局限性。然而，他们却因此能够对美学和艺术中的一些根本问题，如像美的本质、文学艺术的特殊规律等，进行了前所未有的比较深入细致的研究。这不能不说是资产阶级革命和资本主义生产方式所引起的社会政治生活的急剧变化,对于德国古典美学所产生的重要影响和重要成果之一。

第二,当时文学艺术的发展所提出的新的美学问题。

美学是研究人对现实的审美关系的。由于文学艺术最集中最本质地反映了这一关系,因此,美学不能不特别重视文学艺术中的美学问题。事实上,文学艺术的发展,常常影响到美学的发展。德国十七、十八世纪,不但政治经济落后,文学艺术也很落后。十八世纪中叶,高特雪特①与苏黎世派②的争论,主要的内容之一,就是德国文学艺术应当向法国十七世纪的古典主义作家拉辛、高乃依等学习呢?还是应当向英国的弥尔顿学习?这说明当时德国还缺乏独立的文学艺术,因此把外国的文学艺术当成自己学习的典范。可是到了十八世纪中叶以后,德国却出现了一个文学艺术和学术思想高度繁荣的局面。莱辛、歌德、席勒、海涅这样一些第一流的大作家,一个接一个,风起云涌,形成了德国资产阶级文学的黄金时代。音乐方面,出现了莫扎特和贝多芬这样的巨人。艺术史和艺术批评方面,也出现了文克尔曼③、莱辛、赫尔德④等这样一些艺术史家和批评家。此外,如像许莱格尔兄弟⑤对于中世纪艺术的研究,对于莎士比亚的介绍和翻译,赫尔德对于民间文学的搜集和研究等等,都给德国古典美学的发展提供了大量的艺术理论和艺术史方面的资料。再加上德国古典哲学的高度发展,这对于德国古典美学的提高,自然也起了很大的推动作用。

然而,我们要理解当时文学艺术的繁荣对于德国古典美学所产生的具体的影响,我们应当首先弄清楚:为什么对一个政治经济相对落后的国家,而且原来又缺乏文学艺术历史基础的一个国家,却忽然会得到如此显著的发展和繁荣呢?这主要有两个原因:

(1) 十八世纪中叶以后,德国资本主义的经济有了比较进一步的发展,但当时整个的统治机构却是不利于这一发展的。特别是封建诸侯的割据所造成的民族分裂,更阻碍着这一发展。因此,当时先进的资产阶级知识分子,都把唤醒民族意识以求达到民族的统一,作为他们奋斗的主要目标。莱辛、赫尔德等对于德

---

① 高特雪特(1700—1766):德国批评家,推崇理性,重视语言的干净明洁,把法国古典主义的作家当成德国文学应当学习的典范。
② 苏黎世派:当时的文学流派,以波特玛(1698—1783)和布莱丁格(1701—1776)二人为代表。推崇想象,主张德国文学应当向英国的弥尔顿学习,代表当时新兴的浪漫主义精神。
③ 文克尔曼(1717—1768):德国的艺术史家,主要著作有《古代艺术史》等。
④ 赫尔德(1744—1803):德国的作家和批评家,主要著作有《批评之林》等。
⑤ 许莱格尔兄弟:指奥古斯特·许莱格尔(1767—1845)和弗里德里希·许莱格尔(1772—1829)。他们都是德国的文艺批评家和翻译家。

国民族戏剧和民间文学的研究,就是明显的例子。他们努力从事文学艺术的工作,是希图从思想意识的启蒙上为民族的统一创造条件,为资本主义的发展开辟道路。正因为这样,所以当时的文学艺术得到了繁荣。

(2) 德国资产阶级的软弱性,使他们不能也不敢直接面对现实的政治斗争,于是像恩格斯所说的:他们"把一切都归结为从现实逃向观念的领域"①。"这个时代在政治和社会方面是可耻的,但是在德国文学方面却是伟大的。"②梅林在《德国历史》里面,也曾有过类似的讲法。他说:"那时代经济的发展给德国的资产阶级以一个强大的推动力;但是因为这个阶级无论在哪方面都不够坚强,像在法国那样去争取政治的权力,于是它就在文学里创造资产阶级的理想图像。"③

正因为德国的文学艺术是在这样的历史条件下发展起来的,所以从莱辛开始到以歌德、席勒的青年时期为代表的"狂飙突进"运动,的确具有鲜明的资产阶级的革命精神,像恩格斯所说的:"这个时代的每一部杰作都渗透了反抗当时整个德国社会的叛逆的精神。"④他们不但响应了当时英法两国先进的资产阶级文艺思想,而且把它们加以进一步的发展。他们要求想象力的解放和作家创作上的自由,要求主观的感情色彩和生动的现实印象,要求作家从封建领主的保护下走向独立自主的创造性⑤,要求摆脱古典主义清规戒律的束缚走向绚丽多彩的现实世界,要求从对"帝王将相"的描写转向资产阶级平凡生活中的卑微感情,要求把悲剧性和喜剧性按照生活的实际情况统一起来,要求于美之外再去描写崇高、描写丑……所有这一切,都给美学的研究开辟了新的园地,提供了新的课题。而德国古典美学正是在当时英、法、德等国美学研究的基础上,对这些问题作出了进一步的系统的阐述。康德很少接触文学艺术,他对于文学艺术的鉴赏能力也表现得十分贫乏,但当时文学艺术中所提出的这一系列的问题,却也无不在他的美学中得到了反映,并给予了不同程度的解答。至于歌德、席勒、谢林、黑格尔等,那就更不用说了。他们的美学,都是与当时的文学艺术紧密地联系在一起的。

但是,德国资产阶级文学艺术的繁荣,既然是由于他们"逃向观念的领域"的

---

① 恩格斯:《德国历史资料》,引自《马克思恩格斯论艺术》(二),第 219 页,人民文学出版社,1963 年。
② 恩格斯:《德国状况》,《马克思恩格斯全集》第 2 卷,第 634 页。
③ 转引自冯至等编:《德国文学简史》,第 144 页,人民文学出版社,1958 年。
④ 恩格斯:《德国状况》,《马克思恩格斯全集》第 2 卷,第 634 页。
⑤ 诗人克鲁卜史托克(1724—1803),就曾一再拒绝封建领主的庇护。

阶级软弱性所造成的,因此就缺乏坚实的现实基础,本身就带有浓厚的幻想性。这样,热情很快变成冷静,反抗现实很快变成与现实的妥协。席勒与歌德后期的古典作风,他们不仅要求从德国沉浊吵嚷的现实逃到希腊罗马明净的天空,而且也要求从当前的反抗的斗争转向所谓人类理想的遥远目标的追求,转向完整的人格形象的塑造。他们反复沉吟着:

等着吧:俄顷
你也要安静。①

这样,当法国文学将要一方面向着以雨果为代表的浪漫主义方向发展,发起向传统的文学势力进行冲锋陷阵的时候;另一方面向着以巴尔扎克为代表的批判现实主义方向发展,开始无情地解剖资本主义社会的时候;德国以歌德和席勒为代表的文学,却仍然在做着"古典主义"的美梦,向往着:

甘美的和平啊!
来,唉!请来临照我心窝!②

这一情形,反映到德国古典美学中:一方面,当时资产阶级文学艺术中所新产生的一些问题,以及新兴的浪漫主义运动所强调的天才、想象、感情、崇高等问题,都在他们的美学当中得到了反映,引起了重视。但是,他们却要加以理性的规范,使它们不要越出藩篱。另一方面,他们又大力提倡审美判断中的"无利害感",想象在自由中的游戏,反映现实但却不是与现实相对抗而是与现实相妥协,以及"理想的静穆"之类。这样,当时浪漫主义和现实主义文学艺术所提出的美学要求以及因此而产生的新的美学问题,虽然促进了德国古典美学的发展,成为德国古典美学发展在文学艺术方面的重要基础,然而,它却是经过了唯心主义的改造,适应了德国资产阶级改良主义的味口,而后方才发生作用的。这是我们在探讨德国古典美学与当时文学艺术的繁荣之间的关系时,所要注意的一个问题。

第三,当时自然科学的发展对于德国古典美学所产生的影响。

---

① 歌德:《流浪者之夜歌》,引自《一切的峰顶》,第6页,商务印书馆,1937年。
② 同上,第1页。

关于这个问题,我们想说两点:

(1) 文艺复兴以后,教会的威信日益衰落,科学的威信则与日俱增,自然科学的影响深入到每一个领域。要求以理性为武器,以事实为根据,成了当时普遍的呼声。哲学家不或多或少地涉猎于自然科学的领域的,可说极少。德国古典美学家们,对于当时自然科学的发展,就都有不同程度的了解。康德和歌德还分别在天文学、光学等领域中,作出了卓越的贡献,为举世所公认。不仅这样,他们有的还把当时自然科学研究的某些成果,引进了美学的研究中。例如黑格尔在他的《美学》中,不厌其烦地叙述各种自然现象的美的问题,如果他对于自然科学一无所知,这是不可能的。又如康德的《判断力批判》,把研究审美能力的"鉴赏的判断"和研究自然界的"目的论的自然观的批判",结合在一起的这一事实,就说明了自然科学对他的美学研究所产生的不可忽视的影响。正因为这样,所以他们的美学体系虽然是唯心主义的,然而在逻辑上却具有严密的科学性,在内容上也能够反映出一定的客观的真实。他们之所以能够超出其他的资产阶级美学流派,原因之一,就在这里。

(2) 尤其重要的,是当时自然科学的发展,给德国古典哲学和美学中的辩证法观点,创立了极其有利的条件,从而使德国古典哲学和美学在人类思想的前进过程中,作出了重要的贡献。对于这一点,恩格斯曾有大量的论述。他说:"在自然科学中,由于它本身的发展,形而上学的观点已经成为不可能的了。"①"在从笛卡儿到黑格尔和从霍布斯到费尔巴哈这一长时期内,推动哲学家前进的,决不像他们所想象的那样,只是纯粹思想的力量。恰恰相反,真正推动他们前进的,主要是自然科学和工业的强大而日益迅速的进步,在唯物主义者那里,这已经是一目了然的了。"②"康德关于目前所有的天体都从旋转的星云团产生的学说,是从哥白尼以来天文学取得的最大进步。认为自然界在时间上没有任何历史的那种观念,第一次被动摇了。"③达尔文从他的科学旅行中带回来这样一个见解:"植物和动物的种不是固定的,而是变化的。"④

总之,随着自然科学的发展和进步,打破了十七至十八世纪机械唯物主义和形而上学的观点,表明了整个自然界和社会都处于相互联系和不断发展的辩证

---

① 恩格斯:《自然辩证法》,第3页,人民出版社,1971年。
② 恩格斯:《路德维希·费尔巴哈和德国古典哲学的终结》,第17页。
③ 恩格斯:《反杜林论》,《马克思恩格斯选集》第3卷,第96页。
④ 同上,第107页。

关系中,从而要求人们要用辩证法的观点来观察和研究问题。正是这一辩证法的观点,使德国古典美学能够克服十八世纪形而上学唯物主义的片面性,把美学在唯心主义的形式下推进到了一个新的阶段。因此,德国古典美学的繁荣和发展,与当时自然科学的进步,也是分不开的。

这样,德国古典美学既不是凭空产生的,也不是任意形成的,它有它深刻的阶级基础和社会基础,有它深刻的历史根源。正因为这样,所以它能成为资产阶级唯心主义美学中,内容最为广大而又影响最为深远的一个流派。

(二)德国古典美学的唯心主义性质

前面,我们在探讨德国古典美学产生和形成的阶级基础和社会基础时,已经谈到了德国古典美学的唯心主义性质。从根本上说,德国古典美学的唯心主义性质,是由它的阶级本质所决定的。德国古典美学处在这样一种历史地位:一方面,它不满意现实,要去为改造现实而进行斗争;另一方面,它又没有能力去改造现实,而不得不回过头来,与现实相妥协,并在某些方面去为现实进行辩护。德国古典的美学家们认为社会还是要进步的,不过不能通过法国那样的"革命"来进行。不通过革命又怎样可以达到社会的进步呢?他们的全部哲学和美学,所要解决的正是这样一个问题,所要追求的,也正是这样一个目的。为了达到这个目的,他们把现实的革命斗争转到纯思辨的哲学领域中去。他们提出了理性、道德、自由意志、审美教育以至上帝等。他们认为,真正的自由,不在物质,而在精神;真正的进步,不在社会而在个人的人格和良心。道德完善和美育发展,成了他们理论的基础和核心。他们甚至认为,一个人只要精神自由,哪怕戴着枷锁,也是自由的。康德的伦理学,强调意志的自主性,强调自律,就是不管外界条件如何,只要自己精神上是自由的,他就是自由的。席勒接受了康德的论点,这样写道:

> 人是生来自由的,
> 虽受专制者的束缚仍然自由。[①]

[①] 席勒:《信仰的话》(1797 年),引自《德国古典丛书》英译本,第 3 卷,第 52 页。

法国的启蒙运动者和唯物主义者,直接攻击当时反动的社会机构,攻击教会。他们追求自由和民主,不是空口说白话,而是变成反对现实的实际斗争。可是,德国的哲学家和美学家们,却逃避了实际的斗争,躲到"美的王国"里去,在理论和概念中兜圈子,空喊自由!不仅这样,他们还把自由的理论说得高于自由的现实。当时的德国人并不以此为耻,还以此为荣。例如诗人海涅,他虽然看到了德国哲学"革命"的一面,但却没有看到这一"革命"的阶级实质,所以他在谈到康德"那种破坏性的、震撼世界的思想"时,就对法国人说:"我们在精神世界中有过你们在物质世界中有过的暴动,在打倒旧教条主义的时候我们激昂得像你们冲进巴士底狱时一样。"[①]席勒更认为这是德国人的伟大和骄傲。他在《德国人的伟大》一诗中,这样写道:

在政治王国动摇不定的时候,
他却把精神的王国建立得越加巩固,
越加完全。[②]

因此,法国革命与德国落后的现实相结合,德国资产阶级知识分子所走的就不是现实的革命的道路,而是在现实生活中去谋求与封建贵族相妥协,在幻想中去把革命转换成为空洞的理论体系。那就是说,他们在政治上背离了法国革命,而在思想上却希图把这一革命继续下去。正是这一矛盾的阶级本质,从根本上决定了德国古典美学主要是唯心主义的性质。

关于德国人这种耽于幻想、埋头于抽象理论的特点,过去许多人都注意到了。例如斯台尔夫人在《论文学》一文中,就说德国人的长处是幻想。当时浪漫主义的批评家还把德国人比做想得多、做得少的哈姆雷特。而黑格尔自己,也一再提出这样一个问题:"为什么法兰西人从理论方面立刻进入实际方面,日尔曼人却满足于理论的抽象观念呢?"[③]他的回答是:"这个原则(指革命)在德国是作为思想、精神、概念,在法国是在现实界中汹涌出来。"[④]但是,真正看出这一问题的阶级实质,并作了卓越的历史唯物主义的分析的,是马克思和恩格斯。马克思

[①] 海涅:《论德国宗教和哲学的历史》,第114页。
[②] 引自《德国诗选》,第35页,上海文艺出版社,1960年。
[③] 黑格尔:《历史哲学》,第491页。
[④] 黑格尔:《康德哲学论述》,第1页,商务印书馆,1962年。

在《〈黑格尔法哲学批判〉导言》中说:

> 正象古代各族是在幻想中、神话中经历了自己的史前时期一样,我们德意志人是在思想中、哲学中经历自己的未来的历史的。我们是本世纪的哲学同时代人,而不是本世纪的历史同时代人。德国的哲学是德国历史在观念上的继续……德国人在政治上考虑过的正是其他国家做过的事情。德国是这些国家理论上的良心。①

马克思和恩格斯在《德意志意识形态》一书中,以十分尖锐的目光,剖析了德国古典哲学和美学由于脱离实际利益和斗争所造成的这种耽于空想的唯心主义的性质:

> 在康德那里,我们又发现了以现实的阶级利益为基础的法国自由主义在德国所采取的特有形式。不管是康德或德国市民(康德是他们的利益的粉饰者),都没有觉察到资产阶级的这些理论思想是以物质利益和由物质生产关系所决定的意志为基础的。因此,康德把这种理论的表达与它所表达的利益割裂开来,并把法国资产阶级意志的有物质动机的规定变为"自由意志"、自在和自为的意志、人类意志的自我规定,从而就把这种意志变成纯粹思想上的概念规定和道德假设。②

那就是说,在法国资产阶级那里,具有现实的物质利益和以物质的生产关系为基础的理论思想,到了康德以及其他的德国古典哲学家和美学家的手上,却脱离了现实的物质利益和物质的生产关系,专门"在'纯粹精神'的领域中兜圈子"③,"他们相信他们的批判思想的活动应当使现存的东西遭到毁灭"④,因此,他们用纯粹的思想上的斗争来代替现实的政治斗争,并认为通过他们的思想斗争,就可以达到社会改革和社会进步的目的。他们就这样脱离了社会实践,沉溺

---

① 《马克思恩格斯选集》第1卷,第6—8页。
② 《马克思恩格斯全集》第3卷,第213—214页。
③ 马克思、恩格斯:《德意志意识形态》,《马克思恩格斯选集》第1卷,第44—45页。
④ 马克思、恩格斯:《德意志意识形态》,《马克思恩格斯全集》第3卷,第16页注。

在当时德国"普遍的幻想的气氛中"①。他们的理论只能是抽象的、思辨的、观念性的,因而必然是唯心主义的,也就毫不足奇了。

德国的古典美学,不仅在性质上是唯心主义的,而且在解决问题的方法上也是唯心主义的。那是一个革命的时代,现实生活中充满了矛盾和问题,德国古典美学家们不可能不看到这些问题。事实上,在他们的作品中也的确提出了大量的问题。这些问题,有的是属于资产阶级与封建阶级的矛盾,有的则是由于资产阶级革命的胜利所暴露出来的资产阶级作为一个剥削阶级所必然具有的残酷性和虚伪性,以及由于资本主义生产关系和生产方式如分工等所带来的新的矛盾,等等。面对着这些矛盾和问题,德国古典美学家们,虽然是资产阶级思想意识的代言人,但他们基本上还处于上升的时期,因此,他们不但敢于面对这些问题,而且敢于在自己的著作中比较真实地提出一些问题。然而,敢于看到和提出问题,并不等于能够正确地认识和理解这些问题,更不等于能够正确地解决这些问题。他们唯心地认为,德国社会之所以一团糟,之所以是一个"粪堆",不是因为现实生活中存在着社会矛盾的缘故,而是因为人们的内心中存在着种种的矛盾:自然情欲和道德的矛盾,物质和精神的矛盾,小我和大我的矛盾,等等。既然矛盾不是来自客观世界,而是来自主观世界,因此,解决矛盾的办法,在他们看来,就不是唯物主义地改造客观世界,并通过改造客观世界来改造主观世界;而是相反的,他们唯心地认为,解决矛盾的关键在于改造主观世界,或者把希望寄托在"绝对精神"的最后胜利。那就是说,他们认为改造好了主观世界,理想的人格出现了,内心取得和谐了,"绝对精神"在发展的过程中全部实现自己了,客观世界的一切矛盾也就解决了。他们就是这样颠倒主观与客观、意识与存在之间的关系,一切都被弄得"头足倒置"。

然而,当时德国的思想家和文学艺术家们,却并不认为他们是"头足倒置"的。他们一心一意地相信他们唯心主义的看法。他们差不多都在努力探讨怎样通过内心矛盾的克服,理想人格的完成,来达到解决现实矛盾的目的。席勒在《华伦斯坦》的《序曲》中,就说:

> 因为艺术是裁成一切的规范,

---

① 马克思、恩格斯:《德意志意识形态》,《马克思恩格斯全集》第3卷,第214页。

她要把任何绝端都返之自然。①

那么,怎样使"任何绝端都返之自然"呢?这差不多是席勒的剧本所一直要贯穿的一个主题:它要使个人的情欲与社会的理想之间取得和谐。英雄人物经常是在从事伟大的事业的过程中,克服了内心的情欲,把自己的人格提高到理想的高度。正因为这样,所以他的人物经常是"理想化"的。比较起来,歌德要现实得多,他的作品也更为注意反映现实社会的真实矛盾。但是,当时德国资产阶级的软弱无力和普遍沉浸于幻想的可怜处境,又使他不得不把对于现实矛盾的真实描写转变为形而上学的探求,转变为完整的理想人格的追求。他的《浮士德》,即描写浮士德怎样不满足于有限世界,他要向无限的世界追求。但他每一次追求的目的,都不是现实矛盾的解决,而只是人格和道德上的更新。希腊美人海伦的出现,在文艺复兴时期英国作家马罗②的笔下,写得非常单纯,无非是肉欲享受的对象;可是到了歌德,却把她写成美的象征。浮士德与海伦的结合,成了近代德国精神与古代希腊精神的结合。在这一结合中,浮士德的人格提高到了当时德国古典美学所理想的希腊美的高度。这样,《浮士德》事实上变成了一部戏剧化了的黑格尔的《精神现象学》③。它虽然在一定程度上也反映了当时现实社会的一些矛盾,但其着重表现的却不是矛盾的现实的解决,而是对于具有永久价值的形而上学原则和理想的完美人格的追求。至于他的《威廉·迈士特》④,更是典型地表现了当时德国资产阶级希望通过文学艺术的作用,来达到理想人格的塑造。

在文学艺术上如此,在哲学和美学上亦然。他们都把建立唯心主义的哲学体系和美学体系,当作解决矛盾的唯一手段。康德的《纯粹理性批判》和《实践理性批判》,提出了两个互相对立的世界:受必然律支配的自然界,和不受必然律支配的自由的道德界。自然和道德、必然和自由,它们之间的矛盾如何解决呢?他的美学著作《判断力批判》,就是企图解决这个矛盾的。他认为在审美判断中,

---

① 席勒:《华伦斯坦》,第7页,人民文学出版社,1955年。
② 马罗(1564—1593):英国文艺复兴时期的剧作家和诗人。曾运用中世纪有关浮士德与魔鬼订交的传说,写有《浮士德博士的悲剧》一剧。
③ 《精神现象学》:黑格尔1806年写成的一部著作,描写作为绝对精神的理念,或者宇宙魂,怎样发展和完成自己。
④ 《威廉·迈士特》:歌德的小说。描写一个有才能的具有艺术家性格的威廉·迈士特,如何经过生活的锻炼和艺术的陶冶而成长的故事。

自由和必然可以取得和谐,感情和理智可以取得和谐。这样,在康德的哲学体系中,美学就成了唯心主义地解决矛盾的一个重要环节。康德如此,席勒的《审美教育书简》、谢林的《先验唯心主义》等等,莫不如此。至于黑格尔的《美学》,他在《序论》中即已明白地表示,他是要在康德、席勒、谢林等人并没有真正解决矛盾的基础上,企图用他自己关于"绝对精神"的体系,来进一步解决这些矛盾。因此,很明显的,德国古典美学都是把美学当成解决矛盾的工具,都是希望通过审美的活动来解决内心的矛盾,从而达到解决现实的矛盾的目的。精神的自由、道德的自主、人格的完善,以及由于对资本主义关系所造成的分裂和残酷现实的不满,因而向往古代希腊的民主制度与和平静穆的生活,就成了德国古典美学的基调。就是这一基调,使德国古典美学"把一切唯物主义的因素从历史上消除了,于是就可以放心地解开缰绳,让自己的思辨之马自由奔驰了"。①

(三) 德国古典美学的思想渊源

马克思说:"人们自己创造自己的历史,但是他们并不是随心所欲地创造,并不是在他们自己选定的条件下创造,而是在直接碰到的、既定的、从过去承继下来的条件下创造。一切已死的先辈们的传统,象梦魇一样纠缠着活人的头脑。"②恩格斯也说:"每一个时代的哲学作为分工的一个特定的领域,都具有由它的先驱者传给它而它便由以出发的特定的思想资料作为前提。"③因此,任何一种思想潮流,除了现实的阶级基础和社会基础决定它的根本方向和基本内容之外,它为什么会采取这样的形式和方法探讨这样的一些问题,而不是采取另外的形式和方法探讨另外的一些问题,则在很大的程度上决定于它所继承的思想资料。德国古典美学也并不例外。它既不是孤峰突起,更不是与现存的传统的美学思想毫不相干。它是西方美学思想发展的一个阶段,它是在现有的美学思想资料的基础上产生和形成起来的。因此,我们在探讨了它的阶级基础和社会基础之后,有必要探讨一下它的思想渊源,探讨一下它与当时已经存在的一些美学流派之间的关系。

---

① 马克思、恩格斯:《德意志意识形态》,《马克思恩格斯全集》第3卷,第56页。
② 马克思:《路易·波拿巴的雾月十八日》,《马克思恩格斯选集》第1卷,第603页。
③ 恩格斯:《致康·施米特》,《马克思恩格斯选集》第4卷,第485页。

黑格尔说:"那在时间上最晚出的哲学系统,乃是前此一切系统之总结。"①德国古典美学是西方资产阶级美学中内容最为庞大、体系最为完整的一个流派,因此,它更是当时西方前此美学思想发展的一个总结。以前西方美学中的各种思想和流派,差不多都以不同的形式,经过批判和改造,反映到德国古典美学中来。然而,象恩格斯说的:"人的全部认识都是沿着一条错综复杂的曲线发展的"②,德国古典美学与过去美学之间的关系,也并不是直线的。它们之间存在着千丝万缕的错杂关系:有相同的方面,也有相反的方面;有着似相同而实相异的方面,也有着似相异实相同的方面;同中有异,异中又有同。黑格尔就深有体会地说:"新精神的开端乃是各种文化形式的一个彻底变革的产物,乃是走完各种错综复杂的道路并作出各种艰苦的奋斗努力而后取得的代价。"③德国古典美学与过去美学之间的关系,就是经过了艰苦的奋斗努力,总结了前人研究的经验和教训,然后根据本身特定的历史社会条件,适应当时阶级斗争的需要产生和形成起来的。我们的分析,主要包括三个方面:1. 德国古典美学与十八世纪启蒙运动的关系;2. 德国古典美学与英国经验派美学的关系;3. 德国古典美学与德国理性派美学的关系。

1. 与十八世纪启蒙运动的关系

一般所说的启蒙运动,主要是指十八世纪在法国以伏尔泰、卢梭和狄德罗为代表,在德国以莱辛和赫尔德为代表的启蒙运动。但广义地说,从文艺复兴一直到德国古典哲学,都可以说是资产阶级的启蒙运动。因为资产阶级诞生以后,它在反对封建阶级的斗争中,一直是高举理性的旗帜,反对中世纪的宗教迷信;大力强调科学和文化知识,反对封建主义的愚民政策。马丁·路德在宗教改革运动中,要求撇开教会对于《圣经》的垄断,号召人们根据自己的理性来注释和理解《圣经》,事实上已经是启蒙运动的开端。接着培根高喊"知识就是力量",笛卡儿提倡哲学上的怀疑方法,要求用理性的权威来代替教会的权威,这些都是对于中世纪教会垄断文化知识,鼓吹盲目信仰的有力抨击,都是要用理性来启蒙人们的思想,要人们从中世纪的愚昧和黑暗中醒悟过来。然而,一直到了十八世纪,由于资产阶级在经济上和政治上已臻成熟,由于资产阶级和教会以及绝对封建君主专制的矛盾日益尖锐,于是资产阶级各个阶层的知识分子,方才自觉地有意识

---

① 转引自黑格尔:《精神现象学·译者导言》,第19页。
② 转引自《马克思恩格斯论艺术》(二),第353页。
③ 黑格尔:《精神现象学》,第7页。

地在文化教育和思想领域中掀起了一个反封建反教会的思想启蒙运动。这就是我们一般所说的十八世纪的启蒙运动。对于这个运动,恩格斯曾经这样加以论述:"在法国为行将到来的革命启发过人们头脑的那些伟大人物,本身都是非常革命的。他们不承认任何外界的权威,不管这种权威是什么样的。宗教、自然观、社会、国家制度,一切都受到了最无情的批判;一切都必须在理性的法庭面前为自己的存在作辩护或者放弃存在的权利……以往的一切社会形式和国家形式、一切传统观念,都被当做不合理的东西扔到垃圾堆里去了;到现在为止,世界所遵循的只是一些成见;过去的一切只值得怜悯和鄙视。只是现在阳光才照射出来。从今以后,迷信、偏私、特权和压迫,必将为永恒的真理,为永恒的正义,为基于自然的平等和不可剥夺的人权所排挤。"①因此,启蒙运动是一个非常革命的运动,它具有明确的政治目的,要为资产阶级的革命做舆论准备。启蒙运动者不但是文学家,同时也是思想家和社会改革家。他们像列宁说的:"在当时并没有表现出任何自私的观念。"②他们热诚地期望推倒封建专制的君主王国,建立一个把资产阶级利益理想化了的理性王国。正是从这样的阶级立场和阶级利益出发,他们在美学上提出了一系列反封建反宗教的论点。这些论点,有的为德国古典美学所接受,加以进一步的发展;有的则为德国古典美学所反对,倒退到另外的方向。总的来说,由于我们前面所分析的德国资产阶级的软弱性和妥协性,所以启蒙运动中的一些唯物主义的、现实主义的进步因素,启蒙运动那种公开表示自己的立场和观点的坦率的倾向性,不仅在德国古典美学中减少了,而且反过来,向着唯心主义的方向发展。同时,由于法国启蒙运动直接具有反封建反教会的政治目的,所以他们的美学主要是联系当时的现实斗争和艺术实际,来探讨文艺与现实的关系。具体的各门艺术理论,成了他们注意的中心。而德国古典美学为了寻求与现实相妥协的道路,主要是在思辨的理论中兜圈子,故意避免直接介入当时斗争和艺术的实际,而只是着力于建立抽象的美学体系。因此,从系统的完整性和思想的周密性来说,德国古典美学超过了法国启蒙运动的美学;但从现实的战斗意义来说,则德国古典美学是法国启蒙运动美学的倒退,远远赶不上法国启蒙运动的美学。不过,法国启蒙运动美学中已经有了一些萌芽的辩证观点和历史主义观点,却在德国古典美学中得到了进一步的发展,从而克服了启蒙

---

① 恩格斯:《反杜林论》,《马克思恩格斯选集》第3卷,第56—57页。
② 列宁:《我们究竟拒绝什么遗产?》,《列宁选集》第1卷,第128页,人民出版社,1960年。

运动美学中某些形而上学的性质,把美学向前大大推了一步,这又不能不说是德国古典美学优越于法国启蒙运动美学的地方。

对于这种复杂的关系,我们想从下面几个方面来谈:

第一,关于文学艺术的认识教育作用问题。

法国启蒙运动者强调理性,认为文学艺术的作用就是要从思想上来启发人的理性,对他们进行教育,使他们认识美丑善恶。狄德罗说:"使德行显得更为可爱,恶行更为可憎,怪事更为触目,这就是手拿笔杆、画笔或雕刀的正派人的意图。"①在《论戏剧艺术》中,他更认为戏剧使好人更愿意向上,使坏人"不那么倾向于作恶",而且戏剧还可以使"全国人民严肃地考虑问题而坐卧不安。那时人们的思想动荡起来,踌躇不决,摇摆不定,茫然无措;你的观众将和地震区域的居民一样,看到房屋的墙壁在摇晃,觉得土地在他们的足下陷裂。"②这不是明显地在号召通过文学艺术来达到掀起社会革命的风暴么?因此,法国启蒙运动者强调文学艺术的认识教育作用,是具有明显的政治革命目的的。

受了法国启蒙运动的影响,德国古典美学也很重视理性,重视文学艺术的教育作用。黑格尔说"只有知识是唯一救星"③,这就和启蒙运动者一样,把知识看得十分重要。认为只有通过知识的传播,从思想上来启蒙人们,社会才可以进步。文学艺术的审美教育作用,就在这个意义上不仅受到了他们的重视,而且成了他们美学中的一个重要课题。席勒就是一个明显的例子。他在《审美教育书简》中,着重说明人要得到政治经济上的自由,必须先有精神上和人格上的自由。而要达到精神上和人格上的自由,必须通过文学艺术的审美教育。这样,他把美学和文学艺术看得比政治经济还重要。就在席勒和其他德国古典美学家的影响下,当时一些浪漫主义者把文学艺术的地位片面抬高,把文学艺术的作用也尽量扩大,似乎文学艺术比任何实际的问题更为重要,以致使文学艺术反而脱离了实际的现实斗争,不能发挥像法国启蒙运动者所要求的那种改革社会政治的作用了。

事实上,德国古典美学就是在这种矛盾的情况下,来接受法国启蒙运动者关于文学艺术的认识教育作用的说法的。一方面,他们承认文学艺术的认识教育作用;另一方面却又排斥文学艺术与现实利害的联系。这在康德的美学中,表现

---

① 狄德罗:《绘画论》,《文艺理论译丛》,1958年第4期,第57页。
② 狄德罗:《论戏剧艺术》,《文艺理论译丛》,1958年第1期,第150页。
③ 转引自黑格尔:《精神现象学·译者导言》,第4页。

得十分突出。一方面,他明确地把与现实的利害无关,作为美的第一个特征;另一方面,他又一再说美是道德精神的表现,这又要求文学艺术在现实生活中能够发挥道德教育的作用。黑格尔强调文学艺术的思想认识意义,强调作品的思想内容,把艺术看成是理性认识的一个阶段。但是,他又认为艺术的认识作用纯粹是消极的,不能达到改造现实的任何目的。他说"艺术的使命在于用感性的艺术形象的形式去显现真实",那就是说,艺术的目的只在于"显现和表现",至于其他"如教训,净化,改善,谋利,名位追求之类,对于艺术作品之为艺术作品,是毫不相干的"。[①] 这样,他所说的艺术的认识作用,和法国启蒙运动者所说的,就有本质的差别了。

因此,德国古典美学在法国启蒙运动者的影响下,虽然也强调文学艺术的认识教育作用,甚至在某些方面强调得更高一些;但由于他们所代表的阶级所处的具体的历史地位不同,他们所强调的具体内容以及所导致的方向,却是不同的。法国启蒙运动者引导文学艺术参与现实的反封建的实际斗争,向着唯物主义和现实主义的方向发展;德国古典美学却脱离这一实际斗争,转向内心人格的探讨,从而向着唯心主义和形式主义的方向发展。近代资产阶级美学"为艺术而艺术"的倾向,便是渊源于德国古典美学。

第二,关于文学艺术与现实生活的关系问题。

希腊史诗和悲剧所写的,多是具有人性的神,或具有神性的英雄;中世纪教会垄断一切,神更支配了文学艺术。当时文学艺术中所描写的人物,都是头戴光环的神圣,或身披翅膀的天使。到了文艺复兴以后,出现了资本主义的生产关系,人们方才像马克思和恩格斯所说的,"终于不得不用冷静的眼光来看他们的生活地位、他们的相互关系"[②]。这反映到文学艺术中来,就是要求把过去所描写的"官场人物,脚穿高底靴,头上环绕着光轮"[③]那种情况,彻底加以摧毁,而要求在现实的关系中,去描写"人物的真实面貌"。这方面,启蒙运动者可以说做了大量工作。在此以前,对于美的看法主要的不外两种:一是把美看成观念,一是把美看成形式,如多样、统一等。这两种看法,都没有注意到美与人类社会现实生活的关系。但是,狄德罗却提出美在"关系"的讲法。他的讲法还比较粗糙,没有充分加以发挥,具有某些形而上学的性质。但是,他看到了美在于人类社会现

---

① 黑格尔:《美学》第1卷,第65页,人民文学出版社,1958年。
② 马克思、恩格斯:《共产党宣言》,《马克思恩格斯选集》第1卷,第254页。
③ 引自《马克思恩格斯论艺术》(一),第13页。

实的关系,在于人物所处的"处境",这就把美和人类社会生活联系了起来,应当说是美学思想的一大进步。正是从这样一种唯物主义的美学观点出发,他对于文艺与生活的关系问题,提出了一系列现实主义的看法。首先,他强调文学艺术的真实性,认为"任何东西都敌不过真实"①。他一再呼吁文学艺术要"自然",要"真实"。其次,他反对奇迹,提倡接近现实生活的"严肃戏剧"。这种"严肃戏剧",抛开贵族中头上戴光环的伟大人物而写普通的市民,抛开华丽虚饰的宫廷生活而写日常的家庭生活。第三,反对古典主义用一套固定的程式来描写人物性格,而要求把人物性格放在"关系"和"处境"中来写。也就是说,要把人物和现实生活联系起来,放在现实生活的关系中去写,这样,人物的性格就可以具有丰富的社会生活的内容。

和狄德罗相呼应,德国的莱辛提出了类似的主张。他说:"公侯们和英雄们的名字能够给一个剧本以华丽和威严,但它们不能感动。周围环境和我们环境里最接近的人的不幸,自然会最深地打动我们的灵魂。如果我们同情国王,那么我们不是把他当作国王,而是把他当作一个人来同情。"②这就有力地要求文学艺术从过去那种虚伪的所谓"伟大人物"的宝座上走下来,走到普通的平凡的现实生活中来。这是资产阶级上升时期要求文学艺术走向现实生活的强有力的呼声!

启蒙运动的这种现实主义倾向,到了德国古典美学,在不同的人身上引起了不同的反映。歌德受狄德罗和莱辛的影响最深,基本上接受了他们唯物主义和现实主义的观点,并结合自己的创作经验,进一步加以发展。首先,他认为作家创作,必须从现实出发,并以现实为基础。当诗人"只是述说他主观的那一点感情时,还配不上诗人的称号;只有当他把握了现实的世界,并能加以表现时,他才算是一个诗人"。③ 其次,他还针对当时浪漫主义强调主观的倾向,说:"所有没落和解体的时代都是主观的;所有进步的时代都是客观的。"④像这样一些看法,应当说是继承了启蒙运动的优秀传统并加以发扬了的。

黑格尔是个彻头彻尾的唯心主义者。然而,在唯心主义的形式下,他却从德国与封建贵族相妥协的资产阶级立场出发,吸收了许多启蒙运动者关于文学艺

---

① 狄德罗:《论戏剧艺术》,《文艺理论译丛》,1958 年第 1 期,第 145 页。
② 莱辛:《汉堡剧评》,转引自朱光潜:《西方美学史》上册,第 301 页,人民文学出版社,1963 年。
③ 歌德:《与艾克尔曼的谈话录》,《蓬斯丛书》英译本,第 166 页。
④ 同上,第 167 页。

术的现实主义的观点。还在年轻时,他于1795年4月16日写给谢林的信就说:"我认为,标志时代特征的话再好莫过于说:人类已以极可尊敬的姿态出现在它自己面前。围绕在人世间的那些压迫者和神灵人物头上的灵光正在消逝,即是一个证明。"他的这些话,和狄德罗、莱辛等人的话,真是相近极了。后来在他的《美学》中,也是贯彻了这种精神的。他反对文学艺术中的奇迹,反对神奇鬼怪,主张文学艺术应当描写"现实生活的旨趣"①;他把人对现实的掌握作为美学的出发点,把人物性格作为艺术描写的中心;他强调"情境"和"冲突";所有这些,都是对启蒙运动美学优秀传统的进一步发展。

然而,德国古典美学从总的倾向来说,却不是启蒙运动唯物主义和现实主义文艺观点的继承和发展,而是相反的,它重新把文艺引向主观主义和唯心主义的道路。启蒙运动者处在资产阶级蓬勃向上的革命前夕,他们不仅要求文艺勇敢地面对现实,而且要求通过文艺来向现实挑战;可是到了德国古典美学时,资产阶级已在谋求和现实相妥协,并开始走下坡路了,因此文艺主要地已不是向现实挑战的斗争武器,而是逃避现实的某种避风港了。康德反对美与现实利害的任何联系,反对美与概念的联系,就是这种逆流的开始。席勒一方面深刻地看到了和剖析了资本主义社会的矛盾,另一方面却又力图回避这一矛盾,把文艺引向唯心主义的空想世界:

你不得不逃避人生的煎逼,
遁入你心中的静寂的圣所。
只有在梦之国里才有自由,
只有在诗歌里才有美的花朵。②

这难道不像带箭的鹁鸪,不敢再飞翔在现实的天空,而只好躲在幽静的岩谷中去吮吸自己身上的创伤吗?至于在德国古典美学思想中孵育起来的当时大批的消极浪漫主义者,甚至连席勒所向往的自由和理想也没有了,他们有的只是脱离人生现实的孤独和悲伤。

第三,关于感情和想象的问题。

---

① 黑格尔:《美学》第1卷,第302页。
② 席勒:《新世纪的开始》,转引自《德国诗选》,第133页。

在中世纪,由于经院哲学的影响,把物质和精神、肉体和灵魂,截然分开。罪恶的渊薮总是来自物质世界,魔鬼总是用物质世界来引诱人们犯罪。而上帝创造了人的肉体,好像也只是为了使它受难。严格说,除了民间文学外,中世纪没有文学。如果有,那也无非是描写人类在肉体的枷锁下,怎样忍受苦难。当时,谈不上现世的享乐,更谈不上人类作为一个有血有肉的人应有的感情生活。巴塞尔夜莺的故事,就是一个典型的例子。传说1433年5月,宗教会议在巴塞尔召开。主教、博士以至各种修士们,都到巴塞尔附近的森林中去散步,讨论各种神学问题。忽然他们走到一株盛开的菩提树前,一只夜莺在树上唱着悠扬婉转的歌曲。温煦的春天的情调渗透到这些饱受经院教规束缚的心灵,他们干涸了的感情从昏迷的冬眠中苏醒过来,他们相互惊愕地欢欣地歆歆着。然而就是这么一点点感情的迸发,给他们带来了莫大的灾难。原来夜莺是魔鬼变的,听过歌声的人不久都病了,死了。这就是中世纪的美学,他们把文学艺术视为洪水猛兽,称之为"甜蜜的毒药"①。

可是,文艺复兴来了。资产阶级的商业舰队发现了新大陆,资产阶级早期的文艺也发现了封闭已久的人类的感情世界。这时,感情驾着想象的翅膀,开始在文艺的园地飞舞。然而,封建的传统力量是顽固的,十七世纪的古典主义又重新把经院的教规转化为理性的戒律,文学艺术都得按照理性的规定去反映礼仪彬彬、豪华而又虚伪的宫廷贵族的生活。感情和想象,再次受到了窒息。以反封建反宗教为其中心内容的十八世纪启蒙运动,他们在把"理性"从封建教条中解放出来的同时,不能不注意到感情和想象的问题。所有十八世纪的启蒙运动者,差不多都要求文学艺术描写人类的感情。例如狄德罗,他就说:

诗人需要的是什么?是未经雕琢的自然,还是加过工的自然;是平静的自然,还是混乱的自然?他喜欢晴明宁静的白昼的美呢,还是狂风阵阵呼啸,远方传来低沉而连续的雷声,电光闪亮了头顶的天空的黑夜的恐怖?……

诗需要一些壮大的、野蛮的、粗犷的东西。②

---

① 波埃修斯(Boethius)在《哲学的安慰》一书中,有此讲法。罗马后期的哲学家,他的书在中世纪甚有影响。

② 狄德罗:《论戏剧艺术》,《文艺理论译丛》,1958年第2期,第137页。

启蒙运动者和古典主义者一样,都主张艺术应当摹写自然。但"自然"的含义,却迥然不同。对古典主义者来说,自然就是理性,就是宫廷的贵族文明,就是抽象的人性;而狄德罗与卢梭所说的自然,却是与文明相对的"野蛮",是粗犷的未经雕琢过的纯朴的自然。只有这样的自然,才能产生强烈的感情、丰富的想象:

> 什么时候产生诗人?那是经历了大灾难和大忧患以后,当困乏的人民开始喘息的时候。那时想象力被伤心怵目的景象所激动,就会描绘出那些后世未曾亲身经历的人所不认识的事物……
> 天才是各个时代都有的;可是,除非待有非常的事变发生,激动群众,使有天才的人出现,否则赋有天才的人就会僵化。而在那样的时候,情感在胸怀堆积、酝酿,凡是具有喉舌的人都感到说话的需要,吐之而后快。①

因此,启蒙运动者反对古典主义文雅而萎靡的风尚,呼唤伟大的变革时代的到来。他们强调感情、想象和天才。尤其是卢梭,他关于"自然"和"感情"的言论,产生了巨大的影响,直接成为浪漫主义文艺运动的思想基础。这一运动,到了德国,通过莱辛和赫尔德的传播,更是形成了轰动一时的"狂飙突击"运动。歌德和席勒,早年都是这一运动的中心人物。德国古典美学,在理论上受到启蒙运动的影响,在创作上受到浪漫主义运动的影响,因此也十分重视感情、想象和天才的问题。他们对于这些问题在美学上的论述,又转过来推动了浪漫主义的运动。这样,在对于感情、想象和天才的重视上,启蒙运动、浪漫主义和德国古典美学,可以说是一线相通的。它们都代表新生的资产阶级要求自由和解放的精神,向着腐朽的封建传统势力冲击!

但是,德国古典美学的特色之一,是只能够从理论上来探讨天才、想象和感情的规律,以及它们和文学艺术的关系。这样,他们又唯心主义地把这些问题当成个人心灵和人格独立自主性的表征,并着重从哲学上来探讨它们与最高的宇宙观念的结合问题。于是,对于启蒙运动来说,是呼唤暴风雨一般的社会变革的感情和想象问题,到了德国古典美学,又变成纯粹思辨性的哲学问题了。

第四,关于历史主义和对于古代艺术的向往问题。

---

① 狄德罗:《论戏剧艺术》,《文艺理论译丛》,1958年第2期,第137页。

启蒙运动不仅是一个思想运动,而且也是一个革命运动。它为了解决当前迫切的现实问题,常常不能不对它们的历史来源作一些探讨和研究,并试图从历史的对比中去寻求反抗现实的理论根据和思想武器。马克思就说,资产阶级的斗士们,"在这些革命中,使死人复生是为了赞美新的斗争"。① 启蒙运动者当时所表现出来的对于古代的崇拜,正好说明了他们对于现实的不满,他们要用理想化的古代来取代不合理的现实制度。卢梭研究人类不平等的起源,认为私有财产和国家是不平等的两个主要原因。因此,为了消灭不平等,使每个人都能自由地做人,他号召回到古代自然状态的社会中去。他这种讲法,当然不符合历史发展的规律,是错误的,但在当时却起了对于当时"文明社会"巨大的冲击作用。正是在这样的号召下,研究古代并用理想化的古代来否定现代,成了一时的风气。狄德罗、莱辛等,都把古代的艺术拿来和现代的艺术相比,并认为古代的艺术是艺术的典范。这一讲法,直接影响到德国古典美学对于古代艺术的向往。歌德对比"古典的"和"浪漫的"两种艺术,而向往古典的艺术;席勒对比"素朴的"和"感伤的"两种艺术,而向往古代的素朴的艺术;黑格尔把理想的艺术时代放在古代的希腊,并认为这是不可企及的典范;这些,都是在狄德罗、莱辛等人的基础上,进一步对比古代艺术和现代艺术,并进一步把古代艺术加以理想化。他们的崇尚古代,事实上都是强调希腊的自由民主,用来和当时德国封建专制的奴役状态,作一革命性的对比。

然而,启蒙运动者在对比古代艺术和现代艺术的时候,常常是把它们机械地形而上学地对立起来,而看不到它们之间的辩证的历史发展关系。这一点,在赫尔德的研究中,得到了初步的克服。他认为艺术中存在着各种不同的风格,它们取决于"时间、习惯与民族"。艺术风格是"一种盲螈(npoteŭ),它在世界各地随着所呼吸的空气而变化其形态"。② 这就否定了艺术是亘古不变的说法,从而为以后黑格尔在他那具有"宏伟的历史观"的美学著作中,对艺术的发展作出历史的探讨时开辟了先路。

从启蒙运动到德国古典美学,正是大变革的历史时期。因此,在这样的时期,产生和形成美学中的历史主义观点,也是很自然的。但由于德国古典美学的唯心主义性质,所以他们是从历史唯心主义的观点,来研究艺术的历史发展。他

---

① 马克思:《路易·波拿巴的雾月十八日》,《马克思恩格斯选集》第 1 卷,第 605 页。
② 转引自《赫尔德的文艺观点》一文,见《现代文艺理论译丛》第 6 辑,第 93 页,人民文学出版社。盲螈是一种变形杆菌。

们把艺术看成是理念或精神的表现,因而艺术的发展不是随着客观社会的发展而发展,而是随着理念或精神的发展而发展,这就未免本末颠倒、头足倒置了。

总结以上四点,可见德国古典美学与十八世纪启蒙运动的关系,是十分密切而又十分复杂的。我们既要看到它们之间相互影响的渊源关系,也要看到由于资产阶级在不同的社会历史条件下所具有的不同特点,来分析它们之间具体的分歧和差异。

2. 与英国经验派美学的关系

十八世纪法国的启蒙运动,对于德国古典美学的影响是多方面的。它不仅从美学思想上,而且也从社会政治思想上,从文艺思想上等等方面,影响了德国古典美学。至于从美学理论的本身来说,则德国古典美学所受到的影响,应当说主要地是来自英国的经验派美学和德国的理性派美学。

英国经验派美学和德国理性派美学,都是在十八世纪所产生和形成的资产阶级美学。马克思说:"资产阶级著作家在资产阶级同封建主义进行斗争的时期提出的原则和理论无非是实际运动在理论上的表现,同时可以精确地看出,这种理论上的表现依其所处实际运动的阶段的不同……也往往不同。"①正是由于英国和德国资产阶级,在当时"所处实际运动的阶段的不同",所以它们在哲学思想和美学思想上,就发生了很大的差异:一个重经验,一个重理性。德国古典美学则根据自己所处的资产阶级实际运动的阶段,分别批判地继承了这两个美学流派中适合于自己需要的东西,然后加以调和、综合,形成了自己的美学体系。德国古典美学,可以说就是在批判和继承英国经验派美学和德国理性派美学的基础上发展起来的。因此,为了更好地理解德国古典美学,我们有必要对英国经验派美学和德国理性派美学,作一简单的介绍。

首先,我们谈英国经验派的美学。

在1688年所谓的"光荣革命"之后,英国资产阶级和资产阶级化了的新贵族,联合建立了政权。从此,英国资本主义的发展欣欣向荣,超过了大陆上所有国家。她不仅在海上攫夺了霸权,建立了"日不落"的大英帝国,而且经过十八世纪的产业革命和工业革命之后,她的生产力蒸蒸日上,成为当时最先进的资本主义国家。这一情形,反映到意识形态上来,一方面是自然科学、政治经济学、哲学以及文学艺术等的高度繁荣;另一方面,则是她不同于法国启蒙运动者,她不是

---

① 马克思:《道德化的批判和批判化的道德》,《马克思恩格斯选集》第1卷,第191页。

激烈地为资产阶级夺取政权的革命准备舆论,而是要巩固已经夺取到的政权,这样,资产阶级十足的功利主义和重事实而轻理想的作风,就占据了支配的地位。牛顿的机械力学,就是一个例子。他把世界看成是一个由物体间相互吸引并相互起作用的机械整体,力图从直接得到的经验材料中归纳出宇宙运行的规律,而反对任何没有事实根据的假设。"我不捏造假设",他这句话,成了当时流行的口号。以亚当·斯密为代表的古典政治经济学,也是十分重视经验材料的归纳,而反对没有事实根据的臆说。斯威夫特、理查逊、菲尔丁、哥尔斯密等作家和诗人,雷诺兹、荷迦兹等画家,他们的风格各不相同,反映生活的内容也各不相同,然而,力图真实地揭示人们的思想感情,真实地描写人们的生活情况,使文学艺术愈来愈接近于实际的现实生活,则是他们共同努力的目标。就在这样的阶级基础和社会基础之上,产生和形成了十八世纪英国经验主义的哲学和美学。

恩格斯说:"英国唯物主义的真正始祖是培根……在他看来,感觉是可靠的,是全部知识的泉源。全部科学都是以经验为基础的,是在于用理性的研究方法去整理感官所提供的材料。归纳、分析、比较、观察和实验,是这种理性方法的主要形式。"①培根这种重视感觉经验和归纳分析的研究方法,经过霍布斯、洛克等人的发展,直接成了十八世纪英国经验派哲学和美学的理论基础。但是,英国资产阶级一方面象鲁滨逊②一样,是开拓世界、创家立业的事业家和野心家,另一方面又是掌握政权的统治阶级。这样,他们一方面面对现实,尊重事实,提倡唯物主义和现实主义;另一方面,却又害怕人民,始终忘不掉要向人民进行精神上的麻醉,因此,他们又自觉或不自觉地宣传唯心主义和反现实主义。正因为这样,所以就在英国经验主义的美学当中也展开了唯物主义与唯心主义两条路线的斗争。霍布斯、柏克等,是唯物主义美学的代表;夏夫兹博里、休谟等,则是唯心主义美学的代表。

但不管唯物主义或唯心主义,他们都注重感觉经验的心理分析,都是经验主义,都对德国古典美学产生过一定的影响。他们都从经验的事实出发,用归纳、比较、观察等方法,来研究美感经验的形成。他们都把美感的来源,归之于感觉上的快感和痛感。例如休谟就说:"快感与痛感不只是美与丑的必有的随从,而

---

① 恩格斯:《社会主义从空想到科学的发展》,《马克思恩格斯选集》第3卷,第382页。
② 鲁滨逊:笛福(1660—1731)所写的小说《鲁滨逊漂流记》中的主人公。他在一个无人的孤岛上创立了家业。

且也是美与丑的真正的本质。"①正因为美感是建立在感觉上的快感与痛感之上的,所以他说:"伦理学和美学与其说是理智的对象,不如说是趣味和情感的对象。道德的和自然的美,只会为人所感觉,不会为人所理解的。"②那么,这种以感觉为基础的美感,究竟是怎样形成的呢？他用心理分析的方法,说:"按照人类内心结构的原来条件,某些形式或品质应该能引起快感,其他一些引起反感。"③那就是说,形成美感的是两方面的条件,一是心理的条件,即人的内心结构;一是外在的条件,即"某些形式或品质"。内心的结构是主观的,外在的形式或品质好像是客观的了,但是,休谟接着说:"美丑,比起甘苦来,可以更肯定地说不是事物的内在属性,而完全属于内部或外部的感受范围。"这样,外在的形式或品质,仍然属于主观感受的范围。因此,对于休谟来说,美就不是客观的,而是主观的了。他不止一次地说:"美就不是客观存在于任何事物中的内在属性,它只存在于鉴赏者的心里;不同的心会看到不同的美;每个人只应当承认自己的感受,不应当纠正他人的感受。想发现真正的美和丑,就和妄图发现真正的甜和苦一样,纯粹是徒劳无功的探讨。"④休谟的这一观点,虽然并没有贯彻到底,时时出现矛盾的地方;佢很明显的,他从感觉经验出发,不仅宣扬了唯心主义的美学观点,而且也把他的不可知论带到美学研究的领域中来了。

在把感觉经验当成美学研究的出发点,在把美感当成是感觉上的快感或痛感这一点上,柏克与休谟是一致的。但是,他们的根本差别在于:休谟是把美感经验建立在主观的感受上,认为美不在外物而在人的内心里面;柏克则相反,他把美感经验建立在客观事物物质性的基础上,认为不论是美或崇高,都是客观事物本身的属性。他说:"我认为美指的是物体中能够引起爱或类似的感情的一种或几种品质。"⑤又说:"美大半是借助于感官的干预而机械地对人的心灵发生作用的物体的某种品质。"⑥这都是把客观事物的品质,当成美的来源。谈到崇高时,他也说:"凡是能以某种方式适宜于引起苦痛或危险观念的事物,即凡是能以某种方式令人恐怖的,涉及可恐怖的对象的,或是类似恐怖那样发挥作用的事

---

① 休谟:《论人性》,转引自朱光潜《西方美学史》上卷,第210页。
② 休谟:《论人性》,引自《十六—十八世纪西欧各国哲学》,第670页,商务印书馆,1975年。
③ 休谟:《论趣味的标准》,引自《古典文艺理论译丛》,1963年第五册,第6页。
④ 同上,第4页。
⑤ 柏克:《关于崇高与美的观念的根源的哲学探讨》,引自《古典文艺理论译丛》,1963年第五册,第38页。
⑥ 同上,第55页。

物,就是崇高的一个来源。"①因此,无论是美或崇高,在柏克看来,都是客观事物本身所具有的某种品质。他的美学是唯物主义的,关键就在于此。

但不管休谟唯心主义的观点也好,柏克唯物主义的观点也好,都曾对德国古典美学,特别是康德的美学,产生过巨大的影响。首先,康德在哲学上,就曾接受过英国经验派关于经验是知识的来源的讲法。他在《纯粹理性批判》一书中,开头就说:"吾人所有一切知识始于经验,此不容疑者也。"②然而,他不满足于经验,他认为经验是不可靠的。真正的知识,应当是可靠的,应当放之四海而皆准,行之百世而不惑。为了使知识具有这样的可靠性,他就离开了经验,而去探求先于经验的,也就是先天的知识形式。这样,他就从经验出发,而又超越了、背离了经验。促使他这样做的,正是休谟。休谟不仅是个唯心主义者,而且是个怀疑主义者。他认为感觉经验是认识的源泉,但人所认识的只能是心理上的感受,至于心理感受之外的东西,是不是真的有,以及究竟是什么样的东西,则是不可知的,不能认识的。据说休谟的这一怀疑的论点,曾把康德从独断的迷梦中惊醒过来。康德早年是唯物主义者,受了法国启蒙运动的影响,深信理性的威力。可是受了休谟的影响之后,他也开始怀疑理性的能力了。他把理性拿来重新审查,加以批判,从而写成了著名的《纯粹理性批判》。这一怀疑论的观点,反映到美学上,是认为美只是个人主观的感受,不能强求与旁人一致,因而审美趣味很难有普遍的标准。康德早年是相信这一说法的。但休谟又认为审美趣味虽然是个人的事,但事实上却应当有一个普遍的标准。他对这一个普遍的标准,作了详细的探讨。影响到康德,康德也力求去把本来是个别的美感经验,纳入他先天的,也就是具有普遍性和必然性的范围之内。休谟从共同的人性、从人心的结构一致,去探求审美趣味的共同标准,康德也把审美的普遍性和必然性,归之于人与人间的"共通感"。凡此种种,都说明了休谟的美学观点,对于康德是有影响的。

但是,比较起来,柏克对于康德美学思想的影响,却超过了休谟以及任何其他英国经验派的美学家。康德研究美学,可以说在很大的程度上是从柏克出发的。他早年写的《关于美和崇高的感情的考察》一文(1764年),就基本上是用柏克的观点来考察美与崇高的问题。首先,他接受了柏克关于美与崇高的区分;其次,他同意柏克关于审美活动是经验范围以内的事,是关于快与不快的感情的

---

① 转引自朱光潜:《西方美学史》上卷,第220页。
② 康德:《纯粹理性批判》,第27页,三联书店,1960年。

事。甚至到了他写《纯粹理性批判》时,先验的哲学体系已经形成了,但他对于美学的看法,仍然没有超出柏克的藩篱,认为审美判断属于经验范围以内的事,不能用先验的方法来研究。他在第一版的序言中,就批评理性派的鲍姆嘉敦,说他企图把关于美的判断建立在理性的原则上,这是徒劳的。因为美的问题,纯然是经验性的问题,不能用先天的原则来加以解释。可是,到了第二版,他却作了重大的修改。他写信给雷因霍尔德说:"我现在正在从事鉴赏的批判,比我以前所认识到的,我又发现了另外的一种先天的原则。"①那就是说,从这个时候起,他和柏克发生了根本性的分歧。他认为审美判断不能够用柏克那种经验的方法来研究,而应该用他自己的先验的方法来研究。经验的方法只能够罗列一些生理上和心理上的事实,而先验的方法却可以给审美的快感找出具有普遍性和必然性的先天原则来。美感不同于快感,就因为它具有普遍性和必然性。就这样,康德从与封建贵族相妥协了的德国资产阶级立场出发,把柏克的唯物主义美学加以唯心主义的改造,使之成为唯心主义的东西。

但是,改造不等于抛弃,这当中有取有舍。柏克美学中唯物主义的东西,康德抛弃了;但适合于他的唯心主义的要求的东西,则是继承下来,并加以发展。例如柏克关于美与效用无关、美与概念无关等观点,在康德美学中都得到了很大的发展。当时的英国资产阶级,一方面是一个上升的阶级,有其进步的一面;一方面又是一个既得利益的阶级,有其害怕人民的一面。柏克一方面拥护美国独立战争,另一方面又激烈地反对法国革命,正是英国资产阶级两面性的反映。这一两面性,在美学上也得到了反映。因此,即使在柏克早年还基本上倾向于唯物主义的美学研究时期,他也不可避免地具有一些唯心主义的观点。正是这些观点,在康德的美学中得到了进一步的发展。

3. 与德国理性派美学的关系

德国是德国古典美学的故乡,因此,德国本国的美学传统,对于德国古典美学的形成,就不能不具有特别重要的意义。十八世纪,在德国占据支配地位的美学流派,是以莱布尼兹、沃尔夫和鲍姆嘉敦为代表的理性派美学。康德读书时,所学习的就是莱布尼兹和沃尔夫的哲学。他在哥尼斯堡大学教书时,也曾多次采用鲍姆嘉敦和另一个理性派人物梅耶的著作作为课本。他的美学在很多方面都渊源于鲍姆嘉敦。克罗齐在《美学》第二部分谈美学的历史时,就认为康德的

---

① 转引自凯尔德:《康德的批判哲学》第二卷,第407页,hardpress publishing,1969年。

美学理论,基本上来自鲍姆嘉敦。克罗齐的话不一定可靠,但从这里,至少可以看出德国理性派美学对于德国古典美学某些方面重要的历史渊源了。

当时英、法、德的资产阶级,都处于上升的历史阶段。但由于各自所处的具体的历史社会条件不同,因而表现也不同。英国已经夺取了政权,因此,它一方面保持了十七世纪以来优秀的唯物主义传统,另一方面为了巩固自己的统治地位,又在开始倾向于保守,倾向于唯心主义。这样,彻底的唯物主义的传统,反而转到了当时已经强大但还没有取得政权的法国资产阶级,形成了声势浩大的法国启蒙运动。至于德国,资产阶级虽然已经登上了历史舞台,但由于我们前面所分析的先天不足、后天失调等等原因,它还没有能力提出夺取政权的革命口号,它只能谋求在封建势力的卵翼下创造某些适合于资本主义发展的条件。正因为这样,所以它不能像法国资产阶级那样大喊大叫地开辟自己前进的道路,发动现实的政治革命,它只能从理论思维上在传统的经院神学的唯心主义形式下,来曲折地表达自己某些革命的愿望。马克思说:"即使从历史的观点来看,理论的解放对德国也有特别实际的意义。德国的革命的过去就是理论性的,这就是宗教改革。"[①]德国理性派的哲学和美学,则是宗教改革以后,德国资产阶级的革命在理论上的又一次表现。

理性派的代表人物莱布尼兹,毕生供职于王室,与封建势力具有密切的联系。但他又是当时著名的哲学家和科学家,对当时学术的发展,特别是自然科学和技术的发展,起过很大的推动作用。就在这样的矛盾的情况下,他在笛卡儿和斯宾诺莎理性主义的基础上,建立了客观唯心主义的理性派的哲学体系。他的这一体系,是针对英国经验派唯物主义的路线而发的。英国经验派唯物主义路线的代表人物洛克于 1690 年发表了《人类理智论》,主张人的心灵本来是一块"白板",是感觉经验在上面打下了烙印,然后才形成了知识。因此,认识来源于经验。莱布尼兹不同意这个说法,他于 1710 年写了《人类理智新论》,来批驳这种观点。他说人的经验是靠不住的。例如"昼变成夜,夜变成昼",这好像万古如斯,到处皆然。但事实上,这不过是人的感觉经验而已,是靠不住的。你一到北极圈内的新地岛,那里整个夏天是白昼继白昼,整个冬天是黑夜继黑夜,昼与夜相互递换的经验,马上就行不通了。不仅这样,太阳与地球的关系将来是可能改变的,因此昼与夜的经验也是可能改变的。这样,感觉经验就不可能给我们带来

[①] 马克思:《〈黑格尔法哲学批判〉导言》,《马克思恩格斯选集》第 1 卷,第 9 页。

永恒的真理。那些具有普遍性和必然性的永恒真理,不是来自感觉经验,而是来自我们内心中的"天赋观念"。许多不须举例就很清楚明白的自明真理,如"1+1=2"这样的数学公理,就是这样的"天赋观念"。人在本性上都具有"天赋观念",但要发现这些"天赋观念",使它们从"潜在"的东西变成"现实"的东西,则需要一个"加工"和"琢磨"的过程。例如大理石,它本身即具有某些能够雕出艺术形象来的纹路,"以某种方式天赋在这块石头里"。雕刻家通过"加工","使这些纹路显出来,加以琢磨,使它清晰,把那些阻碍这个像显现的纹路去掉。"[1]我们认识外物,也正是如此。心灵中本来有某些"天赋观念",经过感觉经验的"机缘",加以触发,于是本来是"潜在"的东西,就变成是"现实"的可以认识的东西了。

莱布尼兹"天赋观念"的理论,要求真理必须具有普遍性和必然性,对于德国古典美学的影响很大。首先,康德的美学,一方面接受英国经验派的影响,认为美感是关于快与不快的感情,是属于感性经验方面的事;另一方面又受德国理性派的影响,要求美感必须具有普遍性和必然性。莱布尼兹从"天赋观念"来给认识制定普遍性和必然性的原则,而康德则不仅用先天的观念,来研究人的认识,而且也用先天的原则来研究美学的问题。其次,如何使"潜在"的"天赋观念"变成"现实"的真理,使"潜在"在大理石中的纹路变成雕刻家所雕塑出来的艺术形象,莱布尼兹的这一思想,在德国文学艺术和美学中也发生了很大的影响:黑格尔"美是理念的感性显现"的说法,不正是在莱布尼兹这一思想"火花"的触发下,所迸发出来的熊熊大火吗?当然,黑格尔已经远远地超过了莱布尼兹,我们再不能用莱布尼兹的讲法来解释黑格尔了。

另外,莱布尼兹还宣扬了一套"预定的和谐"的目的论观点。人的观念既然是"天赋"的、内在的,那么,它又怎么能够反映客观世界,使我们的认识符合客观世界呢?莱布尼兹请出了上帝,说是上帝的安排。上帝在创造心灵时,就使它的"知觉"符合外在世界的变化过程,它们之间具有一种"预定的和谐"。因为是上帝安排的,所以在各种可能的世界中,这个世界是最完美的。这一讲法,无疑是在为当时反动的现有秩序进行辩护,受到了伏尔泰的辛辣嘲笑[2]。然而,它在美

---

[1] 莱布尼兹:《人类理智新论》,《十六—十八世纪西欧各国哲学》,第505页,商务印书馆,1975年。
[2] 伏尔泰写有小说《老实人》。其中主角"老实人",服膺哲学老师邦葛罗斯的话:"事无大小,皆系定数。万物既皆有归宿,此归宿自必为最美满的归宿。"因此,宣扬世界是十全十美的乐观主义。但事实却证明了这个世界不但不是十全十美,而且是无恶不有,坏得惊人。邦葛罗斯的哲学,就是指莱布尼兹的哲学。

学上却启发了康德"天意安排"的说法。那就是说,在审美判断中,仿佛上天有意安排一样,外界事物的形式恰好符合了人的主观目的,于是在感情上产生了审美的快感。

但是,真正从美学上为德国古典美学开辟先路的,却是鲍姆嘉敦。他在1750年出版了《美学》一书,不仅第一次确立了"美学"这门学科的名称,而且也第一次确定了美学研究的对象和范围。我们说,美学作为一门学科,是从鲍姆嘉敦开始的,一点也不过分。他对德国古典美学的影响,至少有下列几点:

(1) 确定了美学研究的对象和范围。从希腊开始,就已经有了对于美学问题的研究,但对象和范围却是不明确的。有的分析美的本质,有的探讨人的鉴赏力和鉴赏标准,有的则侧重于艺术原理的研究。鲍姆嘉敦根据莱布尼兹人的认识是从"混乱的认识"到"明确的认识"的过程,也就是从"感性认识"到"理性认识"的过程,从而把美学研究的对象和范围,明确地规定为"感性认识"。他认为人的心理活动,主要分成知、情、意三个部分。关于知,也就是理性认识,已有逻辑学来研究;关于意,也就是道德活动,已有伦理学来研究;那么,关于情,也就是莱布尼兹所说的"混乱的认识"即感性认识的部分,也应该有一门独立的学科来研究,他认为这就是"美学"。"美学"一词,在他看来就是"感性学"的意思。就这样,他从认识论的角度出发,明确地把美学规定为是研究感性认识的科学,使之与研究理性认识的逻辑学对立起来。他的这一讲法,直接为康德以后的西方资产阶级美学所接受,他们也都是从认识论出发,把美学联系于感性认识来研究的。

(2) 照莱布尼兹看来,感性认识所面对的是直观的现象世界,因此比起逻辑思维的理性认识来,它是低级的、朦胧的,不那么清楚明白。正因为这样,所以他称之为"混乱的认识"。鲍姆嘉敦继承了这个讲法。但是,他又接受了沃尔夫"美在于完满"的讲法。那就是说,感性认识虽然是"混乱的",但却是"完满的"。所谓"完满的",就是完满无缺,自成一个多样统一的和谐而又有秩序的世界。当感性认识达到"完满性"的程度时,它反映了客观世界的和谐和秩序,使人一目了然,因而也就是美的。美就是感性认识的"完满"。因为"完满"着重客观世界的多样统一,着重秩序与和谐,所以它是属于形式方面的。同时,感性认识又是以具体的事物形象作为对象的。具体的事物总是有个性的,和人的感情相联系的。因此,美也是有个性的,饱和着感情色彩的。这一点,使鲍姆嘉敦背离了当时的古典主义,而倾向于浪漫主义。康德的美学,也是着重形式,强调感情,不能不说是受了鲍姆嘉敦的影响。另外,鲍姆嘉敦认为美学是以混乱的感性认识为对象,等到有了明确的理性认识产生之后,就可以取美而代之。黑格尔认为哲学将要取代艺术,其论点与此基本一致。

(3) 感性认识的"完满性",在形式方面的讲法为康德所继承,但在内容方面的含义却为康德所否定。康德在《判断力批判》第十五节中,主要就是从内容方面来批判鲍姆嘉敦关于"完满性"的讲法,他的标题就是"鉴赏判断完全不系于完满性的概念"①。他所说的那位"有名的哲学家",就是指鲍姆嘉敦。他的批判有两个方面:从客观方面来说,完满性是指一事物符合于它本身的概念。例如一匹骏马,必须符合"骏"的概念,才是骏马。但美和概念无关,一涉及概念,美就不成其为美了。因此,用完满性来解释美,是不对的。再从主观方面来看,完满性是指一事物符合我们主观的目的,适应了我们某种实用的要求。例如林中一块草地,我们想到它可以用来作为舞蹈场。康德说,美只是在形式上符合我们的主观目的,至于一牵涉到内容和效用,马上就不美了。因此,用富有实际内容的完满性来解释美,也是不对的。

就这样,康德不但继承了德国理性派美学中的某些东西,而且也批判了德国理性派美学中的某些东西。在批判和继承的当中,他常常用经验派来批判理性派,同时又用理性派来批判经验派。他想调和理性派和经验派,然后形成他自己先验派的唯心主义的美学观点。总的来说,他的目的是达到了的,虽然当中还存在着许多矛盾和不能自圆其说的地方。调和的结果,他不是走向唯物主义,而是走向了更深入更细致的唯心主义。他第一次给资产阶级的美学建立了一套完整的唯心主义体系。

(四) 德国古典美学的历史地位

一件事物的地位,并不是由它本身所决定的,而是由它和周围事物的关系来决定的。例如上海处在什么地位呢?我们说,处在长江之口,东海之滨。是上海与长江和东海的关系决定了它所处的地位。同样,德国古典美学的历史地位,也不是德国古典美学本身所能决定的,而是由它和周围各种现象的历史关系所决定的。前面,我们对德国古典美学产生的阶级基础和社会基础,它的性质,以及

---

① 康德:《判断力批判》上卷,第64页,商务印书馆,1960年。

它与十八世纪法国启蒙运动、英国经验派美学、德国理性派美学的思想渊源关系,都作了一些分析。从这些分析中,我们可以看到,德国古典美学不是凭空产生的。它有它的历史根源和思想根源。正是这一历史根源和思想根源,使它能够总结以往资产阶级美学的成就,加以批判和继承,从而形成一个自有人类历史以来,内容最为渊博而又包罗万象的资产阶级唯心主义的美学体系。德国古典美学的历史地位,首先就表现在它是人类自有美学思想以来,第一次从资产阶级唯心主义的立场和观点,所作的一次全面的总结。康德的《判断力批判》、谢林的《艺术哲学》、席勒的《审美教育书简》、黑格尔的《美学》等,都是有史以来一直到当时,最为完备而又最有影响的唯心主义美学思想体系。

马克思说:"资产阶级社会是历史上最发达的和最复杂的生产组织。因此,那些表现它的各种关系的范畴以及对于它的结构的理解,同时也能使我们透视一切已经覆灭的社会形式的结构和生产关系。"① 又说:"人体解剖对于猴体解剖是一把钥匙。低等动物身上表露的高等动物的征兆,反而只有在高等动物本身已被认识之后才能理解。"② 这些话,很有助于我们理解德国古典美学的历史地位。既然德国古典美学是资产阶级美学发展的最高阶段,资产阶级以及资产阶级以前的美学思想,都被批判、继承和总结在德国古典美学的当中,因此,分析和研究德国古典美学,就有助于我们理解在此以前的一切美学思想。美学当中的一些基本范畴,人对现实的各种主要的审美关系以及它们的历史发展,都是到了德国古典美学以后,方才得到比较深入而又系统的研究。正因为这样,所以德国古典美学是我们了解资产阶级和资产阶级以前的各种美学思想的一把"钥匙"。我们要了解人类美学思想的发展,不能不特别重视德国古典美学这一个环节。不仅这样,德国古典美学以后,资产阶级开始走下坡路,资产阶级美学也开始向着非理性或反理性的方向发展。什么人性论、形式主义、直觉主义、神秘主义、心理分析等等,真是花样百出,不胜枚举。但追本穷源,这些美学思想和流派,却又无不可以追溯到德国古典美学。德国古典美学是现代资产阶级各种美学思想和流派的鼻祖。因此,为了划清与资产阶级美学思想的界限,辨别各种伪装的假马克思主义美学观点,我们也很有必要对德国古典美学进行深入的研究和批判。弄清了德国古典美学思想的实质,对于批判现代资产阶级的美学思想,是很有帮

---

① 马克思:《政治经济学批判导言》,《马克思恩格斯选集》第2卷,第108页。
② 同上。

助的。

这样,从资产阶级美学思想发展的历史来说,德国古典美学所处的是承先启后的地位。它总结了过去美学思想的成就,而又直接影响和开启了现代资产阶级唯心主义的美学思想。

但是,德国古典美学如果仅只是由于它那庞大的唯心主义体系,承先启后地总结了以往的唯心主义美学、开启了以后的唯心主义美学,那么,它不过是唯心主义美学思想中的一个巨大流派,决不会象我们今天所理解的那样重要。马克思列宁主义的经典作家对德国古典哲学(包括美学)给予了高度的评价。恩格斯说:

> 如果不是先有德国哲学,特别是黑格尔哲学,那末德国科学社会主义,即过去从来没有过的唯一的科学社会主义,就决不可能创立。①

列宁在《马克思主义的三个来源和三个组成部分》中,更把德国古典哲学看成是马克思主义的三个来源之一,说:

> 马克思并没有停止在十八世纪的唯物主义上,而是把哲学向前推进了。他月德国古典哲学中的成果,特别是使费尔巴哈唯物主义哲学能以产生的黑格尔体系的成果丰富了哲学。这些成果中最重要的就是辩证法……②

这样,德国古典美学不但对资产阶级和唯心主义来说,是重要的;对无产阶级和马列主义来说,也有其重要的意义。恩格斯把德国工人运动,看成是"德国古典哲学的继承者"③。

马克思列宁主义的美学是建立在辩证唯物主义和历史唯物主义之上的,是最彻底最科学的唯物主义美学,它如何会对德国古典美学如此地重视,并把它当成自己的主要的来源之一呢?要说明这个问题,首先,我们要说明,马克思列宁主义美学所重视的,不是德国古典美学的唯心主义体系,而是它的辩证法。从康

---

① 恩格斯:《"德国农民战争"一八七〇年版序言的补充》,《马克思恩格斯全集》第18卷,第565页。
② 列宁:《马克思主义的三个来源和三个组成部分》,《列宁选集》第2卷,第442页。
③ 恩格斯:《路德维希·费尔巴哈和德国古典哲学的终结》,第49页。

德提出"审美判断力的辩证论"开始,辩证法就在德国古典美学中占有一定的地位。到了黑格尔,更是有意识地把辩证法当成唯一的方法,全面地贯彻到各个领域中去,也贯彻到美学中去。根据这种辩证法的观点,"黑格尔第一次——这是他的巨大功绩——把整个自然的、历史的和精神的世界描写为一个过程,即把它描写为处在不断的运动、变化、转变和发展中,并企图揭示这种运动和发展的内在联系"①。那就是说,有了黑格尔的辩证法,人类的历史再不是"乱七八糟的一堆",而是具有内在规律的一个完整过程了。但是,黑格尔的辩证法实质上是唯心的,是包藏在唯心主义的神秘体系之中的,"在它现有的形式上是完全不适用的"②。于是,马克思和恩格斯把它加以唯物主义的改造,"使辩证方法摆脱它的唯心主义的外壳并把辩证方法在使它成为唯一正确的思想发展方式的简单形式上建立起来"③,也就是说,使它从唯心主义的辩证法改造成为唯物主义的辩证法。经过这样的改造,黑格尔《美学》中体现出来的"划时代的历史观",像在其他著作中一样,成了"新的唯物主义观点的直接的理论前提"④。德国古典美学,特别是黑格尔的美学,对于马克思列宁主义美学的重要意义,首先就表现在这里。

其次,再从美学思想发展的历史过程来看,十八世纪形而上学的唯物主义美学,怎样发展成为马克思列宁主义以辩证唯物主义和历史唯物主义作为理论基础的美学,这当中,德国古典美学实在起了一个转折的中介作用。列宁在《谈谈辩证法问题》一文中,曾把近代的哲学认识,表解为下列的形式:

霍尔巴赫——黑格尔(经过贝克莱、休谟、康德)。

黑格尔——费尔巴哈——马克思。⑤

那就是说,十八世纪以霍尔巴赫为代表的形而上学的唯物主义,经过黑格尔的批判和改造,发展成为辩证的唯心主义。而以黑格尔为代表的辩证唯心主义,经过费尔巴哈的批判,特别是经过马克思的批判和改造,发展成为辩证的唯物主义。列宁的这一表解,十分具体而又清楚地说明了德国古典哲学在从旧的唯物主义向新的唯物主义发展的过程中所处的地位和所起的作用。正是由于这样的地位和作用,所以我们在研究马克思列宁主义美学的产生和形成时,就必须十分

---

① 恩格斯:《反杜林论》,《马克思恩格斯选集》第 3 卷,第 63 页。
② 恩格斯:《卡尔·马克思〈政治经济学批判〉》,《马克思恩格斯选集》第 2 卷,第 120 页。
③ 同上,第 122 页。
④ 同上,第 121 页。
⑤ 《列宁选集》第 2 卷,第 714 页。

重视德国古典美学这一个历史的中介环节。只有理解了德国古典美学对于十八世纪形而上学唯物主义美学的批判,我们才能认识旧的唯物主义美学的局限性,认识它们那种"缺乏联系的"罗列现象的方式以及忽视对于审美主体能动性方面的研究,是如何地片面和狭隘;同时,也只有当我们理解了马克思列宁主义的美学对于德国古典唯心主义美学的批判和改造,我们才能认识一切唯心主义美学、哪怕是发展到它的最高阶段的德国古典美学,都不能真实地反映人对现实的审美关系,都不能对美的本质、美和美感的历史发展等问题,作出正确的符合客观规律的说明。正因为这样,所以我们通过对于德国古典美学的批判和研究,可以更好地认识到马克思列宁主义美学的革命性质和意义。它不但超过了以往的一切唯物主义和唯心主义的美学,而且在美学的领域中,引起了革命的质的变化:既批判地继承了过去美学中一切优秀的遗产,又开创了无产阶级革命时代的新的美学。

总结以上所说,德国古典美学的历史地位,可以归纳为四点:1. 总结了以往美学的经验,特别是十八世纪英、法、德三国美学的经验;2. 开启了十九世纪后半期到二十世纪资产阶级形形色色的美学思想;3. 把辩证法这一先进的方法全面地引进了美学研究的领域;4. 从十八世纪形而上学的唯物主义美学到马克思列宁主义的美学之间,起了一个中介的作用。

毛泽东同志教导我们:"我们的方针是,一切民族、一切国家的长处都要学,政治、经济、科学、技术、文学、艺术的一切真正好的东西都要学。但是,必须有分析有批判地学,不能盲目地学,不能一切照抄,机械搬运。他们的短处、缺点,当然不要学。"①毛泽东同志又教导我们:"对外国的科学、技术和文化,不加分析地一概排斥,和前面所说的对外国东西不加分析地一概照搬,都不是马克思主义的态度,都对我们的事业不利。"②毛泽东同志的这两段话,给我们指出了对待德国古典美学所应当采取的态度。像德国古典美学这样有过巨大的影响,起过重要的历史作用的美学流派,仅仅宣布它是资产阶级的,唯心主义的,还是解决不了问题的。我们应当具体地加以分析和研究,还它的历史真面目,然后剔除其糟粕,吸收其精华,批判地加以继承,做到"古为今用,洋为中用"。

---

① 毛主席:《论十大关系》,《毛泽东选集》第5卷,第285页,人民出版社,1977年。
② 同上,第287页。

二、康　德

（一）生平和著作

康德是德国古典美学的奠基人。他的著作，一向被认为难读难懂。据说他有一个名叫赫尔兹的朋友，是专门研究哲学的，读了他的《纯粹理性批判》原稿的一半，就退还给他，说：如果再读下去，要发疯了。①

康德的著作既然这样难读难懂，那么，我们为什么还要那样重视他、研究他和批判他呢？这是因为他的著作在资产阶级学术思想中占有一个重要地位。康德曾把他的《纯粹理性批判》比作哥白尼在天文学上的发现，这当然是夸大的。然而，他的著作的确曾在资产阶级社会中引起过巨大的震动，它是当时资产阶级革命的反映。马克思就曾指出：要"公正地把康德的哲学看成是法国革命的德国理论"②。海涅生活的时代与他相去不远，曾经这样描写《纯粹理性批判》一书所引起的震动：

> 从这本书的出现起，德国开始了一次精神革命，这次精神革命和法国发生的物质革命，有着最令人奇异的类似点，并且对于一个深刻的思想家来说这次革命肯定是和法国的物质革命同样重要……在莱茵河的两岸，我们看到和过去时代同样的决裂，以及对传统的一切尊敬的废除；如同在法国每一项权利的正当性都受到了考验一样，在德国每一种思想的正当性也必须受到考验；如同在法国推翻了旧社会制度基础的王权一样，在德国推翻了精神统治基础的自然神论。③

---

① 参考都兰：《哲学的故事》，第277页，纽约西蒙和苏斯公司出版。
② 马克思：《法的历史学派的哲学宣言》，《马克思恩格斯全集》第1卷，第100页。
③ 海涅：《论德国宗教和哲学的历史》，第97页，商务印书馆，1974年。

在美学思想中,康德的地位也是很重要的。他不但是德国古典美学的奠基人,而且是近代资产阶级美学承先启后的人。黑格尔在《美学》中,就一方面说:康德的哲学是"近代哲学的转折点";另一方面又说:"对于了解艺术美的真实概念,康德的学说确是一个出发点。"①那就是说,黑格尔是把康德美学当成近代美学的出发点的。谢林讲得更彻底了。他说:时间母亲会证明,"康德在他不朽的著作中所播下的……那些伟大发现的种子",将会越来越臻于成熟。② 歌德对于康德,也充满了敬意。他说:"他的理论一直在起作用,并且深入到德国文化的内心里面去。纵然你不读他的书,也要受他的影响。"③至于近代资产阶级的美学家,我们更可以这样说:差不多没有一个不受康德的影响。他们的一些基本的论点,也差不多都是从康德那里受到启发而来的。正因为这样,所以康德在资产阶级美学史中,就占有特别重要的地位。我们要研究和批判近代资产阶级的美学,不能不从研究和批判康德的美学开始。

在没有对康德的美学进行分析和批判以前,我们想先谈一下他的生平和著作。鲁迅说:"我们想研究某一时代的文学,至少要知道作者的环境、经历和著作。"④鲁迅讲的是文学,对于美学也是适用的。

康德生于1724年,死于1804年。他的故乡是东普鲁士的哥尼斯堡。父亲是马鞍匠。父母都是虔敬派的教徒,家庭生活具有浓厚的宗教色彩。他于1740年进入大学,这时正是腓特烈二世(即腓特烈大王)登位之年。国王一方面大力扩充军备,对外扩张;另一方面又提倡所谓"开明专制",主张"哲学家和君主"的联盟。这是当时启蒙运动重视科学文化知识所造成的结果。在此风气的影响之下,康德十分重视自然科学和文化知识的学习。在大学期间,他学物理学、数学、地理学、哲学和神学。大学毕业后,从1746年到1755年,他当了九年家庭教师。1755年,他到大学当讲师。教过数学、物理学、逻辑学、形而上学、伦理学、地理学、人类学和自然神学等课。1770年,提升为教授,主要讲逻辑学和形而上学,一直到死。此外,他一生中不但再没有参加过任何其他的活动,而且除了曾到二十里地以外的但泽作过一次旅行之外,他也从来没有离开过哥尼斯堡。因此,他

---

① 黑格尔:《美学》第1卷,第66页和第72页,商务印书馆,1979年。
② 引自吉尔柏特、库恩合著:《美学史》,第321页,美国印第安纳大学出版社,1939年。
③ 歌德:《与艾克尔曼谈话录》,第242页,《蓬斯丛书》英译本。
④ 鲁迅:《魏晋风度及文章与药及酒之关系》,见《而已集》,第115—116页,人民文学出版社,1976年。

的一生,很单调,很平凡。每天的生活,也都过得很平静,很有规律。什么时候起床,什么时候吃饭,什么时候写作,什么时候散步,等等,他都作了严格的规定。诗人海涅这样描写他:

> 康德的生活史是难于叙述的。因为他既没有生活,又没有历史。他住在德国东北边境一个古老城市哥尼斯堡一条僻静的小巷里,过着一种机械般有秩序的,几乎是抽象的独身生活。我相信,就连城里教堂的大时钟也不能象它的同乡伊曼努尔·康德那样无动于衷地、按部就班地完成它每日的表面工作。起床,喝咖啡,写作,讲学,吃饭,散步,一切都有规定的时间,邻居们清楚地知道,当伊曼努尔·康德穿着灰色外衣,拿着藤手杖,从家门口出来,漫步走向菩提树小林荫道的时候就是下午三点半钟,由于这种关系人们现在还把这条路叫做哲学家路。一年四季他每天总要在这条路上往返八次,每逢天气阴晦或乌云预示着一场暴雨的时候,他的仆人,老兰培,便挟着一把长柄雨伞作为天意的象征忧心忡忡地跟在后面侍候他。①

海涅的描写,可能有些夸大。但是,资产阶级知识分子脱离实际斗争,只是封闭在个人内心生活的小天地中的那种形象,却是非常富有典型意义地描绘出来了。唯心主义来源之一,就是在认识上不是从生活到思想,而是从思想到思想。康德作为唯心主义美学思想主要的代表人物之一,除了最根本的阶级原因之外,不能不说和他个人的这种生活方式,也有某些关系。

然而,康德外表的生活虽然很平静,很单调,但他的内心生活却决非如此。他对现实生活中的各种斗争并不是完全不关心的。他每天都在研究着和思考着各种各样的问题。他写了许多书。从这些书,我们可以看出来,时代巨大的社会变动和阶级矛盾,并不是和他不相关的。这些都通过他的内心深刻地反映了出来。

康德思想的发展,有一个过程。一般以 1770 年为界限,先后分成两个时期。1770 年以前,是他的前批判时期。1770 年以后,则是他的批判时期。在前批判时期中,他主要研究自然科学。他的大学毕业论文,就是一篇关于自然科学的论文,题目叫《活力测定考》。1754 年,他发表了论述潮汐的著作,提出了地球的自

---

① 海涅:《论德国宗教和哲学的历史》,第 102 页。

转由于潮汐的摩擦而减慢的假设。1755年,他的著名的《自然通史和天体论》出版了。在这部书中,他除了论述外银河系存在的可能性之外,主要提出了"星云说"的假设,认为太阳系是起源于星云状态的物质微粒。对于他这个时期关于自然科学的研究工作,马克思和恩格斯都给予了很高的评价。恩格斯说:"在这个僵化的自然观上打开第一个缺口的,不是一个自然科学家,而是一个哲学家。1755年出现了康德的《自然通史和天体论》。关于第一次推动的问题被取消了;地球和整个太阳系表现为在时间的进程中逐渐生成的东西。"①他这时的哲学观点,基本上是唯物主义的。他曾说:"给我以物质,我将用它建成世界。"②但是,即使在这时,他也并没有完全克服唯心主义的东西。他认为生命的起源是不可知的;他认为上帝虽然不是宇宙的建筑师,但却是宇宙存在的一个必要前提,从而给宗教信仰留下了地盘。

到了1760年左右,一方面他受了英国经验派哲学家洛克和夏夫兹博里等的影响,从对自然的研究转而注重对人性的研究;另一方面,他又受了卢梭的影响,感到人类感情的可贵。他平时生活极有规律,但有一次竟因为耽读卢梭的作品《爱弥儿》而打破了生活常规。从这个时候开始,他的注意力从自然科学转到了哲学方面。到了1770年,他的转变完成,遂进入了批判时期。

康德作为一个资产阶级唯心主义的代表人物,以及他在哲学和美学史上所占有的重要地位,主要是指他在批判时期内的成就而言。他的三大"批判",即《纯粹理性批判》(1781年)、《实践理性批判》(1788年)、《判断力批判》(1790年)以及其他一些重要的著作,都是在这个时期内写的。在自然科学与神学的斗争中,这时,他不再是站在自然科学方面,而是从哲学上,来给自然科学划定范围了。他认为人的理性认识能力是有限的。超过自然现象之外,不属于科学的范围,而属于信仰的范围。这样,他不仅给宗教信仰留下了地盘,而且给宗教信仰找到了理论的根据。难怪教会开始禁止他的书,国王也颁布命令警告他;但后来,却不仅不禁止,教会反而派人去研究他的书,大学里的神学教师也大谈康德哲学。这就因为康德已不再是宗教的反对者,而成了宗教的辩护人了。

在政治上,康德也经历了这样一个从向往进步到为反动的统治阶级服务的

---

① 恩格斯:《自然辩证法》,《马克思恩格斯选集》第3卷,第450页。
② 引自《哲学研究》编辑部编:《论十八—十九世纪德国古典哲学》,第8页。

过程。美国独立、法国革命,开始时他都是采取欢迎的态度的。卢梭的民权学说,他也曾经一度醉心过。他说:"曾有过一个时期——我轻视无知的群众,卢梭纠正了我……我学会了来尊重人,认为自己远不如寻常劳动者之有用,除非我相信我的哲学能替一切人恢复其为人的共同权利。"①但是,当法王路易十六被送上断头台、雅各宾党人专政的时候,他转过来反对革命了。他认为革命改变不了人的道德本质,因此,他认为革命在德国行不通。他说:"现存的合法权利,无论它是怎样的,都应该服从。"这样,他就明显地替现存的反动制度进行辩护了。

康德的哲学,据他自己说是要调和理性论和经验论。瞎子有理性,没有经验,不能形成知识;白痴有经验,但无理性,同样不能形成知识。因此,他认为两方面都错误,两方面都要加以批判。但是,批判之后,他究竟是走向唯物主义还是唯心主义呢?表面上看起来,他走向了调和唯物主义与唯心主义的二元论。但实质上,我们说,他走向了主观唯心主义。为什么呢?这就因为他虽然提出了一些唯物主义的假设,如像承认客观存在的"物自体"、知识的来源是感觉经验等,但是,他又认为"物自体"是不可知的,感觉经验是靠不住的。这样,他又否定了自己所提出的唯物主义的假设,而走向了唯心主义。这一点,黑格尔在《小逻辑》一书中,就曾经指出来过。黑格尔说:康德在研究人对现实的认识的时候,提出了许多范畴。"但照康德的讲法,范畴却只是属于我们的,不是对象的性质,所以,他的哲学就是主观的唯心论。因为他认为自我或能知的主体,既供给认识的型式复供给认识的材料。认识的型式出于能思之我,认识的材料出于感觉之我。"②这样,康德的批判哲学,是从企图调和唯物主义和唯心主义出发,而最后走向了主观的唯心主义。

总的说来,康德思想发展的道路,是从自然科学到神学、从向往革命到畏惧革命、从前批判时期的唯物主义到批判时期的主观唯心主义。康德之所以走这样一条道路,他的思想之所以充满了矛盾以及企图调和矛盾的斗争,是和他那个时代的阶级矛盾分不开的。当时德国的资产阶级,像我们在前面所分析的,正是一个充满了矛盾、并终于从动摇走向与封建贵族相妥协的阶级。康德是这个阶级的代言人,因此,他的著作中所表现出来的思想,自然反映了他那个阶级的矛盾性、动摇性和妥协性。他的美学著作《判断力批判》,是他晚年写的。在这部著

---

① 引自斯密:《康德〈纯粹理性批判〉解义》,第 39 页,商务印书馆,1961 年。
② 黑格尔:《小逻辑》,第 79 页,商务印书馆,1980 年。

作里,矛盾的思想依然存在,但主观唯心主义却已占了支配的地位了。

(二) 康德美学的出发点

康德的时代,正是文学艺术开始繁荣,并普遍对美学提出要求的时代。那时的思想家和艺术家,很少有不谈美学问题的。受了这种影响,康德也谈美学。但是,康德却不是为了要解决当时生活和艺术中所实际存在的美学问题,更不是为了要总结艺术创作和艺术发展的历史经验,而后提出他的美学理论的。相反地,他是从他的哲学体系出发,为了满足他的哲学兴趣,完成他的哲学体系,而后方才写了他的美学著作《判断力批判》的。《判断力批判》,是他整个哲学体系中不可分割的一个组成部分,因此,我们必须从康德的哲学体系出发,来探讨他的美学观点。

康德的哲学,被称为"批判哲学"。他所说的"批判"二字,和我们今天的用法有些不同。文艺复兴以后,自然科学逐步从经院哲学的束缚中解放出来,理性的权威逐步取代了宗教的权威。人们对于自己的理性认识能力,充满了无边的信心。培根"知识就是力量"的话,成了当时普遍流行、鼓舞人们前进的一句话。整个启蒙运动,可以说就是高唱人类理性凯歌的运动。恩格斯谈到这个运动,即这样说:"一切都必须在理性的法庭面前为自己的存在作辩护或者放弃存在的权利。思维着的悟性成了衡量一切的唯一尺度。"[①]康德的早年和中年,都生活在这样的时代。因此,他也相信理性的无边威力,他也努力研究自然科学。但是,到了后来,他读到了休谟的著作。休谟在《人性论》、《人类理智研究》等书中,认为感觉是我们认识的唯一极限,感觉之外都是不可知的;至于因果律等客观规律,那无非是人们的习惯,事实上是不存在的。这样,他虽然并没有否认外部世界的客观存在,但却否定了我们人类的理性能够认识外部世界的可能性。休谟的这种怀疑主义的观点,反映了取得了政权的英国资产阶级那种保守的倾向,否认理性的力量,认为人的知识都是有局限性的。这一提法,正好投合了当时软弱无力的德国资产阶级的味口,所以很快为康德所接受。康德说,是休谟使他从独断论的迷梦中惊醒过来。现在,他不愿再盲目地相信理性的力量了。他要把理性拿来加以检查、衡量,看看它到底有多大的能力,它的活动到底能够达到多大

---

① 恩格斯:《社会主义从空想到科学的发展》,《马克思恩格斯选集》第3卷,第404页。

的范围。他说:在我们研究对于事物的认识以前,先应当对于人类理性认识能力的本身进行批判。他所说的"批判",正是这个意思。他的"批判哲学"的目的,也正是在这里。

那么,批判的结果,理性的认识能力到底有多大呢?他说:我们的世界可以分成两个部分:一是物自体,一是现象界。前者超越于自然界,不以人的意志为转移;后者就是我们周围的自然界,它受必然规律的支配。我们人的理性的认识能力,只能达到现象界,而不能达到物自体。物自体是不可知的。这就好像我们住在一个小岛上面。我们活动的范围,只以小岛为限。至于岛的外面,那浩瀚无边的汪洋,则是我们所无能为力的了。小岛就是现象界,汪洋则是物自体。

为什么说,我们的认识能力只及于现象界呢?这就需要对于知识的性质加以探讨了。这样,康德哲学的中心问题,就变成了什么是知识的问题。

什么是知识呢?康德说:孤立的概念,如像地球、行星等,不是知识。必须概念和概念之间发生了关系,如像地球是行星,方才是知识。这就是说,必须有一个主语,一个宾语,构成了判断的关系,方才是知识。因此,知识就是判断。但是,判断有两种:一是分析判断,一是综合判断。分析判断是从主语中分析出宾语,宾语本来就包含在主语中。例如物体是有面积的这个判断,面积的概念本来就包含在物体的概念中,所以面积的概念不过是从物体的概念中分析出来的,并没有增加什么新的东西。因为并没有增加什么新的东西,所以这样的分析判断,就不能增加我们的知识。至于综合判断则不同了。它是把本来并不相互包含的概念,综合在一起,使它们发生新的关系。例如地球是行星,行星的概念并不包含在地球的概念之中,因此,我们把地球和行星这两个概念综合在一起,就形成了一种新的关系,增加了新的东西。因为增加了新的东西,所以它能够给我们带来知识。所有的知识,都应当是综合判断。

不过,综合判断所带来的知识,不一定具有普遍性和必然性。例如今天天气很热,是一个综合判断。但是,明天天气可能变冷,北极的天气更冷。因此,这样的综合判断,没有普遍性和必然性,它是不可靠的。真正的科学的知识,不仅是综合判断,而且还必须具有普遍性和必然性,必须放之四海而皆准,行之百世而不惑。例如物体因热而膨胀,这就是一个具有普遍性和必然性的综合判断,因为在任何情况下,物体都会因热而膨胀。这样,怎样使综合判断具有普遍性和必然性,就成为康德哲学的一个重要任务了。

在康德看来,这种普遍性和必然性,不能来自经验。经验都是受条件限制的,都不长久可靠。只有先天的理性,方才具有普遍性和必然性。因此,真正的科学的知识,都应当建立在先天的理性上。建立在先天理性上的综合判断,他称为先天的综合判断。一切科学的知识,都必须是先天的综合判断。为什么说,建立在理性上的先天的综合判断,就具有普遍性和必然性呢?这就因为人的理性,天生是人人相同的。1+1=2,任何有理性的人,都不会加以怀疑。因此,由于理性的本身先天地具有普遍性和必然性,所以建立在理性基础上的先天的综合判断,也就具有普遍性和必然性了。

康德的哲学不仅是唯心主义的,而且是不可知论的。他认为先天的综合判断,只涉及知识的形式,而不涉及知识的内容。内容来自物自体,这是不可知的。正好象我们抓一把雪,雪的本身是什么,我们不知道。我们所能知道的,只是打上了手掌印子的雪的形式。这样,我们的认识只限于形式。康德的哲学是形式主义的,原因就在这里。不仅这样,他还认为这种形式也不是来自客观事物的本身,而是我们人的主观所具备的。那就是说,我们人的理解力本身先天地具有一些感性形式,如时间、空间等,以及一些概念形式,如因果律、必然律等逻辑范畴。这些形式或范畴都是主观的,我们人把它们赋予外物,外物也方才具有了这样或那样的形式。因此,康德的哲学不仅是形式主义的,也是主观主义的。人的主观先天地具备了一些具有普遍性或必然性的形式或范畴,然后再以这些形式或范畴作为模子,把客观世界加以塑铸,于是就形成了各式各样的现象了。正因为这样,所以在康德看来,现象世界本来是人的理性所创造的,因此人的理性就能够认识现象世界。至于物自体,它超过了理性的范围,它不是理性所创造的,所以也就不能够认识了。这完全是一种颠倒存在与思维的关系的主观唯心主义观点。

这种主观唯心主义的观点,形式主义和主观主义的观点,贯穿于康德整个的哲学体系中,也贯穿于他的美学中。根据《判断力批判》第一版的《序言》,我们知道,他写这本书的第一个目的,就是在探讨如何把形式主义和主观主义的先天的综合判断运用到美学中来。他说:人的心灵分为认识、快与不快的感情和愿望三个部分,也就是知、情、意三个部分。适应这三个部分,人有三种认识能力:理解力、判断力和理性[①]。他认为他在《纯粹理性批判》和《实践理性批判》两本书

[①] 康德所说的"理性"有两种,一种是"纯粹理性",相当于我们所说的理性认识的理性。这是对经验的现象世界进行理解的一种能力,即是理解力。另一种是"实践理性",是以整个宇宙作为对象,是超越于经验之外,对于绝对的、无限的"物自体"的认识。此地所说的理性,即是指的这种"实践理性"。

中,已经分别探讨了理论认识和道德意志的先天法则,已经在这两个领域中建立了先天的综合判断。现在,他写《判断力批判》,就是要探讨一下,在感情这个领域中,是不是也可以建立一种独立的先天原则?对于快与不快的感情,对于人的判断力,是不是也可以构成先天的综合判断?那也就是说,对于快与不快的感情的判断,是不是也可以具有普遍性和必然性?如果可以,审美判断就可以成立,否则审美判断只能属于经验范围以内的事,而不属于他的哲学范围以内的事了。这就是他写作《判断力批判》的第一个目的,也就是他的美学的第一个出发点。

其次,我们知道,康德把世界分成物自体和现象界两个部分。现象界是有限的、在感觉范围以内的、受各种必然律支配的自然。我们人的认识能力,主要是理解力,即以现象界作为认识的对象。关于理解力如何运用各种范畴,来对现象界进行整理和认识,这是属于《纯粹理性判断》探讨的范围。超过这个范围,我们人的理解力,如果企图去认识物自体,那就将陷入不可挽救的矛盾——各种"二律背反"——的当中去。因此,人的理论认识的范围,是超不过现象界的。但是,人作为人,他又不满足于局部的理论认识。为了安身立命,他需要知道宇宙万物的究竟,他需要知道全体,也就是说,他需要知道物自体。当他还不能认识物自体的时候,他会彷徨不安,他的生活将会缺乏坚实的根据。这怎么办呢?康德说,既然我们不能从理论上来证明物自体,那么,我们就在实践上去信仰。他的《实践理性批判》,就是为了满足实践意志的要求,要我们在道德上去对物自体抱信仰的态度。就这样,康德给自然科学的活动划定了范围,而给宗教信仰留下了地盘。列宁说:"康德:限制'理性'和巩固信仰。"① 正是指这一点而言的。

对于道德的"实践理性"来说,问题不在于知道什么,而在于应当做什么。对于应当做什么,这是一种道德的职责,一种无上的命令,没有什么道理可讲,而只是必须绝对地服从。例如:"你不应当说谎!"不应当说谎就是不应当说谎,没有什么可以争论的地方。正因为道德的命令具有这种无上的意义,所以道德的法则才能成为先天的法则,人人遵守,具有普遍性和必然性。但是,遵不遵守道德法则,并不能由任何外力来强制,而完全是出于内心的自由意志。你可以按照道德法则行事,也可以不按照道德法则行事。因此,实践意志的领域,完全是自由的。在这里,行使职能的,不是以局部的现象作为对象的理解力;而是以有关宇宙整体的各种理念,如像物自体、上帝、灵魂不灭、自由等,作为对象的理性。这

---

① 列宁:《黑格尔"逻辑学"一书摘要》,第19页。

种理性,不是《纯粹理性批判》中所说的那种理论认识的理性,而是道德信仰上的实践理性,是指引到超感官范围以上、要求把握物自体、把握宇宙整体的那种理性。

这样,在康德的面前就出现了两个世界:一个是以理解力行使职能的现象界,它受自然的必然律支配;一个则是以理性行使职能的物自体,它不受必然律的支配,它是自由的。前者是自然,后者是道德;前者属于理论认识的范围,后者属于意志信仰的范围。这两个世界不仅彼此独立,各有各的界限,而且壁垒森严,当中有一条不可逾越的鸿沟。但是,人毕竟不能分成两半。道德的秩序必须符合自然的秩序,道德的法则也必须要在现象界中发挥作用。这样,如何架一座桥梁,把两个世界中的鸿沟沟通起来,就成为康德哲学所必须解决的一个问题。经过多年的摸索,他写出了《判断力批判》。他的目的,就是要通过"判断力"这座桥梁,把现象界和物自体、把自然的必然和道德的自由,沟通起来。这是他写作《判断力批判》的第二个目的,也是他美学的第二个出发点。

但是,为什么"判断力"能够作为一座桥梁,来沟通现象界和物自体、必然和自由呢?它与美学又有什么关系呢?这就需要对于康德所说的"判断力"有一番了解了。他在《判断力批判》中所说的判断力,不是《纯粹理性批判》中所说的逻辑判断那种判断,而是作为人的心灵所具备的一种认识能力。这种认识能力,能够把个别纳入一般之中来进行思考。所谓个别,是指作为感官对象的个别事物;所谓一般,是指普遍的规律、原则。在个别与一般的关系中,可以出现两种情况:一是先有一般,然后去找个别,这是规定的判断。科学的判断就是如此。一是先有个别,再去找一般,这是反省的判断。规定的判断是用一般的规律或概念,去说明特殊的个别事物,规定它的性质。例如"花是美的",花是个别的事物,美是一般的概念,我们用美的概念来规定花的性质。至于反省的判断,情况就不同了。我们不是用一般的概念去规定个别事物的性质,而是个别事物引起我们主观上的某种态度。例如我们看到一朵梅花,梅花姿态婀娜的形式引起了我们主观上愉快的感觉,于是我们主观上觉得这朵梅花是美的。这就是反省的判断。因此,反省的判断是对个别事物表示主观态度的一种判断,它与感情是结合在一起的。康德把这种反省的判断,称之为审美的判断。

因为审美判断是对于个别事物表示主观态度的感情上的判断,所以康德把判断力当成是关于感情的一种认识能力。前面我们说过,康德把人的心灵分成知、情、意三个部分。有关知的部分的认识能力是理解力,这是纯粹的理性;有关意的部分的认识能力是理性,这是超于经验之上的实践的理性;有关情的部分的认识能力,则正是康德所说的"判断力"。由于情介于知与意之间,它像知一样地对外物的刺激有所感受,它又像意一样地对外物发生一定的作用,所以判断力也就介于理解力与理性之间。一方面,判断力象理解力,它所面对的是个别的局部的现象;另一方面,它又像理性一样,要求个别事物符合于一般的整体的目的。这样,面对局部现象的理解力,和面对理念整体的理性,就在判断力中碰头了。判断力要求把个别纳入整体中来思考,所以判断力能够作为桥梁,来沟通理解力和理性。

但是,理解力所面对的自然现象,是受必然律支配的,没有自由;而理性所面对的整体的理念,如灵魂不灭、上帝等,则是自由的。那么,自然的必然和理性的自由,又怎么能够在判断力中取得和谐和统一呢?康德是用目的的概念,来解决这个问题的。他说,在实践理性的道德世界中,是有目的的,这没有问题;问题是在于在自然界中,是否也有目的?首先,如果把自然界当成个别现象来看,它完全受必然律的支配,没有目的。可是,如果把自然界当成整体来看,它就有目的了。例如人的头发,就其本身来看,没有什么目的;但如果把头发放在整个人身上来看,它就有目的了,它保护人的头脑等。这样,从自然的整体来看,我们就可以在机械观之外,另外发现一种目的观。《判断力批判》的第二部分,就是讨论这个问题的。其次,我们还可以从自然对于我们人的主观认识方面来看,我们会发见,自然的形式符合于我们人的主观认识的目的。那就是说,一方面,我们人先天地具有主观认识的能力;另一方面,自然的形式经过天意安排,恰好符合我们主观认识的能力。因此,对于我们人的主观能力来说,自然是符合于目的的。这种符合目的,康德称为主观的目的观,也就是审美观。《判断力批判》的第一部分,就是讨论自然现象如何符合主观目的,也就是讨论审美观的。因此,这一部分就成了康德主要的美学理论了。

那么,为什么主观的目的观,就是审美观呢?这是因为当外物的形式符合了我们主观认识的目的,我们会产生一种满足或快乐的感情。这种满足或快乐的感情,具有了普遍性和必然性,就成为一种美感。因此,探讨主观的合目的性的问题,就成为审美判断的问题了。对于个别事物表示主观态度的感情上的认识能力,康德称之为判断力,因此,康德就把他关于美学的著作,列入《判断力批判》之中,成为其中主要的一个组成部分。在这里面所探讨的问题,一方面是引起快与不快的感情的个别现象,另一方面则是要使这种快与不快的感情具有普遍性和必然性,也就是说,使它从快感上升为美感。正因为这样,所以审美的判断也是一种先天的综合判断。快与不快的感情,是主语中本来所没有的宾语,所以对于这种感情的判断是综合判断。而这种判断,又要具有先天的普遍性和必然性,所以它又是先天的综合判断。

在这样一种审美的判断中,一方面,它所面对的是个别的自然现象,受理解力的必然律支配;另一方面,又因为它符合主观的目的,所以它又是自由的。那就是说,实际上是不自由的自然,在审美判断中,它成了想象力自由活动的园地。正因为这样,所以必然与自由、现象界与物自体,终于在审美判断中,沟通了起来,取得了和谐和统一。这是康德写作《判断力批判》主要的一个目的,也是他美学的一个主要出发点。只有我们了解了他的这一个出发点,我们才会知道:他的美学与他整个哲学体系的关系,以及他的美学在他哲学中所占有的重要地位。

从康德美学的出发点来看,他的唯心主义实质是很清楚的。第一,他不从客观现实当中所实际存在的美学问题出发,而从他的哲学体系出发,根据他的哲学体系的需要,把主观的合目的性当成美学研究主要的出发点,这就完全是主观唯心主义的研究方法。第二,他所着重研究的不是客观现实,而是人的主观意识。他根据当时传统的分类,把人的心灵分成知、情、意三个部分,并把三个部分对立起来,研究人的主观意识对于三个部分各自不同的认识能力,然后又企图从形式上把它们统一起来。这样,他的研究就不但是主观的、唯心主义的,而且是烦琐的、形式主义的。他的著作之所以难读难懂,充满了大量晦涩的名词,原因之一,就在这里。第三,他企图调和经验派美学与理性派美学。经验派美学把"美的"和"愉快的"等同起来,把"美感"和"快感"等同起来,康德不同意这种看法,所以他用判断力来称呼人的审美活动,要求审美判断能够提升到先天的综合判断的标准。但是,理性派美学用"完满"的概念来说明审美活动,他又不同意。他认为"完满"涉及了"合目的"的概念,这是属于目的判断而不是审美判断。因此,他要把经验派的"快感"结合到理性派的"合目的性"上,使审美判断既不离开经验事实中的快与不快的感情,而又要提高到"合目的"的先天综合判断。那就是说,审美判断既是对于个别事物的判断,而又具有普遍性和必然性。这样,他好像调和了经验派美学与理性派美学,但实质上,他是从主观唯心主义的立场上来调和的。因为他所强调的是"主观的合目的性",对于他来说,判断力本身就是一种主观的态度,因此,引起快与不快的感情的客观事物,不过是适应主观需要的一种假设。只有主观的态度和主观的审美意识,才是他所要着重研究的。从这样的立场出发,自然要走到主观唯心主义了。

然而,尽管康德的美学从出发点来说,就已经是主观唯心主义的,但是,他能够把美学当成人类认识现实的一个重要的独立方面来进行研究,并严格地区分了审美活动与其他认识活动的区别,深入地研究了审美活动的特殊规律,使美学继鲍姆嘉敦之后进一步成为一门独立的科学,这不能不说是他的重大的历史贡献。此外,他强调指出审美判断既要以个别的现象作为对象,又要具有普遍性和必然性,这对于提高审美活动的认识意义,而又并不违反审美活动的独特性来说,也是具有重要的意义的。

(三) 美 的 分 析

康德的《判断力批判》,分成两个部分:《审美判断力批判》和《目的判断力批判》。后一部分是他的自然观,与美学关系不大;前一部分则是他的审美观,也就是他的美学的主要部分。我们所要探讨的,也就是这一个部分。在这一个部分中,他又分成两个部分:《审美判断力的分析》和《审美判断力的辩证论》。《审美判断力的辩证论》部分,篇幅较少,说得不多,主要是把他关于"二律背反"的理论运用到鉴赏判断中来。他认为鉴赏判断既与概念无关,但又离不开概念。说它与概念无关,是因为它不是认识判断,它只是面对具体的感官对象,引起个别人情感上的愉快。说它离不开概念,是因为鉴赏判断要求人人都同意,美的,人人都认为美,为了达到这样普遍的有效性的结果,就必须建立在某种概念上面。康德认为这两个对立的命题,对人的认识能力来说,是无法从理论上来解决的。然而,虽然这样,它们在事实上却并不矛盾,而是能够相应存在,所以尽管矛盾,我们还是能够照样进行审美判断。

《审美判断力的分析》,是康德美学的主要部分。在这部分,他又分成《美的分析》和《崇高的分析》两个部分。现在,我们先谈他的《美的分析》的部分。

康德关于美的分析,不是从客观事物在什么样的条件下才算美,来进行分析;而是相反的,他从我们人的主观条件出发,分析在什么样的主观条件下,一件事物方才是美的。他一再说:"至于审美的规定根据,我们认为它只能是主观的,不可能是别的。"[①] 同时,这种审美判断,和逻辑判断截然不同。后者是为了求知

---

① 康德:《判断力批判》上卷,第39页,商务印书馆,1964年。以下凡未注明出处的,都引自此书。

识,而前者却只是关于快与不快的感情的判断。正因为是关于感情的判断,所以他把审美判断称为鉴赏判断(或译趣味判断)。那就是说,关于美的问题,完全是一个主观鉴赏的问题。主观的态度,在这里起了决定的作用。那么,在什么样的主观条件下,一件事物方才是美的呢?对于这个问题,康德根据他在《纯粹理性批判》中对于理解力所规定的四组范畴:质、量、关系和情状四个方面,来进行分析。

1. 无利害感

首先,从质的方面来看,美的特点是无利害感。康德说:"那规定鉴赏判断的快感是没有任何利害关系的。"那就是说,美是超功利的,和实际利害无关的。"一个关于美的判断,只要夹杂着极少的利害感在里面,就会有偏爱而不是纯粹的欣赏判断了。"(第2节)例如一朵花,如果你想到它值多少钱,有多大用处,这就有了利害感,因而不美。只有当你摒除了利害感,以"纯然淡漠"的态度去欣赏它,这时才有美感。

为了说明审美的快感和实际的利害无关,康德把快感分成三种:由于感官上的快适而引起的快感,由于道德上的赞许或尊重而引起的快感,以及由于欣赏美的事物而引起的快感。这三种快感,我们把康德的意见归纳起来,主要的有下面一些差别:(1)感觉上的快适和道德上的赞许,都联系于客体,由客体的性质来决定。快适是由感官的刺激而引起的,它固然要受客体的限制,不是食物不会引起我们吃的快感。去发见一个对象善,从道德上去赞许它,也要看这个对象是什么对象,它是好的还是不好的,也就是说,它应当有"一种客观价值"。这样,道德的快感也要受客体性质的规定了。至于审美上的快感则不同了,它不受客体性质的限制,它不过是一种主观上的满足。"鉴赏判断仅仅是静观的",它对于客体的存在是淡漠的。那就是说,它不管客体是什么样的客体,而只要它能引起主观上感情的满足,也就行了。例如罂粟花,我们就不管它在客观上会不会产生出毒害人的鸦片来,而只是在主观上欣赏它的美就是了。(2)感觉上的快适,是人与动物相共的;道德上的善,"一般地适用于一切有理性的动物";至于美,则"只适用于人类"。除了人类以外,再没有美感了。(3)感觉上的快适和道德上的赞许,都带有利害感。前者的利害感是很清楚的,它本身就是一种欲求,见到可欲的东西,和我们利害有关的东西,都是"欲得之而后快"的。道德上的赞许,则是一种理性上的利害感。理性上认为尊重善的行为,是有利的;不尊重善的行为,是有害的。我们作了善的行为而受到赞许,这也是由于利害感而带来的快感使然的。因此,道德上的快感虽然不同于感官上的快感,但它们都和利害感结合在一起,则是一致的。因为它们都和利害感结合在一起,它们都有所求,所以它们是不自由的。只有审美的快感,方才是"唯一的自由的愉快"(第5节)。我们判断一件事物是美的,我们对它并没有什么欲求。我们说一幢建筑是美的,我们并没有想到要搬进去住。因此,审美的快感是自由的。那就是说,它既不受客体性质的限制,又不受任何利害关系的限制。

总之,照康德看来,审美的快感和客体的性质无关,它没有任何利害上的欲求,因此,它是一种"自由的愉快"。根据这样的分析,康德对美的特点得出了第一个结论:"鉴赏是凭借完全无利害观念的快感和不快感对某一对象或其表现方法的一种判断力。"(第5节)

康德的这种讲法,区分了美感和快感的差别,纠正了过去一些美学家把美感当成是生理上和心理上的快感这一点上面,应当说是有他的历史功绩的。但是,他认为美感与客体的性质无关、与现实的利害感无关,这就完全错误了。难道天下真有不联系于客体性质、不关心任何利害的、"纯然淡漠"的美感吗?这显然是不符合事实的。从人类审美发展的历史过程来看,人类的审美活动都是直接从实践的功利活动中产生出来的。文化高度发展以后,人类的审美活动与实践的功利活动之间的关系,看起来要更为曲折些、复杂些,然而归根到底,审美活动要受实践的功利活动的制约,则是无可疑义的。康德抹煞了这一历史事实,强调审美活动的独立性,强调它与利害无关。这一方面反映了当时由于资本主义生产方式所带来的残酷的现实,使软弱的德国资产阶级企图逃避现实,沉湎到美的幻想中去;另一方面,它的结果,则是把文学艺术引向脱离现实、为艺术而艺术的道路。当时反动的浪漫主义正是在这样的思想指导下,把艺术看得高于现实,企图在艺术中建立自己独立的王国。至于以后资产阶级唯心主义所鼓吹的"纯艺术论",那更明显的是以康德的美学作为他们的理论根据的。

2. 没有概念的普遍性

其次,从量的方面来看,康德认为审美判断是一种单称判断,那就是说,作为审美的对象的,都是一些单个的具体的形象。在一般的情况下,单个的具体的事物,如像某一棵树、某一个人,是没有普遍性的;只有概念,如像"树"的概念、"人"的概念,才有普遍性。但是,在审美判断中却碰到了一个矛盾的情况:一方面,"就逻辑的量的范畴方面来看,一切鉴赏判断都是单个的判断"(第8节)。那就是说,美的事物都是单个的具体的事物。另一方面,审美上的快感却又不同于感觉上的快感。感觉上的快感,因人因时因地而异。有人喜欢吃甜的,有人喜欢吃辣的;有人喜欢喝红茶,有人喜欢喝绿茶;……谈到趣味无争辩,各行其是,互相尊重,没有人要求普遍一致。可是,审美判断却不同了,它要求普遍的承认。你认为《红楼梦》是美的,鲁迅的小说是美的,西湖是美的,你也要求旁人与你有同样的看法。旁人如果和你不一致,你会和他争辩,争得面红耳赤,以至斥责他,说他的审美观点有错误,说他没有鉴赏力。因此,审美判断是有普遍性的,要求人人相同的。

面对着单个的具体的美的事物,而又要它具有普遍性,这一矛盾,怎样解决呢?康德说,我们不能够从概念上来得到解决。概念是有普遍性的,但概念的普遍性是从抽象比较而来。可是,美的事物一经抽象比较,立刻就不复成其为美了。例如我们看到一朵玫瑰花,说"这朵玫瑰花是美的",这是对具体的美的事物作出的判断,是审美判断。但是,如果我们看了许多的玫瑰花,经过抽象比较,经过概念的活动,而后得出结论说"玫瑰花一般地说是美的",这就不是审美判断,而是逻辑判断了。它给我们带来是玫瑰花是美的这样一种知识,而不是对于具体的玫瑰花所产生的美感。因此,美和概念无关,审美判断的普遍性不能来自概念。

那么,审美判断的普遍性来自什么地方呢?康德从他的主观唯心主义观点出发,说这种普遍性来自主观上的"普遍赞同"。那就是说,当我们看到一件衣服、一幢房屋、一朵花,而觉得美时,我们相信,"自己会获得普遍赞同,并且对每个人提出同意的要求"(第8节)。这种普遍赞同,"不是以概念来确定,而是期待别人赞同"(同上)。那就是说,当我们面对具体的美的事物,感觉到它美,我们在主观上就会假定这种感觉会得到普遍的赞同,从而期待旁人的同意。因此,审美判断的普遍性,不是客观的,而是主观的。客观的普遍性来自概念,主观的普遍性则来自"普遍赞同"。但是,这一普遍的赞同又从何而来呢?在康德看来,这是因为"人同此心,心同此理",人们在主观上都具有共同的"心意状态"。共同的"心意状态",是美的普遍性的前提条件。由于具有共同的"心意状态",所以审美判断就具有"普遍传达能力"。是美的东西,人人都会觉得美;不是美的东西,人人都会觉得不美。正因为这样,所以美的普遍性,"只是建筑在判定对象时的主观条件的普遍性上面"了。

这样,在康德看来,审美判断一方面是感性的、个别的,一方面又是主观的、普遍的。在这里,感觉是推动力,并经由感觉表现出来。因此,它虽然具有普遍性,但却与概念无关。总结了这样一个论点,康德得出了他关于美的特点的第二个结论:"美是那不凭借概念而普遍令人愉快的。"(第9节)

康德的这一论点,的确抓到了美学中的一个重要问题:审美判断是个别的,然而却同时具有普遍性。但是,康德对于这一问题的论证和解决,却完全走到错误的方面去了。审美判断不同于逻辑判断,这是对的;美不是抽象的概念,这也是对的;但我们却并不能因此就否定审美活动包含有概念的活动。要知道,审美活动本身就是人类思维活动中的一种,对于美的认识常常是以思想上的认识作为根据。大火中,我们看到一个人从火中钻出来,我们都赞美他是救火的英雄,觉得他的形象很美;可是一会儿,人们告诉我们说,这个人是纵火的凶犯,于是我们都痛骂这个人,觉得他的形象很丑;可是再过一会儿,经过调查,证明这个人的确奋不顾身,是个救火的英雄,于是我们的感情又马上发生变化,认为他的英雄行为是美的。因此,离开了概念的活动,离开了正确的思想认识,审美判断常常会误入歧途,无所着落。康德绝对地割裂知、情、意之间的关系,只见其异,不见其相互的联系,这本身就是错误的。康德这样做,必然会抽掉审美活动中的思想内容,从而导致否定文学艺术的思想性。事实上,也的确如此。同时,他又认为审美判断的普遍性,来自人们主观上所共同具备的"心意状态",这更完全是资产阶级普遍人性论在他美学中的反映。他否定了审美判断中的阶级差异,事实上是企图把资产阶级的审美观点和审美趣味,当成普遍的标准,强加到其他阶级身上去。

3. 没有目的的合目的性

康德分析美的第三个特点,是从关系上来看,认为在审美对象和它的目的之间,一方面没有目的的关系,另一方面却又符合于目的。这里,康德又提出了一个矛盾的问题:既然没有目的,又为什么说它符合于目的呢?要说明这个问题,我们应当知道,康德所说的合目的性,有客观的合目的性和主观的合目的性两种。从客观的合目的性上来说,审美判断没有目的;从主观的合目的性上来说,审美判断又有目的。正因为这样,所以康德说审美判断既没有目的,而又符合于目的。

那么,为什么说,在客观上审美判断没有目的呢?这又可以从两方面来看:一是外在的目的,一是内在的目的。外在的目的,是指一件事物的有用性,可以达到为我们所用的目的。但审美判断既和现实的利害无关,又和道德上的善无关,因此,它和任何外在的目的,都是没有关系的。至于内在的目的,则是指一件事物的完满性而言。所谓完满性，是说一件事物应当在概念上符合于该事物的目的。例如马，只有当它符合了马的概念，方才是一匹"完满的"马。如果马而不符合马的概念，不符合马之为马的目的，它就不是一匹马，或者至少不是一匹"完满的"马。这样一种"完满性"的合目的的概念，我们前面已经讲过，是理性派的美学家所提出来的，康德是不同意的。他认为"完满性"牵涉到了概念，以符合概念的要求为其基本的前提，而美是和概念无关的。因此，他认为审美判断并不包含完满性的概念。这样，审美判断不但没有外在的目的，也没有内在的目的。

康德否定了审美判断在客观上的合目的性，事实上是否定了审美判断的内容。因为既然外在的有用性的目的、内在的完满性的目的都被否定掉了，美就既没有现实利害的内容、道德的内容，也没有概念的内容。去掉了内容，所剩下的自然只是形式了。内容上没有目的，但是从形式上来看，审美判断却是符合目的的。康德所说的主观上的合目的性，指的正是形式上的合目的性。那就是说，我们欣赏一件美的事物，并没有任何实际上的内容上的目的，而只是在形式上激动着我们，使我们依依不舍。康德所说的没有目的的合目的性，正是一种纯粹形式上的合目的性。他说："美，它的判定只以一单纯形式的合目的性，即一无目的的合目的性为根据的。"（第15节）抽掉了内容，只谈形式，当然是形式主义了。康德的美学就是鼓吹形式主义的一个代表。以后资产阶级形式主义的美学，就是在他这里找到理论根据的。

形式上的合目的性，也就是主观上的合目的性。那就是说，客观事物以其单纯的形式，符合了我们主观欣赏的目的，这就是美。康德说："审美的判断只把一个对象的表象连系于主体，并且不让我们注意到对象的性质，而只让我们注意到那决定与对象有关的表象诸能力底合目的的形式。"（第15节）正是这个意思。

什么事物在内容上没有目的，而只是在形式上符合于主观的目的呢？这是一些最单纯的事物，如像单纯的颜色、素描、图案，等等。单纯的颜色，如像一片绿色的草地，当它以"单纯的感觉样式的纯粹性"，呈现在我们面前，而不为其他感觉所"扰乱和中断"时，康德认为是美。混合的颜色，因为不纯粹，就没有这样的优点。"在绘画、雕刻艺术，以至一切造型艺术中，在建筑、庭园艺术，在它们作为美术这范围内，素描是十分重要的，在素描里，对于鉴赏重要的不是感觉的快感，而是单纯经由它的形式给人的愉快。"至于"渲染着轮廓的色彩"，因为是"属于刺激的；它们固然能使对象给感觉以活泼印象；却不能使它值得观照和美"（第14节）。因为重视单纯的形式，所以康德极力反对外加的"魅力"和"装饰等。他说:"假使装饰本身不是建立在美的形式中,而是像金边框子,拿它的刺激来把画幅推荐给人们去赞赏:这时它就叫做'虚饰'而破坏了真正的美。"

但是,美要完全不涉及内容,不涉及任何内在的或外在的目的,而只是一种形式,这在事实上是不可能的。例如骏马,如果它不符合骏马的目的,它不骏,又如何能够称为美呢?又例如一个人,他的美绝不仅只在于他的长相外表;如果他不符合人的目的,不成其为一个人,我们又会如何觉得他美呢?至于文学艺术,那更不用说了,没有离开了内容而专在形式上美的文学艺术。碰到这样一些情形,应当怎么办呢?康德的办法,是把美分成两种:

> 有两种美:自由美和附庸美。第一种不以对象的概念为前提,说该对象应该是什么。第二种却以这样的一个概念并以按照这概念的对象底完满性为前提。第一种唤做此物或彼物的(为自身而存的)美;第二种是作为附属于一个概念的(有条件的美),而归于那些隶属一个特殊目的的概念之下的对象。(第16节)

康德的话比较难懂,他的意思是说,美有两种:一种是自由美(或称纯粹美)。这种美为自身而存在,"不以对象的概念为前提"。例如花就是一种自由美。"一朵花是什么,除掉植物学家很难有人知道。"(第16节)我们只是欣赏花在形式上的美就是了。其他如贝壳、图案、框像或壁纸上的簇叶饰、无标题的幻想曲等,都是自由美。这种美,不涉及内容,不受对象概念的限制,所以最自由、最纯粹。另一种美是附庸美(或称依存美)。这种美,"是以一个目的的概念为前提的"。例如"一个人的美,一匹马或一建筑物的美",就是以一个目的的概念,即以该物的完满性的概念为前提的。一个人首先应当是人,一匹马首先应当是马,一座建筑物也首先应当是建筑物,然后才谈得上美。因此,这种美是有所依靠的,是附庸的,它没有自由美那么自由和纯粹。

然而,附庸美虽然没有自由美那么自由和纯粹,但是,它却并不一定是低级美。不仅不是低级美,而且它比自由美更能表现美的理想,这样,康德紧接着就探讨了美的理想问题。他所说美的理想,实际上是一个审美的标准问题。既然是标准,就不能不牵涉到一些客观的原则。那就是说,我们从抽象的分析来看,美的本质可以不涉及利害、概念、道德等等客观的原则,而有它自己的特殊性;但是,从审美的标准来看,我们又不能不涉及这些客观的原则,又不能不考虑到审美的功能与其他功能的结合,不能不考虑到美与其他各种目的之间的关系。康德自己就说:"鉴赏因审美的愉快和理智的愉快相结合而有所增益。"(第16节)正因为审美的愉快要和理智的愉快相结合,才能增加美的丰富性和多样性,所以美的理想,就不能只限于形式方面,它也要涉及理性概念。康德说:"美,若果要给它找得一个理想,就必须不是空洞的,而是被一个具有客观合目的性的概念固定下来的美。"(第17节)这样,美的理想就不在于纯粹形式的自由美,而在于"必须有一个理性的观念依照着一定的概念做根据"的附庸美。因为美的理想在于附庸美,所以附庸美就不一定是低级的了。它比自由美,具有更丰富的内容,更广阔的范围。

美的花朵、美的家具、美的风景等,没有什么理想可言。"只有人,他本身就具有他的生存目的,他凭借理性规定着自己的目的……所以只有'人'才独能具有美的理想。"(第17节)这种只有人才具有美的理想的看法,在德国古典美学中是一个很重要的特点。黑格尔曾对此大加发挥。这和当时资产阶级所大肆宣扬的人道主义思想,是分不开的。

然而,美的理想的具体内容是什么呢?康德说,它包括两个方面:一是"审美的规范观念"。这是从审美标准方面来看典型的问题。"理想本来意味着一个符合观念的个体的表象。"这种"符合观念的个体的表象",就是典型。那么,个体的表象又怎么能符合观念呢?怎么能成为典型呢?康德说,这要我们从经验中,用想象力总结出一个平均的规范印象来,这就是美的理想,也就是典型。例如理想的美男子是什么样呢?那就是我们看了一千个男子之后,在想象中总结出男子的"平均的大小,它在高和阔方面是和最大的及最小的形体的两极端具有同样的距离,这是对于一个美男子的形体"(第17节)。因此,在康德看来,美男子的典型,就是用想象力把一千个男子的形象,在想象中加以平均,使之符合男子的"规范观念"。这一讲法,表面上涉及了观念内容,但实际上还是形式主义的。康德对于"典型"的看法,是一种十足的形式主义的看法。

美的理想的另一内容,则是"理性观念"。在康德看来,理性观念就是道德观念,因此这是一个道德的理想怎样在美的形象中表现出来的问题。道德观念本来不是感性地看得见的,但在美的理想中,却要使它们感性地表现出来。"那心灵的温良,或纯洁或坚强或静穆等等",要在人的形体上表现出来。要表现这样的道德观念,"必须结合着理性的纯粹观念及想象力的巨大力量"(第17节)。就这样,康德强调了:"在人的形体上理想是在于表现道德。"他本来把道德的善排斥于审美判断之外,但实际的现实又使他不能不把道德引进他的美的理想中,而且成为美的理想的一个重要内容。

在这一个部分中,康德从否定美与任何目的概念的关系,到把美分成自由美与附庸美,并从附庸美谈到美的理想,谈到美与其他目的,特别是道德的关系,已经可以看出,他是怎样自相矛盾,怎样一步一步作出让步。他那种要把目的的概念排斥在审美判断之外、认为美只是在主观的形式上符合于目的的形式主义观点,又是怎样地行不通了。事实上,他自己也不得不承认,纯粹的自由美,也就是只有形式而无内容的美,在数量上是极其有限的。大量的美,都是和内容发生关系的附庸美。然而,尽管这样,他在这一部分的结论中,却并没有把附庸美的内容总结进去,而只是以自由美作为根据,认为美的第三个特点是:"美是一对象的合目的性的形式,在它不具有一个目的的表象而在对象身上被知觉时。"(第17节)这就完全是一种形式主义的观点。以后资产阶级美学家所继承的,正是他的这种形式主义的观点。

4. 没有概念的必然性

最后,从情状上来看,康德认为美的第四个特点是:"美是不依赖概念而被当作一种必然的愉快的对象。"(第22节)按照康德在《纯粹理性批判》中的规定,情状的范畴,包括可能性、盖然性和必然性三种。审美的快感是一种必然的快感。那就是说,只要我们面对着美的形象,就必然会产生审美的快感。所谓必然性,是指事物间内在的必然联系。这一方面存在,另一方面也必然会存在。美的形象和审美的快感之间,就存在着这种必然的联系。看到玫瑰花,你必然会觉得它美;读了《红楼梦》,你也必然会觉得它美。

那么,这种审美的必然性是怎样产生出来的呢?康德认为,这不是理论上的客观必然性。也就是说,不是从概念上来推论,说人见了美的东西,因为什么理由等等,必然会觉得它美。也不是实践上的道德必然性。道德的必然性是一种义务,但人没有任何义务,必须把美的东西说成是美的。审美判断的必然性,完全是一种"范式"性的必然性。那就是说,"它是一切人对于一个判断的赞同的必然性"(第18节)。这样,主观的赞同成了审美的必然性的基础了。然而,这一主观的赞同又来自哪里呢?他说,来自"共通感"。所谓"共通感",是一种主观性的原理,"这原理只通过情感而不是通过概念,但仍然普遍有效地规定着何物令人愉快,何物令人不愉快"(第20节)。因此,"共通感"完全是一种感情上的赞同,而不是理智上或者概念上的赞同。在"共通感"当中起作用的,也不是外在的感觉,而是人类"认识诸能力的自由活动"。

人与人之间,有了这种"共通感"之后,我们对于美的事物进行感情上的判断,这时的感情就将不是私人的感情,而是一种共同的感情。有了这种共同的感情,我们就会把我们的判断,赋予它以"范式"的性质。那就是说,把它当成一个理想的规范,要求旁人也必然地会赞同我们的判断。例如我们觉得《红楼梦》是美的,我们就会把《红楼梦》当成一个理想的规范,相信旁人也必然地会觉得它是美的。

因此,康德谈审美判断的必然性,和他谈普遍性一样,完全把美当成是主观的,并且是与概念无关的。这除了从不同的角度来宣传他的主观唯心主义和普遍人性论的观点之外,再没有别的了。

5. 对于"美的分析"的总注

上面,康德对美作了四个方面的分析,探讨了审美功能或者审美意识活动的特殊性。它和实际的利害无关,因此不同于实践的功利活动;它和概念无关,因此不同于逻辑的理论活动;它和目的无关,因此不同于道德上的善。它只是对象在形式上对我们主体心里所引起的一种快与不快的感情。引起这种感情的对象是个别的,产生这种感情的主体也是个别的,但是它却具有普遍性和必然性,能够得到人人的普遍赞同。在这里,值得注意的是,康德为了强调审美判断的特殊性,把我们心理的各种功能割裂开来,把美与功利、与认识、与道德割裂开来,但在他分析的过程中,却又时时注意到它们之间这样或那样的联系。例如他一方面否认美是实践的功利活动,但另一方面又说明美能产生类似实践活动所产生的快感;他一方面否认美与概念的关系,认为审美判断不是逻辑判断,但另一方面却又指出审美判断要涉及一种"不确定的概念",审美活动本身就是想象力与理解力的和谐;他一方面否认美与目的的关系,强调美不同于道德上的善,但另一方面却又认为美是道德的表现。凡此等等,都说明了康德比过去的美学家,更为充分地认识到审美问题的复杂性以及审美活动中的许多矛盾问题。他的分析,是在指出审美活动的特殊规律,以及因此而产生的许多特殊的矛盾。他的努力,是企图把这些矛盾加以统一和调和。

在关于美的分析的总注中,他特别探讨了想象力和理解力的统一和调和问题。他认为鉴赏活动,完全是一种主观的心意状态。在这种心意状态中起作用的,一方面是想象力,一方面是理解力。想象力是具有创造性的、自发的,因此它完全是自由的。而理解力,则是我们认识客观现实的能力,它要符合客观的规律,按照客观的规律活动。因此,想象力和理解力是矛盾的。这矛盾的两方面怎样在审美活动中取得统一与和谐呢?康德说,想象力虽然是自由的,但它在把握对象时,却要受对象多样而又统一的形式的限制。这一多样而又统一的形式,来自理解力。因此,想象力就应当符合于理解力的规律了。自由而又符合规律,这好象是矛盾的,但这正是审美判断的特点。在审美判断中,以理解力的规律作为基础,然后展开了想象力的自由活动。不过,这里的规律,不是概念上的规律。概念上的规律,会破坏审美判断,使它变成逻辑判断。此地的规律,是一种没有规律的合规律性,是想象力和理解力在主观上的谐和。那就是说,在审美判断中,并没有任何客观上强制的规律,而只是在主观上,当想象力活动的时候,它符合了规律。这也就是说,我们在欣赏美的事物时候,我们意识到规律在起作用,但却又说不出究竟是什么规律。

这种没有规律的合规律性,想象力与理解力的主观谐和,康德曾举了一些例子来说明。一个合规律的广场,合规律的建筑,它们的形象令人感到愉快;不合规律的广场和建筑,残废的动物等,它们的形象令人感到不愉快。但是,如果这种合规律性是与目的的概念相伴合着的,如像想到建筑的实际用途等,这时,它的合规律性就变成了强制的,它的愉快就将不是审美判断了。因此,建筑等的合规律性,只有当它们去掉了目的的概念,去掉了强制的规律性,这时想象力才能自由活动,因而它才是美的。因此,在审美判断中,"愉快或不愉快是不顾及用途或目的的,而是直接地和对象的单纯观照接合着"。那就是说,在审美判断中,是理解力为想象力服务,而不是想象力为理解力服务。想象力自由地符合了理解力的规律,而理解力则在形式的统一上给想象力的合规律性提供了理性的基础。

正因为想象力是自由地符合理解力的规律的,所以一切强制的或者僵硬的规律,将会违反审美判断。"那能使想象力自在地和有目的地活动的东西,它对我们是时时新颖的,人们不会疲于欣赏它。"但是,看惯了合规律性的美的人,偶尔看到不合规律性的东西,也会感到美。不过,这种不合规律性的美,没有持久性。例如不符合音律规律的鸟鸣,偶尔听听,觉得比音乐还美。但是,我们这里觉得它美,更多地是因为爱怜小鸟而来的。如果有人把小鸟的声音完全准确无误地模仿出来,却是"十分没趣的"。

康德关于美的分析,到此为止。但是,这并不等于说,他对于美的看法,到此结束。他为了照顾他形式逻辑推理的方便,为了体系的需要,他在某一个部分常常只谈了问题的某一个方面。到以后,他又常常补充了问题的另外一个方面,甚至提出了与前面的说法相反的论点。例如关于美的社会性问题,他直到第 41 节时,方才强调地提出来。他认为"美只在社会里产生着兴趣……一个孤独的人在一荒岛上将不修饰他的房舍,也不修饰他自己,或寻找花卉,更不会寻找植物来装点自己。只在社会里他才想到,不仅做一个人,而且按照他的样式做一个文雅的人"。这一点,对于康德的体系来说,并不是重要的。因为从他的体系出发,他对于美的分析,主要是从个别的人主观的心意状态来谈的;而且美的普遍性,也不是来自人的社会的经验方面,而是来自先天的普遍人性,即"共通感"和"普遍的赞同"。可是,从整个美学思想发展的历史来说,康德谈到这一点,却很重要。他把美从个别人的趣味的研究,从单纯的生理的和心理的研究,引导到社会方面来,使美成为一种社会现象。黑格尔在这方面,比他有了进一步的发展。马克思列宁主义的美学,就是在批判了他们的唯心主义体系,然后从社会实践出发,深刻地探讨了美的社会历史的特点。

　　康德的许多个别论点,并不新颖,很多都是前人谈过了的。他的历史功绩,是在新的理论基础上,适应新的历史要求,重新整理出一个新的体系来。因为体系是新的,所以即使是旧的论点,对他来说,也具有了新的意义。同时,他正处在资产阶级革命的时代,新旧矛盾层叠交替,这样,他特别注意到了审美活动中各个矛盾的方面。但是,由于他代表的是向封建贵族谋求妥协的德国资产阶级,所以他既没有充分地展开这些矛盾,更没有根据客观的实际情况来解决这些矛盾,而只是力图在主观上来调和这些矛盾,使它们取得和谐。这样,他对于美的分析,事实上就变成了对于审美的主观意识的分析。他不管客观上是不是解决了矛盾,而只要在主观上把这些矛盾加以调和,他就认为满足了。他的美学是主观唯心主义的,也就很自然了。以后资产阶级唯心主义的美学家,常常把这些矛盾中的某一个方面,加以片面地夸大,于是更引导到了一些十分反动而又荒谬的结论:例如片面地强调美的无利害感,否定美的功利性和社会作用,宣传为艺术而艺术的观点;片面地强调美与概念无关,否定理性认识在审美活动中的作用,宣传反理性主义的美学观点;片面地强调美与目的无关,否定美的现实内容和思想内容,宣传纯粹的形式主义的观点;片面地强调美的普遍性和必然性,否定美的时代性、阶级性和社会性,宣传普遍人性论的观点……应当说,康德的观点并没有这样绝对,他常常在指出矛盾的一个方面时,又企图用矛盾的另外一个方面来加以调和和修正。然而,这些观点都是渊源于他却也无可否认。因此,要彻底地批判近代资产阶级唯心主义的美学,不能不对康德的美学进行一番清算和批判。

康德的美学,是产生近代资产阶级唯心主义美学思想上的根源。

(四) 崇高的分析

在西方美学史中,最初提出崇高这一概念的,是罗马时代的郎加纳斯①。他主要是从修辞学的角度,把崇高说成是一种修辞上的巧妙和宏伟。十七世纪,布瓦洛曾将之译成法文,但在当时古典主义的环境中,并没有引起多大的注意。到了十八世纪,崇高的概念方才渐渐地引起了人们的注意。但是,真正把崇高与美并列起来,将它们同时当作美学中的两个重要范畴的,则是英国的柏克。柏克在1756年出版的《论崇高与美》一书中,把人的情欲分成两种:一是自我保存的情欲,一是社交的情欲。社交的情欲根源于爱,是一种纯粹的快感,产生美;自我保存的情欲则根源于恐惧,那就是说,人在痛苦或危险的事物面前感到恐惧,但它们又并不威胁人的安全,于是产生崇高。因此崇高感不像美感那样是一种单纯的快感,而是人在恐惧的面前克服了痛感之后产生的一种快感,它和人的自豪感与胜利感紧密地联系在一起。柏克的这种看法,直接影响到康德。康德早年所写的《关于美和崇高的感情的考察》(1764年)一文,就基本上是运用柏克的观点,来分析美和崇高这两种美学现象的。到了他写《判断力批判》的时候,虽然他主要的论点已和柏克不同了,他批判了柏克的经验主义和感觉主义的观点,提出了他的先天的主观唯心主义的观点。但是,在把美学范畴主要地分成美和崇高,并认为崇高感是克服了痛感之后的快感这些方面,他仍然是继承了柏克的看法的。

那么,为什么过去不大被人注意的崇高这一美学范畴,到了十八世纪以后的柏克和康德,特别重视起来了呢?这是有它的阶级根源和社会根源的。原来十八世纪是资产阶级革命的时代。他们在工商业上竞争角逐,在政治上反对封建主义,在思想上提倡启蒙运动,而在文学艺术上则掀起了反对古典主义的浪漫主义运动。这时,社会改革的要求和对于封建贵族虚饰的文明的厌倦,使他们的审美趣味,不再满足于局限在宫廷和沙龙里面那种小巧玲珑、精雕细琢的作风,不再满足于那种墨守成规、拘泥法则的古典主义创作方法。他们要创造,要革新,要奔向更为广阔的天地。他们向往着巨大的社会震荡、激动人心的社会事件;向

---

① 郎加纳斯:生卒年不详。他的《论崇高》一文,中文摘译见《文艺理论译丛》,1958年第2期。

往着与"文明"相对立的粗犷雄峙的大自然,向往着高山大海。与"传统"相反,他们向往新奇、怪异和丑陋;与"理智"相反,他们向往强烈的感情,个性的彻底解放。他们不怕危险,不怕恐惧。他们认为克服了危险,克服了恐惧,正足以显示人的力量、理性的力量。柏克赞美弥尔顿《失乐园》中所写的撒旦①的形象,将之当成崇高的一个例子,不正足以说明这一点吗?康德在谈到崇高感时,特别强调理性的作用,强调人的精神力量在外界事物中所显示出来的伟大,不也正说明了这一点吗?而当时的浪漫主义文学作品,大量描写反抗、描写激情、描写惊心动魄的社会现象和自然景象,难道不又是这一倾向在文学艺术当中的反映吗?

事实上,当时在创作上强调天才,在欣赏上强调崇高,已不是个别人的主张了,它是资产阶级革命时代具有一定进步意义的共同主张。杰出的启蒙运动者狄德罗,谈到天才时,就这样说:"如果它(天才)感到最高度的英雄激情,例如感到自己具有一颗伟大心灵的藐视一切危险的信心,例如发展到忘我境地的爱国心,它就产生崇高。"又说:"总之,力、丰盈、我无以名之的粗糙、紊乱、崇高、激动,正是天才在艺术里的特征;它的感动不是软弱无力,它取悦时一定令人震惊,它的过失也令人震惊。"②另外一位杰出的启蒙运动者赫尔德,在谈到莎士比亚时,一开头就这样说:"如果说,有一个人使我心里浮现出这样一个庄严的画面:'高高地坐在一块岩石顶上!他脚下风暴雷雨交加,海在咆哮;但他的头部却被明朗的天光照耀着!'那么,莎士比亚就是这样!"③这和古典主义时代对莎士比亚的评价多么不同!它跳出了旧日关于美的概念的狭小的圈子,而接近于柏克和康德所说的崇高的概念了。

这样,柏克和康德在他们的美学著作中,强调崇高的概念,就不是偶然的了。当然,他们的观点不一定正确。他们所理解的人,是资产阶级个人主义的"人";他们所理解的理性,也只是把资产阶级的秩序加以理想化了的"理性"。从这样

---

① 弥尔顿(1608—1674):英国十七世纪资产阶级革命时著名的诗人。《失乐园》是其主要著作之一,塑造了反抗权威的魔鬼之王撒旦的形象。柏克曾一再引到当中的诗句:

　　他那原有的光辉未灭尽,
　　仍不失天使的容形,
　　只不过那洋溢的荣华稍减损;
　　譬如朝日自东升,
　　遇天涯雾气蒙蒙,光芒被阻梗,
　　或又如月蚀朦胧半暗明,
　　使人看见灾异心中自警……

② 狄德罗:《天才》,《古典文艺理论译丛》,1963 年第 6 期。
③ 赫尔德:《莎士比亚》,田德望译,《古典文艺理论译丛》,1964 年第 9 期,第 69 页。

的人和这样的理性出发,当然不可能得出对于崇高的正确理解。特别是康德,他反映了与封建贵族相妥协的德国资产阶级的保守方面,把崇高这一美学现象完全作了主观唯心主义的解释,更是极端错误的。然而,不管怎样,他们在资产阶级追求个性解放的时代,提出了崇高这一个概念,并加以系统的论述,不能不说具有一定的历史意义了。

的确,《崇高的分析》部分,在康德整个美学体系中是占有特殊的重要地位的。这不仅因为它的分量相当于《美的分析》部分,而且更因为康德在《美的分析》中所没有办法解决的一些矛盾,在这里得到了进一步的论述和解决。例如美和道德的关系,在《美的分析》中他主要是强调二者之间本质的差别,说明美不是道德上的善;但在《崇高的分析》中,他不仅肯定了道德感是崇高感的基础,而且肯定了"美是道德的象征"。又例如关于美和艺术的关系,他在《美的分析》中很少谈到,但在《崇高的分析》中,却当作重点之一来谈。因此,我们要了解和批判康德的美学思想,是不能离开他对于崇高的分析这个部分的。除了关于天才与艺术的问题,我们专门另谈之外,此地主要谈三个问题:1. 崇高与美的比较;2. 数学的崇高与力学的崇高;3. 康德崇高理论的缺点。

1. 崇高与美的比较

在康德看来,崇高与美都属于审美判断的范围,所以它们有许多共同的地方。第一,它们都以快与不快的感情作为判断的宾语,都能引起快感。第二,它们都不是感官上的判断,也都不是逻辑上的判断,因此,它们所引起的快感,既不是感官上的快适,也不是道德上的善所引起的愉快。它们是反省判断。所谓反省判断,像我们在前面所介绍的,是先有了个别,再去寻找一般的判断。这种判断,是一种对特殊事物表示主观态度的一种判断。那就是说,特殊的个别事物符合了主观的目的,因此引起了我们的快感。这种快感,由于符合了主观的目的性,根据康德在《美的分析》部分的解释,它就具有普遍性和必然性,人人相同。第三,康德根据理解力的四组范畴,对于美所作的分析,同样适用于崇高。他说:"崇高的快感,就像美一样,必须在量上是普遍有效的,在质上是与利害无关的,在关系上是主观的合目的性,而在情状上又是必然的。"①

但是,康德所着重探讨的,却不是崇高与美相同的地方,而是它们不同的地

---

① 康德:《判断力批判》第 24 节,引自美里狄斯的英译本。以下所引,均是根据英译本,并参考宗白华先生译文。

方。为了便于理解它们的不同,我们不妨先举一个例子:当我们欣赏一朵迎风招展、姿态婀娜的花,和凝视一片波涛汹涌、汪洋浩瀚的大海,这时我们都可以产生快感,但它们快感的性质却是不同的:前者美,后者崇高。那么,它们究竟有什么不同呢?康德说,它们有下列几个方面的不同:

第一,就对象来说,美的对象有形式和限制,崇高的对象则既无形式也无限制。花是什么样子,我们一眼都可以看完;大海却无边,我们凭感觉掌握不住它的形式,我们只能设想它是一个整体。因此,美所表现的是来自理解力的不确定的概念,而崇高所表现的则是来自理性的不确定的概念。伴随着美的快感属于质的方面,而伴随着崇高的快感,则属于量的方面。

第二,就快感的性质来说,美是直接的单纯的快感,崇高则是间接的由痛感转化而来的快感。我们欣赏美的事物,"直接伴随着推进生命的感觉,因而它和魅力以及游戏的想象是相契合的"(第23节)。可是,"崇高的感觉却只能是一种间接引起来的快乐,那就是说,它先经历着生命力受到暂时阻遏的感觉,然后立刻继之以生命力更为强烈的迸发。正因为这样,所以崇高感不是一种游戏的感情,而是想象力严肃认真的工作。它与魅力无关,它不是单纯地受到对象的吸引,而是反复地受到对象的抗拒。因此,崇高所产生的快感与其说是一种积极的快感,毋宁说是像惊叹或崇敬那样的一种消极的快感"(第23节)。这样,从美所得到的快感,如观赏花朵,是直接得到的一种怡悦的享受;可是,从崇高所得到的快感,如观赏狂涛巨浪的大海,则是首先受到震荡、抗拒,然后由痛感间接转化而来的快感。

第三,康德认为崇高和美之间"最重要的区别"是:美可以在对象的形式中找到,而崇高则只能在主观的心灵中找到。这就因为美的对象,如像一朵花,具有固定的形式,可以通过感觉上的表象来表现,我们也可以从感觉上来把握它。对象的形式,恰好投合了想象力与理解力的自由活动,因此产生快感。崇高就不同了。崇高的对象,如像大海,是无限的,没有固定的形式。它既超越了理解力的范围,也超越了想象力的范围,我们在想象中无法全部再现大海的形象。正因为这样,所以我们没有办法从感觉上来把握崇高对象的表象形式。这时,我们只有求助于超感官的能力,直接面对无限的理念的能力,那便是康德所说的"理性"。因此,在观照崇高的对象时,不是想象力与理解力在对象形式上的自由和谐,而是想象力借助于理性的帮助,飞翔在理性观念的无限的世界中。理性观念是超感官的,不是任何对象的感性形式所能容纳的,它只能够从内心里面激发出

来。因此,崇高完全是主观的,它来自主体的心灵。康德说:

> 我们所能说的只是,对象所表现的只是心灵所固有的崇高。因为严格说来,崇高不能包含在任何的感性形式里,而只能涉及理性的观念。这些观念,虽然不可能找到与它们恰好适合的表现形式,然而正是由于它们不适合于感性的表现形式,所以可以在心灵中激发起来,召唤起来。例如为暴风雨所震荡的海洋,就不能称之为崇高。它的形状是可怕的。一个人必须在心里面事先储存了大量的观念,他在直观海景时把感情提升到了顶端,那种感情的本身方才是崇高——我们说它崇高,是因为心灵这时被激动了起来,抛开感觉,而去体会更高的符合目的性的观念。(第23节)

> 崇高在自然的事物中找不到,它只能在我们自己的观念中找到。(第25节)

这样,康德对于崇高的看法,完全是主观唯心主义的。它不在客观的对象中,而只存在于我们自己的内心里面。面对崇高的对象,不是想象力与理解力的自由和谐,而是想象力服从于理性的要求,把我们提升到无限的理性观念的世界。因此,在崇高感中,我们人的精神力量扩大了,提升了,超过了自然界,我们取得了道德上和精神上的胜利。这样,崇高感就和道德感具有密切的联系了。

因为崇高超越于感官的世界,它所面对的是无限的观念,所以崇高的基本特点,就是"绝对地大"。康德说:"凡是绝对大的东西,都可以称之为崇高。"(第25节)首先,此地所说的"大"包含有伟大的意思,它和大小的大是全然两回事;其次,绝对大和大,又是两个完全不同的概念。所谓"绝对大",是说超出了一切比较的大。崇高的"大",只有它本身才是标准,此外,再没有可资比较的标准了。

但是,"大"有两种,一种是数量上的,一种是力量上的。因此,康德把崇高分为两种:数学上的崇高与力学上的崇高。

2. 数学的崇高与力学的崇高

康德所说的数学上的崇高,主要是指体积上的大而言。但这种体积上的大,不是感官所能把握的。感官上的大,都是有限的,大上还有大,不能达到无限大的程度。而崇高所说的大,正是无限的绝对的大。同时,这种体积上的大,也不能用数学的方式或逻辑的方式来加以计算或推论。数学上的计算方式,永远达不到绝对的大。为什么呢?首先是因为数目字可以无限地增加上去,永远达不到绝对大的极限;其次,则因为在计算的当中,所掌握的始终只是部分,常常是掌握了这一部分而又忘记了另一部分。因此,美学上的崇高,不能从数学上来计算,而必须在单纯的直观中,通过目测来掌握对象的整体。对于绝对大的整体,想象力是无能为力的,因为想象力是以感性对象为限的。这时,它必须借助于超感官的认识能力,这就是理性。理性就是对绝对整体的一种认识能力。这种理性的认识能力,来自人们的主观。因此,在崇高感当中,我们见出了我们自己作为理性生物的伟大。"对于自然的崇高感,就是对于自己使命的崇敬。"(第27节)我们是把我们自己的伟大,转化到自然的对象中去。这样,我们在观照数学上崇高的现象时,就不是从客观上来计算或推论对象究竟有多么大,而是在我们的主观上,见出了对象的大,感到了对象的大。例如我们观照汪洋大海,那浩瀚无边的海洋,就不是我们能够从数学上来计算,或者从逻辑上来推论,而且也用不着我们去计算或推论,我们只是在直观中,观照着它那无限的大,以及在内心里面唤起无限大的观念。

　　康德认为,在艺术作品中,如像建筑、雕刻等,因为它们的形式和体积是由人的目的来决定的,牵涉到了概念,所以没有崇高。在自然界的有些事物中,如像动物,它们在概念上牵涉到了一定目的,因此,也没有崇高。崇高是不牵涉对象在概念上的目的的。"关于崇高的纯粹判断,必须不以属于对象的目的,作为规定的根据。"(第26节)粗野的自然,既不引起魅力,又不产生危险,它那巨大的面积使我们不能形成目的概念,因此,只有粗野的自然,如像汪洋大海、崇山峻岭等,方才是数学上的崇高。但是,单纯的自然本身还不是崇高,必须这些自然现象和无限性的观念结合起来,引起了主体的人内心里面的激荡,方才是崇高。因此,崇高并不在自然现象里面,而在人的心灵里面:

　　　　谁会把杂乱无章的山岳群,它们那一个高过一个的冰峰,或者阴暗的骚乱着的海洋,以及诸如此类的东西,称为崇高呢? 但是在观照它们的时候,完全不管它们的形式,心灵放任着自己的想象力,并与不牵涉任何目的、只是扩张着视野的理性结合在一起,这时,心灵感到自己提高了,感到自己的全部想象力仍然不足与理性的观念相匹敌。(第26节)

　　在康德看来,只有这时,方才谈得上崇高。因此,康德是把自然现象在人的心灵中引起无限大的观念,称为崇高。这完全是一种主观唯心主义的讲法。不仅这样,他的讲法,有时还是自相矛盾的。例如他说建筑、雕刻等艺术,不足以称为崇高。可是在他举例来说明数学上的崇高时,他却举了埃及的金字塔和罗马的圣彼得教堂,这就不能不说是自相矛盾了。

至于力学上的崇高,则是指威力而言。他说:

> 威力是一种超过巨大阻碍的力量。如果它也超过了本身就具有威力的东西的抵抗,它就被叫作支配力。在审美判断中,当自然被当作是对我们没有支配力的威力时,它就是力学上的崇高。(第28节)

那就是说,力学上的崇高,一方面是一种强大的威力,是产生恐惧的根源;但另一方面,它对我们又没有支配力,因此,我们又并不感到恐惧。例如善良的人,对于上帝,就是这样的。"他恐惧上帝,但又不怕他。"在巨大的自然的威力面前,我们的情况也是一样的:生理上我们不能抗拒它,害怕它;可是,在精神上我们却能抗拒它,不害怕它。力学上的崇高,所指的正是我们在精神上所表现出来的这种力量和气魄。如果没有这种精神上的力量和气魄,而只是在巨大的威力面前感到恐惧,那就好像有了私心和欲念而不能产生美感一样,我们也不能产生崇高感。从恐惧当中解脱出来,这时我们在威力面前所感到的愉快,就是崇高感。

这种情况,康德曾用下面一段话,来加以描写:

> 粗犷的、威胁着人的陡峭悬崖,密布苍穹、挟带着闪电惊雷的乌云,带有巨大毁灭力量的火山,席卷一切、摧毁一切的狂飙,涛呼潮啸、汹涌澎湃的无边无际的汪洋,以及长江大河所投下来的巨瀑,还有其他诸如此类的东西,它们那巨大的威力使得我们抗拒的力量,相形见绌,渺不足道。但是,只要我们自己处于安全之境,那么,它们的面目愈是狰狞可怕,就对我们愈是具有吸引力。我们欣然地把它们称为崇高,那就因为它们把我们灵魂的力量提升到了那样的一种高度,远远地超出了庸俗的平凡,并在我们的内心里面发现了另外一种完全不同的抵抗力量,它使我们有勇气去和自然这种看来好像是全能的力量,进行较量。(第28节)

因此,康德所说的力学上的崇高,"不在于任何自然事物的上面,而只在于我们自己的心灵中。我们意识到我们自己,既超过内在的自然,又超过外在的自然"。那就是说,在"不可度量的"自然和我们自己全然无能之间,固然认识到我们自己在生理上的渺小无力,但是,在我们的内心里面却发见一种理性的能力,远远超过自然,优越于自然。"因此,自然之所以被称为崇高,只是因为它把想象力提高到了那样的场合,在那里心灵意识到了自己本身使命的崇高性,甚至超过了自然。"(第28节)

那么,究竟是什么力量使我们超过自然的威力呢?康德说:这是一种来自理性观念的力量,它和一个人的道德情操和文化修养有关。"道德观念如果没有得到发展,对于有文化教养的人是崇高的东西,对于没有教养的人却是可怕的东西。"(第29节)这样,道德观念就成了崇高感的主观基础了。事实上,康德谈到力学上的崇高时,常常是和道德上那种大无畏的精神,联系起来谈的。古今伟大的战士,"就是这样的一种人,他勇敢,无所畏惧,百折不挠,在巨大的危险中仍然沉着地英勇地工作着"(第28节)。由于强调这种威武不屈的战士的崇高性,康德甚至认为:战争本身也带有崇高性。"至于长期的和平,则会使单纯的商业精神、卑鄙的自私自利、胆怯和柔懦之风,到处盛行,从而贬低一个民族的气质。"(第28节)康德的这种讲法,不区分正义的和非正义的战争,片面地歌颂战争,很明显地反映了当时普鲁士容克地主阶级军国主义的侵略野心,并成为以后法西斯主义者的一个借口。因此,它是康德思想中的糟粕,我们应当加以否定。

3. 康德崇高理论的缺点

前面我们谈过,康德关于崇高的理论,受到柏克的影响很大。但由于十八世纪的英国资产阶级和当时德国的资产阶级所处的历史地位不同,因此他把柏克从经验主义和感觉主义出发的观点,改造成了主观唯心主义的观点。康德关于崇高理论的根本错误,就在于这种主观唯心主义的观点。他否认了崇高现象的客观存在,而认为无论是数学上的崇高、还是力学上的崇高,都是来自主体的心灵。对象本身,无论体积多么大,或者威力多么强,都不是崇高,崇高只是它们在我们内心中所唤起的观念。对于康德的这种主观唯心主义观点,车尔尼雪夫斯基曾经给以有力的批判过。车尔尼雪夫斯基说:"我们觉得崇高的是事物本身,而不是这种事物所唤起的任何思想;例如卡兹别克山的本身是雄伟的,大海的本身是雄伟的,恺撒[1]或伽图[2]个人的本身是雄伟的。当然,在观察一个崇高的对

---

[1] 恺撒(公元前100—前44):罗马政治家。
[2] 伽图(公元前95—前46):罗马政治家。

象时,各种思想会在我们的脑子里发生,加强我们所得到的印象;但这些思想发生与否都是偶然的事情,而那对象本身却不管怎样仍然是崇高的。"[①] 车尔尼雪夫斯基的批判,我们认为是正确的,符合唯物主义的。当然,这并不等于说,车尔尼雪夫斯基本人关于崇高的看法,就完全是正确的。

其次,康德从他的主观唯心主义出发,认为崇高与美都是审美的反省判断,所以在根本的性质上都是一样的。它们都与利害无关,与概念无关,与目的无关,然而却又都具有普遍性和必然性,都具有主观的合目的性,等等。这些,我们在介绍"美的分析"时,已经作过批判。这些批判,完全同样适用于他的"崇高的分析"。不过,康德的观点常常是自相矛盾的。例如从他的思想体系来看,他认为崇高与美一样,都与目的的概念无关,都不同于道德上的善。然而,他在具体地分析崇高的过程中,却又处处谈到理性观念,谈到崇高与道德的密切关系。又例如,他认为艺术具有目的的概念,因此不是崇高的对象,但事实上他又谈到了艺术的崇高问题。凡此,都说明了康德理论中的矛盾。

第三,康德的分析主要是形式逻辑的,因此就出现了这样一种情况:在逻辑的推论上说得通,但在具体的内容上说不通。例如他把崇高分为数学的和力学的两种,一个的特点是体积大,一个的特点是威力大。可是,在具体的内容上又看不出这二者有什么本质的差别。拿对象来说,都是雄伟的自然现象;拿性质来说,都是超感官的,都是理解力不起作用,想象力不能不乞援于超感官的理性观念;拿作用来说,都是唤起人的内心的精神力量,使人感到自己精神力量的伟大。而且体积大的东西常常也就是威力大的东西,威力大的东西常常也就是体积大的东西,那么,又有什么必要一定要把这二者区分开来呢?不仅这样,康德为了体系上的完整,逻辑推论上的需要,常常不顾客观的事实,把一些问题讲得过分绝对化。例如他说崇高感都是伴随着恐惧、经过克服了痛感之后所产生的快感。这一讲法,应当说有其正确的一面。但是,能够说所有的崇高现象所产生的崇高感都是这样吗?那就不一定了。繁星灿烂的夜空、霞光万道的朝暾、浩瀚无际而又风平浪静的大海等等,你能说一定是在克服了痛感之后才产生的快感吗?唯心主义者勤于体系的建立,而常常忽视了对于客观事实的具体分析,所以才会挂一漏万,弊病百出。

但是,不管康德的理论有多大的缺点,他的深远的影响却是不容忽视的。席勒受了他的影响,认为美是在正常的情况下,对我们进行审美的道德教育;而崇

---

① 车尔尼雪夫斯基:《生活与美学》,第15页,人民文学出版社,1957年。

高则是在异常的情况下,也就是在遭遇到巨大的困难的情况下,对我们进行审美的道德教育。① 黑格尔受了康德的影响,把他关于崇高的理论运用到艺术中来,认为象征艺术的基本特点,就是崇高。也就是说,感性的形象尚不足以表现精神的无限,于是就产生了崇高。② 英国新黑格尔派的布拉德雷,更是在康德的影响之下,对崇高问题进行了深入的细致的研究。③ 总之,自从康德以后,西方资产阶级美学家讨论崇高的问题,几乎可说无不是从他出发的。

(五) 艺术与天才

从《判断力批判》一书看来,康德实际上的艺术修养是很贫乏的。他对于音乐,差不多完全是外行。对于文学,似乎好一点,但他的著作中对当时文艺创作和文艺斗争的情况,都很少反映。例如轰动一时的歌德的《少年维特之烦恼》,他根本就没有提到。从头到尾,他很少举文学艺术的例子。即使偶然举到,鉴别能力也显得很不高明。他拿魏兰④来和希腊的大诗人荷马相比,这说明他除了接受当时流行的意见之外,并没有什么自己独特的见解。在第49节中,他甚至拿普鲁士腓特烈大王的诗,来说明他关于艺术的中心概念——"审美意象"。这一切,都说明了他的文艺知识是很贫乏的。

然而,尽管这样,他研究的是美学,就不能不谈到艺术了。当时普遍引起争论的艺术与天才的问题,也不能不对他有所影响。事实上,康德对于这些问题的看法,正好反映了当时古典主义与浪漫主义之间的争论。他作为当时与封建贵族相妥协的德国资产阶级思想意识的代言人,就一方面接受了保守的古典主义的一些观点,强调理性,强调法则,强调审美趣味等;另一方面又接受了新兴的浪漫主义的一些观点,强调想象和感情,强调自由,强调天才等。这两种对立的观点,他企图用他唯心主义的体系,来加以调和和统一。经过他的调和,有的地方,的确提出了一些新颖独特的见解,对以后美学思想和艺术理论的发展,有所促进;但也有不少的地方,勉强凑合,捉襟见肘,矛盾百出。这是他的阶级地位和所处的历史条件造成的,他是没有办法克服的。现在,我们想分四个方面,即:

---

① 席勒:《论崇高》,见《席勒哲学和美学论文集》。
② 黑格尔:《美学》第 2 卷,第 86 页,奥斯马斯顿英译本,G 贝尔父子有限公司,1920 年。
③ 布拉德雷:《论崇高》,见《牛津诗学讲义》。
④ 魏兰(1733—1813):德国作家。比歌德略早,在当时名声甚高,超过歌德等。

1. 艺术；2. 天才；3. 审美意象；4. 艺术的分类；来谈一下他关于文学艺术的见解。

1. 艺术

康德关于艺术的理论，是以他关于美的理论作为基础的。鉴赏美的能力是人类心灵的一种特殊能力，创造美的艺术活动也是一种特殊的活动。因此，如果说前面关于美和崇高的分析，主要是从鉴赏方面来谈的；那么，关于艺术与天才的部分，则主要是从创造的角度来谈了。

康德对于艺术创造的问题，是从艺术的特殊性谈起的。首先，他认为艺术不同于自然。他说：

> 艺术有别于自然，正好像制作有别于一般的动作或操作；艺术的产品有别于自然的产品或结果，正好象作品有别于因操作而产生的效果。
> 正当地说，人们只是通过自由、也就是通过以理性作为基础的意志活动，所产生的成品，才是艺术。（第43节）

那就是说，艺术是一种自由的创造，它有预想的目的。可是，自然却不同，它像蜜蜂造窝，完全出于自然的本能，既没有自由，也谈不上什么目的。艺术家创造艺术作品，就不是出于本能，而是事先有一个目的，然后根据这个目的去设想作品的形式。这样，艺术和自然不同，它是与自由意志和目的的概念联系在一起的。

其次，康德又认为艺术不同于科学。他说：

> 艺术作为人类的一种技术本领，也不同于科学，正有如能不同于知，实践的能力不同于认识的能力，技术不同于理论。（第43节）

那就是说，艺术是能，科学是知。知道了，不一定能做。"对于艺术来说，占有了最完备的知识，并不意味着一个人就有了从事艺术创作的技巧。"正好像一个人懂得了做鞋子的道理，他不一定就能够做出鞋子来一样。

第三，康德还认为艺术不同于手工艺。他说：

> 艺术还不同于手工艺。前者是自由的，后者则可以谓之为雇佣的艺术。前者好像是一种游戏，它本身就是愉快的，达到了这一点，它就合于目的；后

者则是一种劳动,一种事物,这本身就是不愉快的、单调乏味的一种苦工,其所以还有吸引力,是因为劳动的结果可以得到报酬,因而它完全是强制性的。(第43节)

就这样,康德把艺术和劳动对立了起来。这当然是错误的。然而,康德看到了资本主义社会中劳动的强制性,和马克思在《经济学—哲学手稿》中所分析的"疏远化了的劳动"不利于美的创造,还是有某些共同之处的。不过,康德因此得出艺术不是劳动,而是一种游戏,这就和马克思有着根本的差别了。马克思认为劳动创造美,在将来没有阶级剥削的共产主义社会中,劳动将变为自由的,每个人都是劳动者,也都是艺术家。这说明马克思和康德正好相反,他把艺术看成是劳动。康德之所以否定艺术是劳动,这完全是因为他从资产阶级剥削的观点出发,把资本主义社会强迫的劳动,当成劳动的普遍本质了。难怪当时的启蒙运动者的赫尔德,就曾批判他的这种思想是上层阶级寄生思想的表现。①

康德就这样区分了艺术与自然、艺术与科学、艺术与手工艺之间的差别。然而,就像对于美的分析一样,他有时又自相矛盾。例如,他一方面说艺术是自由的游戏,不是强制的劳动,可是他马上又批评少数"新派"的领袖,摒除一切限制,把艺术看成单纯的游戏。他说:"在所有自由的艺术中,某种强制性的东西,仍然是需要的。这种强制性的东西,即是所谓机械性的技巧。如果没有这种机械性的技巧,那么,在艺术中必须是自由的灵魂,并唯有它能够赋予作品以生命的灵魂,就将变得没有形体,无从把捉了(例如在诗歌艺术中,必须注意语言的准确性和丰富性,必须注意诗法和韵律)。"(第43节)他这里所说的"新派",很明显的是指当时新兴的浪漫主义运动,特别是在德国风行一时的狂飙运动。康德同意他们把艺术看成是自由的这一意见。可是,古典主义仍然对他具有束缚力,所以他又认为艺术同时还必须有某些限制,受到一些机械规律的支配。又例如他认为艺术不是科学,艺术不是知识,可是他马上又说:"美的艺术就其全部的完满性来说,仍然需要有大量的科学知识。例如古代文字的知识、熟读古典作家的作品、历史、考古学方面的知识等等。这些历史的科学,构成了美的艺术必要的准备和基础。"(第44节)这样,他又认为知识对于艺术来说,是必要的了。不过,他所说的知识,大多是指古代的书本知识。这一方面说明了古典主义对他还有深刻的

---

① 参考赫尔德:《喀里贡》。

影响,因为古典主义是强调古代的书本知识的;另一方面更说明了他根本不懂得艺术是社会生活的反映这一客观的真理,因此,他从来没有提到过艺术家应当深入社会生活,而只是要学习技巧,学习古代的书本知识。比起当时启蒙运动的文艺理论家强调艺术要从现实出发这一进步的观点来说,他是大大地落后的。

在说明了艺术不同于自然、不同于科学和手工艺之后,康德进一步把艺术分成机械的和审美的两种。前者是为了认识,后者是为了快感。在引起快感的审美艺术中,由于快感的性质不同,他又分成快适的艺术和美的艺术两种。快适的艺术是在感觉上带来快感,"单纯以享乐为它的目的",例如在筵席上人们轻松活泼的谈吐,即兴的诙谐和取笑,以及各种各样的娱乐消遣等。至于美的艺术,则不同了:

> 美的艺术是一种意境,它本身虽然没有目的,但却具有内在的合目的性。为了社会交流的利益,它可以推进各种精神力量的修养。(第44节)

因此,美的艺术的快感,不是感觉上所带来的实际快感。它没有实际的目的,只是在形式上合于目的。这种美的艺术,具有普遍的社会传达性,因而能够起到一定的社会作用。康德所说的艺术,所指的就是这种美的艺术。

由于康德把形式上的合目的性,当成美的艺术的一个重要特点,因此,在谈到自然与艺术的关系时,他就主要从形式出发,得出了下列的著名的论断:

> 一件艺术作品必须被看成是艺术,而不是自然。但是,由于它在形式上的合目的性,它必须显得从一切人为规律的束缚中解放出来,好像就只是一种自然的产物。……当自然看起来像艺术时,是美的;而艺术,也只有当我们明知其是艺术但看起来却又像自然时,才是美的。(第45节)

这样,艺术一方面是人为的,有意图的,不同于自然;可是,另一方面,又要看不出艺术家的匠心,看不出它是人为的,有意图的,它要看起来就像自然。正是艺术作品的这种特点,给我们带来了普遍的审美的快感。它符合了规律,但又不受规律的束缚;它符合了目的,但又没有任何实际的目的。康德关于自然与艺术的这种看法,显然更多地倾向于浪漫主义。因为浪漫主义正是反对人为雕琢,主张艺术要复归于自然。而且康德关于自然的看法,也基本上是和浪漫主义者相一致的，他们指的都是客观自然。但是，尽管这样，我们仍然可以看出即使在这里，康德还是在企图调和古典主义和浪漫主义。浪漫主义者强调自由的创造，强调感情的表现，他们常常要打破客观自然的形式，通过夸张的甚至是幻想的形式来反映现实；古典主义者则不然，他们强调规律，强调理性，强调艺术不能违背自然的形式，强调艺术对于古人的模仿，就在这个意义上，所以他们说："我们永远也不能和自然寸步相离。"①因此，古典主义者所说的自然，和浪漫主义者所说的自然，不是一回事。浪漫主义者所说的自然，是和人为的规律相反的，含有天真自然之意；古典主义者所说的自然，则就是指理性，指古人的规范。康德正是从这个意义上，来综合两方面的意见。艺术要看起来像自然，要在形式上合于自然，那就是说，艺术要合乎理性的规律；同时艺术又是自由的，不能受任何传统规律的束缚，因此它要像自然一样地自然，不应当有人为做作的痕迹。

康德的这一讲法，比起当时的浪漫主义和保守的古典主义来，应当说更辩证些、更合理些。但是，他有一个根本的缺点。那就是不能从唯物主义的观点，认识到艺术是自然（现实）的反映；而只是从唯心主义和形式主义出发，认为艺术只是在形式上合于自然，看起来像自然。这样，他就把艺术与自然之间反映与被反映的关系，说成是形式上相似和不相似的关系了。这种讲法，其错误是很明显的。有许多进步的浪漫主义的作品，它们在形式上是虚构的，看起来并不像自然，但是，我们能够否认它们在内容上的巨大的真实性吗？我们又能够否认它们是优秀的艺术作品吗？

2. 天才

艺术不是自然，但又要看起来像自然；艺术是自由的，但又要符合规律；什么人能够创造这样的艺术呢？这就不是一般人所能创造的了，它需要天才。康德认为："美的艺术就是天才的艺术。"这样，他对于艺术的分析，乃一转而为对于天才的分析了。

什么是天才呢？康德说：

> 天才是一种天赋的才能，它给艺术制定规律。由于艺术家天生的创造才能的本身，就是属于自然的，所以我们也可以这样说：天才是一种天生的心灵秉赋（天生才能），通过它，自然把规律赋予艺术。（第 46 节）

---

① 布瓦洛：《诗的艺术》，第 57 页，人民文学出版社，1959 年。

因此，天才完全是一种天生的才能，秉赋自然而生，不是人工所能培养的。因为天才是秉赋自然而生的，所以符合自然的规律；又因为天才给艺术制定规律时，不是根据既成的公式去模仿旁人的作品，而是发挥他自己的创造才能，去进行自由的创造，因此天才又是自由的。自由而又符合自然的规律，自由与规律两个矛盾的概念，就这样通过天才的努力，达到了统一。康德的这一讲法，可说把过去关于天才的理论，推进到了一个新的阶段。自从柏拉图以来，天才一直是被看成灵感。灵感是非理性的，它和规律是相对立的。只有到了康德，灵感和理性，自由和规律，方才达到了统一。但是，康德的这一看法，也不是凭空产生出来的。十八世纪中叶以后，资产阶级要求个性解放的呼声愈来愈高，他们为了反对古典主义亦步亦趋地模仿古代的作品，天才的独创性问题就愈来愈被重视了。1759年，英国的爱德华·扬格发表了《试论独创性作品》一文，次年就出现了两种德文的译本。它在德国文艺界中引起了深刻的反响，特别是狂飙运动更直接受到这一理论的推动。它号召作家不要模仿古人，而要模仿自然；它认为天才的特征"存在于学问的权威和法则的藩篱之外……因为法则正如拐杖，对跛者是有用的帮手，对强者却是一种障碍"。[①] 他的这些讲法，无疑对康德有其一定的影响。康德把美的艺术看成是天才的艺术，正是他那时时代精神的反映。

由于康德关于天才的理论，是他那时要求独创精神的反映，所以他虽然同时注意到了自由和规律的两个方面，并力求把二者统一起来，但他所着重强调的，却仍然是自由的独创性方面。这只要看他给天才所规定的四个特点，就知道了。这四个特点是：

（1）天才是一种不能依照规矩来创造，也不能依照规矩来学习的才能。它的主要特点是独创性。

（2）独创性可以是无意义的、无价值的，但天才的独创性却具有规范性的价值和意义。那就是说，它本身虽然不是模仿，但却可以作为旁人模仿的规范。

（3）天才是怎样创造他的作品的，不能加以科学的说明，他自己也只知其然而不知其所以然。因此，天才是不能传授的，他不能告诉旁人怎样去创造同样的作品。

---

① 爱德华·扬格(1683—1765)：《试论独创性作品》，第13页，人民文学出版社，1963年。

（4）自然通过天才只是把规律赋予艺术,而不是赋予科学。而且这艺术,只是指美的艺术而言。（第46节）

从康德给天才所规定的这四个特点来看,可见非理性的自由创造方面,占了压倒的优势。难怪他以后,如像谢林、叔本华等,会把他关于天才的理论,推到反理性的神秘主义的极端。不过,康德本人还并没有向反理性的方向发展。他除了上面给天才所规定的四个特点之外,后来在他分析了"审美意象"之后,在分析天才的心理功能时,又重新给天才规定了四个特点。它们是:

（1）天才是艺术的才能,不是科学的才能。在科学中,清楚地认识到规则是先行的,规则决定程序步骤。

（2）作为艺术的才能,天才须先假定对于作品的目的有一个明确的概念。这样,他就要先假定有理解力。但除此之外,还须要先假定有一个关于材料的不明确的表象,也就是为了表现概念而需要的直觉。总之,要先假定理解力和想象力之间的一定关系。

（3）天才不仅见于替某一确定概念找到形象显现,实现原先定下的目的,更重要地是见于能替审美意象（这包含便于达到上述目的的丰富材料）找到表达方式或语言。因此,天才一方面使想象力获得不受制于一切规则的自由,另一方面就表达既定概念来说,又显出符合目的性。

（4）最后,在想象力与符合规律的理解力之间那种自由的和谐中,所出现的不假寻求、无须安排的主观合目的性,是先假定想象力与理解力之间的比例和协调不是来自对法则的服从,如像科学或机械的模仿那样,而只能够来自主体的自然本性。

根据这样一些假定,因此,天才是主体在自由运用他的各种认识能力的时候,在自然秉赋方面所表现出来的具有规范性的独创性。[①]（第49节）

这四个特点,是对于前面所说的四个特点的补充。一方面,他仍然继续强调天才的独创性,认为只有艺术有天才,科学没有天才。科学可以靠学习和努力而

[①] 康德:《判断力批判》,第180页,美里狄斯英译本。本段译文曾参考朱光潜《西方美学史》下卷第39页所引译文。

致。例如牛顿,虽然他的成就也"需要一个伟大的头脑",但他研究的所有步骤,"从几何学的最初原理到他最伟大和最深刻的发明"(第47节),都可以明白地讲出来,旁人可以学习。但艺术则不然。荷马或魏兰究竟怎样写诗,他们那些丰富多彩的幻想和思想是怎样变成意象,云集在他们的头脑之中的,旁人不知道,他们自己也不知道。因此,艺术的天才是不可学习的。但是,另一方面,他又强调天才构思的特点,是想象力与理解力的自由和谐。想象力无论怎样活跃,都必须符合理解力的规律。因此,天才也不是可以随便胡来的。他那自由的独创性,应当符合理性的规律。正因为这样,所以康德所说的天才,只是与人类其他才能(如科学)相平行的一种才能。它是特殊的,但并不凌驾于其他才能之上。可是,浪漫主义者却不仅把这种才能特殊化,而且将之神秘化,认为天才只是少数人的特权。这样,天才便成了精神上的贵族了,艺术也成了超越于其他意识形态的特种学问。弗·许莱格尔便宣称:"艺术家是高人一等的等级。"[①]康德当然没有达到这样的极端,他的理论也不包含任何这方面的意思。但是,我们也不能说与康德完全无关。这是因为他的天才论有一个根本的缺点:他不是从艺术怎样反映现实去探讨艺术创作的特殊规律,而是从艺术家主观的天性去探讨这一特殊的规律,于是,他就得出了一个错误的结论:艺术创作是由于一种特殊的先天才能——天才。既然艺术创作是来自天才,那么,也就很容易推论到艺术创作是少数得天独厚的人的专利了。康德的这种错误,是和他哲学上先天的唯心主义观点,分不开的。

创造艺术,需要天才;评价艺术,却需要鉴赏力。因此,康德在谈了天才之后,接着便谈鉴赏力,并探讨了天才与鉴赏力之间的关系和区别。

康德说:"自然美是一种美的事物,艺术美则是对于一种美的事物的再现。"(第50节)由于鉴赏力所关涉的是对于美的事物的评价,而天才则是对于美的事物的创造,因此,天才与鉴赏力的关系问题,首先涉及了自然美与艺术美的关系问题。也就是说,经过天才所创造的艺术,它的美比起自然的美来,哪一个更为优越呢?

康德认为,从引起"直接的兴趣"来说,自然美优越于艺术美。所谓"直接的兴趣",就是不掺杂任何虚伪的魅力,也不掺杂任何实际的利益,而只是直接面对自然。例如我们孤独地观赏一朵花、谛听鸟儿的歌唱等都是。如果我们知道花

[①] 引自G.T.哈特菲尔德《早期浪漫主义运动》一文,见《德国古典丛书》第4卷。

是人为地插在地里的假花,鸟唱是人在学着唱时,这种趣味就没有了。康德认为,一个人如果能从虚伪的社会走出来,到自然中去发现美,这是一个具有"优美的灵魂"的人,值得我们"尊敬"。"一个人对自然美感到直接的兴趣,我们有理由推定,他是一个具有善良的道德气质的人。"(第42节)康德的这种讲法,无疑地受到了卢梭以来"回到自然"的呼声的影响。在这以前,西方的文学艺术很少注意自然的美;在这以后,特别是浪漫主义运动以后[①],西方的文学艺术方才开始大量地注意自然的美了。因此,康德的观点是有他的时代的根据的。

然而,从表现方面来看,康德又认为艺术美优越于自然美。他说:

> 艺术美优越于自然美的地方,在于它能够把自然中本来是丑的或令人不快的事物,加以美的描写。复仇女神、疾病、战争的灾难等,这些丑恶的东西,都可以非常美丽地加以描写,甚至在绘画中再现出来。(第48节)

因为艺术美能够把自然中丑的东西表现为美,所以康德认为艺术美优越于自然美。不过,他说有一种丑不能表现为艺术美,那就是令人厌恶的东西。这样的东西,会破坏我们审美的快感。例如在雕刻中,艺术几乎与自然相混,所以就不宜于直接表现丑的东西。为了代替,就需要用寓言或饰以悦目的外衣,用来间接地表现这种丑的东西。如像通过美丽的神灵来表现死亡等,就是例子。

此外,在评价自然美的时候,我们用不着目的的概念,用不着知道它在物质上的合目的性。它只是以单纯的形式,来愉悦我们。可是,当我们评价艺术作品的美的时候,却"经常事先假定了一个目的作为原因,假定了事物究竟是什么事物的概念作为它的基础"(第48节)。这样,艺术美就离不开目的概念了。同时,由于事物的杂多性和它内在的特性的统一,构成了这一事物的完满性。评价自然美时,这是不相干的;可是评价艺术美时,就不能不相干了。因此,艺术美又和完满性的概念发生了关系。康德在《美的分析》中所排斥了的目的性概念和完满性概念,却在艺术美的分析中被肯定了下来。这除了说明

[①] 当时的浪漫主义作家,很多都热情地歌颂自然。例如拜伦在《恰尔德·哈诺尔德游记》(中译本第73页,杨熙龄译,新文艺出版社)中,就这样说:
　　大自然永远是最仁慈的母亲,
　　虽然她柔和的面貌总是变化不定,
　　让我陶醉在她赤露的怀里吧,
　　我是她不弃的儿子,虽然不受宠幸。

康德的自相矛盾之外,也说明他对于美的分析实际上只适用于自然美,而不适用于艺术美。正因为艺术美包括了自然美所不能包括的东西,所以艺术美也就优越于自然美。

康德割裂自然美与艺术美,然后来探讨它们之间的关系,这本身就是一种形而上学的做法,自然得不出正确的结论了。

其次,康德还探讨了鉴赏力与天才之间孰优孰劣的问题。他认为天才是想象力,而鉴赏力则是判断力。由于判断力同时包括了想象力与理解力,它使想象力与理解力取得和谐,因此判断力比想象力更重要,也就是说鉴赏力比天才更重要。他甚至说:"说到美,意象的丰富和独创性,比起想象力在自由的活动中与符合规律的理解力取得和谐来,并不是那么迫切地需要。想象力在没有规律的自由活动中,尽管极其丰富,但除了毫无意义的东西之外,什么都不能产生。可是判断力却与此相反,它使想象力与理解力取得和谐。"(第50节)正因为这样,所以他认为鉴赏力很重要。它像判断力一样,是对于天才的一种训练或管教。"它剪掉天才的羽翼,使之循规蹈矩,或者受到磨炼。但同时,它又指导天才的飞翔,使之保持合目的的特性。它把清晰和秩序带进丰富的思想里面去,从而使意象获得稳定性,取得持久而又普遍的赞同,并得到旁人的追随,有助于修养的不断提高。因此,在一部作品中如果这二者发生了冲突,不得不有所牺牲的话,就宁可牺牲天才了。"(第50节)

康德这里的讲法,明显地和他自己(前面的讲法)发生矛盾。就在第49节中,他还把天才看成是想象力和理解力的和谐,可是在这里,他却认为天才只有想象力而没有理解力。在前面,他还认为天才的独创性是有规范性的,天才的想象力虽然是自由的,却是符合规律的;可是在这里,他却把天才来自想象力的独创性,看成是没有规律的毫无意义的东西。他为什么会这样自相矛盾呢?这就因为他作为德国资产阶级的代言人之一,德国资产阶级的矛盾性和妥协性不断地在他的内心之中引起冲突的缘故。一方面,他倾向于新兴的浪漫主义,要独创,要自由;可是另一方面,古典主义者强调审美趣味和优美形式的鉴赏力,强调学习和规则,却又处处束缚住他。即使当他高谈天才的时候,他也没有忘记套在自己头上的紧箍咒,他也没有忘记审美趣味。浪漫主义和古典主义之间的争论,就这样一直构成康德美学思想中的矛盾。

3. 审美意象

上面,我们谈到,康德认为美的艺术就是天才的艺术,是天才所创造的。那么,天才是怎样创造艺术的呢？这就涉及他所说的审美意象的问题了。他认为天才就是一种能够表达审美意象的才能。

什么是审美意象呢？康德说：

> 我所说的审美意象,就是由想象力所形成的那种表象。它能够引起许多思想,然而,却不可能有任何明确的思想,即概念,与之完全相适应。因此,语言不能充分表达它,使之完全令人理解。很明显,它是和理性观念相对立的。理性观念是一种概念,没有任何的直觉（即想象力所形成的表象）能够与之相适应。（第49节）

我们都知道,表象是外界事物在我们内心中所唤起的感性形象,属于感性认识的范围。由于审美意象是由想象力所形成的这种表象,所以它不同于理性观念。理性观念是一种概念,是抽象的,没有感性的形象与之相适应。审美意象却离不开感性的形象,艺术家就是凭借想象力,通过感性的形象来显现,来进行构思的。

但是,审美意象的这种感性形象,却不是经验世界的再版,而是想象力所重新创造出来的。"想象力作为一种创造性的认识能力,是一种强有力的力量。它从实际自然所提供的材料中,创造出第二自然来。"正因为这样,所以在经验中显得平淡无奇的东西,想象力不仅可以使之变得赏心悦目,而且还可以把它加以改造。想象力是怎样改造经验,创造出第二自然来的呢？它所根据的,不仅是来自经验的联想律,也就是经验的类比,而且也根据更高的理性原则,使我们从自然所取得的材料中,经过加工,制造出完全不同的另外的东西,即"某种超过自然的东西"。

像这种"超过自然"的表象,也就是想象力所重新创造出来的感性形象,康德称之为"意象"。这种"意象",它虽然不是理性观念,却力求超过经验世界的范围,企图达到理性概念的表现,使理性概念取得客观现实的外貌。因此,它能够引起许多思想。但是,这种作为内心直观的意象,又不能完全与理性概念相适应。那就是说,理性概念可以有许多感性形象来表现它,却没有一个感性形象能够完全表现它。天才的能力,就在于能够通过想象力的帮助,创造出最能表现理性概念的感性形象,这就是审美意象。例如诗人,他就一方面企图把经验世界当中看不到的理性概念,如像天堂、地狱、永生、创世等,在感官面前具体化,使之变成感性的形象；另一方面，他又力图把经验世界当中所发生的事情，如像死亡、嫉妒、罪恶、荣誉、爱情等，通过想象力，把它们提升到经验的范围之外，达到最高度的理性概念。这样，康德所说的审美意象，事实上就是把感性形象与理性概念统一起来，使艺术家所创造的感性形象显现出最高度的理性概念来。这和我们今天所说的艺术典型，基本上是相近的。如果说，康德在谈"美的理想"的时候，是给对典型的评价寻求一种标准；那么，他在此地所谈的"审美意象"，则是在给典型的创造探讨一条途径。

感性形象是有限的，理性概念是无限的。审美意象就是要凭借想象力的创造活动，通过有限的感性形象，表达出无限的理性概念来。但因为理性概念是无限的，所以没有任何语言能够完全恰当地把它表达出来。审美意象，就是这样言有尽而意无穷。唯其言有尽而意无穷，所以我们每个人面对审美意象，都有广阔的自由活动的天地。艺术是一种自由的游戏，意义也就在这里。在各种艺术当中，诗最富有这样的特征，所以康德认为诗在艺术当中，应当占据首位。他说：

> 诗（其根源几乎全在于天才，而极不愿受陈规旧套的指引），在各种艺术中，占据首位。它开拓人的心胸，因为它给予想象力以自由，并在一个既定的范围内，在符合这一概念的无限多的可能的形式之中，提供一种形式，这种形式把概念的形象显现与语言所不能完全表达的丰富思想结合在一起，从而使它审美地上升到意象。它也使人的心灵生气勃勃，因为它让心灵感觉到自己是自由的、自主的、不受自然的限定的。它按照自然在经验中所没有提供给我们的面貌，把自然作为现象来观照和评判。这不是为了感官或理解力，而是为了用来当作暗示超感官世界的一种图式。诗用自己随意创造的形象来游戏，这不是为了欺骗，而仅仅只是为了游戏。至于理解力则不同，它利用游戏来达到它自己的目的。（第53节）

因此，诗在所有的艺术中之所以占据首位，就因为它最自由，最能通过感性的形象，表达出无限的理性观念来。它并不受自然的限定，它要从自然跳到超感官的世界。

在《美的分析》中，康德主要是从形式方面来谈美，与理性概念是无关的。但在谈审美意象的时候，他又给美重新下了一个定义，说："美（无论是自然美或艺术美），一般地可以称之为审美意象的表现。"（第51节）这里，他又着重在表现了。既然是表现，就一定有所表现的内容。因此，康德关于美的看法，逐渐从形式转到内容了。然而，康德并没有真正解决感性与理性、形式与内容之间的矛盾，所以他的美学时而偏重这一方面，时而偏重另一方面，出现了前后矛盾不一致的地方。以后，席勒、谢林、黑格尔等人，沿着康德的道路，继续探讨解决这个矛盾的办法。到了黑格尔，把美说成是"理念的感性显现"，可说是德国古典美学对这个矛盾的最后的，也是比较圆满的一种解决办法。当然，这只是就德国古典美学的范围来说。因为黑格尔也是唯心主义者，他的解决办法也不可能是正确的。

康德关于审美意象的看法，虽然抓到了艺术创作中感性形象与理性观念之间的辩证关系，说明了艺术形象一方面是感性的，另一方面却能表达出超感官的理性内容。然而，由于他的这一论点是建立在唯心主义的基础之上的，所以就缺乏现实的真实内容了。首先，他所说的理性概念不是从现实生活中所概括出来的本质规律，而是一种先天的观念，这就完全是虚伪的、超现实的了。其次，感性形象与理性概念之间，不是按照艺术构思的特殊规律，对客观的现实生活进行典型化，而是靠天才的想象力，把它们结合起来。这就显得审美意象的创造，完全是一种特殊才能的结果，不是人力所能强致的。这除了重复他关于天才的错误理论之外，再没有什么了。

4．艺术的分类

康德的美学是以对于艺术的分类而结束的。前面，我们谈到他曾把美看成是审美意象的表现。那么，通过什么来表现呢？对于自然美来说，并没有关于对象的任何概念，只是单纯的直观和反省，就足以唤起和传达对象所要表现的意象。因此，对于自然美来说，直接观照对象就可以了，不存在分类的问题。可是，艺术美不同了。它需要通过有关的手段，来表达对象的概念，来激发起审美的意象。由于手段的不同，艺术关于审美意象的表现也就不同。这样，艺术也就可以分成不同的种类。

康德并没有把他关于艺术的分类，看成是完备的理论。他只是尝试性地将之分成三种：(1) 语言的艺术；(2) 造型的艺术；(3) 感觉游戏的艺术。

(1) 语言的艺术

语言的艺术又可以分成雄辩术和诗的艺术两种。雄辩术是把理解力的严肃事情当成想象力的自由游戏来进行，而诗则把想象力的自由游戏当成理解力的严肃事情来进行。那就是说，演说家为了取悦听众，所以他把严肃的事情讲成似乎是一种意象的游戏,从而使听众乐而不倦;诗人讲起来只是一种意象的游戏,但他却给读者的理解力以那么多的东西,从而使人觉得他的目的好像就在理解力。在美的艺术中,感性和理性应当自由自在地协调,不能有任何的矫揉造作和令人不快的东西。正因为这样,所以"美的艺术必须在双重的意义上是自由的艺术:它不是强制的劳动,也不计较其他目的(不计报酬)"(第51节)。

(2) 造型的艺术

通过感性的直观来表现意象的艺术,康德称之为造型的艺术。通过感性的真实来表现的,有雕刻和建筑;通过感性的形象来表现的,则有绘画。它们都在空间中创造了表现意象的形象,但雕刻和建筑所涉及的是视觉和触觉两种感官,而绘画所涉及的则只是视觉一种感官。这就因为前者是立体的形体,而后者则只是诉之于眼睛的平面的形象。但不管哪一种,审美意象都在想象力之中形成了它们的基础。

在绘画当中,康德又分成两种:一是绘画本身,二是园林艺术。前者是对于自然的美的描绘,后者则是对于自然产物的美的安排,也就是用绘画的意境来布置园林。十八世纪,园林艺术在西方颇为盛行,因此康德特别提到。

(3) 感觉游戏的艺术

感觉虽然是由外界的刺激所引起的,但仍然具有普遍的传达性。它所涉及的是感官不同强度之间的比例,即调子(包括音调和色调)。从广泛的意义上说,感觉有听觉和视觉两种,因此感觉游戏的艺术可以分为音乐和色彩艺术两种。但是,由于光波摇曳不定,很难把捉,所以单是色彩的感觉,还不是美的艺术。只有音乐才是感觉的美的游戏,因此,只有音乐才是美的艺术。

在对各门艺术进行了分类之后,康德进一步指出各门艺术在同一作品中的结合问题。他说:

> 在戏里,演说术可以和画面相结合;在歌里,诗可以和音乐相结合;在歌剧里,又可以和舞台美术相结合;音乐中的感觉游戏可以和舞蹈中的形象游戏相结合,等等。甚至有关崇高的表现,只要它是美的艺术,还可以将之与美相结合,从而使美的艺术更具有艺术性。韵文悲剧、说教诗、圣乐,就是如此。(第52节)

这种结合是不是更美,这就要看情况而定。对于美的艺术来说,本质的东西还在于合目的的形式。在合目的的形式当中,快感同时牵涉到教养和把灵魂导向意象的问题,而不是一种单纯的感官上的享乐。这样,康德又谈到了美的艺术与道德的关系。他说:如果美的艺术不与道德观念相结合,那么,它无非是一种消遣,一种单纯的感官上的享乐。这样,艺术就会丧失它的作用。因此,康德是重视艺术的道德作用的。

康德关于艺术分类的理论,说明了他的艺术知识的贫乏。小说、史诗、悲剧、喜剧等这样一些重要的艺术部门,他都没有谈到。因此,价值不大。我们只是略加介绍,借以了解一个大概而已。

(六)康德美学思想的小结

关于康德的美学思想,我们谈到此地为止。当然,他的论点并不限于我们所说的这一些,但就从我们所谈的这一些来看,可见他的美学所涉及的范围,已经非常广泛了。他的目的,是要用他先验的唯心主义观点,来把过去不同流派的美学,加以调和折衷,形成一个新的体系。正因为他是从调和折衷出发,所以他的美学中常常出现一些相反的观点。这些相反的观点,构成了他美学中矛盾的内容。朱光潜先生在《西方美学史》一书中说:"在西方美学经典著作中没有哪一部比《判断力的批判》显示出更多的矛盾,也没有哪一部比它更富于启发性。"[①]这一论断,我们认为基本上还是符合事实的。

那么,康德的矛盾来自什么地方呢?他的根源何在呢?我们认为,这是当时德国资产阶级的矛盾性和动摇性在他的美学中的反映。他们作为新兴的资产阶级,具有一定的革命要求;但又和封建贵族阶级有着多方面的联系,存在着某些共同的利益,所以他们又与封建贵族阶级相互勾结,并终于以相互妥协而告终。康德的美学,正是如此。他徘徊于经验派美学与理性派美学之间,徘徊于浪漫主义与古典主义之间。他尖锐地看到了一些问题,提出了一些问题,这些问题形成了他美学中的一些辩证的合理的因素。可是,他的阶级本质又限制了他,使他不能面对生活与艺术的实际,用唯物主义的观点来正确地看待这些问题,解决这些问题,而是从主观唯心主义的观点出发,为了他的哲学体系的需要,把这些问题抽象起来,用形而上学的方法来加以解决。形而上学的方法,只能在主观上把矛

---

① 朱光潜:《西方美学史》下卷,第58页。

盾的两个方面抽象地割裂开来,并抽象地加以调和,而不能够真正求得矛盾的解决。康德就是这样,他把现实生活中本来是对立而又统一的两个方面,如像自由与必然、形式与内容、感性与理性等,一定要抽象地加以绝对化,先使它们绝对地对立起来,然后再来谋求它们的调和与统一。因此,他虽然处处揭示了矛盾,论述了矛盾,然而,却没有一个矛盾他是正确地理解了的,更没有一个矛盾他是正确地解决了的。他的美学充满了自相矛盾的地方,原因就在这里。

但是,虽然这样,他所提出来的一些矛盾的问题,却启发了以后的美学家,企图从不同的方面,用新的方式来加以解决。这样,他的美学又富有启发性了。事实上,以后资产阶级唯心主义的美学家,差不多都在不同程度上受到他的启发,并在他的启发下,来探讨美学上的各种问题。席勒、谢林、黑格尔等德国古典美学的代表人物,不用说了,他们都是以康德的美学作为他们的起点。他们之后,由于资产阶级愈来愈走向反动,所以后来的资产阶级唯心主义的美学家,他们常常抛弃了康德美学中合理的部分,而把他那矛盾中反动的一面,进一步加以发展。康德美学的反动方面,就是先验的唯心主义、主观主义、形式主义以及脱离实际的反历史主义。这些,我们在前面已经随处指出,进行了分析和批判,此地就不再重复了。以后资产阶级唯心主义的美学,就是把康德美学中这些反动的方面,变本加厉,进一步推向腐朽和堕落的极端。因此,我们说,要彻底批判资产阶级唯心主义的美学,追本穷源,就不能不首先批判他们的老祖宗康德了。

三、费希特与谢林

（一）费希特及其哲学观点

费希特很少写专门的美学著作，他的哲学著作中谈到美学问题的地方也不多。因此，我们谈费希特，与其说是谈他的美学，不如说是谈他的主观唯心主义的哲学对于当时的美学，特别是浪漫主义美学所产生的影响。

法国大革命以后，封建贵族并不甘心他们的失败。他们在政治上企图复辟，在文学艺术上则企图通过浪漫主义来抵制革命的思想，向启蒙运动者唯物主义的美学进行猖狂的进攻。有些浪漫主义者，虽然也曾赞成法国大革命[1]，但总的来说，他们是反对革命的。他们基本的特点是：逃避现实，美化中世纪，打算回到过去的历史中去。马克思在1868年3月25日写给恩格斯的信中，就这样说："法国革命以及与之相联系的启蒙运动的第一个反作用，自然是把一切都看做中世纪的、浪漫主义的……"[2]而费希特绝对的主观唯心主义的哲学，以及谢林那种具有神秘主义倾向的唯心主义哲学，则成了当时反动浪漫主义者在理论上的根据。例如耶拿派浪漫主义[3]主要的理论批评家，弗利德里希·许莱格尔，即把费希特的哲学评价得很高。他称费希特的《知识学》，与法国大革命和歌德的《威廉·迈士特》，同为"标志着我们时代的最伟大的倾向"。[4]

那么，费希特的哲学怎样影响当时反动的浪漫主义美学，当时反动的浪漫主

---

[1] 例如弗利德里希·许莱格尔(1772—1829)，即是一例。他是当时浪漫主义中著名的批评家和作家，著有评论《断片集》、小说《路新达》等。他早年曾受启蒙运动的影响，并赞成法国大革命，但晚年却极端反动，宣扬天主教，成为梅特涅反动政权的代言人。

[2] 《马克思恩格斯选集》第4卷，第366页。

[3] 十八世纪末年和十九世纪初年，德国反动的浪漫主义主要分成两派，或者两个时期。1796年，费希特在耶拿大学讲学，许莱格尔兄弟、梯克、诺瓦里斯等反动浪漫主义的代表人物，都集中在耶拿，一般称为耶拿派浪漫主义，又称早期浪漫主义。1805年，阿宁姆、布伦塔诺等又在海德堡形成一个反动的浪漫主义中心，一般称为海德堡派浪漫主义，又称后期浪漫主义。

[4] 弗·许莱格尔：《断片集》。中译见《古典文艺理论译丛》，1961年第2期，第53页。

义美学又怎样利用费希特的哲学呢？为了说明这个问题，我们有必要对费希特的哲学观点，先作一个简单的介绍。

费希特生于 1762 年，死于 1814 年。他的父亲是一个穷苦的织工，根本不可能让他读书。只是由于一个偶然的机会，当他十岁时，当地一个地主赏识他的聪敏，方才资助他去受教育。他在大学读神学。毕业后，当家庭教师。1790 年接触到康德的哲学，深受影响，并在康德的观点下，写了一篇《天启哲学批判》。起初人们以为是康德写的，后来知道是费希特写的，于是给他带来了很大的名声。但他一直找不到职业。1794 年，好不容易在耶拿大学谋到一个讲学地位。然而，1798 年却又无中生有地被人控告，说他宣扬无神论，于是愤而辞职。1799 年 5 月 22 日，他写信给赖因霍尔德，谈到这次迫害时说：

> 我不相信他们是在追究所谓的我的无神论；他们把我当作一个开始用通俗易懂的语言表达自己见解的自由思想家（康德的幸运在于他那晦涩的文体）和一个声名狼藉的民主主义者来加以迫害；他们害怕独立自主性，就像害怕幽灵一样，他们暗暗地感到我的哲学在唤起这种精神。①

这说明当时反动的统治者是怎样地神经脆弱，他们连费希特这样的唯心主义哲学家，都害怕得要命。1799 年，他又到爱尔兰根大学教书，1809 年以后，则一直在柏林大学教书。

费希特活动的时期，正是法国大革命后复辟和反复辟激烈斗争的时期。在这一斗争中，他像康德一样，是当时软弱无力的德国资产阶级的代言人。正因为这样，所以他曾经热烈地欢迎法国大革命。他说法国革命是"关于人权与人类价值这些伟大的字眼的瑰丽的图景"，他把由于革命所诞生的法兰西共和国，看作是"正直的人们的祖国"②。不仅这样，他还通过讲演和写作，来宣扬资产阶级民主革命的思想。例如在 1793 年写的《向欧洲君王索回迄今仍受压制的思想自由》一文中，他就坚决主张建立资产阶级的民主自由，甚至主张采取强制手段来对付压制人民的封建王公。他说："如果王公们都变成奴隶，那末他们就会学会

---

① 引自海涅：《论德国宗教和哲学的历史》，第 134 页。
② 引自布尔：《哲学家·人道主义者·爱国主义者——纪念费希特诞辰二百周年》，见《哲学译丛》，1962 年第 2 期。

尊重自由了。"① 另外，他还号召促进科学文化的发展，提倡振兴工业和农业，要求德国民族的统一。这些，都应当说是进步的，反映了当时德国资产阶级要求革命的一个方面。由于这方面的影响，所以费希特是个乐观主义者，他相信理性的威力，相信科学文化的进步会带来理想社会的实现。

然而，这只是费希特的一个方面，而且是愈来愈不占主导地位的一个方面。随着革命的深入，德国资产阶级软弱性和妥协性的方面，愈来愈渗入到他的思想中，终于使他不再同情法国革命，而鼓吹与封建贵族相妥协，一同过"安乐的生活"②了。这说明即使是像费希特这样出身于穷苦家庭的人，也不能超越时代的局限。他和当时绝大多数的德国资产阶级知识分子一样，都没有走上革命的道路，他们都是用幻想的方式来对待法国革命。对于这种情形，马克思和恩格斯曾有深刻的分析：

> 在拿破仑统治下，德国市民还继续靠他们的微小的盘剥和伟大的幻想过日子……在这种普遍的幻想的气氛中，在幻想方面有特权的等级——思想家、教书匠、大学生、"道德协会"的会员——起带头作用，并用适合自己的夸张形式去表达普遍的幻想和对利益的不关心，这完全是理所当然的。③

正是这种幻想的形式，使费希特不同于法国十八世纪的唯物主义者。他不是要求按照理性的原则去改造社会的政治制度，而是抽掉了社会的物质基础，凭着幻想，空谈思想上的自由，并认为思想自由才是公民自由的根源。这样，他追随着康德，抛弃了政治上的反封建的斗争，而把社会改革的希望寄托在人们"善良意志"的上面。他比康德、黑格尔等人，虽然曾经更多地参加过社会的实践活动，但他一切的活动，包括他的哲学在内，主要的目的，就是要唤醒人们精神上的觉悟，提高人们对于道德自由的信念。他把精神的活动看得远远高过于物质的实践活动。例如在《人的天职》第三部分《信仰》中，他热情地描绘了一幅人类社会未来的理想图景。在那里面，人不再受自然的威胁，善对恶取得了胜利；人与人之间也不再是相互倾轧，而是小我消失在大我之中，大家联合起来，共同对付自然。这应当说是一幅美丽的图景。但他打算通过什么途径来实现这一理想

---

① 引自奥则尔曼：《费希特的哲学》，第13页，商务印书馆，1963年。
② 费希特晚年在柏林大学时，曾有《论安乐的生活》的讲稿。
③ 马克思、恩格斯：《德意志意识形态》，《马克思恩格斯全集》第3卷，第214页。

呢？他不是通过社会发展的客观规律,更不是通过阶级斗争,而是通过人类理性的自觉。他说:"这是理性放在我们尘世生活面前的目的,理性并保证我们一定会达到这个目的。"①在他有名的《告德意志民族的演说》中,他也特别强调精神的作用。他说:"唯独有精神,绝对不掺杂任何感情冲动的精神,指导着人类的事业。我们流血,就是为了使得这个精神能够自由地发展,能够取得独立的存在。"②因此,费希特虽然也曾经高谈"实践",但他所说的"实践",只是局限在意识领域中的实践;他虽然也曾经一再号召人们"行动起来",但他所说的"行动"也不外是思想上的行动。那就是说,他所说的"实践"和"行动",都具有幻想的形式。正因为这样,所以他的哲学不是唯物主义的,而是唯心主义的。对他来说,"不是理性为了存在,而是存在为了理性"。③

在这种唯心主义哲学思想的指导下,费希特愈来愈失去革命性,愈来愈要求与现实相妥协。在 1805 年写的《现时代的主要特征》中,他甚至认为哲学的任务,是要人同现存的社会秩序相调和,并证明现存社会秩序的必要性和合理性。他说:"哲学研究的最高奖赏正是在于此,因为它认为一切都处在普遍联系中,任何东西都不是孤立的,它承认一切都是必要的,因而也是有好处的,并且要同一切现存事物相调和。"④就这样,费希特从赞成法国革命完全转变到反对法国革命。他的这一转变,是当时德国资产阶级阶级本质的表现,也是费希特唯心主义的思想体系所必然会导致的结果。

那么,费希特唯心主义哲学的主要特点是什么呢？

费希特的哲学是从康德出发的。康德把世界分成两个相互隔离的部分,一是超越于人类认识能力之外的、不可知的"物自体",一是人的理性借助于各种感性形式和逻辑范畴所创造的"现象界"。列宁指出,由于康德的这种两面性,所以他遭到了来自左面和右面的批判,也就是来自唯物主义和唯心主义的批判。费希特是从右面、从唯心主义的立场来批判康德的。他把康德的"'物自体'完全抛弃了,承认我们的'自我'是世界底创造者"。⑤那就是说,他把康德的两个世界,用"自我"来加以统一。"自我"是唯一的实在。一切存在物都在"自我"之中并且

---

① 费希特:《人的天职》,引自《德国古典丛书》英译本,第 5 卷,第 46 页。
② 费希特:《告德意志民族的演说》,引自《德国古典丛书》英译本,第 5 卷,第 102 页。
③ 费希特:《人的天职》,引自《德国古典丛书》英译本,第 5 卷,第 47 页。
④ 引自奥列尔曼:《费希特的哲学》,第 22 页。
⑤ 列宁:《唯物论与经验批判论》,第 416 页,新华书店,1950 年。

通过"自我"而存在。这样,"自我"成了费希特哲学的中心。他的主要著作《知识学基础》以及他的全部哲学体系,都在于论证"自我"是人类认识的中心,是行动的主体,是世界的创造者。他说:

> 除了你所意识者而外,没有别的东西了,你自己就是事物,你自己,以你的有限性——你的存在的内在规律——就这样被分裂于你自己之外。你所见的外于你的,仍只是你自己。①
>
> 注意你自己,把你的目光从你的周围收回来,回到你的内心,这是哲学对它的学徒所做的第一个要求。哲学所谈的不是在你外面的东西,而只是你自己。②

因此,在费希特看来,一切存在于"自我"之中,一切由"自我"来创造。强调"自我",是他的哲学的基本特点。作为"自我"对立面的"非我",则不过是"自我"在创造世界的过程中,自己给自己所设定的一种限制和障碍。

是相信"自我的独立性"的第一性呢?还是相信"物的独立性"的第一性?这就决定了两种不同的哲学体系。照费希特看来,相信"物的独立性"第一性的人,是些独断论者(即唯物论者)。这些人认识不到"自我",他们"还不能提高自己到充分感觉他们的自由和绝对的独立性的程度,他们只有在对象的表象中见到自己……他们的一切存在,只是经由外在世界才具有实在性"。对于这样的唯物论者,费希特是瞧不起的。他认为只有唯心论才是真正的高级的哲学,因为只有唯心论才把"自我的独立性"看成是第一性的东西。这些唯心论者,"自觉到他的独立性和对一切外物的不依赖性",因此,他们"就不需要物来支撑他的自我,而且他也无所用于物……他所据有的、使他发生兴趣的那个自我,取消了那种对物的信仰;他从爱好出发,相信他的独立性,他用热情抓住它。他对他自己的信仰是直接的"。③ 这样,在费希特看来,"自我"就无所依傍,超越一切,他是绝对地独立的,也是绝对地自由的了。

费希特的这个"自我",照马克思和恩格斯看来,不过是"形而上学地改了装

---

① 费希特:《人的天职》,引自《德国古典丛书》英译本,第5卷,第66—67页。
② 费希特:《知识学基础》,见《十八世纪末—十九世纪初德国哲学》,第137—138页。
③ 同上,第146—148页。

的、脱离自然的精神"①,完全是不现实的。然而,当时反动的浪漫主义者却把它奉为至宝。他们的美学,就是从费希特的这个"自我"出发的。

从这样一个以"自我"为中心的主观唯心主义出发,费希特的美学观点也只能够是主观唯心主义的了。他把美和美的事物,看成是主观的心灵的产物。他说:

> 声音的合奏与和谐并不存在于乐器里面;和谐只存在于听者的心灵里面,听者把那杂多的声音在自己心里结合为一;而如果我们不把这样一个听者设想进去,和谐就是根本不存在的。②

然而,像我们在前面所指出来的,费希特在美学史上的意义,并不在于他自己提出了一些主观唯心主义的美学观点,而更主要的是在于他给当时浪漫主义美学思想提供了理论武器和哲学根据。因此,我们主要的还是来看看,费希特的哲学观点是怎样影响当时浪漫主义美学的。

(二) 费希特的哲学观点对于当时浪漫主义美学思想的影响

普列汉诺夫在《从唯心主义到唯物主义》一文中说:"有名的浪漫主义者诺瓦利斯③把费希特称为发现了世界内部体系规律的新牛顿。谢林最初也是费希特的学生。但是浪漫主义者很快就发现,他们能够比费希特本人更'费希特化'。"④这段话,很好地说明了费希特的哲学与浪漫主义美学的关系。浪漫主义的美学不仅从费希特的哲学出发,而且进一步把它加以绝对化,使这个与封建贵族相妥协,但仍然表现了当时资产阶级某些情绪和愿望的费希特哲学,变成了主要是反映当时没落的封建贵族思想情绪的美学。这一点,我们可以从下面几个方面来谈。

---

① 马克思和恩格斯:《神圣家族》,《马克思恩格斯全集》第2卷,第177页。
② 费希特:《知识学基础》,见《十八世纪末—十九世纪初德国哲学》,第150页。
③ 诺瓦利斯(1772—1801):原名弗利德利希·封·哈登堡,德国作家,主要作品有诗《夜的颂歌》和未完成的小说《亨利·封·奥夫特丁根》。
④ 见《普列汉诺夫哲学著作选集》第3卷,第761页,三联书店,1974年。

首先,费希特强调"自我"的独立性,把"自我"看成是世界的创造者,这就给当时的浪漫主义者解放了主观的世界。浪漫主义者,正是要打破外界的枷锁,强调"自我"的独立性。但对于费希特来说,"自我"虽然是独立的,但却还需要有"非我"作为"自我"的对立物,作为"自我"的限制。他强调"自我",还带有强调为旧的唯物主义者所忽视了的主观能动性方面的意义。可是浪漫主义者不然,他们把"自我"抬到绝对无所依傍的地位。在他们看来,"自我"不仅是主观的,而且是与超感官的绝对观念结合在一起的。这样的"自我",超越古今,独往独来。他既是主体,又是客体;既是肉体,又是灵魂;既是当前,又是永恒;既是有限,又是无限。文学艺术就应当以描写这样的"自我"为中心。由于这样的"自我"是无所不包、无所不能的,因此,描写这样的"自我"的浪漫主义文学艺术,也应当是无所不包、无所不能的。弗·许莱格尔,就把浪漫主义的诗,称为"是包罗万象的进步的诗"。他说:

> 只有浪漫主义的诗像史诗那样能够成为整个周围世界的镜子,成为时代的反映。同时它仍旧能够运用诗的反射的翅膀飞翔在被描绘者和描绘者之间,不受种种现实的和理想的兴趣的约束,三番五次地使这种反射成倍增多,好像是在数不清的镜子的反映中一再增长。它能够不仅从内部向外部,同时也从外部向内部达到最高的和多方面的发展。因为它是这样建立自己作品的整体:整体在它的一切部分中再现出来,因此它面前展示出无限扩大的古典完美境界的远景……唯有它是无限的和自由的,它承认诗人的任凭兴之所至是自己的基本规律,诗人不应当受任何规律的约束。①

费希特的"自我"是无限的和自由的,浪漫主义的诗也是无限的和自由的,它能够凭借诗人的想象,"任凭兴之所至",描写各种各样事物。然而,在这各种各样的事物中,归根到底,它又不过只描写了诗人的"自我"。因为根据费希特和浪漫主义者的哲学,一切都包括在"自我"之中。"许多艺术家虽然不过存心只写一部长篇小说,实际上却描绘了自己本人。"②

---

① 弗·许莱格尔:《断片》,《古典文艺理论译丛》,1961 年第 2 期,第 53—54 页。
② 同上。

"描绘自己本人",这是当时浪漫主义者的共同写照。他们写诗,写小说,写戏剧,都不过是为了描绘自己,以幻想的形式和夸大的手法来描绘自己。由于这些浪漫主义者大多数是站在行将没落的贵族的立场之上的,所以他们所描绘的自己,差不多都是忧伤的、对现实不满的,他们都把希望寄托在过去,寄托在某种神秘的力量上面。他们把自己和社会对立起来,并把自己置于社会之上,认为自己是更高的一种存在,可以不受现实的法律和道德的束缚。例如梯克①所写的《威廉·罗费尔》,就是这样的一部作品。高尔基在《俄国文学史》中,论到这部作品时说:

> 书中主角威廉·罗费尔,是个人主义者,好色之徒;他诱拐少女,杀人,劫掠,甚至一边干着这些好事,一边这样在推理:"这世界是一片荒漠,在这里我只找着我自己。难道我可能像一个狂人似的活着吗?我所见到的一切,不过是内心的自我底幻影罢了!一切存在之所以存在,是因为我在思索它,一切都服从我的任性的,我要怎样便怎样称呼每种现象、每种行为,我——是最高的自然法则。"②

这个威廉·罗费尔,就是梯克自己的自我描绘。他所宣传的哲学,不正是费希特的"自我"哲学的最好说明吗?当时反动的浪漫主义者,就这样在费希特哲学的影响下,把他们那庸俗的"自我",通过艺术的想象,像吹气泡一样地吹大起来,企图在历史的洪流面前,苟延一下残喘!他们所不同于费希特的,是费希特的"自我"在资产阶级革命的洗礼下,如果说"还有着一种高傲的独立性,一种对自由的爱,一种大丈夫气概"③,那么,对于代表没落封建贵族的反动浪漫主义者来说,他们的"自我"就只能像威廉·罗费尔那样,是一种无耻的自我吹嘘和可怜的自我叹息罢了。

其次,费希特的"自我",因为不依赖于外物,所以是自由的。自然的必然性,也"只在你的思想中",因此也限制不了"自我"的自由。在康德,审美判断是想象力的自由与符合规律的理解力的谐和,到了费希特,就只剩下"自我"的自由了。意志的自由,行为的自由,是费希特哲学中的一个重要观念。他的目的,是在论

---

① 梯克(1773—1853):德国浪漫主义作家。《威廉·罗费尔》是他所写的一部小说。
② 高尔基:《俄国文学史》,第74页。
③ 海涅:《论德国宗教和哲学的历史》,第119页,商务印书馆,1956年。

证在"自我"的自由当中,以意志作为推动力,去克服外物的障碍,去推进道德义务的实现。他曾豪迈地说:"我敢于昂首向着那可怕的陡峭的山峰,向着那气势磅礴的瀑布,向着雷声滚滚、电光闪闪、漂浮于大海之中的云朵,说道:我是永恒的,我要抗拒你的威力。"①在当时的具体历史条件下,如果去掉了其唯心主义的外壳,费希特的哲学未始不具有一定的积极的意义。但是,反动的浪漫主义美学家,如像弗·许莱格尔,却从封建贵族的立场出发,运用费希特关于"自我"的自由的观点,去宣传一种所谓"滑稽"的理论。这种理论,黑格尔在《美学》一书中,曾经严厉地加以批判过。黑格尔说:

> 如果按照滑稽说,艺术家就是自由建立一切又自由消灭一切的"我",对于这个"我"没有什么意识内容是绝对的和自为自在的,而只显现为由我自己创造并且可以由我自己消灭的显现(外形),如果照这样看……严肃的态度就不能存在,因为除掉"我"的赋予形式作用以外,一切事物都没有意义。②

那就是说,根据"滑稽说",艺术家的"自我"高于一切,他可以任意创造一切,也可以任意消灭一切,他是绝对自由的。那么,谁是这样的艺术家呢?那是天才!对于天才来说,没有东西是固定的,有实在价值的,因而没有东西对他具有严肃的意义,没有东西能够约束他。他把一切"都看成虚幻的,他对这一切都抱着滑稽的态度"。③

所谓"滑稽说",其实就是鼓吹天才的优越论。天才高于一切,藐视一切,玩弄一切,一句话,他以滑稽的态度对待一切。他有绝对的自由,既不为现实的内容所束缚,也不为任何形式所束缚。他超越对于"自我"的一切限制,永远从一种形式飞跃到另外的一种形式,享受着无限的自由。弗·许莱格尔自己所写的《路新达》④,就是这种滑稽理论的具体表现。一切诗学传统在这部小说里都被破坏了,作者的幻想不受任何规律的约束。他故意把各种体裁和形式,都糅杂进去。

---

① 费希特:《论学者的使命》,引自《费希特的哲学》,第33页,商务印书馆,1963年。
② 黑格尔:《美学》第1卷,第78页。
③ 同上,第79页。
④ 《路新达》:弗·许莱格尔于1799年发表的一部小说,主人公是路新达和郁梨夫妻二人。他们过着懒散的幻想的生活,完全脱离现实。

其中有编年纪事、有大段对话、有哲学沉思、有书信、有长段的抒情诗等。人物也完全是虚构的,脱离现实的,"不顾人物性格的统一性和坚定性"①。一个资产阶级的学者,就曾经这样谈到这部小说:"不是由于偶然,而是由于故意,这本小书是令人可怕的、没有形式的、不相连贯的——既没有开头、中间,也没有结尾的一种自我的骚乱。"②

这种滑稽的理论,反映了没落的封建贵族阶级,不敢面对客观现实,因而否定一切有价值的客观存在的东西,只是抱残守缺,欣赏自我的主观性。但是,这种自我欣赏又常常得不到满足,于是感到苦恼,感到精神上的空虚,希望在幻想中去追求。追求什么呢?现实生活中没有他们所要追求的东西,他们也不要参加现实的行动和生活,因此,只好回到过去,缅怀失去了的日子。这种理论的反动性,是很明显的。然而,像黑格尔所指出来的,"'滑稽'说的更深的根源是费希特的哲学"、是"从费希特哲学中产生出来的"③,所以我们必须联系费希特的哲学,来进行分析和批判。

最后,费希特对于浪漫主义美学的另外一个影响,是"理智的直觉"。康德限制了理性的作用,认为它超越不出现象界,它受自然的必然律的限制。对于超感官的"物自体",理论理性(即理智)是无能为力的。费希特接受了康德的这个观点,认为通过理智,我们没有办法深入到事物的内心里面去,没有办法去了解活泼的、生生不已的现实的本质。但是,费希特说,虽然不能通过理智,我们却可以通过"理智的直觉",来解脱自然的必然律的束缚,来达到超感官的"物自体"。因此,在康德的逻辑范畴之外,费希特另外提出了一种反理智主义的"直觉"。这一"直觉",很快地为反动的浪漫主义的美学家所接受了。在费希特,"理智的直觉"还不是完全反理性的,它是理性与自由意志的结合。可是,浪漫主义者却完全把它当成是一种反理性的东西,包括了无意识的本能在内的东西。这样,浪漫主义者的直觉就带有神秘主义的意味了。他们认为艺术家的创造,不是凭借什么理智,而完全是凭借神秘的直觉。正因为这样,所以在他们看来,"浪漫主义的诗……不可能被任何理论彻底阐明,只有眼光敏锐的批评才能着手描述它的理想"。"给诗加注解,就像是作烤肉解剖学的讲演。"④

---

① 黑格尔:《美学》第1卷,第302页。
② C.汤马斯:《路新达序》,见《德国古典丛书》英译本第4卷,第120页。
③ 黑格尔:《美学》第1卷,第76页。
④ 弗·许莱格尔:《断片》,《古典文艺理论译丛》,1961年第2期。

在创作中，反动的浪漫主义作家更是强调直觉，强调以神秘的直觉的眼光，来看待人生和自然。例如梯克所写的童话《小精灵》、《美丽的艾克别特》等，就大量地宣传了这样的观点。在这些作品中，自然和人生都不是理智所可能理解的，它们都被神秘的命运所掌握着。艾克别特的妻子蓓尔塔，小时候因为害怕父亲的责打，逃到了一个森林里面，和一个神秘的老太婆同住了许多年。后来，她由于情欲的驱使，偷了老太婆会生宝蛋的小鸟，逃出来与艾克别特结了婚。从此，她失去了自然的朴真，也就遭到了命运的惩罚。整个作品贯串了不可思议的神秘气氛。在结尾的时候，当艾克别特失去了妻子，作者这样写道："现在，艾克别特的意识和感觉，通通完了。他解答不了这个秘密：是他正在梦着一个妇人蓓尔塔呢？还是他以前梦着一个妇人蓓尔塔？最为神奇的东西和最为平常的东西，混杂在一起——他周围的世界都是被魔力所笼罩着的——他既失去了思想，也失去了回忆的能力。"①

因此，费希特的"理智的直觉"，到了反动的浪漫主义者手上，完全变成反现实、反理性的东西了。这和当时启蒙运动者相信理性的力量，相信按照理性的法则能够改造社会的思想，可说是针锋相对。我们必须联系费希特的哲学，来对这种代表没落的封建贵族思想意识的美学思想，进行坚决的斗争。但是，我们想补充指出的是：即使对于这些反动的浪漫主义美学思想的代表人物，如像弗·许莱格尔等，也应当根据当时具体的历史情况，作具体的分析。从总的倾向来说，弗·许莱格尔是反动的，但在某些个别的问题上，他也作出了一定的历史贡献，推动了当时美学思想的发展。例如他把艺术的自我意识和历史联系起来研究，认为不同的历史时代有不同的艺术，这就对谢林和黑格尔的历史观点，具有某种启示作用。同时，正因为他具有一定的历史观点，所以他否定了希腊时代的艺术是各个时代最高的典范，而认为近代艺术自有近代艺术的特点。就这样，在对于但丁、莎士比亚的研究上面，在反对古典主义的传统上面，他都起了一定的推动作用。

（三）谢林的"同一哲学"

黑格尔在《美学》中，谈到谢林时，说：

---

① 梯克：《美丽的艾克别特》，见《德国古典丛书》英译本第4卷，第270页。

到了谢林,哲学才达到它的绝对观点;艺术虽然早已在人类最高旨趣中显出它的特殊性质和价值,可是只有到了现在,艺术的真正概念和科学地位才被发现出来,人们才开始了解艺术的真正的更高的任务,尽管从某一方面来看,这种了解还是不很正确的。①

这里,黑格尔在保留的情况下,给了谢林以很高的评价。他为什么要给谢林以这样高的评价呢?我们认为可能是由于下列的两个原因:第一,康德和费希特的主观唯心主义美学,是从谢林开始转到客观唯心主义的。黑格尔正是从客观唯心主义的立场来评价谢林的,立场相同,自然要加以欣赏了。第二,在客观唯心主义的美学体系中,虽然黑格尔远远超过了谢林,但黑格尔的许多想法和看法,却受到了谢林的启发。资产阶级美学史家鲍桑葵,就曾经这样说:"在黑格尔的《美学》中,很少东西在谢林那儿找不到事实上和理论上的启示,尽管这种启示是很奇特的,或者消极的。"②鲍桑葵的话当然不一定正确,因为黑格尔对谢林一直是采取批判的态度的,而且"谢林的美学的基本思想,在黑格尔那里得到了更深入的论证和严谨得多的阐述"。③ 然而,黑格尔曾经受到过谢林的一些启示,却也是事实。正因为这样,所以黑格尔虽然一方面批评谢林,另一方面却又肯定了他的历史地位。

谢林生于 1775 年,死于 1854 年。他和黑格尔不仅是同乡,而且是同学。学生时,他们曾一同种过"自由树",欢呼过法国大革命。他比黑格尔小五岁,但却比黑格尔早熟。当黑格尔还默默无闻的时候,他已经名满国内外了。他的主要著作如像《自然哲学》(1797)、《先验唯心论体系》(1800)等,都是他在二十多岁时出版的。他的《艺术哲学》则是 1802 年左右的讲稿,死后才出版。另外,他还写了一本《论造型艺术对自然的关系》(1807),也是他比较重要的美学著作之一。他大学读神学。1795 年毕业后,当了两年家庭教师。1798 年到耶拿大学当教授,那时他才 23 岁。在耶拿,他遇到了费希特、席勒、许莱格尔兄弟、诺瓦里斯、黑格尔等人,并参加当时耶拿浪漫主义小组,成了这个小组的哲学理论家。1803 到 1806 年,他到乌尔兹堡大学当教授。1806 到 1820 年,他是慕尼黑美术学院的秘书长。以后,他又在爱尔兰根、慕尼黑大学当过教授。1841 年,他应普鲁士国

---

① 黑格尔:《美学》第 1 卷,第 75 页。
② 鲍桑葵:《美学史》,第 319 页,乔治·亚伦和安温公司出版,1892 年。
③ 普列汉诺夫:《从唯心主义到唯物主义》,《普列汉诺夫哲学著作选集》第 3 卷,第 741 页。

王的邀请,到柏林大学讲学,一直到死。他的思想,愈来愈反动,晚年宣传神秘主义的启示哲学,直接成为教会和皇家的御用哲学家。他这时不仅是启蒙运动者唯物主义的死敌,而且也是黑格尔哲学的激烈反对者。恩格斯在1843年10月3日致费尔巴哈的信中,称谢林是"吹牛大王",并说:

> 您知道,谢林是德意志联邦第三十八个成员。德国所有警察都归他统辖;我作为《莱茵报》编辑一度有机会亲自领教过这一点。就是说,书报检查令不会放过任何旨在反对神圣的谢林的东西。……
>
> 谢林不仅能把哲学和神学结合起来,而且能把哲学和外交结合起来。他把哲学变成一般的外交学,变成应付一切场合的外交手腕。因此,对谢林的批判就是间接地对我们全部政治的批判,特别是对普鲁士政治的批判。谢林的哲学——这就是在哲学幌子下的普鲁士政治。

这就很清楚地说明了:谢林晚年,完全成了一个思想上和政治上的警察头子,其反动性可以不言而喻了。

谢林的哲学和美学,早年曾深受康德、席勒、费希特等人的影响,特别是费希特。他当学生时,是以宣传费希特的哲学而知名的。但不久,他对于费希特关于自然的观念,即感到不满。照费希特看来,自然是"非我",是"自我"无意识的产物,它的作用只是作为"自我"的限制和障碍,因而完全是机械的。谢林说,这样单纯地把"自我"说成是绝对的、至高无上的,是片面的。单纯的"自我"或"非我",都是有条件的、相对的,都不能成为绝对。因为没有主体固然没有客体,但没有客体同样也不可能有主体,因此,作为"非我"的自然不可能是"自我"的产物。主体和客体同时存在,"自我"和"非我"也同时存在。它们两者都来源于"绝对"。那么,什么是"绝对"呢?这是一种不自觉的精神力量,它把主体和客体、"自我"和"非我",溶而为一,没有差别,形成一种"绝对的同一"或者"无差别的同一"。正因为这样,所以谢林的哲学,称为"同一哲学"。谢林妄图以他的"同一哲学"来包括过去一切相互对立的哲学派别。列宁引了马克思的话,痛加驳斥说:"马克思写道:'这位谢林是个无聊的吹牛大王,他妄想包罗和超越一切已往的哲学派别。'"[①]

---

① 列宁:《唯物主义和经验批判主义》,第337页。

谢林从"同一哲学"出发,反对费希特把"自我"凌驾于"非我"之上。他认为"自我"和"非我"是两个相互对立的概念。他说:"我们知识中一切纯客观的总和,我们可称之为自然;而一切主观的总和,则可称之为自我或智性。这两个概念是互相对立的。"正因为自我和自然(非我)是两个互相对立的概念,所以"我们不能说哪一个在'先',哪一个在'后'。这里既没有第一个,也没有第二个,它们是同时的,是一个东西"。①

哲学的任务,照谢林看来,不在于确定谁先谁后,谁产生谁,而在于"从它们中间哪一个出发"。从自然出发,那就是"自然哲学",研究物质、自然;从自我出发,那就是"先验哲学",研究精神、思想。"自然哲学"和"先验哲学",构成了谢林整个客观唯心主义体系的两个方面。但是,从自然出发,并不等于停留在自然的物质上面。"完整的自然理论,应当是那种可以将全部自然溶化为一种智性的理论。……在自然现象中仍然透露着智性的性质,虽然是无意识的。……自然借助于理性,才第一次完全地回复到它自身,而且因此显示出来:自然与我们在自身内所认作智性和意识的那个东西原来是一回事。"②这样,谢林否定了自然的物质性,认为自然也是有理性的,是与人的意识是一回事。"自然哲学"的目标,就是要从自然追溯到精神,把自然之物还原为精神。在他看来,自然是看得见的精神,而精神则是看不见的自然。谢林的这种讲法,充分暴露他的唯心主义的观点。

然而,正是谢林对于自然的这种唯心主义的看法,给予了当时浪漫主义者的美学思想,以很大的刺激。既然自然是看得见的精神,它有理性,有目的,有意识,有生命,因此,浪漫主义的诗人和艺术家,就可以发挥他们的想象,赋予客观世界以生命和心灵,并可以按照自己主观的想法,来任意地描写客观世界了。这样,我们说,如果费希特"解放"了浪漫主义者主观的世界,让他们强调"自我"的独立性和自由;那么,谢林则进一步"解放"了浪漫主义者的客观世界,让他们在一个不受客观现实规律束缚的世界中,驾驶着想象的翅膀,任意翱翔。但不管是谢林或费希特,他们都代表当时软弱无力的德国资产阶级,全面倒向封建贵族并向封建贵族彻底妥协的反动倾向。他们甚至失去了康德和席勒那种还能正视现实矛盾的勇气,而只是企图用唯心主义的观点来把现实加以改造,使充满了阶级

---

① 谢林:《先验唯心论系统》,引自《十八世纪末—十九世纪初德国哲学》,第162页。
② 同上,第164页。

矛盾的客观现实,敷上一层幻想的神秘的色彩。当时一些反动的浪漫主义作家,如像梯克、诺瓦里斯、布伦塔诺①、艾森豪多尔夫②等人,不都是把客观世界任意歪曲,用一些荒诞不经的幻想形式,去歌颂夜、歌颂死亡、歌颂孤独、歌颂甜腻而又无聊的爱情吗?他们在费希特和谢林的哲学基础上,合唱了一首没落的贵族阶级的葬歌!

但是,谢林和费希特不同,他有一套完整的美学体系。这个美学体系,就是从他的"同一哲学"出发的。"同一哲学"把主体和客体,"自我"和"非我",物质和精神,统一在"绝对的原则"中。在这一统一中,没有矛盾,没有差别,也没有运动和变化,一切都是"同一"的。对于这种绝对同一的形而上学的哲学观点,恩格斯在《反杜林论》中,曾经痛加批判。首先,恩格斯说:"如果我把鞋刷子综合在哺乳动物的统一体中,那它决不会因此就长出乳腺来。"③因此,把本来不同的东西,一定要在思想上硬把它们统一起来,成为同一的东西,是办不到的。其次,恩格斯又问:"如果世界曾经处于一种绝对不发生任何变化的状态,那末,它怎么能从这一状态转到变化呢?"④那就是说,从绝对同一的原则中,又如何能够产生出千差万别的现实世界呢?

谢林为了解决这个问题,乃把无意识的愿望和行动,强加于绝对原则的身上。他认为绝对原则是精神性的,具有盲目的愿望和行动,所以能够自己分裂。分裂的结果,它就能够发展,能够产生出千差万别的现实世界来。因此,是一种客观存在的绝对精神,在创造着世界。对于这种创造,谢林用艺术的创造来比喻,说绝对精神有如艺术家,整个宇宙有如一件艺术作品。而世界史呢?则是"宇宙精神所构思的一首伟大诗篇"⑤。正因为这样,所以他认为:"客观世界只是精神的原始的、还没有意识的诗。哲学的普遍官能——整个哲学的拱心石——乃是艺术哲学。"⑥他的美学,就建立在他的这种"艺术哲学"的上面。

---

① 布伦塔诺(1778—1824):德国后期反动的浪漫主义作家,主要著作有《魔角》等。
② 艾森豪多尔夫(1788—1857):德国后期反动的浪漫主义作家,主要著作有《一个废物的一生》等。
③ 恩格斯:《反杜林论》,《马克思恩格斯选集》第3卷,第81页。
④ 同上,第92页。
⑤ 引自吉尔柏特、库恩合著:《美学史》,第431页。
⑥ 谢林:《先验唯心论系统》,引自《十八世纪末—十九世纪初德国哲学》,第171页。

（四）谢林的美学思想

1. 对于美和艺术的看法

从康德、席勒以来，德国古典美学都是企图把美和艺术当成是调和矛盾的手段，谢林也是这样做的。他认为主要有三种理念：真、善、美。真是必然性，善是自由，而美则是二者的综合。美把真的科学知识和善的道德行为，综合实现在艺术之中。因此，在谢林看来，艺术高于哲学。他说："我相信，最高的理性活动是包括一切理念的审美活动。真和善只有在美中才能接近。哲学家必须像诗人一样，具有审美的能力。这样，诗取得了一种新的尊严，它变成了像它开始时一样，是人类的教师。"① 所谓"开始时"是指的古代，那时候诗人的活动包括了人类的一切活动，诗人是人类的教师。

由于谢林把艺术看成是包括人类的一切活动，所以他所理解的艺术，就不同于一般人所理解的艺术。他说："我并不把艺术理解成为一种特殊现象的艺术，而是理解成为具有艺术形式的宇宙。艺术哲学是在艺术名义下的宇宙科学。"② 这样，整个宇宙都成了一件艺术品了。而哲学和艺术的关系，则像理性与自然的关系一样。理性在自然中客观化，哲学的理念也在艺术中变得客观化。那就是说，在哲学中还是抽象的理念，在艺术中却变成具体可感的形象了。"去掉艺术的客观性，就不成其为艺术，而变成哲学；赋予哲学以客观性，它就不成其为哲学，而变成艺术。哲学达到最高的阶段，不过是人的一部分；艺术则把整个的人带到认识的最高点，这就是艺术之所以永恒优异和令人惊奇之所在。"③

因为在艺术中，哲学的理念客观化了，所以它就能够在有限的形式中表现无限。谢林说："在有限的形式中表现无限，就是美。"而艺术作品的基本特点，就是把有限的必然和无限的自由结合起来，因此，艺术作品都应当是美的。他说："没有美，艺术就不存在。"然而，有限和无限，必然和自由，怎么能够在艺术中结合起来呢？谢林说，这是来自绝对原则。在绝对原则中，一切都是统一的、无差别的，但当绝对原则从无意识的活动向有意识的活动发展时，必然和自由就有了分裂了。无意识活动产生客观的现实世界，有意识活动则产生审美的理想世界。艺

---

① 引自魏列克：《近代文学批评史》第2卷，第75页。
② 引自吉尔柏特、库恩合著：《美学史》，第431页。
③ 引自鲍桑葵：《美学史》，第319页。

术家通过他的艺术活动,又重新把这两方面统一起来。因此,谢林是从黑格尔所说的"绝对观点",来统一必然与自由的。"绝对"是超越于主体与客体之上的一种客观精神,谢林把"绝对"当成美和艺术的根源,所以他的美学是客观唯心主义的。

谢林这种客观唯心主义的美学观点,很明显的是十分错误的。他不是把艺术看成是人类的社会意识形态之一,用来反映客观现实,而是把艺术神秘化,超越于现实之上,当成调和矛盾的绝对的东西。这样,艺术就成了没有差别的至高无上的理想世界了。然而,这样一种错误的观点,却恰好投合了当时反动的浪漫主义者的口味。这些反动的浪漫主义者,正是把艺术,特别是诗,看得无所不能,并企图通过艺术的形式来表现无限的绝对观念。前面我们谈过的弗·许莱格尔是这样,深受谢林影响的诺瓦里斯,更是这样。诺瓦里斯说:"诗是一种真正的绝对的实在。这就是我的哲学的要点。愈是诗的,愈是真实的。"[①]我们知道,在鲍姆嘉敦时,还在为诗和艺术辩护;认为诗和艺术虽然是属于低级的"混乱的认识",但当它们的认识达到"完满"时,能够反映事物的和谐和秩序,因而仍然是有价值的。甚至英国的雪莱[②]也大声疾呼地写了《为诗辩护》的文章,力图为诗恢复名誉。可是到了这些反动的浪漫主义者,已不是为诗恢复名誉的问题,而是极力把诗和艺术的地位抬高,他们要用诗来"注释宇宙",使诗成为一种宇宙的力量。他们不仅要把诗与哲学等同起来,而且要使诗高于哲学,高于一切科学。他们这样做,反映了什么问题呢?反映了没落的封建贵族,他们已不能够通过理性来认识世界,他们把绝对化了的,也就是神秘化了的诗和艺术,拿来自我欺骗,并在自我欺骗中,达到逃避现实的目的。诺瓦里斯就公开叫嚷:"谁在这个世界上没有幸福,谁找不到他所寻求的东西,那就让他到书本和艺术的世界,到自然的世界里去吧!……"

2. 对于艺术直觉的看法

谢林从他的客观唯心主义出发,把整个宇宙当成是从绝对原则中所产生出来的一个有生命的、合于目的的整体。在这个整体中,主体和客体、形式和内容、理想和现实,一切不分,浑然一体。因此,谢林认为,我们没有办法用科学的理智,来一部分一部分地认识宇宙最内在的本质,我们只有通过直觉,从内部,从它

[①] 引自吉尔柏特、库恩合著:《美学史》,第 373 页。

[②] 雪莱(1792—1822):英国著名的进步的浪漫主义诗人。他的朋友皮可克发表了《诗歌的四个阶段》一文,认为文明使诗歌成为不再需要的东西。他写了《为诗辩护》(1821 年)一书,反驳皮可克的观点。

们本身来认识它们。他说:"在概念中所描写的东西都是静止的,因此,只有关于各种事物的概念,关于有限的和从知觉得到的东西的概念。运动的概念还不是运动的本身,没有直觉,我们决不会知道什么是运动。自由,只有通过自由来理解;行动,也只有通过行动来理解。"①因此,所谓直觉,就不是通过概念,而是通过事物的本身,从事物的内部,来认识事物。这样的直觉,谢林称为艺术的直觉或审美的直觉。它们像艺术家的创造活动一样,是不能用概念来说明的。只有通过这样的直觉,我们才可以把世界最深刻的意蕴揭示出来,把形式和内容、理想和现实统一起来。哲学家应当像艺术家的创造活动一样,具有审美直觉的能力。正是在审美的直觉中,而不是在数理的逻辑中,哲学家揭示了宇宙的奥蕴。

那么,艺术的直觉又是一种什么样的直觉呢?谢林在《论造型艺术对自然的关系》一文中说:"很早以前就有人注意到了,在艺术当中,并不是所有的东西都是有意识地完成的。必须有无意识的活动与有意识的活动相联系。必须二者的完全统一和相互渗透,最高的艺术才会产生。"②结合了无意识的活动,就是艺术的直觉。在谢林看来,整个世界都是有意识的活动与无意识的活动的结合,因此,整个世界的创造都像艺术家的创造一样,我们都不能用理智来理解,而只能用直觉来理解。这种与无意识的活动相结合的艺术直觉,又是从哪里来的呢?他说,来自灵感。"艺术的唯一源泉,是来自内心和精神那种最内在的力量的强烈追求,我们把它称为灵感。"③具有灵感的人,在他看来,是世界上唯一神圣的、具有永恒的创造性的力量。这样的人,就是天才。天才是"无意识地"进行创作的,他只是"满足他本性的不可遏止的要求"。正因为这样,所以艺术作品的内容要比天才的艺术家打算表达的还要多得多。艺术作品之所以具有"奇迹"的性质,原因就在这里。那就是说,天才艺术作品的"无限性",常常是无意识地创造出来的,为理性所不能理解的。谢林的这种讲法,把天才和灵感看成是艺术创作的唯一源泉,这与唯物主义美学把人类社会的现实生活看成是艺术创作的唯一源泉,完全是针锋相对的。

然而,当时反动的浪漫主义者,却接受了谢林的这一唯心主义的观点。他们大谈直觉、天才和灵感。他们对艺术创作都采取非理性的或反理性的态度。例如诺瓦里斯,就公开主张:"诗人在无意识状态中出现","想象的基本规律和

---

① 引自梯利:《论浪漫主义的哲学家》,见《德国古典丛书》第5卷,第12—13页。
② 谢林:《论造型艺术对自然的关系》,见《德国古典丛书》第5卷,第112页。
③ 同上,第134页。

逻辑的规律是对立的。"[1]这就用的是谢林的语言。我们可以这样说,近代资产阶级美学中的直觉主义、神秘主义、反理性主义等倾向,严格说来,是从谢林开始的。

3. 对于神话和艺术发展的看法

十八世纪末年以来,艺术发展的历史观念,受到了不少美学家的注意。例如赫尔德,即联系民族的历史来研究艺术的发展;席勒也在对比古代和近代的诗中,初步提出了艺术的历史概念。谢林则从他的客观唯心主义出发,通过古代神话和近代神话的对比中,来探讨艺术的历史发展。他认为哲学的题材是理念,艺术的题材则是神话。那就是说,艺术是通过对于神的描写,来象征地表现"绝对"的。神话是一个象征的体系。如果说,在图式主义(抽象思维)中,是通过一般来表现特殊,在寓言中是通过特殊来表现一般,那么,在神话中,则是特殊与一般得到统一。艺术正是特殊与一般得到统一的神话。因为神,它既是特殊的,又是一般的。

古代的神话不同于近代的神话,因此,古代的艺术也就不同于近代的艺术。在古代希腊的神话中,无限就表现在有限中,神的意蕴可以完全通过形式表现出来。除了形式所表现的外,再无其他。在近代基督教的神话中,情形就不同了。有限服从于无限,神的意蕴没有办法通过有限的形式全部表现出来。例如基督或圣玛丽,就提供了无限的精神内容,不可能找到完全恰当的表现形式。正因为这样,所以在古代的艺术中,无限的理想被束缚在有限的感性形式里面;而在近代艺术中,则打破了感性形式的束缚,去追求无限。这种有限与无限的关系,运用到具体作品中,则成为种族与个性的关系。古代艺术所表现的是种族,而不是个性;也就是说,古代创造艺术的,不是个别的天才。荷马的史诗是全族的,而不是个别的。他所描写的神,都是属于希腊全族的。近代的艺术则表现个性,是作家个人创造他自己的神话。但丁的《神曲》,即是利用时代的材料来创造他个人的神话。近代的神话都是个人创造的,但丁是近代艺术的开创者,莎士比亚也创造了他自己的神话。

谢林关于近代艺术追求无限、表现个性的看法,很明显地反映了当时浪漫主义者的美学要求。他把艺术看成是神话,并以此来区分古代的和近代的艺术,这从西方艺术与神话具有一定的关系来说,未始没有某些根据。然而,神话是人创

---

[1] 引自伊瓦肖娃:《十九世纪外国文学史》第1卷,第359页,人民文学出版社,1958年。

造的,神的本质是人的本质的表现,因此,人为什么创造神话以及创造什么样的神话,都是由一定的社会经济基础来决定的。谢林离开了创造神话的人以及神话的社会基础,而把神话抽象出来,孤立起来,应当说是完全错误的。而当时的浪漫主义者正是利用了他的理论。例如诺瓦里斯在写《亨利·封·奥夫特丁根》①这部小说时,就规定自己的任务是:"把神话世界写成一目了然的世界,把现实的世界写成神话的世界。"②在《断片》中,他又说:"基督教的历史,肯定地说是诗,就像它是历史一样。并且,一般地说,只有当历史也是寓言的时候,它才是历史。"③这真是胡说八道!把现实变成了神话,把历史变成了寓言,还有什么东西是真实的呢?

4. 对于艺术分类的看法

谢林认为艺术是绝对精神的表现,艺术发展的过程就是绝对精神逐渐从物质形式中解放出来的过程。在《论造型艺术对自然的关系》一文中,他就发挥了这样一个观点。他认为艺术既不是自然的模仿,也不是自然的理想化,"艺术的目的是在于揭示真正存在的东西"。什么是"真正存在的东西"呢?那就是谢林所一再说的宇宙精神,即神圣的永恒的创造力量。在自然中,每一种产物都只能有那么一个瞬间,充分地表现这一创造力量,因而只有那么一个瞬间,才有完全的真正存在,才有充分的美。艺术就应当抓住这一瞬间:

> 这一瞬间就是全部的永恒性。过了这一瞬间,它都不过是来无踪去无影罢了。艺术就是要再现事物的这一瞬间,把它从时间中抽出来,让它在它纯粹的存在中,在它生命的永恒中,来表现。④

通过最具有特征的一个瞬间,来表现事物的本质,这在艺术的创作中,的确应当如此,并没有什么错误。但是,作为客观唯心主义者,又是形而上学者的谢林,他这样讲,就免不了下列的错误:第一,他把绝对观念或者宇宙精神,当成第一性的,认为艺术的目的,就是要在最恰当的一个瞬间,通过有限的自然的物质

---

① 《亨利·封·奥夫特丁根》:诺瓦里斯死后出版的一本小说。描写中世纪一个名叫亨利·封·奥夫特丁根的行吟诗人。美化中世纪,要把世界从"理智的束缚"中解放出来。
② 引自伊瓦肖娃:《十九世纪外国文学史》,第356页。
③ 诺瓦里斯:《断片》,见《德国古典丛书》第4卷,第185页。
④ 谢林:《论造型艺术对自然的关系》,见《德国古典丛书》第5卷,第114页。

形式,来表现无限的绝对观念,这就完全是唯心主义的讲法了。第二,任何最有特征的瞬间,都是在时间的关系中表现出来的。离开了关系,任何瞬间都要失去其价值和意义。因此,选择某一瞬间来表现是可以的,但要"把它从时间中抽出来",变成什么"永恒",那就完全是静止的孤立的形而上学观点了。

然而,谢林正是从这种唯心主义的、形而上学的观点出发,来对艺术进行分类。他认为艺术是要通过有限的形式来表现无限的观念,有限的形式是物质、肉体,无限的观念是精神、灵魂。艺术应当使物质的形式去为精神的内容服务。艺术发展得愈高,它就愈是能够超过物质的东西。那就是说,"艺术与自然的最高关系是——它使自然成为展现它所蕴含的灵魂的手段"①。在造型艺术中,雕刻与绘画,就是两种不同的艺术,它们以不同的方式来处理艺术与自然、形式与内容、物质与灵魂的关系。

雕刻是古代的艺术,它并不表现对象以外的空间,而是局限在它本身之中。这样,它"差不多只能在一个单纯的点上来表现宇宙的美"。那就是说,雕刻只能表现单纯的美,而不能表现自然"具有特征的多样性"。绘画则是近代的艺术,它具有像史诗那样丰富的创造性,它可以把自然的不同特征,集中起来,构成作品的整体。那就是说,绘画所描写的范围,比雕刻更广阔些,更多样些。同时,在精神与物质的关系上,雕刻最高的目的,是追求二者的平衡。"由于雕刻要把理念表现在具体的事物上,它所达到的最高点,似乎是灵魂与物质的完全平衡。"由于雕刻所运用的媒介全是物质的实体,它受物质的限制,表现的心灵不能超过所触知的范围之外。至于绘画,则不同了。它所运用的媒介是光线和色彩,它们本身就是没有实体的、精神性的,而它所表现的又不是具体事物的本身,而是事物的外形,因此,它所着重的就不是物质的东西。那就是说,在绘画中,灵魂占了优势。它不像雕刻那样,集中在空间上的一点,而是像光一样,用它自己的创造力量去填塞全部的空间。因此,"正像近代关于心灵的寓言结束了古代的神话;绘画也以其灵魂的优势,使艺术达到一个新的、虽然不一定是较高的阶段"。②

就这样,谢林根据灵魂从物质中解脱的过程,并结合历史的发展来区分雕刻与绘画。他的这一区分,完全是唯心主义的主观臆测,缺乏任何历史事

---

① 谢林:《论造型艺术对自然的关系》,见《德国古典丛书》第5卷,第128页。
② 同上,第131页。

实的根据,因此,没有什么价值和意义。但是,由于他较早地作了这方面的阐述,并对黑格尔产生了较大的影响(黑格尔也是从精神愈来愈超过物质,并结合历史来对艺术进行分类),所以我们也把他的一些基本的观点,作一个简单的介绍。

四、歌德与席勒

（一）歌德与席勒在德国古典美学中的地位

歌德与席勒，既是伟大的诗人、剧作家，又是杰出的美学理论家。他们在德国古典美学中，都占有十分重要的地位。

歌德生于1749年，死于1832年。席勒生于1759年，死于1805年。因此，席勒不仅比歌德小十岁，而且比歌德早死二十七年。虽是这样，他们两人却如拱璧双辉，同时在德国资产阶级的文艺界和思想界，放出异彩。尤其是从1794年到1805年，他们在魏玛①相交的十年，更不仅是他们个人创作和思想丰收的时期，而且也是德国资产阶级文学艺术发展的高峰。因此，联系一下他们两人的关系，来谈一下他们各自的美学思想，是有意义的。

两人的思想倾向和创作态度，有其相同的一面，也有不同的一面。他们所处的历史条件和阶级地位是相同的；不同的，是他们所走的具体道路。由于他们所处的历史条件和阶级地位相同，所以他们在政治上的倾向基本一致。早年，他们都曾经热情地反对过封建专制，欢迎过法国革命，他们都是"狂飙突进"运动②的领导人物。歌德写了《葛兹·封·柏里欣根》、《少年维特之烦恼》、《普洛米修斯》等这样一些具有叛逆精神的作品，席勒也写了《强盗》、《斐哀斯柯》、《阴谋与爱情》等这样一些大胆向封建制度提出强烈抗议的作品。对于这些进步的文学作品，恩格斯曾经这样加以论述：

> 这个时代的每一部杰作都渗透了反抗当时整个德国社会的叛逆的精

---

① 魏玛：当时德国的一个邦国，歌德曾在此当枢密顾问。
② 十八世纪七十至八十年代，德国的一些年轻诗人和作家所掀起的一个运动，以克林格的剧本《狂飙突进》得名。代表人物有歌德、席勒、赫尔德等。它是德国启蒙运动的继续，浪漫主义运动的前驱。具有强烈的不满现实和反封建的精神。

神。歌德写了《葛兹·封·柏里欣根》,他在这本书里通过戏剧的形式向一个叛逆者表示哀悼和敬意。席勒写了《强盗》一书,他在这本书中歌颂一个向全社会公开宣战的豪侠的青年。①

但是,恩格斯紧接着说:"这些都是他们青年时代的作品。他们年纪一大,便丧失了一切希望。"为什么年纪一大,便丧失了一切希望呢?这是由他们的阶级地位所决定的。当时德国的资产阶级在政治上非常软弱,它们与封建贵族有着千丝万缕的联系,这个阶级的处境给他们带来的不是希望,而是失望。歌德与席勒都曾经对法国革命感到过很大的失望。席勒甚至停止了创作,转向古代,转向康德的哲学,并在这时写了大量的美学著作,来探讨由于对法国革命的失望而引起的一些问题。歌德呢?也对法国革命感到厌恶,怀着他从意大利旅行归来的宁静心情,开始了他创作上的古典时期。正因为这样,所以虽然他们早在 1788 年就见过面,但直到这时——1794 年,他们方才有了建交的基础。他们都想通过文学艺术,通过审美的教育,来达到他们认为革命所达不到的目的。

虽然他们在政治上的倾向基本上一致,可是,他们所走的具体道路却不相同。这一点,恩格斯也曾经指出过:

> 歌德过于博学,天性过于活跃,过于富有血肉,因此不能像席勒那样逃向康德的理想来摆脱鄙俗气;他过于敏锐,因此不能不看到这种逃跑归根到底不过是以夸张的庸俗气来代替平凡的鄙俗气。他的气质、他的精力、他的全部精神意向都把他推向实际生活,而他所接触的实际生活却是很可怜的。②

那就是说,比起席勒来,歌德是更偏重于实际的。他不仅不像席勒那样,逃向康德的唯心主义哲学,而且他对这种唯心主义的哲学,抱持反对的态度,认为它妨害创作。他对自然科学作过比较深刻的研究,这有助于他反对空洞的理想,反对主观的创作态度,他要求一切从客观的现实出发。他说:"只有通过实践的方式,才能达到活的知识。"③又说:他所写的东西,都是他所经验过的东西。没

---

① 恩格斯:《德国状况》,《马克思恩格斯全集》第 2 卷,第 634 页。
② 恩格斯:《诗歌和散文中的德国社会主义》,《马克思恩格斯全集》第 4 卷,第 256 页。
③ 歌德:《与艾克尔曼的谈话录》,第 149 页,《蓬斯丛书》英译本。

有经验过的东西,他不写。同时,当时德国的古典唯心主义者,都不相信自然的客观存在,都要到超自然的东西中去探求自然存在的根据。歌德对于超自然的东西,并不完全否定,但对它却是抱持"敬而远之"的态度。他所关心的不是超自然的东西,而是现实的东西,他要"现在",要"行动"。他劝青年人注意现在,他说他自己写作,是在"向现在下注"①。他笔下的人物,如像浮士德、威廉·迈士特等,都不满足于枯燥的学究生活,他们都要在行动中去追求事业的创造。浮士德经历了多次的探险,他最后得出的结论是:

> 这个人寰在我是详细知道,
> 要想超脱它,谁也无法办到;
> 是愚人才把眼睛仰望着上天,
> 以为有自己的同类高坐云端!
> 人是只须坚定,向着周围四看,
> 这世界对于有为者并不默然。②

因此,和那些"用愚蠢来夸张着愚蠢"③的诗人们不同,歌德坚实地站在大地之上。他的思想倾向基本上是唯物主义的,他的创作态度也基本上是现实主义的。

席勒的情形,却不同了。他从 1791 年到与歌德相交时为止,创作活动基本上停止了,他主要从事哲学和美学的研究。正因为他这样热衷于哲学,所以以康德为代表的德国古典唯心主义,就对他发生了深刻的影响。他和康德等人一样,不相信客观自然的真实性和可靠性,而要到超自然的"自由精神"中去追求空幻的理想。的确,和歌德那种重视"现在"的倾向相反,追求理想,成了席勒思想和著作中一个十分显著的特点。他所写的诗,如《致理想》、《理想与生活》等,标题都离不开理想。至于内容是写理想的,那更多了,几乎他所有的作品都打上了理想的印记。在《远方来的女郎》一诗中,他更以拟人化的手法,描写诗歌中的女郎不是来自现实的世界,而是来自理想的远方:

---

① 歌德:《与艾克尔曼的谈话录》,第 40 页,《蓬斯丛书》英译本。
② 歌德:《浮士德》第 2 部,第 349 页,人民文学出版社,1959 年。
③ 同上,第 285 页。

> 从无人知道的幻丽的花园,
> 　她给我们带来了珍奇的果实和花朵。
> 那是在另一个更为灿烂的阳光下的产物,
> 　在另一个更为仁慈的自然界中的收获。①

因为着重在追求理想,所以他从事创作,就不大注意客观的观察了。关于这一点,歌德曾经比较过他和席勒的差别。歌德说:"我观察自然,不是为了诗的创作,而是由于以前我学画自然风景,以后研究自然科学,使得我不断地对自然作精细的观察,以至渐渐熟谙自然,到了最为细微的地步。当我作为诗人而需要它们的时候,它们就听从我的支配了。我不会违背真实。席勒对于自然,却不这样去观察……席勒的创作才能,是在于理想。"②他举了席勒在《威廉·退尔》中对于瑞士的自然风景的描写为例。席勒从来没有到过瑞士,他只是听人言说,就根据自己的想象,把瑞士的风景描写得好像是真的一样。席勒的朋友洪波尔特,谈到席勒的《潜水者》一诗,也说他对于瀑布的生动描写,不是来自经验,而是来自想象。③ 因为席勒主要是从想象出发,所以他的创作态度,就不是现实主义的,而是浪漫主义的。

这样,歌德与席勒所走的具体道路,差别就很大。一个研究自然科学,一个研究唯心主义哲学;一个注意现在,一个追求理想;一个从客观现实出发,一个从主观想象出发。但是,他们虽然有这样大的差别,然而,毕竟由于阶级地位相同,政治倾向一致,所以他们能够相互建立友谊,相互发生影响。这一影响,首先表现在创作上。他们相互鼓励,相互商讨,各人完成了自己最重要的一些著作。例如歌德完成了《威廉·迈士特的学习时代》、《浮士德》第一部等;席勒完成了《华伦斯坦》、《威廉·退尔》等。另外,他们又合写了一千多首《警句》,相互勉励创作了许多叙事歌谣,共同创办了美学杂志《四季》等。其次,这一影响又表现在美学思想上。席勒对于古代希腊文化的追求,促进了歌德更为向往希腊古典的美;席勒对于美学的探讨,也促进了歌德更为注意理论上的问题。而歌德对于席勒的影响,那就更大了。席勒停滞了许久的创作活动,重新复活了起来。歌德重视客

---

① 席勒:《远方来的女郎》(1796),见《德国古典丛书》英译本第 3 卷,第 40 页。
② 歌德:《与艾克尔曼的谈话录》,第 201 页。
③ 洪波尔特:《席勒及其思想的发展》,见《德国古典丛书》第 4 卷,第 42 页。洪波尔特(1767—1835)是德国的语言学家。《潜水者》是席勒于 1797 年写的一首叙事歌谣。

观自然的倾向,更大大地影响了他。1794 年 8 月 23 日,他在给歌德的一封信中,承认了这一点。他说:"对于我的抽象观念所缺乏的实体对象,你帮助我找到了它。"①那就是说,是歌德使他注意到了实体对象,注意到了客观自然。席勒的美学,我们可以说,就是在康德与歌德两方面的影响下,使他从主观转向客观,并企图把美的主观性和客观性统一起来。

从歌德与席勒的关系中,我们看出了他们在德国古典美学中所起的重要作用。从康德到黑格尔,德国古典美学从主观唯心主义转向客观唯心主义。这里面,唯心主义始终占据支配地位。唯一特殊的是歌德。他虽然并没有全部去掉唯心主义的观点,但他所继承的,基本上不是从康德以来的唯心主义美学,而是从莱辛、赫尔德等人一线相传的启蒙运动者唯物主义的美学。这一点,资产阶级的美学史家也是注意到了。例如吉尔柏特与库恩合著的《美学史》,就谈到:从康德到席勒、到浪漫主义者、到谢林、到黑格尔,德国的美学形成了一条线。这条线,不管多么深刻,多么壮丽堂皇,"但总的说来,却是一种任意的冒险,一种色彩幻丽的思辨的海市蜃楼。只有当我们谈到歌德,我们的脚下才有坚实的土地,我们方才从玄想回到经验。很少有人像他那样注意现实"。因此,在德国古典美学中,歌德是唯一具有唯物主义倾向的美学家。他的这一倾向,当然没有改变德国古典美学唯心主义的根本性质,但是,他却影响了席勒,使席勒注意到了客观自然的方面、感性的方面,从而在康德的主观唯心主义与黑格尔的客观唯心主义之间,起了一个桥梁的作用。那就是说,席勒在歌德的影响之下,打算调和主观与客观、理性与感性的企图,对以后谢林和黑格尔的美学,产生了某些影响。这些影响,黑格尔在《美学》中,是充分承认了的。黑格尔说:

> 席勒的大功劳就在于克服了康德所了解的思想的主观性与抽象性,敢于设法超越这些局限,在思想上把统一与和解作为真实来了解,并且在艺术上实现这种统一与和解。②

因此,席勒的美学可说是从康德到黑格尔的一个转折点,而歌德则在这个转折点上起了重要的推动作用。他们二人在德国古典美学中的地位,我们认为应

---

① 《席勒、歌德通讯选》,见《德国古典丛书》第 3 卷,第 488 页。
② 黑格尔:《美学》第 1 卷,第 73 页。

当这样来理解。

（二）歌德论自然与艺术的关系

歌德很少有系统的美学著作。他的美学观点,都散见于他的诗歌、剧本、谈话录、书信、自传以及一些零星的论文中。同时,由于歌德活了八十二岁,从1771年的《莎士比亚纪念日》、1773年的《论德国建筑》等文,经过古典时期的各种论著,到晚年的与艾克尔曼的谈话、1832年的《善意的答复》等文,这当中差不多经历了六十多年。在这样一段漫长的时间中,他的美学思想不能不随着客观形势的发展而有所发展,有所变动。大体说来,他在早年"狂飙突进"运动时期,和他创作上的叛逆精神一致,更多地倾向于精神解放和反对古典主义。从意大利旅行回来之后,他细心地研究了古代希腊罗马的雕刻和文艺复兴时代的绘画,他进入了古典时期,在艾克尔曼等人的影响下,更多地向往于"庄严的单纯和静穆的伟大"。到了晚年,他的视野更宽,比较倾向于兼收并蓄、择优而从的态度。但不管哪一个阶段,他有一个基本的态度却是始终不变的。那就是:他主要的不是从哲学的角度来抽象地谈论美学问题,而是从艺术创作的实践活动,来具体地谈他的一些体会。正因为这样,所以我们也想联系他的创作实践,来探讨一下他的美学观点。

在艺术创作实践中,首先碰到的是自然与艺术的关系问题。那就是说,艺术家应当怎样对待自然?应当怎样通过艺术形象来反映自然?对于这个问题,歌德谈得很多。此地,我们只简单地谈以下几点。

1. 对自然和美的看法

自然与艺术的关系,一直是西方美学中的一个重要问题。不仅不同的时代,对这个问题有不同的看法;同时代的不同的人,对这个问题也有不同的看法。大致说来,希腊时代从天赋的方面来理解自然,因此,自然与艺术的关系问题,就是天赋与学习的问题。柏拉图偏重于天赋的方面,亚里士多德则偏重于学习的方面。中世纪,自然成了神的外衣;自然与艺术的关系,就是艺术必须依照神所启示的题材、方法和形式等,来进行创作。文艺复兴是人的觉醒的时代,资本主义的生产关系以人反对神的形式,来反对中世纪的封建关系;这样,自然便从神的外衣下面解放出来,变成了人类社会中的客观现实了。达·芬奇和莎士比亚都把艺术比作反映自然的镜子,便是这个意思。到了古典主义和启蒙运动,对于自然的理解虽然差别很大,但基本上都是在文艺复兴的基础上,把自然理解为人类社会的客观现实。不过,古典主义者着重在抽象的符合理性的普遍人性上,而启蒙运动者则一方面把自然理解为实际存在的人类社会生活,另一方面又把自然理解为与虚伪的古典主义的文明相对立的原始社会。启蒙运动者的后一种看法,直接导致了浪漫主义者把自然的含义超越于人类社会的范围之外,而主要的以大自然界作为对象了。

歌德一生,经历了启蒙运动、浪漫主义和他自己的古典时期。因此,他对于自然的看法,可说是结合了启蒙运动者和浪漫主义者的看法。那就是说,他所理解的自然,既包括了人类的社会生活,也包括了整个的大自然界。他在《自然》一文中,就明白地说:"自然!她环绕着我们,围绕着我们。""一切人都在她里面,她也在一切人里面。"不仅人是自然,神也是自然。"神即自然",这是歌德所接受的斯宾诺莎的"泛神论"的观点。这样的自然,不以人的意志为转移,她"并不照人的想法而照自然底想法";"即反自然也是自然"[①]。那就是说,我们生活在自然里面,我们的一切都必须依照自然的规律,甚至当我们反对她的时候,也是依照她的规律。歌德对于自然的这一看法,无疑的是唯物主义的,他把自然看成是一个客观存在于人的主观之外的有规律的整体。

正因为他对自然抱持这种唯物主义的观点,所以在自然与艺术的关系上,他就表现了现实主义的态度。当时以康德等为代表的唯心主义美学家,把世界分成两个:一个是现象世界,一个是本体世界,即"物自体"。本体世界是本质的真实,虽然更高级,但却不可知;人所能够认识的现象世界则是人自己所创造的。根据这样的观点,本质和现象之间就始终存在着矛盾。人为了追求更高的本质,追求理想,不得不牺牲现实。艺术家创造艺术的世界,就是以牺牲现实作为代价的。他们通过美的形象的创造来弥补现实世界之不足。他们认为在美的王国里面可以消除两个世界的矛盾,达到理想与和谐。正因为这样,所以他们认为美是超现实的,文学艺术应当把美当成理想来追求。

歌德不同意这种看法。他反对把世界分成两个。他说:

万汇本一如,彼此相联带,

[①] 歌德:《自然》,见《一切的峰顶》,第16—18页,商务印书馆,1937年。

相依为命,哪可分开?①

又说:"她(自然)是整体却又始终不完成。她对每个人都带着一副特殊的形象出现。她躲在万千个名字和称呼底下,却又始终是一样。"②因此,在他看来,自然是一个整体,世界根本不可分。在"彼此相联带"之中,现象和本体并不是相互矛盾的。正是通过千差万别的现象,揭示了本体的本质规律。我们不应当像唯心主义美学家那样,离开了自然的个别现象,另外去追求什么理想的美。美就在自然之中。美是自然中的一种"原初现象"。那就是说,任何东西,"符合它自然的本性",符合它本身的目的,它的性格达到自然发展的极致,充分显示出它的"特征",这时就是美的。这里,虽然歌德还没有完全去掉唯心主义的色彩,从符合目的上面来解释美,但很明显的,他并没有离开现象,另外去找本体;并没有离开自然,另外去找美。相反的,他正是从现象来理解本体,从自然来理解美。符合自然发展的,是美的;不符合自然发展的,是不美的。马发育得完满,英骏雄伟,美;反之,"割掉了它的鬃毛和尾巴",就不美了。既然符合自然发展的规律的是美的,而艺术的目的又是美,因此,自然与艺术之间就不应该有什么矛盾了。

因为美就在自然之中,艺术与自然之间也没有什么矛盾,所以艺术的创造就应该从实际存在的客观自然出发。"取材不在远,只消在充实的人生之中!"③在客观现实中,发现具有特征的事物,把它的特征充分地表现出来,这就创造了美的艺术。在特殊与一般的关系中,艺术应该通过特殊来表现一般。1825 年 6 月 11 日,他对艾克尔曼说:"诗人应当抓住特殊的东西。"抓住特殊的东西,并不等于停留在特殊的东西上面,而是要通过特殊以表现一般。这一点,是歌德的一个重要的美学思想。1824 年,他谈到他和席勒的分歧时,曾说:

诗人究竟是为一般而找特殊,还是在特殊中显出一般,这中间有一个很大的分别。由第一种程序产生出寓意诗,其中特殊只作为一个例证或典范才有价值。但是第二种程序才特别适宜于诗的本质,它表现出一种特殊,并不想到或明指到一般。谁若是生动地把握住这特殊,谁就会同时获得一般

---

① 歌德:《浮士德》第 1 部,第 24 页。
② 歌德:《自然》,见《一切的峰顶》,第 20 页。
③ 歌德:《浮士德》第 1 部,第 8 页。

而当时却意识不到,或只是到事后才意识到。①

这里,歌德认为在把握特殊的时候,"同时获得一般而当时却意识不到",并不是说没有意识,而是说意识是按照艺术创作的特殊规律来表现的。他所提出来的两种创作途径:"为一般而找特殊"以及"在特殊中显出一般",都的确是艺术创作中的一个重要问题。马克思和恩格斯在他们各自致拉萨尔的信中,都强调要"莎士比亚化"而不要"席勒化"。席勒正是先悬一个美的理想,先提出一般,然后力求通过特殊的事物来加以表现。这样,不可避免地会"为了观念的东西而忘掉现实主义的东西"②,使"个性就更多地消融到原则里去了"③。歌德不然!他强调在特殊中显出一般。这样,一般就在特殊之中,而特殊也就在充分展示自己富有规律性的"特征"当中显示出一般。因此,特殊与一般融合无间,艺术从特殊出发,并通过特殊指引到一般的意蕴。无疑的,歌德的这一提法,更符合艺术创作的现实主义原则。

不仅这样,歌德还说:"我们应该从显出特征的开始,以便达到美的。""特征"是事物之所以成为该事物的本质规律,也就是它的质的规定性,它既是一般的,反映了该类事物的普遍规律,而又是特殊的,只体现在这一特殊事物的身上。而美,正是充分显示了一般规律的特殊自然事物。从自然出发,最后达到美,这就是艺术的目的。黑格尔引了歌德的一句话,来总结歌德对于美和艺术的看法。这句话是:"古人的最高原则是意蕴,而成功的艺术处理的最高成就就是美。"④意蕴是内容,是内在的;艺术处理是显现,是外在的。黑格尔引了这句话,然后加以发挥说:

> 按照这种理解,美的要素可以分为两种:一种是内在的,即内容,另一种是外在的,即内容所借以现出意蕴和特性的东西。内在的显现于外在的;就借这外在的,人才可以认识到内在的,因为外在的从它本身指引到内在的。⑤

---

① 歌德:《关于艺术的格言和感想》,引自朱光潜:《西方美学史》下卷,第67页。
② 《恩格斯致斐·拉萨尔》,《马克思恩格斯选集》第4卷,第345页。
③ 《恩格斯致敏·考茨基》,《马克思恩格斯选集》第4卷,第454页。
④ 引自黑格尔:《美学》第1卷,第22页。
⑤ 同上,第23页。

黑格尔的这一讲法,是把歌德的话按照他自己的体系来发挥的。他的"美是理念的感性显现"的说法,像朱光潜先生所说的,的确是"发挥歌德的思想得来的"①。但是,朱光潜先生没有说明:黑格尔是把歌德的唯物主义美学思想作了唯心主义的歪曲。因为在歌德看来,"意蕴"就是客观事物的特征,它是客观事物本身所具备的内在特性、特点和规律。而黑格尔说的"意蕴",却是"理念",来自绝对的精神,完全是精神性的东西。这样,黑格尔和歌德虽然在讲法上有其一致的地方,但在实质的内容上却大相径庭。

2. 艺术创作应当从客观自然出发

1832年2月17日,也就是歌德逝世前不久的日子,他差不多带有总结性地回顾了他一生的创作说:

> 说真的,除了观看和谛听、识别和选择的能力与癖好,以及把我看到和听到的赋予生命,并用一定的技巧将之表现出来之外,我自己能有什么呢?我的作品决不仅只是由于我个人的智慧,而是由于我周围成千成百的事和人,他们给我提供了材料。……我所做的,不过是伸出手来,去收获旁人为我播种的东西罢了。②

这段话,很清楚地说明了:歌德一生主要是从客观自然出发,来进行创作。因为强调从客观出发,所以他认为作家进行创作,首先必须克服主观的片面性。"一个人学唱歌,天赋的东西是容易掌握的,不是天赋的东西则开始时很难。但如果你要当一个歌唱家,你必须征服这些非天赋的东西,并且完完全全地掌握它们。诗人也是如此。当他只是述说他主观的那一点感情时,还配不上诗人的称号;只有当他把握了现实的世界,并能加以表现时,他才算是一个诗人。"③1829年4月10日,艾克尔曼对他说:美学家们教青年诗人们去描写理想,而不去描写现实;不是去帮助他们以他们所没有的,而只是把他们所已有的,弄得糊涂。这一点,歌德非常赞同。和这些美学家们相反,他认为诗的基础,不是理想,"诗的基础,就是现实的基础"。1825年1月18日,他对于那些学者们,"认为作诗不是从生活到诗,而是从书本到诗",感到十分惊异。歌德很少离开客观的现实生活,

---

① 朱光潜:《西方美学史》上卷,第73页。
② 歌德:《与艾克尔曼的谈话录》,第565页。
③ 同上,第166页。

凭空地谈创作。他认为创作,是要从客观出发的。

怎样从客观出发呢?怎样才算忠实于自然呢?他认为最基本的是观察自然。我们读他的自传《诗与现实》,知道他从小就养成了观察自然的习惯。在第三部第十三章的开头,描写他是怎样观察自然的:"我那习于发现景物中画家所能画和不能画的美的眼睛,眺望着远近的事物,长满灌木的岩石,浴着阳光的树梢,掩映的山谷,高耸的古堡,以及远方苍翠的山脉。"在《与艾克尔曼的谈话录》中,艾克尔曼也经常写到他们怎样一道观察自然。树木、花鸟、天气、色彩、光线,以及人类社会生活中的各种现象,都在他们观察的范围之内。歌德谈到他自己的气质之一,就是对周围的事物具有敏感。① 正因为他有这样的特长,所以年轻时曾想学画。画虽然没有学成,但对于画的爱好和实习,却帮助他训练了眼睛,善于去观察客观的事物。他自己即说:"我的诗的客观性,是有赖于眼睛的这种极大的注意和训练的。"②有人抱怨生活中没有诗,歌德坚决地反对。他说:"世界是如此伟大而又丰富多彩,生活是如此复杂,因此决不会没有作诗的感兴。不过,它们必须都是即兴诗。那就是说,现实应该供给诗以动因和材料……我所有的诗,都是即兴诗,都是现实生活所提供的,因而具有坚实的基础。凭空虚构的诗,我觉得没有多大价值。不要说现实里没有诗兴。诗人的职责,就是要用他的艺术,在平凡的题材中去发现诗兴。"③

但是,仅仅有向外界自然的观察,也是不够的。创作要通过作家的内心,因此内心的体验也很重要。外界的观察与内心的体验结合起来,方才构成了诗人的独特经验。歌德谈他自己,经常都是根据这样的经验来进行写作的。例如谈到《少年维特之烦恼》,他这样说:"我决心一方面听任我内在的自然的特殊个性,自由活动;另一方面,继续感受外在世界中具有特征的影响。这样,我就进入了构思和写作《维特》的奇妙的气氛之中。"④谈到《浮士德》,他一方面同意艾克尔曼的意见,认为其中的"每一行,都铭记着对于人生与现实世界的仔细研究";可是另一方面,他又说:"如果在我的灵魂里没有对于世界的预感,我虽有眼却不能看,虽有各种各样的经验和观察,却是死的、非生产的。正如我们的周围,虽然有

---

① 歌德:《与艾克尔曼的谈话录》,第133页。
② 同上,第135页。
③ 同上,第18—19页。
④ 歌德:《诗与现实》第2卷,第86页。

光,有色彩,但如果我们的眼睛里没有光,没有色彩,我们也将不能观看外界的现象。"① 不仅他自己是这样,其他的伟大作家,他认为也是这样。例如他谈到莎士比亚,即说:"如果我们说莎士比亚是最伟大的诗人之一,我们的意思是说,很少人像他那样准确地观看世界,很少人像他那样把他对于世界的内心的观照表现出来,使读者洞悉其中的意蕴和秘奥。"②

因为诗人的经验都是通过作者的内心形成,所以作者对于他所写的东西,不是无动于衷的,而是充满了感情的。歌德常常谈到他自己的作品,都是他心血的结晶。例如谈到《塔索》,就说:"那是我骨里的骨,肉里的肉。"③谈到《少年维特之烦恼》,也说:"《维特》是这样的作品,我像鹈鹕一样,用我心里的血来哺育他。"④ 正因为作者对他的作品,灌注了心血,充满了感情,所以才能打动读者,感染读者。浮士德就这样说:

> 假使不是你心所欲言,
> 假使不是迸自你灵魂深处,
> 以原人的快感震撼听者心胸,
> 你不能倾服别人的肺腑。⑤

除了外界的观察和内心的体验之外,歌德认为丰富的知识和适宜的文化环境,对于培养艺术家的才能,也很重要。在《说不完的莎士比亚》一文中,他谈到莎士比亚之所以成为莎士比亚,是因为"诗人生活在一个高尚而又重要的时代,他把它的全部的光荣和缺点,都十分生动地表现了出来。"⑥ 又说:如果莎士比亚生活在 1824 年,就不可能成为莎士比亚。其他但丁、莫里哀、拜伦以及著名的画家卢本斯⑦等,在歌德看来,都莫不是他们各人时代的产物;他们的作品,也都莫不是他们时代的反映。

歌德的这些看法,和从康德以来的德国唯心主义美学家,显然有很大的距

---

① 歌德:《与艾克尔曼的谈话录》,第 70 页。
② 斯宾加伦编译:《歌德文学论文集》,第 175 页。
③ 歌德:《与艾克尔曼的谈话录》,第 258 页。
④ 同上,第 52 页。
⑤ 歌德:《浮士德》第 1 部,第 28 页。
⑥ 斯宾加伦编译:《歌德文学论文集》,第 177 页。
⑦ 卢本斯(1577—1640):荷兰画家。

离。康德主张审美判断是与现实的利害关系无关的,因此作家和艺术家愈是能够超脱于现实,他就愈是能够对现实作无所为而为的静观。席勒受了这种美学思想的影响,他在《审美教育书简》第九封信中,主张艺术家不应当在他的时代中生长,而应当由神把他带到一个理想的地方去抚养。等他长大成人了,再回到他的时代。这样,艺术家就不是时代的产物,他的作品也不是他那时代客观现实生活的反映,而只是以他自己的热情和理想,来教育和清洗他的时代。席勒是一位伟大的作家,他的美学中也有一些积极的因素,但和歌德比较起来,很明显的,他所宣传的就不能不是唯心主义的观点了。

但是,歌德的唯物主义也并没有贯彻到底,唯心主义的观点有时也在他的思想中作祟。主要的,他固然是主张艺术创作应当从客观的自然出发,但有时他又从什么"预感"和"魔性精神"之类来谈创作。例如1824年3月26日,他和艾克尔曼谈到《葛兹·封·伯里欣根》的写作,就这样说:"我写《葛兹·封·伯里欣根》时,是个二十二岁的青年。十年后,当我看到我所描写的真实性,不胜惊奇。很显然的,我既没有经验过也没有看到过这类事情,因此,我关于人事的种种知识,必然是从预感得来的。"那么,这"预感"又是从哪里来的呢?那就是天才的"魔性精神"。他一方面说:"魔性精神是理性或理解力所不能解释的东西"①;另一方面又说:"在诗里面,特别是在无意识的诗里面,经常都有某种魔性精神。这是理性和理解力所不能说明的,因此,它比一切概念都要更为动人。"②歌德的这种观点,明显的是反理性的、神秘主义的。它与我们前面谈费希特和谢林时,那些反动的浪漫主义者的观点,基本上一致。因此,没有从封建贵族的束缚中完全解放出来的德国资产阶级,即使它最优秀的代表人物,如像歌德,也免不了他庸俗的一面,免不了带上一些没落贵族阶级的神秘主义的观点。

3. 自然的真实与艺术的真实

艺术创作应当从客观自然出发,但艺术毕竟不是自然,艺术的真实毕竟不等同于自然的真实,因此,如果把艺术和自然等同起来,那也同样是错误的。"我向现实猛进,又向梦境追寻。"这是《浮士德·舞台上的序剧》中诗人所说的话,它代表了歌德艺术来自自然而又不等同于自然的看法。那么,歌德究竟怎样理解自然的真实与艺术的真实之间的关系呢?

---

① 歌德:《与艾克尔曼的谈话录》,第 525 页。
② 同上,第 527 页。

首先,艺术的真实必须以自然的真实作为基础。如果不是这样,艺术就将变成是虚伪的、矫揉造作的了。虚伪的东西,歌德一概反对。他赞赏雨果的天才,但十分惋惜他受了当时浪漫派的影响,使他的《巴黎圣母院》"完全缺乏自然和真实"。歌德甚至认为"这是所有的书中最令人厌恶的书!"①1824 年 2 月 24 日,他给艾克尔曼看柏林的勃兰特的徽章。上面画着年轻的德赛乌斯②从石头底下取出他父亲的武器。照实际情形来看,由于石头非常沉重,他应当先推开石头,然后再取出武器。然而作者没有这样做,他画成德赛乌斯一手提石头,一手抓武器。这样,四肢就显得不甚奋张用力了。歌德认为这不真实,因此不好。反过来,希腊人用同样的题材在宝石上所作的雕刻,却使青年人用全身去对付石头,而把视线投掷在武器上。这就真实得多了,因而也好得多。"我们对描写的巨大的自然的真实性,感到高兴。"③从这些例子看来,可见歌德认为艺术的真实是建筑在自然的真实之上的。

艺术的真实怎样才算建筑在自然的真实之上呢?我们把歌德零星的意见,归纳一下,大致有这样一些看法:第一,作家和诗人应当写他所熟悉的东西。青年作者往往好高骛远,喜欢写大题目。歌德认为这不好,因为大题目中的各个部分,并不都是他所熟悉的,并不都能写得很真实。为了真实,为了得心应手,驾驭自如,他劝青年人写自己熟悉的小题目。

第二,要善于掌握事物的特征。他认为作家必须从观念中解脱出来,"艺术的真正高尚而又困难的任务,是把握个性的东西"④,"把握和表现个性的东西是艺术的真正生命"⑤。那么,怎样才能把握和表现个性呢?这就需要反复观察,找出事物的特征了。只有当我们找出了事物的特征,我们才能够惟妙惟肖地、独具特色地把它描写出来,使它具有自然的真实性。歌德常常谈他自己,喜欢把自然观察到极为细微的地步,这样他写诗时,就不大会违反自然的真实性了。⑥

第三,注意细节描写的真实性。作品各个部分的安排,整体中所贯穿的灵魂,这都是作家的事,不必一定都要符合自然的真实。但是,作品中所描写的各个部分的细节,却应当符合自然的真实,只有这样,整个作品看起来,才有真实

---

① 歌德:《与艾克尔曼的谈话录》,第 556 页。
② 德赛乌斯:希腊神话中的英雄,曾杀死人身牛头怪物。
③ 歌德:《与艾克尔曼的谈话录》,第 62—63 页。
④ 同上,第 29 页。
⑤ 同上,第 30 页。
⑥ 同上,第 201 页。

感。歌德谈到一些著名的作家和画家,说他们作品中所描写的,并不一定在自然中找得到,但由于他们在细节的描写上都达到了高度的真实性,所以看起来,就像真的一样。例如谈到卢本斯,他就说:"伟大的卢本斯的记忆力,那样惊人,以至他把整个自然都装在他的头脑里,在最微小的细节上,她都听他的支配。"①歌德的这一看法,对于我们今天来说,也还是有一定的意义的。艺术不是自然的翻版,它充满了想象和虚构,但是,为了使我们的作品具有自然的逼真感,我们却必须深入到自然中去观察,注意每一个细节描写的真实性。

第四,注意环境描写的真实性。世界万物既然都是"彼此相连带"的,因此,我们必须把每一件事物放在它的"关系"中,也就是它所生存的环境中来描写。离开了环境的真实性,也就没有事物的真实性了。这一点,歌德曾经反复谈过。例如1825年6月5日,他对苏勒②说:"在自然里面,我们绝对看不到任何孤立的东西。每件东西,都和它之前、之旁、之上和之下的东西,发生联系。""一棵树可以因为特殊的天空、特殊的光线以及太阳在特殊的情境下的影响,而显得美丽。但如果我在我的绘画中,略掉了这一切,它或许就会显得没有什么力量了。"1827年4月18日,他与艾克尔曼谈美的问题,也特别强调环境的重要性。同样的橡树,在不同的环境中生长,就会得到不同的美学效果。因此,为了符合自然的真实,我们描写任何事物,都必须注意到环境的真实性。

第五,艺术的真实虽然建立在自然的真实的基础上,但艺术的真实并不等于自然的真实,它还有更高的要求,它应当高过自然的真实。"艺术不应当完全屈从于自然的必然性,它还有它本身的规律。"③这一本身的规律,才是艺术真正的目的,才是艺术之所以成为艺术的真正原因。正因为这样,所以歌德对于单纯地妙肖自然,是很反对的。他在《论艺术作品的真实性和可能性》一文中,让一个艺术家的代理人和一个观众之间发生了一场争论。观众要求剧场中的一切,看起来都应当是真实的,就像是自然的作品一样。对于这种看法,代理人讲了一个故事:有一位自然科学家,养了一只猴子。有一天,猴子不在了,后来在图书馆中找到了它。它正坐在地上,周围散满了没有装订的《自然史》的图片。走近一看,原来它把图片上画的甲虫,通通都吃掉了。讲了这个故事后,代理人说,那些要求艺术与自然完全一样的人,与这只猴子差不多,他们都是没有教养的。但是,

---

① 歌德:《与艾克尔曼的谈话录》,第240页。
② 苏勒:歌德的一位朋友。艾克尔曼所记的谈话录,其中有一部分是根据苏勒的稿子。
③ 歌德:《与艾克尔曼的谈话录》,第248页。

这位观众却继续问道：那么，为什么一些优秀的作品，看起来就像自然一样呢？代理人说："那是因为它符合了你更高的自然。它高于自然，但又不是不自然。一件完美的艺术作品，是人类灵魂的作品。从这个意义上说，它也是自然的作品。由于它把分散了的事物集中起来，甚至在最微细的地方都显示了它们的意蕴和价值，因此，它高于自然。……普通的观众……对待艺术作品就像对待市场上的货物一样，可是真正的行家，他不仅看到了模仿的真实性，而且也看到了选材的别具匠心，结构的巧妙精致，艺术小天地中所表现出来的优越高超。"①这段话，反映了歌德这样一个思想：真正的艺术，是不能停留在单纯地模仿自然之上的。有人问他《赫曼和窦绿苔》②，写的是莱因河边上的什么地方；以及《依菲吉亚》③，写的是什么历史事件；他都作了否定的回答。他认为他所写的是艺术，而不是某一个固定的地方，或者某一个固定的历史事件。自然的个别事实，是限制不了艺术的。

然而，艺术怎样才能高过自然而又不违反自然呢？对于这个问题，歌德是从整体的观念来回答的。他认为"艺术家应该通过整体来向世界说话"。这一整体，"他在自然中是找不到的，而是他自己心灵的产物"。④ 那就是说，所谓整体，是艺术家根据他对于自然的理解和体会，根据艺术规律的要求，把现实世界打破，重新在他的心灵中所构思的一个完整的艺术天地。这一艺术天地是理想的，也是现实的。它来自自然而又高于自然。

艺术作品为了在整体上达到它本身的真实，有时甚至可以改变自然的真实。1828年4月18日，歌德在与艾克尔曼的谈话中，充分地表达了这一思想。他给艾克尔曼看一幅卢本斯的风景画，当中的光线是从两个相反的方向来的。人物车马的形象，是从观者的方面接受光线，从而把阴影投到画的里层去；而树丛则从画的后面接受光线，从而把阴影投向观者这方面来。这里出现了相反的两种光线，看起来是不自然的。然而歌德说："要点就在这里，卢本斯用它来证明他自己的伟大，并用它来向世界说明，他是用他自由的心灵站在自然的上面，使她符合他更高的目的。""艺术家对于自然，有着双重的关系。他同时是她的主人和奴隶。当他为了被人了解，而用尘世的事物来进行工作时，他是她的奴隶；当他使

---

① 斯宾加仑编译：《歌德文学论文集》，第57页。
② 《赫曼和窦绿苔》：歌德于1796年写的一首长篇叙事诗。
③ 《依菲吉亚》：歌德在意大利时所写的一个剧本。
④ 歌德：《与艾克尔曼的谈话录》，第248页。

这些尘世的手段服从于他的更高的目的,使她为他服务时,他是她的主人。"①

那么,为了艺术的更高目的,怎样才能从自然的真实达到艺术的真实呢?这里,歌德虽然没有提典型或典型化的问题,但他事实上是接触到了这个问题。在《诗与现实》中,谈到《少年维特之烦恼》的写作时,他说:"我写东西时,我没有忘记美术家有机会从对于各种美女的研究中,塑造出维纳斯的形象来,这是多么幸运的事。因此,我也把许多美女的容貌和特征,用来作为我的绿蒂的原型。虽然主要的特征,还是从我所最喜欢的女人那儿取来的。"②这就很清楚地说明了,他进行创作时是在大量概括现实生活的基础上,抓住其中主要的特征,来塑造艺术的典型的。不过,这所说的概括,不是所谓组合,更不是所谓拼凑。他说,我们能够把分散的各个部分,组合成机器,但是,我们却不能将之组合成为一个有机的整体。艺术作品是有机的整体,是有生命的,为一个共同的灵魂所灌注的。"我们怎么能说,莫扎特组合了他的《唐璜》!组合,就像一块饼干或面包,用鸡蛋、面粉和糖,拌和拢来。而《唐璜》却是精神的产品。它们每一个细节就像整体一样,为一种精神所灌注,为一种生命的气息所吹嘘。因此,作者并不是在做试验,也不是在任意拼凑,而是完全在他天才的魔性精神的支配下,听从它的命令。"③歌德在这里所说的"天才的魔性精神",当然是唯心主义的,但是,他说艺术的创造,不是像机器一样地拼凑,而是一个有生命的整体,却是正确的。艺术的典型化,就是把现实生活中具有特征的事物,按照艺术本身的规律,概括成功为一个能够反映现实的本质规律、表现主题思想的有生命的形象整体。歌德对于典型化的理解,虽然还没有这样完整和深刻,但大体上却是如此。例如对于主题思想,他就十分重视。他认为诗的真正力量,不在于感情、语言或韵律等上面,而"在于情境——在于主题思想"。④ 他认为艺术的真实之所以能够高过于自然的真实,就在于它表现了一个更高的目的,表现了主题思想。

歌德关于自然与艺术的理论,我们谈到此地为止。他从客观的自然出发,把自然的真实当成艺术的真实的基础,而又不满足于自然的真实,要求艺术的真实高过于自然的真实,以达到典型化的程度。他的这些看法,应当说基本上是唯物主义的、现实主义的。但是,他有一个根本的缺点,那就是他所说的一切,都只是

---

① 歌德:《与艾克尔曼的谈话录》,第248页。
② 歌德:《诗与现实》第2卷,第134页,《蓬斯丛书》本。
③ 歌德:《与艾克尔曼的谈话录》,第556页。
④ 同上,第107页。

就艺术家个人的创造而言,而没有从更高的角度,看到艺术家在社会生活和阶级斗争中所处的地位。因此,他只是谈艺术家应当怎样去观察自然,怎样用自己的"心灵"去提高自然,并在自己的"心灵"中重新创造出一个完整的艺术天地;而没有谈到,事实上从他所处的阶级地位和历史地位出发,也不可能谈到,艺术家应当怎样深入到"历史潮流"中去,反映出具有"较大的思想深度和意识到的历史内容"①的作品来,从而深刻地反映出历史发展的本质规律,使艺术成为推动历史前进的工具。正因为歌德存在着这样一个根本的缺点,所以他就不可能完全克服唯心主义和神秘主义的东西。既然艺术家的创造,主要依靠艺术家个人的"心灵",那么,虽然他从客观自然出发,并以自然的真实作为基础,可是,一旦碰到他所不能理解或者不能解释的东西的时候,他就不得不把它们归之于艺术家的什么"预感"或者"天才的魔性精神"上去了。这和康德把不可知的"物自体",归之于信仰,不是多少有点相似吗?事实上,歌德一方面极力从康德的影响下摆脱出来,反对它;但另一方面,康德的阴影却又不时地笼罩在他的头上。

(三) 歌德论古典的与浪漫的

歌德在《浮士德》第二部里,假借人造人何蒙古鲁士之口,对靡非斯特说:

你所认识的只是浪漫的妖精;
真正的妖精要古典的才行。②

从这两句话看来,歌德是把希腊古典的精神看得比当时德国的浪漫精神更为优越。他和席勒都是当时浪漫主义运动的代表人物,而且自始至终他也没有完全脱离过这一运动,那么,他为什么要把古典的看得比浪漫的更高呢?要回答这个问题,我们需要从两方面来探讨:一是歌德本人思想的发展,二是当时浪漫主义运动的分化和蜕化。而这两个方面,都根源于当时德国资产阶级软弱无力和向封建贵族妥协投降的阶级本质。

先谈歌德本人的思想发展。恩格斯曾说,在歌德"心中经常进行着天才诗人

---

① 《恩格斯致斐·拉萨尔》,《马克思恩格斯选集》第 4 卷,第 343 页。
② 歌德:《浮士德》第 2 部,第 120 页。

和法兰克福市议员的谨慎的儿子、可敬的魏玛的枢密顾问之间的斗争;前者厌恶周围环境的鄙俗气,而后者却不得不对这种鄙俗气妥协、迁就。因此,歌德有时非常伟大,有时极为渺小;有时是叛逆的、爱嘲笑的、鄙视世界的天才,有时则是谨小慎微、事事知足、胸襟狭隘的庸人"。① 恩格斯的这一分析,十分深刻地揭示了歌德处在当时具体的阶级矛盾中,所表现出来的思想本质。他的思想发展的过程,就是这两种倾向的不断斗争。早年,他是"狂飙突进"运动的领袖,敢于反抗,热情激昂,追求精神的解放和自由。但1775年,他26岁时,到了魏玛。次年被任命为枢密顾问,1782年又被任命为首相。于是,反抗的热情衰退了,代替的是注重形式、节制和礼仪,"鄙俗气"占了上风。为了逃避庸俗的魏玛宫廷,他于1786—1788年旅行到意大利,整整住了两年。南国明丽的天空和古代希腊罗马的艺术,使他十分陶醉。浮士德来到希腊时所感到的那种新鲜的力量,正是歌德当时自己的写照:

　　这里! 我凭借奇迹来到希腊这里!
　　顿时间感觉到我已是脚踏实地;
　　我这个梦中人,有新的精神发扬,
　　像安特乌斯②触地而生新力一样。③

正是在这种情况下,他向往为艾克尔曼所描绘的那种静穆而又单纯的古典美,并把这种美作为他奋斗的新的方向。回到德国后,不久他就和席勒相结识。席勒为了逃避由于法国革命所引起的骚乱,这时也正在古希腊罗马的艺术中追求素朴的理想的美。这样,他们相互影响,共同把古代希腊的艺术,当成他们的理想,这就是他们古典的理想。他们的创作,从此进入了古典时期。这时的特点,首先表现在艺术上,是要求创作上的古典作风。那就是说,要求内容与形式、感情与理智的和谐,要求艺术的自由与自然的规律之间的调和。这一点,歌德在1802年写的《自然与艺术》的一首小诗中,曾经这样加以描绘:

---

　　① 恩格斯:《诗歌和散文中的德国社会主义》,《马克思恩格斯全集》第4卷,第256页。
　　② 安特乌斯:希腊神话中的英雄,大地之子。每被打倒一次,从大地获得新的力量,站起来力气更大。
　　③ 歌德:《浮士德》第2部,第127页。

> 自然与艺术好像分开，
> 但我们一想，就会发现它们的共同点。
> 代替斗争，和谐的歌声高唱，
> 二者一起，走近在我的心房。
> ……
> 要做出大事，须得节制力量；
> 在自我的限制中方才显出手段，
> 在规律的下面方才有自由无疆。①

因此，所谓古典风格，真有点像暴风雨后的晴空万里和惊涛骇浪后的清明澄澈。资产阶级美学史家都把这看成是歌德艺术创造的顶峰。但是，就其思想实质来说，无非是天才的诗人和枢密顾问的庸俗气之间达成了新的妥协而已。歌德在当时的情况下，只能把这当成他最高的理想。因此，他肯定古典的而反对浪漫的。

其次，这种古典的理想还包括着另外一层意思，那就是通过对于古代希腊理想的追求，来逃避和反对法国革命。如果说，前面一点是歌德和席勒的古典理想在艺术上的表现，那么这后一点就是他们在当时具体的历史条件下追求古典理想的阶级根源了。当法国革命刚刚开始时，他们是欢迎的。但当法国革命深入进行的时候，他们的阶级本性却使他们感到害怕了。他们认为革命是"以暴易暴"。歌德把群众看成"暴君"，他在《威尼斯格言诗》中就说："群众是群众的暴君。"席勒则把群众看成是"疯人"。他在《钟歌》中即这样描写革命的人民："狮子醒来可怕，猛虎奔跑吓人，但最可怕的是发狂的疯人。"为了逃避革命的暴力，于是他们都把古代希腊罗马的美的理想，当成他们的避风港。因此，他们这时提倡古典理想，其本身就含有消极反动的一面，反映了当时德国资产阶级在法国大革命前所感到的恐惧。

然而，我们是不是因此就可以说，歌德和席勒这时所追求的古典的理想，就只有消极反动的一面，而没有任何积极的进步的一面呢？要回答这个问题，我们须要从另外一个方面来看，那就是当时浪漫主义运动的分化和蜕化。本来，浪漫主义运动代表新兴的资产阶级，具有强烈的叛逆精神，鲜明的反封建的色彩。歌

---

① 引自《德国古典丛书》英译本第1卷，第34页。

德和席勒的早期,就是明显的例子。然而,等到法国革命以后,这一运动分化了。有的从小资产阶级空想的社会主义出发,对新产生的资产阶级的社会秩序进行猛烈的抨击;有的则蜕化下来,不仅完全失去了反封建的革命性,而且积极地为反动的封建贵族阶级服务,成为反动的封建贵族阶级在革命面前寻求安慰的避难所。比较起来,由于封建贵族在德国并未受到革命的彻底冲击,力量还很强大,所以后一种的浪漫主义在当时德国来说,占据优势。歌德作为当时德国资产阶级的代表,一方面由于软弱无力,摆脱不掉"庸俗气",害怕革命;可是另一方面又仍有革命的某些要求,反对封建贵族。意大利旅行归来之后,他提倡古典主义,反对浪漫主义,就一方面说,是要逃避由于早年的浪漫主义所引起的骚乱和波动;但就另一方面说,则更为明确地是要反对当时那种已经蜕化了的、为封建贵族服务的反动的浪漫主义。因此,就其反对浪漫主义这一点来说,还是有其积极的进步的一面的。

歌德提倡古典的,反对浪漫的,主要是针对当时反动的浪漫主义,这可以从他对古典主义和浪漫主义下列两点的比较中,看出来:

第一,他认为浪漫主义是主观的,古典主义是客观的。

1830年3月21日,歌德在与艾克尔曼的谈话中,这样说:"古典诗和浪漫诗的差别,现在已传遍了全世界,引起了许多的争论和纠纷。这个概念是我和席勒提出来的。我主张诗的客观原则,再不承认其他的原则。席勒则完全用主观的方式来写作,并且认为他的方式是对的……许莱格尔抓住了这个概念,将之发挥,以至它现在在全世界都传遍了。"从这段话看来,可见歌德首先是从客观原则出发,来反对浪漫主义的主观原则的。不过,席勒的创作态度虽然是主观的,但他总是力图通过主观的方式来描写客观存在的重大问题,因此,还具有一定的积极意义。至于许莱格尔兄弟所鼓吹的浪漫主义,那就完全脱离了客观现实的基础,而以费希特的"自我"为中心,来任意描写个人主观的幻想了。歌德对于这种主观的浪漫主义,非常反对,对之深恶痛绝。他一再认为当时青年作者最大的毛病就是犯主观性,就是违反客观自然的真实。而希腊的古典艺术之所以好,值得称赞,就因为它客观、自然而又真实。这样,可见歌德是从现实主义立场来捍卫古典主义,来反对浪漫主义的。他所说的古典主义,不是法国十七世纪的古典主义,而事实上就是现实主义。

第二,他认为浪漫主义是病态的,古典主义是健康的。

歌德赞成健康的文学,反对病态的文学。1829年4月2日,他对艾克尔曼说:"我把古典的称为健康的,把浪漫的称为病态的。就在这个意义上,《尼伯龙根歌》①是古典的,就好像《伊利亚特》②是古典的一样,因为它们二者都是旺盛而又健康的。大多数的近代作品之所以是浪漫的,并不因为它们是新的,而是因为它们是柔弱的、不健康的、病态的。古代作品之所以是古典的,也并不因为它们是古的,而是因为它们是强壮的、清新的、欢乐的、健康的。这样来区分古典的和浪漫的,我们就可以弄得很清楚了。"另外,在1827年9月24日与艾克尔曼的谈话中,他又曾把浪漫的诗称为"病院的诗",说它使人消沉;而把古典的诗称为"战斗的诗",说它给人生活与勇气。歌德对于浪漫主义的诗的这种批评,是完全符合当时到处流行的反动的浪漫主义的实际情形的。这些反动的浪漫主义者都把病态和柔情,当作主要的对象来歌颂。例如诺瓦里斯,就一再宣称诗歌应当描写病态。他一则说:"完全健康的概念只有在科学上才有意义。对于个性,病是必需的。"再则说:"每一种病都是一个音乐的问题。"③因此,从反对病态的为垂死的封建贵族服务的反动浪漫主义文学这个角度来看,歌德提倡健康的古典主义的文学,应当说是有其历史的进步意义的。在这一点上,黑格尔和歌德完全一致。黑格尔在《美学》中,对当时反动浪漫主义者无病呻吟故作多情的作风,给予了无情的批判。他说:"一点微不足道的事情就可以使这种人(指反动浪漫主义者)的心情陷于极端绝望的境界。这就产生了永无止境的忧伤抑郁,愤愤不平,悲观失望,从此又产生了种种对人对己的辛酸默想,引起了一种痉挛症,甚至于心也坚硬狠毒起来了,这就是这种'幽美心灵'的内心世界的全部痛苦和软弱的表现。没有人能同情这种乖戾心情,因为一个真正的人物性格必须具有勇气和力量,去对现实起意志,去掌握现实。"④

因为歌德所反对的,主要是反动的浪漫主义,所以他对于当时进步的浪漫主义,并没有否定。拜伦和席勒,一再得到他的赞扬,就是明证。浮士德与海伦结合后所生的孩子欧福良,一般研究者都认为写的是拜伦。欧福良死后,歌德写道:

我们的心几乎忘却了悲悼,

---

① 《尼伯龙根歌》:德国十二至十三世纪时,所产生的一部民间英雄史诗。
② 《伊利亚特》:古代希腊著名的史诗,相传为荷马所作。
③ 诺瓦里斯:《断片》,见《德国古典丛书》英译本第4卷,第187页。
④ 黑格尔:《美学》第1卷,第301页。

宁在羡慕着歌颂你的崇高;
无论在欢娱和忧郁的辰光,
你的歌声和意气都美丽而豪放。①

又说:"你的诗歌独创,真是前无古人。"②这样,我们又怎么能说,歌德反对进步的浪漫主义呢?而且,我们还必须着重指出来的是,歌德的艺术理想,与其说是单纯的古典主义,不如说是古典主义与浪漫主义二者之结合。这一点,只要我们看一下他的《说不完的莎士比亚》一文,就知道了。在这篇文章中,他把古典的和浪漫的,作了下列的比较:

古代的	近代的
自然的	感伤的
异教的	基督教的
古典的	浪漫的
现实的	理想的
必然	自由
职责	愿望

在这个比较中,他认为:"在古代诗中占据支配地位的,是职责及其完成之间的矛盾;在近代诗中占据支配地位的,则是愿望及其完成之间的矛盾。"③莎士比亚的独特的地方,就在于他能够把古代的诗和近代的诗结合起来,使职责和愿望二者之间,达到平衡。因此,莎士比亚既是近代的、浪漫的,又是古代的、古典的。从这样一个例子看来,可见歌德所追求的,是古典主义和浪漫主义的结合。他在《浮士德》第二部中描写浮士德和希腊美人海伦的结合,事实上就是表现他希望把德国当时的浪漫主义精神和希腊的古典主义精神相互结合的一个明证。

(四)席勒的《审美教育书简》④

1794年8月31日,席勒写信给歌德说:"当我应当进行哲学思考的时候,诗

---

① 歌德:《浮士德》第2部,第270页。
② 同上。
③ 歌德:《说不完的莎士比亚》,见斯宾加仑编译《歌德文学论文集》,第180页。
④ 本文主要根据R.斯奈耳的英译本,美国耶鲁大学出版社,1954年。

的心情常常占了上风；当我想写诗的时候，哲学的心情却又占了上风。"他的朋友洪波尔特写信给他，也说："没有一个人能够说：究竟你是诗人在做哲学思考呢？还是哲学家在作诗？"席勒的这种情况，并不仅仅反映了他个人的气质的问题，而主要的是反映了在他那样一个矛盾尖锐的时代，一个诗人为了回答时代向他所提出的问题，他不得不进行理论的探讨。当时许多作家都是一方面进行创作、一方面进行理论上的探讨的，不过席勒在这方面表现得最为突出。他不断地探索自己创作的道路和方向，甚至有时把创作停下来，专门作理论上的研究。正因为这样，所以在他不算太长的一生中，不仅写了许多著名的诗歌和剧本，而且也写了许多相当有影响的美学论著。这些论著中，主要的有：《舞台是道德教育的机构》(1784)、《论悲剧艺术》、《论悲剧题材产生快感的原因》(1791)、《论秀美与尊严》、《论美书简》(1793)、《论崇高》(1794)，等等。而《审美教育书简》(1794)和《素朴的诗和感伤的诗》(1795)，则是他最为重要和最为知名的两本美学著作。因此，我们打算着重地根据这两本书，来谈一下席勒的美学观点。

《审美教育书简》一共包括二十七封信。一封接一封，从头到尾，形成了一个严密的思想体系。这些信，最初是席勒在1793年写给丹麦王子奥克斯丁堡公爵的。1794年，信焚于火，他又重加修改和补充，陆续发表在他自己主编的《葛蕾丝》杂志之上。这时，康德的《判断力批判》已于1790年出版，对他影响很大。他在第一封信中就说："毋庸讳言，我所要谈的问题，大部分是建立在康德的原则的基础之上的。"同时，他这时又已经开始和歌德相交往，歌德也对他产生了很大的影响。此外，他这时在耶拿大学教过四年的历史学，写过许多单篇的美学论文，他的思想和艺术的修养都已臻于成熟。因此，这本书不仅是他个人美学思想的一部代表作，而且在西方美学史中也占有不可忽视的地位。

那么，是什么促使他写这些信的呢？他要解决什么问题和达到什么目的呢？我们说，席勒十分典型地代表了当时德国资产阶级的知识分子，他们一方面非常关心由于法国的资产阶级革命所引起的一系列的现实问题，另一方面却又以十分抽象的形式把这些问题引导到纯粹思辨的领域中去。《审美教育书简》，正是这样的一本书。促使席勒写这本书的动机，主要是法国革命以及由于革命所引起的一系列问题。因此，这本书的内容是十分具体而又现实的。我们不能说席勒不关心现实。事实上，他非常关心现实。但是，他不是从对当时阶级斗争和历史发展的具体分析，来对待法国革命，而是从抽象的人性分析出发，把当时十分具体的现实问题变成了十分抽象的理论问题。这样，他这本书就具有十分抽象的思辨性质了。内容是具体的、现实的,论证的方式却是抽象的、脱离现实的,这就是这本书的基本特点。

由于促使席勒写这本书的动机,主要是法国革命,所以对法国革命的看法,就成了这本书的基本出发点。我们都知道,席勒是一个热爱自由和理想的诗人,他的作品充满了对于自由和理想的歌颂。开始,他以为法国革命会给他带来他所希望的自由和理想,因而热情地加以赞扬。但是,像鲁迅所说的:"革命是痛苦,其中也必然混有污秽和血,决不是如诗人所想象的那般有趣,那般完美;革命尤其是现实的事,需要各种卑贱的、麻烦的工作,决不如诗人所想象的那般浪漫……所以对于革命抱着浪漫谛克的幻想的人,一和革命接近,一到革命进行,便容易失望。"①席勒的阶级本质,像我们前面所分析的,本来就对革命抱有两重的态度。当革命深入进行,雅各宾党人实行专政,路易十六被送上断头台,他更是对革命大为失望。他认为革命所带来的并不是他所想象的那种自由和理想。因此,他是抱着失望的情绪来探讨法国革命的。出发点错了,结论自然也只能是错误的了。他认为法国革命之所以失败,是因为那些"用暴力夺取他们认为被无理夺去的东西"的人,是不可能实现真正的政治自由的。那就是说,他认为改革社会,实现自由,根本不应当采取革命的暴力手段,而应当采取他所认为的审美教育的道路。他在第二封信中说:"美先于自由","如果我们要实现政治的自由,必然通过审美教育的道路。因为通过美,我们才能达到自由。"就这样,他用审美教育的道路,来否定了法国革命的道路。这一点,可以说是《审美教育书简》的基本思想。

那么,为什么法国革命的道路行不通呢?他在第五封信中,对法国革命的结果作了这样的描写:权威垮台了,人民觉醒了,人受到了尊重,真正的自由好像成了政治结合的基础。然而,他马上又说,当还缺乏道德的可能性的时候,革命所带来的这一切,都不过是空想!近代的人类,正处在两种堕落的极端:野蛮和颓废。对于下层阶级来说,革命使他们摆脱了缰绳,但却以无法控制的狂怒,忙着要寻找兽性的满足,从而回到了原始状态。至于上层的文明阶级,情况就更糟了。他们表现出一副"令人作呕的懒散和性格腐化的景象",自私自利,就像在失了火的城市中,各人只顾抢救自己的东西。这样,革命并没有真正给人带来自由,反而使自然的束缚更加厉害。因此,当人在道德上还没有完成自己的人格的

---

① 鲁迅:《对于左翼作家联盟的意见》,见《二心集》,第 48 页,人民文学出版社,1976 年。

时候,是不配谈政治上的自由的!

近代人为什么会堕落到这样的一种状态、连政治的自由都不配谈呢?在第六封信中,席勒把近代人拿来和古代希腊人作了一个比较。他说,在希腊,人性是完整的。形式与内容、感官与心灵、哲学与艺术,都和谐地统一在一起,"想象力的青年气概和理性的成熟状况"也和谐地统一在一起。可是,近代呢?却由于近代文明"分裂一切的理智",不仅使社会与个人,而且使个人本身发生了严重的分裂。一方面是科学技术的严密分工,另一方面是复杂的国家机器造成职业和等级之间的严重差别,从而使人性发生分裂,人失去了内心的和谐与完整性。整个社会成了一个机械,由许多无生命的部分组成一个机械的整体。在这种机械中,"国家和教会,法律和风俗,现在分割开了。享受和劳动,手段和目的,工作和报酬,各不相干了。永远只是被束缚在整体当中的一个小片断,人本身变成了仅只是一个小片断。齿轮单调的声音在他耳中轰响,他从来没有发展过他作为人的和谐。他的天性中所印下的不是人性,而只不过是他的职业,他的学问罢了"。那就是说,近代人由于资本主义生产方式的结果,由于劳动分工和专业化的结果,不再是完整的个人,而变成机器中的一个小片断。社会对于一个人的看法,也不在于他是一个有人性的完整的人,而在于他某方面的知识和专长。这样,具体的人没有了,有的只是抽象的人。像这样的人,又如何配得上政治的自由呢?因此,席勒认为法国革命并没有带来人的解放,而只是使人走向了另外的一种奴役状态。

席勒对于资本主义生产方式的这些分析,认为这种方式使劳动者只是重复着千篇一律的单调动作,剥夺了古代人在劳动中所享受到的审美感情,应当说是正确的、卓越的。马克思在《经济学—哲学手稿》中,对资本主义社会"疏远化了的劳动"的分析,某些方面与之相一致。但是,马克思是从经济基础和所有制关系上,来揭露资本主义生产方式的剥削性和残酷性,因而导致必须以革命的手段来推翻资本主义社会的结论。可是席勒不然。他把资本主义生产方式所造成的罪恶归之于人性的分裂和堕落,这样,他对于资本主义社会所发出的人道主义的抗议,就不是号召革命,而是要求道德上的自我完善和人格上的提高。他说:"当人的内在分裂还没有停止的时候,任何改革都是不合时的,建筑于其上的任何希望也都只能是空想。"(第七信)"政治领域内的一切改进,都须从人格的高尚化着手。"(第九信)就这样,他否定了法国革命的道路。他把对于人的道德改革放在政治改革的前面,把社会的理想建筑在人性的理想上面。于是,他像当时所有的德国思想家一样,把法国的政治革命转变成为思想上的革命。他放弃了实际的阶级斗争,而像恩格斯所说的那样,"逃向康德的理想",去探讨哲学和美学问题。他的《审美教育书简》就是这一探讨的产物。由于《审美教育书简》是在这样一种思想指导下写成的,所以必然是空想的,唯心主义的。这种唯心主义的空想,正好反映了当时德国资产阶级那种害怕革命、反对革命、从而寻求政治上的妥协和改良主义的倾向。

席勒怎样打算从人性的改革来达到社会改革的目的呢?他认为这需要通过艺术的审美教育。十八世纪以来西方的资产阶级知识分子,包括启蒙运动者在内,都特别强调艺术的教育作用,提倡民族的戏剧,并把美学当成他们哲学中的一个重要组成部分,差不多都反映了这样一个情况。不过席勒是其中最突出的一个罢了。然而,作为唯心主义者的席勒,他和启蒙运动者有一个很大的差别,那就是启蒙运动者要求艺术反映现实,通过批判现实而达到教育人民的目的。席勒呢?他也要求艺术批判现实,不过不是站在反映现实的基础上来批判现实,而是站在更高的理想的基础上来批判现实。这样,席勒就要求艺术和艺术家具有更高的理想性,他们不是来自人间现实,而是来自一个理想的天地,用没有受现实玷污的理想,来净化和教育人民。因此,席勒所希望的艺术家,就不是在现实的斗争中成长起来的战士,而是在幻梦的王国中所成长起来的天使。现实生活中不可能有这样的艺术家,于是像我们在前面所提到过的,他设想了一个理想的培养艺术家的方案:当他还在襁褓的时候,就由神把他从母亲的怀抱中攫走,带到辽远的希腊的明朗的天空下养大。等他长大成人了,他就不再是一般的普通人,而是更为纯洁更为高尚的人。这时,他再回到他的祖国来,用他的艺术来教育和清洗他的时代。他所写的题材和内容是取之于时代的,人们的苦难也会感动他,但他所用的形式却完全是理想的,来自另一个更为高尚的时代。(第九封信)在我们看来,这是多么荒诞多么不切实际的空想,然而席勒却真心实意地相信这样的艺术家,并呕心沥血地为此写了许多美学文章。马克思谈到康德时,说:"软弱无力的德国市民只有'善良意志'。康德只谈'善良意志',哪怕这个善良意志毫无效果他也心安理得,他把这个善良意志的实现以及它与个人的需要和欲望之间的协调都推到彼岸世界。"① 作为康德的信仰者之一,席勒也正是抱着"善良意志",在那儿幻想着他的审美教育!

然而,如果席勒仅只是个空想家,他决不会有今天的历史地位。他是在深入

---

① 马克思、恩格斯:《德意志意识形态》,《马克思恩格斯全集》第3卷,第211—212页。

地细致地分析美和艺术的过程中,来证明艺术确实可以通过美的外观,在不需要革命的平静的内心生活中,达到潜移默化地改造人和教育人的目的。他的分析涉及了历史和现实中的许多问题,我们不可能都加以介绍。此地,我们只着重地谈一下他对于美的分析。

席勒对于美的分析,是从对于人性的分析开始的。康德把人性分成感性和理性两个部分,席勒完全接受了这样一个命题。他认为人具有两种对立的因素:一是"人本身",二是"情境"。人本身不变,是形式;情境则不断地变化,是世界。花开花落,开与落是变,而花则不变。在变与不变当中,人有两个相反的要求:第一个要求是要有实在性,使人本身中一切潜在性的东西都能实现;第二个要求则是要有形式性,使变化的世界取得和谐。(第十一信)为了要实现这两个要求,就需要有某种力量来推动。这一力量,席勒称之为"冲动"。适应两种不同的要求,于是人有两种相反的冲动:一是受时间空间限制,属于现象范围之内的"感性冲动",这是自然、物质;二是来自人本身的先天理性的"形式冲动",这是自由、形式。前者要把人本身以内的必然的东西转化为现实,变成物质的存在;后者则要使情境中的实在东西获得理性的形式,在变化中见出和谐。前者提供情况,后者制定规律。前者变,后者不变。前者分散,属于个别;后者统一,具有普遍性。(第十二信)因为人本来具有物质和精神、感情和理性的两个方面,所以这两种冲动,都是人的天性。完满的人性,应当是它们二者的和谐和统一。但事实上,这种和谐而又统一的人性,还不过是人类的理想,很少有人能够达到。尤其近代,由于劳动分工和专业化的结果,人性不仅不和谐、不统一,而且愈来愈走向分裂。那么,怎样才能达到理想的人性,取得两种冲动的统一和和谐呢?席勒说,这就需要有第三种冲动——游戏冲动,来作桥梁。

"游戏冲动"在席勒的美学思想中,是一个重要的概念。他所说的"游戏",不是我们一般所说的玩耍嬉游之类,也不是想入非非的懒散的想象活动。他这个概念,是从康德那儿来的。康德把艺术和劳动相对比,认为劳动是强制性的,而艺术则是一种自由活动的游戏。游戏的根本特点,就在于自由活动。席勒正是这样来理解游戏的。他说:"我们说一个人游戏,是说他审美地观照自然,并创作了艺术,把自然对象都看成是生气灌注的。在这里面,单纯的自然的必然性,让位给了各种能力的自由活动;精神自发地与自然相和谐,形式与物质相和谐。"(第十五信)正因为这样,所以在游戏冲动中,我们既克服了感性冲动从自然的必然性方面对我们所强加的限制,又克服了形式冲动从道德的必然性方面对我们所强加的限制。例如我们在感情上喜欢一个我们不应当喜欢的人,这是受了感情冲动的限制;我们尊敬一个在感情上令我们反感的人,这是受了形式冲动的限制。在游戏冲动中,我们却把感情和理智两方面强加给我们的限制都解除了,我们尊敬一个在感情上令我们感到兴趣的人,从而对他发生爱,与之相处的本身就是一种愉快。这样,游戏冲动既满足了感情的要求,也满足了理智的要求;既解除了物质的束缚,也解除了道德的束缚。因此,它消除了矛盾,达到了和谐和统一,所以完满的人性,应当通过游戏冲动来实现。

感性冲动的对象是最广意义的生活,包括一切物质存在和呈现于感官之前的东西;形式冲动的对象则是形象,包括一切形式和理性法则。而游戏冲动的对象呢?则是一种"活的形象",它是生活与形象的统一。凡是成为活的形象的东西都是美的,因此游戏冲动的对象就是美。席勒就这样从人性的分析转到了美的分析。

凡是活的形象都是美的。但有生之物不一定都美,无生之物却也可以有美。人有生命,也有形式。但他如果只有生命,不过是一种印象;如果只有形式,也不过是一种抽象;必须等他的生命和形式统一起来,成为活的形象,他才美。大理石没有生命,但经过雕刻家之手,从而变成活的形象,因此也是美的。"只有当某种事物的形式在我们的感觉中活了起来,而它的生命又在我们的理解力中取得了形式,这时,它才是活的形象,我们才会判断它是美的。"(第十五信)那就是说,活的形象既要有感性的内容,又要有理性的形式;既要有生活,又要有形象。正因为这样,所以游戏冲动能够通过美,通过活的形象,把感性冲动和理性冲动统一起来。也正因为这样,所以只有在游戏之中,人性才不是分裂的,而是统一的,人才成为具有充分意义的人。席勒就这样说:

> 只有当人是充分意义的人的时候,他才游戏;并且只有当他游戏的时候,他才是完全的人。(第十五信)

这样,作为游戏冲动的对象的美,照席勒看来,是在感性冲动和形式冲动的平衡中,产生出来的。但是,要两种冲动完全保持平衡,也只能是一种理想。在实际经验中,总有一方面占优势。因此,理想的美虽然只有一种,但实际经验中的美却有两种:柔美和力美。柔美对于紧张的人起作用,使他松弛;力美则对于懒散的人起作用,使他振奋。因此,对于不同的人,席勒认为可以用不同的美来进行教育。其目的,都在于恢复人性的完整,克服人性的片面发展。"通过美,感性的人被引导到形式,到思想;通过美,精神的人被带回到物质,恢复感官的世界。"(第十八信)因此,美成了物质与精神、感性与理性、客观与主观之间的中介。美在人性发展的过程中,所起的正是这样的一种中介作用。正是这种中介作用,使它能够改造人、教育人、克服人的片面性,使人成为具有完整的人性的人。偏重于感性方面的美学家,如英国经验派,或者偏重于理性方面的美学家,如德国理性派,在席勒看来,都只看到问题的一个方面,所以都是片面的。不仅这样,他在这里还和康德发生了分歧。他接受了歌德重视自然、重视感性经验的影响,认为康德过分重视理性、重视形式,从而离开了感官世界。他企图把康德和歌德两方面的影响统一起来,把感性和理性、客观和主观统一起来。事实上,这不只是席勒一个人的企图,德国古典美学家们,差不多都在朝着这个方向努力。就拿康德来说,他的《判断力批判》,也是企图调和物质与形式、客观与主观、必然与自由的。但是,由于物质和自然在康德先验的唯心主义哲学中,不过只是一种假设,因此,他的美学终于离开了客观的感性自然,而偏重于主观的形式方面。席勒一方面接受了康德关于人性的二元论的观点,也就是分割感性和理性的观点;另一方面又企图纠正康德过分重视理性的偏颇,力图把感性和理性统一起来。在这一点上面,席勒的确比康德前进了一步。

美怎样能够把客观和主观、感性和理性这两方面统一起来呢?席勒说,这是由于美的特性。美和真不同,和科学的逻辑不同。当我们作科学的认识的时候,"十分精确地把我们的概念和我们的感觉区别开来,并把感觉看成偶然的东西,认为去掉感觉,并不影响认识之为认识,真理之为真理。"可是,美呢?它却是一种自由的观照。在这种观照中,一方面它进入了观念世界,可是另一方面它又不丢掉感觉的世界。"它是形象,因为我们观照它;同时它又是生活,因为我们对它起感情。"(第二十五信)这样,在审美的观照中,物质和形式、有限和无限、必然和自由,不是分离,而是统一在一起。人们不用离开感性的客观自然,就能够达到道德理性上的自由。正因为这样,所以最崇高的人性,能够通过审美来实现。也正因为这样,所以艺术具有审美的教育意义,能够完成革命所完成不了的使命,能够把人教育成为真正的人。因此,席勒认为必须经过审美教育的阶段,人才配有政治上的自由。

为什么人必须经过审美的教育呢?席勒除了从理论上作了上面的论证之外,他还从人类发展的历史来加以说明。他认为理想的人性的实现,无论个人或民族,都要经过三个阶段:即自然、审美和道德的三个阶段。在自然阶段中,人屈服于自然的威力,人和客观的物质世界并没有什么区别。他既认识不到自己作为人的尊严,也不懂得尊重旁人的尊严。人要从这样的阶段,一下子就上升到道德的阶段,那是不可能的。即使勉强升上去,也会产生两种恶果:或者他把自然的个人加以扩大,结果他所得到的将不是自由,而只是没有限制的欲望和贪求。或者呢?抛开感官的世界,走到纯粹抽象的观念世界中去。人不可能处于这样抽象的状态中,因此,理性这时给人带来的也将不是自由,而是另外的一种束缚。那就是说,在这种抽象的状态中,人还不能从人本身的价值来理解道德上的是非善恶,他只是把这些看成是超自然的意志所强加于人的法律。这样,他抛弃了人性,走到了宗教。他崇拜上帝,不是因为上帝是神圣可敬的,而是因为上帝是可怕的。因此,人要直接从自然的阶段上升到道德的阶段,是不可能的。即使勉强升上去,他也仍将受自然的盲目的必然性的支配。席勒的这一分析,如果剥去了他的唯心主义的外壳,还是多少符合生活的事实的。那些暴发户,那些教条主义者,那些把崇高的信念当成抽象的口头禅,甚至当成科举一样的敲门砖的人,不正是这样吗?

正因为人不能直接从自然阶段上升到道德阶段,所以需要有一个审美阶段。在审美的阶段中,人把世界放在他的外面来观照。因此,他和世界不再是等同的,而是有了差别。他从自然的束缚中解放了出来,以不关心的态度,陶醉于事物的"外观"。在席勒的美学中,"外观"是与"游戏"同样重要的一个概念。他说:

> 对待现实不关心,并对外观发生兴趣,这是人性的真正扩大,并且是走向文化的一个决定性的步骤。(第二十六信)

那就是说,从审美的领域来说,能不能对事物的"外观"进行观照,是区别野蛮与文化的一个标志。只有当人从野蛮状态的感官的束缚中解放出来,自由地观赏外物的形象,才谈得上"外观"。这种外观,既联系于感性的范围,又联系于理性的形式。它是感性的,但并不受到事物实际存在的限制,和我们人不发生利害关系;它是理性的,但又不同于抽象的思维,它是我们人的视觉和听觉所直接感知到的形象。例如马的外观,它具有马的形式,也和马的感性存在相联系,但却不是实际用来乘骑的马,而是作为我们审美观照的对象。这种外观,实际上就是艺术的形象,所以席勒认为外观就是艺术的本质。当人能够观照外观的时候,他就不再受物欲的驱使,他从自然的锁链中解放了出来,从而证明他具有外在的自由。同时,他又能够独立地行动,不以外界的物质为转移,从而证明了他具有内在的自由。因此,席勒说:

> 事物的现实性是事物的作品;事物的外观,却是人的作品。一个以外观为乐的人,不会再以他得到什么为乐,而会以他制作什么为乐。(第二十六信)

艺术的本质,正是这种以制作什么为乐的审美外观。当我们在人的身上,发现了能够自由地观照事物外观的迹象时,我们就会知道,他身上发生了某种革命,人性将会在他的身上出现。因为他宁要外观而不要实际的事物,宁要形式而不要物质,这说明他已经不再是自然的奴隶,他已经突破动物的范围了。正因为这样,所以席勒认为:"道德的阶段只有通过审美的阶段来发展,而不是从自然阶段发展起来的。"(第二十三信)

为了证明前面所说的理论,席勒在第二十七封信中,也就是最后的一封信中,还探讨了美和艺术的起源问题。他认为艺术起源于游戏。把艺术和游戏联系起来,并不是席勒的创造。我们曾经指出,康德这样做过,早在希腊时的柏拉图也曾经这样做过。但是,席勒却把它作了独特的发挥。他认为:"人并不满足于自然的需要,他要求有所剩余。"有了剩余,他就可以游戏了。人如此,动物亦然。他说:

> 当雄狮不为饥饿所煎熬,也没有旁的野兽向它挑战时,它那无所施用的精力就给它自己创造了一个对象。它用自己那可怕的啸声,去填满那起着共鸣的荒野;在毫无目的的炫夸中,赏玩着自己旺盛的力量。(第二十七信)

因此,还在物质的领域中,自然已经提供了预兆:人是可以从物质的需要,通过剩余,达到审美的游戏的。不过,席勒认为固然必须有物质的剩余,然后才可以有游戏;但仅只有了物质的剩余,还不一定能够达到审美的游戏。艺术的审美游戏,是从动物性的游戏,上升到人所特有的想象力的游戏。"想象借助于这种游戏,企图创造一个自由的形式,就最后一跃为审美的游戏了。"因此,艺术的审美游戏,是以想象力对自由的形式的要求,为其主要的关键的。这时,人所占有的东西,不仅仅是实用的。在实用之外,"它还必须反映出想它出来的那个巧妙智慧;塑造它的那只充满爱抚的手、挑选推举它的那个活泼自由的心灵"。一句话,人在对象中看出了自己,在实用的需要之外产生了审美的需要。正是这时,人方才成为真正的自由的人。在这里,席勒很可贵地提出了"人的对象化"的萌芽的思想。这一思想,后来为黑格尔所发展,并为马克思加以改造和批判地吸收。

总之,在席勒看来,人在自然状态中,受到物质力量的限制;在道德状态中,又受到道德意志的限制;只有在审美状态中,这一切,方才变成形式,变成外观,变成自由游戏的对象。因此,只有在审美状态中,人才免去了物质的片面性和道德的片面性,他既不再是动物一样的个人,也不是抹煞了个性的抽象的种族,而是成为一个完整的社会的个人。客观和主观,感性和理性,必然和自由,一切都取得了和谐。在这时,一切是自由的,也因而是平等的。政治革命所不能取得的自由和平等,就这样在审美的领域中实现了。因此,对人进行审美的教育,比政治上的革命,更为重要得多、基本得多。他就这样用审美教育的道路,来否定了法国革命的道路。

席勒的这些观点,在某些美学的具体的问题上,不能说毫无贡献。他把人对现实的审美关系作了更为深入一步的探讨。但是,总的来说,却是错误的。首先,他的一切推论都是建立在唯心主义之上的。他像康德一样,用形而上学的方法,把人分成感性和理性两个对立面,然后再企图用美学作为桥梁,把它们统一起来。要知道,现实生活中的人,本身就是具有感性和理性既统一而又对立的辩证关系的,很难孤立地将之分成感性的人和理性的人,然后再把它们统一起来。而且席勒所说的人,只是抽象的人,资产阶级人性论者所说的人,而不是生活在现实社会中的具体的人,不是马克思所说的"社会关系的总和"的人。这样的人,本身就是不存在的。因此,通过对于这样的抽象的人的分析,来探讨审美教育的途径,自然是不能解决实际社会生活中所存在的美学问题的。其次,席勒对于资本主义社会中人性所受到的摧残以及资本主义生产方式如何不利于人的审美感情的发展,所作的一些分析,应当说是他这本书的精华,值得肯定。但是,他把这一切都归之于人心的腐化,而不是归之于阶级剥削和私有制度,因而要用审美教育来代替阶级斗争和社会革命,这就根本错了。马克思列宁主义者和唯心主义者之间,早就存在一个争论:马克思列宁主义者从唯物主义出发,认为只有通过改造客观世界才能改造主观世界,因而革命不仅是不可避免的,而且"革命是历史的火车头"①,"只有在革命中才能抛掉自己身上的一切陈旧的肮脏东西"②。可是唯心主义者却相反,他们认为只有改造好了主观世界才谈得上改造客观世界,只有每个人的人格都得到完成,都成为"圣人",理想的社会才会出现。康德和席勒都是这种唯心主义的卖力鼓吹者,席勒的《审美教育书简》更是把人性的改造看得高于一切。但事实证明,他们这些讲法不过是软弱无力的德国资产阶级在强大的革命风暴面前,所作的一种胆怯的自我粉饰罢了。他们麻醉了自己,也麻醉了人民的革命斗志。

(五)席勒的《素朴的诗和感伤的诗》③

继《审美教育书简》之后,席勒于1795年写了《素朴的诗和感伤的诗》这篇重要的论文。如果说前者主要是探讨哲学美学问题,那么后者则更多地转到文学艺术方面的具体问题;如果说前者还相当浓厚地受到康德的影响,那么后者则力图摆脱这种影响,而更多地转到歌德这方面来。在此以前,他的创作主要是浪漫主义的;在此以后,他则力图向着现实主义方面努力。《华伦斯坦》就是一个明显的例子。他写信给他的朋友洪波尔特说:"从前,例如在波沙和卡洛斯的形象上,我是竭力用美的理想来代替不足够的真实,现在在华伦斯坦的形象上,我想用赤裸裸的真实来补偿所缺乏的理想(感伤的)。"④

席勒的这一思想发展,一方面反映了他和歌德相互交往的积极结果,另一方面则反映了当时反动的浪漫主义,已经引起了资产阶级中比较先进分子的不满。歌德和席勒,都不满意这种反动的浪漫主义,他们都在探讨摆脱它的途径。他们探讨的方式,都是把古代的艺术拿来和近代的艺术相互对比。歌德对比古典的和浪漫的,席勒对比素朴的诗和感伤的诗,可说基本精神是大致一致的。不仅他们二人在这样做,十八世纪末和十九世纪初,在西欧这种对比差不多成了风气。如像文克尔曼、莱辛、斯台尔夫人、许莱格尔、谢林等人,都从不同的立场来对比古代的艺术和近代的艺术。这一情况,反映了当时资产阶级美学家和艺术家的

---

① 马克思:《1848年至1850年的法兰西阶级斗争》,《马克思恩格斯选集》第1卷,第474页。
② 马克思、恩格斯:《德意志意识形态》,《马克思恩格斯全集》第3卷,第78页。
③ 本文根据英译本《席勒美学和哲学论文集》,乔治·贝尔父子公司,1910年。
④ 引自阿斯穆斯:《席勒的美学观点》,见《现代文艺理论译丛》第6辑,第185页,人民文学出版社,1964年。

苦闷和矛盾。资本主义的生产关系是敌视艺术的,不利于艺术的发展的。可是,他们又要求艺术的发展,要求给艺术寻找一条出路。他们的阶级立场不同,所寻求的结果并不一致。有的到中世纪去寻找逃避现实的灵魂安慰所,有的则从古希腊的现实主义艺术中看到了近代艺术的弊病,从而力图要给近代艺术探求一条健康的发展道路。席勒的《素朴的诗和感伤的诗》,正是这后一种努力的表现。他在对比古代素朴的诗和近代感伤的诗中,看出了近代的诗应当走的理想的道路。他的看法不一定都是正确的,但是在当时的历史条件下来说,确实是前进了一步。

席勒的出发点是诗与自然的关系。他说,人对于自然,总是充满了爱与尊敬的感情的。每一个具有优美的感情的人,只要他在明朗的天空下散散步,都会体会到这一点。而"在诗歌的基本概念中,诗人在任何地方都是自然的监护人"。①那就是说,诗人任何时候都是从自然得到灵感。"即使现在,自然仍然是燃烧和温暖诗人灵魂的唯一火焰。唯有从自然,它才得到全部的力量;也唯有向着自然,它才在人为地追求文化的人当中发出声音。"(第285页)因此,诗与自然的关系,实际上是诗歌创作的基本问题。

席勒认为,在古代希腊罗马的时候,人性还没有遭到分裂,他是以整个统一的人在活动,他与自然的关系是和谐的,现实与理想也还不存在矛盾,因此,诗与自然处于一种素朴的关系中。诗人用不着到外面去寻求自然,他周围到处是自然,他本身也是自然,诗人的任务,只是"尽可能完善地模仿自然"。至于近代的文明人呢?则他已经失去了自然,现实和理想处于矛盾的状态中,人性的和谐不再是生活中的事实,而不过是一个思想中的观念。因此,诗与自然的关系就不是统一的,诗人在他周围和他本身中都找不到自然,自然成了他向往的理想。这样,诗人的任务就不是模仿自然,而是"表现理想"。这时,因为诗人失掉了自然,所以他对待自然的态度,就像成人对待失去了的童年一样,是依恋的、感伤的。由于古代的人和近代的人对待自然有这样的两种差别,所以席勒把诗分成两种:

---

① 席勒:《素朴的诗和感伤的诗》,见英译本《席勒美学和哲学论文集》,第280页,FA尼科尔公司,1902年。以下凡引自此书者,均只随文注明页码。

> 诗人或则就是自然,或则寻求自然。在前一种情况下,他是一个素朴的诗人;在后一种情况下,他是一个感伤的诗人。(第284页)

为了说明古代的素朴的诗人和近代的感伤的诗人之间的差别,席勒举了一些例子。在荷马的《伊利亚特》第六卷中,描写特洛伊的将官格劳科斯和希腊的将官狄俄墨得斯,二人在战场中相遇,交谈中发现彼此有宾主的世交,于是相约不再战斗,互赠礼物而去。同样,近代的意大利诗人阿里奥斯托①,在《罗兰的疯狂》中,描写一对情敌——伊斯兰教的斐拉古斯和基督教的芮那尔多,他们在一场激战中都受了伤。但当他们听到他们所爱的安杰里卡逃难去了,于是他们马上言归于好,共同骑一匹马去寻找她。席勒说:

> 这两个例子,不管它们在其他方面多么不同,但它们在我们内心里面所产生的印象却是非常相同的。两者都表现了道德感对于情欲的崇高胜利,都以它们挚朴的感情打动了我们。但是,两位诗人却以怎样不同的方式来描写这一相似的场景!阿里奥斯托属于近代,属于一个素朴的风尚不再存在的时代,因此,他在描写这件事的时候,毫不掩饰他的惊奇,他的赞叹,他的感动……他突然抛开了对于对象的描写,自己走出场上来了……"啊!高贵呀!慷慨呀!古代的骑士风!这两位情敌,他们信仰不同,他们都在激烈的战斗中吃过对方的苦头,然而,没有任何迟疑,我们看见他们一道驰马奔向那幽暗的崎岖的道路去了!"(第282—283页)

可是,荷马却不同了,我们找不到他有任何激动的迹象:

> 他就好像叙述每天都在发生的事情一样,甚至他的胸膛里好像没有心在跳动一样。他只是以冷淡的忠实态度,继续写道:"可是格劳科斯一定是被克洛诺斯之子宙斯夺去了神志了,因为他拿自己的一套黄金铠甲换了狄俄墨得斯的一套青铜甲,一百头牛的价值换得只值九头牛!"②

---

① 阿里奥斯托(1474—1533):文艺复兴时期意大利的诗人,《罗兰的疯狂》是他所写的一部传奇体叙事诗。
② 见荷马:《伊利亚特》,第114页,人民文学出版社,1958年。

从上面的例子看来,可见古代素朴诗人的主观,与他所描写的客观自然,是一致的,没有什么分裂的痕迹。因此,他只是以客观的、现实的、冷静的态度来描写。近代的感伤诗人,则外在于他所描写的客观自然,经常对他所描写的东西表示主观的态度,因此,他经常都是主观的、理想的、感情激动的了。"古代诗人打动我们的是自然,是感觉的真实,是活生生的当前现实;近代诗人却是通过观念的媒介来打动我们。"但是,素朴诗和感伤诗的根本差别,还不在于时代的不同,而在于诗人对待自然的感受态度的不同。正因为这样,古代的诗人中也可以有感伤诗,例如贺拉斯①描写台伯河畔宁静而又快乐的生活,就是感伤诗的开山祖;同样,在近代的诗人中也可以有素朴诗,例如莎士比亚和歌德就是。席勒谈到他年轻时,以"幼稚的判断"去评论莎士比亚,说莎士比亚以冷酷无情的态度去描写惊心动魄的场面,使他感到气愤。现在,他才懂得莎士比亚那种素朴的描写态度的伟大。从这里,可见席勒所说的素朴的诗和感伤的诗,实在相当于歌德所说的古典主义和浪漫主义。他有时也用"现实主义"和"理想主义"来称呼这两种诗。"现实主义"一词,席勒是比较早地在文艺理论中加以运用的。他的这一探讨,以及他把他所推重的莎士比亚和歌德看成素朴诗人,说明他已经不满足于浪漫主义,而在向着古典主义(现实主义)转变了。

因为素朴的诗人与客观自然一致,满足于模仿现实,所以他的力量是建立在有限事物的上面的。造型艺术最适合于表现有限事物,因此,在造型艺术中,古代艺术家就具有显著的优越性。但在诗歌中,情形却不一样。在描写的具体上面,形式的素朴上面,古代诗人胜过近代诗人;但在表现内容的丰富上,描写超出感性的无限上,近代诗人却又超过了古代诗人。这就因为近代的感伤诗,是以描写精神上的无限为其特长的。

素朴的诗人对待自然的态度是单纯的,他只有一种感受的方式,因此,在席勒看来,素朴的诗人在题材的处理上没有什么选择的余地,他只能用同一的方式来处理。感伤的诗人则不同了。他是以对客观事物的反思作为基础的。在这一反思中,他对自然的关系,就出现了两种相反的力量:或者他把自然当成有限看的现实,或者他把自然当成无限看的观念。由于有这两种相反的力量在起作用,他在处理题材的方式上,就发生了分歧:

---

① 贺拉斯(公元前65—前8年):罗马诗人。写有《颂诗》、《讽刺诗》等作品。另外,有理论著作《诗艺》一本。台伯河是意大利境内的一条河流。

> 诗人是着重于现实呢？还是着重于理想？他是把现实当作反感和厌恶的对象呢？还是他把理想当成向往的对象？（第289页）

如果他把现实当作反感和厌恶的对象，他就成为讽刺诗人；如果他把理想当作向往的对象，他就成为哀挽诗人。这样，席勒又把感伤诗分成讽刺诗和哀挽诗两种。

讽刺诗的特点，是把令人厌恶的现实，以及理想和现实的矛盾，当作描写的题材。在处理这样的题材的时候，他可以以严肃而又热情的态度来处理，这时就成为惩罚的讽刺诗，他也可以以玩笑而又轻松的态度来处理，这时就成为嘲笑的讽刺诗。但不管是惩罚的或嘲笑的讽刺诗，席勒认为诗人都必须具有崇高的理想。否则的话，惩罚的讽刺诗会太严肃了，不适合于诗的游戏的性质。真正的惩罚的讽刺诗，都是拿崇高的理想来和令人厌恶的现实相对立的。"如果我们观看和评判的立足点是很高的，那么，对象的卑污和低下，就无关紧要了。"至于嘲笑的讽刺诗，如果失去了理想，就将会变得轻浮。因为它所描写的对象本来是一些无关紧要的琐事，如果诗人不具有高尚的理想和优美的心灵，这些琐事就将一无价值可言了。总之，讽刺诗所面对的都是丑恶的或卑微的现实，它之所以具有诗的价值，在席勒看来，是由于诗人的理想和高尚的心灵。

谈到这里，席勒对悲剧和喜剧作了一个比较。他认为从题材来看，悲剧胜过喜剧，因为悲剧写的都是重大的崇高的题材。"悲剧是靠题材来维持的。但是，喜剧诗人却不得不靠他个人的力量来维持他的题材的审美性质。前者可以展翅高翔，这并不是一件太难的事情；后者却必须始终保持同一的调子，必须经常处于艺术的高妙境界中，而且自在自如。"（第293页）这样，喜剧又高过于悲剧了。一个喜剧诗人失去了优美的心灵，失去了冷静的理智，正好像悲剧诗人失去了强烈的激情，失去了崇高的理想一样，就没有什么价值了，他将不过是插科打诨、开心取乐而已。这里，席勒不仅将喜剧与悲剧并提，而且在某些方面把喜剧看得比悲剧更高，这在西方一贯推崇悲剧的传统中，不能不说是独具只眼了。其所以能够这样，和当时戏剧已从贵族的宝座中走向平民中来，不能不有一些关系。

讽刺诗描写令人厌恶的现实，哀挽诗则是描写令人向往的理想。那就是说，在自然与艺术相对立、理想与现实相对立的近代，哀挽诗人着重描写自然和理想。不过他所描写的自然是失去了的，他所描写的理想是不可企及的，因而他采取哀伤和惋惜的态度。哀挽诗人一般都是多愁善感的，他寻求他所寻求不到的东西。但是,各种悲伤的内容,如像欢乐的丧失、黄金时代的消逝、青春和爱情的一去不复返等,只能是哀挽诗的题材,它们却不能决定哀挽诗的价值。哀挽诗的价值应当从理想的热情中产生,也就是说,应当使有限的个人的悲伤,变成无限的普遍的东西,这样,它才会具有强大的感染力量。例如苏格兰传说中的诗人莪相①,歌唱消逝了的岁月和死去了的英雄,他就是在想象中把过去的岁月当成理想,把死去了的英雄当成神祇,所以方才感人肺腑,方才能够把特殊的生活经验扩大而成为具有普遍意义的东西。

如果哀挽诗人不是把自然和理想当成失去了的东西,而是当成现实的东西来加以欣赏和歌唱,那么,这时哀挽诗就会变成牧歌。牧歌是席勒在讽刺诗和哀挽诗之外,所说的第三类的感伤诗。在这里,理想和现实的矛盾消除了,各种感情的冲突也停止了,它的题材是描写天真而又幸福的人性。由于这种天真和幸福与人工雕琢的时髦社会是不相容的,所以诗人们都把牧歌的场景放在田园乡村和牧童的草屋里,或者是放在文化开始前人类的童年时代。正因为这样,所以牧歌不足以引导我们向前,而是引导我们后退。它免除了文化所带来的弊病,获致了理想与现实、内心与外界的虚构的统一,但也排除了文化的优越性,失去了重大的时代主题。席勒说:

> 只有当我们需要宁静的时刻,而不是当我们渴望运动和起作用的时刻,我们方才寻求和喜爱牧歌。病态的心灵会在牧歌中找到治疗,健康的灵魂则在牧歌中找不到养料。(第314—315页)

席勒的这一看法,和黑格尔基本相一致。黑格尔也认为:牧歌"没有英雄性格所有的那些重大的动机,……它的内容中心往往仅限于一只羊的丧失或一个姑娘的恋爱之类",因而"不能引起多大兴趣"②。

近代的感伤诗,分成以上三种,它们都各有优点和缺点。那么,近代诗的道路是什么呢?理想的诗应当是什么样的诗呢?这就是席勒所要探讨的目的了。他认为他自己是属于感伤诗的类型的,但他并不偏爱感伤诗。他认为理想的诗,应当是素朴诗和感伤的诗的结合。素朴的诗以感性和现实性来胜过感伤的

---

① 莪相:苏格兰传说中的诗人。1762年,英国文艺界出现了一个名叫麦克费孙的苏格兰人,所翻译的《莪相诗集》,轰动一时。
② 黑格尔:《美学》第1卷,第237页。

诗,但是它摆脱不掉感性的和现实性的东西的有限性,它容易蜕化到实际的自然那种庸俗无聊当中去。那就是说,它容易把实际自然中偶然的东西当成真正的自然,拿来加以虚假的模仿,这是不符合于诗的本质的。为了补救这个缺点,它必须求助于感伤诗的理想和观念性。感伤的诗人正是以理想和观念性来胜过素朴的诗人。感伤诗人超过自然中一切偶然的障碍,把诗提高到无限的领域。但是,感伤诗容易流于夸张和空想,从而脱离客观的自然。为了补救这个缺点,它也必须求助于素朴的诗。因此,素朴的诗和感伤的诗各有它们的缺点:

> 素朴诗的杰作后面,经常跟着一大批平淡无味的作品;而感伤诗的杰作后面,却经常跟着一大批妄诞空想的作品。(第329页)

理想的诗,在席勒看来,应当是克服了它们各自的缺点,而又能够将它们各自的优点结合起来的诗。既不脱离自然,而又不落于庸俗的实际自然;既能理想化,而又不落于空想。这里,席勒既反对了自然主义,又反对了浪漫主义,而认为理想的诗,应当是素朴的诗和感伤的诗的结合。前面我们说过,他所说的素朴的诗,相当于歌德所说的古典主义;他所说的感伤的诗,相当于歌德所说的浪漫主义。由于当时所针对的对象是反动的浪漫主义,所以他们在分析的过程中,有些扬素朴的诗和古典主义,抑感伤的诗和浪漫主义。然而在结论上,他们都倾向于二者的结合。

席勒对于"素朴的诗和感伤的诗"的分析,基本上还是从康德分裂感性与理性这样一个前提出发的。素朴的诗偏重于感性,感伤的诗偏重于理性;素朴的诗偏重于现实(自然),感伤的诗偏重于理想(观念)。这种分析方法的本身,就具有抽象的唯心主义性质。艺术是社会意识形态,是社会生活的反映,不同社会的现实生活决定了艺术的不同内容,而并不是古代的诗偏重于感性生活,近代的诗偏重于理性的生活;古代的诗只模仿自然,就不表现理想,而近代的诗则只表现理想,而不模仿自然。席勒把感性和理性、自然和理想绝对地对立起来,并认为这是古代的诗和近代的诗的根本差别,说明了他的观点还是形而上学的,不符合艺术发展的实际情况。

另外,他区分古代的素朴诗和近代的感伤诗,以及理想的诗是它们二者的结合,他的这一看法,事实上还是他在《审美教育书简》中所探讨的问题,具体地运用到文学艺术中来。他认为古代艺术所描写的人,是与自然相和谐的人,近代艺术所描写的人,则是脱离了自然而发生了分裂的人,因此,理想的艺术应当描写通过理性和自由重新回到了自然,并重新取得了和谐、具有完满的人性的人。他的这种观点,完全是资产阶级人性论的观点。

但是,席勒虽然具有唯心论和人性论的根本错误,然而,他第一次比较明确地详尽地探讨了文学艺术历史上的两种基本的创作方法——现实主义和浪漫主义,即他所说的素朴的诗和感伤的诗,它们之间的关系和区别,却不能不说是具有一定的历史功绩了。他最早把现实主义的基本特点确定为描写现实,把浪漫主义的基本特点确定为表现理想,也应当说基本上是正确的。同时,他在分析素朴的诗的时候,强调把实际的自然和真正的自然区别开来,认为诗歌描写的不是偶然的实际自然,而是比这更高的真正自然。这在反对自然主义和保卫现实主义上面,也是有功的。此外,在分析感伤诗的时候,强调无论是讽刺诗或哀挽诗,都应当具有崇高的理想,应当从比现实更高的地方来批判现实,应当使个人的悲伤具有普遍的意义,这在反对当时反动的浪漫主义上面,也是有其一定的历史功绩的。因此,我们对待席勒的《素朴的诗和感伤的诗》,应当具体分析,肯定其应当肯定的,否定其应当否定的,然后加以批判地继承。

五、黑格尔

（一）生平和著作

恩格斯说："近代德国哲学在黑格尔的体系中达到了顶峰。"① 在作为哲学一个部门的美学中，如果说，康德是德国古典唯心主义美学的奠基人，那么，黑格尔便是这一美学的完成者或集大成者。比起前人来，黑格尔的美学，内容更为丰富，体系更为完整。马克思和恩格斯就曾经给予黑格尔的美学以很高的评价。恩格斯在给康拉德·施米特的信中说："建议您读一读《美学》，作为消遣。只要您稍微读进去，就会赞叹不已。"② 恩格斯还谈到，因为黑格尔"不仅是一个富于创造性的天才，而且是一个学识渊博的人物，所以他在每一个领域中都起了划时代的作用"。③ 这些领域，恩格斯明确指出，包括美学在内。

那么，黑格尔的美学究竟在什么地方优越于前人，"起了划时代的作用"呢？我们说，这主要在于他能够把辩证法全面地运用到美学研究的当中来。首先，他不是孤立地研究艺术，而是像马克思所说的，他把艺术与其他社会现象一样，看成是"人的自我创造"④，是人"自己的外在现实"⑤，这样，艺术便成了人与现实世界的关系之一，我们必须联系整个人类社会来研究艺术，来探讨艺术与其他社会现象之间的"共同的根源"⑥。例如在《历史哲学》中，他就说："只有在一定的国家结构下，才能存在一定的哲学和一定的艺术。"⑦ 在《美学》中，他也说：艺术的产生不是偶然的，"艺术是和整个时代与整个民族的一般世界观和宗教旨趣联系

---

① 恩格斯：《反杜林论》，《马克思恩格斯选集》第3卷，第63页。
② 《恩格斯致康·施米特》，《马克思恩格斯选集》第4卷，第494页。
③ 恩格斯：《路德维希·费尔巴哈和德国古典哲学的终结》，第10页。
④ 马克思：《黑格尔辩证法和哲学一般的批判》，第13页。黑格尔原话，见《美学》第1卷，第37页："在外在事物中进行自我创造"。
⑤ 黑格尔：《美学》第1卷，第37页。
⑥ 黑格尔：《哲学史讲演录》第1卷，第56页。
⑦ 转引自《普列汉诺夫哲学著作选集》第3卷，第731页。

在一起的"。① 其次,他不是静止地研究艺术,而是像恩格斯所说的,"有巨大的历史感作基础……在《现象学》、《美学》、《哲学史》中,到处贯穿着这种宏伟的历史观,到处是历史地、在同历史的一定的(虽然是抽象地歪曲了的)联系中来处理材料的"。② 这样,他就把美学中的逻辑方面和历史方面,统一了起来进行研究。美学和艺术中的各种现象,如像类型、体裁、风格等等,不再是一堆"乱七八糟"的偶然现象,而是合乎规律发展的一个历史过程。就在这一点上面,黑格尔超越了以往任何的美学家,使美学成为一门完整的系统的历史科学。

然而,黑格尔是个唯心主义者,他的辩证法是建立在唯心主义哲学体系之上的。"在黑格尔的辩证法中,正如在他的体系的其他一切部门中一样,一切真实的联系都是颠倒的。"③因此,他是以"颠倒"的形式来歪曲地运用辩证法的。他所说的艺术与其他社会现象的"共同的根源",不是客观的社会生活,而是时代精神、理念;他所说的艺术的历史发展,也不是艺术随着社会的发展而发展,而是精神、理念的自我发展。这样,"深入理解美的理念"④,就成了黑格尔美学的根本出发点。正是这一点,决定了他的美学的根本性质,是唯心主义的。因此,马克思列宁主义的经典作家,一方面固然充分肯定黑格尔美学的历史功绩,另一方面却又认为"首先应当对黑格尔的方法作一番透彻的批判"⑤。马克思列宁主义的美学,从某方面来说,就是在和以黑格尔为代表的资产阶级唯心主义美学的斗争中成长和形成起来的。因此,我们今天谈黑格尔的美学,既要正确地评价他的历史地位,又要认识到他是唯心主义美学的代表人物,对他进行革命性的批判。

黑格尔生于 1770 年,死于 1831 年。家乡是德国西南部符腾堡公国的首府斯图加特城,与席勒、谢林是同乡。父亲是公国财政部门的一个高级官员,母亲是一个虔诚的宗教徒。七岁上小学,十岁进中学,十八岁到图宾根大学神学院读书,与谢林、荷尔德林是同学。一般印象是他很用功,孜孜不倦,做了很多笔记,但不够聪明。比较起来,一般认为谢林比他聪明得多。谢林二十岁左右,即已出名,他却默默无闻。他在谢林办的杂志上写的文章,旁人还以为是谢林的学生写的。他除了用功读书之外,很少参加活动。但这时正是法国革命时期,所以他对

---

① 黑格尔:《美学》第 1 卷,第 36 页。
② 恩格斯:《卡尔·马克思〈政治经济学批判〉》,《马克思恩格斯选集》第 2 卷,第 121 页。
③ 恩格斯:《自然辩证法》,第 32 页。
④ 黑格尔:《美学》第 1 卷,第 25 页。
⑤ 恩格斯:《卡尔·马克思〈政治经济学批判〉》,《马克思恩格斯选集》第 2 卷,第 121 页。

政治局势非常关心,经常阅读当时政治中心巴黎和伦敦的报纸。他还和谢林、荷尔德林等一道,到郊外种了一棵自由树,并围着树跳了一次舞。另外,他很喜欢希腊文学,曾经把索福克勒斯的《安提戈涅》①两次译成德文,一次用散文译,一次用韵文译。这和他以后的美学思想,颇有一些关系。

1793年大学毕业后,先到瑞士伯尔尼一个贵族家里当家庭教师,1797年又到法兰克福一个商人家里当家庭教师。1801年,通过谢林的介绍,到耶拿大学教书。直到1806年拿破仑的军队打来了,方才离开。这时,他正集中全力写《精神现象学》,等到拿破仑的士兵冲进他的家里,他刚刚全部写好,于是带着稿子匆忙地逃走了。据说他曾看见拿破仑,称之为骑在马背上的"世界精神"。之后,他当了一年的报纸编辑,于1808年到纽伦堡中学当校长。1816年到海德堡大学教书,1817年因出版《哲学全书》出了名,遂在1818年受聘为当时德国最有名的柏林大学的教授。海涅曾于1821至1823年之间听过他的课,有过下面一段描写:

> 我有一天对于"凡是现实的都是合理的"这句话感到不高兴时,他怪笑了一笑,然后对我说:"也可以这么说:凡是合理的必然都是现实的。"他连忙转过身来看看,马上也就放心了,因为只有亨利希·贝尔②听到了这句话。只是在稍后我才懂得他这套话的意思。③

从海涅的这段记载来看,黑格尔的确是具有革命的意图的,但是,由于黑格尔的体系是唯心主义的,以及他与封建贵族相妥协的根本倾向,所以,"虽然在他的著作中相当频繁地爆发出革命的怒火,但是总的说来似乎更倾向于保守的方面"。④ 他的革命的方面,常常"被过分茂密的保守的方面所闷死"⑤。正因为这样,所以除了海涅之外,当时很少人能在他那"笨拙枯燥的语句里面"看出"革命"⑥。普鲁士国王威廉三世,还因为他对王国的恭顺态度,而于1831年授予他以红鹰勋章。文化教育卫生大臣也复函给他,称赞他是"普鲁士复兴的国家哲学

---

① 索福克勒斯(公元前495—前406):希腊著名的悲剧诗人。《安提戈涅》是他的代表作之一。
② 亨利希·贝尔:作曲家迈耳·贝尔的兄弟,黑格尔的朋友。
③ 海涅:《论德国宗教和哲学的历史》,第161页。
④ 恩格斯:《路德维希·费尔巴哈和德国古典哲学的终结》,第11页。
⑤ 同上,第9页。
⑥ 同上,第5页。

家"。就这样,在 1815 年维也纳会议以后,"王政复辟"的反动时期,黑格尔的哲学越来越投合当时反动统治阶级的味口,并终于被当成了德国的所谓"国家哲学"。

比起康德来,黑格尔有更多的实践经验。从中学时代起,他对文学艺术就已具有一定的爱好和兴趣。住在柏林时,他经常参加门德尔松①每个星期日所举办的音乐晚会。他和一些作家、艺术家,也有一些交往。例如他和歌德,就不止一次交往过。有一次,他还特地到魏玛去看歌德。正因为这样,所以他的《美学》就能够联系从古到今的许多艺术事实。有的地方,甚至能对一些具体的作品作出比较深刻的分析。然而,他不是从概括艺术实际的经验来建立他的美学体系,而是要使艺术实际符合他的体系。这样,归根到底,他的美学是"头足倒置"的,是唯心主义的,是对于艺术实际和艺术历史的歪曲。

黑格尔一生,虽然比康德多跑了几个地方,多转换过几个职业,但基本上仍然是读书、教书和写书。这差不多是资产阶级学者一般共同的经历,他们离不开的是书,而离得开的却是生活、实际和斗争。这样,自然使他们的唯心主义思想易于滋生和发展了。

黑格尔写了许多书,其中主要的有:

1.《精神现象学》。1806 年写成,1807 年出版。它是黑格尔体系的第一部,也可以说是他整个体系的导论。马克思曾称"精神现象学是黑格尔哲学的真正起源和秘密"②。在《德意志意识形态》中又曾称《精神现象学》是"黑格尔的圣经"③。

2.《逻辑学》,即《大逻辑》。分上下两册,上册讨论"客观逻辑",于 1812 年出版;下册讨论"主观逻辑",于 1816 年出版。列宁写的《黑格尔〈逻辑学〉一书摘要》,即是以本书为主,而又参考了《小逻辑》的。列宁说:"黑格尔逻辑学的总结和概要、最高成就和实质,就是辩证的方法,——这是绝妙的。还有一点:在黑格尔这部最唯心的著作中,唯心主义最少,唯物主义最多。'矛盾',然而是事实。"④

---

① 门德尔松(1809—1847):德国作曲家。成名作是为莎士比亚的《仲夏夜之梦》交响乐所写的《序曲》。
② 引自黑格尔《精神现象学》的《译者导言》,第 25 页。
③ 同上。
④ 列宁:《哲学笔记》,第 253 页。

3.《哲学全书》。这是黑格尔的哲学体系表现得最为完整的一部书,于1817年出版。共分三部分,即《逻辑学》(又称《小逻辑》,以别于上面所说的《逻辑学》)、《自然哲学》、《精神哲学》。一般都把它当成黑格尔体系的代表著作。

4.《法哲学原理》。1821年出版。恩格斯说:"当黑格尔在他的《法哲学》一书中宣称君主立宪是最高的、最完善的政体时,德国哲学这个表明德国思想发展的最复杂但也最准确的目标,也站到资产阶级方面去了。换句话说,黑格尔宣布了德国资产阶级取得政权的时刻即将到来。"①

以上著作,都是黑格尔在世时出版的。至于其他的一些重要的著作,如像《历史哲学》、《宗教哲学》、《哲学史讲演录》、《美学》等,则都是在他死后,由他的学生根据手稿、讲义以及听课笔记等,整理编辑出版的。1817年和1819年,他曾在海德堡大学讲过两次美学;1820年到1829年,他又在柏林大学先后讲过四次美学。《美学》一书②,即是根据这几次的听课笔记和一部分讲稿,在他死后由学生整理出版的。黑格尔的美学观点,并不限于《美学》一书,他在《精神现象学》、《哲学全书》等书中,都曾经谈到过美学问题。不过,由于《美学》最系统最完整,也最能集中地表现他的美学观点,因此,我们谈黑格尔的美学,即以本书作为根据。这本书的内容,"分三大部分:第一部分讲美的概念和美学的一般基本原理;第二部分讲象征艺术,古典艺术与浪漫艺术三大时期辩证发展的历史过程和每个时期的特点;第三部分讲与这三个时期或三种类型相应的各种艺术,即建筑、雕刻、图画、音乐和诗,其中重点在诗,即我们一般人所了解的文学"。③

恩格斯说:"我们德国人具有一种极其笨拙的 Gründlichkeit,即彻底的深思精神或深思的彻底精神,不管你叫它什么都行。我们中的任何一个人在阐述他认为是新学说的那种东西的时候,便首先一定要设法把它弄成一个包罗万象的体系。"④这一点,黑格尔表现得最为突出。他的野心很大,他的所有著作,包括美学在内,都是在企图建立一个"包罗万象的体系"。这个体系,我们都知道,是资产阶级唯心主义的体系。因为是资产阶级唯心主义的体系,所以它必然会反映出当时德国资产阶级的矛盾性、局限性和妥协性。一方面,黑格尔站在当时资

---

① 恩格斯:《德国的革命和反革命》,《马克思恩格斯选集》第1卷,第510页。
② 《美学》共三卷,由朱光潜译出,前两卷已出版,后一卷即将由商务印书馆付印。
③ 朱光潜:《美学》第1卷《译后记》。黑格尔本人关于《美学》三个部分的话,见《美学》中译本第87至88页。由于较难懂,所以我们改用译者的话。
④ 恩格斯:《社会主义从空想到科学的发展·英文版导言》,《马克思恩格斯选集》第3卷,第379页。

产阶级发展的最高阶段,收获和总结了他那个时代科学、文化和艺术的成就,从而使他的哲学和美学都达到了当时资产阶级学术水平的顶峰;但是,另一方面,不仅当时的德国资产阶级是个软弱无力的阶级,而且资产阶级作为一个剥削阶级,即使在它向上发展的最高阶段也免不了它那阶级本性所注定的错误和罪恶。因此,黑格尔作为当时德国资产阶级思想意识的代言人,他的哲学和美学,固然一方面反映了他那阶级上升的方面,但也同时反映了他那阶级软弱的方面、罪恶和错误的方面。黑格尔一生交织在这个矛盾的时代中,他的哲学和美学也是在这种矛盾的情况中形成起来的。

  这一矛盾表现在什么地方呢?我们说,主要地表现在他的体系和他的方法之间的矛盾。一方面,那是一个资产阶级上升的时代,要求革命,要求发展。黑格尔的辩证法,就其本质的意义来说,正是这种革命精神的体现。但是,资产阶级革命胜利所暴露出来的种种丑恶方面,特别是德国资产阶级所表现的那种软弱性和妥协性,又使它害怕革命,逃避革命,从而寻求与封建贵族的妥协。黑格尔的唯心主义体系,正表现了这种妥协的精神。在革命与妥协之间,由于德国资产阶级所处的历史条件,妥协的一方面是它的主导方面。因此,黑格尔的辩证法,最后也就必然服从于他的体系,受到他的体系的限制和束缚。这种情形,我们可以从下列两点来看:第一,黑格尔的体系是唯心主义的,他的辩证法就建立在这一唯心主义的体系上面。这样,矛盾发展的辩证过程,就不是在现实生活中展开,而是在思想意识中展开。结果,不是思想意识去反映客观现实生活的矛盾,而是客观现实必须服从思维发展的逻辑过程。恩格斯说:"在黑格尔看来,历史不过是检验他的逻辑结构的工具。"① 正是这个意思。第二,辩证法是没有止境的,不断在矛盾之中发展的,但体系之所以能成为体系,就在于它的完满,就在于它有止境。这样,为了追求体系的完满,黑格尔最后不得不牺牲他的辩证法,认为他的辩证法,只适用于过去,而不适用于将来。在过去,一切都在矛盾之中辩证地发展着,可是到了现在,一切都已发展到了顶端,绝对真理实现了,矛盾取得了调和,因此再用不着发展了。根据这样的观点,他宣布:德国君主立宪制度,是最完善的政治制度;他自己的哲学,是最完善的哲学。于是,黑格尔的哲学,不折不扣地成了一切现存东西的辩护人。难怪当时反动的统治者,要授予他以勋章,要把他的哲学定为"国家哲学"。他的辩证法的革命火花,也就这样窒死

---

① 恩格斯:《英国状况》,《马克思恩格斯全集》第 1 卷,第 650 页。

在唯心主义体系之中。

我们读黑格尔的著作,包括他的《美学》在内,应当经常注意到这种矛盾的情况:他的辩证法,使他的作品具有"合理的内核";但他的唯心主义体系,却又使他的作品在根本的性质上是反动的。我们必须要以批判的态度来读。恩格斯说:

> 黑格尔是一个德国人而且和他的同时代人歌德一样拖着一根庸人的辫子。歌德和黑格尔各在自己的领域中都是奥林帕斯山上的宙斯,但是两人都没有完全脱去德国的庸人气味。①

那就是说,我们既要看到黑格尔在资产阶级美学领域中是宙斯,也要看到他是庸人。只有这样,我们才能对他的美学作出正确的历史的评价。

(二)黑格尔的美学在他的哲学体系中的地位

像康德、谢林等人一样,黑格尔的美学也是他整个哲学体系的一个组成部分。他自己就说:"对于我们来说,美和艺术的概念是由哲学系统供给我们的一个假定。"②因此,我们要了解黑格尔的美学,必须首先了解他的美学在他整个哲学体系中的地位。要了解这个地位,当然,我们应当先对他的哲学体系,作一个简单的介绍。

康德认为我们人的认识能力,只及于现象界,而不能及于"物自体","物自体"是不可知的。他认为这是他的一个大发现。然而,他的后继者们却不仅没有接受他的意见,反而纷纷向他的"物自体"进军。费希特和谢林,这样做了,他们分别用"自我"或"绝对精神"来攻克康德的"物自体",使之从不可知变成可知。黑格尔也要这样做,他也要攻克康德的"物自体"。他说:"当我们常常听见说,物自身不可知时,我们不禁感到惊讶。其实,再也没有比物自身更容易知道的东西。"为什么说,"物自体"很容易知道呢?他说,这是因为"物自体""不过只是思想的产物,只是空虚的自我,或思想纯粹的抽象作用之不断地进行的产物"。③

---

① 恩格斯:《路德维希·费尔巴哈和德国古典哲学的终结》,第9—10页。
② 黑格尔:《美学》第1卷,第30页。
③ 黑格尔:《小逻辑》,第81页。

既然"物自体"的本身不过是思想的产物,是人的思维不断抽象的结果,那么,为什么不可知呢?因此,黑格尔肯定"物自体"是可知的,是能够认识的。

因为"物自体"是能够认识的,所以"物自体"和现象界之间的鸿沟,也就自然取消了。取消了这一鸿沟,黑格尔达到了存在与思维、本质与现象是辩证地统一的结论。也就是说,达到了我们人能够认识真理的结论。这一点,是黑格尔超过康德的地方,列宁给予了肯定的评价。列宁说:"黑格尔反对康德是完全正确的。当思维从具体的东西上升到抽象的东西时,它不是离开……真理,而是接近真理。"①

但是,本质与现象统一在什么地方呢?如果统一在存在里面,黑格尔便是唯物主义者了。他当然不是唯物主义者,他把本质与现象统一在思维里面。他认为思维就是事物的本质,而现象不过是思维的显现。他说:"思想不惟构成外界事物的实质,而且又构成精神现象的普遍实质。"②为什么呢?这就因为现象是个别的、随着客观条件而变化和消逝的,不可能具有质的规定性,因此,不可能是本质。只有反映了一般规律的"普遍的东西",才是本质。而"普遍的东西",感觉是把握不住的,只有思想才能把握。因此,只有通过思想才能认识事物的本质,认识真理。思想是世界的基础。所以对于存在来说,思维自然是第一性的了。就这样,黑格尔像列宁所批评的:"用思想的唯心主义来代替感觉的唯心主义"③;像马克思和恩格斯所批评的:他"不仅把整个物质世界变成了思想世界,而且把整个历史也变成了思想的历史"。④ 那就是说,在黑格尔看来,思维不仅是世界的本质、根本,而且整个世界都是思维自我发展和自我认识的过程。对于黑格尔的这种论点,马克思在《资本论》中,曾经这样加以表述:

> 在黑格尔看来,思维过程,即他称为观念而甚至把它变成独立主体的思维过程,是现实事物的创造主,而现实事物只是思维过程的外部表现。⑤

这样,黑格尔从只有通过思想才能认识事物的本质,达到思想就是事物的本

---

① 列宁:《哲学笔记》,第 181 页。
② 黑格尔:《小逻辑》,第 91 页。
③ 列宁:《黑格尔〈哲学史讲演录〉一书摘要》,《列宁全集》第 38 卷,第 319 页。
④ 马克思、恩格斯:《德意志意识形态》,《马克思恩格斯全集》第 3 卷,第 16 页脚注。
⑤ 马克思:《资本论》第 1 卷,第二版跋,第 24 页。

质。正因为思想是事物的本质,所以事物都来源于思想,由思想来创造。这样的"思想",就不是通常意义上所说的个别人的"思想",而是变成了马克思所说的"现实世界的创造主",变成了"神"。为了使这样的"思想",不同于一般的"思想",黑格尔给它取了一个名字,叫做"理念"。早在古希腊的柏拉图,就曾在现实世界之外,另外制造了一个"理念世界"。他认为个别的具体的东西,都是变化的、相对的、靠不住的;只有一般的概念,方才是实在的、永恒的。个别的人不如人的概念实在,美的事物不如美的概念实在。因此,他把一般的概念和个别的事物割裂开来,认为个别事物是属于现实世界的,而一般的概念他则称为理念,存在于现实世界之外的另外一个"理念世界"之中。只有"理念世界"才是真实的,现实世界则是"理念世界"的模仿,是虚幻的。例如美的事物就只是美的理念的模仿。美的事物之所以美,是由于分享了美的理念。

黑格尔所说的"理念",在性质上与柏拉图所说的"理念",应当说是一致的,都是客观唯心主义的东西。但是,他们之间也存在着明显的差别,主要有两点:

第一,柏拉图所说的"理念",完全超越于现实世界之上,高高地居住在天上,存在于无人无物的虚空之中。它只是现实世界模仿的"原型",没有任何真实的客观存在。黑格尔的"理念"则不然,它要进入现实世界之中,变成现实,在现实之中发挥作用,成为现实世界的实际内容和主宰。正因为这样,所以黑格尔的"理念",虽然在道理上也是先于现实世界,现实世界是由理念派生而来,但实际上它却不是超越于现实世界的经验之上,而是作为现实世界的精神或灵魂,与客观存在的现实世界统一在一起。他一再说:"理念是概念与实在的统一。"① 又说:"理念是充足的概念,即客观的真或真本身。假如某物具有真理,它便是由于它的理念而具有真理的,或者说,某物唯有在它是理念的情况下,才具有真理。"② 这就是说,任何事物要成为这一事物,必须符合这一事物的概念。概念在这一事物中,是占主导地位的。但是,如果仅只有这一事物的概念,这一事物还是抽象的,仍然不能成为这一事物,成为"客观的真"。因此,必须这一事物的概念与这一事物的客观存在统一在一起,这一事物方才是真的,方才成为真理。正因为这样,所以黑格尔所说的理念,不是空洞的。它虽然是思想的总合,是精神性的,但却具有丰富的内容,是多样的统一体。用黑格尔自己的话来说,就是它

---

① 黑格尔:《逻辑学》下卷,第 450 页。
② 同上,第 447 页。

是"具体"的。在黑格尔看来,任何真理都应当是"具体"的。正是从这一点出发,所以列宁说:"黑格尔确实证明了:逻辑形式和逻辑规律不是空洞的外壳,而是客观世界的反映。更正确些说,不是证明了,而是天才地猜测到了。"① 这就是说,黑格尔的逻辑形式和逻辑规律,他的大量的逻辑范畴,都属于理念的世界,都是在思想之中展开的,从体系上来说,都是唯心主义的。但是,由于他力图将之与客观存在相结合,所以在实质上又反映了客观世界。

其次,柏拉图的理念世界,是静止的,万古如斯的。黑格尔的理念,却是一个在矛盾中不断否定自己而又不断回复到自己的发展过程。关于人类意识或理性的历史发展问题,费希特、谢林等都曾谈到过,例如谢林就说:"全部哲学应看成自我意识之前进着的历史。"② 但是,像黑格尔那样系统地全面地把整个世界都看成是理念的发展,却是史无前例的。他在《历史哲学》中,论述作为观念、精神或理性的"理念",与历史的关系时,这样说:

> 就像灵魂的指导者水星之神,"观念"真是各民族和世界的领袖;而"精神",就是那位指导者的理性和必要的意志,无论过去和现在都是世界历史各大事变的推动者……
>
> 哲学用以观察历史的唯一的"思想"便是理性这个简单的概念;"理性"是世界的主宰,世界历史因此是一种合理的过程……一方面,"理性"是宇宙的实体,就是说,由于"理性"和在"理性"之中,一切现实才能存在和生存。另一方面,"理性"是宇宙的无限的权力……它既然是它自己的生存的唯一基础和它自己的绝对的最后的目标,同时它又是实现这个目标的有力的权力,它把这个目标不但展开在"自然宇宙"的现象中,而且也展开在"精神宇宙"——世界历史的现象中。③

从以上的话看来,可见黑格尔不但把理念看成是世界历史的目标,而且也是世界历史的推动者,是世界历史的主宰。由于有了理念,历史才不是一堆混乱的偶然现象,而成为合乎规律的,也就是合理的发展过程。

这种作为世界历史的主宰的理念,它不依赖于任何其他的东西,不受任何限

---

① 列宁:《哲学笔记》,第192页。
② 转引自黑格尔《精神现象学》的《译者导言》,第19页。
③ 黑格尔:《历史哲学》,第46—47页。

制,因此,它是自由的、无限的、绝对的。为了表明它这种自由、无限、绝对以及自己认识自己、自己实现自己的特点,黑格尔称之为"绝对理念"。这样一种"绝对理念",完全是精神性的,在没有人类和世界以前,它早已存在。整个自然和精神世界,都是从它派生出来的。由于它是一种精神,所以黑格尔又称之为"绝对精神"、"宇宙精神",或者"宇宙魂"。又因为这一绝对理念,不仅完全按照理性的逻辑规律来发展,而且它本身就是理性的总和和表现,所以黑格尔又称之为"绝对理性",以别于一般理性。

这样,在康德那儿是不可知的"物自体",到黑格尔这儿,便变成了思想自己认识自己、自己实现自己的"绝对理念"了。既然"绝对理念"本身就是思想,当然是可知的了。但是,"绝对理念"不是某一个个人或者某一群人的思想,而是一种客观存在的普遍的思维,它不以任何个人的意志为转移。对于人的主观来说,它是客观的。因此,黑格尔的唯心主义,就不同于康德的主观唯心主义,而是一种客观唯心主义。黑格尔的整个哲学体系,就是从这种客观唯心主义的立场出发,描写"绝对理念"或者"绝对精神",怎样发展自己、实现自己,并最后回复到自己:

> 举凡一切在天上或地上发生的——永恒地发生的,——上帝的生活以及一切在时间之内的事物,都只是力求精神认识其自身,使自己成为自己的对象,发现自己,达到自为,自己与自己相结合。精神自己二元化自己,自己乖离自己,但却是为了能够发现自己,为了能够回复自己。①

那就是说,整个大千世界,都是"绝对理念"大显身手的舞台。它好像一位超越古今旷代绝伦而又无所不能的英雄,他自己分裂自己,自己追求自己,自己征服自己,自己创造自己的形象。世界从他开始,世界也将从他结束。他在不断地发展和创造的过程中,实现和完成自己。"绝对理念"自己实现自己并回复到自己的全过程,构成了黑格尔哲学所要研究的全部对象和内容。由于这一过程包括三个阶段,所以黑格尔的哲学体系便主要的包括三个部分,这便是:

1. 逻辑学,为研究理念自在自为的科学。
2. 自然哲学,研究理念之他在或外在化的科学。

---

① 黑格尔:《哲学史讲演录》第1卷,第28页,商务印书馆,1960年。

3. 精神哲学，研究理念由他在而回复到自在的科学。①

黑格尔的美学，属于"精神哲学"的范围。现在，为了更好地理解他的美学在其哲学体系中的地位，我们有必要把他的"绝对理念"发展的三个阶段，略加介绍：

1. 逻辑阶段：这是纯粹思维的阶段，属于逻辑学研究的范围。在这个阶段中，绝对理念还是纯粹的思想，通过纯粹思维和纯粹理性的形式，来发展自己。所谓"纯粹"，就是说除了抽象的概念和逻辑的范畴之外，不具备任何物质的或经验的内容。本来概念和逻辑范畴，是客观事物及其关系在人类头脑中反映的产物，但黑格尔却把它颠倒过来，认为在没有客观事物及其关系之前，已经有一个抽象的概念世界。在这个世界中，绝对理念通过概念与概念之间的矛盾和转化，从这一种逻辑范畴发展到另外一种逻辑范畴，从而由简单到复杂、由片面到全面、由抽象到具体，不断地揭示自己全部的丰富性。这就好像演员在没有正式登台以前，先在幕后进行一番排练。绝对理念在逻辑阶段，也是在进行排练。等它把所有的概念和范畴都发展完了，排练成熟了，揭示了自己全部的丰富性，然后再自己否定自己，突破纯粹精神和纯粹思维的范围，而转化为自然界。也就是说，转化到与它自身相反的自然阶段。

2. 自然阶段：这是绝对理念"外在化"或者"异化"为自然界的阶段，属于自然哲学研究的范围。所谓"外在化"或"异化"，就是自己把自己分裂成为不同于自己的对立面。例如人通过劳动创造了某种产品，人就把自己"外在化"在这个产品中。这个产品是不同于人的东西，但因为人自己"外在化"于其中，因此它对人来说，是人的"异化"，也就是说，人变成了不同于自己的东西。绝对理念完全是精神性的东西，是与物质性的东西相反的，但在自然阶段中，绝对理念却转化为与自己本性相反的物质自然界。因此，自然界是绝对理念的"外在化"或"异化"。在这个阶段中，绝对理念不再表现为抽象的概念形式，而表现为自然物质的感性形式。恩格斯说："在黑格尔看来，自然界只是观念的'外化'，它在时间上不能发展，只是在空间中展示自己的多样性。"②但是，自然界看起来又在发展，这怎么说呢？黑格尔说，这不是自然界在发展，而是绝对理念在幕后操纵，仍然

---

① 黑格尔：《小逻辑》，第 22 页。
② 恩格斯：《路德维希·费尔巴哈和德国古典哲学的终结》，第 20 页。

是绝对理念本身在发展。因此,即使在自然阶段,仍然是思维决定存在,这是他的唯心主义的根本特点。自然的发展,也经过三个阶段:(1)机械性。这时,自然界尚处于分散凌乱的物质混沌状态中。(2)物理性。这时,开始出现了行星、单个的物体、风、雨、光、磁等物理现象。(3)有机性。这时,开始出现了生命。首先是地质有机体,其次是植物有机体,最后是动物有机体。动物有机体的最高阶段是人。当人一出现,绝对理念乃脱离自然界,进入精神界。自然为精神所遗弃之后,就变成了一个僵尸,只能重复旧的东西,不再有新的发展了。

3. 精神阶段:这是精神哲学研究的范围。自然是精神的"异化",是精神的堕落、蜕化和下降,绝对理念受到物质的阻挠和歪曲,因而与自然处于格格不入的外在化的形式之下。到了精神阶段,精神战胜了物质,绝对理念摆脱了自然阶段那种格格不入的形式,重新回复到与它本身相适应的精神形式,也就是说,精神回复到了它自身。但是,因为它经过了自然阶段,所以它也不同于逻辑阶段,它不再是纯粹抽象的思维和概念,它具有了丰富的内容,它是理念与自然的统一。如果说,逻辑阶段超出了时间与空间之外,自然阶段还只有空间,而没有时间,那么,精神阶段便是理念具体地活动于时间与空间之中,从而与自然物质、人、社会、文化等,结合在一起。正因为这样,所以黑格尔说:"关于精神的知识,是最具体,因此也是最高的、最难的知识。"①

逻辑阶段是抽象的存在,自然阶段是自在,只有到了精神阶段,方才是自在而又自为的存在。所谓"自在",只是一种"潜在"。例如人都有理性,小孩也有理性,但小孩的理性就只是一种"潜在",只是在潜能里具有理性。"他有理性简直和无理性几乎没有什么差别,理性还没有存在在他里面,因为他还不能够作理性的事情,也还没有理性的意识。"②可是"自为"却不同了,它是一种"真在"或"实在",也就是说,它自觉地有意识地把"潜在"的东西实现出来了。成人就自觉到自己有理性,并有意识地按照理性去办事。因此,对于成人来说,理性就不是"潜在",而是一种"实在"。从"潜在"到"实在",便是从"自在"到"自为"。"在精神里,凡是潜在的,当发展成为精神时,它也就成为自为了。"③因此,只有到了精神阶段,绝对理念方才既是自在而又是自为的。只有从自在发展到自为,绝对理念方才自己认识自己,自己实现自己,自己回复到自己。"当精神回复到它自己时,

---

① 黑格尔:《哲学全书》。
② 黑格尔:《哲学史讲演录》第1卷,第26页。
③ 同上,第27页。

它就达到了更自由的地步。只有在这里才有真正的自性,只有在这里才有真正的自信。"①

但是,精神从自在到自为,并不是一蹴而就的,它也要经过一个漫长的复杂的发展过程。这一过程,包括三个阶段:(1)主观精神;(2)客观精神;(3)绝对精神。

主观精神是指个人的意识,从低级的本能、感情、感觉,直至高级的理性、理智和实践活动,都包括在它的范围之内。主观精神是内在的、潜伏的,因此是有限的、片面的。

客观精神则是精神的外在表现,体现为各种制度。它又包括法、道德、伦理三个方面。它不同于自然的地方,是因为它们都是精神自己的产品,精神自己使自己变得是客观的。法律、道德、政治、家庭、国家、风俗等,都是客观精神的具体表现。因此,客观精神可说是一种社会意识。由于它要依靠客观的外在条件,因此也是有限的、片面的。

主观精神与客观精神的统一,便成了绝对精神。它是绝对理念发展的最高阶段。精神的本性,应当是无限的,绝对精神就是无限的。它是主体,同时又自己以自己作为客体,因此,它完全能够自己决定自己。因为自己决定自己,所以它完全是自由的。无限、自由、自己决定,这都是绝对精神的基本特点。艺术、宗教和哲学,是绝对精神发展的三个阶段。绝对精神的目的,是要充分地全面地认识自己、实现自己、回复到自己。在艺术中,它通过形象来达到这一目的;在宗教中,它通过表象来达到这一目的②;但无论形象或表象,都还留有有限的痕迹,因此,都还不能全部达到这一目的。只有到了哲学,它通过概念来达到这一目的。概念本身就是精神性的,它与精神完全相适合,因此,只有到了哲学,绝对理念方才最后全部认识自己、实现自己、回复到自己。哲学不仅是绝对理念发展的最高阶段,也是绝对理念的完成阶段。到了哲学,绝对理念达到了绝对的自由和无限,它的全部目的实现,它也就不再发展了。

---

① 黑格尔:《哲学史讲演录》第 1 卷,第 28 页。
② 关于黑格尔宗教是通过表象来认识自己的讲法,普列汉诺夫在《从唯心主义到唯物主义》一文中,曾这样加以分析:"精神在表象中表现为某种超人类的、完全不依赖于有限的主体但又与有限的主体紧密联系的东西。精神的表象是随着人类历史的发展而发展的。东方把神想象成自然界的绝对力量,或想象成一种使人在其前面感到渺小和不自由的实体。在后来一个阶段上,神被看成是主体。作为绝对宗教的基督教,则无限物与有限物绝对统一、互相调和。基督教的中心是基督,他是救世主,是上帝的儿子,而主要的,是神人。"(《普列汉诺夫哲学著作选集》第 3 卷,第 744 页。)

美学是研究艺术的。因此,美学在黑格尔的哲学体系中所占的地位,是属于绝对精神自我认识的低级阶段。那就是说,它不同于哲学,不是通过抽象的概念来认识自己,而是通过感性的形象来显示自己。黑格尔美学中"美是理念的感性显现"这一中心的论点,就是从这里得出来的。因为艺术能够显现理念,认识理念,所以它也是绝对的、无限的、自由的;但是,由于它毕竟还受到感性形象的限制,所以它又不能够充分地全部地认识理念,这样,它就不得不让位给宗教和哲学。在黑格尔的美学中,艺术发展的黄金时代在过去,而不在未来,这一观点,就是受了他的哲学体系的限制。

总之,黑格尔的美学,不是研究人对现实的审美关系,研究艺术如何反映客观现实的美,而是服从于他的客观唯心主义哲学体系的需要,研究艺术在绝对理念发展到最高阶段时,如何作为绝对理念自我认识的一种手段。他的哲学体系,完全是一种唯心主义的神话。恩格斯就说:"在哲学家那里,例如在黑格尔那里,创世说往往采取了比在基督教那里还要混乱而荒唐的形式。"①建立在这种哲学体系基础之上的美学,不管它在具体的内容上具有多少"合理的内核",但在根本的性质上,却不能不是反动的、唯心主义的了。

(三)黑格尔的辩证法及其在美学中的运用

恩格斯说:"近代德国哲学……在黑格尔身上达到了顶峰。它的最大的功绩,就是恢复了辩证法这一最高的思维形式。"②黑格尔哲学中"合理的内核",就是辩证法。他的美学中的"合理的内核",也是辩证法。正因为他运用了辩证法,所以虽然他的哲学体系是唯心主义的,是一种理性化了的"创世说",但他却"天才地猜测到了""逻辑形式和逻辑规律不是空洞的外壳,而是客观世界的反映"。③ 在他的"最唯心主义的著作中",却具有"唯物主义最多"的内容。④ 我们为了更好地批判和改造他美学中有用的东西,就有必要谈一下他的辩证法,以及他的辩证法在美学中的运用。

前面,我们谈过,黑格尔的绝对理念,是经过逻辑、自然、精神三个阶段,不断

---

① 恩格斯:《路德维希·费尔巴哈和德国古典哲学的终结》,第15页。
② 恩格斯:《社会主义从空想到科学的发展》,《马克思恩格斯选集》第3卷,第416页。
③ 列宁:《哲学笔记》,第192页。
④ 同上,第253页。

向前发展的。那么,它们是怎样发展的呢?照黑格尔看来,它们是按照辩证法的规律来发展的。黑格尔自始至终都是用辩证法的观点,来解说和阐述他的哲学体系。因此,他十分重视辩证法。他说:正确地认识并把握辩证法是极关重要的。辩证法是实在世界中一切运动、一切生命、一切事业之推动的原则。同样,辩证法又是一切真正科学知识的灵魂。① 当然,辩证法并不开始于黑格尔,早在希腊时代,赫拉克利特、柏拉图、亚里士多德等,已在运用辩证法了。十八世纪的启蒙运动者,也曾在不同程度上运用辩证法。恩格斯就称狄德罗的《拉摩的侄子》和卢梭的《论人间不平等的起源》,是"辩证法的杰作"②。与黑格尔差不多同时的德国古典美学家,如像我们前面所谈的康德、费希特、歌德、席勒、谢林等人,也无不在不同的程度上运用过辩证法。但是,像黑格尔那样全面地有意识地把辩证法运用到哲学和美学中来,并把它当作唯一的方法的,却是前无古人。正因为这样,所以他对克服当时流行的十七、十八世纪的形而上学观点,起过很大的积极作用。马克思和恩格斯,就是在这一点上,给予了他以高度的肯定和赞扬。

但是,黑格尔之所以能够把辩证法发展到他那时代的高峰,决不仅仅是因为他个人的天才。他的时代给他准备了条件。他自己就说:"每个人都是他那时代的产儿。哲学也是这样,它是被把握在思想中的它的时代。妄想一种哲学可以超出它那个时代,这与妄想个人可以跳出他的时代,跳出罗陀斯岛③,是同样愚蠢的。"④他所处的是一个什么样的时代呢?那就是无论在人类社会生活和自然科学中,都发生了急剧的革命性的变革。美国革命、法国革命,使人们破除了人类社会制度是永恒不变的、固定的神话。自然科学的新发展,例如天体起源和发展的研究、物种变迁和进化的研究、化学燃素的研究,等等,这一切都打破了旧的形而上学的观点,从而为辩证法开辟了道路。因此,并不是黑格尔一个人只手撕破了宇宙和社会固定不变的旧观点,而是他收获了当时社会科学和自然科学新发明的成果,将之形成一个完整的思想方法的体系。正是这一思想方法的体系,使他能够像恩格斯所说的:

第一次——这是他的巨大功绩——把整个自然的、历史的和精神的世

---

① 黑格尔:《小逻辑》,引自《十八世纪末—十九世纪初德国哲学》,第300页。
② 恩格斯:《反杜林论》,《马克思恩格斯选集》第3卷,第59—60页。
③ 罗陀斯岛:罗陀斯亦指蔷薇,此处双关,意指现世的欢乐。
④ 黑格尔:《法哲学原理》序言,第12页。

界描写为一个过程,即把它描写为处在不断的运动、变化、转变和发展中,并企图揭示这种运动和发展的内在联系。①

辩证法的基本特点,就是在于能把自然界和人类社会描写为一个具有内在联系的、合乎规律发展的历史过程。根据这样一种观点,虽然他从客观唯心主义的立场出发,把人类社会的历史发展建立在绝对理念的自我发展上,他的美学也把"美的理念"当作出发点,然而,他还是把艺术和人类社会意识联系起来,把关于美的理念和人类艺术发展的历史事实联系起来,从而使他的美学,能够把理论紧密地与历史结合在一起,成为一门完整的关于人类艺术和审美意识的历史科学。这在他以前,还没有人这样做过,因此,不能不说是他的重大贡献。

辩证法的内容是很丰富的。为了更好地理解黑格尔是怎样把辩证法运用到他的美学中来,我们想分别从下列几个方面来谈:

1. 关于矛盾是运动和发展的根源的概念

黑格尔生活的时代,已经有进化观念的关于发展的学说。但是,正如列宁所指出的:"马克思和恩格斯依据黑格尔哲学所表述的这个观念,要比流行的进化观念全面得多,内容丰富得多。"②进化的观点,只是从外部环境的演化和变迁来说明发展,而黑格尔的辩证法,则是从事物内在的矛盾或对立面斗争的原则,来说明事物发展的根源。黑格尔说:"矛盾却是一切运动和生命力的根源;某物只因为在本身之中包含着矛盾,所以它才能运动,才有冲动和活动。"③因为发展的根源来自内在的矛盾,而内在的矛盾不仅是普遍的、无所不在的,而且是必然的。这样,任何事物都必须按照矛盾的原则,按照对立面相互联系而又相互转化的原则,来进行发展。例如生命是生和死这一对立面的统一,生命中就包含着死亡的种子,生和死是矛盾的,由于这一内在的矛盾,推动了生命的前进。种子中包含了植物的萌芽,这也是一对矛盾,由于这一矛盾,植物方才生长起来。因此任何事物都是由于内在的矛盾,而后向前运动和发展的。离开了矛盾,事物本身也就不存在了。"有"是因为有"无"作为它的对立面,方才存在。去掉了"无","有"也就没有了。正因为事物包含着内在的矛盾,包含着自己否定自己的因素,所以它才不会静止下来,它才会永远处于运动的状态中,永远向着新的质态发展。

---

① 恩格斯:《社会主义从空想到科学的发展》,《马克思恩格斯选集》第3卷,第420页。
② 列宁:《卡尔·马克思》,《列宁选集》第2卷,第584页。
③ 黑格尔:《逻辑学》,转引自列宁《哲学笔记》,第145页。

这样的一种论点,黑格尔把它广泛地运用到了美学中来。首先,他的美学是建立在理念与感性形象的矛盾统一上面。理念与感性形象是矛盾的两个对立面,由于它们的统一,产生了艺术美。但因为它们是矛盾的,所以由于它们之间的斗争,推动了艺术美的发展。从象征主义到古典主义,从古典主义到浪漫主义,都是由于理念与感性形象的矛盾,促使艺术美从这一种类型发展成为另外一种类型。其次,他认为艺术的真正使命,是描写充满了矛盾和斗争的生命过程。"凡是始终都只是肯定的东西,就会始终都没有生命。生命是向否定以及否定的痛苦前进的,只有通过消除对立和矛盾,生命才变成对它本身是肯定的。"① 正因为这样,所以艺术不应当规避矛盾。他对于当时一些反动的浪漫主义者,没有"勇气和力量,去对现实起意志,去掌握现实"②,非常反感。他认为真正的艺术,应当描写矛盾和斗争:

  因为人格的伟大和刚强只有借矛盾对立的伟大和刚强才能衡量出来……环境的互相冲突愈众多,愈艰巨,矛盾的破坏力愈大而心灵仍能坚持自己的性格,也就愈显出主体性格的深厚和坚强。③

最后,他还把这一辩证法的矛盾原则,作为戏剧冲突的基础,从而对戏剧理论作出了重要的贡献。古希腊的亚里士多德,认为"情节乃悲剧的基础,有似悲剧的灵魂;'性格'则占第二位"④。情节由人物的行动构成,参与行动的人由于服从情节的需要,所以他们的性格都是固定的。黑格尔根据矛盾的原则提出"冲突"说,认为人物的性格是在矛盾冲突中形成,并在矛盾冲突中表现出来,这样,它就不再是固定的,而是随着冲突的发展而发展,随着冲突的变化而变化。这里,黑格尔不但把性格提到了首要的地位,而且打破了关于性格固定不变的形而上学观点。他的贡献是很明显的。

2. 关于从抽象到具体、从简单到复杂的概念

根据一般的常识,我们认识真理的过程,是从具体到抽象,从可以感知的事物到不可以感知的内在本质、规律。但是,黑格尔却认为这种讲法不对。他认为

---

① 黑格尔:《美学》第 1 卷,第 120 页。
② 同上,第 301 页。
③ 同上,第 222 页。
④ 亚里士多德:《诗学》,第 23 页,人民文学出版社。

我们的思维认识真理，不是从具体到抽象，而是从抽象到具体。黑格尔的这一讲法，究竟是什么意思呢？原来，黑格尔所说的"抽象"和"具体"，和我们通常的理解，不尽相同。我们通常把可以感觉到的东西，叫做"具体"；而把感觉不到的东西，叫做"抽象"。黑格尔不然。他认为我们平时感觉上所接触到的东西，如果没有经过研究，没有真正地理解，那么，它对我们只是一种空洞模糊而又孤立片面的印象。我们往往只知其一，不知其二；只有其表，不知其里。这样的东西，只能是一种抽象的存在。等经过分析和研究之后，我们深刻地理解了它丰富而复杂的内容，理解了它各方面的质的规定性，这时它对于我们的思维来说，方才不再是一个空洞的抽象的东西，而是一种可以切实把握的具体的存在。例如文法，如果我们没有学过语言，它对我们就只是一个抽象的概念，没有任何具体的内容，我们无论如何也弄不清究竟什么是文法。可是，等我们学过了语言，懂得了语言的文法结构和规律，这时，它就不再是一个抽象的概念，而是一个具体的概念了。又例如国家，表面上看起来，这好像再具体不过了。但究竟什么是国家呢？如果我们没有经过分析和研究，没有理解国家这一概念所包含的各方面的质的规定性，我们将瞠目结舌，不知所对。这就因为这时国家对我们还是抽象的，只是一个模模糊糊的印象。真理不能够停留在印象或者感想上面，它应当是具体的。也就是说，它应当是许多因素具有内在联系的有机统一体。离开了这种内在的联系和有机的统一，再也没有真理了。黑格尔所说的从抽象到具体，正是指这种从简单到复杂、从不清楚到清楚、从片面到全面的认识真理的过程。

　　在美学的研究中，黑格尔也贯穿了这样一种从抽象到具体、从简单到复杂的方法。例如什么是美，对于这个问题，他先提出"美是理念"这样一个总的看法。然后从各方面来分析理念，分析理念在什么样的条件下才是美的，最后得出了"美是理念的感性显现"这样一个看法。在分析以前，我们对于美的看法是笼统的、抽象的、片面的、孤立的，经过分析之后，我们理解了美的各方面的联系，多方面的因素，以及它在不同方面的表现，我们对于美的看法，就比较清晰、具体、全面和完整了。对于美是这样，对于与美学有关的各种问题，他也都采用了同样的方法。正因为这样，所以在常识看来很普通的一些问题，到了黑格尔手上，都变得既丰富而又明晰，既全面而又条分缕析，他一层一层地讲出许多道理。通常只是从一个方面来看问题，他却能够从各个方面、从全面的联系上来看问题。这样，他的结论自然不仅具体，而且能够发人深省，发现旁人所不容易发现的问题了。

3. 关于相互联系和相互转化的概念

真理是具体的,是多方面因素的有机的统一,因此,是充满了矛盾的,是各个不同的方面相互发生内在的和外在的联系。这样,我们就不能孤立地来看待任何事物,而应当在相互的联系中来理解它们的意义。例如拿"我"来说,照形而上学的看法,好像"我就是我",再没有其他。但是,照辩证法的观点,却不是这样。"我"不是一个抽象的孤立的存在,而是在相互联系的许多关系中,方才取得存在。我之为我,是由我的全部经历所构成的。同时,我的一言一动,一思一行,又无不诉诸其他许多的"我"。为了要证明我之为我,必须要证明我是父亲、儿子、朋友、教师、学生,等等。离开了这一切关系,我还有什么呢?什么都没有了。花瓣离开了花,不再与其他花瓣构成花的整体,花瓣也就不成其为花瓣了。因此,我们要了解任何事物,必须从相互联系的整体中来了解。事物不仅相互联系,而且相互转化。青年的"我",可以转化为老年的"我"。任何事物发展到极端,都可以转化为自己的对立面。黑格尔引"最高的正义即非正义"这样一句谚语,来说明这个道理。莎士比亚《威尼斯商人》中的夏洛克,放债与人,要求归还,这在资产阶级的法律中是正义的。但人家不能如期归还,他却要割人的肉,这就变得非常不正义了。因此,任何事物都不是绝对的,都是可以相互转化的。

这一相互联系和相互转化的原则,黑格尔也将之运用到美学中来了。艺术的繁荣,取决于一定的"世界情况"。英雄的民主的希腊古代,个人具有独立自主性,因此适宜于艺术的繁荣。近代的资本主义社会,在黑格尔看来,是平庸的充满了散文气味的时代,"作为一个个人,不管他向哪一方转动,他都隶属于一种固定的社会秩序"①,因此,不利于艺术的繁荣。这样,艺术和外在的环境是有联系的。至于艺术所描写的人物的性格,那更是具有多方面的联系,我们决不能孤立地片面地来描写,而应当把他们放在各种关系的当中来描写。只有这样,他的性格才是丰富的、复杂的。"每个人都是一个整体,本身就是一个世界,每个人都是一个完满的有生气的人,而不是某种孤立的性格特征的寓言式的抽象品。"②荷马的作品,就是这样的作品。黑格尔说:"在荷马的作品里,每一个英雄都是许多性格特征的充满生气的总和。阿喀琉斯是个最年轻的英雄,但是他一方面有年轻人的力量,另一方面也有人的一些其他品质,荷马借种种不同的情境把他的这

---

① 黑格尔:《美学》第 1 卷,第 241 页。
② 同上,第 295 页。

种多方面的性格都揭示出来了。"①如果不是从相互联系的关系中来描写人物的性格,而只是孤立地片面地描写他的性格的某一个方面,这就很容易转化到他的对立面。例如歌德的《少年维特之烦恼》,描写维特因为摆脱不掉爱情的力量,从而陷入忧伤和失望当中。歌德描写了他的文化教养、热情、幽美的灵魂等方面,方才使他显得很可爱。可是,感伤主义者却离开了现实的多方面的联系,片面地去描写一些孤独的所谓的"幽美的灵魂",这就叫人觉得不仅不幽美,反而是故作多情,无病呻吟,从而叫人讨厌了。②同样,独创性对于艺术家来说,是十分可贵的。但"要表现出真正的独创性,它就得显现为整一的心灵所创造的整一的亲切的作品,不是从外面掇拾拼凑的,而是全体处于紧密的关系,从一个熔炉,采取一个调子……"③如果不是这样,离开了艺术的规律,单纯去追求什么独创性,结果,反而会失去独创性,变成"主观任意性"④。

4．关于质、量相互变化的概念

什么是"质"？黑格尔说：质是事物的规定性。"某物之成为某物,乃由于其质,如失掉其质,便会停止其为某物。"⑤"量"则是指体积的大小、数量的多少、时间的久暂等。任何事物,都是有质有量的。质与量的统一,成为"度"。质或量超过了一定的"度",都会引起事物的变化。过去旧的哲学家,只看到量的变化,而看不到量的变化所引起的质的变化。黑格尔第一个看到了质、量之间相互的变化。他说："据说自然界中是没有飞跃的;通常的观念如果想要理解产生和消灭,就会像前面讲过的那样,以为只要把它们设想为逐渐的发生或消失,那就是理解它们了。但是上面已经说过：存在的变化从来都不仅是从一个量转化为另一个量,而且是从质转化为量和从量转化为质,是向他物的变易,即渐进过程的中断以及与先前的存在相对立的、有质的不同的他物。水经过冷却并不是逐渐地变成坚硬的,并不是先成为胶状,然后再逐渐地坚硬到冰的硬度;而是一下子就变成坚硬的。"⑥黑格尔的这一光辉的思想,得到了马克思和列宁的肯定。马克思说："黑格尔在他的《逻辑学》中所发现的下列规律的正确性,即单纯的量的变化

---

① 黑格尔：《美学》第 1 卷,第 294 页。阿喀琉斯是荷马史诗《伊利亚特》中希腊军方面最勇敢的英雄。
② 黑格尔：《美学》第 1 卷,第 300 页。
③ 同上,第 365 页。
④ 同上。
⑤ 黑格尔：《小逻辑》,第 212 页。
⑥ 黑格尔：《逻辑学》,转引自列宁《哲学笔记》,第 128 页。

到一定点时就转化为质的区别。"① 这一观点运用到美学中来,首先是形成了艺术发展的辩证观点。艺术由于自身的矛盾,永远处于发展之中。即使看起来没有发展,实际上它也在进行量的变化。量的变化超过一定的限度,就会引起质的变化。例如象征主义艺术是物质形式压倒精神内容,但精神内容在不断地扩大、发展,因此象征主义艺术也就不断改变其内容和形式,直到精神内容与物质形式相互均衡的时候,于是象征主义就失去了物质形式压倒精神内容的根本特点,发生质的变化,发展而成为古典主义艺术。随着社会的向前发展,精神内容愈来愈超过物质的形式,于是古典主义艺术又不得不最后崩溃,让位给浪漫主义艺术。因此,人类艺术发展的历史过程,是遵循着质、量相互变化这一辩证规律的。各种艺术体裁之间,各种艺术风格之间,也都是有质的差别的。例如诗就和散文有质的差别。但如果在诗里面尽量加进散文的成分,到了一定限度,诗就不复成其为诗,而变成散文了。反之,在散文里面如果尽量加进诗的成分,到后来,散文也就会变成诗,或者变成散文诗。悲剧和喜剧,也是如此。悲剧里面可以加进喜剧成分,喜剧里面也可以加进悲剧成分,但到了一定的限度,悲剧将不成其为悲剧,喜剧也将不成其为喜剧。

5. 关于内容与形式的概念

形而上学的看法,是把内容与形式看成各自独立的两个方面。形式固然可以离开内容,内容也可以离开形式。黑格尔反对这种看法。他认为内容与形式是辩证地统一在一起的,相互不可分离的。他说:"内容非他,即形式之回转到内容,形式非他,即内容之回转到形式。"② "没有无形式的内容,一如没有无形式的质料……内容之为内容即由于它包括有成熟的形式在内。"③ 这样,我们既不能离开内容来谈形式,也不能离开形式来谈内容。对于这样的观点,列宁给予了肯定的评价,说:"黑格尔则要求这样的逻辑:其中形式是具有内容的形式,是活生生的实在的内容的形式,是和内容不可分离地联系着的形式。"④

这种内容与形式辩证统一的观点,黑格尔经常把它运用到美学中去。他也经常用艺术作品为例子,来说明内容与形式的统一问题。例如在《历史哲学》中,他就这样说:"文艺中不但有一种古典的形式,更有一种古典的内容;而在一种艺

---

① 马克思:《资本论》第1卷,第342—343页。
② 黑格尔:《小逻辑》,第221页。
③ 同上,第222页。
④ 列宁:《哲学笔记》,第89页。

术作品里,形式和内容的结合是如此密切,形式只能在内容是古典的限度内,才能成为古典的。假如拿一种荒诞的、不定的材料做内容,那么,形式也便成为无尺度、无形式,或者成为卑劣的和渺小的。"①在《小逻辑》中,他又这样说:"只有内容与型式都须得彻底统一的,才是真正的艺术品。我们可以说荷马史诗《伊利亚》的内容就是特洛伊战争,或确切点说,阿基里斯之震怒;我们或以为这就很足够了,但其实却很空疏,因为《伊利亚》之所以成为有名的史诗,乃是它的诗的型式,而它的内容乃是依此型式陶铸而成。同样又如莎士比亚《罗密欧与朱丽叶》一悲剧的内容,乃由于两姓的仇恨而引起的一对爱人之毁灭;但单是这个故事的内容,尚并不足以造成莎士比亚不朽的悲剧。"②因此,艺术作品的内容和形成,不是机械地拼凑在一起,而是辩证地统一在一起。"艺术之所以抓住这个形式,既不是由于它碰巧在那里,也不是由于除它以外,就没有别的形式可用,而是由于具体的内容本身就已含有外在的,实在的,也就是感性的表现作为它的一个因素……只有因为这个道理,内容与艺术形象才能互相吻合。"③

关于黑格尔的辩证法及其在美学中的运用,我们介绍到此为止。从以上的介绍中,我们可以看出来,黑格尔由于运用辩证法的结果,的确像列宁所说的:"天才地猜测到了"一些正确的东西。正是这些正确的东西,构成了他的哲学和美学中"合理的内核"。面对那些污蔑黑格尔的辩证法的人,马克思说:"我要公开承认我是这位大思想家的学生。"④马克思唯物主义的辩证法,就是在批判和改造黑格尔唯心主义的辩证法的基础上形成起来的。然而,正因为黑格尔的辩证法是唯心主义的,建立在唯心主义思想体系之上的,所以就笼罩在神秘的烟雾中,存在着根本的缺点。马克思在《资本论》中指出:"辩证法在黑格尔手中神秘化了……在他那里,辩证法是倒立着的。必须把它倒过来,以便发现神秘外壳中的合理内核。"⑤恩格斯在《自然辩证法》中,也曾经有力地指出:黑格尔的"错误在于:这些规律是作为思维规律强加于自然界和历史的,而不是从它们当中抽引出来的。从这里就产生出整个牵强的并且常常是可怕的虚构:世界,不管它愿意与否,必须符合于一种思想体系,而这种思想体系自身又只是人类思维某一

---

① 黑格尔:《历史哲学》,第 111 页。
② 黑格尔:《小逻辑》,第 222 页。文内所说的《伊利亚》,即《伊利亚特》;阿基里斯,即阿喀琉斯。
③ 黑格尔:《美学》第 1 卷,第 85 页。
④ 马克思:《资本论》第 1 卷,第二版跋,第 24、17 页。
⑤ 同上。

特定发展阶段的产物"。①

黑格尔辩证法的这种根本缺点,也完全反映到美学中来。例如关于矛盾是运动和发展的根源的概念,他把矛盾冲突运用到美学和艺术中来,应当说是他的杰出的贡献。但是,第一,矛盾来自什么地方呢?他从唯心主义出发,认为矛盾不是来自社会的现实生活,不是来自阶级斗争,而是来自绝对理念,来自绝对理念所产生的各种普遍力量,他把这些普遍力量称为"神"。是各种精神性的普遍力量,即神与神之间的斗争,构成了艺术冲突的基础。这就显得十分荒唐而又可笑了。第二,由于受到唯心主义思想体系的限制,他在美学中像他在哲学中一样,也并没有把矛盾对立的原则贯彻到底。他像康德和席勒一样,最后的目的,是要调和矛盾。他说:"最高的真实,本然的真实,就是最高的对立与矛盾的解决。在最高的真实里,自由与必然,心灵与自然,知识与对象,规律与动机等的对立都不存在了,总之,一切对立与矛盾,不管它们采取什么形式,都失其为对立与矛盾了。"②这不是与康德和席勒,完全唱着一个调子,把矛盾的调和,把"理想的静穆"③,当成最高的艺术境界吗?

(四) 美是理念的感性显现

美学的基本范畴是美,美学的中心问题也是美。因此,任何美学体系,都必须回答什么是美的问题。这个问题,像黑格尔所说的:"乍看起来,美好像是一个很简单的观念。但是不久我们就会发现:美可以有许多方面,这个人抓住的是这一方面,那个人抓住的是那一方面。"④而且这些方面,不但错综复杂,还相互矛盾。因此,虽然从古到今,都在讨论美是什么的问题,但在马克思列宁主义产生以前,却一直没有得到一个正确的回答。黑格尔也从他的客观唯心主义出发,提出了美的概念,其他的问题都是环绕着这个概念来展开。那么,什么是他关于美的概念呢?我们先引两段他自己的话来看:

> 我们已经把美称为美的理念,意思是说,美本身应该理解为理念,而且

---

① 恩格斯:《自然辩证法》,第46页。
② 黑格尔:《美学》第1卷,第123页。
③ 同上,第219页。
④ 黑格尔:《美学》第1卷,第19页。

应该理解为一种确定形式的理念,即理想。①

美就是理念,所以从一方面看,美与真是一回事。这就是说,美本身必须是真的。但是从另一方面看,说得更严格一点,真与美却是有分别的……真,就它是真来说,也存在着。当真在它的这种外在存在中是直接呈现于意识,而且它的概念是直接和它的外在现象处于统一体时,理念就不仅是真的,而且是美的了。美因此可以下这样的定义:美就是理念的感性显现。②

从这两段话看来,可见黑格尔把美看成是理念,看成是"理念的感性显现"。他自己解释说:"这个概念里有两重因素:首先是一种内容,目的,意蕴;其次是表现,即这种内容的现象与实在——第三,这两方面是相互融贯的,外在的特殊的因素只现为内在因素的表现。"③那也就是说,在黑格尔"美是理念的感性显现"这一定义里,包括三个方面:一是理念,这是内容、目的、意蕴;二是感性显现,这是外在的表现;三是这两方面的统一,也就是理性和感性、内容和形式、一般和特殊的统一。

现在,为了更好地理解黑格尔关于美的概念,我们想从三个方面来谈。

第一,理念。黑格尔从他的客观唯心主义出发,认为整个世界都是理念自我认识和自我实现的一个过程,都是理念创造出来的。因此,美和艺术也必然是理念自我认识和自我实现的一个方面,也是理念所创造出来的。因此,美的本质就是理念。就是在这个意义上,他称美为理念。同时,从他的哲学体系来看,只有理念才是真实的,宇宙万物都是从理念派生出来的,因此,美的理念自然也就是真实的了。美和真从本质上来看,应当是一致的,所以他说:"美与真是一回事。"

然而,把美看成是理念,并不始于黑格尔。早在古希腊的柏拉图,就认为,个别的美的事物还不是美,只有美的本身,美的理念,才是美。个别事物的美,是由于分享了美的理念,然后才成其为美,对于柏拉图的这种讲法,黑格尔认为是"一种抽象的形而上学",这就"因为柏拉图式的理念是空洞无内容的"④。那就是说,黑格尔所说的理念根本不同于柏拉图所说的理念。柏拉图的理念是与客观存在相对立的,它超越于客观现实之上,抽象地存在于另外一个世界中。黑格尔

---

① 黑格尔:《美学》第 1 卷,第 130 页。
② 同上,第 138 页。
③ 同上,第 119 页。
④ 同上,第 25 页。

的理念,则像我们前面所说的,是"概念与实在的统一"。"理念不是别的,就是概念,概念所代表的实在,以及这二者的统一。"①概念还只是理念处于抽象的状态,具有普遍性,于道理上可以说有,但实际上并不存在。概念否定了自己的抽象性和片面性,成为"有定性的特殊的东西",这就是客观的实际存在。实际存在的是个别事物,具有个别性。个别性就其本身来说,也是抽象的、片面的,只有当它与概念相结合,概念的普遍性与实在的个别性统一起来,这时才是理念。也就是说:"只有出现于实在里而且与这实在结成统一体的概念才是理念。"②因为理念是概念与实在的统一,所以它一方面有概念的普遍性,是内容,是本质,是意蕴;另一方面又有实在的具体性,是形式,是现象,是表现。在这一统一中,概念是"统治的因素",实在是概念在否定自己的抽象性时,自己给自己设立的对立面。"只有在实在符合概念时,客观存在才有现实性和真实性。"③因此,理念虽然包含得有实在在内,具有实在所具有的丰富而复杂的各种特性和内容,但它还不是实际存在的个别事物。例如苹果的理念,它虽然是包含了苹果的颜色、大小、形状、香味等在内的一个统一整体,但它却并不是某一个实际存在的苹果。

在黑格尔唯心主义的哲学体系中,只有理念才是真实的。美既然是理念,所以美也是真实的。但是,美的理念又毕竟不同于一般的理念,美也毕竟不同于真。真是理念作为理念本身来看的,它是一种纯粹思维,我们只有通过纯粹思维的哲学,才能加以理解。至于美,却不同了。黑格尔说:

> 就艺术美来说的理念,并不是专就理念本身来说的理念,即不是在哲学逻辑里作为绝对来了解的那种理念,而是化为符合现实的具体形象,而且与现实结合成为直接的妥贴的统一体的那种理念。因为就理念本身来说的理念虽是自在自为的真实,但是还只是有普遍性,而尚未化为具体对象的真实;作为艺术美的理念却不然,它一方面具有明确的定性,在本质上成为个别的现实,另一方面它也是现实的一和个别表现,具有一种定性,使它本身在本质上正好显现这理念。这就等于提出这样一个要求:理念和它的表现,即它的具体现实,应该配合得彼此完全符合。按照这样理解,理念就是

---

① 黑格尔:《美学》第 1 卷,第 130 页。
② 同上。
③ 同上,第 137 页。

符合理念本质而现为具体形象的现实,这种理念就是理想。①

这段话,把黑格尔关于美的理念的讲法,充分地表达了出来。一方面,美的理念应该符合理念的本质,就是说,应该是理念;另一方面,它又具有定性,具有确定的形式,从而显现为具体的形象。正因为这样,所以黑格尔认为,美的最妥当的定义,应当是"美是理念的感性显现"。一方面,美是理念;另一方面,美又不是旁的理念,而是显现为感性形象的理念。在这里,理念是内容,是本质的东西,它始终占据主导的地位,是它自己把自己显现为感性的具体形象。

当符合理念本质的理念,自己实现自己在具体的感性形象之中的时候,这时,对理念来说,是取得了客观存在的感性形式;而对形象来说,则是符合了理念的要求,表现了理念的本质意蕴。因此,黑格尔把这种理念称为"理想"。黑格尔所说的"理想",和我们一般的理解不同,而相当于我们一般所说的"典型",也就是通过个别的感性存在,来表现本质的具有普遍性的意蕴。艺术正是如此。因此,黑格尔谈美的理念,事实上是在谈艺术。他所说的美,事实上是指艺术美。

由于美的理念必须显现为感性形象,所以黑格尔认为,抽象的理念不是美的理念。美的理念的本身,必须具有确定的形式,必须是具体的。只有具体的理念,才能成为艺术的内容,才能显现为具体的形象。这一点,黑格尔十分强调。他一则说:"要经过艺术表现的内容必须在本质上适宜于这种表现"②;再则说:"只有真正具体的理念才能产生真正的形象。"至于"纯是抽象的普遍性本身就没有办法转化为特殊事物和现象以及普遍性与特殊事物的统一体"③,那也就是说,抽象的理念是不能产生真正的形象的。例如画家画苹果,如果画家关于苹果的理念还是抽象的,只有一些抽象的概念,他就不可能把苹果画为具体的形象。只有当画家把苹果的理念作为具体的形象来把握,也就是把他关于苹果的概念与苹果的颜色、形状等具体现象结合在一起来把握,只有在这时,他才能够把他关于苹果的理念,表现为具体的形象。因此,作为艺术内容的美的理念,应当是具体的,和现实的特征结合在一起的。黑格尔的这一讲法,无疑是符合艺术创作的实际的。如果去掉了他关于理念的一些唯心主义的呓语,是有其合理的价值的。

---

① 黑格尔:《美学》第1卷,第88页。
② 同上,第83—84页。
③ 同上,第90页。

第二，感性显现。具体的理念显现为具体的感性形象，这就是黑格尔所说的"美是理念的感性显现"这句话的意思。关于理念，我们已经谈过了，那么，他所说的"感性显现"，又是什么意思呢？所谓"感性"，是指我们能够从感觉上去把握，例如看得见、听得到等。至于"显现"呢？朱光潜先生说："美的定义中所说的'显现'有'现外形'和'放光辉'的意思，它与'存在'是对立的。"①这一解释，应当说是正确的。但是，理念为什么要把自己显现为感性形象呢？要回答这个问题，我们就不能不在朱先生的解释之外，对黑格尔所说的"显现"作更深一层的理解。

黑格尔曾经问："是什么需要使得人要创造艺术作品呢？"②艺术活动，对美的兴趣，以及美的艺术形象等，"这种需要有什么内在必然性呢？"③他回答说，这是因为人和自然不同。自然是自在的，是直接的存在；而人，却不仅像草木等自然物一样存在，而且他还要"为自己而存在"，也就是说，他还要意识到自己的存在。人怎样才能意识到自己的存在呢？黑格尔认为可以用两种方式：一是以认识的方式，二是以实践的方式。以认识的方式，就是从理论上、思想上来认识自己；以实践的方式，则是"要在直接呈现于他面前的外在事物之中实现他自己，而且就在这实践过程中认识他自己"。④ 那就是说，人通过实践，改变外在事物，在外在事物上面"刻下他自己内心生活的烙印，而且发现他自己的性格在这些外在事物中复现了"。从而在外在事物的形状中，他欣赏他自己的"外在现实"。黑格尔举例说："例如一个小男孩把石头抛在河水里，以惊奇的神色去看水中所现的圆圈，觉得这是一个作品，在这作品中他看出他自己活动的结果。这种需要贯穿在各种各样的现象里，一直到艺术作品里的那种样式的在外在事物中进行自我创造（或创造自己）。"⑤因此，理念之所以要把自己显现为感性形象，是由于人要通过实践的活动，在外在事物中来实现自己、认识自己。正因为这样，所以：

艺术表现的普遍需要所以也是理性的需要，人要把内在世界和外在世界作为对象，提升到心灵的意识面前，以便从这些对象中认识他自己。当他一方面把凡是存在的东西在内心里化成"为他自己的"（自己可以认识的），

---

① 朱光潜：《西方美学史》下卷，第131页。
② 黑格尔：《美学》第1卷，第35页。
③ 同上，第118页。
④ 同上，第36页。
⑤ 同上，第37页。

另一方面也把这"自为的存在"实现于外在世界,因而就在这种自我复现中,把存在于自己内心世界里的东西,为自己也为旁人,化成观照和认识的对象时,他就满足了上述那种心灵自由的需要。这就是人的自由理性,它就是艺术以及一切行为和知识的根本和必然的起源。①

这段话,很清楚地说明了理念之所以要把自己显现为外在的感性形象,完全是由于理念内在的必然的需要。理念作为人的心灵的自由活动,它需要通过外在的感性形象,来观照和认识它自己。美和艺术的根本特征之所以是形象,就因为美和艺术起源于理念要把自己显现为感性形象的需要。

在前面我们已经指出过,马克思对于黑格尔把艺术看成是"人的自我创造"、人"自己的外在现实",给予了肯定的评价,认为"他认识到劳动的本质,把对象化的人——现实的所以是真实的人——了解为他自己的劳动的结果"。② 但是,马克思随即指出:"黑格尔所认识的并承认的劳动乃是抽象的精神的劳动。"③那就是说,黑格尔所了解的劳动或实践,如像小男孩把石头抛在河水里,都不是作为社会的人的劳动或实践,而只是一种思维的活动,或者说,理念的"显现"。因此,这样的实践的结果,除了观照和认识之外,就再没有任何实际的意义了。这是黑格尔唯心主义的体系给他所造成的根本的局限。

由于黑格尔所说的"感性显现",只是理念的自我显现,因此,虽然它必须和感性事物发生联系,但却不是具体的感性事物,没有具体的物质存在。具体的物质存在,会和我们发生欲望的关系。例如看到一只苹果,我们想把它吃掉;看到一匹马,我们想把它买来骑。但是,画家画的苹果或马,却并不引起这样的欲望。"因此,艺术作品尽管有感性的存在,却没有感性的具体存在,没有自然生命,它也不应该停留在这种水平上,因为它只应满足心灵的旨趣,必然要排除一切欲望。"④正因为这样,所以艺术作品中的感性事物,虽然是感性的,具有感性的形式,但它却已经不是"单纯的物质"。"艺术作品中的感性事物,比起自然物的直接存在,是被提升了一层,成为纯粹的显现(外形)。"⑤那就是说,艺术作品中的

---

① 黑格尔:《美学》第1卷,第37—38页。
② 马克思:《黑格尔辩证法和哲学一般的批判》,第14页。
③ 同上。
④ 黑格尔:《美学》第1卷,第44页。
⑤ 同上,第45—46页。

感性事物,它本身应当是理念性的、心灵化了的。对于这一点,黑格尔反复强调:"艺术作品中的感性事物本身就同时是一种理念性的东西,但是它又不像思想的那种理念性,因为它还作为外在事物而呈现出来。"①"在艺术里,这些感性的形状和声音之所以呈现出来,并不只是为着它们本身或是它们直接现于感官的那种模样、形状,而是为着要用那种模样去满足更高的心灵的旨趣,因为它们有力量从人的心灵深处唤起反应和回响。这样,在艺术里,感性的东西是经过心灵化了,而心灵的东西也借感性化而显现出来了。"②感性的东西心灵化,心灵的东西从感性的形式中显现出来,这就是黑格尔所说的"感性显现"的含义。黑格尔把理念和心灵,当成是感性形象的源泉,从而也当成是艺术的源泉,当然是错误的,是唯心主义的。但是,感性形象不应当是自然的物质存在,而应当是艺术家的心灵在反映现实的基础上所重新创造出来的自然,却也未始没有合理的地方。

第三,理念与感性显现的统一。在黑格尔看来,感性显现是理念的自我显现,因此,二者的统一,乃是必然的、顺理成章的,但是,他达到这样一个结论,却也并不是容易的,它反映了西方美学发展的一个新阶段。

美是在于理性内容呢?还是在于感性形式?这是西方美学中所一直争论的问题。到了十八世纪的德国理性派和英国经验派,更是旗帜鲜明地各执一面。理性派从目的论出发,认为美虽然是属于感性认识,但美的事物应该以符合于它的本质所规定的内在目的,也就是说符合于"完满"的概念,方才是美的。因此,美虽然是感性的,但它的基础却是理性。人之所以能够认识美,是因为人先天地具有理性概念,外在事物的"完满性",恰好符合了内在的理性概念,于是产生美。至于经验派,则认为人的一切知识都是来自感性经验,美也是来自感性经验。经验中快与不快的感情,成了美感的主要的甚至是唯一的源泉。因此,经验派是强调感性方面的。康德的美学,像我们前面所说的,是要企图调和理性派和经验派。一方面,他认为美是一种快与不快的感情,属于感性经验范围以内的事;另一方面,他又认为这一快与不快的感情必须具有普遍性和必然性,符合理性概念的要求。在探讨"美的理想"和"审美意象"时,他认为审美意象是理性概念的感性显现,这就初步涉及了黑格尔所说的理念与感性显现的统一问题。但是,由于康德所说的理性概念是不确定的、超经验的,不完全同于黑格尔所说的与具体实

---

① 黑格尔:《美学》第 1 卷,第 45—46 页。
② 同上,第 46 页。

在结合在一起的理念;而且康德所说的统一,是通过想象力的活动,从主观上来把理性概念与感性形象统一起来,这和黑格尔所说的理念的自我显现,也很不同。正因为这样,所以康德的统一,不仅是观念性的,而且是不牢固的,时而偏重这一面,时而又偏重另一面,造成了许多矛盾。席勒在歌德的影响下,"克服了康德所了解的思想的主观性与抽象性","要把欲念,感觉,冲动和情绪修养成为本身就是理性的,因此理性,自由和心灵性也就解除了它们的抽象性,和它的对立面,即本身经过理性化的自然,统一起来,获得了血和肉"。① 这就比康德进了一步,更接近于黑格尔所说的理念与感性显现的统一。因此,黑格尔说这是席勒的"大功劳"。但是,真正启发黑格尔,使之形成了美是理念与感性显现的统一这一讲法的,却是歌德的一句话:"古人的最高原则是意蕴,而成功的艺术处理的最高成就就是美。"②这一点,我们在前面谈歌德时,已经谈过了。

因此,黑格尔美是理念的感性显现的讲法,固然主要是由他的客观唯心主义的哲学体系所推演出来的,但事实上也确实是当时西方美学思想发展的一个总结。在资产阶级唯心主义美学中,他是最完满地解决了这一个争论很久的问题的。

总结以上所说,可见黑格尔"美是理念的感性显现",不仅它本身包含着多方面的丰富的内容,而且也是历史发展的一个结论。它说明了,美不是通过具体的物质形式来表现抽象的思想,而是本身就是具体的理念,显现为感性的外在形式。不是具体的理念,只是抽象的概念,不可能显现为感性的形式;反过来,不通过这种感性的形式,理念也显现不出来。一句话,理念内容的感性化,感性形式的心灵化,理念出于自我认识的需要,它把自己显现为感性的形象,这就是黑格尔"美是理念的感性显现"这一定义的全部意义。艺术形象最能满足黑格尔的这个要求,所以黑格尔谈美,主要是通过艺术来谈。

黑格尔关于美的这个概念,很明显的,它的性质完全是唯心主义的。因为,第一,像他自己说的:"我们既已把艺术看成是由绝对理念本身生发出来的,并且把艺术的目的看成是绝对本身的感性表现。"③那就是说,他把美和艺术,看成是属于绝对理念的领域,是从绝对理念中所派生出来的。这样,他自然否定了美和艺术的现实根源,自然是唯心主义的了。第二,在理念的感性显现中,他一方面

---

① 黑格尔:《美学》第 1 卷,第 74 页。
② 同上,第 22 页。
③ 同上,第 83 页。

强调理念,一方面强调感性显现,好像二者并重。但实质上起作用的,却是理念,是心灵。他说:"只有通过心灵而且由心灵的创造活动产生出来,艺术作品才成其为艺术作品。"①这还不明显吗?他把美和艺术都看成是心灵的作品。所谓感性显现,无非是心灵本身的显现罢了。所谓"艺术表现的普遍需要……是理性的需要"②,正是这个意思。这种讲法,当然和唯物主义的美学是针锋相对的。

但是,黑格尔关于美的概念,虽然在根本的性质上是唯心主义的,但如果我们剥开了他唯心主义的外壳,也会发现一些合理的东西。这些合理的东西,是由于他运用了辩证法,而后取得的。这里,我们主要谈三点:

(1) 理性和感性的统一:西方美学,从鲍姆嘉敦提出"美学"这个名词以来,一般说,都偏重在感性方面。鲍姆嘉敦认为美学是关于感性认识的科学,康德虽然并不否认理性,而且重视理性,但他一再声称美和概念无关,一再证明一有了概念的活动便没有审美的活动,无疑的,也是强调感性的。费希特和谢林,更分别提出"理智的直觉"和"艺术的直觉"来,以便和理性分庭抗礼。与黑格尔同在柏林大学教书的许莱马哈③,直接提出神秘的直觉主义,用来反对理性。从此以后,叔本华④、尼采⑤、柏格森⑥、一直到克罗齐⑦,无不用直觉来反对理性。在西方资产阶级这样一股强大的反理性的美学思潮中,黑格尔却中流砥柱,不仅不反对理性,而且把理性提到艺术创作中的首要地位来。他说:"真正的创造就是艺术想象的活动。这种活动就是理性的因素。"⑧又说:"艺术作品却不仅是作为感性对象,只诉之于感性领会的,它一方面是感性的,另一方面却基本上是诉之于心灵的,心灵也受它感动,从它得到某种满足。"⑨正因为黑格尔这样重视理性,所以他不否认艺术的思想认识作用。在他看来,艺术正是绝对理念自我认识的一种手段。

可是,只有理性还不够,它应当和感性统一起来。如果不和感性统一起来,它就会变成抽象的思想,成为科学的逻辑思维,而不是艺术了。这个问题,他有

---

① 黑格尔:《美学》第 1 卷,第 46—47 页。
② 同上,第 37 页。
③ 许莱马哈(1768—1834):德国神学家和唯心主义的哲学家。
④ 叔本华(1788—1860):德国唯心主义的哲学家,唯意志论者。
⑤ 尼采(1844—1900):德国唯心主义的哲学家,鼓吹"超人"和"强权意志"。
⑥ 柏格森(1859—1941):法国唯心主义的哲学家,主张生命哲学。
⑦ 克罗齐(1866—1952):意大利唯心主义的哲学家和史学家,新黑格尔主义者。
⑧ 黑格尔:《美学》第 1 卷,第 47 页。
⑨ 同上,第 42 页。

一段话中,讲得十分清楚:"在艺术创造里,心灵的方面和感性的方面必须统一起来。拿诗的创作为例来说,人们可以把所要表现的材料先按散文的方式想好,然后在这上面附加一些意象和韵脚,结果这些意象就好像是挂在抽象思想上的一些装饰品。这种办法只能产生很坏的诗,因为本来只有统一起来才可以在艺术创造中发生效用的两种活动,在这里却拆散为两种分立的活动了。"①这里,黑格尔不仅提出了理性和感性的统一问题,而且根据它们统一的原则提出艺术构思的特殊规律问题,也就是形象思维的问题,这是值得我们重视的。

(2) 内容和形式的统一:在前面谈辩证法的时候,我们已经介绍过黑格尔关于内容和形式统一的观点。现在,我们再从"美是理念的感性显现"这个角度,来谈一下这个问题。在西方,从亚里士多德开始,一直到康德,都是偏重于从形式方面来谈美,并且把美主要联系于造型艺术来谈。从黑格尔开始,方才从内容和形式的统一的观点,把美说成是理念的感性显现。他说:"艺术的内容就是理念,艺术的形式就是诉诸感官的形象。艺术要把这两方面调和成为一种自由的统一的整体。"②因为内容是理念,理念在黑格尔的美的概念中居于主导的地位,所以在内容和形式的统一中,内容也居于主导地位。"遇到一件艺术作品,我们首先见到的是它直接呈给我们的东西,然后再追究它的意蕴或内容。前一个因素——即外在的因素——对于我们之所以有价值,并非由于它所直接呈现的;我们假定它里面还有一种内在的东西,即一种意蕴,一种灌注生气于外在形状的意蕴。那外在形状的用处就在指引到这意蕴。"③正因为内容居于主导地位,所以在艺术创作中,如果内容不真实,技巧和形式再完善,也不能成为好的艺术作品。不仅这样,而且"形式的缺陷总是起于内容的缺陷"④。东方艺术之所以丑陋不真实,就因为"他们的艺术作品的内容和思想本身仍然是不明确的,或是虽明确而却低劣,不是本身就是绝对的内容"。⑤ 黑格尔对于东方艺术的轻视,这是他的偏见。但他这里的目的,主要是说明内容的重要性。

然而,是不是因此就可以说,形式不重要了呢?当然不能这样说。形式也并不是可有可无的。"内在的显现于外在的;就借这外在的,人才可以认识到内在

---

① 黑格尔:《美学》第 1 卷,第 47 页。
② 同上,第 83 页。
③ 同上,第 22 页。
④ 同上,第 89 页。
⑤ 同上。

的,因为外在的从它本身指引到内在的。"① 正因为这样,所以形式不仅不是可有可无的,而且还可以反作用于内容。"艺术作品的表现愈优美,它的内容和思想也就具有愈深刻的内在真实。"②

同时,在黑格尔看来,并不是任何东西都可以适合于艺术的表现。抽象的东西,即不宜于作艺术的内容。例如"太一","这种不是按照神的具体真实性来理解的神就不能作为艺术的内容,尤其不能作为造型艺术的内容"。③ 至于希腊的神,因为它本身就是个别的、具体的,最接近人的自然形状,因此,黑格尔认为,希腊的神最宜于艺术的表现。这样,必须本身是具体的东西,才能显现为形象,才适宜于作艺术的内容。艺术的内容是具体的,它的表现形式也应当是具体的,"正是这两种方面同有的具体性才可以使这两方面结合而且互相符合"④。

不过,尽管黑格尔所强调的内容和形式的统一这一观点本身,是正确的,但我们必须指出来,他所说的内容,不是现实生活的内容,也不是从现实生活中所概括出来的思想内容,而是脱离了现实生活、超于现实生活的理念内容。这样,他就不是要求艺术去反映现实生活,而是把艺术当成绝对理念的表现方式之一,或者当成心灵的创造,这就十分反动和错误,完全是唯心主义的了。

(3) 一般和特殊的统一:艺术创作应当从一般出发呢?还是从特殊出发?这在当时的西方美学中,是一个引起争论的问题。大致说来,古典主义者强调一般,强调写普遍的人性;而浪漫主义者,则强调特殊,强调写个性。古典主义者把具有普遍性的东西当成美,浪漫主义者则把个性特征当成美。黑格尔"美是理念的感性显现"这个定义,很明显的是从普遍的理念出发的,但他并不排斥特殊的个性。他认为美应当是一般和特殊的统一,是普遍的理念显现在个别的感性形象之中。他说:"只有在个性与普遍性的统一和交融中才有真正的独立自足性,因为正如普遍性只有通过个别事物才能获得具体的实在,个别的特殊的事物也只有在普遍性里才能找到它的现实存在的坚固基础和真正内容(意蕴)。"⑤这种普遍性和个性的统一,表现在外在的环境中,是一般世界情况具体化为引起冲突和行动的"情境";表现在人物性格上,则是理念的普遍力量具体化为作为人物内

---

① 黑格尔:《美学》第1卷,第23页。
② 同上,第89页。
③ 同上,第84页。
④ 同上,第85页。
⑤ 同上,第224页。

心思想感情的"情致"。理想的人物性格,应当是既具有普遍的理想,又具有特殊的个性。因此,黑格尔既反对莫里哀那样,只把人物写成某种抽象的情欲(普遍的人性)的化身;也反对浪漫主义者,离开了重大的社会理想,只描写人物某些无关紧要的私人感情。他认为:"真正的自由的个别性,如理想所要求的,却不仅要显现为普遍性,而且还要显现为具体的特殊性,显现为原来各自独立的这两方面的完整的调解和互相渗透,这就形成完整的性格,这种性格的理想在于自相融贯的主体性所含的丰富的力量。"①

黑格尔赞美荷马所写的阿喀琉斯,说:"这是一个人!"②这就因为阿喀琉斯的性格,正是普遍性与特殊性的统一。他既是丰富的,又是完整的:"永恒的力量……显现为他本身固有的自性。"正是这种一般的普遍性与个别的特殊性的统一,形成了人物理想的性格。黑格尔有时把具有确定形式的理念,也就是艺术美,称为理想,就是从一般与特殊的统一来看的。他所说的理想,像我们前面所指出来的,相当于我们今天所说的典型。正是从这个意义上,恩格斯曾经用黑格尔的话,来说明典型的问题。恩格斯说:

> 每个人都是典型,但同时又是一定的单个人,正如老黑格尔说的,是一个"这个"。③

黑格尔所说的"这个",就是一般的普遍性与特殊的个别性的统一。他在《精神现象学》中曾有专门的论述。他说:"在一切感性确定性里,如我们所看见的,真正讲来,只得到这样的经验:即这一个是一个共相。"④例如我们说"这时是中午",但转眼一过,这时已是晚上。因此,"这时"是"一个包含着无数这时的这时","这时是一个共相"。又例如我们说"这里是一棵树",但转身一看,这里已变成一幢房子。因此,"这里"是"通过诸多个这里,成为一个普遍的这里的运动"。由"这时"和"这里"所构成的"这一个",自然也是"属于本身是共相或具有普遍性的范围"⑤了。

---

① 黑格尔:《美学》第 1 卷,第 292 页。
② 同上,第 295 页。
③ 恩格斯:《致敏·考茨基》,《马克思恩格斯选集》第 4 卷,第 453 页。
④ 黑格尔:《精神现象学》,第 71 页。
⑤ 同上,第 72 页。

当然,黑格尔只是就哲学意义来谈"这一个",并没有从艺术典型的角度来谈。但他所说的"这一个",说明了个性与共性的统一、特殊与一般的统一,所以恩格斯将之加以改造,用来说明典型一方面是典型,一方面又是一定的单个人。

黑格尔把一般与特殊统一起来,用来说明美是理念的感性显现,应当说有其"合理的内核"。但他始终坚持客观唯心主义的立场,认为在这一统一中,是理念的普遍力量转化或显现为特殊的个别人物。我们与之相反,我们认为一般性的普遍力量,不应当是他所说的理念,而应当是来自现实生活中的本质规律。

(五) 自 然 美

美是理念的感性显现。理念显现在自然中,成为自然美;显现在艺术中,则成为艺术美。在这两种美中,黑格尔认为自然显现理念不充分、不完善,所以不是真正的美,只有艺术美才是真正的美。这样,他认为美学研究的"范围就是艺术",或者"美的艺术"。美学"这门科学的正当名称却是'艺术哲学',或则更确切一点,'美的艺术的哲学'"。① 然而,尽管这样,他还是承认自然美,并且立了专章来讨论自然美,不过认为"艺术美高于自然美"②罢了。

为什么说,艺术美高于自然美呢?他有三点理由:

第一,"因为艺术美是由心灵产生和再生的美,心灵和它的产品比自然和它的现象高多少,艺术美也就比自然美高多少"。③ 那就是说,根据黑格尔唯心主义的观点,心灵高于自然,因此由心灵所创造的艺术美,也就高于自然美了。他还拿无聊的幻想来和太阳作比较。他说,太阳不是心灵的产物,"它本身不是自由的,没有自意识的",我们不能把它"作为独立自为的东西来看待",因此,也就"不把它作为美的东西来看待"④。至于无聊的幻想,却是心灵的产品,"见出心灵活动和自由",因此是美的。

第二,照黑格尔唯心主义的哲学体系看来,只有心灵性的理念,才是真实的。至于自然,不过是理念的"异化",因此自然本身就是不真实的。他说:"只有心灵才是真实的,只有心灵才涵盖一切,所以一切美只有在涉及这较高境界而且由这

---

① 黑格尔:《美学》第1卷,第2页。
② 同上。
③ 同上。
④ 同上,第3页。

较高境界产生出来时,才真正是美的。就这个意义来说,自然美只是属于心灵的那种美的反映,它所反映的只是一种不完全不完善的形态。"① 既然自然不真实,只是心灵的反映,这样,自然的美也就不那么真实,也只能够是心灵的美的反映。作为心灵产品的艺术美高于"不完全不完善"的自然美,也就理所当然了。

第三,作为科学研究的对象来说,自然美"概念既不确定,又没有什么标准"②,那就是说,自然美的范围很广泛,从天上到地下,到处都有自然美,很难把握;同时,各种自然事物的美之间,又很难比较,找出它们共同的美的标准;因此,很难研究。艺术美却不同,它有明确的对象和标准,因此,我们的美学只应当研究艺术美。

就这样,黑格尔从他的客观唯心主义的哲学体系出发,否定了自然美,至少是贬低了自然美。但是,他虽然这样瞧不起自然美,却又不能不谈自然美,这不仅因为自然美是客观存在,要完全否定也否定不了;而且因为自然本身是理念发展的一个阶段,它也或多或少地体现了理念,因而也或多或少地具有美。因此,他只能说,自然美低于艺术美,而不能说没有自然美。那么,低于艺术美的自然美,究竟处于什么地位呢?他说:"理念的最浅近的客观存在就是自然,第一种美就是自然美。"③那也就是说,由于自然是理念显现的最低阶段,所以自然美是最低级的美。

像我们前面说的,黑格尔认为自然的发展,经过机械性、物理性和有机性三个阶段。在这三个阶段中,理念愈来愈显示出自己,也就是说,理念的成分愈来愈多。因此,自然美也就随着自然的发展而发展,逐渐上升。

首先,在机械性的阶段:"概念直接沉没在客观存在里,以致见不出主观的观念性的统一,毫无灵魂地完全转化为感性的物质的东西。"④那就是说,在这个阶段,自然物质占了绝对的压倒优势,没有灵魂,看不出精神的作用,因此谈不上美。例如一堆石头,拿去一块,或者增加一块,都无关系。在石头里面,还见不出灵魂的统一作用,不能形成一个生气灌注的有机的整体,因此不美。

其次,到了物理性的阶段:"概念以这样方式显出它的身份:因为它是统摄它的一切定性的整体变成了实在,所以其中个别物体虽各有独立的客观存在,同

---

① 黑格尔:《美学》第 1 卷,第 3 页。
② 同上。
③ 同上,第 145 页。
④ 同上。

时却都统摄于同一系统。"那就是说,在这个阶段,有了多,也有了一,多统一于一之中。例如太阳系,有各种各自独立的星球,如太阳、月亮、彗星、行星等,它们都各自表现为"互相差异的独立自在的天体";但它们又都以太阳为中心,统一在同一个系统中。离开了这个系统,它们也就不成其为它们。因此,它们不是一个拼凑的整体,而是一个有机整体中的成员。不过虽然这样,它们仍然是各自独立的,作为统一中心的太阳也还是一个独立体。正因为这样,所以它们也还没有形成一个生气灌注的统一体。它们的美,是有限的。

第三,到了有生命的有机性阶段:只有在这时,才出现了生气灌注的有机的统一体,一方面是身体,一方面是灵魂。生命就是"灵魂与它的身体的统一"。"正是由于这种统一,生命成为理念在自然中最初的显现。"①在这种统一中,各个部分虽然有它的独立作用,但却是与整体有机地统一在一起的。例如每一种感觉,都贯通到全身。一处觉得痛,浑身都会感到不自在。同时,把部分从整体中割裂开来,整体固然受到损失,部分则根本就不存在了。例如把人的手砍下来,它就会马上失去它的机能、颜色、形状,丧失它存在的意义。因此,在这个阶段的统一,是一种生气灌注的有机的统一。在这个统一中,理念显现出来了。因此,自然在这个阶段中,方才有美。黑格尔说:"自然作为具体的概念和理念的感性表现时,就可以称为美的。"②但是,既然当自然显现了理念,灌注了生气,成为有机的统一体,这时就是美的;那么,为什么有许多动物符合了这个要求,却不仅不美,反而丑呢?黑格尔说,"这种情形可能首先只是由于习惯"。习惯上,我们都认为生命是活动的、敏捷的,可是,"懒虫爬起来很艰难,整个生活习惯都显得没有剧烈运动和活动的能力,就由于它的这种懒散,它叫人嫌厌。因为活动和敏捷才见出生命的较高的观念性。我们对于两栖动物,某些鱼类,鳄鱼,癞蛤蟆,许多昆虫都不起美感,就是因为这个道理。"③至于鸭嘴兽这种动物,也因为它不符合我们的习惯,把两个不同的种混在一起,所以叫人觉得惊奇,叫人觉得不美。

然而,自然风景呢?它并没有生命,为什么叫人觉得美呢?要说明这个问题,我们必须了解,黑格尔并不认为自然本身有美。他认为:"自然美只是为其他对象而美,这就是说,为我们,为审美的意识而美。"④他正是从这样一个唯心主

---

① 黑格尔:《美学》第 1 卷,第 149 页。
② 同上,第 164 页。
③ 同上,第 165 页。
④ 同上,第 156 页。

义的前提出发,来回答自然风景的美的问题。他认为:第一,例如"山峰的轮廓、蜿蜒的河流、树林、草棚、民房、城市、宫殿、道路、船只、天和海、谷和壑之类",它们并不是有机的有生命的形体,也没有显现为生气灌注的观念性的统一体,它们之所以美,只是由于"在这种万象纷呈之中却现出一种愉快的动人的外在和谐,引人入胜"。① 第二,又"例如寂静的月夜,平静的山谷,其中有小溪蜿蜒地流着,一望无边波涛汹涌的海洋的雄伟气象,以及星空的肃穆而庄严的气象"之类,它们之所以美,是由于"感发心情和契合心情而得到一种特性"。那就是说,它们的美,"不属于对象本身,而是在于所唤醒的心情"。② 一些动物的美也是这样,由于它们"和人的特性有一种契合,例如勇敢、强壮、敏捷、和蔼之类",所以我们觉得美。黑格尔的这种讲法,显然启示了以后的移情说。他是用"移情说"的观点,来解释自然风景的美的。

自然在有机性阶段的最高发展,是动物。因此,"自然美的顶峰是动物的生命"。但是,即使到了动物,自然美还是有局限的。这就因为动物"存在的范围是窄狭的,而它的兴趣是受食欲色欲之类自然需要统治着的"。因此,它的灵魂还不是自觉的,它还不能自觉其美,还不能自己创造美的形象。它的美,只是显现给旁人看,"使人从观照它的形状而猜想到它有灵魂,因为它只是依稀隐约地像有一种灵魂,即呼吸的气,渗透到全体,使各部分统一,并且在全部生活习惯中显出个别性格的最初的萌芽"。③

那么,为什么自然美到了最高的阶段,还有这样的局限和缺陷呢?这和黑格尔关于美的概念是分不开的。他认为"美是理念的感性显现",而在这个显现中,理念是绝对的、无限的、自由的,那就是说,理念自己决定自己,自己显现自己,并且自己认识自己。可是,在自然美中,却办不到这一点。在自然美中,至少有下列三个缺点:

(1)"在直接现实中的内在因素仍然只是内在的。"④那就是说,内在的灵魂、理念,仍然是内在的,在自然中得不到充分的显现。植物"还没有自我感觉和灵魂性",不用谈了。动物呢?它也还包着一层植物的外壳,它的生命活动枢纽"还是完全被羽毛、鳞甲、针刺之类遮盖着",因此动物的生命还不能从身体的各部分

---

① 黑格尔:《美学》第1卷,第166页。
② 同上。
③ 同上,第167页。
④ 同上,第182页。

充分显现出来,"这就是动物生命在美方面的一个大缺陷"①。即使到了人,好象生命无所不在,皮肤下就可以看到血液的流动。"但是人体尽管使生气外现,与动物躯体有别,它的外表,例如皮肤的裂纹、皱纹、汗孔、毫毛、脉丝等等却仍然显出自然的欠缺。"②因此,即使到了人,"灵魂和它的内在生活也还没有通过全部形体的实在而显现出来"③。

(2)"直接个别客观存在的依存性。"④那就是说,理念要进入现实的客观存在,和具体的个别事物结合,才能成为美;但是,自然的个别事物都是有限的,不独立,它的生命有赖于外在条件,"听命于偶然机会和必然需要"。这些限制,首先来自环境。植物和动物,都要受环境的限制。人呢?同样要受到许多条件的限制。生活上的目的与心灵上较高的目的,就不是一致的,而是相互干扰和阻碍的。人与人之间,更是相互倾轧,相互利用,再加上国家的法律、社会的风俗等,更是无处不是障碍。凡此,"都不能使人见出独立完整的生命和自由,而这种生命和自由的印象却正是美的概念的基础"。⑤

(3)"直接个别客观存在的局限性。"⑥那就是说,自然中的个别事物,不仅依存于外在的条件,而且它本身也有很多局限性。首先,每一种动物都受到"种"的限制,它"不能越过这个物种的界限"。其次,它的形状也是定型的,这也是它"不可逾越的界限"。人比动物好一点,"但是人体机构,尽管是在较小的程度上,也还是分裂为种族上的差异以及随着种族差异而来的不同等级的美的形体构造"。⑦ 此外,由于偶然形成的家族特性、职业特性,以及穷困、忧虑、愤怒、冷淡、情欲等给人的面貌所造成的偶然特点,风霜的经历和奇特的长相等,也都给人体的美造成了许多局限。只有"儿童是最美的"⑧,但儿童又缺乏比较深刻的心灵特征。因此,无论怎样说,自然的个别存在物都是有局限的。

正因为自然生命有以上所说的种种缺陷,它不符合理念那种无限而又自由的特点,所以自然美都是不完善的。为了弥补自然美的缺陷,所以我们要求艺术

---

① 黑格尔:《美学》第 1 卷,第 183 页。
② 同上,第 184 页。
③ 同上。
④ 同上,第 185 页。
⑤ 同上,第 188 页。
⑥ 同上。
⑦ 同上,第 189 页。
⑧ 同上,第 190 页。

美。黑格尔说：

> 艺术的必要性是由于直接现实有缺陷，艺术美的职责就在于它须把生命的现象，特别是把心灵的生气灌注现象按照它们的自由性，表现于外在的事物，同时使这外在的事物符合它的概念。①

普列汉诺夫说："自然哲学是黑格尔体系中最薄弱的部分。"②他的美学中最薄弱的一个环节，也应当是自然美。在这里，为了硬套他的哲学体系，结果充满了牵强附会和自相矛盾的地方。他按照机械性、物理性和有机性的发展阶段，把自然美分成不同的等级，更是一种烦琐的形而上学的做法。例如他说自然在机械性阶段，不美。这就显然与事实不符。矿物不是属于机械性阶段吗？有多少矿物如宝石，难道能说不美吗？他又说动物的美高过植物的美，可是稍有审美经验的人，都会知道花草以及丛林等，远远超过了许多动物。同时，他又认为由于客观自然有缺陷，方才需要艺术美。这一讲法，就根本否定了艺术是客观自然的反映这样一个唯物主义的原则。

（六）艺 术 美

对于黑格尔来说，只有艺术美才是真正的美。他的《美学》主要就是研究艺术美的。他在这方面谈得很多。我们想从下列几个方面来介绍：1. 艺术美的概念；2. 一般世界情况；3. 情境和冲突；4. 动作和人物性格；5. 艺术家。

1. 艺术美的概念

黑格尔所说的艺术美是什么呢？简单地说，就是理念通过感性形式得到了显现的艺术形象。美是理念的感性显现，艺术形象是心灵的产品，因此，只有艺术形象才能充分地显现理念，成为真正的美。拿我们人来说，理念的具体表现是灵魂。灵魂在哪一种器官上最能充分地表现出来呢？那是眼睛，"灵魂不仅要通过眼睛去看事物而且也要通过眼睛才被人看见"，因此，"灵魂集中在眼睛里"。"艺术也可以说是要把每一个形象的看得见的外表上的每一点都化成眼睛或灵

---

① 黑格尔：《美学》第1卷，第191页。
② 《普列汉诺夫哲学著作选集》第3卷，第730页。

魂的住所,使它把心灵显现出来。"那就是说:"艺术把它的每一个形象都化成千眼的阿顾斯①,通过这千眼,内在的灵魂和心灵性在形象的每一点上都可以看得出。不但是身体的形状、面容、姿态和姿势,就是行动和事迹,语言和声音以及它们在不同生活情况中的千变万化,全都要由艺术化成眼睛,人们从这眼睛里就可以认识到内在的无限的自由的心灵。"②这段话,十分通俗而又具体地说明了艺术形象的每一个部分,要像眼睛那样显示出灵魂,也就是理念;因此,只有艺术美方才真正符合"美是理念的感性显现"这样一个概念。

所谓艺术形象的每一个部分都要化成显现灵魂的眼睛,在黑格尔看来,包括三层意思:

第一,是怎样的灵魂问题。单纯的自然物,如石头和植物之类,它们"本身就是有限的,容易消逝的,还不配称为灵魂"。③ 一些低等的动物,"也还是一种纯然内在的个性,……还不能反躬自察,来认识到自己",因而也还称不上我们所说的灵魂。"只有受到生气灌注的东西,即心灵的生命,才有自由的无限性"④,因此,才有灵魂。心灵是人所特有的,因此只有人的生命才是艺术表现的内容。人是艺术的中心,这一点黑格尔是十分强调的。

第二,外在的现象应当经过"清洗",把不符合概念的东西一齐抛开,也就是把一切被偶然性和外在形状玷污的东西一齐抛开。"只有通过这种清洗,它才能把理想表现出来。"⑤例如画家画人的肖像,"他必须抛开形状、面容、形式、颜色、线条等方面的一切外在细节,必须抛开有限事物的只关自然方面的东西如头发、毛孔、瘢点之类,然后把主体的普遍性格和常住特征掌握住,并且再现出来。"只有这样,他才能够"把足以见出主体灵魂的那些真正的特征表现出来"。⑥ 拉斐尔所画的圣母像,就不是依样画葫芦地模仿外在的形状,而是深刻地揭示出灵魂。他所画的一些面孔、腮颊、眼、鼻和口,"单就其形式而言,就已与幸福的快乐的虔诚的而且谦卑的母爱完全契合"。⑦

第三,艺术的理想虽然出现于感性世界及其自然形状里,但它同时能还原到

---

① 原注:阿顾斯(Argus),希腊神话中的怪物,据说有一百只眼。
② 黑格尔:《美学》第1卷,第193页。
③ 同上,第194页。
④ 同上。
⑤ 同上,第195页。
⑥ 同上。
⑦ 同上,第196页。拉斐尔(1483—1520):文艺复兴时期意大利著名的画家。

心灵的本身,使外在的现象符合心灵的要求,成为心灵的揭露。这样,理想的内容和它的表现形式,就达到高度的和谐和统一,因而像回到了家一样,自由自在,自足自乐,达到一种和悦的静穆和福气。这是黑格尔对于艺术的最高理想。他说:"我们可以把那种和悦的静穆和福气,那种对自己的自足自乐情况的自欣赏,作为理想的基本特征而摆在最高峰。理想的艺术形象就像一个有福气的神一样站在我们的面前。"①因为艺术的理想是和悦,是静穆,是福气,所以即使是悲剧,也应当"表现出一种心灵的温柔亲密,一种退让任运的喜悦,一种在烦恼痛苦中的泰然自若"。②所谓泪中含笑,就是这个意思。对于音乐来说,也应当如此。"把痛苦和欢乐满肚子叫喊出来并不是音乐,在音乐里纵然是表现痛苦,也要有一种甜蜜的声调渗透到怨诉里,使它明朗化。"③表现笑,也不应当"缺乏镇定"。荷马史诗中神仙似的笑声,就是"从神仙的和悦静穆的心境中发出来的,只表现明朗的心情,没有什么片面的放肆"。④ 黑格尔的这些讲法,反映了当时德国资产阶级寻求与现实相妥协的美学理想。

总之,在艺术中,理想显现为个别性相,出现在外在世界中。它把外在世界中那些偶然性的东西去掉了,使它能够充分地表现自己,充分地认识自己,从而出现一种和悦的静穆境界。这样,艺术虽然具有自然的形式,但却不是生糙的自然,而是经过心灵改造过了的自然,提高了的自然,所以它能够与心灵契合无间,能够显现理念,表现灵魂,具有普遍性。黑格尔说:"理想就是从一大堆个别偶然的东西之中所拣回来的现实。"⑤这句话,很好地说明了他对于艺术美的概念,也是他对于艺术典型化问题的重要贡献。

那么,艺术的理想是怎样出现在自然的形式中,而又改造自然,提高自然,使它从一大堆偶然性的东西中重又回复到自己,符合心灵的要求呢?这就涉及了自然与艺术的关系问题。对于这个问题,黑格尔是这样看的:

第一,艺术的取材,不是来自外在的自然,而是来自观念。那就是说,艺术是艺术家根据他的观念,所制作或创造出来的自然,而不是生糙的自然。黑格尔自己即说:艺术"是由人产生出来的,人从他的观念中取出一种题材,在上面加工,

---

① 黑格尔:《美学》第 1 卷,第 197 页。
② 同上,第 199 页。
③ 同上,第 200 页。
④ 同上,第 199 页。
⑤ 同上,第 196 页。

通过他自己的活动,把它从观念世界表现到外面来"。① 正因为这样,所以本来没有什么价值的东西,如像天鹅绒、马、仆人、老太婆,等等,由于心灵把它们化成了观念性的东西,成为文艺创作的题材,却可以使我们对它们发生兴趣;本来是消逝无常的东西,艺术也可以使它们成为观念性的东西,具有永久性。黑格尔说:艺术对象之所以使我们喜欢,"不是因为它很自然,但是因为它制作得很自然"。②

第二,艺术应当具有普遍性。个别的自然事物不具有普遍性,观念却具有普遍性。"艺术作品固然不只是一般性的观念,而是这种观念的某一定形式的东西,但是作为来自心灵及其观念成分的东西,不管它如何活象实物,艺术作品仍然必须浑身现出这种普遍性。"③ 为了现出这种普遍性,艺术就不能够罗列细节,而应当抓住本质的东西,抓住符合主题概念的特征。例如荷马写"阿喀琉斯的身体形状时,虽然提到高额头,匀称的鼻子,和一双粗壮的长腿,但是他并没有把这些部分实际存在的细节,都一点一滴地描绘出来,……这些并不是真正的妙肖自然原则所应要求描绘的"。④

第三,在艺术中,自然的东西不再是自然的直接存在,也就是不再是自然物,而是经过心灵的渗透和影响,"显现为心灵的表现——因而也就是显现为经过观念化的东西"。因为艺术描写的自然,是经过心灵观念化了的东西,心灵的内容(意蕴)出现在自然的形式之中,所以艺术就有生气,有表现力。拿人的面孔来说,一个形式上长得很漂亮的面孔,却可以平板无味。艺术之所以为艺术,就在于它能够通过一切个别的方面,把心灵性的意蕴,完全表现出来。这样,它就有了生气,不再平板了。"出于斐底阿斯⑤的那些希腊雕刻,就以这种通体贯注的生气特别使人振奋。"⑥黑格尔认为:"这种最高度的生气就是伟大艺术家的标志。"⑦

总之,艺术的任务,不是"在现实中的最好的形式中东挑一点,西挑一点,来把它们拼凑在一起……艺术家必须是创造者,他必须在他的想象里把感发他的

---

① 黑格尔:《美学》第 1 卷,第 203 页。
② 同上,第 205 页。
③ 同上,第 205—206 页。
④ 同上,第 208 页。
⑤ 斐底阿斯:公元前五世纪希腊雕刻家。
⑥ 黑格尔:《美学》第 1 卷,第 216 页。
⑦ 同上。

那种意蕴,对适当形式的知识,以及他的深刻的感觉和基本的情感都熔于一炉,从这里塑造他所要塑造的形象"。①

通过以上的分析和介绍,可见黑格尔对于艺术美的看法,对于自然与艺术的关系的看法,完全是从唯心主义的观点出发的。艺术的根本任务,艺术与自然的关系,不是艺术反映自然,反映现实生活,而是显现理念;艺术的最高理想,也不是参加和推动现实生活的斗争,而是要达到一种没有矛盾的、和悦的静穆和福气的境界。正因为这样,所以艺术的源泉就不是自然的现实生活,而是观念;艺术创作的典型化,也不是对于客观现实生活本质规律的概括和集中,而是把自然"观念化",也就是把自然的东西向心灵还原。② 凡此等等,都是错误的。以后资产阶级唯心主义的美学家,正是把他这些错误的方面,变本加厉地加以发挥,从而使艺术向着神秘化的方向发展。艺术不再是人间的产物,而成了天上的东西,成了什么"绝对"、"无限"之类的东西的产物。黑格尔是反对当时浪漫主义者的,而且与之作了不懈的斗争,他的美学中有不少部分是针对当时的浪漫主义的。例如他对于许莱格尔兄弟"滑稽说"的批判③、对于"长久在德国统治着的那种感伤主义"④的批判等,就是明证。然而,当时的浪漫主义者极力要把艺术从现实中抽出去,极力要给艺术寻求超现实的"绝对"的基础,极力要使艺术变成一种绝对精神之类的东西,难道这不又和黑格尔有着某些一致的地方吗?因此,虽然黑格尔在反对浪漫主义方面作出过重大的贡献,但毕竟由于他的唯心主义的体系,却使他不得不在某些方面与浪漫主义者一同走向错误的泥坑。

但是,尽管这样,由于黑格尔始终坚持辩证法,所以在他关于艺术美的理解中,仍然具有不少"合理的内核"。例如他认为艺术形象的每一个部分都应化为表现内容的"眼睛";艺术不应当罗列细节,而应当抓住普遍性的东西,描写本质的特征;在平凡的题材之外,艺术还应该有"更高的更理想的题材",表现"更严肃的旨趣和目的"⑤;艺术的典型化是"从一大堆个别偶然的东西之中所拣回来的现实"⑥;他能够既反对单纯"模仿自然"的那种自然主义的作风,又反对因缺乏

---

① 黑格尔:《美学》第1卷,第217页。
② 黑格尔所说的"观念化",不同于我们今天所说的公式化概念化那种"观念化",而是把自然物"纳入心灵",还原为心灵。
③ 黑格尔:《美学》第1卷,第75页。
④ 同上,第300页。
⑤ 同上,第213页。
⑥ 同上,第196页。

崇高理想而"堕入精神上的痨病"、堕入"遗世独立"的那种反动的浪漫主义作风①……凡此,都是他美学中合理的东西,我们应当批判地加以继承。

2. 一般世界情况

艺术美要实现出来,必须转化为具体的客观存在。也就是说,变成艺术形象。没有变成艺术形象的艺术美,还只是观念上的东西,还不是现实存在的东西。那么,艺术美怎样才能变成艺术形象,怎样才能实现出来呢?这里牵涉到了许多问题,首先,"它就需要一种周围世界作为它达到实现的一般基础"②。那就是说,从其与外在世界的关系来说,需要有适合于艺术美的环境。

环境有一般的环境,即黑格尔说的"一般的世界情况",相当于我们今天所说的社会时代背景。另外则是具体的环境,即黑格尔说的"情境",它是"一般的世界情况"的具体化,是个别人物和个别情节得以产生和形成的具体环境。

黑格尔首先提出了一个问题:"这种一般情况应该具有怎样的性质,才可以显出符合理想的个性呢?"也就是说,什么样的一般世界情况,最适宜于艺术的繁荣,最能实现艺术美呢?黑格尔认为是这样的一种世界情况,在这里面:社会的普遍理想得到尊重,个人要为整个的社会负责。同时,个人又有完全的独立自足性,他的一切行为都出于自由意志,而不是外来的命令或强迫。在这样一种情况里面,个性和普遍性达到统一,普遍性经过个性得到实现,个性也因普遍性而获得意义。既有社会的共同理想,又有个人行为的充分自由。环境不仅不限制人,反而给他方便,给他提供发展的机会;但是,个人又不能坐享其成,他需要通过劳动和实践,才能满足他的需要。个人所得到的一切,都不是现成的,更不是由于地位和特权,而都是"他自己工作的成绩"③。这样的一种理想的世界情况,不在原始时代。那时,自然直接满足人的需要,人还没有产生高尚的要求。也不是近代社会。这时,人由于分工,变成了自私的机器,更不能激发崇高的情绪。那么,理想的世界情况是在什么时候呢?黑格尔说,在古希腊的"英雄时代"。这时,个性和普遍性达到了高度的统一,个人一方面是完全自由的,一方面又完全服从于社会共同的理想。因此,这时,最适宜于艺术的繁荣,它是人类社会艺术的黄金时代。

为什么说,古希腊的"英雄时代"最适宜于艺术的繁荣呢?黑格尔分析了下

---

① 黑格尔:《美学》第 1 卷,第 200 页。
② 同上,第 223 页。
③ 同上,第 323 页。

列的几个特点：

（1）希腊神话中的英雄，最具有独立自主的个性。那就是说，他们的意志是自由的，他们的行为都出于自愿，他们不服从任何外在的权威。对于他们来说，正义和道德，"只是一种内在的必然性"[①]。这也就是说，"在我们认为艺术表现所应有的那种情况里，道德的和正义的行为应该完全具有个人的性格，这就是说，它应该完全依存于个人，只有在个人身上，而且通过个人，它才获得生命和现实"。[②] "如果他们实现了正义和道德，那也显得只是由于他们个人的意向。"[③] 例如赫克里斯[④]，就不是接受旁人的命令，受到旁人的胁迫，而后去干出英雄的业绩来的。他只是"本着他个人意志去维护正义，与人类和自然中的妖怪作斗争"。[⑤] 荷马所写的英雄也如此。他们虽然有一个统帅阿伽门农[⑥]，但"他们是出于自愿地跟随阿伽门农，而阿伽门农也不是现代意义的独裁君主，所以每一个跟随他的英雄都有发言权，阿喀琉斯生了气，就拆伙独立起来"。[⑦] 总之，希腊的英雄，都是一些具有独立的自由的性格的人物。

（2）希腊时代的英雄人物，和他们整个的社会统一在一起，个人很少和"他所隶属的那个伦理的社会整体分割开来"。他们不仅替个人的行为负责，也替整个社会的一切负责。这些英雄人物，都是敢作敢当的，他们从来不推卸责任。有意识的行为，固然要负责；就是无意识的行为，自己并不明其所以然，也勇敢地担负责任。例如俄狄浦斯[⑧]，在他去求神预言的路上，和一个人发生争执，打死了他，而这个人就是他的父亲。后来他又和一位王后结婚，而这个王后就是他的母亲。他犯下这一"弑父娶母"的罪行，完全出于无知，照理应该没有责任。但是，希腊英雄不推卸责任，事情既然是他干的，他就担负起全部的责任。不仅这样，甚至祖先所干的事，他们也要负责。在希腊神话和悲剧中，我们常常看到为了一个祖先的罪过，整个后代都要为他赎罪。为什么要这样呢？这就因为在那时，"个人不是孤立的，而是他的家族和他的种族中的一个成员。因此，家族的性格，

---

① 黑格尔：《美学》第1卷，第229页。
② 同上，第230页。
③ 同上，第231页。
④ 赫克里斯：希腊神话中天神的儿子，著名的大力士，曾干过十二件伟大的英雄业绩。
⑤ 黑格尔：《美学》第1卷，第231页。
⑥ 阿伽门农：荷马史诗《伊利亚特》中，希腊军的统帅。埃斯库罗斯曾写有《阿伽门农》的悲剧。
⑦ 黑格尔：《美学》第1卷，第232页。阿喀琉斯是希腊军中最勇猛的大将，因为阿伽门农夺去了他所宠爱的女俘，就闹独立，不肯参加战斗。
⑧ 俄狄浦斯：希腊大悲剧家索福克勒斯有名的悲剧《俄狄浦斯王》中的主角。

行动和命运就是每一个成员都有份的事"。①

(3) 英雄时代是独立自足的,那就是说,人们依靠自己的劳动,创造自己所需要的一切事物。"英雄们都亲手宰牲畜,亲手去烧烤,亲自训练自己所骑的马,他们所用的器具也或多或少是他们自己的作品,或是他们都熟悉这些器具的制造方法。在这种情况下,人见到他所利用的摆在自己周围的一切东西,就感觉到它们都是由他自己创造的,因而感觉到所要应付的这些外在事物就是他自己的事物,而不是在他主宰范围之外的疏远化了的事物。"②正因为这样,所以:

> 到处都可见出新发明所产生的最初欢乐,占领事物的新鲜感觉和欣赏事物的胜利感觉,一切都是家常的,在一切上面人都可以看出他的筋力,他的双手的灵巧,他的心灵的智慧,或是他的英勇的结果。只有这样,满足人生需要的种种手段才不降为仅是一种外在的事物……而是人自己的最亲切的创造品。③

一句话,英雄时代的人物,充满了劳动的创造性的喜悦。正是这种喜悦,使他们不仅具有实用的感觉,而且也具有审美的感觉。

由于以上的几种原因,所以黑格尔认为,希腊的英雄时代是最理想的"一般的世界情况"。在这样的情况里,普遍的理想最能通过个人的行为实现出来;一般的理念也最能显现为个别的感性形象。因此,它最适宜于艺术的繁荣。

黑格尔的这种讲法,有其合理的一面。他把个人自由与社会理想的统一,看成是艺术繁荣的必要条件;同时,他又把艺术的繁荣与创造性的劳动结合起来;这些,应当说,都是正确的。马克思在《经济学—哲学手稿》中,对于资本主义社会疏远化的劳动与自由的创造性的劳动的论述,就是在批判改造黑格尔的基础上发展起来的。然而,黑格尔把理想的艺术时代摆在过去,这就只能说是他在硬套他的唯心主义的公式,从而违反了艺术发展的客观事实。同时,他认为"在基督教的西方世界里,封建关系和骑士制度是培养自由英雄性格和依赖自己的个性的土壤"④,把"封建关系和骑士制度"也当成理想的世界情况,甚至把封建君

---

① 黑格尔:《美学》第 1 卷,第 235 页。
② 同上,第 323 页。
③ 同上,第 324 页。
④ 同上,第 232 页。

主当成是具有独立自足性格的英雄形象,这就只能说他是在向当时普鲁士的封建君主献媚,而露骨地表现了他那个阶级的妥协性和软弱性了。

希腊的英雄时代最适宜于艺术的繁荣,而牧歌式的情况和散文气味的现代情况则不适宜于艺术的繁荣。为什么呢?

牧歌式的情况,黑格尔所指的,是人与自然处于直接的单纯关系的情况。在这种情况里,像前面所说的,人不费什么力气,就可以满足他所需要的一切。表面上看起来,这里也有理想,也有自由。但是,这种理想是渺小的,缺乏普遍的意义。"因为它没有英雄性格所有的那些重大的动机,例如祖国、道德、家庭,等等,以及这些动机的发展。它的内容中心往往仅限于一只羊的丧失或一个姑娘的恋爱之类。"① 再者,这样的情况和时代社会常常失去了联系,只限于田园乡村的狭小范围。因此,这样的生活没有什么深刻的旨趣,不能满足人的"较高尚的希求",人也不能发挥他内在的潜力。他的理想只是无聊的幻想,他的自由只是无所作为的懒散的自由。这里,没有工作和斗争。黑格尔认为这样的生活使人"厌倦",描写这种生活的艺术,也将"索然无味"②。因此,他认为牧歌式的情况,是不适宜于艺术的繁荣的。

比牧歌式的情况还要糟糕,更不适宜于艺术的繁荣的,是"散文气味的现代情况"。黑格尔这里所指的,是他同时代的工业化的资本主义社会。这个社会,由于下面的一些原因,而不适宜于艺术的发展:

(1) 个人失去了独立自足的性格。如果说,在牧歌式的情况中,人单纯地依赖自然,而失去了独立性;那么,在资本主义社会中,则由于分工,人"对其他人物发生无数的依存关系"③,而失去了独立性。他的"每种活动并不是活的,不是各人有各人的方式,而是日渐采取按照一般常规的机械方式"。④ 在这个社会里面,每个人都只能在极小的范围内,保有自由意志。一般的情形,他都没有自由意志,不能"按照他个人自己的意愿成为他那样的人"⑤。甚至"现代的君主也不像神话时代的英雄那样是社会整体的具体的尖峰,而是一种多少是抽象的中心,限制在既已形成的由法律规定的一些制度的圈子里"。⑥ 将军打仗,也是除了执

---

① 黑格尔:《美学》第 1 卷,第 237 页。
② 同上,第 321 页。
③ 同上,第 322 页。
④ 同上。
⑤ 同上,第 240 页。
⑥ 同上。

行命令之外,并不能过问战争的本身。一般的人,那就更不用谈了。他们的一举一动,都要受到旁人的限制。因此,近代的人,是没有独立的性格和自由的意志的。

(2) 近代人失去了伟大的理想。在近代工业文化里,每个人都局限在他个人的狭小的圈子里。"人与人互相利用,互相排挤。"①人不再是目的,而是手段。这样,他就不能再去为伟大的社会理想服务,他的活动也不再具有英雄时代的人物那种深远的旨趣和普遍的意义。如果说,他能够有什么理想,那也是由外力强加给他的。理想本身也变成了虚伪的抽象的东西。在这样的社会里,人们的兴趣,"只限于要知道个人的遭遇如何,他是否侥幸地达到了他的目的,他的进程受到什么偶然的或必然的事故阻碍或促进,如此等等"。②

(3) 劳动失去了创造性,变成了疏远化的劳动。在这个社会中,"一方面产生最酷毒状态的贫穷,一方面就产生一批富人"。③穷人是为富人而生产,他所生产的东西都不属于他所有,他只是在出卖劳动,为"需要"而工作,这样他自然感受不到劳动的创造性和喜悦。富人呢?他虽然不受穷困的威胁,"可以致力于比较高尚的旨趣",但是,"凡是他拿来摆在自己周围的东西都不是自己创造的,而是从原已存在的事物的大仓库里取来的"。④ 这样,他也不可能享受到劳动的创造性和喜悦。因此,在近代散文气味的工业社会中,无论穷人或富人,都失去了劳动的创造性,都不能在劳动中发现愉快和美。

由于以上的种种原因,所以黑格尔认为:"我们现时代的一般情况是不利于艺术的。"⑤并且慨叹说:"艺术对于我们现代人已是过去的事了。"⑥这一论点,和马克思的论断:

> 资本主义生产对于某些精神生产部门是敌对的,例如,对于艺术和诗歌就是如此。⑦

---

① 黑格尔:《美学》第1卷,第322页。
② 同上,第241页。
③ 同上,第322页。
④ 同上,第322—323页。
⑤ 同上,第12页。
⑥ 同上。
⑦ 马克思:《剩余价值学说》,引自《马克思恩格斯论艺术》第1卷,第273页。

应当说,是一致的。但是,马克思并没有因此得出悲观主义的结论,认为艺术已经"过去"了,没有前途了。正因为资本主义社会敌视艺术,所以马克思认为真正的艺术繁荣,属于将来的更高社会发展阶段共产主义社会。然而,黑格尔不然。他对艺术的前途悲观。他认为艺术的黄金时代已经一去不复返了。这就明显地是反历史的、错误的了。再者,马克思的这一论断,是从分析资本主义的生产关系所得出来的,它是建立在历史唯物主义的基础之上的。但是,黑格尔却从它的客观唯心主义出发,认为艺术的衰落是绝对理念发展的过程中所必然会带来的,它是宿命的、不可避免的,因此,带有浓厚的神秘主义的色彩。那就是说,艺术发展的本身,就注定了它必然衰亡的命运。这就错误极了。

3. 情境和冲突

照黑格尔看来,"一般的世界情况"是总的环境,是人物活动的"一般背景"。而"情境",则是一般世界情况的具体化,人物具体地活动于其中,"揭开冲突和纠纷,成为一种机缘,使个别人物现出他们是怎样的人物,现为有定性的形象"。① 因此,"情境"就是人物具体活动并展开矛盾冲突于其中的具体的环境。

情境有三种:

(1) 无定性的情境。黑格尔也称为"无情境"。在这里,一般的世界情况具体化了,艺术形象也出现了,但它满足于自身的泰然自足,没有和周围的世界发生多大的关系。"例如在艺术起源时的古代庙宇建筑就是如此。"它严肃,静穆,乃至于严峻,并表现出宏壮的崇高气象,可是,却"内外都处于自禁闭状态"②,既没有和其他事物发生关系,也还没有产生冲突。

(2) 有定性但还没有冲突的情境。由静止走向动作,和外界发生了关系,有了某些外部的活动,但"还没有和其他事物处于敌对性的对立"③,因而还是平板的,满足于自身的。这种情境的最初的一级,是游戏。"因为游戏里面所发生的和所做的事都见不出真正的严肃性。只有通过矛盾对立,对立的某一方面遭到了否定和克服,行为和动作才能见出严肃性。"④因此,游戏虽然是有了行动,但仍然是一种太简单的情境。其次,希腊早期的雕刻,它们描写有了某种动作姿态的神,如休息、坐着、向上静观等。这时,情境有了一定的定性。但是"这种情境

---

① 黑格尔:《美学》第 1 卷,第 245 页。
② 同上,第 249 页。
③ 同上。
④ 同上。

只是扼要地把一个神或英雄的特殊性格显示出来"①,仍然没有和其他事物发生关系,没有造成敌对和分裂。第三,行动与外界发生了某种关系,于是情境就进一步得到了定性。例如"梵谛冈阳台的阿波罗所处的情境就是如此,雕刻家抓住了阿波罗用箭射死了庇通,就以胜利者雄赳赳的姿态向前迈步的那一顷刻"。②第四,抒情诗。"抒情诗人本来一般地都在倾泻他自己的衷曲。借这种倾泻,原来闷在心里的东西就解放出来,成为外在的对象。"③但是,抒情诗毕竟还是抒写主观的感情,没有引起广大的冲突,因此它所描写的也还不是理想的情境。

(3) 导致冲突的情境,这才是黑格尔所说的理想的情境。他说:"只有在定性现出本质上的差异面,而且与另一面相对立,因而导致冲突的时候,情境才开始见出严肃性和重要性。"④那就是说,一方面有了外在世界作为"机缘",一方面又有了内在的矛盾和冲突,于是原来和谐的情况受到破坏,产生了真正的行为和动作。冲突是"动作的原因"。人物的性格,只有在这种由于冲突所引起的行为和动作中,才能展示,因此,黑格尔特别重视这一情境。他认为"充满冲突的情境特别适宜于用作剧艺的对象,剧艺本是可以把美的最完满最深刻的发展表现出来的"。⑤至于其他如建筑、绘画、雕刻等,则没有这样的特点。"每种艺术须服从它自己的特性。"⑥

因为这种情境,离不开冲突,并由冲突所形成,所以黑格尔谈到这种情境时,主要是分析各种各样的冲突。在他看来,冲突有三种:

甲、物理的或自然的情况所产生的冲突。各种自然的灾害,如疾病、风暴、沉船、旱灾等所引起的冲突就是。这些灾害的本身是没有什么意义的,不能作为艺术的题材。只有当它们反映到人事上,引起了心灵性的分裂,这时,方才成为引起冲突的一个因素,才能成为艺术描写的对象。例如欧里庇德斯的悲剧《阿尔刻斯提斯》⑦,当中写阿尔刻斯提斯的丈夫阿德默特害了必死的病。这疾病本身并不能成为艺术的题材,只是由于这一疾病引起了进一步的冲突,他的妻子阿尔

---

① 黑格尔:《美学》第1卷,第250页。
② 同上,第251页。梵谛冈阳台的阿波罗,是希腊著名的雕刻,现藏梵谛冈艺术馆。庇通是妖蛇,被阿波罗射死。
③ 同上,第252页。
④ 同上,第253页。
⑤ 同上。
⑥ 同上,第254页。
⑦ 欧里庇德斯(公元前480—前406):希腊著名的悲剧诗人。主要著作除《阿尔刻斯提斯》之外,还有《美狄亚》《希波吕托斯》等。

刻斯提斯自愿替他去死,以挽救她的丈夫、她的儿女的父亲和国王,于是方才成了艺术的对象。在这里,灾祸不"只是作为一种偶然事件来表现,而是把它作为一种阻碍和不幸事件来表现"。①

乙、由自然条件产生的心灵冲突。黑格尔此地所说的自然条件,是与自然紧密联系的家庭关系、阶级出身、天生情欲等。这都是一些外在的自然力量,就它们本身来说,也还不是本质,但当它们和心灵发生紧密的关系时,却可以作为一种"基础"或"背景","使真正冲突导致破坏和分裂"。例如:a. 家庭关系中的继承权。这在王位的继承上,表现得特别突出。因为统治权不像金钱那样可以平均分配,所以总不免引起争执和纠纷。这种纠纷的本身是偶然的,只因为和人的心灵的旨趣联系了起来,才具有意义。b. 阶级出身的差别。黑格尔认为,这是"由于习俗和法律的影响",所造成的"一种不公平的事"。奴隶地位、农奴地位、等级差别等,使人应有的权利、目的和要求,受到"出身"这种"自然力量"的"阻碍和危害",因而产生了冲突。偶然性的阶级出身与一个人精神方面的才能之间的矛盾,则是造成这种悲惨的不公平的冲突的原因。c. 天生性情所造成的主观情欲,如野心、贪婪、爱情等,"最显著的例子是奥塞罗的妒忌"②。这些情欲,因为违反了人类生活中合理的原则,因而陷入了一种更深的冲突。

丙、由心灵性的差异面而产生的分裂。黑格尔认为"这才是真正重要的矛盾",因而也才是他所说的理想的冲突。前面的两种冲突,都还只是外因,只有当它们引起了心灵的分裂时,方才能成为艺术的冲突。而这种冲突,则本身就是由于心灵的各种差异面所引起的,本身就表现了心灵中各种精神力量的斗争,所以,它最适宜于艺术的要求,最能表现理念在其发展的过程中,所遭遇到的各种困难和斗争。黑格尔说:"一方面须有一种由人的某种现实行动所引起的困难,障碍和破坏;另一方面须有本身合理的旨趣和力量所受到的伤害。只有把这两方面定性结合在一起,才是这最后一种冲突的深刻的根源。"③

这种冲突,共有三种情形:

第一种情形,行为本身是无意识的,但它所破坏的理想却使他意识到行为的严重性,于是陷入了心灵的矛盾和冲突。"这种冲突的根源就在于行动发生时的

---

① 黑格尔:《美学》第 1 卷,第 256 页。
② 同上,第 263 页。《奥塞罗》是莎士比亚著名的悲剧。主角奥塞罗因听信谗言,疑惑妻子不贞,把她杀死。
③ 黑格尔:《美学》第 1 卷,第 263 页。

意识与意图和后来对这行动本身的性质的认识之间的矛盾。"①例如前面所说的俄狄浦斯,本来是一个国王的儿子,因出生时神曾预言他长大后会弑父娶母,所以把他抛到山谷里,以为他会饿死。他长大后,既不认识他的父亲,又不认识他的母亲。只是在一次搏斗中,杀死了一个人。又因为解答了斯芬克斯②的谜语而被推上了王位,娶了前王的妻子。哪知前王就是被他杀死的父亲,王后就是他的母亲。等他意识到这一行为的严重后果时,于是陷入了巨大的冲突,造成了悲剧。

第二种情形,行为是有意识的,行为的结果所导致的理想的破坏也是有意识的。这种情形,黑格尔认为更适合于精神性的冲突。他说:"比较适合的冲突应起于意识到的而且由于这种认识和意图才产生出的破坏。"③例如埃斯库罗斯④的悲剧《俄瑞斯忒斯》,即是例子。希腊远征特洛亚的统帅阿伽门农,率领军队回国,路上遇到了大风暴,杀了女儿伊菲琪尼亚祭海。回国后,他的妻子克吕泰谟涅斯特拉为了替女儿报仇,和奸夫一道杀了阿伽门农。他们的儿子俄瑞斯忒斯为了替父亲报仇,又把母亲杀了。这些行为,以及行为的后果,当事人都是意识到的。莎士比亚的《哈姆雷特》,情形也有些类似。

第三种情形,"一种行动单就它本身来看,并不就是一个引起冲突的行动,但是由于它所由发生的那些跟它对立矛盾的而且是意识到的关系和情境,它就变成一种引起冲突的行为"。⑤ 那就是说,行动本身并不一定引起冲突,而是因为处在一定的关系和情境中,而这一关系和情境又是意识到的,方才引起冲突。例如在莎士比亚的悲剧《罗密欧与朱丽叶》中,罗密欧与朱丽叶相爱,这一爱情行动的本身并没有破坏什么,但是,由于他们的家族相互仇恨,而他们又意识到这一仇恨不会允许他们结婚,于是,陷入了冲突,导致了悲剧。

黑格尔关于情境与冲突的理论,到此为止。他说:"发现情境是一项重点工作,对于艺术家往往也是一件难事。"但是,由于情境还是"外在材料",所以单有情境,"还不能组成真正的艺术形象"。"只有把这种外在的起点刻划成动作和性

---

① 黑格尔:《美学》第 1 卷,第 264 页。
② 斯芬克斯:希腊神话中带翼的狮身人面女怪。经常叫过路的人猜谜,猜不出,即将人杀死。后为俄狄浦斯猜出,她即自杀。
③ 黑格尔:《美学》第 1 卷,第 265 页。
④ 埃斯库罗斯(公元前 525—前 456):希腊著名的悲剧诗人,被誉为"悲剧之父"。主要的著作有《被缚的普洛米修斯》、《波斯人》、《俄瑞斯忒斯》等。
⑤ 黑格尔:《美学》第 1 卷,第 266 页。

格,才能见出真正的艺术本领。"①这样,黑格尔乃转到了动作和人物性格的探讨。

在讨论情境时,黑格尔把冲突当成构成情境的主要基础,这不仅是正确的,而且在西方美学史中,还很少有人像他这样重视冲突,更显出了他的特殊的重要意义。但是,由于他的唯心主义的框框,所以即使在他的冲突理论中,也仍然存在着一些根本性的缺点。第一,他继承德国古典美学关于艺术在于调和矛盾的讲法,认为"理想的美在于它的未经搅乱的统一性,静穆和自身完满"。②因此,他认为艺术表现冲突的目的,也只在于回归到和谐。他说:"艺术的任务可以只在两方面,一方面是使自由的美在这种差异中必不致遭到毁灭,另一方面是使分裂和连带的斗争只是暂时现出,接着就由冲突的消除而达到和谐的结果,只有这样,美的完满的本质才能现出。"③这就不是冲突论,而是调和矛盾论了。

第二,他也谈到阶级的冲突,而且认为用偶然的阶级出身来限定一个人的命运,这是很不合理的,好像他也为下层的阶级说了一些愤愤不平的话。然而,他只从自然的血缘关系方面来理解阶级,而没有从社会的所有制关系方面来理解阶级形成的根本原因。这样,他既不能正确地理解阶级,更不能理解阶级斗争在人类社会历史上所起的伟大的推动作用。他把阶级冲突只认为是个别人的怀才不遇等等的结果。这就无异于否认了阶级斗争,而承认了阶级压迫的合理性。他自己就说:"统治者与被统治者的分别等等当然是重要的,而且是合理的,这些分别根源在于全部国家生活所必有的分工组织。"④这就明显地在用历代统治者惯用的"分工论",来为反动的统治阶级进行辩护。

4. 动作和人物性格

世界情况和情境是重要的,但只有它们,还不能构成真正的艺术形象,还不能真正地实现艺术的美。"因为艺术的要务不在事迹的外在的经过和变化,这些东西作为事迹和故事并不足以尽艺术作品的内容;艺术的要务在于它的伦理的心灵性的表现,以及通过这种表现过程而揭露出来的心情和性格的巨大波动。"⑤正因为这样,所以黑格尔对于艺术美的探讨,遂从情境转到了人物性格。

---

① 黑格尔:《美学》第 1 卷,第 267 页。
② 同上,第 254 页。
③ 同上,第 254 页。
④ 同上,第 258 页。
⑤ 同上,第 267 页。

他认为:"性格就是理想艺术表现的真正中心。"①但是,性格并不是抽象的东西,它具体地表现在动作和情节上。因此,黑格尔是环绕着动作和情节,来探讨人物的性格的。

动作应该有一个起点。那么,动作的起点在什么地方呢?黑格尔说:"动作须先假定有产生冲突,动作和反动作的环境。"②这样,应当从环境中去寻找动作的起点和情节的开端。但是,环境的联系是无穷无尽的,原因之外还有原因,很难找到最初的起点。因此,我们不能从经验上去寻求动作的起点,那是寻不到的,而应当抓住那种直接引起冲突的情况。"举例来说,荷马在《伊利亚特》里马上就从全诗的主题,即阿喀琉斯的愤怒开始③,并不追溯此前的事迹或是阿喀琉斯的生平,而是马上就摆出诗中的冲突,同时也就显出这幅图画背景的巨大旨趣。"④

这样,冲突是激发动作的原因。有了矛盾和冲突,马上就会引起人物的行为和动作,作品的情节也就随即展开。在黑格尔看来,艺术表现的动作,主要有三个要点:

(1) 引起动作的普遍力量。

美是理念的感性显现。理念在不同的时代,化为各种各样流行的宗教、伦理、法律等方面的观念或理想,这就是黑格尔所说的"普遍力量"。它们都是"某一绝对理念的儿子",都有其合理的一面,因此各不相让,互相斗争,于是产生了动作。黑格尔说:"这些普遍力量就是艺术的伟大的动力,就是永恒的宗教的和伦理的关系:例如家庭、祖国、国家、教会、名誉、友谊、社会地位、价值,而在浪漫传奇的世界里特别是荣誉和爱情,等等。这些力量在有效性的程度上是不同的,但是却必须本身符合理性。"⑤例如,索福克勒斯的悲剧《安提戈涅》⑥,就是描写以国王克里安为代表的国家的"普遍力量"和以安提戈涅为代表的对兄弟的爱的"普遍力量",二者发生冲突,引起动作,造成悲剧。这些"普遍力量"都是人心的

---

① 黑格尔:《美学》第 1 卷,第 292 页。
② 同上,第 268 页。
③ 阿喀琉斯所钟爱的女俘被阿伽门农夺去,他因忿怒而拒绝参战,以至希腊军队久久攻不下特洛伊。
④ 黑格尔:《美学》第 1 卷,第 270 页。
⑤ 同上,第 271 页。
⑥ 索福克勒斯(公元前 496—前 406):希腊著名的悲剧作家。主要著作有《安提戈涅》、《俄狄浦斯王》等。

力量,就其本身来说,都是"符合理性"的。至于纯粹是邪恶的反面力量,由于它们本身就是乏味的、没有意义的,所以不能成为引起动作的"普遍力量"。黑格尔就说:"只有本身是正面的有实体性的力量才能成为理想动作的真正内容。"①

黑格尔把普遍力量当成动作的动因的讲法,从他强调人物行为的重大社会意义,把人物的行为和整个社会的理想联系起来,是有其积极意义的;但是,他把一些永恒的道德观念、宗教观念等当成人物动作的动因,这就违反了文学艺术应当反映现实生活中重大的矛盾和斗争这样一个唯物主义的根本原则了。

(2) 发出动作的个别人物。

普遍力量固然是推动的力量,但"他们并不直接发出真正的个别的动作,发出动作的是人"。② 因此,普遍力量必须转化到个别人物身上去,通过个别人物来实现。那么,普遍力量怎样转化到个别人物身上去,怎样成为发出动作的个别人物呢?这里,黑格尔用"神"来代表普遍力量,说"神"是"人心最本质的东西"。每个人心里面,都有许多的"神"。神与人之间,存在着下列两种关系,因而普遍力量转化为个别人物的动作,也采取了下列的两种方式:

第一种关系,神外在于人,成为一种机械力量,对人发号施令。有些小说戏曲,写到矛盾解决不了,或者写不下去了,于是凭空请来神仙,帮助解决问题。所谓"戏不够,神来凑",就是这个意思。这样一种关系,容易破坏人物的性格特征,使之成为神的一种工具。例如希腊神话中,写阿喀琉斯小时,母亲把他的身体放到阴阳河里浸了一下,于是刀枪不能伤,只有脚踵上有一点是例外。这样一写,阿喀琉斯的英勇,就失去了性格的根据了。

第二种关系,也就是神与人的真正的理想的关系,是神与人的统一。神不是外在于人,而是变成了人物内在的本质,"显现为人的心灵和性格中所固有的"。那就是说,作为普遍力量的神,与个别人物结合起来,表现成为人物本身的性格。事实上,黑格尔所说的"普遍力量",是理念表现为时代社会中的各种理想和观念;而他所说的"神",则是理念表现为各个人物的性格特征。例如《伊利亚特》里面,写阿喀琉斯有一次因忿怒而想举剑杀阿伽门农,这时,雅典娜神出现在他后面,阻止了他。其实,阻止他的不是雅典娜,而是他自己。同样,《麦克白斯》中的巫婆③,《哈姆雷

---

① 黑格尔:《美学》第 1 卷,第 275 页。
② 同上,第 277 页。
③ 《麦克白斯》:莎士比亚著名悲剧之一,描写麦克白斯想弑王篡位,这时巫婆出现,预言他要当君王。

特》中的鬼魂的出现①,都不是外在的东西,而是人物性格的本身即已具备了的东西,不过通过它们的形式来表现罢了。正因为这样,所以黑格尔说:"只有在这种情况下,神才同时就是人自己心中的神。"②

(3) 情致。

普遍力量与个别人物统一起来,体现于人物的性格当中,就成了"情致"。所谓"情致",黑格尔说:它是"存在于人的自我中而充塞渗透到全部心情的那种基本的理性的内容(意蕴)"③。例如安提戈涅的兄弟情谊,就是一种"情致"。它不是一种低级的情欲,而是一种较高尚较普遍的本身合理的主观情绪。"艺术总要能感动人",而"感动就是在感情上的共鸣"④,那么,怎样才能感动人,引起人的共鸣呢?这就要在人物身上表现出一种具有普遍性的感情力量。这种"感情力量",就是黑格尔所说的情致。因此,艺术要感动人,必须写情致。情致的范围是很少的,特别在歌剧中,"总是一套老调,恋爱,名誉,光荣,英雄气质,友谊,母爱,子爱之类的成败所引起的哀乐总是不断地在重复着"。⑤

如果说,"情境"是一般世界情况的具体化,是推动人物行动的具体环境,是人物动作的外因,那么,"情致"则是作为理念的普遍力量,具体化为神,成为个别人物的主观情绪,是人物动作的内因。内因和外因相互矛盾和冲突,就形成了情节或动作,人物性格就是通过这种情节或动作来表现的。因此,黑格尔谈艺术美,最后归结到人物的性格。他说:"神们(指各种普遍力量)变成了人的情致,而在具体的活动状态中的情致就是人的性格。因此,性格就是理想艺术表现的真正中心。"⑥很清楚,黑格尔是把人物性格作为艺术美的中心。前面所谈的一般世界情况、情境、普遍力量、情致以及冲突和动作等,都在人物性格当中统一起来,"在具体的个人身上融合成为整体和统一体"。在这许多因素当中,情致又是性格的具体内容,性格则为各种情致的集中表现。最能表现情致的性格,应当是最符合艺术理想的性格。这样的性格,照黑格尔看来,应当具备三个条件:

第一,丰富性。那就是说,人物的性格虽然是完整的,但却不是单一的,而应

---

① 《哈姆雷特》:莎士比亚著名悲剧之一。描写哈姆雷特疑心他的叔父谋杀了他的父亲,于是他父亲的鬼魂出现,告诉他这一谋杀的惨案,并要他报仇。
② 黑格尔:《美学》第1卷,第280页。
③ 同上,第288页。
④ 同上。
⑤ 同上,第290页。
⑥ 同上,第292页。

当是丰富的、多样的。"人不只具有一个神来形成他的情致;人的心胸是广大的,一个真正的人就同时具有许多神,许多神只各代表一种力量,而人却把这些力量全包罗在他的心里;全体俄林波斯①都聚集在他的胸中。"②例如在荷马的作品里,"每一个英雄都是许多性格特征的充满生气的总和。阿喀琉斯是个最年轻的英雄,但是他一方面有年轻人的力量,另一方面也有人的一些其他品质,荷马借种种不同的情境把他的这种多方面的性格都揭示出来了。"③正因为人物的性格是丰富的、多样的,所以黑格尔认为:"每个人都是一个整体,本身就是一个世界,每个人都是一个完满的有生气的人,而不是某种孤立的性格特征的寓言式的抽象品。"④

第二,明确性。那就是说,人物的性格虽然是丰富的,但却不应当是杂乱的、模糊的,而应当"有某种特殊的情致,作为基本的突出的性格特征,引起某种确定的目的,决定和动作"。⑤只有这样,才能把人物丰富多样的性格统一起来,使这个人物明确地成为某一种人物。那就是说,人物的性格一方面是丰富的,有各种各样的表现,但另一方面,却应当有一个"作为统治方面"的主导性格。例如莎士比亚在《罗密欧与朱丽叶》中所写的朱丽叶,她有各种各样的关系,在不同的情境中她的性格也有各种各样的表现,但是,在这各种性格特征中,却始终"只有一种情感,即她的热烈的爱,渗透到而且支持起她整个的性格"。⑥

第三,坚定性。美的理念要能够在艺术中实现出来,成为现实的东西,体现理念的人物性格,就应当是一个"坚定的统一体"。它不仅丰富、明确,而且还"必须具有一种一贯忠实于它自己的情致所显现的力量和坚定性"⑦。他根据自己的自由意志去发出动作,他对自己的行为负责。他坚定、决断,旁人不能代替他,他也没有什么怨忿不平。只有这样,理念的普遍力量才能通过他实现出来。否则的话,"他的复杂性格的种种不同的方面就会是一盘散沙,毫无意义"。⑧ 莎士比亚笔下的人物,就常常具有这种坚定而又决断的性格。哈姆雷特虽然没有决

---

① 俄林波斯:一般译为奥林匹斯,是希腊北部的一座高山。古代希腊人视为神山,希腊神话中的神都住在山顶上。
② 黑格尔:《美学》第 1 卷,第 293 页。引文中的"神",都指"普遍力量"。
③ 同上,第 294 页。
④ 同上,第 295 页。
⑤ 同上,第 296 页。
⑥ 同上,第 297 页。
⑦ 同上,第 298 页。
⑧ 同上,第 299 页。

断,"但是他所猜疑的不是应该做什么,而是应该怎样去做"。① 至于当时的浪漫主义者所写的那些"忧伤抑郁,愤愤不平,悲观失望"的性格,则为黑格尔所十分瞧不起、十分反感了。

就这样,黑格尔认为只有具备了上面三个条件的人物性格,方才是理想的性格,方才是能够体现普遍力量的性格。一句话,方才是美的性格。艺术之所以美,就在于它描写了这样的性格。因此,黑格尔探讨艺术美而归结到探讨人物的性格,是有原因的。在他看来,性格就是普遍力量在个别人物身上的具体体现,也就是说,性格就是理念的感性显现,因此,艺术美只有在描写人物性格的身上,方才得到最为完满的体现。剧艺是以描写人物性格为主的,所以他认为剧艺是最高级的艺术。

黑格尔这种关于人物性格的分析,是和他的资产阶级人本主义分不开的。重视人的力量,把人的性格当成艺术描写的中心,这应当说是正确的、进步的。但是,他所说的人是人本主义的人,因此他所说的人物性格,也就只能是资产阶级普遍人性论所说的普遍人性,而不是具体社会关系中的阶级性。同时,他把人物性格的社会内容,用一些什么普遍力量、神等唯心主义的形式来表达,不仅荒谬,而且十分神秘。但是,尽管这样,他对人物性格分析得那样细致和深刻,对艺术家提出要描写伟大而坚强的性格,这就不能不说是他的积极贡献了。读黑格尔的美学著作,一点没有颓废的气息,始终精神振奋,这就证明了恩格斯的论断:"黑格尔宣布了德国资产阶级取得政权的时刻即将到来。"②因此,他充满了乐观主义的上升的气息!

5. 艺术家

前面,黑格尔谈了艺术美本身的一些问题。但是,美怎样通过艺术实现出来呢?由于艺术作品是艺术家所创造出来的,因此,他接着谈到了艺术家。关于这个问题,我们不想多谈,主要的只谈下列三点:

第一,想象。

黑格尔说:"艺术作品既然是由心灵产生出来的,它就需要一种主观的创造活动……这种创造活动就是艺术家的想象。"③想象是创造性的,它是"最杰出的艺术本领"。

---

① 黑格尔:《美学》第 1 卷,第 302 页。
② 恩格斯:《德国的革命和反革命》,《马克思恩格斯选集》第 1 卷,第 510 页。
③ 黑格尔:《美学》第 1 卷,第 346 页。

然而,艺术家怎样进行创造和想象呢?他认为应当从现实开始。他说:

> 在艺术和诗里,从"理想"开始总是很靠不住的,因为艺术家创作所依靠的是生活的富裕,而不是抽象的普泛观念的富裕。①

这样,他虽然认为艺术美是理念的显现,艺术的创造是主观的心灵活动,但却又认为艺术创造应从现实开始。这是他的辩证法的胜利。正因为这样,所以他谈艺术的想象,首先就反对凭空制造幻想。他认为艺术和哲学不同,艺术"创造的材料不是思想而是现实的外在形象",因此,"艺术家必须置身于这种材料里,跟它建立亲切的关系;他应该看得多,听得多,而且记得多"。② 歌德就是一个明显的例子。歌德在他的一生中,观照的范围一天天扩大。他不仅明确地掌握现实世界中的形象,而且对外在世界的形状具有精确的知识,对人的内心生活也很熟悉。想象这一创造活动的首要特点,就是"掌握现实及其形象的资禀和敏感",从而"把现实世界丰富多彩的图形印入心灵里"。③

其次,想象还不能停留在吸收外在现实的材料上,而需要进一步把现实中"本质的真实的东西""按照其整个广度与整个深度加以彻底体会"④。那就是说,艺术家应该经过深思熟虑,把他所写的东西深刻地衡量过、熟思过。"轻浮的想象决不能产生有价值的作品。"但是,艺术家思考的方式不同于哲学家。如果艺术家按照哲学的方式去思考,他就会走到艺术的反面。这就因为:"想象的任务只在于把上述内在的理性化为具体形象和个别现实事物去认识,而不是把它放在普泛命题和观念的形式里去认识。"正因为这样,"所以艺术家须用从外在界吸收来的各种现象的图形,去把在他心里活动着和酝酿着的东西表现出来"。⑤ 这里,黑格尔明确地提出了艺术认识与哲学认识的不同方式。到了俄国革命民主主义者别林斯基手上,就变成"诗是用形象来思维"了。但是,黑格尔不仅没有排斥理性在艺术认识中的作用,而且十分强调。他说:

---

① 黑格尔:《美学》第 1 卷,第 348 页。
② 同上。
③ 同上。
④ 同上,第 349 页。
⑤ 同上。

艺术家一方面要求助于常醒的理解力,另一方面也要求助于深厚的心脚和灌注生气的情感。所以只有缺乏鉴赏力的人才会认为像荷马所写的那样的诗是诗人在睡梦中可以得到的。没有思考和分辨,艺术家就无法驾御他所要表现的内容(意蕴)。①

因为艺术的想象,不仅要熟悉外在的和内在的现象,还要把它们"摆在胸中玩味,深刻地被它们掌握和感动",因此,艺术家应当有很多经历,应当有"丰富的生活","然后才有能力用具体形象把生活中真正深刻的东西表现出来"。这样,青年时代虽然也可以露出天才的头角,"佢是只有到了中年和老年,才能达到艺术作品的真正成熟"。②

第二,天才和灵感。

德国古典美学家,差不多都谈到天才。康德认为天才是艺术创作的一种特殊才能,是天生的一种秉赋,能够把自然的规律赋予给艺术。谢林则把无意识的直觉与天才结合在一起,使天才具有更多的非理性的神秘主义的因素。黑格尔认为天才是艺术的一种特殊才能,这一点,和康德是一致的。他说:

> 通过想象的创造活动,艺术家在内心中把绝对理性转化为现实形象,成为最足以表现他自己的作品,这种活动就叫做"才能"、"天才"等等。③

同时,他也认为天才包括得有"天生自然的因素在内"。一方面,"美本身既然是在感性的现实事物中实现了的理念",艺术要把心灵性的东西表现为"目可见耳可闻的直接的事物",他就不能不具有这方面的天生的才能。另一方面,天才常常表现为一种"轻巧灵活",他能够轻而易举地把最困难的材料,通过想象表达出来。这也说明了他身上有一种天生的资禀。然而,尽管这样,他和康德却有两点不同:(1)康德认为只有艺术家才有天才,黑格尔则认为,不仅艺术家有天才,"伟大的将领和国王们乃至于科学界的英雄们身上",都可以有天才。(2)黑格尔强调后天的学习,认为"艺术家对于他的这种天生本领当然还要经过充分的

---

① 黑格尔:《美学》第1卷,第349页。
② 同上,第350页。
③ 同上。

练习,才能达到高度的熟练"。①

和天才问题密切相联系的,是灵感。黑格尔认为,首先灵感不是靠感官刺激可以得来的。香槟酒固然产生不出诗来,"最大的天才尽管朝朝暮暮躺在青草地上,让微风吹来,眼望着天空,温柔的灵感也始终不光顾他"。② 其次,单靠创作的意愿也产生不出灵感来。不能因为你要写诗,就可以写出诗来。真正的灵感,"应该从外来材料中抓到真正有艺术意义的东西,并且使对象在他心里变成有生命的东西。在这种情况之下,天才的灵感就会不招自来了"。那就是说:灵感"不是别的,就是完全沉浸在主题里,不到把它表现为完满的艺术形象时决不肯罢休的那种情况"。③

这样,黑格尔虽然和当时所有的唯心主义美学家是一样,鼓吹天才和灵感,但他也强调了艺术家的努力,强调了灵感的机缘来自外在世界。

第三,风格和独创性。

想象、天才和灵感,这是艺术家创造活动的主观方面。但是,艺术作品要成为艺术作品,还得把作品的内容表现为现实事物的形式,也就是说,要取得客观存在的形式。这样,艺术创造还有客观性的一个方面。依样画葫芦,把平凡的现实照抄一遍,不是艺术的客观性。艺术家的心灵没有全部表现出来,还有些内容没有表达清楚,或者受到"禁闭",这也还谈不上真正的客观性。真正的客观性,应当把"使艺术家得到灵感的那种真正的内容(意蕴)不能有丝毫部分仍保留在主体的内心里,而是要完全揭示出来"④,这样,不但作品的内容明确,形象也很圆满,一切都是清晰的,透明的。那种认为诗人的作品在其所表现的之外,还有较深刻的东西没有表现,这种说法是错误的。"作品就足以见出艺术家的最好的方面和真实的方面;他是什么样人就是什么样人,凡是只留在内心里的就还不是他。"⑤

艺术家怎样去把他从想象和灵感中所得来的东西全部表现出来,"使自己与对象完全融会在一起,根据他的心情和想象的内在的生命去造成艺术的体现"呢?这就涉及了风格与独创性的问题了。

---

① 黑格尔:《美学》第 1 卷,第 353 页。
② 同上,第 354 页。
③ 同上,第 356 页。
④ 同上,第 359 页。
⑤ 同上。

关于风格，黑格尔谈得很少，他主要是谈独创性。他认为艺术家要使他所创造的艺术具有独创性，必须首先消除作风和风格这两个方面的片面性。只有消除了这两方面的片面性，艺术家的主观性才能与对象的客观性结合起来，成为真正的独创性。

所谓作风，是艺术家由于惯用的题材和表现方式，所造成的一种习惯。例如某一大师喜欢用某一种颜色，喜欢用某一种方式，他的门徒也就跟着沿用，久而久之，僵化成为一种呆板的习惯。这样的作风，不仅不是独创性，而且极不利于独创性。至于风格，应当是"风格就是人本身"，从不同艺术特有的表现方式上见出艺术家人格的某些特点。但是，弄得不好，它会变成个人的癖好，结果，它不顾对象的特征，不去符合规律，从而事实上是用坏的作风代替了真正的风格，也不利于独创性。

真正的独创性，应当是艺术表现中的主体完全与对象相融合。一方面，它既表现了艺术家最亲切的内心生活，把艺术家真实的思想感情和切身的体会表现出来；另一方面，又要反映对象本身的特征，把对象中符合于主题概念的东西表现出来。这样，真正的独创性，是艺术家的主观性和对象特征的客观性的结合和统一。

因为要与对象的特征相结合，所以独创性就不能够是主观任意性。有人以为独创性是艺术家可以凭他的高兴任意产生的一些稀奇古怪的东西，或者只是艺术家所特有而为旁人所不了解的东西，这都是对于独创性的曲解。同样，从对象方面来说，独创性是艺术家通过自己的心灵，善于抓住符合主题概念的材料，揭示出对象的本质特征，而不是任意拼凑个别的材料，以新奇诡异来标榜独创性。在黑格尔看来，任何偶然的个别现象，都是不符合艺术的独创性的要求的。"真正的艺术作品必须免除这种怪诞的独创性，要表现出真正的独创性，它就得显现为整一的心灵所创造的整一的亲切的作品，不是从外面掇拾拼凑的，而是全体处于紧密的关系，从一个熔炉，采取一个调子，通过它本身产生出来的，其中各部分是统一的，正如主题本身是统一的。"①

因此，黑格尔所说的独创性，是内容与形式、主体与对象完全统一的情况下，所产生出来的具有独特风格的完整的艺术作品。只有这样的艺术作品，才能表

---

① 黑格尔：《美学》第 1 卷，第 365 页。

现出艺术家"真实的自我,而不只是表现出个人的好恶和主观任意性"[1]。这样的独创性,来自艺术家主观的真实性与对象的客观的真实性的统一。因此,黑格尔十分重视真实性。他说:

> 艺术家之所以为艺术家,全在于他认识到真实,而且把真实放到正确的形式里,供我们观照,打动我们的情感。[2]

黑格尔认为艺术家创造的想象活动,应当从现实开始;艺术家的独创性,来自主观与客观的真实性;这些,都是他美学中的合理因素,说明在创作上他虽然还在强调天才与灵感,但基本上还是现实主义的。他的美学思想,一方面激烈地反对当时反动的浪漫主义;另一方面,他又要求艺术家要密切联系时代和听众,"诗人是为某一种听众而创造,首先是为他自己的民族和时代而创造"[3];凡此,都说明他的美学思想是适应当时已经蓬勃兴起的资产阶级现实主义的要求的。但是,他认为艺术美来自理念,艺术的真实性就是符合理念的真实性,他所说的"真实"其实就是"理念"的别名,这些,却又无不在他的现实主义的创作思想上蒙上一层厚厚的唯心主义的神秘的外衣。

(七) 艺术发展的历史类型

黑格尔《美学》的第二部分,是艺术发展的历史类型。这个部分,黑格尔自己的标题是:《理想在各种特殊类型的艺术中的发展》。从标题上来看,可见这一部分的内容,实际上是把他关于作为理想的艺术美的概念,具体地运用到各种类型的艺术发展史上来。我们曾经说过,黑格尔美学的重要的特点之一,是把美学中的逻辑方面和历史方面统一起来。而在这一个部分中,特别明显地表现出了这样的一个特点。

美学中的逻辑方面和历史方面是怎样统一起来的呢?那就是他把他关于艺术美的理论,和人类社会艺术的历史发展,紧密地结合起来。一方面,他用他的美学理论,来说明历史上不同类型的艺术,另一方面,他又用历史上不同类型的

---

[1] 黑格尔:《美学》第 1 卷,第 368 页。
[2] 同上,第 343 页。
[3] 同上,第 328 页。

艺术，来证明他的美学理论。总的说来，他认为在不同的历史时期，艺术美表现为不同的艺术类型，这就是：象征主义、古典主义和浪漫主义。在这里，黑格尔像在其他的领域中一样，表现了恩格斯所说的"宏伟的历史观"①。他从他的美学观点出发，差不多对人类艺术整个的历史发展过程，作了一次广泛的全面的探讨。因此，这一个部分，也可以说是黑格尔用他的历史唯心主义的观点，所写的一部人类艺术史。

在没有对黑格尔所说的三种艺术历史类型进行分析和介绍以前，我们想先说明两点：

第一，黑格尔把艺术的历史发展，分成象征主义、古典主义和浪漫主义三种类型，这并不是他的独创，而是他总结了当时艺术史家和美学研究工作者的成果，然后进一步加以发展起来的。当时，对艺术的历史发展，引起相当普遍的注意。例如赫尔德曾经联系各个民族的历史来研究艺术；文克尔曼在他影响极大的《古代艺术史》一书中，曾经提出过古代艺术和近代艺术的分别；席勒的《素朴的诗和感伤的诗》一书，主要的内容也是在探讨古代的素朴的诗和近代的感伤的诗的区别；谢林则通过古代的神话和近代的神话的对比，来说明艺术的历史发展；而当时浪漫主义的美学家许莱格尔，又在古代的艺术与近代的艺术之外，加上了东方的艺术。黑格尔关于三种历史类型的划分，实际上是接受了他们的意见，而又加以补充和修改而成的。他的象征主义的艺术，即相当于东方的艺术；他的古典主义的艺术，即相当于西方的古代艺术；他的浪漫主义的艺术，则相当于西方的近代艺术。但是，黑格尔之所以能够远远地超过他同时代或稍前时代的美学家，不仅在于他的内容的渊博和丰富，而且在于其他的人主要的只是作了历史的划分，仅只把不同历史时代的艺术拿来对比，而黑格尔则在历史的划分和对比之外，用他的历史唯心主义的观点，找出了不同历史时期艺术发展的内在联系和必然规律。这样，艺术发展就不仅是一个偶然现象，而是一个合乎规律的历史过程。因此，严格地说，艺术发展的历史观点，应当是从他开始的。

第二，黑格尔关于艺术发展的历史类型的研究，虽然在某些方面符合于艺术发展的历史实际，但事实上，他不是从艺术发展的客观历史实际出发，来进行历史的分析和研究，而是相反的，他从他客观唯心主义的美学体系出发，先划分好了三种历史类型，然后再套到人类艺术发展的客观过程中去。他的美学有一个

---

① 恩格斯：《卡尔·马克思〈政治经济学批判〉》，《马克思恩格斯选集》第2卷，第121页。

中心论点,就是我们前面所介绍的:"美是理念的感性显现。"理念属于内容方面,感性显现属于形式方面。整个大千世界都是理念的自我显现,整个人类的艺术也都是理念的显现。理想的艺术,应当是理念的精神内容和感性的显现形式,二者达到高度的统一。但事实上,要完全达到二者的统一,是不容易的。随着理念在自生发、自实现的过程中,理念的精神内容与物质的表现形式之间,必然会出现下列三种关系:

a. 物质表现形式压倒精神内容;

b. 物质表现形式与精神内容契合无间;

c. 精神内容压倒物质表现形式。

相应于这三种不同的关系,于是艺术美把自己表现为三种不同类型的艺术:象征主义、古典主义和浪漫主义。因此,黑格尔关于艺术发展的概念,根本上是一种思维逻辑发展的概念。那就是说,他认为艺术的历史发展,不是艺术本身在发展,更不是艺术随着人类社会的发展而发展,而是艺术的理念在发展。他自己就说:"那是理念的本身把它自己显现为不同的艺术类型。"[①]这样,虽然他分析了许多艺术的历史事实,也猜测到了某些艺术发展的客观规律,但归根到底,他不过是用这一切来证明他的唯心主义的美学体系。同时,为了体系的完整和需要,他更是不惜歪曲和篡改历史事实,削足适履,用以迁就他的理论。

说明了以上两点,我们再分别地介绍一下他所说的艺术发展的三种历史类型。

1. 象征主义艺术

这一种类型的艺术的基本特点,是物质的表现形式压倒精神的内容。美的理念不仅没有得到充分的显现,而且受到物质的歪曲和阻碍。物质不是作为内容的形式来表现内容,而只是作为一个象征,来象征内容的某一个或某些方面。正因为形式与内容的关系是象征的关系,所以这种艺术,称为象征主义的艺术。

所谓"象征",黑格尔说:

> 一般地讲,象征是外界存在的某些形式直接呈现给感官。它的价值,并不在于它的本身,在于它呈现给我们的直接性;而是在于它给我们的思想所

[①] 黑格尔:《美学》第 2 卷,第 1 页。此卷中译本在本书写作时尚未出版,所以引文皆笔者据英文本奥斯马斯顿译文转译。伦敦贝尔父子公司 1920 年版。下同。

提供的更为广阔、更为一般的意蕴。因此,象征一词,包括两个明显不同而又可以同样适用的部分:第一,意蕴;第二,意蕴所借以表现的样式。①

那就是说,象征是用外界存在的某种具体的事物,当作标记或符号,用来表现某种抽象的思想内容,即意蕴。例如"狮子是宏伟的象征,狐狸是狡猾的象征,圆形是永恒的象征,三角形是三位一体的象征"。② 我们今天,更常用鸽子来作和平的象征。在这样的一种象征的关系中,用来作为象征的事物,具有某一些特征,可以说明它所象征的思想内容或意蕴,因而它们之间具有一定的表现关系。正因为这样,所以象征主义是艺术。但是,用来作为象征的事物,又毕竟不是它所象征的意蕴,它们之间还存在着很大的距离。例如鸽子,无论如何不是和平。这样,象征主义的艺术就不可能是理想的艺术,它只能是早期的低级的艺术。

为什么会出现象征主义的艺术呢?原因是来自内容,还是来自形式呢?黑格尔说,原因来自内容。那就是说,在这个阶段,理念自身还不确定,还很含糊,还没有定型,还具有抽象的性质。因此,它还不能完全掌握外部的客观事物,还不能给自己找到恰当的表现形式。一方面,它要求表现;另一方面,又找不到确定的表现形式。于是,在要表现与表现之间,内容与形式之间,就出现了矛盾。由于这一矛盾,就使象征主义的艺术具备了暧昧、模糊和神秘等特点。例如用三角形来象征三位一体的神,无论怎样,都是不够清楚明白的,都有些暧昧、模糊而又神秘的地方。

象征主义的代表是东方的艺术。这是因为在古代的东方,人既没有从自然力的压迫下解放出来,还完全受物质的限制;同时,东方的专制制度,又使个性和人的自由意志无从伸张,从而使人类的精神生活受到桎梏。因此,正是在古代的东方,产生了物质形式压倒精神内容的象征主义艺术。

随着历史的发展,黑格尔把象征主义分成三种:不自觉的象征主义、崇高的象征主义和自觉的象征主义。

不自觉的象征主义,是对于象征的事物与它所象征的意蕴之间还缺乏自觉的意识。那就是说,它只是朦胧地感觉到而不是清醒地意识到它们之间的差别,以及它们之间的象征关系。这种不自觉的象征主义,经过三个发

---

① 黑格尔:《美学》英译本第2卷,第8页。
② 同上,第9页。"三位一体"是基督教的教义,认为上帝只有一个,但包括圣父、圣子、圣灵三位。

展的阶段：

（1）意蕴与形式的直接统一：把精神内容与物质形式混为一体，看不出它们之间的差别。例如波斯古代的拜火教①，把光即当作神，而没有看出光只是神的象征。

（2）幻想的象征主义：在古代印度，精神内容与物质形式有了分别，但这一分别，只是采取幻想的形式，而不是很清晰的。这样，精神内容有时绝对地从物质形式当中分离出来，成为一种抽象的"梵"，也就是最高的"太一"。对于这种"太一"，不仅不可言诠，甚至也不可思考。有时精神内容又与物质形式混在一起，以至牛、猴子、蛇之类，都被当成神来崇拜。这一情形，反映到艺术中，一方面认识到神不是感觉对象，另一方面却又把感觉对象当成神。这是一个矛盾。为了克服这个矛盾，于是他们就把感觉对象拿来加以夸张、歪曲，用来象征神。三头六臂、千手佛、千眼佛等神像的雕刻，就是这样产生的。

（3）真正的象征主义：这是黑格尔所说的理想的象征主义，以古代埃及的艺术为代表。在这里，精神内容与物质形式有了比较清楚的区分，精神就是精神，物质就是物质。同时，物质的感性材料又附丽于精神内容的理念，作为理念的象征而存在。神虽然还没有渗透到物质形式中去，但通过物质形式，我们却可以清清楚楚地看到神。例如埃及有名的建筑物金字塔，这是帝王和神兽的坟墓，黑格尔即说它是"隐藏了内在意蕴的巨大结晶体"。一个希腊历史家说，埃及人的住宅只是旅馆，坟墓才是他们真正的住宅。因此，他们的帝王建造了巨大的金字塔，作为他们死后的住所。他们给金字塔的每一个部分，都赋予象征的意义。例如塔的尖顶，象征日光；塔内庞大的结构、曲折的通道，象征人生的奥秘。其他如像凤凰、狮身人面像、神兽等，在埃及人看来，都是具有丰富而又明确的象征意义的。

在不自觉的象征主义里面，内在的精神意蕴还没有和外在的物质形式清楚地区分开来，因此，具有暧昧和神秘的意味。到了崇高的象征主义，二者第一次有了明确的区分。所谓崇高，黑格尔说："崇高，简言之，一般是企图表现无限。但在现象界中，又找不到能够清楚地适合于这种表现的对象。"②无限，是不可见的、没有形式的绝对意蕴，是不可言说的实体性的"太一"，它只能够用思想来构

---

① 又称"琐罗亚斯德教"，起源于波斯。南北朝时传入我国，称为祆教，又称拜火教。认为火是善和光明的化身。

② 黑格尔：《美学》英译本第 2 卷，第 86 页。

思。因此,它不可能用物质现象中的形式来象征,因为物质现象都是个别的、有限的。在这种情况下,如果要用物质形式来象征无限,只有在下列两种关系中才有可能:

(1) 积极的关系:这就是说,绝对意蕴或神,是各种现象的创造力,潜在于现象之中。为了要象征神,艺术就把现象提高,使它能够显示潜在的神。例如古代波斯和印度的泛神教,就是这种艺术。在泛神教看来,神无所不在,任何事物都是神的住所,都是神的象征。

(2) 消极的关系:神是最高的存在,超越于一切有限事物的上面,万古长存。而现象则是不断消灭和不断消逝的,现象正是以它的消灭和消逝,来证明神的伟大和光荣。希伯来的宗教诗和寓言诗,就是这种艺术。神(上帝)太伟大了,没有恰当的形式来表现,诗人只有在赞美诗中,在承认人的毫无价值的感情中,来赞美无限伟大的神。

这样,崇高的象征主义是来自无限与现象的两种关系:或者把现象当成神的创造,从而通过现象来象征神的无限;或者用现象的渺小来证明神的伟大,从而在现象的渺小中象征了神的无限。

至于自觉的象征主义,它比起不自觉的象征主义来,基本的特点是:它意识到精神意蕴的内容与物质的表现形式不是一个东西,从而把后者只当成前者的一个装饰。这样,这种象征主义的艺术,就不完全适合于美是理念的感性显现这样一个公式,因此,黑格尔认为这种艺术只是一种附属的艺术。它的内容既不能包括绝对理念,它的形式也充满了偶然性。这种象征主义艺术的代表是寓言、讽喻、故事等。在这些艺术中,内容与形式只是一种外在的附加的关系。例如寓言,它所写的内容是某种抽象的道德观念,形式则是某一特殊的偶然事件。二者之间,并不是相互契合的。因此,内容并得不到真正的表现,它只是通过象征的手段来加以暗示或讽喻。象征主义到了这时,也就解体了。

2. 古典主义艺术

在黑格尔看来,象征主义艺术,具有两个根本的缺点:(1)内容本身不稳定,理念还是抽象的理念,没有转化为具体的客观存在。(2)内容与形式之间,存在着不可克服的矛盾,不是分不清内容与形式,就是二者相互割裂开来。克服了象征主义的缺点,于是产生了古典主义的艺术。黑格尔说:"古典艺术克服了这双重的缺陷,它把理念自由地妥当地体现于在本质上就特别适合这理念的形象,因此理念就可以和形象形成自由而完满的协调。从此可知,只有古典艺术才初次提出完美理想的艺术创造与观照,才使这完美理想成为实现了的事实。"①那就是说,只有到了古典主义艺术,精神内容方才与物质形式达到了高度的统一,艺术美的理想方才得到了真正的实现。因此,只有古典主义艺术,方才是最理想的艺术,它是人类艺术发展过程中的黄金时代。

为什么古典主义时期的艺术,能够达到精神内容与物质形式的高度统一呢?这一原因,我们不能在形式中去找。正像在象征主义艺术中一样,这里起作用的,仍然是内容。作为古典艺术的内容的理念,这时不再是抽象的东西,它本身已转化为具体的心灵性的东西。因为理念是具体的,所以它就不再像在象征主义时期一样,外在于形式,而是自己把自己作为认识的对象,自己把自己转化为个性化的特殊形式。"就在它自己客观化的这一过程中,它取得了外在的形式。"②那就是说,到了古典主义,形式是理念本身的感性显现,因此,理念完全渗透到形式中去,作为它的精神内容;而形式则完全符合于内容的要求,充分地表现内容。这样,它们之间就达到了高度的统一。

一个民族要达到古典主义的阶段,照黑格尔看来,必须要发展到这样的水平:她的人民不再把理念当作抽象的东西,而是当作具体的东西来把握。希腊人民正是这样的人民,因此,希腊艺术是最理想的古典主义艺术。为什么呢?这就因为:

第一,希腊人生活在自由而又自觉的生活中。他们个人的自由与国家的普遍原则达到了高度的统一。他们的这种统一,一方面,不像古代的东方一样,建立在专制制度的基础上,除了皇帝一个人有自由外,其他的人的自由都受到摧残和抹煞;另一方面,它又不像近代工业化的人一样,把个人从国家的普遍原则中分裂出来,成为孤立的个人。相反的,在希腊人的生活中,是个人自由与普遍理想的统一,普遍的理念内容充分地显现为个性化的形式。正是这一基本特点,所以古典主义艺术就在希腊人那儿找到了最适宜的土壤。

第二,理念对于希腊人来说,不是抽象的,而是具体的。希腊人所信奉的神,是具有人的形体,并像人一样生活的神。人神同形,是希腊艺术和希腊神话的一个基本特点,也是古典主义艺术的一个基本特点。在希腊人看来,神就是普遍理念、普遍精神力量的具体化、个性化。例如希腊神话中最高的天神宙斯,是正义、

---

① 黑格尔:《美学》第1卷,第93页。
② 黑格尔:《美学》英译本第2卷,第170页。

道德、权力这样一些普遍精神力量的具体化、个性化;雅典娜,是和平与智慧这样一些普遍精神力量的具体化、个性化;阿波罗,是光明、青春、艺术这样一些普遍精神力量的具体化、个性化;维纳斯则是爱情这样一种普遍精神力量的具体化、个性化;等等。总之,在希腊人看来,理念不是抽象的,而是具体化了的像人一样的神。它直接活在人们的生活中,参与人们的生活而又推动人们的生活。但是,与人同形而又个性化了的神,活在人们生活中的神,却又不是个别的现象,他们是普遍精神力量的代表。黑格尔说:"他们既不是抽象的特殊,也不是抽象的普遍,而是特殊中的普遍。"①那就是说,希腊的神,是特殊与普遍的统一。正因为希腊人所理解的神,是特殊与普遍的具体的统一,所以他们的神话,他们的艺术,也就最能把普遍的精神内容与特殊的物质表现形式统一起来了。

希腊的艺术,是最理想的古典主义艺术。而雕刻,又是在希腊最有代表性的一种艺术。因此,如果说建筑是象征主义艺术的代表,那么,雕刻便是古典主义艺术的代表了。

比较起他的前辈来,希腊的艺术家,具备了下列的一些特点和优点:

(1) 内容的明确性:象征主义时代的艺术家,还掌握不住他的内容,他去追求内容。内容始终具有抽象的性质。古典主义时代的艺术家,情况就不同了。对于他,内容作为信仰,作为公众意见,或者作为神话或传说中的故事,"早已存在着了"。"对于他,一种完全明确而又公开的内容,展示在他的面前。他把生活中已经存在的美,接受过来,自由地加以再现。"②例如雕刻家斐底亚斯,即从荷马那儿,取得有关宙斯或其他神的题材。悲剧家们也用不着重新来创造他们作品中的基本内容,它们早已存在在他们周围的生活中了。

(2) 形式的稳定性:象征主义的艺术家,因为内容不明确,所以他们的形式也不稳定。为了同一个内容,他们可以有上千的未定的形式。古典主义的艺术家则不然。对于他们,"自由的形式是内容本身通过内容来确定的"。那就是说,古典主义艺术家,只需要去掉外部现象中那些偶然性的东西,使形式适应于内容,也就行了。这样,在古典主义的艺术中,形式与内容是同时发展的,因此,它们互相非常适应。内容是明确的,形式也是稳定的。

(3) 艺术技巧的完美:古典主义的艺术家,对于感性的物质材料,达到了任

---

① 黑格尔:《美学》英译本第 2 卷,第 243 页。
② 同上,第 184 页。

意操纵,使它们服从于他们的艺术目的。这样,内容就可以通过外在的手段,自由地无拘束地表现出来。有了这样完美的技术,艺术自然可以达到高度的完美了。

总之,对于古典主义的艺术家来说,"他的作品说明它是精神高度发展的人的产物。他知道他的愿望,他也有能力完成他的目的。对于他决心要在艺术的形式中显示出来的意蕴和内容,他固然不是含糊的;对于操作过程中任何技巧上的缺点,他也是能够攻克的,阻难不了他的"①。正因为这样,所以古典主义的艺术,常常成了完美的艺术的等同语。那就是说,并不限于古典主义时代的艺术,任何艺术作品,不管它是象征主义的或浪漫主义的,只要它是完美的,我们都称之为"古典的"。这样,"古典艺术"已超过了古典主义时代艺术的特有范围了。

但不管怎样,古典主义艺术也必然要走向没落和解体的道路。这首先是由于艺术的性质所决定的。美必须让位给真,艺术必须让位给宗教和哲学。古典主义达到了艺术的顶峰,但是,它却不是理念发展的顶峰。理念最后必须抛开物质形式,完全通过思维的形式来认识自己。因此,理念不能停留在古典主义艺术上,它必须向前发展,使精神内容超过物质的表现形式。这样,古典主义也就必然要向着浪漫主义过渡了。其次,希腊的本身也包含了解体的因素。理念在希腊的神中,只能显现为特殊的心灵,而不能显现为永恒的绝对的心灵。神与神间相互战斗,相互限制,神本身也免不了有缺点。哪怕最高最有权力的神,如像宙斯,也不能不受命运的支配。这样,他们就不是绝对自由的、无限的,他们失去了神应有的本性。于是,他们自然要走向解体了。

3. 浪漫主义艺术

如果说,象征主义艺术是物质形式压倒精神内容,内容还外在于形式,没有走到形式中去;古典主义艺术是物质形式与精神内容的和谐,内容走到了形式当中去,成为形式内在的内容;那么,到了浪漫主义艺术,精神内容就不再满足于物质的形式,它太丰满了,物质形式装不下,它溢出了物质形式,回到了它自己的本身。因此,在浪漫主义艺术中,精神内容就压倒了物质形式。因为精神内容压倒了物质形式,而精神内容是主观的、内在的,所以在黑格尔看来,浪漫主义艺术的基本特点,就是"绝对的主观性","绝对的内在性"。这样的一种浪漫主义,从艺术的角度来看,它没有古典主义那么完美,赶不上古典主义,因为艺术的本质,应

---

① 黑格尔:《美学》英译本第2卷,第183页。

当是理念内容与物质表现形式之间的高度的统一。但是,从理念自我发展的过程来看,理念不断地克服物质的障碍,不断地回到它精神性的本性,这样,浪漫主义又高过了古典主义,因为浪漫主义更多地表现了精神的胜利。

希腊的众神,是古典主义的具体内容;基督教的神,则是浪漫主义的具体内容。黑格尔说:"在这个神庙里面,众神退位了,主观精神的火焰摧毁了他们。代替多神论的造型艺术,现在,只承认一个唯一的上帝,唯一的精神,唯一的绝对自我存在。"①希腊的神,还属于特殊的心灵,基督教的神,上帝,则属于永恒的绝对的心灵。但是,基督教的神,也不是抽象的,他把他自己分散到特殊的当中去,他走入现实世界,变成肉身。那就是说,上帝变成了基督,超死入生,克服困难,历经险阻,最后取得了灵魂对于肉体的胜利,回归到上帝。肉体死亡,灵魂再生,这是基督教的至高真理。生,死,再生,也就成了浪漫主义艺术的描写不尽的题材。

精神要发展,必须有它的对立面,它的"异己"。这一"异己",在古典主义艺术中是物质。但在浪漫主义艺术中,精神已从物质中退了出来,因此物质不再是它的"异己"。它的"异己",就是它本身。也就是说,灵魂的自我分裂,内心的矛盾,成了浪漫主义艺术的中心主题。既然灵魂是分裂的,内心是矛盾的,所以古典主义艺术那种和悦、静穆而又福气的境界没有了,有的是冲突、动作和运动。有冲突,就免不了有痛苦、罪恶和丑。这些东西,古典主义艺术是不大描写的,可是浪漫主义艺术却大量地加以描写。但是,由于浪漫主义的精神,已经退回到它的内心里面去,所以在浪漫主义艺术中,冲突和运动,不是在外在世界中展开,而是在内心里面撕裂。这样,描写内心的冲突和矛盾,就成了浪漫主义艺术的一个重要特点了。通过内心生活的描写,它所要显示的,不是物质世界的重大事业,而是自我的人格。同时,因为浪漫主义艺术家所描写的,多是内心生活,因此,他所采用的方法,常常是"内省"的方法。那就是说,他对他所描写的,不断地进行主观的分析和解释。这就因为外在的形象已不能充分地表现内容,所以须要靠主观的分析和解释,来帮助说明了。黑格尔的这一讲法,与席勒对于感伤诗的讲法,基本上是相一致的。

浪漫主义艺术的第一个阶段,开始于中世纪的基督教。这时,它还属于宗教的范围,通过艺术来为宗教服务。对上帝的爱,构成了它的中心内容。它所描写的题材,首先是基督得救的历史。上帝把自己变成人,在有限的世界中取得实际

---

① 黑格尔:《美学》英译本第 2 卷,第 284 页。

的存在,经过有限世界的苦难和磨炼,再回复到自身。其次是对圣母、圣子、圣徒等的爱,通过爱来调和神与人之间的感情。第三,描写忏悔和苦修,并经过它们,人的灵魂得救,回归到上帝。这里面,包括了殉教士、灵魂的转变、奇迹等等题材。

浪漫主义艺术的第二个阶段,是骑士精神。骑士精神的主要内容,是"荣誉、爱情和忠诚"[1]。和古典主义艺术不同的,是这些精神在浪漫主义艺术中都不是表现为普遍的社会力量,而是表现为个人的人格。例如,拿荣誉来说,就不是为了任何社会的伦理观念,而去争取荣誉。他争取荣誉,"仅只是为了个人人格的得到承认和形式上的不可侵犯"。同样,爱情也是如此。爱情是"这个领域的中心题材。它只是一个人对另外一个人的偶然的激情。不管在想象之下,它可以扩展到多宽;也不管在感情洋溢之下,它可以发展到多深;但它都不是结婚或家庭的伦理关系"[2]。至于忠诚,由于它不是为了自己,而是为了一个更高的主人,好像具有更多的道德品质;但是,"忠诚并不关心社会的客观利益,那就是说,它并不关心国家的具体自由,它所关心的,只是一个主人的人格"[3]。因此,它也没有超出个人人格的范围。这样,在浪漫主义艺术中,自我本身作为目的,自我的无限性,构成了荣誉、爱情和忠诚的基本原则。他们所追求的,不是社会的普遍的目的,而是个人的自私的目的。在古代戏剧中,引起动作的是普遍力量的冲突;在近代戏剧中,引起动作的却都是个人的性格。性格成了近代戏剧的基础。莎士比亚的戏剧,就是典型的例子。

浪漫主义艺术发展的第三个阶段或领域,是文艺复兴以后的资本主义社会,黑格尔称为"个人特殊性在形式上的自我独立"。这个阶段的第一个特点,是"个人性格的自我独立"。黑格尔此处所说的性格,是说每个人都是"一个独特的性格,一个独立自足的整体,一个个别的人"[4]。因此,每个人的行为,都是依靠他自己。每个人都陶醉于他自己的世界,有他特殊的目的。莎士比亚的悲剧,所描写的就是这样的性格。"例如麦克白斯,即是由于他自己的性格的驱使,陷入了野心的罗网中去。"[5]因为人物的行为,来自他自己的性格,所以他的命运,他的

---

[1] 黑格尔:《美学》英译本第2卷,第327页。
[2] 同上。
[3] 同上,第328页。
[4] 同上,第354页。
[5] 同上,第355页。

失败,也都是决定于他自己。然而,这种独立的性格,仅只在形式上是独立自由的。这就因为他们要受到外部状况和环境的偶然性的限制。环境的偶然性,是这个阶段的第二个特点。那就是说,作为性格活动场所的外界环境,和人物的性格之间,并不具有必然的关系。环境对于人物,常常是不相干的。例如唐·吉诃德,就是一个很突出的例子。唐·吉诃德是有独立性的,而且坚持他的独立性,他坚决地为了他的骑士理想而去奋斗。但是,他的环境却是一个稳定的、和他格格不相入的世界,对他来说,是偶然的。独立的性格在充满了偶然性的环境中活动,这里面,自然就会出现冒险精神。所谓冒险精神,那就是说,人物抱着个人的各种目的、理想和野心去斗争;但他的环境却是散文气味的、安定的、平庸的,不仅不对他作出同情的反应,反而到处给他制造意想不到的障碍。这样,人物的每一个行动,都带有冒险的成分。近代小说所描写的,正是这样的一个世界。环境的稳定性,每一步都阻碍着人物的前进。父母的阻碍,亲友的阻碍,一般社会条件的阻碍,等等。因此,个人要追求什么目的,注定要和社会发生冲突。个人的独立性和环境的偶然性,二者的矛盾,就这样成了这个阶段的浪漫主义艺术的一个重要特点。

黑格尔认为,到了这个时期,浪漫主义艺术也就开始解体了。他认为,浪漫主义艺术比起过去的艺术来,还是有它的成绩的。首先,它扩大了艺术的题材。"在浪漫主义艺术的描写中,每样东西都找到了它应有的地位。生活中的各个部门,各种现象,最大的和最小的,最高尚的和最没有意义的,道德的和非道德的,以至罪恶的,都在它的描写的范围以内。"① 其次,艺术描写的对象,复又从外界转到内心,一般人心灵的活动、欢乐和痛苦、愿望和悲哀,成了它的主要内容。这样,它加深和丰富了艺术创作的内容,产生了一些过去所没有的新的性格。然而,正是它的这些成就,同时也是促进它解体的一些内在的原因。为什么呢?这就因为外在世界的偶然性和内心世界的独立性,其中的矛盾得不到解决。艺术家面对着一个偶然的外在世界,他对它不可能有热情,他只是用冷嘲的态度来对待它。这样,他就不会纯真地富有诗意地来描写他周围的世界。他或者用一些技巧,巧妙地从外面来复写世界,这样就陷入了自然主义。或者呢?他陷入自己的内心里面,沉溺在个人狭小的主观世界中,感叹唏嘘,并凭幻想任意歪曲外在世界,弄得怪诞离奇。这样,他又走向了感伤主义。但无论是自然主义或感伤主

---

① 黑格尔:《美学》英译本第 2 卷,第 377 页。

义,黑格尔认为都不是艺术的康庄大道,都只会把艺术带向灭亡。近代散文气味的资本主义社会,就是这样把艺术带到了灭亡的道路。黑格尔慨叹地说:

> 荷马、索福克勒斯、但丁、阿里奥斯托、莎士比亚,再也不会出现在我们今天的时代了。①

从艺术本身的性质来看,黑格尔也认为浪漫主义艺术必然要解体。"在艺术中,和在人类其他的产品中一样,内容起着最后的决定作用。"②艺术的内容是理念,在象征主义艺术中,理念的缺陷引起形象的缺陷;在浪漫主义艺术中,则理念已经达到高度的完善,它已超过了物质形式,它再用不着通过物质形式来显示自己。这样,它最后必然会完全抛弃物质形式,回到它自身。浪漫主义艺术的必然解体,是和理念的这种性质分不开的。那就是说,理念最后必然要否定艺术的形式,向着更高的宗教和哲学发展前去。就这样,黑格尔从他的客观唯心主义的历史观出发,对理念唱了凯歌,却对艺术写下了墓志铭。

黑格尔关于艺术发展的历史类型的分析,我们介绍到此为止。恩格斯说:在历史哲学、法哲学、宗教哲学、哲学史、美学等"所有这些不同的历史领域中,黑格尔都力求找出并指出贯穿这些领域的发展线索"③。这一点,在他对于艺术历史类型的分析中,表现得十分明显。他对人类艺术发展的历史过程及其内在的规律,作了一个系统的全面的探讨。他的艺术历史知识之丰富,以及对各个历史时期艺术发展的相互联系和区别所作的深入的研究,都应当说是史无前人的。然而,他的这一切分析和研究,都是从历史唯心主义出发的。唯心主义的历史观给他带来了致命的缺点。这些缺点,主要表现在两个方面:

第一,唯心主义的公式主义。他颠倒艺术与现实的根本关系,不是从艺术反映现实,以及作为意识形态的艺术怎样在反映现实的过程中,随着社会现实的发展而发展,来探讨艺术的发展;而是相反的,他把作为"绝对"的、超于现实之上的理念,当成艺术发展的根据。理念的自我发展、自我实现,成了艺术发展的内在规律和基础。这样,艺术发展的规律,在他,就必然地不是来自艺术发展的客观实际,而变成了按照他的唯心主义体系所形成的一套固定的公式了。他根据理

---

① 黑格尔:《美学》英译本第 2 卷,第 396 页。
② 同上,第 400 页。
③ 恩格斯:《路德维希·费尔巴哈和德国古典哲学的终结》,第 10 页。

念的精神内容与物质的表现形式之间可能出现的三种关系,就把艺术的历史发展分为三种类型。这无异于是把事先设想好的公式或框框,硬套到艺术发展的上面去。有些地方,可能猜测到了一些艺术发展的规律;有些地方则是牵强附会,东拼西凑,以至自相矛盾。例如他把古代东方艺术,全部划归到象征主义艺术的范围,这不仅抹煞了东方艺术丰富的内容和巨大的成就,反映了他的"欧洲中心论"的资产阶级观点;而且他把东方艺术永远停留在象征主义的阶段,似乎东方艺术就不发展了,这和他的历史发展的观点,也是自相矛盾的。其次,他在举例说明各种类型的艺术时,有些地方也是含混不清的。例如莎士比亚,他有时把他说成是古典主义,有时又把他说成是浪漫主义。那么,莎士比亚究竟是属于哪一种类型呢?再者,他为了把理念说成是神,使艺术的发展与宗教的发展阶段相适应,于是罗马以后的基督教艺术,他通通划归到浪漫主义的范围之内。这样,不仅浪漫主义艺术的范围太大,时间太长,而且从罗马到中世纪、到文艺复兴以后,经历了奴隶社会、封建社会、资本主义社会,这是三个截然不同的社会形态,它们的艺术也有本质上的差别,可是黑格尔不管这一切,却笼而统之地都称之为浪漫主义艺术,这就未免太不符合艺术发展的客观事实了。以上几点,仅只是举几个例子,就足以说明黑格尔关于艺术发展的历史类型的说法,实际上是一种唯心主义的公式主义,而不是艺术发展客观规律的总结。

第二,艺术衰亡的悲观主义。黑格尔关于艺术必然衰亡的理论,一方面,是有其现实的和历史的根源的。他看出了资本主义生产方式对于艺术发展的敌对性质,看出了资本主义社会的平庸气味,这应当说是他的历史功绩。他认为希腊悲剧中的安提戈涅之所以具有力量,是因为她身上具有一种反映普遍力量的激情。若是在近代,就不可能具有这种激情,因此,她将不过是一个普普通通的好姑娘罢了。这一点,歌德和席勒等当时进步的文学家也曾经看到,因此,他们都曾希望到古代希腊艺术中去吸取力量,并用古代艺术形式的完美来克服近代生活敌视艺术的性质。他们能够这样做,是因为他们还处在资产阶级革命的某种乐观气氛中,还相信能够通过审美教育和提高艺术家的修养,来达到艺术的重新繁荣。可是,黑格尔处在王政复辟德国普遍落后的状况中,歌德、席勒之后德国也再没有出现任何伟大艺术家的迹象,于是,他断定随着"英雄时代"的过去,艺术也就必然将会随之衰亡。他的艺术衰亡的悲观主义结论,就是在这样的历史条件下得出来的。

但是,这只是问题的一个方面,对于黑格尔来说,更重要的是另外的一个方面。那就是他的方法与体系之间的矛盾。根据他的辩证方法,事物都是不断向前发展的,艺术不应当衰亡;可是,根据他的体系,绝对理念为了最后全部实现自己、认识自己,艺术必须让位给宗教和哲学。他为了体系的完整,必须牺牲他的方法;为了宗教和哲学最后取而代之,他也必须牺牲艺术。就这样,按照他的唯心主义体系的要求,在神(理念)所预定的发展方向中,艺术的命运就是预先注定了的、不可挽回的了。那也就是说,艺术必然让位给宗教,再代之以哲学,从而得出艺术必定走向衰亡的悲观主义结论。他花了许多笔墨,列举了大量的证据,他所要证明的,都不是人类艺术的欣欣向荣,而是人类艺术必然衰亡。

黑格尔这种关于艺术衰亡的悲观主义结论,不仅是荒唐的,而且是明显地不符合客观事实,不符合人类艺术发展的客观规律。因此,即使他自己,也常常不能自圆其说,从而陷入自相矛盾。例如,他一方面说,艺术的黄金时代是在古代希腊,罗马时代艺术就已经开始衰亡了。可是,另一方面他又常常列举罗马时代以后许多繁荣的艺术现象和杰出的艺术家。他不仅对但丁、阿里奥斯托、莎士比亚等评价很高,就是对他差不多同时的狄德罗、歌德、席勒等,评价也很高。他和席勒、谢林等一样,都认为不能用古代的史诗来写现代生活的题材,因而认为古代的艺术不能复活在今天。他还认为小说是近代艺术的巨大成就,详细探讨了小说这一形式在近代的产生,说小说是"世界和生活的完整图景",并认为小说是近代"自由艺术"的代表。这正是说明了近代艺术出现了新的繁荣的面貌。所以,黑格尔的说法本身就是自相矛盾的。

(八) 各门艺术的体系

黑格尔美学的第三个部分,是各门艺术的体系。这个部分,他谈得最多,分量上占了全书的一半,也就是相当于前面两个部分的总和。但我们却只想简略地谈一下。

所谓各门艺术的体系,事实上就是艺术分类的问题。对于艺术的发展,黑格尔反对断烂朝报式的做法,而要找出其中的历史线索和内在规律。同样,对于艺术的分类,黑格尔也反对孤立地罗列现象,而要一方面找出艺术分类的理论根据,另一方面又要历史地探讨每门艺术本身的"成长,繁荣和衰落"[①],也就是说,

---

① 黑格尔:《美学》英译本第3卷,第5页。

要找出每门艺术发展的逻辑过程。这样,艺术分类就不单纯是一个分类的问题,而更主要的是一个思想体系的问题了。

艺术分类的理论根据在什么地方呢?也就是说,黑格尔根据什么标准来对艺术进行分类呢?他说:"美是理念的感性显现。"任何艺术的内容都是理念,但理念要显现出来,却需通过感性材料。显现理念的感性材料是各不相同的。同一理念通过不同的感性材料显现出来,于是就形成了不同的艺术种类。因此,不同的感性材料是区分不同艺术的标志,艺术的分类是以感性材料作为根据的。但是,材料本身不能决定材料,决定材料的是内容。理念的精神内容要求通过什么材料来显现自己,它就采用了什么材料。这样,在艺术分类中起决定作用的,仍然是理念。理念自己通过不同的感性材料,把自己显现为不同的艺术种类。

同时,并不是所有的感性材料,都同样适合于显现理念。例如建筑,它的物质材料就超过了精神内容,不适宜于充分地显现理念。而诗,则差不多去尽了物质材料的痕迹,变成了语言,因此,最适宜于显现理念。这样,根据它们显现理念的功能的不同,于是各门艺术也就有了高低的差别。最高的是诗,最低的是建筑。这种高低的差别,和艺术类型发展的历史过程,复又是相互适应的。最低级的艺术建筑,基本上是代表象征主义的;雕刻代表古典主义;绘画、音乐和诗,则代表浪漫主义的艺术。当然,这种区分不是绝对的。古典主义和浪漫主义时代有建筑,正好象象征主义和古典主义时代有诗一样。

有了这些基本的看法,我们再来看看,黑格尔对于各门艺术是怎样理解的:

1. 建筑

建筑是黑格尔所说的最低级的艺术,物质材料占了绝对的优势。它不是按照心灵的规律,而是按照机械的规律,把一些自然的物质材料,组合成为三进向的坚固的形式。在这里,理念的统摄作用,是通过一些抽象的形式,如像平衡、对称、整齐划一等规律,显示出来的。象征主义的建筑,如像埃及的金字塔,除了象征某些抽象的概念之外,再无其他目的,建筑本身就是它的目的。古典主义的建筑,则建筑失去了它本身的目的,它变成了雕刻的附庸。那就是说,对于古典主义艺术来说,建筑是为神的雕像提供一个住所。浪漫主义的建筑,仍然保有象征的意味。例如哥特式教堂的尖顶,即有象征的意味。但是,浪漫主义建筑的这种象征意味,完全为浪漫的精神所统治,它成为表现内心灵魂的东西。例如尖顶是表示灵魂对于天国的向往,黯淡的光线是表示灵魂的安静,而封闭的教堂结构则表示建筑已成为内心灵魂的住所。因此,浪漫主义的建筑,它的象征意味,是为浪漫主义精神服务的,它已不同于象征主义时代建筑的那种象征意义了。

2. 雕刻

雕刻的材料虽然和建筑一样,仍然是坚固的物质。但是,它和建筑的不同是:建筑的材料没有心灵化,完全按照自然的规律来结构;雕刻的材料则已经心灵化,心灵把物质加以改造,使之取得人体的形式,用来充分地显现理念。因此,在建筑还看不到或看不清的理念,在雕刻中却处处洋溢了出来。理念的精神内容与物质形式,在雕刻中完全契合无间,不是物质形式压倒精神内容,也不是精神内容溢出物质的表现形式之外。正因为这样,所以雕刻是古典主义的代表艺术。在这里,"内在的心灵性的东西才第一次显现出它的永恒的静穆和本质上的独立自足"①。但是,雕刻只能表现宁静中的肃穆的普遍性格,却不能表现变化中的复杂的个性。即以描写运动而出名的《掷铁饼者》的雕像,也只能表现一个瞬间的动作,而不能再表现其他。因为这样,所以雕刻还不能够深入到个人主观的灵魂当中去。这是浪漫主义艺术的特长,而不是作为古典主义艺术代表的雕刻的特长。雕刻一般都不刻画眼睛,这就因为眼睛是个人灵魂的表现,而雕刻所着重表现的,则是具有普遍性的灵魂,普遍的理念。

3. 绘画

绘画、音乐和诗,都是浪漫主义的艺术。黑格尔认为,它们共同的特点是:精神内容从物质材料中解放了出来,取得了独立的地位。它们"抛弃了建筑的象征性和雕刻的古典理想"②,把多种多样的在行为和运动之中的主观生活,人类感情意志的广大领域,作为表现的对象。既然艺术的内容,已是化为个性化的理念,表现在各人的主观的内心生活中,因此,表现这一内容的物质形式,也就不再是坚固的物质,而是最易于心灵化的颜色、声音和本身就是观念性的语言了。相应于这三种感性材料,于是有绘画、音乐和诗。例如绘画,它否定了物质的空间性,只是通过光、线条和色彩,来组成一个平面。再从这个平面,幻化出一个立体的幻象。这个幻象没有物质的具体存在,只有艺术家所创造的外观。因此,绘画比雕刻所凭借的物质材料要少,而所表现的精神内容则比雕刻要多。人的各种特殊情态、性格,从心灵的最高品质以至孤立的自然现象,绘画都可以描绘出来。就是风景画,好像它所描写的是没有灵魂的自然,然而,风景画家所画的,并不是

---

① 黑格尔:《美学》第 1 卷,第 103 页。
② 同上,第 105 页。

单纯的外界自然,而是自然中与自己的心境相契合的各种状态。因此,风景画所描写的,主要的仍然是精神。

4. 音乐

音乐比绘画更进了一步,它否定了全部的空间,否定了全部的物质。它通过声音,把物质感性因素的可见性,转化为心灵性的可闻性。就这样,它把精神内容完全从物质的囚禁中解放出来了。正因为这样,所以"音乐成为浪漫主义艺术的中心"①。它是从绘画的抽象的空间性转化到诗的抽象的心灵性之间的一个"转捩点"。它没有绘画所保留的空间的绵延性,它只是声音在时间中的延续。雕刻和绘画,都有客观的形象,音乐则直接深入到人的灵魂的深处,直接诉之于人的感情。因此,音乐纯粹是主观的艺术。正因为这样,所以在还没有什么经验的少年,即使他各方面都还很平庸贫乏,但却可以显现出音乐的才能。这在其他的艺术中是不可能的。但是,单纯的自然的声音,还是不可能成为音乐的。只有当有秩序的声音发生了建筑的结构关系,从杂多的节奏和音律中显现了统一的理念原则,这时才是美的音乐。音乐的缺点是:声音是不明确的,同一个音调可以有许多不同的解释。这样,在黑格尔看来,音乐在理念的显现上,就受到了一定的限制。

5. 诗

这是黑格尔所认为的最高级的艺术。它把造型艺术和音乐艺术的特长,结合在一起。一方面,它不凭借任何感性材料而能将精神内容全部表现出来;另一方面,它又把音乐中那种不明确的声音变成了明确的语言。语言本身就是观念性的,是精神的符号,所以它适宜于描写精神。到了诗,感性材料对于精神内容的限制,可说全部清除。诗,通过想象,塑造出不仅在空间上完整而且在时间上延续的形象,这是它胜过绘画和其他造型艺术的地方;诗,内容丰富、广阔而且清晰明确,这又是它胜过音乐的地方。诗不仅胜过其他的艺术,而且能够综合其他各种艺术的特长。例如,它像建筑一样,能够描写庄严崇高的气概;它像雕刻一样,能够显现普遍性的品德和精神力量;它像绘画一样,能够状景写物,描情摹态;它也像音乐一样,能够动人感情,撼人心腑。因此,诗,可以说是艺术中的艺术。在各种历史类型的艺术中,都有诗。它的范围广大无边,任何题材都可以诗化,都是它描写的对象。正因为这样,所以诗和散文的差别,不在于题材的内容,

---

① 黑格尔:《美学》第 1 卷,第 107—108 页。

而在于处理题材的方式。黑格尔这里所说的散文,是科学散文,而不是文艺性的散文。科学以抽象的方式来表现普遍的规律,诗则把普遍的理念体现在特殊的现象中,并以理念为中心,形成一个生气灌注的统一体。

诗分为三种:史诗、抒情诗和剧诗。

(1) 史诗。史诗的特点是客观性,描写客观世界的人物和世界,以及人物活动的环境。史诗的人物常常是特出的英雄人物,他们的命运与整个民族的命运结合在一起。因此,史诗对于英雄人物的性格和事业的描写,经常反映了整个民族的盛衰史。荷马的《伊利亚特》和《奥德赛》,就是典型的例子。

(2) 抒情诗。抒情诗与史诗的客观性相反,它的基本特点是主观性。诗人自己歌唱自己内心的灵魂生活,歌唱自己对于生活某些方面的思想和感情。即使它所抒写的是某一件客观事物,这一客观事物也是因为渗透了他自己主观的感情而后才加以抒写。因此,抒情诗的主角可以说就是诗人自己。他自己成了作品结构的中心。但是,抒情诗如果要具有普遍的意义,能够普遍地诉之于人类的心灵,那么,诗人所写的感情,就应该是具有普遍意义的重大的感情。仅仅是个人自私的得失的感情,是没有什么意义的。

(3) 剧诗。史诗的客观性和抒情诗的主观性统一起来,就成了剧诗。它是诗歌艺术发展的最高阶段。一方面,它像史诗一样,通过人物的描写,展开情节和动作;另一方面,它又像抒情诗一样,描写个人的自我意识和人格的独立性。正因为这样,所以在剧诗中,事件不是由外在的世界所引起,而是由人物的意志和性格所引起。在这里,人物的性格成了中心。它不像史诗,表现全部复杂的民族特质;也不像抒情诗,把灵魂的生活局限在个人的情绪里面。它描写具有一定目的的人物性格,经过矛盾和冲突,达到普遍性的和解。那也就是说,经过矛盾的调和,永恒的正义取得了最后的胜利。

剧诗又分三种:悲剧、喜剧和正剧。

a. 悲剧。在黑格尔的美学体系中,悲剧所占的篇幅并不太多,但所占的地位却十分重要。这是因为:第一,像资产阶级学者布拉德雷说的:自从亚里士多德以后,"唯一以既独创又深入的方式探讨悲剧的哲学家就是黑格尔"[①]。第二,像另一个资产阶级学者诺克斯所说的:"如果谈论黑格尔的艺术哲学而不去考察

---

① 布拉德雷(1851—1935):《黑格尔的悲剧理论》,见《古典文艺理论译丛》1964年第8册。布拉德雷是英国的新黑格尔主义者,著名的莎士比亚研究专家。

他关于悲剧的本质的概念,那就几乎等于演《哈姆雷特》这出戏缺了丹麦王子的角色。"①资产阶级学者对黑格尔的评论,当然不可能都是正确的,但以上两点,却如实地说明了黑格尔关于悲剧理论的重要意义。悲剧论在黑格尔美学中之所以重要,正如汝信和杨宇两位同志说的:他"把悲剧看作一切艺术形式中最适合于表现辩证法规律的艺术"②。黑格尔的悲剧理论的基础,就是建立在他的辩证法的冲突论之上的。

但是,黑格尔是从唯心主义出发,来说明悲剧的冲突的。他认为绝对理念到了人类社会,分化为各种就本身来说都是合理的伦理力量,如像"夫妇、父母、子女、兄弟姊妹之间的家庭之爱;另外就是国家政治生活、公民的爱国精神、统治者的意志"③,等等。这些力量进入尘世,进入个人,就转化为不同人物的性格。悲剧中相互对立的人物,他们各自代表一种伦理力量,他们都各自认为自己所代表的理想或"普遍力量"是正确的、正义的,而他们的性格都是"卓然不群"的,都坚持自己的理想或自己所代表的普遍力量。于是,相持不让,相互否定,相互冲突,最后同归于尽,造成了悲剧的结局。就悲剧人物的每一方面来说,都是某种"普遍力量"的代表,因而都是合理的、正义的。但对绝对理念或绝对真理来说,他们所代表的力量却又都是片面的。因此,在悲剧中所否定的是片面的、虽然就其本身来说也是合理的力量,而不是绝对真理的本身。就在否定片面的力量的当中,绝对真理取得了最后的胜利,这就是永恒的正义。用黑格尔自己的话来说,就是:

在这样一种冲突里,对立的双方,就其本身而言,都是合理的,可是从另一方面来看,双方只能把自己的目的和性格的肯定的内容,作为对另一个同样合理的力量的否定和损害予以实现,结局就是它们在伦理的意义上,并且通过伦理意义来看,全都是有罪的。④

正因为他们都有罪,所以导致悲剧的结局乃是必然的。这一结局,是使各自

---

① 引自汝信、杨宇:《西方美学史论丛》,第156页,上海人民出版社,1963年。
② 同上,第158页。
③ 黑格尔:《悲剧、喜剧和正剧的原则》,王汝译,引自《西方文论选》下卷,第306页,上海人民文学出版社,1964年。
④ 同上,第308页。

片面的力量在绝对真理面前重新取得和解,把被扰乱了的安宁重新恢复过来。那就是说,通过悲剧的结局,"永恒的正义才能在若干目的和若干个人身上实现,也就是说,使扰乱它的安宁的个性毁灭,从而恢复伦理的实体和统一"①。正因为这样,所以黑格尔认为悲剧的结局,不仅是亚里士多德所说的单纯的"恐惧和怜悯"的感情,"还有和解的感情"②。因为是和解的感情,所以悲剧的结局还能给人带来愉快和满足。

黑格尔认为,最能典型地说明他的悲剧理论的,是希腊索福克勒斯的《安提戈涅》。在这部悲剧中,国王克里翁代表国家的伦理力量,他把借外兵来争夺王位的波吕涅克斯处死,并禁止有人去收尸,他的做法是正义的、合理的;另外,波吕涅克斯的妹妹安提戈涅代表兄妹之爱的伦理力量,她违犯禁令,大胆收尸,埋葬了她的哥哥,这也是正义的、合理的。正由于他们各自坚持自己的正义性,于是发生冲突,国王杀了安提戈涅。但安提戈涅的未婚夫是国王的儿子,他因安提戈涅之死,也自杀了。这样,国王克里翁和安提戈涅两方面,各以自己片面的正义性,否定对方片面的正义性,结果两败俱伤,同归于尽。但是,在这里受到惩罚的,只是二者的片面性。国家和兄妹之爱这两种普遍的伦理力量,却并没有遭到任何的损失。它们在冲突中,都各自克服了自己的片面性,重新取得"和解",达到"永恒的正义"的胜利。

黑格尔对于悲剧的这种看法,一方面强调悲剧来自冲突,而且来自具有普遍意义的重大力量之间的冲突,并且认为这种冲突及其导致的悲剧结局都是必然的、合乎规律的。这一讲法,应当说是正确的,是他对于悲剧理论的重大贡献。但是,另一方面,他又把悲剧的动因看成是精神性的普遍力量,而不是现实生活中的矛盾和斗争;把悲剧的冲突看成是善与善、也就是同样合理的力量之间的冲突,而不是善与恶、进步与反动之间的冲突;而且冲突的结果不是善战胜恶、正义战胜非正义,而是矛盾的调和,而是"永恒的正义"的胜利;所有这些,都明显地暴露了他的唯心主义观点和庸人观点。他运用这样的观点,来解释历史上革命人物为了进步的理想而遭受的牺牲,更显得十分的荒唐和错误。他认为革命人物代表新的社会理想,是正义的,但也是片面的;反动阶级代表现存的秩序,也应当是正义的,虽然也是片面的。结果,革命人物以自己的片面性去反对现存秩序的

---

① 黑格尔:《悲剧、喜剧和正剧的原则》,引自《西方文论选》下卷,第308页。
② 同上,第310页。

片面性,从而导致冲突,造成悲剧,这是他罪有应得,完全是合理的。虽然黑格尔也承认,革命人物的死亡,"遭到毁灭的只是他们个人而不是他们的原则",但他把革命人物的死亡看成是罪有应得,这就十分反动了。

拉萨尔就是运用黑格尔的悲剧观点来写他的《济金根》的。他认为他剧中所写的冲突,是"革命观念的最深刻的和永远的冲突,同时被贯注到济金根本人心中成为在他身上起作用的、因而引起他的过失的因素"①。他除了加上"革命"两字之外,差不多原封不动地引用了黑格尔的观点。正是从这样的观点出发,他得出了"当时的农民运动是和贵族党派同样反动"②的荒谬结论。因此,马克思和恩格斯在致他的信中,对他的悲剧观念提出了严肃的批判。

b. 喜剧。在悲剧中,人物性格都有真实的内容,都具有"独立自足性",他们的失败和毁灭,只是由于片面性。可是,在喜剧中的人物,却缺乏真实的内容,缺乏"独立自足性",但他们并不认识到这一点,而自以为有真实的内容,自以为有"独立自足性"。就在这种"本质和现象、目的和手段"之间的矛盾中,揭穿了他们的虚伪性,从而变得滑稽可笑。在黑格尔看来,产生喜剧的,有三种情形:第一,人物的性格和他们所追求的目的,都是虚假的,没有什么真实的价值的,然而却一本正经,当成真实的和有价值的东西来追求。"例如贪婪,就它追求的目的来说,或者就它使用的猥琐手段的概念来说,先就显出本身是虚空不实的东西。"但是,当事人却"以十分认真的态度和规模巨大的准备工作,力求实现"③,这自然就十分令人可笑了。第二,人物所追求的目的是实体性的,有意义的,但他们的性格和所使用的手段,却远远达不到上述的目的。目的与手段之间形成了鲜明的对比,于是产生了喜剧性。例如希腊阿里斯托芬④的《公民大会妇女》,当中描写雅典妇女乔扮男装,召开公民大会,决定将政权转交给妇女,然后实行社会改革,将私产收归公有,并实行公妻制。但是,"在这出戏里,那些企图讨论和制定新的国家宪法的妇女,依然保存着妇女的全部脾气和情欲"⑤。因此,她们不仅不能实现她们的目的,反而显得滑稽可笑。第三,外界的偶然的意外事件,以其变化多端和异乎寻常的发展,所造成的人物性格与其周围环境不相配合的鲜明

---

① 《马克思恩格斯论艺术》第1卷,第61页。
② 同上,第67页。
③ 黑格尔:《悲剧、喜剧和正剧的原则》,引自《西方文论选》下卷,第312—313页。
④ 阿里斯托芬(公元前446—前385):希腊著名的喜剧作家。
⑤ 黑格尔:《悲剧、喜剧和正剧的原则》,引自《西方文论选》下卷,第313页。

的对比,也是产生喜剧性的一个根源。

在黑格尔看来,在喜剧中,那些愚蠢的、虚假的东西,那些非理性的东西,通过对于喜剧人物的嘲笑,把他们加以否定,从而使真正伦理性的东西取得胜利。那也就是说,在黑格尔看来,在喜剧中取得最后胜利的,仍然是"永恒的正义"。同时,他从他的阶级偏见出发,认为统治阶级的人物有"独立自足性",因此,不适宜于作喜剧的主角。反过来,被统治阶级的人物,由于"他们的主子们的专横意志就是等于法律","现存关系所产生的这些局限就把被统治者的一切独立自足性都破坏无余了。因此,被统治阶层的情况和性格一般地比较适宜于喜剧和喜剧性的作品"。① 黑格尔的这一讲法,是从统治阶级的立场和当时被统治阶级所支配的喜剧作品的实际情况来谈的。它的反动性和反人民的性质,是很明显的。

c. 正剧。这是处于悲剧和喜剧之间的一种第三种体裁的剧诗。古人的羊人剧②就属于这一类。它缺乏悲剧性,但却很严肃;同时,歌队又是以喜剧的方式来处理的。悲喜剧也是正剧的一种。正剧的目的,在黑格尔看来,仍然是"各种利益的和解和各种目的与个人的和谐一致"③。不过,黑格尔认为这种戏剧没有悲剧和喜剧那样稳定,容易沦为散文,因此,他并不十分重视。但从这里,也可以看出来,十八世纪以来所出现的新的社会戏剧,也引起了他的注意。

总结以上所说,可见黑格尔对于艺术的分类,也是从他整个唯心主义的体系出发的。为了迁就他的体系,在许多地方,他都不仅明显地歪曲了艺术事实,而且明显地自相矛盾。他机械地把各门艺术分成高低的等级,并机械地把它们套到各种艺术类型当中去,这就完全是我们前面所批评的公式主义的、削足适履的做法。这一做法,有时明显地行不通,所以他自己也不得不作了一些补充和修正。例如他一方面认为建筑是代表象征主义的艺术,可是另一方面,又不得不承认古典主义和浪漫主义的艺术中,也有相当有成就的建筑。他一方面说雕刻是代表古典主义的艺术,诗是代表浪漫主义的艺术,可是另一方面却又说诗是最高级的艺术,这不明显地违反了他关于古典主义是艺术发展的顶峰的说法吗?尤其是在悲剧的问题上,一方面他认为悲剧是浪漫主义的最高发展,另一方面又认为只有古代希腊的悲剧才最适合他关于悲剧的概念。他的悲剧理论就是以希腊

---

① 黑格尔:《美学》第1卷,第239页。
② 羊人剧:古代希腊在演出悲剧后,常附加一种轻松愉快的戏。由于歌队是由扮成希腊神话中的"羊人"所组成,因此得名。
③ 黑格尔:《悲剧、喜剧和正剧的原则》,引自《西方文论选》下卷,第315页。

的悲剧作为根据的。这一方面是自相矛盾,另一方面也明显地违背了近代悲剧无论在内容的广阔、思想的深度以及表现的生动方面,都超过希腊悲剧的客观事实。因此,尽管黑格尔学识非常渊博,也对艺术的分类问题作出了一些历史的贡献,但由于他的唯心主义的根本性质,却使他不能不陷入自相矛盾,不能自圆其说。

(九)黑格尔美学思想的小结

恩格斯在谈到黑格尔的伦理学时说:"在这里,形式是唯心的,内容是现实的。"① 我们读黑格尔的《美学》,也深有这样的感觉。他满口绝对理念、观念、普遍力量、神、精神、心灵性、观念性,等等,从头到尾,都像一个用唯心主义的概念所织成的庞大而又错综复杂的蜘蛛网,叫人目迷五色,觉得神秘而又荒唐。然而,你如果耐心地读下去,剔除他这些唯心主义的糟粕,剥开他的唯心主义的外壳,你又会觉得处处有"合理的内核",处处有宝石和珍玩,供你采纳。这里,至少有两点,令人惊奇:

第一,他有丰富的历史知识和文学艺术的知识。从古到今,人类杰出的艺术家和艺术作品,他都似乎了如指掌。希腊的雕刻、史诗和神话,中世纪的民间歌谣和建筑,文艺复兴时期意大利和荷兰的画家,以至近代的文学作品,如莎士比亚、歌德、席勒等人的作品等,他都既能从历史方面又能从理论方面进行分析,从而使他的美学始终贯彻着历史与逻辑两方面的统一,既有"宏伟的历史观",又能提高到一定的理论高度上来认识。正因为这样,所以美学到了黑格尔手上,方才面貌一新,堂庑扩大,成为一门理论与历史相结合的、系统的历史科学。

第二,强烈的现实感和资产阶级的人道主义精神。黑格尔处在资产阶级文化意识发展到顶峰而又开始分化和解体的时代。这时反动的浪漫主义和神秘的直觉主义,不仅在哲学、美学和文学艺术中已经出现,而且相当嚣张,颇为风行。它说明资产阶级已经在开始走下坡路。和黑格尔差不多同时的反动的浪漫派诗人,以及许莱马哈、叔本华、尼采等哲学家和美学家,就代表了资产阶级中的这种反动的和颓废的倾向。但是,黑格尔却不仅没有追随这种倾向,而且在他的美学著作中大力反对这种倾向。他的《美学》与歌德的《浮士德》一样,都是德国古典

---

① 恩格斯:《路德维希·费尔巴哈和德国古典哲学的终结》,第27页。

美学中最光辉的结晶。它们一个以理论的形式,一个以艺术形象的形式,同样表达了资产阶级上升时期中那种积极的坚定的精神。浮士德说:

> 人是只须坚定,向着周围四看,
> 这世界对于有为者并不默然。①

黑格尔在《美学》中也一再歌颂刚毅而伟大的性格,号召人们"去对现实起意志,去掌握现实"②。他说:"艺术作品应该揭示心灵和意志的较高远的旨趣,本身是人道的有力量的东西,内心的真正的深处。"③正因为这样,所以他强调人的力量,强调人物性格是艺术的中心,表达了资产阶级上升时期人道主义的理想。同时,他又把"真实"看成是艺术的一个重要品质,认为艺术是"时代精神"的表现,艺术家"属于他自己的时代",号召诗人要为"自己的民族和时代而创造"④。这样,透过他那烟雾弥漫的唯心主义体系,我们却又处处嗅到了资产阶级现实主义的精神,觉得他不但没有脱离现实,而且具有强烈的现实感。

但是,黑格尔毕竟是资产阶级学者,他的美学毕竟是建立在唯心主义体系之上的。他的美学不但完全是资产阶级的货色,属于资产阶级的范畴,而且彻头彻尾是为资产阶级服务的。他公开颂扬普鲁士的专制制度,公开承认阶级剥削的合理性,公开污蔑被统治的劳动人民、把劳动人民当成喜剧讽刺的当然对象,以及其他等等,都反映了他的剥削阶级的立场。正是从这样的立场出发,他把他的美学建立在唯心主义的基础之上。他认为"美是理念的感性显现",从而把美和艺术的源泉,说成是来自天上,来自理念。理念转化为各个时代的时代精神,方才出现了各个时代的不同的艺术风格、不同的艺术类型和种类。按照理念自我发展和自我实现的过程,艺术的黄金时代只能是过去,艺术的前途更只能是死亡。他和席勒都看到了资本主义社会对于人性的分裂,都看到了资本主义生产方式不利于艺术的发展。席勒因此希图从另外一个理想的世界去培养他所理想的艺术家,黑格尔则直接给艺术唱了挽歌,认为艺术已经没有未来。这都是他们阶级的局限性,使他们得出这样错误的结论。他们没有看到"沉舟侧畔千帆过,

---

① 歌德:《浮士德》第 2 部,第 349 页。
② 黑格尔:《美学》第 1 卷,第 301 页。
③ 同上,第 345 页。
④ 同上,第 328 页。

病树前头万木春"①,资本主义社会灭亡了,艺术还有灿烂光辉的远景!

不仅这样,他由于运用了辩证法,在美学中所闪现出来的一些光辉思想和猜测到了的一些客观事实和规律,也被他的剥削阶级的阶级立场和唯心主义思想体系,罩上了一层厚厚的浓雾和阴暗惨淡的霉斑。最突出的,就是他关于矛盾冲突的学说。他强调矛盾冲突,把矛盾冲突当成引起动作的原因,应当说是他的重大的贡献。但是,第一,他把矛盾冲突说成是绝对理念的自我分裂,把冲突的各方说成是绝对理念的子女。这样,艺术中所反映的矛盾,就不是现实生活中的阶级矛盾以及各种社会力量的矛盾,而是代表普遍力量的各种精神性的伦理观念之间的矛盾。这就完全头足倒置,颠倒事实了。第二,冲突的结果,不是善战胜恶,正义战胜非正义,进步战胜反动,而是冲突的双方,各自克服片面性,达到和解。那就是说,他把矛盾的调和,"理想的静穆",当成艺术最高的境界。这就明显地反映了当时德国资产阶级的那种妥协性和软弱性。

因此,对于黑格尔,我们必须运用马克思列宁主义的分析方法,既要看到他的历史的贡献,肯定他的历史的地位;又要看到他的阶级的局限性,看到他的唯心主义的本质。

---

① 刘禹锡:《酬乐天扬州初逢席上见赠》。

六、对于德国古典美学的批判

对于德国古典美学及其主要的代表人物康德、费希特、谢林、歌德、席勒和黑格尔,上面作了一些分析和介绍,也作了一些批判。当然,这个分析和介绍是很不全面的,批判也是很不深刻和很不有力的。然而,就从这些分析和批判中,我们已经可以看出来,德国古典美学的根本性质是唯心主义的,它是当时德国的资产阶级与封建贵族相妥协的产物,因此,虽然在不少方面它也反映了当时资产阶级的一些进步要求,但在更多的方面它却起了为当时反动的统治阶级服务的作用。不过,虽然这样,由于当时科学文化水平的高度发展,文学艺术的繁荣,以及德国古典哲学的成就,德国古典美学收获和总结了所有这一切,所以它的内容就比较丰富和复杂,理论就比较深刻和完整,差不多美学中的各种重要问题,它都涉及了,并且提出了一系列比较富有创造性的看法,因此,它能够对以后的美学产生出很大的影响。各种反动的资产阶级美学家,固然从他们这里继承了唯心主义的衣钵,并加以进一步的发展,形成了近代资产阶级形形色色的唯心主义的美学;就是进步的美学家,也莫不在不同的程度上,受到他们的影响,并从对他们的批判出发,展开了对于唯心主义美学的斗争。费尔巴哈①、别林斯基②、车尔尼雪夫斯基③等,就是著名的代表。至于马克思和恩格斯,在某种意义上来说,也是从对于德国古典美学的批判开始,然后把它加以革命性的改造,从而建立了无产阶级的美学。因此,怎样正确而又全面地评价和批判德国古典美学,就成了马克思列宁主义美学重要任务之一。马克思主义的经典作家,已经完成了这一艰巨的任务,为我们开辟了前进的道路。我们必须努力学习马克思主义,

---

① 费尔巴哈(1804—1872):德国唯物主义的哲学家,曾对德国古典的唯心主义哲学,作过坚决的斗争。主要著作有《黑格尔哲学批判》、《基督教的本质》等。
② 别林斯基(1811—1848):俄国革命民主主义者、文艺批评家、哲学家。早年曾受黑格尔影响,后来成为唯物主义的哲学家。在和唯心主义美学思想的斗争中,起了很大的作用。
③ 车尔尼雪夫斯基(1828—1889):俄国革命民主主义者,唯物主义哲学家、文艺批评家。主要著作有《果戈理时期俄国文学概观》、《生活与美学》等。

并力图运用马克思主义的观点,来尝试性地探讨一下:资产阶级右翼和资产阶级左翼,是怎样从不同的立场和角度,来批判德国古典美学的;马克思主义又是怎样从无产阶级的立场和观点出发,以辩证唯物主义和历史唯物主义为武器,对德国古典美学进行了革命性的批判和革命性的改造,然后加以继承的。

(一) 资产阶级右翼对于德国古典美学的批判

列宁在《唯物主义和经验批判主义》一书中,曾谈到"从左边和从右边对康德主义的批判"①的问题。对于德国古典美学,后来也有来自右翼和左翼两方面的评价与批判。由于德国古典美学本身具有矛盾的性质,它既有唯心主义的方面,也有因为运用了辩证法而具有的某些合理的方面。同时,在对于一些具体的美学问题的看法上面,它也常常存在着一些矛盾。例如拿康德来说,一方面,他为了论证美和实际的利害是无关的,因而否定了美与道德的任何联系,但是,另一方面,他又一再谈到人的美的理想,而这种美的理想是和理性概念相联系的,是和道德相联系的,这样,他又一再肯定了美与道德的联系。正是由于德国古典美学的这种两面性、复杂性和矛盾性,所以由于批评者本身的立场不同,就既可以从左面来批评他们,也可以从右面来批评他们。从左面来批判,是否定他们唯心主义的体系,而批判地继承其中辩证法的合理的内核;从右面来批判,则是否定他们辩证法的合理的内核,而夸大和发展他们唯心主义的思想体系。所有资产阶级右翼的美学家,都是从右面来批判德国古典美学的。现在,我们想以叔本华②对于康德的批判、克罗齐③对于黑格尔的批判,作为例子,来简单地说明这个问题。

1. 叔本华对于康德美学的批判

叔本华在他的《意志和表象的世界》第二卷中,主要是批判康德的哲学。其中对于康德的美学著作《判断力批判》,也曾经简单地作过批判。他的批判,主要

---

① 列宁:《唯物主义和经验批判主义》,第189页。
② 叔本华(1788—1860):德国唯心主义的哲学家,唯意志论者,宣传悲观主义。主要著作有《意志和表象的世界》等。
③ 克罗齐(1866—1952):意大利唯心主义的哲学家、美学家。主要著作有《美学原理》、《精神哲学》、《黑格尔哲学中的活东西和死东西》等。

表达了这样一个意思：康德的唯心主义，还不够彻底。他认为，在康德以前研究美学的人，如像亚里士多德、莱辛等，走的主要是这样一条道路：分析什么事物是美的，什么事物是不美的，把重点放在客观事物的上面。而康德却走了另外一条道路：他不是从分析客观事物出发，而是从分析人的主观的感情出发，从而把美学从客观的方面转到了主观的方面。叔本华对于康德的这一做法，甚加赞许，认为康德所走的道路完全是正确的。从这里可以看出来，在美学中唯物主义与唯心主义的斗争中，叔本华是支持康德的唯心主义的路线的。不过，他还认为康德的唯心主义不够彻底。那么，什么地方不够彻底呢？在哲学上，他是讲得很清楚的，他把康德的"现象世界"变成"表象"，认为"世界就是我的表象"，从而彻底地否定了客观世界的存在；又把康德的"物自体"变成"意志"，认为世界的本体就是盲目的、非理性的"意志"，从而把康德的不可知论改造成为彻底的主观唯心主义。但是，在批判《判断力批判》的时候，他却没有进一步分析康德唯心主义的美学观点，究竟怎样不彻底。不过，虽然这样，我们从他在其他地方专门讨论美学的言论中，却可以看出来，他是把康德关于美的主观性和与利害无关等这样一些唯心主义的观点，进一步加以发展了。他所发展的东西，正是他认为康德的唯心主义还不够彻底的地方。

  在康德看来，美虽然是主观的，但毕竟还要在一定意义上联系于客观的事物，对具体的客观的感性事物进行审美的判断。审美的主体和作为审美对象的客体，都还具有一定的现实意义。可是，到了叔本华手上，他把这一切的现实意义全部清除了。他认为审美的主体，不是现实生活中具体的人，而是完全脱离现实的、没有任何现实关系的人。那就是说，审美主体不是某一个张三或李四，而是他所臆造出来的一种没有意志的人，所谓"纯粹的主体"。审美的客体，也就是作为审美的对象，也不是现实生活中某种具体的事物，而是表现了事物种类性的某种柏拉图式的理念，这种东西，他称之为"纯粹的客体"。纯粹的主体在直觉中对纯粹的客体进行观照，这就成了叔本华所说的美。这样，美到了叔本华手上，比康德变得更为主观，更缺少现实的意义和内容了，它变成了一种纯粹的观照。如果说，在康德的美学中，还一方面主张美与道德无关、与概念无关，另一方面又主张美是道德的象征，美是理性概念与感性形象的统一；一方面主张美没有任何现实的目的，另一方面又承认有些美（如依存美）具有一定的现实的目的；那么，叔本华则把这一切都连根斩断，把美看成完全是与道德、与概念、与现实的目的没有任何关系的东西。正因为这样，所以他会说,落日对于乞丐与国王同样是美的①,从监狱里或从皇宫里看落日也没有任何差别②。这真是反动到了极点。

然而,问题还不仅止于此。叔本华和康德有一个根本的分歧点:那就是在康德看来,宇宙的本体虽然是不可知的,但人所认识的世界还是合乎规律的、理性的。而叔本华则用意志来摧毁了这个合乎规律的、理性的世界,他认为宇宙的本体就是一种非理性的、不合乎规律的、盲目的生存意志。因此,康德的美学,一方面是唯心主义的,另一方面却还是理性的,他认为审美活动是想象力与理解力的自由和谐。想象力是自由的,理解力则是合乎规律的,审美活动的特点就是合乎规律的自由活动。但叔本华却否定了这一点,他认为审美活动完全是一种非理性的直觉活动。这种直觉活动,不可言谈,不可理喻,不仅不合理性,而且就是一种盲目的反理性的活动。从这一点看来,可见叔本华对于康德美学的批判,不仅把康德的美学向着更加彻底的唯心主义方向发展,而且向着反理性的方向发展。以后资产阶级唯心主义的美学家,基本上都是从反理性的角度来批判德国古典美学,并将之推向反理性的直觉主义的方向。

2. 克罗齐对于黑格尔美学的批判

克罗齐是新黑格尔主义者。新黑格尔主义者,一般是从主观唯心主义的立场出发,阉割和否定黑格尔哲学中合理的内核辩证法,而将其唯心主义的体系加以进一步的夸大和发展。克罗齐正是这样做的。他从右面来批判黑格尔,把批判的目标集中在辩证法上面。他在《美学》的第二部分③,即历史部分,以及《黑格尔哲学中的活东西和死东西》两本书中,都集中了火力,攻击黑格尔的辩证法。他认为黑格尔把世界的本体看成是"绝对精神",整个世界都是绝对精神发展的历史过程,这一唯心主义的观点,完全是正确的。不过,他比黑格尔更为彻底,他根本否认物质的存在,他认为哲学只研究精神活动,对于黑格尔用辩证法的矛盾观点来解释精神的历史发展过程,他大不以为然。他否定矛盾的普遍性。他认为在相反者之间,如善与恶、美与丑之间,可以有矛盾;但在相异者之间,如艺术与哲学、艺术与道德之间,却是既没有矛盾,又没有统一,它们是各自独立的领域。由于他看不到差异者之中也包含得有矛盾,所以他认为黑格尔把相异者之

---

① 叔本华:《意志和表象的世界》,英译本第1卷,第38节。
② 同上。
③ 克罗齐的《美学》一书,分为两部分。第一部分是《美学原理》,已有朱光潜的中译本;第二部分是《美学史》,尚无中译本。

间的关系也说成矛盾的关系,这是错误的。在克罗齐看来,黑格尔的美学有下面的一些缺点:

(1)克罗齐认为,从康德、谢林以来,德国古典美学都否认艺术能够表现抽象的概念,都否认艺术在它本身之外还有任何目的。这一点,黑格尔也是承认的。但是,由于黑格尔看不到艺术与哲学是相异者,他把艺术与哲学同样归属于绝对精神的领域,同样可以表现绝对精神,这样,他就不可能理解艺术真正的本质了,他就看不到艺术独立的价值了。那就是说,在克罗齐看来,黑格尔虽然承认艺术本身之外无目的,但因为他分不清哲学与艺术的界限,认为艺术可以像哲学一样表现绝对精神,这又给艺术加上了另外的目的,因此,他没有真正懂得艺术的本质。我们说,黑格尔把艺术归属于绝对精神的领域,固然是唯心主义的、错误的;但克罗齐所批判的,却不是黑格尔的唯心主义错误,而是从更为极端的主观唯心主义立场出发,要把艺术从人类生活和人类意识的其他领域中,完全孤立出来,达到"为艺术而艺术"的目的。黑格尔说:没有谓语的主语是空洞的。而克罗齐却说:"艺术正是没有谓词的主词。"[1]这样,黑格尔还在联系一定的世界情况和一定的时代精神来研究艺术,而到了克罗齐,艺术便完全脱离人类的社会生活和社会意识,变成孤立绝缘的东西了。

(2)黑格尔认为艺术虽然不能表现抽象的概念,但却可以表现具体的概念,即理念。艺术之所以有内容,艺术之所以有认识意义,正在于它表现了理念。在唯心主义美学中,黑格尔强调艺术的思想认识意义,正是他独特的地方。然而,克罗齐却特别不满意于他的这一点。克罗齐认为艺术是直觉。直觉与概念是相异者,它们之间既没有矛盾,也不能统一,但黑格尔却要把它们统一在一起,这是一个大错误。直觉的知识是完全不依靠理性的知识的,这正是艺术的审美活动的特点。可是,黑格尔却掺杂进理性的知识,这就破坏了艺术的审美活动了。因此,克罗齐像叔本华批判康德一样,是从反理性主义的立场来批判黑格尔的。他彻底地否定了艺术的思想性,否定了艺术的认识意义。在他看来,"原始的感性的确实性——这是我们在审美的冥想中所具有的,那里没有主体和客体的区别,没有一种事物跟一种事物的比较,没有在时空系列中的分类"[2]。一句话,艺术就是直觉,而且只是直觉。

---

[1] 克罗齐:《黑格尔哲学中的活东西和死东西》,第70页,商务印书馆,1959年。
[2] 同上,第69—70页。

(3) 黑格尔认为艺术与哲学,同样属于绝对精神,是绝对精神自我认识的不同阶段。艺术发展到最后,应当让位给哲学。这一点,克罗齐也深为不满。他认为这是因为黑格尔把辩证法运用到相异的概念,从而降低了艺术的地位,不仅没有正确地估价艺术,而且是"让哲学来给艺术写墓志铭"①,是一种"惊人的怪说"②。这一点,我们应当说,克罗齐是看到了一点问题的。黑格尔受了他的唯心主义体系的限制,最后不能不得出艺术将要灭亡的结论。但是,克罗齐自己给艺术所指出的道路,却不仅不比黑格尔高明,反而更为反动。黑格尔的缺点是看不到艺术的未来,而克罗齐却直接宣扬艺术脱离现实、脱离思想,直接号召把艺术当成逃避现实、粉饰现实的手段。这就比黑格尔更荒谬了。

从以上所谈,可见无论是叔本华也好,克罗齐也好,或者其他的资产阶级右翼美学家也好,他们都是从右面来批判德国古典美学的。他们把德国古典美学,导向更为反动的方向。他们夸大了其中唯心主义的因素,否定了其中合理的内核。他们的表现是多方面的,但主要的却不外两点:(1)进一步把艺术从人类社会生活中孤立出来,宣传"为艺术而艺术";(2)抽掉德国古典美学中的理性因素,强调反理性的直觉主义和神秘主义。

(二)资产阶级左翼对于德国古典美学的批判

资产阶级右翼的美学家,像我们前面所说的叔本华和克罗齐,夸大和发展了德国古典美学的唯心主义,否定和反对了它的辩证法。资产阶级左翼呢?对于德国古典美学的唯心主义,则进行了坚决的斗争和反对;而对于它的辩证法,虽然有时也有所肯定,但总的来说,是不重视的,是忽略的。正因为这样,所以他们反对了德国古典美学的保守方面,具有一定的激进的革命民主的倾向;但由于他们抛弃或忽略了德国古典美学中的辩证法,没有很好地加以批判继承,所以他们的批判不仅是不彻底的,有时甚至反而比德国古典美学更后退了。这一情形,我们可以拿费尔巴哈和车尔尼雪夫斯基为例,来加以说明。

1. 费尔巴哈对于康德和黑格尔美学的批判

普列汉诺夫在《从唯心主义到唯物主义》一文中,说:"费尔巴哈本人很少谈

---

① 克罗齐:《美学》英译本第二部分。
② 克罗齐:《黑格尔哲学中的活东西和死东西》,第 73 页。

到而且只是顺便地谈到艺术。但是他的哲学对于文学和美学却有很大的影响。"①因此,我们此地与其说是谈费尔巴哈对于德国古典美学的批判,不如说是谈他的哲学对于德国古典哲学中唯心主义的批判,从而动摇了德国古典美学唯心主义的理论基础,导致了德国古典美学的终结。

费尔巴哈出生于1804年,1824年到柏林大学读书,听黑格尔的课,是一个青年黑格尔左派。这时,正是德国资产阶级革命的前夕,阶级斗争非常尖锐,所以他很快地背叛了黑格尔。1826年,他向黑格尔告别说:"我听了您两年课,我两年来完全献身于研究您的哲学,但是,现在,我感觉到需要就教于与思辨哲学直接相对立的其他科学,即自然科学。"②1836年,他发表《黑格尔哲学批判》一书,正式与黑格尔决裂了。1841年,他出版了他主要的著作《基督教的本质》,跟着又出版了《未来哲学原理》、《宗教的本质》等书。在这些书中,他沿着批判宗教的道路,背叛了当时"占统治地位的哲学——黑格尔的哲学"③,高举起了唯物主义的旗帜。费尔巴哈的唯物主义在当时所引起的震动,只要我们读一下恩格斯下面的一段话,就可以知道了。恩格斯说:

> 这时,费尔巴哈的《基督教的本质》出版了。它一下子就消除了这个矛盾④,它直截了当地使唯物主义重新登上王座。……这部书的解放作用,只有亲身体验过的人才能想象得到。那时大家都很兴奋:我们一时都成为费尔巴哈派了。⑤

然而,正像黑格尔这个唯心主义的高峰不是孤立的一样,费尔巴哈这个马克思列宁主义以前的唯物主义的高峰,也不是凭空产生的,它有它时代的和阶级的根源。康德与黑格尔时,德国资产阶级与封建贵族相妥协,他们虽然也曾经向往革命,但他们却不但不敢得罪国王,而且歌颂国王,歌颂普鲁士的君主专制制度。可是,到了费尔巴哈时,德国资产阶级的力量已经壮大起来了,1848年的革命已经遥遥在望了,因此,他不仅不歌颂国王,而且把矛头直接指向当时封建的专制

---

① 《普列汉诺夫哲学著作选集》第3卷,第780页。
② 黑格尔:《逻辑学》下卷第575页附《黑格尔生平和著作年表》。
③ 费尔巴哈:《黑格尔哲学批判》,《十八世纪末—十九世纪初德国哲学》,第456页。
④ 这个矛盾,指青年黑格尔分子,为了反对宗教而返回到英国和法国的唯物主义,但他们曾经信奉的黑格尔哲学,却是唯心主义的。
⑤ 恩格斯:《路德维希·费尔巴哈和德国古典哲学的终结》,第13页。

君主。他说:"在一个一切以专制君主的慈悲和专横为转移的国家中,每一个规章都会变为朝令夕改的……无限制的君主国乃是无道德的国家。"①适应这种政治上的激进的革命民主精神,他在哲学上主张唯物主义,反对唯心主义。他的反对,主要集中在对于宗教的批判上。为什么呢?这一方面,是因为像恩格斯所说的:"政治在当时是一个荆棘丛生的领域,所以主要的斗争就转为反宗教的斗争。"而封建专制的政治制度,又总是和盲目信仰的宗教结合在一起,因此,反宗教的斗争,"间接地也是政治斗争"②。另一方面,则因为以黑格尔为代表的思辨哲学,事实上是在理性形式下的"创世说"。费尔巴哈就尖锐地指出,黑格尔"绝对理念""外在化"为自然的学说,不过是改装了的神学,"只是用理性的说法来表达自然为上帝所创造,物质实体为非物质实体亦即抽象的实体所创造的神学学说"③。正因为这样,所以"黑格尔哲学是神学最后的避难所和最后的理性支柱"④。因此,费尔巴哈对于宗教的批判,实质上是包括了对于黑格尔哲学的批判在内的。

与费尔巴哈同时,青年黑格尔派的施特劳斯⑤、鲍威尔⑥等人,已经在批判宗教了。施特劳斯写的《耶稣传》,其中检证了《圣经》中所写的一些奇迹和故事,不是真实的,而只是一些神话。这些神话是在基督教团体内部形成的,反映了这些团体信仰救世主的观念。这些神话的形成,都是无意识的。鲍威尔在《福音故事批判》中,不同意这个看法。他说,神话并不是无意识的,而是有些人为了宗教的目的,有意识地编造出来的。但是,只有到了费尔巴哈,方才对宗教进行了系统的深入的批判。因此,恩格斯说:"唯有费尔巴哈是个杰出的哲学家。"⑦

那么,费尔巴哈是怎样批判宗教的呢?他在《未来哲学原理》一书的开头,就说:"近代哲学的任务,是将上帝现实化和人化,就是说:将神学转变为人本学,将神学溶解为人本学。"那就是说,他是从人本学的立场出发来批判宗教的。他认为宗教的本质就是人的本质。按照宗教的说法,上帝创造人。费尔巴哈说,不对,是人创造上帝。"人是怎样想的,有怎样的心思,他的上帝就是怎样的:人的

---

① 《费尔巴哈哲学著作选集》上卷,第596页。
② 恩格斯:《路德维希·费尔巴哈和德国古典哲学的终结》,第12页。
③ 《费尔巴哈哲学著作选集》上卷,第114页。三联书店。
④ 同上。
⑤ 施特劳斯(1808—1874):德国哲学家,青年黑格尔左派代表人物之一。
⑥ 鲍威尔(1809—1882):德国唯心主义的哲学家,青年黑格尔左派的代表人物之一。
⑦ 恩格斯:《路德维希·费尔巴哈和德国古典哲学的终结》,第32页。

价值有多大,他的上帝的价值就有多大,一点也不更大些。上帝的意识就是人的自我意识,上帝的认识就是人的自我认识。你从人的上帝认识人,反过来又从人认识他的上帝;这两者是一回事。"①这就像希腊的色诺芬尼所说的:"假如牛和狮子都有一双手,能像人一样创作艺术品,那么它们也同样会描绘出神,并把它们自己的体形给予这些神。"②费尔巴哈认为宗教不是别的,它无非是人的本质的对象化,是人把自己的本质、品德、形象、生活等从人身上分离出去,把它说成是脱离人而独立存在的东西,并把它从地上搬到天上,使之成为神圣的和神秘的东西。就这样,费尔巴哈揭穿了宗教的秘密。马克思给予了肯定的评价,说:"他致力于把宗教世界归结于它的世俗基础。"③

  费尔巴哈揭穿了宗教的秘密,也就否定了超自然的东西。他认为唯一真实的存在,就是自然。离开了自然的本身,另外去找自然的原因,例如"从精神里面推出自然",那就"等于算账不找掌柜的,等于处女不与男子交媾仅仅凭着圣灵生出救世主,等于从水里做出酒,等于用语言呼风唤雨,用语言移动山岳,用语言使瞎子复明"④。人也不是旁的,人首先是一个自然的物质实体,即肉体。灵魂不能离开肉体而存在,它与肉体统一在人的身上。因此,他反对黑格尔那种在自然和人的生活之外,另外去讲什么精神、思维。精神、思维,就是作为人的实体的属性。人的意识,附属于人的存在,"存在的界限也就是意识的界限"⑤。人的意识包括三个方面:理性、意志、心情。理性是为了认识,意志是为了希望,心情是为了爱。人都要认识,都要希望,都要爱。而认识、希望和爱,又都和对象分不开。"人没有对象就不存在",这个对象不是别的,就是自然。自然是人的存在的基础。作为人的对象的自然有多大,人的本质也就有多大。"毛虫赖以生活的小树叶子,在毛虫看来就是一个世界,一个无限的空间。"⑥因此,人的本质,也就决定于他所生活于其中的自然。生活与自然,是费尔巴哈的哲学的出发点,也是他的美学的出发点。

  从生活与自然出发,费尔巴哈把黑格尔的美学从"天上领域"引回到人间的

---

 ① 费尔巴哈:《基督教的本质》,《十八世纪末—十九世纪初德国哲学》,第494页,商务印书馆,1960年。
 ② 色诺芬尼(约公元前430—约前355):古代希腊的历史学家。这段话引自列宁《哲学笔记》,第256页。
 ③ 马克思:《关于费尔巴哈的提纲》,《马克思恩格斯选集》第1卷,第17页。
 ④ 费尔巴哈:《宗教的本质》,《十八世纪末—十九世纪初德国哲学》,第579页。
 ⑤ 费尔巴哈:《基督教的本质》,《十八世纪末—十九世纪初德国哲学》,第483页。
 ⑥ 同上,第489页。

领域。他说:"我并不否认……智慧、善良、美;我只是不承认它们这些类概念是存在物,不管它们是表现为神或神的属性的存在物,还是表现为柏拉图的理念或黑格尔的自己设定的概念的存在物。"①又说:"哲学是关于真实的、整个的现实界的科学;而现实的总和就是自然(普遍意义的自然)。最深奥的秘密就在最简单的自然物里面,这些自然物渴望彼岸的幻想的思辨者是踏在脚底下的。只有回到自然,才是幸福的源泉。把自然了解成与道德上的自由相矛盾,是错误的。自然不仅建立了平凡的肠胃工场,也建立了头脑的庙堂;它不仅给予我们一条舌头,上面长着一些乳头,与小肠的绒毛相应,而且给予我们两只耳朵,专门欣赏声音的和谐,给予我们两只眼睛,专门欣赏那无私的发光的天体。"②从这两段话看来,可见费尔巴哈反对黑格尔把美看成是概念的存在物,反对黑格尔等思辨者把自然物踏在脚底下,而另外去"渴望彼岸的幻想"。他认为美就在自然之中。回到自然,追求人的幸福生活,这应当是新的美学的出发点。"人性的东西就是神圣的东西,有限的东西就是无限的东西:这个果断的、变成有血有肉的意识,乃是一种新的诗歌和新的艺术的源泉。"③普列汉诺夫引了海涅的诗,来证明费尔巴哈的美学观点:

呵,朋友,现在我们要编制
新的歌,更好的歌:
我们要把人间变成天堂,
人间将成为我们的乐园。④

"艺术上最高的东西是人的形象……一切要想超出自然和人类的思辨都是浮夸。⑤"费尔巴哈这两句话,清楚地说明了,他所说的新的诗歌和新的艺术,与海涅的话完全是一个意思。他认为美学不应当去追求天上的和谐,而应当回到人间的自然,追求人类的幸福生活。他还专门写了《幸福论》,认为"只有幸福的存在才是存在,只有这种存在才是被渴望的和可爱的存在"⑥,"人的任何一种追

---

① 引自列宁:《哲学笔记》,第63页。
② 费尔巴哈:《黑格尔哲学批判》,《十八世纪末—十九世纪初德国哲学》,第475—476页。
③ 《费尔巴哈哲学著作选集》上卷,第629页,三联书店,1959年。
④ 海涅:《德国——一个冬天的童话》,引自《普列汉诺夫哲学著作选集》第3卷,第780页。
⑤ 费尔巴哈:《黑格尔哲学批判》,《十八世纪末—十九世纪初德国哲学》,第475页。
⑥ 费尔巴哈:《幸福论》,《费尔巴哈哲学著作选集》上卷,第535页。

求都是对于幸福的追求"①。正是把美学与自然、与现实的人的生活、与对于幸福的追求联系起来,费尔巴哈在西方美学发展的历史过程中,给美学研究开辟了一条新的途径:那就是把美看成是生活,是人所希望的和人所热爱的生活!这条道路,与德国古典美学中那种到思维的最高存在中去寻求美学的根据,是截然相反的。正因为这样,所以我们说:费尔巴哈导致了德国古典美学的终结!然而,费尔巴哈不过开了一个头,对于这一理论的真正发挥,还得等待车尔尼雪夫斯基。

在自然和生活中,是什么引起我们美的快感呢?费尔巴哈是从人的本质的对象化,来回答这个问题的。他说:"人照镜子;他对自己的形体有一种快感。这种快感是他的形体完满和美丽的一个必然的、自然的结果。美丽的形体是满足于自己的,它必然对自己有一种喜悦,它必然反映在自身之内。"②那就是说,人在他自己创造的世界中,把自己对象化,从而欣赏着这世界。他所欣赏的,不是旁的,就是他自己的本质。因此,艺术的本质就是人的本质,艺术是人的本质的表现。这一点,他在谈论音乐时,讲得特别清楚。他说:

> 理性的对象就是对象化的理性,感情的对象就是对象化的感情。如果你对于音乐没有欣赏力,没有感情,那么你听到最美的音乐,也只是像听到耳边吹过的风,或者脚下流过的水一样。那么,当音调抓住了你的时候,是什么东西抓住了你呢?你在音调里面听到了什么呢?难道听到的不是你自己心的声音吗?因此感情只是向感情说话,因此感情只能为感情所了解,也就是只能为自己所了解——因为感情的对象本身只是感情。音乐是感情的一种独白。③

这段话,十分重要。它在黑格尔的美学和马克思主义的美学之间,起了一个中介的作用。我们前面说过,黑格尔把艺术看成是人的"自我创造",看成是理念的"外在化"。它在讲法上,和费尔巴哈把艺术看成是人的本质的对象化,并没有多大的差别。但是,在实质上,却有根本的分歧。黑格尔是从精神性的理念出发,费尔巴哈则是从感觉的自然的人出发。黑格尔是理念显现为感性的形象,是

---

① 费尔巴哈:《幸福论》,《费尔巴哈哲学著作选集》上卷,第536页。
② 费尔巴哈:《基督教的本质》,《十八世纪末—十九世纪初德国哲学》,第488页。
③ 同上,第490页。

唯心主义的；费尔巴哈则是人自己把自己对象化为艺术的形象，人是物质的、现实的，因此是唯物主义的。但是，黑格尔看到了思维的能动作用，看到了人在对象化的时候对于外界的改造作用，如像小孩投石冲起水的波浪；而费尔巴哈则看不到这一能动作用，他只是把人与人的对象看成是直观的关系，看成是被动的反映关系。这样，在对象化的过程中，他看不出更多的东西。他抛弃了黑格尔的辩证法，结果反而比黑格尔后退了。只有到了马克思，方才从更高的劳动实践的观点，既批判了黑格尔的唯心主义，又批判了费尔巴哈的直观的唯物主义，从而把美学推进到一个新的起了质的革命变化的阶段。这一点，我们后面再谈。

但不管怎样，经过费尔巴哈的批判，德国古典美学唯心主义的性质得到了揭发，而不得不终结了。接过费尔巴哈的接力棒，继续从资产阶级左翼的立场来批判德国古典美学的，是车尔尼雪夫斯基。

2. 车尔尼雪夫斯基对于黑格尔美学的批判

费尔巴哈动摇了德国古典美学的哲学基础，但真正运用费尔巴哈的唯物主义哲学观点来批判德国古典美学的，却是车尔尼雪夫斯基。他在《艺术与现实的美学关系》（即中译本《生活与美学》）第三版序言中，一再谈到：他是"应用费尔巴哈的思想来解决美学的基本问题"①。"应用费尔巴哈的基本思想来解决美学问题，作者得出了和黑格尔左派的菲希尔②所主张的美学理论完全相反的思想体系，这正相当于费尔巴哈哲学与黑格尔哲学的关系。"③因此，车尔尼雪夫斯基的美学，运用的思想武器是费尔巴哈的，而批判的对象则是黑格尔的美学体系。但是，由于当时沙皇推行文化专制主义，所以不但费尔巴哈的名字是被禁止的，黑格尔的名字也"不便使用"。这样，在他这部著作中，虽然我们处处可以感觉到费尔巴哈和黑格尔的存在，但却看不到他们两人的名字。

车尔尼雪夫斯基把黑格尔的美学，称为当时"流行的概念"。那就是说，它在当时是占统治地位的。车尔尼雪夫斯基在《俄国文学果戈理时期概观》一书的第六篇中，分析了黑格尔的哲学为什么会在青年中具有那么大的影响，是因为德国古典哲学比起其他的一些哲学体系来，有一个十分优异的地方。他们不是为了维护自己的信念而去研究哲学，他们是为了真理而去研究哲学。为了真理，他们可以牺牲自己心爱的"意见"。他们的方法是"思维的辩证方法"。这个方法的实

---

① 车尔尼雪夫斯基：《生活与美学》，第 4 页，人民文学出版社，1957 年。
② 菲希尔(1807—1887)：黑格尔派的美学家，著有《美学》六大卷。
③ 车尔尼雪夫斯基：《生活与美学》，第 5 页。

质是：不要随便肯定哪一个结论，而应当去搜索，去全面地完整地研究对象。只有经过这样的研究之后，所得出来的结论，方才是具体的真理，而不是"片面的偏见"。例如对于"下雨是善还是恶"这样一个问题，就很难片面地回答，必须研究了当时田地具体的情况，然后才能说：下雨是善的或是恶的。①

车尔尼雪夫斯基认为德国古典哲学不是为了维护自己的信念，而是为了真理才去研究哲学，这一论断，并不确切。因为德国古典的哲学家们，像我们前面所指出来的，是具有明确的阶级立场和信念的。但是，我们之所以特别提到这些话，是想说明车尔尼雪夫斯基对于德国古典的哲学和美学，是有所肯定的。他所肯定的，正是辩证法。然而，由于车尔尼雪夫斯基所运用的是费尔巴哈直观的唯物主义观点，所以他虽然肯定了德国古典美学中的辩证法，但他自己却不能运用这一辩证的方法，他在不少的地方犯了形而上学的错误。不过，虽然这样，他在反对德国古典美学的唯心主义的思想体系以及建立在这一思想体系上的各种唯心主义的美学观点上，都进行了坚决的斗争。这一斗争，具有重要的历史意义，可以说是马克思列宁主义以前，唯物主义美学对于唯心主义美学最重要的一次斗争。这个斗争是系统的，也是多方面的，此处，我们只想简单地谈两点：

(1) 关于美的本质的问题：美是什么？这对于任何一个美学体系来说，都是一个最根本的问题。不同的哲学体系，会得出不同的答案。黑格尔根据他的客观唯心主义的哲学体系，宣称"美是理念的感性显现"。在这里，理念占据统治的地位，美就是显现为感性形式的理念。车尔尼雪夫斯基反对这样一个唯心主义的观点。他说，根据这一观点，美就不在客观事物本身当中，而在理念当中。人们说长江美，并不是因为长江本身美，而是因为长江显现了大河的理念，所以才美。车尔尼雪夫斯基认为这样一种讲法，是把美神秘化，使美脱离现实生活。同时，这一讲法，明显地违背事实。显现了理念的东西，无非是"出类拔萃的东西，在同类中无与伦比的东西"。但是，出类拔萃的东西不一定美，例如出类拔萃的田鼠，你能说美吗？车尔尼雪夫斯基从费尔巴哈关于生活与自然的人本主义出发，提出了"美是生活"的有名的定义。他说："任何事物，我们在那里面看得见依照我们的理解应当如此的生活，那就是美的；任何东西，凡是显示出生活或使我们想起生活的，那就是美的。"②

---

① 参考《车尔尼雪夫斯基论文学》上卷，第376—377页，新文艺出版社，1956年。
② 车尔尼雪夫斯基：《生活与美学》，第6—7页。

"美是生活"的定义,很明显的,把美从黑格尔的理念世界,回复到了现实世界,美成了生活中随处都可以碰到的东西。美既然就在现实生活之中,因此,文学艺术应当反映现实生活,而不应当在现实生活之外,另外去追求空幻的神秘的美的理念。从这一点来说,车尔尼雪夫斯基的美学,保卫了文学艺术中的现实主义原则,结合当时一些浪漫主义者脱离生活的真实,"对幻想生活的偏嗜"[1]来说,应当说是起了重大的历史的战斗作用的。我们应当肯定。

但是,起了重大的历史的战斗作用是一回事,这一定义本身是否完全正确,却是另一回事。车尔尼雪夫斯基所根据的是费尔巴哈的人本主义。人本主义所理解的"人",是自然的人、生理学上的人,因此,他所说的"美是生活",就偏于从生理学上的健康、旺盛等等方面来谈美,从而重复了他所批评的英国美学家柏克的错误:"陷入纯粹生理学的说明"[2],而忽略了美的社会历史的意义。其次,他谈到"应当如此的生活"以及"使我们想起生活的",那就是美的。这一讲法,在强调生活上固然是唯物主义的,但某些方面,特别是谈自然美的方面,却又与黑格尔的讲法一致。因为黑格尔在谈自然美时,也是说自然物之所以美,只有当它"和人的特性有一种契合"[3],然后才美。因此,直观的唯物主义,是不可能彻底地战胜唯心主义的。列宁说费尔巴哈和车尔尼雪夫斯基的人本主义原则,"都只是关于唯物主义的不确切的肤浅的表述"[4],正是这个意思。另外,车尔尼雪夫斯基曾经肯定黑格尔的"思维的辩证法",又曾说要"在错误中找真理"[5]。但他在批评黑格尔"美是理念的感性显现"这一提法时,却并没有贯彻他的这一精神。黑格尔的这一定义,是唯心主义的,当然应当批判。但是,它却是西方美学中长期以来关于理性与感性、内容与形式、一般与特殊的关系之最为辩证的一个解决。车尔尼雪夫斯基没有进行深入的具体的分析,连着这一定义的辩证因素都一齐否定了,那就不免显得有些简单和肤浅了。

(2) 关于自然美与艺术美的关系问题:黑格尔根据"美是理念的感性显现"这一定义,认为自然不能充分地显现理念,因此不美,或者至少不够美;只有艺术才能真正地显现理念,因此只有艺术才是真正的美。艺术美来自自然的缺陷,它

---

[1] 《车尔尼雪夫斯基选集》上卷,第109页,三联书店,1958年。
[2] 车尔尼雪夫斯基:《美学论文选》,第47页,人民文学出版社,1957年。
[3] 黑格尔:《美学》第1卷,第166页。
[4] 列宁:《哲学笔记》,第78页。
[5] 车尔尼雪夫斯基:《美学论文选》,第67页。

远远地超过自然美。对于这样一个论点,车尔尼雪夫斯基也猛烈地加以抨击。他说,既然美是生活,就在生活之中,因此存在于生活中的自然美,就是"真正美的,而且十分美的"①。"真正的最高的美正是人在现实世界中所遇到的美,而不是艺术所创造的美。"②他并举了许多例子,从各方面来证明自然美高于艺术美。例如他说自然美是真正的黄金,艺术美不过是通用的钞票。钞票的价值来自黄金,艺术美的价值也来自自然美。再美的艺术,也没有自然物本身美。画的晚霞,无论如何也及不上晚霞本身美。正因为自然本身很美,而且自然的美非常丰富,所以我们才想到在艺术中把它再现出来。艺术美之所以还有价值,就因为它保存和再现了自然美,使见不到自然美的人,也能通过艺术见到它。但因为艺术美只是自然美的再现,所以艺术美无论如何也赶不上自然美,正好像印的画无论如何赶不上原画一样。

  车尔尼雪夫斯基对于黑格尔的这一批判,结合当时文艺思想斗争的情况来看,我们也是应当加以肯定的。当时唯心主义的美学家,力图利用黑格尔的观点,使艺术脱离现实,并用艺术来粉饰现实的所谓缺陷,妄图把艺术抬高到一切的上面,鼓吹"艺术至上论"。对于这样一些反动的意图,车尔尼雪夫斯基的批判,起了对症下药、振聋发聩的历史进步作用。但是,车尔尼雪夫斯基在这里又忘了他曾经肯定过的黑格尔的辩证法,他为了反对一种倾向,忘记了另外的一种倾向。黑格尔根据客观唯心主义的观点,认为自然当中没有真正的美,认为艺术美是绝对精神的自我认识,这些观点,当然是唯心的、错误的,应当批判;但是,在自然美与艺术美的关系上,黑格尔认为艺术剔除了自然当中的一些偶然性的东西,艺术比自然更能"抓住事物的普遍性",艺术是"从一大堆偶然的东西中所拣回来的现实",这样一些思想却是光辉的,正确地说明了自然与艺术的辩证关系,说明了艺术美之所以优越于自然美,是因为它比自然美更能够抓住本质的东西,因而更带有普遍性和典型性。然而,车尔尼雪夫斯基却连这些正确的东西都一齐否定了,就显得他比黑格尔更缺少辩证法,更远离真理了。

  列宁说:"聪明的唯心主义比愚蠢的唯物主义更接近于聪明的唯物主义。"③车尔尼雪夫斯基是马克思列宁主义以前最伟大的唯物主义美学家,但由于忽视了辩证法,所以他对于德国古典美学的批判,就不但没有完全击中要害,而且有

---

① 车尔尼雪夫斯基:《美学论文选》,第 64 页。
② 同上,第 11 页。
③ 列宁:《哲学笔记》,第 305 页。

的地方反而赶不上德国古典美学,这就完全证实了列宁所说的这句话。只有到了马克思列宁主义,建立了科学的世界观,运用辩证唯物主义和历史唯物主义的观点,方才能够对德国古典美学作出全面而又正确的批判。

(三) 马克思主义经典作家对于德国古典美学的批判和继承

资产阶级右翼对于德国古典美学的批判,是把德国古典美学愈来愈引向唯心主义,引向反动;资产阶级左翼对于德国古典美学的批判,在反对它的唯心主义方面,的确起了很大的进步作用。黑格尔的唯心主义体系,经过费尔巴哈等人的批判,也的确是解体了。但是,"黑格尔学派虽然解体了,但是黑格尔哲学并没有被批判地克服"①。真正批判地克服德国古典美学,经过革命性的改造,然后加以继承的,是马克思主义的经典作家。下面根据自己学习的一点体会,试对马克思主义的经典作家是如何对德国古典美学进行批判和继承的,作一点探讨。

1. 马克思主义经典作家对待德国古典美学的基本态度

马克思主义的经典作家对待德国古典美学的基本态度,总的来说,就是粉碎它的唯心主义的外壳,从中剥出辩证法的"合理的内核",并把经过唯心主义地歪曲了的辩证法,神秘化了的、头足倒置了的辩证法,经过批判,重新恢复它的生命力。这表现在美学上,则是粉碎它的唯心主义的哲学基础,具体地分析它在人与现实的审美关系上以及艺术中的一些美学问题上,哪些看法是符合客观的事实的,在历史上曾经起过一些怎样的进步作用;哪些看法则不过是唯心主义的糟粕,无论在历史上或今天都是反动的。恩格斯谈到马克思对于政治经济学的批判时说:"马克思过去和现在都是唯一能够担当起这样一件工作的人,这就是从黑格尔逻辑学中把包含着黑格尔在这方面的真正发现的内核剥出来,使辩证方法摆脱它的唯心主义的外壳并把辩证方法在使它成为唯一正确的思想发展方式的简单形式上建立起来。马克思对于政治经济学的批判就是以这个方法作基础的,这个方法的制定,在我们看来是一个其意义不亚于唯物主义基本观点的成果。"②恩格斯的这段话,不但适用于政治经济学,也适用于美学。它是马克思主

---

① 恩格斯:《路德维希・费尔巴哈和德国古典哲学的终结》,第14页。
② 恩格斯:《卡尔・马克思〈政治经济学批判〉》,《马克思恩格斯选集》第2卷,第121—122页。

义对待德国古典美学的基本态度,也是马克思主义批判和继承德国古典美学的基本方法。我们都知道,马克思列宁主义是在和德国古典哲学以及其他资产阶级学说的斗争中,产生和形成起来的。马克思和恩格斯,年轻时都是黑格尔左派。列宁说:马克思大学毕业时,"按其观点来说,当时还是一个黑格尔唯心主义者。在柏林,他加入过'黑格尔左派'(布鲁诺·鲍威尔等人)的小组"①。谈到恩格斯,也说:"当时在德国哲学界占统治地位的是黑格尔学说,于是恩格斯也成了黑格尔的信徒。"②正是这种历史关系,使马克思和恩格斯对于以黑格尔为代表的德国古典哲学,具有深刻的了解,从而使他们能够"从内部攻击"③,打破这个体系。但是,是什么促使他们从这个体系中分裂出来的呢?那是当时无产阶级革命斗争的形势。十九世纪三十至四十年代,英国的大宪章运动、法国的里昂职工起义、德国的西里西亚职工起义,相继发生。它们都是无产阶级的革命运动,它们不仅宣布无产阶级登上了历史的舞台,而且说明无产阶级已经成了历史的主导力量。在这种形势下,德国的资产阶级革命很快地转化为无产阶级的革命。马克思和恩格斯亲身参加并领导了这一革命。革命斗争的实践,使他们很快地和黑格尔划清了界限。他们为了寻求和制定无产阶级革命的策略和理论,不得不和德国古典哲学以及其他的资产阶级学说进行斗争。就在斗争中,他们创造了马克思主义。

因此,马克思主义从一开始,就和德国古典哲学,特别是黑格尔的哲学,发生过深刻的关系。我们运用马克思主义的观点,来分析和批判德国古典美学,应当注意这一点。关于这一点,马克思主义的经典作家曾经一再加以证明和肯定。例如恩格斯就说:"科学社会主义本质上是德国的产物,而且也只能产生于古典哲学还生气勃勃地保存着自觉的辩证法传统的国家,即产生于德国……如果说,德国资产阶级的教书匠们已经把关于德国大哲学家和他们所创立的辩证法的记忆淹没在一种无聊的折衷主义的泥沼里……那么,我们德国社会主义者却以我们不仅继承了圣西门、傅立叶和欧文,而且继承了康德、费希特和黑格尔而感到骄傲。"④列宁讲得更为明确:"马克思和恩格斯不止一次地指出,他们思想的发展,有很多地方得益于德国的大哲学家,尤其是黑格尔。恩格斯说:'没有德国哲

---

① 列宁:《卡尔·马克思》,《列宁选集》第2卷,第576页。
② 列宁:《弗里德里斯·恩格斯》,《列宁选集》第1卷,第88页。
③ 恩格斯:《在大陆上社会改革运动的进展》,《马克思恩格斯全集》第1卷,第589页。
④ 恩格斯:《社会主义从空想到科学的发展》,《马克思恩格斯选集》第3卷,第377—378页。

学,也就没有科学社会主义。'"①

美学是哲学的一个组成部分,因此,德国古典美学也必然与马克思列宁主义美学之间,存在着不可割裂的既继承又斗争的关系。事实上,构成马克思列宁主义美学的一些重要文献,如像马克思的《黑格尔法哲学批判》、《经济学—哲学手稿》、《神圣家族》、《政治经济学批判导言》以及与恩格斯合写的《德意志意识形态》等书,都是从批判黑格尔和其他德国古典哲学家出发的。列宁说:通过这些书,十分清楚地向我们表明,马克思是如何"离开黑格尔走向费尔巴哈,又进一步从费尔巴哈走向历史(和辩证)唯物主义"②。马克思的《资本论》,不仅是马克思列宁主义最光辉的经典文献,而且也是马克思列宁主义美学理论重要的基石之一,对于这本书,列宁也说:"不钻研和不理解黑格尔的全部逻辑学,就不能完全理解马克思的《资本论》,特别是它的第 1 章。因此,半世纪以来,没有一个马克思主义者是理解马克思的!!"③同样,恩格斯的一些与建立马克思列宁主义美学具有极其重要关系的理论著作,如像《自然辩证法》、《反杜林论》、《路德维希·费尔巴哈和德国古典哲学的终结》等书,更可说没有一部不是一方面对以黑格尔为代表的德国古典哲学,展开了无情的批判;另一方面又对黑格尔的历史贡献,表示出深厚的敬意。他在告别黑格尔时说:"当然,我已经不再是黑格尔派了,但是我对这位伟大的老人仍然怀着极大的尊敬和依恋的心情。"④至于列宁,不说旁的,只要我们看一下他的《哲学笔记》,其中对黑格尔所作的那么深入而又细致的分析,那么犀利而又准确的批判,就可以知道他曾经对黑格尔下过多大的功夫!而《哲学笔记》以及列宁其他有关哲学和文学艺术的著作,都是马克思列宁主义美学极其重要的理论基石!

因此,要学习马克思列宁主义美学,而不理解和研究德国古典美学,是不可能的。恩格斯说:现代社会主义,就其理论形式来说,"和任何新的学说一样,它必须从已有的思想材料出发"⑤。这一已有的思想材料,固然包括了"以往的科学所提供的全部知识"⑥,但德国古典哲学却是其中最重要的一个组成部分。对于马克思列宁主义的美学来说,则德国古典美学也应当是最重要的思想材料之

---

① 列宁:《弗里德里希·恩格斯》,《列宁选集》第 1 卷,第 88 页脚注。
② 列宁:《哲学笔记》,第 387 页。
③ 同上,第 191 页。
④ 恩格斯:《致弗·阿·朗格》,《马克思恩格斯选集》第 4 卷,第 359 页。
⑤ 恩格斯:《反杜林论》,《马克思恩格斯选集》第 3 卷,第 56 页。
⑥ 列宁:《青年团的任务》,《列宁选集》第 4 卷,第 347 页。

一。因此,怎样批判地继承德国古典美学,并在这一批判继承的基础上,来建立马克思列宁主义的美学,应当说是我国美学战线的任务之一。

但是,这只是问题的一个方面。德国古典美学固然是马克思列宁主义美学批判继承的思想材料,但从根本的性质上来说,它是资产阶级的美学,是唯心主义的美学,因而是马克思列宁主义必须与之斗争的思想对象。马克思和恩格斯在《共产党宣言》中说:"共产主义革命就是同传统的所有制关系实行最彻底的决裂;毫不奇怪,它在自己的发展过程中要同传统的观念实行最彻底的决裂。"①德国古典美学也是传统的观念之一,因此,我们也必须和它"决裂",和它划清界限。我们不能因为它是马克思列宁主义美学思想来源之一,就与之和平共处。我们要与之斗争!但并不是简单地抛弃它、毁掉它,或者封存起来。事情没有这么简单。思想是毁弃不了的,也封存不了的。对历史上文化遗产,采取虚无主义、否定一切,这并不是战斗。恩格斯说:

> 仅仅宣布一种哲学是错误的,还制服不了这种哲学。像对民族的精神发展有过如此巨大影响的黑格尔哲学这样的伟大创作,是不能用干脆置之不理的办法加以消除的。必须从它的本来意义上"扬弃"它,就是说,要批判地消灭它的形式,但是要救出通过这个形式获得的新内容。②

那就是说,对于德国古典美学,我们只有通过革命的批判,才能真正地加以继承。通过批判,消灭它那唯心主义的形式;通过批判,改造它那由于运用了辩证法而具有的"合理的内核",使之从唯心主义的东西变成唯物主义的东西。一句话,通过"扬弃"的过程,把它改造成为建设马克思列宁主义美学的新养料。只有强大的胃口,才能消化各种食物。只有站稳了无产阶级的立场,真正学会了马克思列宁主义的人,才敢于批判地继承过去的各种传统观念。事实上,也只有通过批判和改造,才能彻底消灭过去传统观念的不良影响,才能继承它的合理内核。马克思主义的经典作家,在这方面给我们树立了光辉的典范。

2. 马克思主义经典作家对于德国古典美学的批判和继承

在探讨马克思主义的经典作家,对德国古典美学进行革命性的批判和改造

---

① 马克思、恩格斯:《共产党宣言》,《马克思恩格斯选集》第1卷,第271—272页。
② 恩格斯:《路德维希·费尔巴哈和德国古典哲学的终结》,第14页。

以前,我们想先说明两点:第一,德国古典美学之所以能够改造,是因为德国古典美学中存在着可以改造和继承的因素。如果德国古典美学中完全是反动的东西,也就不可能改造成为马克思列宁主义美学的新内容。因此,我们所说的改造,主要是指德国古典美学中的一些合理的因素而言。改造的目的,是为了继承。第二,所谓"改造",是指发生了质的变化。例如辩证法,马克思说:"辩证法在黑格尔手中神秘化了……在他那里,辩证法是倒立着的。必须把它倒过来,以便发现神秘外壳中的合理内核。"①那就是说,在黑格尔还是唯心主义的辩证法,经过马克思的改造,变成了唯物主义的辩证法。对于德国古典美学的改造,也是如此。把经过改造之后的东西继承过来,就不再是德国古典美学的东西,而变成了马克思列宁主义美学中的新内容了。

明确了以上两点,我们再从下列几个方面,来看一下马克思主义的经典作家是怎样对德国古典美学进行改造的。

(1) 关于美学的性质问题。人类的审美意识可说是与人类的文明同时产生的。因此,在人类最初的哲学著作中,就已经在探讨人类的审美意识,已经有了美学思想。但是,作为一门独立的科学,美学却是从鲍姆嘉敦于1750年出版的《美学》一书而正式成立的。自此以后,美学的发展是很快的。德国理性派、英国经验派、法国启蒙派,他们都从不同的角度和侧重点来探讨人类的审美活动,以及这一活动在整个人类社会生活中的地位和作用。德国古典美学的巨大的历史功绩,不仅在于他们批判地继承了过去一切美学的传统,力图把美学组织进他们庞大的哲学体系中;而且更在于他们把人当成美学研究的中心,把美看成是人的自我创造,把人的审美活动看成是社会性的活动。这样,当时剧烈的社会变化以及由于资本主义生产方式所造成的各种矛盾,如像人与自然、个人与社会、自由与必然、感性与理性,等等,都在他们的美学中得到了反映,他们的美学就建立在这些矛盾的基础上。但是,虽然这样,由于他们阶级的妥协性和软弱性,由于他们美学的唯心主义的性质,他们主要的目的却不在于解决这些现实生活和文艺创作中实际存在的矛盾,而毋宁是要站在奥林匹斯的神山上,俯视和赏玩这些矛盾,并以此来满足他们理论上的兴趣和哲学体系的需要。这样,他们的美学就具有浓厚的脱离实际的思辨性质。例如康德,他就公开声称,他的《判断力批判》只

---

① 马克思:《资本论》第1卷第二版跋,第24页。

是要"使哲学的两部分成为整体的结合手段"①。谢林也把艺术哲学看成是他整个体系的完成,他的体系是"从自我意识中最初级的、最简单的直观开始,而到最高级的,即美感的直观为止"②。黑格尔的美学,比起他的同时代人来说,无疑具有最为丰富的现实内容,但也并不例外,他也是把他的美学服从于他的哲学体系的。正因为这样,所以他们在揭示矛盾方面,在探讨人类自我的审美意识和艺术创作的特殊规律方面,虽然也作出过某些"划时代"的贡献,但在解决实际的矛盾和现实的问题上,他们的美学却不仅是完全无能的,而且导致了错误的方向。例如康德看到资本主义的"利益"不利于审美活动,资本主义的强迫劳动不利于艺术的创造,他就没有办法解决这些矛盾,于是反过来鼓吹审美活动的"无利害感",鼓吹艺术不是劳动,而仅只是一种游戏。又例如席勒和黑格尔,看到资本主义的生产关系所造成的人性分裂,看到资本主义分工的生产方式不利于艺术的生产,他们在实际上也没有办法解决这些矛盾,于是或者企图使艺术成为调和人性的工具,要求在现实中分裂了的人性经过审美教育,重新在艺术中统一起来;或者把艺术的理想时代摆在过去,而为艺术的未来发展则唱出挽歌。在文艺与现实的关系上,德国古典美学受到他们唯心主义性质的限制,更是不能正确地解决艺术是现实的反映这样一个根本的命题。他们或者把艺术创作看成只是人的主观诸能力之间的自由与和谐(如康德),或者把艺术创作看成是与人间的现实内容无关的"自由游戏"(如席勒),或者把艺术仅仅看成是绝对理念的自我显现(如黑格尔)。他们都要到超现实的地方去寻找美学的根据。这样,在他们那儿就形成了这样一个奇怪的逻辑:艺术高于现实,而理念又高于艺术。艺术的是否真实,不在于它是否反映了客观现实,而在于它是否显现了理念。因此,最高的艺术境界,不是深刻地反映客观现实的矛盾,而是调和这些矛盾,使之达到理想的和谐与静穆,达到人格的完善。

针对德国古典美学这种唯心主义的性质,马克思和恩格斯从革命的实践观点出发,予以彻底地批判和改造。首先,他们把被德国古典美学颠倒了的思维与存在的关系重新颠倒过来,认为"不是意识决定生活,而是生活决定意识"。正因为这样,所以他们认为"德国哲学从天上降到地上;和它完全相反,这里我们是从地上升到天上"③。那就是说,他们反对德国古典美学唱道德的高调,玩弄抽象

---

① 康德:《判断力批判》,第14页。
② 谢林:《先验唯心论体系》,第278页,商务印书馆,1976年。
③ 《德意志意识形态》,第20页。

的理论体系，而要一切从客观的现实出发，把在德国古典美学那儿只是观念的东西转化为现实存在的东西。恩格斯在致康·施米特的信中说："我们的历史观首先是进行研究工作的指南，并不是按照黑格尔学派的方式构造体系的方法。必须重新研究全部历史，必须详细研究各种社会形态存在的条件，然后设法从这些条件中找出相应的政治、私法、美学、哲学、宗教等等的观点。"①马克思在《一八四四年经济学—哲学手稿》一书中，就最早运用了这种与德国唯心主义相反的历史唯物主义的观点，一方面批判了当时资产阶级国民经济学对于劳动的本质的歪曲，另一方面则具体地论证了人类的劳动不仅不是与美和艺术相敌对的，而且从本质上来说，正是劳动创造了美和艺术，人类的劳动是依照"美的规律来造形"的。资本主义社会疏远化了的劳动不利于美和艺术的生产，这说明的只是资本主义社会的必然没落，而不是美和艺术的没落。就这样，马克思和恩格斯把德国古典美学从唯心主义的基础上，改造成为建立在辩证唯物主义和历史唯物主义基础上的美学。以后，在他们的一系列的著作中，凡是谈到美和艺术的问题，而这些问题又是和德国古典美学有关时，他们都是从辩证唯物主义和历史唯物主义的观点出发，批判其唯心主义的体系，而继承其"合理的内核"。

其次，马克思和恩格斯不仅批判了德国古典美学唯心主义的性质，而且要使美学革命化。他们强调指出："批判的武器当然不能代替武器的批判"②，"对实践的唯物主义者，即共产主义者说来，全部问题都在于使现有世界革命化，实际地反对和改变事物的现状。"③正因为这样，所以他们认为人类的美学理想，不在于人格的完善和理想的静穆之类，而在于参与现实生活的斗争，就在现实生活的土壤中，播下种子，开出鲜花，结出果实。德国古典美学那种要到天上去追求"美的王国"的做法，他们是反对的。德国古典美学要到古希腊罗马去追求理想的艺术，他们也是反对的。他们认为作为意识形态的文学艺术，必然是一定的"历史潮流"和"阶级倾向"的反映。不同时代，应当有不同的文学艺术。他们不仅不排斥古代的文学艺术，而且认为应当继承古代文学艺术的优秀遗产。但是，为了反映我们当前现实生活的斗争，他们满腔的热情都在于发掘和培养新生的无产阶级的革命的文学艺术。马克思赞扬西里西亚职工之

---

① 《马克思恩格斯选集》第4卷，第475页。
② 马克思：《〈黑格尔法哲学批判〉导言》，《马克思恩格斯选集》第1卷，第9页。
③ 《德意志意识形态》，第38页。

歌,说:"这是一个勇敢的战斗的呼声。"①恩格斯赞扬许布纳尔关于西里西亚职工的一幅画,说:"从宣扬社会主义这个角度来看,这幅画所起的作用要比一百本小册子大得多。"②因此,马克思和恩格斯不仅批判了德国古典美学的性质,而且也改造了他们对于文学艺术的看法。他们把美学和文学艺术,按照历史唯物主义的观点,纳入到了整个社会的上层建筑之中,纳入到了无产阶级革命的轨道。他们不仅要"解释世界",而且要"改变世界"③。这是他们和德国古典美学的根本分歧。

(2) 人的对象化和美的本质:美是美学的基本范畴,因此,从古到今,美学家都在美的本质问题上进行争论。在德国古典美学以前,差不多都是割裂审美的主体——人,与审美的客体——物,来探讨美的本质的。他们有的认为美在于物的形式或者物的其他属性上面,有的则认为美感是人所先天具备的一种能力,是与生俱来的。只有到了德国古典美学,方才开始联系主体与客体来探讨美的本质。康德就认为美是客观事物的形式符合了人的主观目的,然后产生出来的。因此,在康德看来,美既是形式的,又是主观的。为了克服康德形式主义和主观主义的片面性,席勒力图联系客观自然与主观形式两方面来谈美。他说,人在审美的游戏中,观照外物的"外观"。这时,他在外物中,不仅看到了实用的方面,而且看到了人的智慧和创造,那就是说,他在外物中看到了人自己。这在外物中反映出来的人自己,就是人的"对象化"。席勒初步有了这样的思想,但他并没有进一步加以发挥。到了黑格尔,这就成为他的美学中的一个十分重要的观点了。

黑格尔认为"美是理念的感性显现",但是只有自然发展到最高阶段的人,才能自觉地具有理念。人既是认识的主体,又是认识的客体,他有意识地把理念显现于感性的形象。因此,只有人才能创造美和欣赏美。人是美学的中心。美的本质就是人的本质的对象化。那就是说,一方面是主体的人,一方面是客体的物或自然,这两方面是分开的。但是,人却通过认识和实践的活动,"把他的环境人化了"④,从而在改变外在事物的过程中实现自己的目的,"在外在事物中进行自

---

① 马克思:《评"普鲁士人"的"普鲁士国王和社会改革"一文》,《马克思恩格斯全集》第 1 卷,第 483 页。
② 恩格斯:《共产主义在德国的迅速进展》,《马克思恩格斯全集》第 2 卷,第 589 页。许布纳尔(1814—1879):德国画家。
③ 马克思:《关于费尔巴哈的提纲》,《马克思恩格斯选集》第 1 卷,第 19 页。
④ 黑格尔:《美学》第 1 卷,第 318 页。

我创造"①。美和艺术，就是人的"自我创造"，就是人"自己活动的结果"②。因此，美和艺术的本质不是别的，无非是人把自己的本质外在化、对象化，成为自我认识和自我实现的手段。

黑格尔所说的人，是思维的主体，是理念的化身，因此是唯心主义的。费尔巴哈反对黑格尔把人看成是思维，是精神，他认为人就是实际存在的人，是自然的、生理的人，是灵魂与肉体统一的人。因此，人的对象化就是通过人的感官所建立起来的外在自然，自然就是人的对象。人在对象化的外在世界中看到美，就像照镜子一样，"他对自己的形体有一种快感"。人的本质有多大，他的对象也就有多大。本质上没有欣赏音乐的能力，再美的音乐对他也不存在。"艺术，宗教，哲学或科学，只是真正的人的本质的现象或显示。人，完善的，真正的人，只是具有美学的或艺术的，宗教的或道德的，哲学的或科学的官能的人——一般的人只是那一点也不排除本质上属于人的东西的人。"③就这样，费尔巴哈反对了黑格尔关于人的本质的理解，也反对了黑格尔关于美的本质的理解。

黑格尔和费尔巴哈联系审美的主体和客体，从人的本质的对象化，来理解美的本质，这应当说是西方美学中的一大进步。马克思既肯定了黑格尔把艺术看成是人的"自我创造"的讲法，也肯定了费尔巴哈对于黑格尔的批判，说费尔巴哈"巧妙地拟定了对黑格尔的思辨以及一切形而上学的批判的基本要点"④。但是，马克思列宁主义的经典作家，既没有停留在黑格尔上面，也没有停留在费尔巴哈上面，而是对他们都进行了革命性的批判和改造，然后给马克思列宁主义的美学开辟了完全是新的广阔的道路！

首先，什么是人的本质？黑格尔把人看成是"能思考的意识"⑤，因此把人的本质看成是思维，是理念，这一点，马克思是同意费尔巴哈的批判的。但是，费尔巴哈所理解的人，不是"现实的、活生生的人"⑥，而是从历史社会中孤立出来，抽象地存在的生物学上的"自然"人。这样的人，除了爱情、友谊之类的空话之外，什么也没有。为了给这样的人寻找共同的统一的根据，于是费尔巴哈在批判了宗教之后，自己却不得不企图去建立什么"爱的宗教"。这完全是向唯心主义的

---

① 黑格尔：《美学》第1卷，第37页。
② 同上。
③ 费尔巴哈：《未来哲学原理》，第77—78页，三联书店，1955年。
④ 马克思、恩格斯：《神圣家族》，《马克思恩格斯全集》第2卷，第177页。
⑤ 黑格尔：《美学》第1卷，第36页。
⑥ 马克思、恩格斯：《神圣家族》，《马克思恩格斯全集》第2卷，第118页。

倒退。费尔巴哈为什么会这样呢？马克思说：那是因为他"过多地依据自然，而过少地依据政治"①；恩格斯说：那是因为他"不能找到从他自己所极端憎恶的抽象王国通向活生生的现实世界的道路"②。那也就是说，费尔巴哈离开了政治，离开了现实的社会，去孤立地抽象地谈人的本质，必然不能正确地理解人的本质。要正确地理解人的本质，必须把"人当做在历史中行动的人去研究"③，也就是说，必须把人放在社会关系中去研究。马克思和恩格斯正是从历史唯物主义的观点出发，把人当成社会的存在，放在社会关系中来研究，从而得出了下面的著名的结论：

> 人的本质并不是单个人所固有的抽象物。在其现实性上，它是一切社会关系的总和。④

因为人的本质是"社会关系的总和"，所以不仅整个人类的物质生活世界是在一定的社会历史条件下形成的，整个人类的感觉世界和精神世界也都是在一定的社会历史条件下形成起来的。人能欣赏音乐的耳朵，欣赏绘画的眼睛，以及人类全部感受美的能力，都是历史地社会地形成的。"个体是社会的存在"⑤，"五官感觉底形成是全部至今的世界史底一个工作"⑥，审美活动离不开感觉，社会的感觉的丰富性是人类审美能力的物质基础，因此，我们既不能离开社会关系的总和来谈人的本质，也不能离开社会关系的总和来谈人的审美能力。人的审美能力是由人的本质所决定的。

其次，马克思列宁主义的经典作家不仅批判地改造了黑格尔和费尔巴哈关于人的本质的理解，而且也批判地改造了他们关于"对象化"的理解。费尔巴哈从直观的唯物主义出发，把人与对象的关系看成是直观的照镜子的关系，对象就是直接呈现于人的对象。而人，离开了对象，也就不存在。这里，人与对象之间完全是一种被动的关系，那就是说，人对于对象是无所作为的。至于人能通过自己的实践活动以改变对象，并在对象中实现自己的目的，使自己的本质对象化，

---

① 马克思：1843年3月18日致卢格的信。
② 恩格斯：《路德维希·费尔巴哈和德国古典哲学的终结》，第31页。
③ 同上。
④ 马克思：《关于费尔巴哈的提纲》，《马克思恩格斯选集》第1卷，第18页。
⑤ 马克思：《经济学—哲学手稿》，第85页。
⑥ 同上，第99页。

这一能动的关系反而是在黑格尔那里得到了发展。正因为这样,所以马克思给予了黑格尔以很高的评价,说黑格尔"认识到劳动的本质,把对象化的人——现实的所以是真实的人——了解为他自己的劳动的结果"①。

但是,马克思随即指出,黑格尔的讲法完全是唯心主义的。他所说的劳动,不是社会生产的劳动;他所说的实践,也不是社会生产和阶级斗争的实践;而是精神的劳动,思维的实践。这样,他所说的对象化,就只是"概念到感性事物的异化"②。那就是说,在黑格尔看来,对象化就是精神性的理念把自己转化为与自己相反的外在事物,然后,"使这异化了的东西还原为心灵本身"③。因此,黑格尔所说的对象化,只是理念的对象化。对象化的过程,就是理念通过思维的活动,改变外在的事物,使外在的事物符合于理念的要求。对象化的结果,是理念的自我实现和自我认识。美的本质是理念,因此美就是显现于外在感性形象中的理念。

马克思对于黑格尔这种唯心主义的讲法,进行了彻底地唯物主义的改造。第一,人的本质不是理念,而是社会关系的总和,因此,对象化的主体不是理念,而是现实地活在社会关系中的人。第二,对象化的过程不是一种思维的实践过程,而是人通过自己的劳动,在改变客观世界的当中同时也改变自己的主观世界的过程。这一过程,是物质的现实的过程,是革命的实践过程。第三,对象化的结果不是理念的自我实现和自我认识,而是人的本质的丰富性,在具体的历史社会条件下得到丰富的展开。不仅客观世界改造了,人的主观世界也改造了。

在这一对象化的过程中,物质的劳动实践是关键。劳动不仅"创造了人类本身"④,而且创造了美。人类是"依照美底规律来造形"⑤的。为什么呢?这就因为人的劳动不同于动物的劳动。动物的劳动是一种无意识的本能的活动,而人类则不仅有意识地从事劳动,而且能够自由地对待劳动的对象,在劳动的过程中,不仅"使自然物发生形式变化,同时他还在自然物中实现自己的目的"⑥。那就是说,人的本质力量通过劳动在对象中实现出来,从而使劳动的产品"表现成

---

① 马克思:《黑格尔辩证法和哲学一般的批判》,第 14 页。
② 黑格尔:《美学》第 1 卷,第 14 页。
③ 同上,第 15 页。
④ 恩格斯:《自然辩证法》,第 149 页。
⑤ 马克思:《经济学—哲学手稿》,第 59 页。
⑥ 马克思:《资本论》第 1 卷,第 202 页。

他的作品和他的现实界"①。人就在这个由"他来创造的世界中直观着自己本身"②,从而不仅得到了物质上的满足,也得到了精神上的享受。这时,劳动的对象成了审美的对象,劳动的现实成了美的现实,美就这样在劳动中产生,并在劳动中形成。人的本质是劳动,美的本质也是劳动。人的本质随着社会关系的发展而发展,变化而变化;美的本质也随着社会关系的发展而发展,变化而变化。这样,在黑格尔是唯心主义的美学观点,经过马克思列宁主义的改造,就成了唯物主义的美学观点。

然而,问题还不仅止于马克思列宁主义的经典作家把黑格尔唯心主义的美学观点改造成为唯物主义的美学观点,而且还在于因此得出了革命的结论。美的本质是劳动,劳动应当创造美。但是,在资本主义社会中,却由于私有制的关系,劳动者与劳动对象的分离,从而使劳动变成了疏远化的劳动。"劳动替富者生产了惊人作品(奇迹),然而,劳动替劳动者生产了赤贫。劳动生产了宫殿,但是替劳动者生产了洞窟。劳动生产了美,但是给劳动者生产了畸形。"③因此,资本主义社会疏远化的劳动,完全把人的劳动还原为动物的劳动,歪曲了劳动的本质。这样的劳动不符合人的本质,不是人的本质力量的对象化,对劳动者来说是不美的。为了改变这种劳动的状况,就必须改变资本主义的生产关系,使疏远化的劳动重新变为自由的劳动。无产阶级革命的任务,就是要重新创造符合人的本质的劳动条件,使劳动者能够自由地对待劳动,自由地创造美的作品。

(3) 艺术的历史发展。恩格斯说:"黑格尔第一次——这是他的巨大功绩——把整个自然的、历史的和精神的世界描写为一个过程,即把它描写为处在不断的运动、变化、转变和发展中,并企图揭示这种运动和发展的内在联系。"④又说:黑格尔"划时代的功绩"就在于"提出了这个任务"⑤。因此,黑格尔关于历史发展的观点,得到了马克思列宁主义经典作家极其崇高的评价。黑格尔的这一历史发展的观点,不仅表现在他的其他著作中,也贯彻在他的美学中。他的三大卷的《美学》,从头到尾都贯穿了"宏伟的历史观"⑥。他对人类艺术的历史,作了一次全面的系统的描绘。

---

① 马克思:《经济学—哲学手稿》,第59页。
② 同上。
③ 同上,第54页。
④ 恩格斯:《反杜林论》,《马克思恩格斯选集》第3卷,第63页。
⑤ 同上。
⑥ 恩格斯:《卡尔·马克思〈政治经济学批判〉》,《马克思恩格斯选集》第2卷,第121页。

但是，黑格尔的历史发展的观点是唯心主义的。列宁说："黑格尔的哲学谈论精神和观念的发展，它是唯心主义的哲学。它从精神的发展中推演出自然界的发展，人的发展，人与人的关系即社会关系的发展。马克思和恩格斯保留了黑格尔关于永恒的发展过程的思想，而抛弃了那种偏执的唯心主义观点；他们转向实际生活之后看到，不能用精神的发展来解释自然界的发展，恰恰相反，要从自然界，从物质中找到对精神的解释。"①列宁这段话，十分清楚地说明了黑格尔历史发展观点的唯心主义的性质，以及马克思列宁主义经典作家对它所进行的革命性的改造。这一改造的工作，主要表现在两个方面：

第一，从发展的动力来说，黑格尔认为世界的本体是绝对理念，因此，在物质与精神的关系上，精神是第一性的，先有精神、思维，然后才有物质、存在。这样，精神性的理念，就成了世界历史发展的动力和主宰。这表现在美学中，则美和艺术是理念的感性显现，理念的自我发展决定了美和艺术的发展。美和艺术，不过是理念的工具。理念发展到什么阶段，艺术也就表现为什么样的类型。

对于这种唯心主义的讲法，马克思和恩格斯给予了彻底的批判。他们说：不是"儿子生出母亲"，不是"结果产生起源"，不是"精神产生自然界"②，而是相反的，是母亲生出儿子，起源产生结果，自然界产生精神。"人们首先必须吃、喝、住、穿，然后才能从事政治、科学、艺术、宗教等等；所以，直接的物质的生活资料的生产，因而一个民族或一个时代的一定的经济发展阶段，便构成为基础，人们的国家制度、法的观点、艺术以至宗教观念，就是从这个基础上发展起来的，因而，也必须由这个基础来解释，而不是像过去那样做得相反。"③这就很清楚地说明了，马克思和恩格斯把历史发展的动力，从黑格尔的精神和理念，改造成为物质生活资料的生产。在物质资料的生产中，最积极的因素是生产力。生产力的发展导致了整个生产关系即经济基础的变革和发展，从而也导致了整个上层建筑包括美学和艺术的变革和发展。就这样，黑格尔的历史唯心主义，被改造成了历史唯物主义。

根据历史唯物主义的观点，艺术不再是理念的显现，而是属于上层建筑的意识形态。上层建筑随着经济基础的改变而改变，因此艺术也随着经济基础的改变而改变。不同的经济基础，形成不同的社会生活。艺术是社会生活的反映，不

---

① 列宁：《弗里德里希·恩格斯》，《列宁选集》第1卷，第88页。
② 马克思、恩格斯：《神圣家族》，《马克思恩格斯全集》第2卷，第214页。
③ 恩格斯：《在马克思墓前的讲话》，《马克思恩格斯选集》第3卷，第574页。

同时代的社会生活构成了不同时代的艺术的内容。同时,上层建筑是为经济基础服务的,作为上层建筑的艺术因此也必须为经济基础服务。在阶级社会中,上层建筑是有阶级性的,因此艺术也具有阶级性,艺术是阶级斗争的"精神武器"。过去的美学以及德国的古典美学,都追求艺术的和谐与静穆,把艺术当成调和矛盾的手段。可是,到了马克思列宁主义,艺术的女神却从奥林匹斯山上的神殿中走出来,走到充满矛盾和斗争的人间来,参与人间的斗争!艺术不再是调和矛盾的手段,而是反映矛盾、参与矛盾,成为干预生活和推动历史前进的有力工具。

第二,从发展的前途来看,黑格尔不断发展的辩证法受到他的唯心主义体系的限制,因而发展是有终点的。当绝对理念还没有全部实现自己的时候,一切都处于发展之中,当绝对理念全部实现了自己,发展也就结束了。至于艺术,则不仅发展是有限制的,而且它只是绝对理念发展的一个阶段。这样,艺术的前途就具有宿命论的性质,当它正发展到黑格尔所说的顶峰——古典主义——的时候,已经宣布了自己的没落。和黑格尔相反,按照马克思列宁主义的观点,首先,艺术发展有一个顶峰的说法就是不正确的。艺术是社会生活的反映。不同时代不同社会的艺术,各有其不同的特点。社会不断向前发展,艺术也就不断向前发展。但是,在这一总的发展过程中,艺术的发展与社会生产的发展并不是完全平衡的。马克思就说:"关于艺术,大家知道,它的一定的繁盛时期决不是同社会的一般发展成比例的,因而也决不是同仿佛是社会组织的骨骼的物质基础的一般发展成比例的。"①正因为这样,所以适应某一社会生活并在反映这一社会生活的基础上所产生的某种艺术形式,如像史诗或神话,虽然在希腊时就已达到了很高的成就,而且后来也很难超过它,但这并不等于说,艺术到希腊就已经发展到了顶峰。近代社会中产生的长篇小说,黑格尔自己就给以很高的评价。黑格尔以后所产生出来的电影、报告文学等,更是古人想都没有想过的。这样,我们又怎么能够把过去某一个时代和社会的艺术,当成是全部艺术发展的顶峰呢?顶峰的论点,本身就是违反辩证法的。黑格尔为了适应他的唯心主义的体系,才违反历史事实地制造出希腊艺术是人类艺术发展的顶峰的说法,其错误是很明显的。

其次,黑格尔看到资本主义的生产方式不利于艺术的发展,因而断定艺术到了资本主义的近代社会已经没有前途了。黑格尔的这种讲法,是由于他不能正

---

① 马克思:《〈政治经济学批判〉导言》,《马克思恩格斯选集》第2卷,第112—113页。

确地理解资本主义社会的缘故。马克思在《经济学—哲学手稿》等著作中,深刻地分析了资本主义社会之所以不利于艺术的发展,是因为资本主义社会是建立在私有制的基础上,私有制使人的劳动变成疏远化,劳动者在劳动中失去了自由对待产品的乐趣,失去了美感,因而不利于艺术的生产。但是,马克思随即指出,这种疏远化的劳动,本身就会制造反对资本主义生产方式的掘墓人,那就是无产阶级。无产阶级推翻资本主义社会之后,将要建立崭新的共产主义社会。在共产主义社会中,劳动从疏远化的劳动变成自由的劳动,人的本质真正得到解放,于是一个艺术繁荣和百花盛开的局面,就会展开。那时,人人都是劳动者,同时也是艺术家。因此,艺术无限美好的前途正在未来,艺术的黄金时代决不在于黑格尔所说的过去。

这样,黑格尔虽然第一次全面地系统地阐述了艺术发展的历史观点,但由于他的这一发展观点是建立在历史唯心主义的基础之上的,所以不可能贯彻到底。只有马克思列宁主义将之作了唯物主义的改造之后,用历史唯物主义的观点来解释艺术,艺术发展的观点方才正确地全面地贯彻到美学中去。

(4) 典型问题:典型问题,是个别性与普遍性在艺术形象中的统一问题。这个问题,早在希腊时的亚里士多德已经看到了。他说:"诗所描述的事带有普遍性……所谓'有普遍性的事',指某一种人,按照可然律或必然律,会说的话,会行的事。"[①]某一种人以及他所说的话,所做的事,这是个别的;但是这些话、这些事,又要符合必然律或可然律,这就具有普遍性了。因此,亚里士多德已经初步涉及了典型的问题。但是,以后的很长一段时间,从罗马时代一直到十七世纪的新古典主义,都只强调典型中的普遍性的一面,从而把典型当成类型。十八世纪启蒙运动以后,由于资产阶级强调个性和个性解放,于是典型问题又偏重于个性的特征方面。当时的浪漫主义者,主要就是从个性特征方面来理解典型的。德国古典美学总结了古典主义和浪漫主义的经验,企图调和它们之间的矛盾,于是又重新从个别性与普遍性的统一上来理解典型。

例如康德,就一方面认为美是个别的单称判断,另一方面又认为美必须具有人人赞同的普遍性和必然性。基于他对于美的这种理解,他认为美的理想是理性概念和感性形象的统一。他说:"理想本来意味着一个符合观念的个体的表

---

① 亚里士多德:《诗学》,第 29 页,人民文学出版社,1962 年。

象。"①这"理想",事实上就是典型;"符合观念的个体的表象",也就是普遍性与个别性的统一。因此,康德是从普遍性与个别性的统一,来谈典型问题的。黑格尔关于"美是理念的感性显现"这一定义的本身,就说明了美一方面是具有普遍性的理念,一方面却又是个别的感性形象。艺术的理想,就在于通过个别的感性形象来显现普遍的理念。因此,黑格尔所说的"理想",实质上也是指典型。他是从典型的意义上,来运用理想一词的。他说:"因为艺术要把被偶然性和外在形状玷污的事物还原到它与它的真正概念的和谐,它就要把现象中凡是不符合这概念的东西一齐抛开,只有通过这种清洗,它才能把理想表现出来。"②在这段话中,黑格尔不仅把理想理解为典型,而且论述了塑造典型的方法,也就是典型化的方法。在他看来,典型化就是要把现实中不符合概念要求的偶然性的东西清洗掉,使个性化的感性形象能够充分地表现出普遍的概念来。只有经过这样的"清洗"或典型化之后,艺术的理想或典型,才既是个别的感性形象,又能符合概念的普遍规律。概念不是抽象地表现出来,而是"融会在个性里";而外在事物,"也解脱了单纯的有限性和条件制约性,而与灵魂的内在生活结合为一种自由的和谐的整体"③。那就是说,普遍性的理念显现在个别性的感性形象中,而个别的感性形象又心灵化,成为"可以显出心灵的自由"的东西。就这样,在普遍的理念与个别的感性形象的统一上,黑格尔建立了他关于典型的理论。由于"性格就是理想艺术表现的真正中心"④,所以理念作为普遍力量体现到个别人的身上去,融会成为一个整体,就成为人物性格。什么样的人物性格才是理想的或者典型的性格呢? 黑格尔说:"真正的自由的个别性,如理想所要求的,却不仅要显现为普遍性,而且还要显现为具体的特殊性,显现为原来各自独立的这两方面的完整的调解和互相渗透。"⑤因此,理想的典型性格,就是普遍性与特殊性统一在具体的个别的人物形象身上的性格。这样的人物性格,"每个人都是一个整体,本身就是一个世界,每个人都是一个完满的有生气的人,而不是某种孤立的性格特征的寓言式的抽象品"⑥。

对于德国古典美学从普遍性与特殊性的辩证统一上来理解典型,尤其是对

---

① 康德:《判断力批判》,第 17 节。
② 黑格尔:《美学》第 1 卷,第 195 页。
③ 同上,第 196 页。
④ 同上,第 197 页。
⑤ 同上。
⑥ 同上,第 295 页。

于黑格尔从人物性格的完满的多样统一上来理解典型,马克思列宁主义的经典作家是给予了肯定的评价的。恩格斯在给敏·考茨基的信中,就明确指出:"每个人都是典型,但同时又是一定的单个人,正如老黑格尔所说的,是一个'这个',而且应当是如此。"① 这就说明了,马克思列宁主义的经典作家是在批判继承德国古典美学,特别是黑格尔美学的基础上,来探讨典型问题的。他们也认为,典型是个别性与普遍性的统一,是通过个别的人物形象来反映社会生活中某些普遍性的东西。然而,在典型问题上也像在其他问题上一样,马克思列宁主义的经典作家所批判地继承的,只是德国古典美学中辩证法的合理内核,只是他们关于典型是个别性与普遍性的辩证统一的讲法;至于他们唯心主义的思想体系,则坚决地予以否定和抛弃。否定和抛弃了唯心主义的东西之后,再把他们合理的因素,经过唯物主义的改造,使之适应无产阶级的革命需要,使之成为马克思列宁主义美学的组成部分。这一改造,主要地表现在三个方面:

第一,对于典型的理解。德国古典美学把典型称为"理想",这就因为他们从唯心主义出发,或者把典型理解为符合理性概念的个体表象,如康德;或者把典型理解为"符合理念本质而现为具体形象的现实"②,如黑格尔。在这里,理性概念或理念,都成了典型概念中的决定性的东西。典型不是来自客观的现实生活,而是理念下降凡尘,走到现实生活中,在个别的人物身上自我显现为感性的形象。在具体分析上,虽然他们有的人也接触到了典型与现实生活的关系问题,如黑格尔就说"理想就是从一大堆个别偶然的东西之中所拣回来的现实"③,但在根本的倾向上,他们却是彻头彻尾的唯心主义者。他们认为典型就是理念给我们树立的某种具体的典范,就是作为"理想"而使我们向往的某种个性化了的理念世界。典型人物的性格之所以是理想的性格,就是因为理念化为具体的普遍力量,化为神,走到了人物的内心里面,使这个人物成了普遍力量的代表。人物性格的典型意义,就在于他代表了这种普遍的精神力量。

马克思列宁主义的经典作家,从辩证唯物主义和历史唯物主义出发,彻底地否定了德国古典美学关于典型的这种唯心主义的理解。马克思说:"人的本质并不是单个人所固有的抽象物。在其现实性上,它是一切社会关系的总和。"④ 马

---

① 恩格斯:《致敏·考茨基》,《马克思恩格斯选集》第 4 卷,第 453 页。
② 黑格尔:《美学》第 1 卷,第 88 页。
③ 同上,第 196 页。
④ 马克思:《关于费尔巴哈的提纲》,《马克思恩格斯选集》第 1 卷,第 18 页。

克思在这里所批判的,是费尔巴哈把人的本质理解为"许多个人纯粹自然地联系起来的共同性"①。但是,无疑的,马克思在这里也批判了德国古典美学把人的本质理解为超自然的超现实的理念。人的本质既不是纯粹自然的东西,也不是来自另外一个世界的理念,而就是社会关系的总和。正因为人的本质是社会关系的总和,所以作为"理想艺术表现的真正中心"②的人物性格,也不可能是来自什么神秘的"普遍力量",而就是在人们的社会关系中,具体地历史地形成起来的。"不管个人在主观上怎样超脱各种关系,他在社会意义上总是这些关系的产物。"③正因为人物的性格是在社会关系中形成起来的,而社会关系在阶级社会中主要的是指阶级关系,是"一定的阶级和倾向的代表"④,因此,典型人物都具有一定的阶级性,是一定的阶级关系和社会关系的反映。典型人物之所以成为典型人物,主要的就在于它通过个性化的艺术形象,概括地集中地反映了一定的本质的社会关系和阶级关系。这种本质的社会关系和阶级关系,就是社会发展的客观规律。因此,在马克思列宁主义的美学看来,典型就不是什么理念的感性显现,而是社会生活和社会发展某些方面的本质规律在艺术形象中的反映。社会生活的本质规律是普遍的、必然的,同时又是客观的、现实的、物质的,这样,典型通过艺术形象所反映的,就不是什么精神性的抽象概念,而是具体地活在现实生活中的客观规律。普遍性与个别性的统一,在德国古典美学是理念与感性形象的统一;在马克思列宁主义的美学,则改造成了社会生活某些方面的本质规律与生动的具体的感性形式在艺术形象中的统一。典型,就是深刻地反映了社会生活某些方面的本质规律而又取得了一定艺术成就和个性化了的艺术形象。

第二,对于典型化的理解:德国古典美学把典型理解为理念的感性显现,因此,他们塑造典型的方法,也就是典型化的方法,就不是从生活到艺术形象,而是从理念到感性形象。用黑格尔的话来说,艺术的典型化,"是概念到感性事物的异化"⑤,或者"艺术作品是由思想异化来的"⑥。那么,思想怎样"异化"呢?首先,艺术取材于观念。黑格尔说:"诗按它的名字所含的意义,是一种制作出来的东西,是由人产生出来的,人从他的观念中取出一种题材,在上面加工,通过他自

---

① 马克思:《关于费尔巴哈的提纲》,《马克思恩格斯选集》第1卷,第18页。
② 黑格尔:《美学》第1卷,第292页。
③ 马克思:《资本论》第1卷《第一版序言》,第12页。
④ 恩格斯:《致斐·拉萨尔》,《马克思恩格斯选集》第4卷,第343页。
⑤ 黑格尔:《美学》第1卷,第14页。
⑥ 同上,第15页。

己的活动,把它从观念世界表现到外面来。"①这样,很明显的,典型化的出发点,就不是现实生活,而是思想或观念。其次,作为表现形式的外在事物,则要经过心灵的"清洗","使外在事物还原到心灵的事物,因而使外在的现实符合心灵,成为心灵的揭露"②。这样,典型化的过程,在黑格尔就成了"观念化"或"心灵化"的过程,也就是使外在事物转化成观念或心灵的过程。不管他由于运用了辩证法,在具体的分析上怎样天才地猜测到了一些艺术创作的客观规律,也强调"创作所依靠的是生活的富裕"③,但从他的唯心主义的思想体系来看,则不能不说,他所说的典型化就是从思想到思想,完全违反了艺术创作的客观规律。至于康德,更单纯地把典型化看成是天才的想象活动。他认为在天才的想象中,理性概念取得了客观现实的面貌,于是就创造出了最能表现理性概念的艺术形象。

马克思列宁主义经典作家认为艺术的典型化,不是从思想到思想,而是从生活到形象。那就是说,作家塑造典型,首先应当深入生活,在深入地熟悉生活的基础上,深刻地了解现实的各种关系,然后再按照现实生活本身的形式,塑造出能够反映这一关系的本质规律的艺术形象来。恩格斯一再强调"现实主义的真实性"④,强调"对现实关系的真实描写"⑤,就是这个意思。其次,为了典型化,马克思列宁主义的经典作家,一方面十分重视"鲜明的个性描写",反对抽象的"理想化",反对把个性"消融到原则里去"⑥;另一方面,又十分重视作品的思想倾向,反对"恶劣的个性化",认为这种个性化,"是一种纯粹低贱的自作聪明,并且是垂死的模仿文学的一个本质的标记"⑦。和这种个性化相反,马克思和恩格斯认为,典型人物的"动机不是从琐碎的个人欲望中,而正是从他们所处的历史潮流中得来的"⑧。为了塑造这样的典型,马克思和恩格斯都热情地主张现实主义的创作方法,主张个性化与概括化统一在一起的典型化。他们一再指出,应当"更加莎士比亚化",而不应当"席勒式地把个人变成时代精神的单纯的传声筒"⑨,"不

---

① 黑格尔:《美学》第 1 卷,第 203 页。西文"诗"字原义为"制作"。
② 同上,第 196 页。
③ 同上,第 348 页。
④ 恩格斯:《致玛·哈克奈斯》,《马克思恩格斯选集》第 4 卷,第 461 页。
⑤ 恩格斯:《致敏·考茨基》,《马克思恩格斯选集》第 4 卷,第 454 页。
⑥ 同上。
⑦ 恩格斯:《致斐·拉萨尔》,《马克思恩格斯选集》第 4 卷,第 344 页。
⑧ 同上。
⑨ 同上,第 340 页。

应该为了观念的东西而忘掉现实主义的东西,为了席勒而忘掉莎士比亚"①。席勒的倾向,并不能代表整个德国古典美学的倾向,但是,马克思和恩格斯所反对的"席勒化",实际上是反对由于德国古典美学唯心主义倾向在当时所造成的从思想出发以及从思想到思想或从思想到形象的不良影响。恩格斯说:作品的政治倾向"应当从场面和情节中自然而然地流露出来,而不应当特别把它指点出来"②。从某种意义上来说,这也是针对德国古典美学的。因为德国古典美学所说的典型化,事实上是思想的典型化。马克思和恩格斯所说的典型化,是沿着现实生活本身的方向来典型化,思想是从现实生活本身的发展过程中自然而然地流露出来,而不是外加到现实生活中去的。就这样,马克思和恩格斯把德国古典美学那种唯心主义的典型化方法,改造成了唯物主义的典型化方法。

第三,对于典型环境的理解:康德反对美与现实利害的联系,因此他根本不谈环境问题。黑格尔则从客观唯心主义出发,论述了精神在不同时代的发展,因此,他是把时代精神当成典型人物活动的环境。每一个时代,"教育,科学,宗教乃至于财政,司法,家庭生活以及其他类似现象的'情况'"③,在他看来,都是人物活动的环境。环境又分成两种:一是"一般的世界情况",这是一般的背景;二是"情境",这是人物具体地活动于其中并展开冲突的环境。黑格尔看到了环境对于典型人物性格形成的重要意义,以及他把冲突当成环境构成的重要因素,这些应当说是他的历史贡献。但是,他把环境理解为理念显现的不同阶段,把时代精神与人物活动的总的环境等同起来,这就是唯心主义的了。同时,他所说的理想的环境是固定的,只有在"英雄时代"才有,这也是受了他的唯心主义体系的限制。另外,他一方面承认"一般世界情况"决定人物的性格,"一般世界情况"是随着历史的发展而发展的;但另一方面,他又认为作为人物性格的中心内容的"情致",是一些永恒不变的理念,是"存在于人的自我中而充塞渗透到全部心情的那种基本的理性的内容",如爱情、友谊等。这就不仅是唯心主义的,而且是自相矛盾的了。

马克思列宁主义的经典作家反对黑格尔用时代精神来解释环境。他们说:人的本质是社会关系的总和,社会关系的总和就是"环绕着这些人物并促使他们

---

① 恩格斯:《致斐·拉萨尔》,《马克思恩格斯选集》第4卷,第345页。
② 恩格斯:《致敏·考茨基》,《马克思恩格斯选集》第4卷,第454页。
③ 黑格尔:《美学》第1卷,第223页。

行动的环境"①。因此,恩格斯提出"要真实地再现典型环境中的典型人物"②,就是要把人物放在社会关系中来描写。能够反映出社会生活某些方面的本质规律的人物形象,是典型的人物;能够反映出这一本质规律的特定环境,则是典型的环境。人物是现实的,是社会关系的产物;环境也是现实的,它就是这一社会关系的总和。因此,就在典型环境与典型人物的辩证统一中,我们看到了一个时代一个社会某些方面的本质特征,认识了一个时代一个社会的某些方面的规律性。从一滴海水可以品味到整个大海水的味道,从一个典型环境中的典型人物,我们也可以捉摸到整个时代社会某些方面的脉搏,了解到整个时代社会某些方面的动向和发展趋势。就在这个意义上,恩格斯特别重视典型环境,强调"要真实地再现典型环境中的典型人物";也在这个意义上,恩格斯第一次用历史唯物主义的观点,批判了德国古典美学以及其他资产阶级学说关于环境的唯心主义的解释,第一次科学地全面地阐述了典型环境与典型人物之间的辩证关系。

不仅这样,马克思列宁主义的经典作家还从人的主观能动性方面,唯物地辩证地论述了人物与环境之间的关系。黑格尔是看到了人的主观能动性的,他强调人物的"独立自足性",就是一例。但是,他是从唯心主义的立场、从普遍理性和观念在人物内心中所起的作用来理解这一能动作用。马克思列宁主义的经典作家则从历史唯物主义的立场,来论证了人一方面是环境的产物,受环境的制约和支配;但另一方面,人又能通过自己的实践活动,通过劳动,来改变环境,并在改变环境的过程中,改变人的本身。马克思说:"有一种唯物主义学说,认为人是环境和教育的产物,因而认为改变了的人是另一种环境和改变了的教育的产物,——这种学说忘记了:环境正是由人来改变的,而教育者本人一定是受教育的。"③那就是说,人不仅是教育和环境的产物,而且教育和环境也是人的活动的结果。列宁讲得更清楚:"人给自己构成世界的客观图画,他的活动改变外在的现实,消灭它的规定性(=变更它的这些或那些方面、质)……"④正因为环境同时是人来改变和创造的,所以,"真实地再现典型环境中的典型人物",就应当写出环境与人物之间的相互作用。人物在给他所规定的社会关系中活动,这些社会关系形成了他的思想和感情,规定了他的性格和命运;但是,人物本身又是构

---

① 恩格斯:《致玛·哈克奈斯》,《马克思恩格斯选集》第4卷,第462页。
② 同上。
③ 马克思:《关于费尔巴哈的提纲》,《马克思恩格斯选集》第1卷,第17页。
④ 列宁:《哲学笔记》,第235页。

成这一社会关系的积极因素,因此,由于他的活动,由于他的思想和感情的影响,他也不断地改变着这一关系,促进这一关系的发展。这样,描写人物与环境的关系,就要求作家艺术家走在时代的前面,从现实发展的方向,用时代最先进的观点,来描写他的人物,从而使他的人物成为时代的号角。因此,"真实地再现典型环境中的典型人物",就不仅是消极地去描写已经存在的环境,而且要去描写正在发展中的环境,描写生活中的变化和斗争!这样一来,马克思列宁主义的美学,不仅批判了德国古典美学,对它作了革命性的改造,而且以革命者的雄姿,在继承德国古典美学的基础上,开辟了美学研究的新的方向。

以上,我们从美学的性质、美的本质、艺术的历史发展和典型问题四个方面,尝试性地探讨了马克思列宁主义的经典作家对于德国古典美学所作的革命性的批判和改造。当然,批判和改造的范围,决不限于这四个方面。其他如悲剧、艺术的审美教育作用等,马克思列宁主义的经典作家都对德国古典美学进行了革命性的批判和改造。但就从这四个方面我们已经可以看出,德国古典美学作为资产阶级唯心主义美学中最大的一个流派,不仅是马克思列宁主义美学的对立面,而且是马克思列宁主义美学批判和改造的对象,与马克思列宁主义美学具有密切的批判继承的关系。我们要学习马克思列宁主义美学,就应当在马克思列宁主义的指导下,对德国古典美学作比较深入的全面的批判和理解。只有这样,我们才能真正继承德国古典美学这一份珍贵的美学遗产。

后　记

　　一九六二年,我曾在上海哲学社会科学学会联合会作过一次有关德国古典美学的报告,后来商务印书馆来组稿,这就是本书写作的缘起。但当时教学任务颇重,兼以不时下乡下厂,所以直到一九六五年,方才完稿。稿寄到商务之后,不久就发生了"文化大革命"。身家性命难保,遑论出书?一九七六年,我把稿子要了回来,编辑部的意思仍然叫我修改,可我实在没有这个心情。直到"四人帮"粉碎以后,党中央励精图治,召开全国科学大会,提出要提高整个中华民族科学文化水平的号召,在此大好形势之下,我也不胜欢欣鼓舞。乃于一九七七至一九七八年之际,将此稿重加修改,以成今貌。缅怀本书的写作,前后差不多经历了十八年。抚今追昔,固然免不了个人一己的感慨,但主要的是要说明"四害"肆虐、荼毒文化的罪行。

　　近两年来,在党中央"双百"方针的鼓舞下,学术界在"四人帮"时那种百花凋残、万马齐喑的局面,已经根本改变,一个大有希望、大有作为的时代,正在出现。即以德国古典美学的研究来说,年余来就出现了若干新的译著。可惜本书已来不及参考,只好俟诸异日了。另外,由于我的水平有限,加以资料不足,书中错误和遗漏的地方,在所难免,敬希读者指正。

　　本书修订时,曾承我系徐俊西、邱明正、叶易、叶门寿、吴中杰、高云等同志,看过全部或部分原稿,有所匡正,特此志谢。另外,高崧和冀勤两位同志,对于本书的出版,一直很关心,我也要借此机会,表示谢意。

蒋孔阳　　　
一九八〇年一月　

先秦音乐美学思想论稿

前　言

　　人对现实的关系,除了政治、经济、道德、宗教等等关系之外,还存在着审美的关系。新石器时代,人类还处在原始的阶段,制作非常简单,可是从他们遗留下来的用具和陶器中,我们却已经看到了磨光、着色、穿孔等装饰性的活动,看到了编织纹、鱼鸟纹、蛙形纹等满足审美要求的图案。至于音乐、歌唱和舞蹈,更是原始人类生活中的一个重要组成部分。原始人类,差不多没有不喜欢音乐舞蹈的。到了殷周奴隶社会,我们从甲骨文和金文中,发见了大量乐器的名字[①],当时人们生活的各个方面,差不多都和音乐舞蹈发生密切的联系。春秋战国时期,由于有了比较丰富的文字记载,当时音乐繁荣的情况,更是大量地保存下来。诸子的著作中,记载了当时许多的音乐故事。《周礼》和《仪礼》,记载了当时相当周密的音乐组织和音乐制度,以及当时音乐演奏的情况。不仅官方的音乐很发达,民间的音乐也很发达。例如《战国策·齐策》,谈到当时的山东临淄,说:"甚富而实,其民无不吹竽、鼓瑟、击筑、弹琴。"《诗经》和《楚辞》,是古代文学的总集,但因为当时诗歌与音乐不分,诗歌多要合乐;因此,从音乐方面来看,《诗经》和《楚辞》也可以在某种意义上说是古代音乐的总集。

　　近年来,大量出土的文物也证明了古代音乐的发达和繁荣。旁的不说,仅就在湖北随县出土的曾侯乙大墓而论,它不过是战国初的一个小国,但乐器规模之大和完整,实在叫人惊叹。不仅这样,而且就曾侯乙钟铭来看,它保存了当时曾国和各国各种律名、阶名、变化音名之间的对照情况,说明当时对音乐已有相当的研究。正因为这样,所以诸子百家兴起、各种专门著作出现之后,讨论音乐的文章和论述,就所在多有了。《左传》、《国语》、《诗》、《书》、《易》、《周礼》、《仪礼》以至诸子百家的著作,无不谈到音乐。像《管子》中的《地员篇》、《墨子》中的《非乐》、荀子的《乐论》、《礼记》中的《乐记》、《吕氏春秋》中的《音律》和《制乐》等篇,

---

① 参看容庚:《商周彝器通考》上册,第485页,哈佛燕京学社,1941年。

更是专门讨论音乐或者主要讨论音乐的文章。嗣后，我国的历史著作，从《史记》的《乐书》、《汉书》的《礼乐志》开始，大多有关于音乐的专门篇章。至于专门论述音乐的著作，也是历代多有的。这一方面说明了我国古代音乐的繁荣，另一方面也说明了音乐在我国古代社会生活与政治生活中的重要地位。因此，它才引起那样的重视。

我国古代并没有美学这样一门专门的学科。但由于人对现实的审美关系，是随着人类的文化一同诞生的。我国文化起源很早，因此，我国古代早已有了审美意识和大量的美学思想的存在。由于审美意识和美学思想主要反映在艺术中，并且通过艺术和有关艺术的论述保存下来；因此，要研究我国古代审美意识和美学思想的发展，除了有关的文物和哲学著作等等之外，现存的艺术作品和有关艺术的论著，应当是最为可靠和最为重要的依据。在各门艺术当中，我国古代的音乐特别发达，而且有关音乐的论述又特别多，因此，探讨我国古代的音乐美学思想，应当是研究我国古代美学思想的一个重要环节。我们甚至可以这样说，我国古代最早的文艺理论，主要是乐论；我国古代最早的美学思想，主要是音乐美学思想。就是基于这样的认识，所以笔者不揣谫陋，多年以前，就开始收集有关古代音乐方面的资料，陆陆续续写下了这么一本《先秦音乐美学思想论稿》。

由于我不懂音乐，更不懂古代的音乐，因此，我不是从音律方面或者音乐的"器数"方面来论；我主要是从我国古代有关音乐的哲学理论方面来谈。因此，探讨我国古代音乐美学思想的哲学基础，以及探讨我国古代对于音乐的本质和作用的看法，是我努力的主要目的。诸子百家兴起后，"礼乐"问题成了当时音乐美学思想中争论的一个主要问题，因此，我所探讨的主要也是这个问题。

限于资料，特别是限于水平，我的探讨只能是极其初步的、尝试性的。不当的地方，至希得到同志们的指正。

目　次

前言 …………………………………………………………… 289

音乐在我国上古时期社会生活中的地位和作用 ……………… 292
阴阳五行与春秋时的音乐美学思想 …………………………… 310
私家讲学和诸子百家的兴起 …………………………………… 339
先秦时代的"礼乐"制度 ……………………………………… 345
评孔丘的"正乐"思想 ………………………………………… 353
评墨翟的"非乐"思想 ………………………………………… 373
评老子"大音希声"和庄周"至乐无乐"的音乐美学思想 … 382
评孟轲"与民同乐"的音乐美学思想 ………………………… 406
评荀况的《乐论》及其音乐美学思想 ………………………… 418
评商鞅、韩非的音乐美学思想 ………………………………… 438
评《礼记·乐记》的音乐美学思想 …………………………… 453

后记 …………………………………………………………… 480

音乐在我国上古时期社会生活中的地位和作用

音乐的起源是很早的。刘勰《文心雕龙·明诗篇》说:"民生而志,咏歌所含。"沈约《宋书·谢灵运传论》也说:"然则歌谣所兴,宜自生民始也。"这都是说,自从有了人类社会以后,就有了音乐。由于音乐在我国上古时期即已大量存在,占据着重要的地位,起着重要的作用,所以我国古代的思想家,差不多都是联系音乐来探讨整个文艺现象的规律。他们把乐论当成整个的文艺理论,他们的美学思想也集中地表现在有关音乐的美学思想上。因此,探讨音乐在我国上古时期社会生活中的地位和作用,事实上就是在探讨整个文艺在当时的地位和作用。

人类思维发展的规律,都是从简单到复杂,从具体到抽象。我们翻阅卜辞,很少有抽象的概念,差不多都是一些具体的关于时间、空间(地点)、数量等方面的词汇。① 同样,关于音乐,也不是先有关于音乐的抽象理论,然后才有音乐的实践,而是相反的,是先有大量的关于音乐舞蹈等的实践活动,然后才逐渐形成了一些关于音乐的感想和意见,关于音乐的神话和传说,最后才形成了某些音乐的理论。"乐"这个字,在甲骨文和金文中,都作🎵。罗振玉在《殷虚书契前编》中说:

从丝坿土上,琴瑟之象也。或增△以象调弦之器,犹今弹琵琶阮咸者之有拨矣。

这就是说,"乐"字最初不过是乐器的象形,并不含有任何抽象的理论意义。《诗》三百篇中,很多地方都描写到音乐,但它所描写的都只是乐器或乐事,也就是音乐的具体活动,而很少描写到音乐的作用或意义,更没有发表有关音乐的理论。但是,既然有了音乐的实践,就必然会产生一些对于音乐的看法,从而形成

---

① 参考侯外庐等编:《中国思想通史》第1卷,第23页,三联书店,1950年。

有关音乐的理论。由于我国上古时期的艺术实践,是音乐、舞蹈、诗歌等结合在一起的,它们都被称为"乐",因此当时谈音乐的理论,并不像我们今天这样,只把音乐当成各门艺术之中的一种,而是包括了各门艺术在内的。《尚书·舜典》谈乐,就是指各种艺术而言的:

> 夔!命汝典乐,教胄子。直而温,宽而栗,刚而无虐,简而无傲。诗言志,歌永言,声依永,律和声,八音克谐,无相夺伦,神人以和。

这里,诗、歌、声、律、八音等都包括在"乐"里面。而且不仅这样,甚至社会生活以及自然现象中与人类有关的一些学问,古人都把它们包括在"乐"里面。古代希腊,曾把音乐和体育相提并论,认为体育培养人的身体,音乐培养人的心灵,因此,凡是与培养人的心灵有关的学问,如文学、艺术、数学、天文学等,他们都归到音乐的范围之内。① 我国古代对于音乐,也有类似的讲法。例如《乐记·乐化篇》说:

> 乐者,天地之命,中和之纪,人情之所不能免也。

这是从天、地、人三个方面来谈音乐的。《史记正义》讲得就更明确了:

> 天有日月星辰,地有山陵河海,岁有万物成熟,国有贤圣宫观周域官僚,人有言语衣服体貌端修,咸谓之乐。

《史记正义》是唐人张守节著的,他的这一讲法,实际上概括了春秋战国以来,我国古代人对于"乐"的看法。庄周盛赞"天乐",就是把整个宇宙都看成一种自然的音乐。以孔丘为代表的儒家,更把"乐"和"礼"并称,用"礼乐"来概括人类社会的一切典章制度和文化教养的活动。马端临在《文献通考·经籍考》里,就特别强调:"乐者国家之大典,古人以与礼并称。"因此,乐"非止于技艺之末而已"。那就是说,"乐"决不止是单纯的歌唱钟鼓之类,它的作用和意义,也决不仅仅限于音乐活动的本身。它是人类文化活动的总称,关系到政治的隆替,国家的

---

① 柏拉图:《文艺对话集》,朱光潜译,第21页,人民文学出版社,1980年。

兴衰,以至个人的祸福等。为什么呢?这就因为在古人看来:

> 凡如政事之兴废,人身之祸福,雷风之震飒,云雨之施行,山水之巍峨洋溢,草木之幽芳荣谢,以及鸟兽昆虫之飞鸣翔舞,一切情况,皆可宣之于乐,以传其神而会其意者焉。①

这就是说,因为一切社会现象和自然现象,都可以通过音乐来反映,所以都可以称之为"乐"。但这样广泛意义的音乐,毕竟只是就音乐的作用而言。至于具体地言"乐",则主要是指音乐、诗歌、舞蹈三者而言。《乐记·乐象篇》说:

> 诗,言其志也;歌,咏其声也;舞,动其容也;三者本于心,然后乐器从之。

《师乙篇》又说:

> 故歌之为言也,长言之也。说之,故言之。言之不足,故长言之;长言之不足,故嗟叹之;嗟叹之不足,故不知手之舞之,足之蹈之也。

这都是把诗、歌、舞三者结合在一道,当成"乐"。古时没有离开歌与舞而单独存在的"乐",也没有离开乐与舞而单独存在的徒诗。现今所存的《诗》三百余篇,古时都是合乐的。顾炎武在《日知录》中即说:

> 歌者为诗,击者拊者吹者为器,合而言之谓之乐……《诗》三百篇,皆可以被之音而为乐。

《墨子·公孟篇》批评儒家:"诵诗三百,弦诗三百,歌诗三百,舞诗三百。"《史记·孔子世家》说:"三百五篇,孔子皆弦歌之,以求合韶、武、雅、颂之音。"凡此都说明了《诗》三百余篇,都是和歌、舞结合在一起的。《风》、《雅》、《颂》三部分,照朱熹在《诗集传》中的解释,都是不同的乐歌:

---

① 祝凤喈:《制琴曲要略》,《与古斋琴谱》卷3。转引自牟世金:《中国古代文学艺术的形神问题》,《文学评论》,1980年第1期。

> 风者,民俗歌谣之诗也……诸侯采之而贡于天子,天子受之而列于乐官。
>
> 雅者,正也,正乐之歌也……正小雅,燕飨之乐也;正大雅,会朝之乐,受厘陈戒之辞也。
>
> 颂者,宗庙之乐歌。

《乐记·乐化篇》中所说的"武舞",经王国维的考证,证明其中所说的六成,每一成都有《周颂》中的一篇诗与之相应。[①] 所谓"成",就是指舞的一段。舞有六段,诗也就有六篇,那便是《武宿夜》《武》《酌》《桓》《赉》《般》。因此,在古代,诗是乐的一个组成部分。我们今天所说的文学,就包括在音乐之中。这一点,希腊人的看法也差不多。柏拉图在《理想国》中就说:"我看音乐包含文学在内。"[②]这样,古人对于音乐的概念,要比我们今天广泛得多。就其作用说,"乐者,天地之和也","生民之道,乐为大焉",整个宇宙人生社会,都受到音乐的影响。就其具体的内容和范围来说,它又包括了诗歌、舞蹈、音乐在里面,事实上概括了古代人类主要的文化活动。正因为这样,所以比较起其他各门艺术来,音乐在古代的社会生活中占有最为重要的地位,起着最为重要的作用,也就很自然了。

人类的审美活动,虽然离不开思维,但主要却是通过感觉器官来进行的。就在通过感觉器官掌握现实的过程中,相应于不同的感觉器官,产生了不同的艺术。人类的文字,顶多不过五千年的历史,现在所发现的洞窟壁画,却已有两万多年的历史了。[③] 比较起来,音乐还要更早一些。照理说,人在掌握现实的过程中,视觉比起听觉来,要更为广阔,更为包罗万象,更为明确和清晰,因而也给我们的审美活动提供了更多的机会,如绘画、雕刻、建筑、文艺作品等都是。古代希腊的赫拉克利特,就曾向我们说明:"眼睛是比耳朵更可靠的见证。"[④]然而,为什么以听觉来和外界建立审美关系的音乐,却比通过视觉的形象所形成的其他各门艺术,更为上古时期的人类所重视,并在上古时期的人类社会生活中占有特别重要的地位呢?

---

① 王国维:《观堂集林·周大武乐章考》,第105页,中华书局,1959年。
② 柏拉图:《文艺对话集》,第21页。
③ 参看李化吉:《中国壁画的兴衰与瞻望》,《工艺美术学报》,1981年第1期。
④ 《古希腊罗马哲学》,第28页,三联书店,1957年。

我们说，任何一种意识形态，包括各门艺术在内，都不是由它们自身来决定自己的地位和作用，而是由当时人类社会生活的实践需要来决定的。音乐之所以在我国上古时期的社会生活中，比起其他的艺术占有更为重要的地位，起着更为重要的作用，这是由于音乐的性质和特征，比起其他艺术来，更为适应上古时期人类社会生活实践的需要。这一点，我们可以从几个方面来谈。

首先，音乐比较简单，容易为上古时期的人类所掌握。人天生有嗓子，有声音，他们不需要假借任何外物或工具，就可以呼喊出来。人有手，拿起棍子或石头，就可以敲击出有节奏的声音来。德国学者华拉歇克认为原始的野蛮民族所唱的歌调毫无意义，他们只是因为音调和谐，就喜欢唱，喜欢听。在相互唱、相互听的当中，或者说在相互呼喊的当中，就诞生了人类最早的音乐。它一诞生，立刻适应了人类社会生活相互交际的实际需要，直接成为人们交流思想感情的重要工具。西方近代的人类学家施通普夫就曾谈到："声乐和器乐，可能更多地是从远距离上向人打信号的动作中产生出来的。"① 不仅这样，音乐还直接成为上古时期社会生活的组织者。它与舞蹈结合在一道，人们在载歌载舞的当中，共同劳动，共同生活，共同战斗，共同娱乐。这样，比起其他的艺术来说，音乐就更为适应上古时期人类集体生活以及还不甚发达的古代人类审美能力的需要了。

关于音乐的起源，中外的学者，都曾作过许多研究，有过许多讲法。此地不想一一批评和介绍，我们只想说明一个事实，那就是音乐差不多是和人类社会一道产生的。闻一多在《歌与诗》一文中说：

> 想象原始人最初因情感的激荡而发出有如"啊""哦""唉"或"呜呼""噫嘻"一类的声音，那便是音乐的萌芽，也是孕而未化的语言。声音可以拉得很长，在声调上也有相当的变化，所以是音乐的萌芽。那不是一个词句，甚至不是一个字，然而代表一种颇复杂的涵义，所以是孕而未化的语言。这样介乎音乐与语言之间的一声"啊……"便是歌的起源。②

郭沫若在《释和言》一文中，考证出"和"与"言"二字，在古代都是乐器。和是小笙，言是大箫。言与音二字，在古代是同类字，"如许书𠺞从口辛声，𠻰从言合

---

① 李斯托威尔：《近代美学史评述》，蒋孔阳译，第197页，上海译文出版社，1980年。
② 闻一多：《神话与诗》第181页，古籍出版社，1956年。

一。字于古金中每相通用"。于是,他得出了下面的论断:

> 原始人之音乐即原始人之言语,于远方传令每藉乐器之音以蒇事,故大箫之言亦可转为言语之言。①

按照闻、郭二人的讲法,如果音乐不比语言更早,至少也是和语言一道产生的。恩格斯说:"劳动创造了人本身。"又说:"语言是从劳动中并和劳动一起产生出来的。"②这样,音乐也应当是从劳动中并和劳动一起产生出来的。劳动使人类脱离了动物状态,音乐是人脱离了动物状态之后,最初在意识形态中的反映。前面所引《乐记》中的"故歌之为言也,长言之也"。"长言",就是一种充满了感情的、音乐腔调的语言。

"需要产生了自己的器官。"③音乐的器官也就是在适应上古时期人类社会生活实践的需要中,最初产生出来的。从最早的生产劳动、战争,到以后的宴会聘飨,以至私人间的谈情说爱、交往娱乐等,凡有人群的地方,几乎无不有音乐的活动。这就因为凡有人群的地方,几乎都需要有音乐作为相互交际的工具。上古时代的乐曲以及伴随着乐曲的歌舞等,我们今天除了在少数民族的生活中还可以略微看到一些痕迹之外,再也看不到了。但从古代留传下来的一些文献,如《易经》、《诗经》等中,我们还可以依稀地想象到古代的人类生活,是怎样密切地和音乐结合在一起。《诗经》三百零五篇,不但本身都是合乐的,而且它所反映的各个方面的生活内容,几乎无不处处伴随着歌乐和舞乐。就在乐舞交融的当中,人们相互交流了思想和感情。因此,我们说,与歌、舞相结合的音乐,最初是为了适应人们交际的实际需要产生出来的。它的实用性,是非常明显的。

其次,古代人类的社会生活,是与生产劳动分不开的。音乐不仅是他们相互交际的工具,而且直接参加到生产劳动中去,成为生产劳动的一个组成部分。这样,直接为生产劳动服务,适应生产劳动的需要,就成为古代音乐另一个重要的基本特点。音乐起源于劳动,于此又得到一个有力的证明。

---

① 郭沫若:《甲骨文字研究》,第96页,科学出版社,1962年。
② 恩格斯:《劳动在从猿到人转变过程中的作用》,《马克思恩格斯选集》第3卷,第508、511页,人民出版社,1972年。
③ 同上,第511页。

按照马克思主义经典作家的讲法,人类的劳动,一开始就带有社会性。那时,人类的知识是那样幼稚,工具是那样简陋而又缺乏,而周围的自然环境又是那样艰难和险恶,因此,古人生存的条件是很不容易的。集体劳动成了他们解决困难、谋求生存的唯一方法。他们那时既没有什么剩余劳动,也没有脑力劳动和体力劳动的差别;既没有不劳而获的统治阶级,也没有不事生产的玄想家、宗教家和艺术家。在上古时期,每个人都参加劳动,就在集体的劳动中,他们克服了自然所加予他们的种种困难。而音乐舞蹈,则成为他们集体劳动的组织者和鼓动者。正因为音乐舞蹈直接参加到生产劳动中去,具有提高生产力的实用目的,所以它不仅在上古时期的人类社会生活中占有特别重要的地位,而且是不可分割的一个组成部分。

关于古代人类是怎样通过音乐舞蹈来提高生产力的直接资料,今天是很少留存的了。但通过春秋战国以后人们的记载,以及考古学当中的某些发掘,我们还仿佛可以想象到当时的一些情形。例如《吕氏春秋·古乐篇》就记载了不少这方面的传说和故事:

> 昔古朱襄氏之治天下也,多风而阳气蓄积,万物散解,果实不成。故士达作为五弦瑟,以来阴气,以定群生。
>
> 昔葛天氏之乐,三人操牛尾投足以歌八阕。一曰《载民》;二曰《玄鸟》;三曰《遂草木》;四曰《奋五谷》;五曰《敬天常》;六曰《达帝功》;七曰《依地德》;八曰《总禽兽之极》。
>
> 昔陶唐氏之始,阴多滞伏而湛积,水道壅塞,不行其原,民气郁阏而滞著,筋骨瑟缩不达,故作为舞以宣导之。

这里所讲的三个故事,朱襄氏、葛天氏、陶唐氏,都应当是上古时期原始社会的氏族。他们都通过音乐和舞蹈,来达到提高生产的目的。朱襄氏是通过音乐来促进果物的生长,陶唐氏是通过乐舞来治水,这都是明显地和生产有关的。至于葛天氏,"操牛尾投足以歌",更说明了他们是把音乐与生产结合在一道的。所谓"八阕",高亨先生说:

> 《载民》二字难得确解,当是歌唱从事劳动的人民(《小尔雅·广诂》:"载,事也。");《玄鸟》是歌唱春天燕子来;《遂草木》歌唱草木畅茂;《奋五谷》

歌唱五谷生长；《敬天常》歌唱遵循自然规律；《达帝功》歌唱天地的功德；《依地德》歌唱地神的恩惠；《总禽兽之极》歌唱狩猎。①

杨荫浏先生对"八阕"另有一种解释，他说：

  八首歌曲的第一首《载民》是歌颂负载人民的地面；第二首《玄鸟》是歌颂黑色的鸟——黑色的鸟是一种作为氏族标志的"图腾"；第三首《遂草木》是祝草木顺利地生长；第四首《奋五谷》是祝五种谷物繁盛地生长；第五首《敬天常》是述说他们尊重自然规律的心愿；第六首《达帝功》是述说他们有充分发挥天帝的功能的愿望；第七首《依地德》是述说他们要依照地面气候变化的情形进行工作；第八首《总禽兽之极》是说明他们的总的目的是要使鸟兽繁殖，达到最高限度。②

尽管高亨先生和杨荫浏先生他们对"八阕"的解释各有不同，但却共同说明了一个事实：那便是"八阕"的名称就说明了当时的音乐舞蹈是直接与生产劳动有关的。

其他如《古今图书集成》所引的《辨乐论》说："昔伏羲氏因时兴利，教民佃渔，天下归之，时则有网罟之歌"；"神农……教民食谷，时则有丰收之咏"等等，都说明了上古时期的音乐舞蹈是与生产劳动密切相关的。由于劳动的内容不同，音乐舞蹈的内容也就不同。

普列汉诺夫说："在原始部落那里，每种劳动有自己的歌，歌的拍子总是十分精确地适应于这种劳动所特有的生产动作的节奏。"③音乐舞蹈之所以能在上古时期成为生产劳动的组织者，就因为它们配合劳动的节奏，协调人们一致的动作。《吕氏春秋·淫辞篇》记载翟翦对魏惠王说：

  今举大木者，前者舆谭，后亦应之。此其于举大木者善矣。（高诱注："舆谭或作邪谭，前人倡，后人和，举重劝力之歌声也。"）

---

① 高亨：《上古乐曲的探索》，《文史哲》，1961年第2期。诸子集成本《吕氏春秋》，"达帝功"作"建帝功"。高亨和下引杨荫浏先生，均根据古本作"达帝功"。
② 杨荫浏：《中国古代音乐史稿》上册，第5—6页，人民音乐出版社，1981年。
③ 普列汉诺夫：《没有地址的信》，第39页，人民文学出版社，1962年。

《淮南子·道术训》也有类似的记载：

> 今夫举大木者，前者邪许，后亦应之。此举重劝力之歌也。

"举重劝力"，很好地说明了音乐在生产劳动过程中的作用。鲁迅在一九三四年写的《门外文谈》，就利用这个材料，说了下面一段著名的话：

> 我们的祖先的原始人，原是连话也不会说的，为了共同劳作，必需发表意见，才渐渐地练出复杂的声音来。假如那时大家抬木头，都觉得吃力了，却想不到发表，其中有一个叫道"杭育杭育"，那么，这就是创作；大家也要佩服，应用的，这就等于出版……

在《中国小说的历史的变迁》一文中，鲁迅又说了相类似的意见：

> 因劳动时，一面工作，一面唱歌，可以忘却劳苦，所以从单纯的呼叫发展开去，直到发挥自己的心意和感情，并偕有自然的音调。

因此，在鲁迅看来，音乐诗歌都是起源于劳动，为了减轻劳动的痛苦和疲劳，提高劳动的效率，随着音乐的节奏，劳动也就有条不紊地按着节奏进行下去。《宋书·乐志》所记载的"筑城相杵"的故事，就是很好的例子：

> 筑城相杵者，出自梁孝王。孝王筑睢阳城，造倡声，以小鼓为节，筑者下杵以和之。

因为音乐是从劳动中产生出来，并直接为生产劳动服务的，所以许多乐器都是从劳动工具转变而来的。对于这一点，普列汉诺夫曾有很好的说明：

> 对于原始民族，音乐中主要的东西是节奏，所以不难了解，他们的简单的音乐作品是怎样从劳动工具与其对象接触时所发出的声音中产生出来的。这是用加强这些声音，使它们的节奏增加某种花样，总之使它们适合于表现人的感情这样一些办法来完成的。但是要做到这一点，必须首先改变

劳动工具,而这样一来,它们就变成乐器了。①

我国上古时期的许多乐器,都是这样从劳动工具转变而来的。"筑城相杵"的"杵",是劳动工具。《尚书·益稷》:"击石拊石,百兽率舞。"石器时代的人,以石为生产工具,也就以石作为乐器。埙,是我国最古的乐器之一。"我国最早的石埙大约制作于新石器时代中期,可能来源于狩猎工具——石流星(飞弹),所以后来的石埙仍作圆形。"②磬,也是最早用石制成的打击乐器。"農字从辰,早期的农耕用具就有过蜃壳,用之以掘地。当人类创造劳动工具时,就模仿蚌壳的形式稍加改进,创造了鲸鱼头式的石制工具。这工具,可以用来掘地种植,可以用来剖割食肉,在歌舞的时候,又可以用来敲击,发出节奏,这就是古磬的雏形。"③殷墟出土的文物中,有许多特磬。这种特磬,又称大磬。《尔雅·释乐》:"大磬谓之馨。"郭璞注说:"馨形似犁错,以玉石为之。"可见,特磬是直接从犁错发展起来的。再例如哨,据说鄂克温人在鹿交配时(八九月),用木制的哨吹出母鹿的声音,附近的公鹿听了,便会走近来。④ 这样,哨这种乐器,也是狩猎民族在狩猎的过程中,为了适应生产的需要,而后制造出来的。又例如缶,《说文》缶部:"缶,瓦器,所以盛酒浆。秦人鼓之以节歌。象形。"《易》比初六:"有孚盈缶。"释文:"缶,郑云,汲器也。"这是说,缶原来是生活用具,后来变成乐器了。钟、鼓之类,也是从生活用具或生产用具转变成乐器的。

关于上古时期音乐与生产劳动的密切关系,我们还可以引《吕氏春秋·古乐篇》中的一段话,来加以证明:

> 帝尧立,乃命质为乐。质乃效山林溪谷之音以歌。乃以麋鞈置缶而鼓之,乃拊石击石,以象上帝玉磬之音,以致舞百兽。

这段话,相当生动地记载了渔猎时代的原始人类,他们把捕获的野兽的皮蒙在陶器上,当作乐器来敲打,这便是鼓的来源。他们敲击着陶鼓,敲击着石块,并化妆

---

① 普列汉诺夫:《没有地址的信》,第 40 页。
② 吕骥:《从原始氏族社会到殷代的几种陶埙探索我国五声音阶的形成年代》,《文物》,1978 年第 10 期。
③ 常任侠:《古磬》,《文物》,1978 年第 7 期。
④ 参考李纯一:《中国古代音乐史稿》,第 20 页,音乐出版社,1964 年。

成各种各样的野兽来跳舞,从而反映了他们狩猎的劳动生活。而音乐舞蹈,也就在这样的劳动生活中产生了出来。

因此,不管怎样说,上古时期的音乐舞蹈,是直接从劳动生活中产生出来,并直接为劳动生产服务的。

上古时期的人类,不仅通过音乐舞蹈来提高劳动的生产力,而且还通过音乐舞蹈来表达他们对于劳动的愿望,来达到他们冀图控制自然的实用目的。

恩格斯说:"一切宗教都不过是支配着人们日常生活的外部力量在人们头脑中的幻想的反映,在这种反映中,人间的力量采取了超人间的力量的形式。"①在原始时代,生产力非常低下,人们不但不能控制自然,反而常常受到自然的威胁和危害,这样,他们就采用了超人间的幻想的形式,希图控制自然,达到他们生产的愿望。那时,还谈不上宗教,这种幻想的形式主要是通过"巫"来表现的。鲁迅说:"原始社会里,大约先前只有巫。"②因此,巫在原始社会的人类生活中,占有很重要的地位。

那么,什么是"巫"呢? 在卜辞中,舞字作🕉或🕉,即舞字,亦即巫字。《说文》:

> 巫,巫祝也,女能事无形以舞降神者也。象人两袖舞形。

因此,巫是和舞分不开的。巫之所事,就是用歌舞以降神。降神的舞者曰巫,降神的动作曰舞。王国维说:"歌舞之兴,其始于古之巫乎? 巫之兴也,盖在上古之世……古代之巫,实以歌舞为职,以乐神人者也。"③这就很明确地说明了古代巫与歌舞的关系。

巫通过歌舞以娱神和降神,其目的就是要通过幻想的形式来控制自然,希望自然能满足人们生产的愿望。《礼记·郊特牲》中所记载的一首《蜡辞》,就是一个例子。古人每年年终都要举行一次"蜡祭",以祈求来年的丰收。《蜡辞》说:

> 土反其宅! 水归其壑! 昆虫毋作! 草木归其泽!

---

① 恩格斯:《反杜林论》,《马克思恩格斯选集》第 3 卷,第 354 页。
② 鲁迅:《门外文谈》,见《且介亭杂文》。参看《鲁迅全集》第 6 卷,第 86 页,人民文学出版社,1981 年。
③ 王国维:《宋元戏曲史》,第 1 页,商务印书馆,1944 年。

这是用四句带有巫术性的命令语言,来表达人们对于土、水、昆虫、草木的愿望。至于通过巫术性的降神,以祈求甘雨,那在古代就多至不能胜数了,以至形成了一个专有的名词,叫做"雩":

> 《说文》:"雩,夏祭乐于赤帝以祈甘雨也。"
> 《周礼·司巫》:"若国大旱,则帅巫而舞雩。"
> 《礼记·月令》:"大雩帝,用盛乐。"郑玄注曰:"雩,吁嗟求雨之祭也。"
> 《尔雅·释训》:"舞,号雩也。"郭璞注曰:"雩之祭,舞者吁嗟而请雨。"
> 《春秋公羊传》:"大雩者何?旱祭也。"何休注曰:"雩,旱请祭名……使童男女各八人,舞而呼吁,故谓之雩。"
> 《论衡·明雩篇》解释"吾与点也"句时说:"冠者、童子,雩祭乐人也。浴乎沂,涉沂水也,象龙之从水中出也。风乎舞雩,风,歌也。咏而馈,咏歌馈祭也,歌咏而祭也。"

以上这些解说,都说明古人是怎样通过巫术性的歌乐与舞乐,来求雨,来达到控制自然,来表达自己希求获得丰收的愿望。由于古人迷信,每事必祭,所以他们的音乐就具有很大的巫术性质。刘师培说:

> 古代乐官,大抵以巫官兼摄。
> 掌乐之官,即降神之官。
> 三代以前之乐舞,无一不源于祭神。钟师、大司乐诸职,盖均出于古代之巫官。①

巫官与乐官,这样密切地结合在一起,他们的音乐又怎么能不带上巫术的性质呢?不仅这样,而且由于巫官和乐官是降神的,所以他们在社会中很有地位。《周礼·乐师》说:"凡乐官掌其政令,听其治讼。"《曲礼》中记载的官次,以天官也就是事神的官地位最高:"天子建天官,先六大,曰大宰、大宗、大史、大祝、大士、大卜。"这里的大宗、大祝、大卜都是宗教性的官,也就是"巫官"。由于巫官和乐

---

① 刘师培:《舞法起于祭神考》,《刘申叔先生遗书》第53册《左庵外集》卷13,第1、1、4页,宁武南氏,1936年。

官的地位高,所以并不是任何人都可以担任。《国语·楚语下》观射父说:

> 古者民神不杂,民之精爽不携贰者,而又能齐肃衷正,其智能上下比义,其圣能光远宣朗,其明能光照之,其聪能听彻之,如是则明神降之,在男曰觋,在女曰巫。

这样的巫与觋,不就是后来所说的"圣人"么?在我们今天看来,好像古人迷信得可笑。但要古人不迷信,正好像要我们今天的人不相信科学一样,同样是不可思议的。何况古人的相信迷信,是从现实的生产斗争出发的,他们希望通过巫觋的降神,以达到"神降之嘉生,民以物享,祸灾不至,求用不匮"。那就是说,他们希望通过巫觋的音乐舞蹈,来娱神和降神,以求达到增加生产和提高人民福利的目的。这和后世统治阶级为了统治人民所制造的"精神鸦片",还是不同的。

随着原始社会向着奴隶制社会进展,随着统治阶级和被统治阶级的分化,古代音乐也就开始出现了阶级性。劳动人民的音乐仍然保持着为生产实践服务的实用性,以及古代人类不可避免的一些巫术性质,但为统治阶级奴隶主贵族服务的音乐,却向着另外的方向发展。他们不是要求音乐为广大人民所关心的生产利益服务,而是把音乐的实用性质改变成为单纯为他们荒淫腐朽的生活服务的娱乐性质;把音乐的巫术性质加以神秘化,使之成为巩固他们反动政权的神学手段,也就是成为神化他们统治地位的工具。这样,他们的音乐就开始和广大劳动人民以及他们的劳动生活相疏远了。音乐成了奴隶主贵族娱乐和显示统治权威的东西。这样的音乐,专业性加强了,所以在技术方面可能有某些提高,更加精致一些,但却和广大人民的生活分离开了。

由卜辞和古代文献所保留下来的有关殷周奴隶主贵族音乐的记载,就是以这种娱乐性和显示其统治权威的典礼性,为其基本的特点。

首先,拿娱乐性来说,卜辞中有"氐多泳"的记载。据束世澂的考证,认为"当是如《殷本纪》所说:'大冣乐戏于沙丘'的乐戏"①。《史记·殷本纪》关于殷纣的荒淫享乐,记载得更为详细:

> 帝纣……好酒淫乐,嬖于妇人……于是使师涓作新淫声,北里之舞,靡

---

① 束世澂:《夏代和商代的奴隶制》,《历史研究》,1956年第1期。

靡之乐。厚赋税以实鹿台之钱,而盈钜桥之粟。益收狗马奇物,充仞官室。益广沙丘苑台,多取野兽蜚鸟置其中。慢于鬼神。大冣乐戏于沙丘,以酒为池,悬肉为林,使男女倮,相逐其间,为长夜之饮。

《周书·无逸》以周公之口,说出殷代先时"知稼穑之艰难",但后来却不行了:"自时厥后,立王生则逸,生则逸,不知稼穑之艰难,不闻小人之劳,惟耽乐是从。"

比殷纣更早的夏桀,古书上也多记载他荒淫的生活。如《管子·轻重篇十三》:"昔者桀之时,女乐三万人,晨澡于端门,乐闻于三衢。"《吕氏春秋·侈乐篇》也说:"夏桀殷纣作为侈乐大鼓,钟磬管箫之音,以巨为美,以众为观。"

这样,到了夏桀、殷纣这些奴隶主贵族,音乐完全成了他们个人骄奢淫佚的享乐工具。其实,何止夏桀、殷纣?哪一个古代的帝王,不是以音乐作为他们个人享乐的工具呢?只不过因为夏桀、殷纣是末代的亡国之君,所以史书特别加以记载和贬责罢了。享乐是每一个统治者的阶级本性。亚里士多德在《政治学》第八卷中,公开宣称音乐的用处,就是要给奴隶主们在悠闲之中享乐。他还引了荷马史诗中奥德赛的话,来证明奴隶主的人生,其最大的乐趣,就是:

坐在宴会厅里,宾主有序,
谛听歌人的吟唱,其乐无比。

这和我国《周礼》卷四所规定的,奴隶主贵族应当"以乐侑酒",不仅内容相同,而且措辞也几乎相同。因此,自从人类分化为阶级以后,统治阶级的音乐就从生产劳动当中脱离开来,成为少数有闲的统治者享乐的工具。

但是,统治阶级不仅用音乐来寻欢作乐而已,更主要的,他们还要用音乐来作为巩固政权的工具。本来,包括音乐在内的一切艺术,都和政治有某种联系,但反动的统治阶级的政治,不是为广大人民服务的,他们的全部目的只在于巩固他们反动的政权。巩固反动的政权,成了他们至高的也是唯一的目的。就这样,他们使音乐脱离生产劳动实践,成为装饰和神化他们反动政权的御用工具。这可以从下列几个方面来看:

一、使音乐典礼化,成为反动统治阶级一切典章制度的装饰品。刘师培在《典礼为一切政治学术之总称考》一文中说:

> 三代以前,政学合一,学即所用,用即所学,而典礼又为一切政治学术之总称……《乐记》一篇,附入戴记,虽因乐经失传之故,然古乐之用,析为乐歌乐舞,咸辅五礼而行,而戴氏合乐记于礼记之中,则乐教近于礼教矣。①

这段话,很清楚地说明了音乐与奴隶主贵族的典礼的关系。"乐歌乐舞,咸辅五礼而行。"那就是说,音乐舞蹈,都是为奴隶主贵族的典礼服务的。正因为这样,所以《周礼》、《仪礼》两书,在记载奴隶主贵族典礼活动的时候,同时记载了大量的音乐活动。奴隶主贵族的一言一动,差不多都是伴随着音乐的。祭祀、饮宴、朝觐、聘问、射猎、战争以至迎宾送客等,无不严格地按照一定的音乐和节奏来进行。而就在礼乐烜赫、钟鼓铿锵的当中,达到了"百官于是乎戒惧,而不敢易纪律"②。至于一般的奴隶和人民,统治者更是企图用这种"威仪棣棣"的礼乐,来使他们"齐肃恭敬"③,不敢反抗。因此,本来是为人民生产劳动服务的音乐,到了奴隶主贵族手上,却成为神化反动的统治政权,单纯地为他们的典礼服务了。周公的所谓"制礼作乐",拆穿了说,不过如此。

二、使音乐等级化,成为身份的尊卑贵贱的标志。在奴隶社会和阶级社会中,"礼"本身就是阶级的规定:"尊者,事尊;卑者,事卑。"④"待年而食者,不得立宗庙。"⑤乐随礼行,所以也就有了严格的阶级差别。"礼不下庶人",一般的"庶人"也就是"待年而食者",固然不得立宗庙,没有资格讲礼,他们也没有资格享受音乐。在奴隶主和封建主当中呢?一方面为了表示他们统治者的身份,都有音乐。所谓"大夫无故不彻悬,士无故不彻琴瑟"⑥,就是这个意思。另一方面,即使是在统治阶级之中,也因等级和地位的差别,而有严格的差别,不可逾越。例如乐队,就因身份的不同而不同。《周礼·春官》说:

> 正乐悬之位。王,宫悬;诸侯,轩悬;卿大夫,判悬;士,特悬。

所谓"悬",就是陈设钟、磬之类乐器的架子。由于乐队的大小,乐器的多少,自然

---

① 刘师培:《刘申叔先生遗书》第50册《左庵外集》卷10,第1—3页。
② 《左传》桓公二年,臧哀伯语。参看《左传选读》,第17页,台湾开明书店,1975年。
③ 《国语·楚语下》,观射父语。参看《国语》,第576页,上海古籍出版社,1978年。
④ 戴德:《大戴礼记》,(第1卷)卢辩注,第8页,商务印书馆,1937年。
⑤ 同上,第9页。
⑥ 《礼记·典礼下》。参看王梦鸥选注:《礼记译注》,第30页,正中书局,1968年。

"悬"就有了明显的差别。这种差别,是由等级决定的。宋代陈旸在其所著《乐书》卷四十五中,对此曾有解释:

> 宫悬四面,象宫室,王以四方为家故也。轩悬,缺其南,避王南面故也。判悬,东西之象,卿大夫左右王也。特悬,则一肆而已,象士之特立独行也。

不管陈旸的观点怎样,但他从地位的等级差别,来解释乐队和乐器的排列,却是符合事实的。因为地位的关系,所以王的乐器是四面陈列,诸侯的三面陈列,卿大夫的东西两面陈列,士的则只有"一肆",也就是一列。

舞队的大小,也有等级的规定。《左传》隐公五年:

> 九月,考仲子之宫,将万焉。公问羽数于众仲。对曰:天子用八,诸侯用六,大夫四,士二。夫舞所以节八音而行八风,故自八以下。公从之。于是初献六羽,始用六佾也。

"万"是一种舞蹈的名称。《诗经·邶风·简兮》:"简兮简兮,方将万舞。"《毛诗》传:"以干羽为万舞,用之宗庙山川。"陈奂《诗毛氏传疏》解释说:"干,武舞;羽,文舞。曰万者,又兼二舞以为名也。""羽数"是舞队。"佾"则是舞队的行列。明朱载堉《乐律全书·舞学十识·舞佾》中,对此曾有解释:

> 今按舞佾行列,盖取算术开方之法。纵横相等,四面皆方,犹俗所谓棋盘纹也。夫一为数之始,十为数之终,不可以为佾。圣人用其中间偶数,而不用奇数者,缘舞有分有合,而奇数不可分,故无三五七九之佾。而八佾之数乃其最多,二佾之数乃其最少,以是而为等第,则必天子用八八六十四,诸侯用六六三十六,大夫用四四一十六,士用二二如四。此所谓以多为贵也。

陈旸《乐书》卷八十一,解释略有不同:"文莫重于羽舞,武莫重于干舞,皆所以节八音而成乐,故舞必以八人为佾。自天子达于士,降杀以两,故天子用八八,诸侯用六八,大夫四八,士二八。先王之制也。"他们两人的解释尽管有差异,但都强调音乐的等级性,则是一致的。

到了春秋时,由于"礼坏乐崩",所以音乐的这种等级规定,已经不那么严格了。《国语·鲁语下》,叔孙穆子聘于晋。晋悼公开始飨以"天子所以飨元侯也"的音乐,以及"两君相见之乐",他都"不敢拜"。直到飨以"鹿鸣"、"四牡"等"君之所以贶使臣"的音乐,他才"敢不拜贶"。从这里,可见晋悼公等一些统治者,已经分不清音乐的等级规定了。叔孙穆子大约是个保守派,所以才记得那么清楚。至于孔丘所慨叹的"季氏八佾舞于庭"、"三家者以《雍》彻",那更是明显地违背音乐的等级规定了。

三、使音乐神秘化,成为奴隶主贵族独断专有的东西。音乐本来起源于劳动,是劳动人民在生产劳动的过程中创造出来的。但奴隶主贵族为了垄断音乐,却把音乐的起源神秘化,归之于神,归之于天,并把古代传说中的一些乐师神圣化,从而得出"圣王作乐"的结论。正因为这样,所以那时的音乐美学思想,具有浓厚的神秘主义的色彩。例如《周礼·春官·大司乐》就说:

> 凡有道者,有德者,使教焉。死则以为乐祖,祭于瞽宗。

郑玄注说:"瞽,乐人。"《尚书·舜典》也说:"帝曰:'夔! 命汝典乐,教胄子。'"这都是否定音乐起源于劳动人民,而认为是由少数圣人制作的。《山海经·大荒西经》更把音乐的起源,归到天上:

> 夏后开上三嫔于天,得《九辩》与《九歌》以下。

这是说,像《九辩》与《九歌》这样的音乐,是来自天上,是圣人从天上得来的。

不但作乐的是圣王,就是接受音乐教育的,也不是一般的庶人,而是奴隶主贵族的子弟。《周礼·春官·大司乐》一再谈到:"以乐德教国子","以乐语教国子","以乐舞教国子"。这里,接受音乐教育的,都是"国子"。什么是"国子"呢? 郑玄注说:"国之子弟公卿大夫之子弟当学者,谓之国子。"因此,音乐完全是垄断在奴隶主贵族的手中,成为他们世袭的东西。

但是,既然音乐有了阶级性,有了奴隶主贵族的音乐,也就必然会有反抗奴隶主贵族的音乐。这方面记载下来的资料很少,但也并非完全没有。例如《尚书·汤誓》:

> 时日曷丧,予及汝皆亡!

夏桀自己把自己比作太阳,自以为是老百姓的救命恩人,自以为了不起,但人民却歌唱着:"太阳怎么不死?我和你一道死!"这就可见人民的憎恨和愤怒,是到了怎样的程度了。

对于殷纣的纵乐,《韩诗外传》卷二也记载了当时"群臣"反对他的音乐:

> 昔者纣为酒池糟堤,纵靡靡之乐,而牛饮者三千。群臣皆相持而歌:"江水沛兮,舟楫败兮,我王废兮。趣归于亳,亳亦大兮。"又曰:"乐兮乐兮,四牡骄兮,六辔沃兮。去不善,善何不乐兮。"

因而,我国从上古时期的原始社会过渡到奴隶社会以后,音乐领域中便打上了阶级的烙印了。当然,这种烙印并不是很直接的,而且并不经常都是很明显的。他们表现的形式,也往往是非常曲折而又复杂的。甚至不同阶级的音乐,像乱丝一样纠缠在一起,我们有时很难分辨清楚。但有一点是明确的:那就是来自人民生活中的民间音乐,与居于庙堂之上的统治阶级的音乐,它们始终是双峰对峙,二水分流。它们可以相互影响,但却从来没有两峰合并、二水合流的情形。对于奴隶社会以后,我国音乐发展的这一情形,我们应当根据马列主义历史唯物主义的观点,加以具体分析。但由于"统治阶级的思想在每一时代都是占统治地位的思想"[①],因此我国自从进入奴隶社会以后,占统治地位的音乐美学思想,也必然是统治阶级的音乐美学思想。我们所探讨的先秦这一阶段,自然也并不例外。

[①] 马克思、恩格斯:《德意志意识形态》,第42页,人民出版社,1960年。

阴阳五行与春秋时的音乐美学思想

一、阴阳五行观念的兴起及其与
音乐美学思想的关系

音乐是一种社会意识形态。因此,每个时代对于音乐的看法,必然服从于当时整个意识形态领域的斗争。春秋时期是我国奴隶社会开始解体、封建社会开始萌芽的时期。在这样一个转变的时期中,以天道观为中心,展开了一场两种世界观的激烈斗争。这一斗争反映到音乐美学思想中来,就是反对殷周奴隶主贵族神学唯心主义的天道观和音乐观,出现了用阴阳五行这一素朴的唯物主义观点,来解释和说明音乐的美学思想。由于局部总是从整体中取得自己存在的意义,所以我们有必要从当时整个天道观的斗争中,来理解当时音乐美学思想的实质和演变。

恩格斯说:"什么是本原的,是精神,还是自然界?……世界是神创造的呢,还是从来就有的?"①这一思维与存在的根本问题,在古代的意识形态领域中,是以承认不承认世界是神创造的这一形式表现出来的。为殷周奴隶主贵族服务的思想家们,肯定了世界是神创造的。他们仿照"人王"的样子,创造了"帝"和"天",以作为人类社会和世界万物的主宰。殷代卜辞中的"帝",便是这样一个人格化的宇宙的最高主宰:

帝令雨足年?帝令雨弗其足年?
羽癸卯帝其令风——羽癸卯帝不令风。
帝其降莫。②

---

① 恩格斯:《路德维希·费尔巴哈和德国古典哲学的终结》,《马克思恩格斯选集》第 4 卷,第 220 页。
② 莫字,罗振玉释为艰,郭沫若释为僅,唐兰释为瞙,即旱字。

王作邑,帝若。
　　伐邛方,帝受我又("受又"即"授佑")。
　　帝弗其福王。①

从以上的卜辞条文来看,可见自然界的风、雨、年成,人间的战争,城邑的兴建,人王的行动等等,"帝"无不管到,无不受"帝"的控制。"帝"的权力和威力,可说大极了。不仅这样,而且这个"帝"和殷代的祖先还是一家,殷代的祖先常到"帝"那儿去做客:

　　下乙宾于帝——咸不宾于帝。
　　下乙不宾于帝——大甲宾于帝。

正因为"帝"与殷代的关系如此密切,所以他总归是保护殷王朝的。也正因为这样,所以殷王朝非常崇拜他,常常拿好的东西来祭祀他,用美妙的音乐舞蹈来娱乐他。《易·豫卦象传》就说:

　　雷出地,奋豫。先王以作乐崇德,殷荐之上帝,以配祖考。

这段话,郑康成注说:"崇,充也;荐,进也;上帝,天帝也。王者功成作乐,以文得之者作龠舞,以武得之者作万舞,各充其德而为制。配,合也。乐以象祖考之德,感而合谟。祀天帝以配祖考者,使与天同飨其功也。"这就是说,当时的奴隶主贵族,不仅用音乐来娱乐自己,也用音乐来娱乐"帝"和祖先。他们是用神学唯心主义的天道观,来解释音乐的作用和意义的。

到了周代,"帝"的观念虽然还存在,但已大多为"天"所代替。如果说,殷代的"帝"还具有祖先崇拜的图腾色彩,和殷人具有血缘关系,因而总是保护殷王朝的;那么,周代的"天",和周人的关系主要是道义上的关系,他可以保护周朝,也可以不保护周朝。这样,周人一方面相信"天命",另一方面又感到"天命靡常"。为了使"天命"有"常",永远保护周朝,就必须用"德"来"配天"。《诗经·大雅·文王》中所说的"聿修厥德,永言配命,自求多福",正是这个意思。因此,周代的

---

① 本文卜辞,均引自陈梦家:《殷虚卜辞综述》,科学出版社,1956年。

统治阶级就不能只是坐享其成,还需要做一些主观的努力,来讨好上帝老儿。儒家所歌颂的周公的制礼作乐,就是为了这个目的。那就是说,为了永保"天命",永远当统治者,所以要制礼作乐,使上帝相信周朝是有德的,是能够"配命"的。"德"是统治者的主观修养,"礼"是统治者"配天"的客观行为,"乐"则是为二者服务的。就这样,以"天命"为纲,配上德、礼、乐,就形成了周人全部的思想体系和典章制度。音乐在这里面,起着积极的上层建筑的作用。后来儒家为了"拨乱世反之正",更把周人的这一套礼和乐的思想加以理想化和系统化。

然而,到了春秋时期,社会发生剧烈的变化。首先是奴隶起来造奴隶主的反。当时大量的"盗"的出现,就是奴隶起来造反或起义的证明。例如:

《左传》宣公十六年:"晋国之盗逃奔于秦。"
《左传》襄公三十一年:"盗贼公行,而妖厉不戒。"
《左传》昭公二十年:"郑国多盗。"
《谷梁传》僖公十九年:"民为寇盗。"

另外,《左传》襄公十年还记载了"筚门闺窦之人,而皆陵其上";二十年,"役人相命,各杀其长";昭公二十二年,"百工叛";哀公十七年,"石圃因匠氏攻公(卫侯)"等。这些,说明居住于"筚门闺窦"的奴隶以及"役人"、"匠氏"之类的手工业奴隶,都不那么安分了,他们有的"陵其上",有的"杀其长"。就在这种奴隶造反的冲击之下,奴隶制度开始瓦解,新兴的地主阶级开始出现,从而形成了当时历史条件下的新的社会矛盾。适应这种社会关系的剧烈变化,上层建筑中的意识形态也开始出现了新的带有叛逆性的思想。这种新兴思想的矛头,首先是对准殷周奴隶主贵族的"天命论"——也就是神学唯心主义的天道观的。孔丘所哀叹的:"小人不知天命而不畏也,狎大人,侮圣人之言。"(《论语·季氏》)所指的正是这种情况。当时对于殷周奴隶主贵族所崇奉的"帝"和"天",普遍地产生了怀疑和怨望。仅仅《诗经》里面,就有不少例子:

《大雅·板》:"上帝板板,下民卒瘅。"
《大雅·荡》:"疾威上帝,其命多辟。"
《小雅·节南山》:"昊天不惠,降此大戾。"
《小雅·小旻》:"昊天疾威,敷于下土。"

《唐风·鸨羽》:"悠悠苍天,曷其有极。"

这和过去那种"皇矣上帝,临下有赫"(《大雅·皇矣》)、"维天之命,于穆不已"(《周颂·维天之命》)等一片歌颂"天"、"帝"的功德来,是完全不同了。这种对于"天"和"帝"的怨望和反叛的思想,不仅表现在诗歌中,就是在奴隶主贵族中,也有一些比较先进和开明的分子,开始提出了一些怀疑和否定的看法。《左传》和《国语》中有不少这方面的记载。子产和裨灶的一次争论,即是一个著名的例子:

> 有星孛于大辰……郑裨灶言于子产曰:"宋、卫、陈、郑,将同日火。若我用瓘斝玉瓒,郑必不火。"子产弗与。……戊寅,风甚;壬午,大甚;宋、卫、陈、郑皆火……裨灶曰:"不用吾言,郑又将火。"郑人请用之,子产不可。子大叔曰:"宝以保民也。若有火,国几亡。可以救亡,子何爱焉?"子产曰:"天道远,人道迩,非所及也,何以知之?灶焉知天道?是亦多言矣。岂不或信?"遂不与,亦不复火。(《左传》昭公十七至十八年)

这里,子产与裨灶代表了当时唯物主义与唯心主义两种天道观的斗争。子产否定了渺茫不可知的天道,认为与人事不相干。裨灶预言郑国将火,第一次只是偶然碰上,事实上他是不可能知道天道的。

《左传》庄公三十二年,史嚚也说:"国将兴,听于民;将亡,听于神。神聪明正直而壹者也,依人而行。"桓公六年,季梁又说:"夫民,神之主也。是以圣王先成民而后致力于神。"这里,虽然没有否定神,但却把民看得比神更为重要,说明当时先进分子的思想中,已经不再那么相信"天命",不再那么相信鬼神了。就这样,随着阶级斗争形势的变化,维护奴隶主贵族统治的神学唯心主义天道观,已经开始在发生深刻变化,另外产生了素朴的唯物主义的天道观,这就是阴阳五行观念的兴起。

恩格斯在《自然辩证法》中,谈到"原始的自发的唯物论"时说:"它在它自己发展的最初阶段便十分自然地把自然现象无限多样性的统一看作自明的东西,并且就在某个一定的有形体的东西中,在一个特殊的东西中去寻找这个统一,如塔利斯在水里去寻找一样。"[①]塔利斯到水里去寻找"自然无限多样性的统一",

---

① 恩格斯:《自然辩证法》,第 151 页,人民出版社,1956 年。

其他古代希腊唯物主义的哲学家则到火、到空气、到原子等当中去寻找这种"统一"。我国春秋时早期的唯物主义哲学家,他们在否定了神学唯心主义天道观之后,也力图到阴阳和五行这样一些有形体的、特殊的东西中去寻找这种"统一"。他们用阴阳和五行来解释和统一繁复多样的客观世界。尽管他们的解释还是很朴素的、粗浅的,他们的统一也是很有局限性的,然而他们这样做,却表明他们已经开始突破了神学唯心主义的限制,试图用自然现象的本身来说明自然界,这就不能不说是一种进步。

列宁曾经谈到"科学的思想的萌芽同宗教、神话之类的幻想的一种联系"。[①]这是说,"科学的思维"虽然同宗教、神话之类的幻想不同,但它的产生,却常常又与宗教、神话之类的幻想联系在一起。这种联系,也适用于我国早期的"五行说"和"阴阳说"。当时主张阴阳和五行说的人,一方面具有某些科学,特别是天文历算方面的知识;另一方面却又大多是文史星卜之类的官吏。他们的地位就决定了他们思想中科学与宗教迷信相互干扰的复杂成分。拿五行说来说,它就是在与神话传说的纠缠当中发展成为唯物主义的学说的。五行说最早的根源,可以追溯到卜辞中的"帝五工臣"、"帝五臣正"。《左传》昭公十七年,郯子说:"我高祖少皞氏挚之立也,凤鸟适至,故纪于鸟,为鸟师而鸟名。凤鸟氏,历正也……五雉为五工正。"这"五工正",再演而为《左传》昭公二十九年晋大夫史墨所说的"五行之官":

> 夫物物有其官,官脩其方,朝夕思之。一日失职,则死及之。失官不食,官宿其业,其物乃至。若泯弃之,物乃坻伏,郁湮不育。故有五行之官,是谓五官。实列受氏姓,封为上公,祀为贵神。社稷五祀,是尊是奉。木正曰句芒,火正曰祝融,金正曰蓐收,水正曰玄冥,土正曰后土。

这都是以神话的形式,来记录五行作育万物的思想。至于不以神话的形式而直接提出五行的,则是《尚书》中的《甘誓》和《洪范》:

《甘誓》:"有扈氏威侮五行。"

《洪范》:"我闻在昔,鲧堙洪水,汨陈其五行……初一曰五行……一曰

[①] 列宁:《哲学笔记》,第253页,人民出版社,1957年。

水,二曰火,三曰木,四曰金,五曰土。水曰润下,火曰炎上,木曰曲直,金曰从革,土爰稼穑。润下作咸,炎上作苦,曲直作酸,从革作辛,稼穑作甘。"

这就完全是用物质的自然属性来解释五行,并把五行直接看成是五种自然物质:水、火、木、金、土。这种关于五行的唯物主义观点,在春秋时是相当普遍的。《左传》和《国语》中的一些讲法,可举下列为例:

> 《左传》襄公二十七年:"天生五材,民并用之,废一不可。"(杜预注:"五材,金、木、水、火、土也。")
> 《左传》昭公二十五年:"则天之明,因地之性,生其六气,用其五行,气为五味,发为五色,章为五声。"
> 《左传》文公七年:晋郤缺曰:"六府三事,谓之九功。水、火、金、木、土、谷,谓之六府;正德、利用、厚生,谓之三事。"
> 《国语·鲁语上》:展禽曰:"及天之三辰,民所以瞻仰也;及地之五行,所以生殖也。"
> 《国语·周语下》:单襄公曰:"天六地五,数之常也。经之以天,纬之以地,经纬不爽,文之象也。"(韦绍解:"天有六气,谓阴、阳、风、雨、晦、明也;地有五行,金、木、水、火、土也。")
> 《国语·郑语》:史伯曰:"夫和实生物,同则不继。以他平他谓之和,故能丰长而物归之。若以同裨同,尽乃弃矣。故先王以土与金、木、水、火杂,以成百物。"

从上面的一些讲法,可以看出几点:第一,春秋时阴阳五行的观念已经很流行,到处都在引用。第二,所谓五行,不是别的,就是金、木、水、火、土五种自然物质。它们既是构成客观世界的五种基本物质元素,也是人民日常生活中所离不开的。"天生五材,民并用之",就是这个意思。第三,五行不仅与人民的生活分不开,与人民的生产也分不开。"地之五行,所以生殖也",就是从这方面谈的。第四,五行是属于地的,与天上的三辰(日、月、星)和六气是相对立的。五行是物质性的,三辰和六气也是物质性的。第五,五味、五色、五声等,是由五行和六气所产生出来的。五行六气,"气为五味,发为五色,章为五声"。正因为这样,所以阴阳、五行的观念就和音乐美学思想发生密切的联系了。

五行与阴阳六气是自然物质,有了五行和阴阳六气的观念,说明当时已经产生了自然物质的"物"的观念。在殷周奴隶主神学唯心主义的统治下,"物"的观念是不存在的。王国维说:在卜辞中,"物本杂色牛之名"①,而非我们今天所说的万物之物。《诗经·大雅·烝民》中的:"天生烝民,有物有则。"这里的"物"字,毛诗训为"事","则"字训为"法",因此,"有物有则"指的也不是自然事物及其规律,而是指的在奴隶制下的政治职责和伦理规范。这样,在殷周神学天道观的支配下,只有政治、伦理的起源论,尚无自然事物的起源论。孔丘的《论语》,基本上也都是以政治伦理作为研究的对象,而不是以自然界的事物作为研究的对象。通观《论语》一书,只有一个地方涉及"物"字,那便是:"天何言哉?四时行焉,百物生焉,天何言哉?"这里的"天",仍然是有意志的神学的"天",而不是自然的"天";但既然提到了自然界的"百物",说明自然物在春秋时已从"天"的下面解放出来,即使像孔丘这样比较保守的思想家,也不得不承认了。五行作为五种自然物质的观念,就是在这样的条件下产生出来的。五行观念的产生,是我国古代唯物主义对以"天命"为核心的神学唯心主义所取得的第一次重大的胜利。

这时,不仅"物"从"天"的束缚下解放出来,"地"也从"天"的束缚下解放了出来。郭沫若在《金文丛考·金文所无考》中说:

> 易之八卦所托甚古,然可异者,彝器中迄未之见……基本二卦之乾坤二字亦为金文所绝无。金文无与天对立之地字。天地对立之观念,事当后起,则乾坤对立之观念亦当后起矣。

这段话很重要。它说明了在神学天道观的支配之下,"天"的观念是神圣的、绝对的,它不但不能允许与之作为对立观念的"地"的出现,而且即使是讲到"地",也必须还原为"天"的创造,从属于人格神的"天"。可是到了春秋时候,却随着五行观念的产生,"地"与"天"分庭抗礼,独立存在了。

有了"地",有了"物",有了最基本的五种自然物质"五行",我国古代素朴的唯物主义就有了比较坚实的物质基础了。但是,这些物质性的东西怎样起作用,怎样形成天地万物以及人类社会中的各种物质的和精神的现象呢?为了说明这个问题,于是在"五行说"之外,又产生了"阴阳说"。

---

① 王国维:《释物》,《观堂集林》(一),第 287 页,中华书局,1959 年。

《老子》和《易传》中,有大量的关于阴阳的论点。但这都是后起的,是经过了唯心主义的改造的。至于在此以前,人们对于阴阳的看法,则和对五行的看法一样,都是具体的、物质性的,没有任何神秘的意义。梁启超在《阴阳五行说之来历》①一文中,曾从较早而又较可靠的《诗》、《书》、《易卦爻辞》中,摘出有关阴阳二字的用法多处。它们不外是地名(如《禹贡》:"南至于华阴")、方向(如《诗·鲁颂·閟宫》:"居岐之阳")、阳光(如《诗·小雅·湛露》:"湛湛露斯,匪阳不晞"),以及天气的阴晴(如《诗·邶风·终风》:"曀曀其阴,虺虺其雷")等等之类。这些,都是形容自然现象的,决不含有任何玄妙的意思。《易经》开始从复杂多样的自然现象和社会现象中,抽象出两种最基本的范畴:一是阴(— —),二是阳(——)。就像人是从男女两性交感而生,宇宙万物也是从阴阳两种对立的力量,相互交感而后产生和形成的。春秋时的唯物主义者,就是把阴阳看成是宇宙间两种对立的力量,用阴阳二气的交感和相互消长变化的规律,来说明自然界和社会现象的变化和消长。例如《左传》僖公十六年:

> 春陨石于宋五,陨星也,六鹢退飞,过宋都,风也。周内史叔兴聘于宋,宋襄公问焉,曰:"是何祥也?吉凶焉在?"对曰:"今兹鲁多大丧,明年齐有乱,君将得诸侯而不终。"退而告人曰:"君失问。是阴阳之事,非吉凶所生也。吉凶由人。"

这里,叔兴明确地把"阴阳之事"和"吉凶所生"区别开来,认为吉凶是人事,与作为自然现象的阴阳是不相干的。又例如《国语·周语上》中,伯阳父曰:

> 阳伏而不能出,阴迫而不能蒸,于是有地震。今三川实震,是阳失其所,而镇阴也。阳失而在阴,川源必塞。源塞,国必亡。夫水土演而民用也,水土无所演,民乏时用,不亡何待?

这是用阴阳的自然变化来解释地震。有了地震,影响水源,水源不通,人民不能按时灌溉饮用,自然要造成国家的衰亡了。因此,重要的是要"天地之气,不失其序"。《国语·周语下》太子晋说:

---

① 参见《古史辨》第五册下编,第343—349页,上海古籍出版社,1982年。

气不沉滞，而亦不散越，是以民生有财用，而死有所葬……故天无伏阴，地无散阳，水无沉气，火无灾燀，神无闲行，民无淫心。

《国语·楚语下》又说：

夫民，气纵则底，底则滞，滞久而不振，生乃不殖……土气含收，天明昌作，百嘉备至，群神频行。

总之，只要阴阳二气不阻滞，能够流通畅行，那么，万物就生长，人民的生活就富裕；反过来，阴阳失序，阴气沉滞，阳气散越，就会引起自然界的变异，造成灾害，从而影响到人民的生活，不能安居乐业。

五行是属于地的，是有形的；六气阴阳晦明，则是属于天的，是无形的。春秋时早期的唯物主义思想家，不但指出了构成世界万物的五种基本自然物质，而且认为这五种基本物质的各种属性，如五味、五色、五声等，是由于六气（主要是阴阳二气）的作用而后产生和形成的：

《左传》昭公元年：医和曰："天有六气，降生五味，发为五色，征为五声，淫生六疾。六气曰阴阳风雨晦明，分为四时，序为五节。"

《左传》昭公二十五年：子大叔曰："则天之明，因地之性，生其六气，用其五行。气为五味，发为五色，章为五声。"

《国语·周语下》："口内味而耳内声，声味生气，气在口为言，在目为明。"

这样，当时的唯物主义思想家，已经在还不十分明确的形式下，提出了"气"作为万物构成的基本元素。① 他们认为由于阴阳二气的作用，产生和形成了世界万物。世界万物如此，音乐自然也不例外。在他们看来，音乐的性质和作用，音乐的审美标准，以及五声、六律、八音等音乐现象，都应当用阴阳和五行来加以解释。首先，他们认为天之六气作用于地之五行，是产生音乐的根本原因："天有

---

① 后代的唯物主义者，如王充、张载、王夫之等，进一步发挥了"气"的一元论的理论，形成了我国系统的唯物主义的哲学思想。

六气……征为五声"、"章为五声",就是这个意思。其次,人们欣赏音乐的审美感情,好恶喜怒哀乐,也是由于阴阳等六气的作用。《左传》昭公二十五年,子大叔转述子产的话说:

> 民有好恶喜怒哀乐,生于六气,是故审则宜类,以制六志。哀有哭泣,乐有歌舞,喜有施舍,怒有战斗。喜生于好,怒生于恶,是故审行信令,祸福赏罚,以制死生。生,好物也;死,恶物也。好物,乐也;恶物,哀也。哀乐不失,乃能协于天地之性,是以长久。

这样,客观的五声,主观的哀乐之情,都是"生于六气"的。而天地万物都是由阴阳六气构成的,因此,音乐所表达的哀乐的感情,也就与天地的阴阳相通了。当时的唯物主义思想家,正是从这样的角度把阴阳五行与音乐紧密地联系起来,并用阴阳五行的观点来解释音乐在生产斗争和社会生活中的重要作用。这个作用,主要有两点:一是"省风",二是"宣气"。关于这两方面的作用,我们在下面再分别加以论述。

二、音乐的"省风"作用

所谓"省风",是指通过音乐的耳朵,来听测和省察风的方向、温度和湿度等。不同季节的风,具有不同的方向、温度和湿度。它们有的有利于农业的生产,有的不利于农业的生产。古人认为通过音乐能够听测出所刮的是什么风,所以音乐具有"省风"的作用,在农业生产中,占有重要的地位。

古时的乐官,都是善于听测风声的。《国语·周语上》:"瞽告有协风至。"韦昭解说:"瞽,乐太师知风声者也。"又《郑语》:"虞幕能听协风,以成乐物生者也。"韦昭解说:"虞幕,舜后虞思也。协,和也。言能听知和风,因时顺气,以成育万物,使之乐生。"另外,在韦昭的解说中,还认为乐师的职责,就是"掌知音乐风气"(《周语下》)。因此,古代的乐师,普遍都能听测风声。他们的职责,就是通过"省风"来为农业生产服务。

那么,音乐为什么能够"省风"? 乐师为什么能够"掌知音乐风气"呢? 这就因为从阴阳五行的观点来看,音乐是由阴阳二气所产生和形成,而风也是由阴阳二气所产生和形成的。音乐、风、气三者之间,具有密切的联系。首先,拿风与气

的关系来说,古人认为风就是气:

　　《广雅·释言》:"风,气也。"
　　《易·说卦》:"巽为风。"(注曰:"风,土气也。")
　　《庄子·齐物论》:"大块噫气,其名为风。"
　　《淮南子·天文训》:"天之偏气,怒者为风。"

其次再拿风与音乐的关系来说,古人常常把音乐的乐曲或歌曲称为风。

　　《管子·轻重篇》:"吹埙篪之风,动金石之音。"(此处的风,当作乐曲解。)
　　《山海经·大荒西经》:"太子长琴,始作乐风。"(注曰:"风,曲也。")
　　《论衡·明雩篇》:"风乎舞雩。风,歌也。"
　　《诗集传》:"风者,民俗歌谣之诗也。……如物因风之动以有声,而其声又足以动物也。"

不仅这样,古人还认为音乐是由于模仿风声而后形成的。《吕氏春秋·古乐篇》中,记载了两个神话故事,以神话的形式来说明音乐对于风声的模仿:

　　帝颛顼生自若水,实处空桑,乃登为帝。惟天之合,正风乃行。其音若熙熙凄凄锵锵,帝颛顼好其音,乃令飞龙作效八风之音。
　　帝尧立,乃命质为乐。质乃效山林溪谷之音以歌……("山林溪谷之音",指的就是风声。)

《庄子·齐物论》中所说的三种音乐:人籁、地籁、天籁,所谓"冷风则小和,飘风则大和",指的也是音乐与风声的关系。

正因为音乐与风和气具有这样密切的关系,所以古人认为通过音乐能够"省风"。"省风"的主要目的,是为了了解节气,帮助农业生产。《国语·周语上》虢文公对周宣王所说的一段话,最能说明这个问题:

　　宣王即位,不籍千亩。虢文公谏曰:"不可。夫民之大事在农……古者太史顺时觋土,阳瘅愤盈,土气震发,农祥晨正,日月底于天庙,土乃脉发。先时九日,太史告稷曰:'自今至于初吉,阳气俱蒸,土膏其动。弗震弗渝,脉其满眚,谷乃不殖。'稷以告王曰:'史帅阳官以命我司事……'王乃使司徒咸戒公卿、百吏、庶民,司空除坛于籍,命农大夫咸戒农用。先时五日,瞽告有协风至,王即斋宫,百官御事,各即其斋三日。王乃淳濯飨醴,及期,郁人荐鬯,牺人荐醴,王裸鬯,飨醴乃行,百吏、庶民毕从。及籍,后稷监之……是日也,瞽师、音官以风土。廪于籍东南,钟而藏之,而时布之于农。稷则遍诫百姓,纪农协功,曰:'阴阳分布,震雷出滞。'土不备垦,辟在司寇。……民用莫不震动,恪恭于农,修其疆畔,日服其镈,不解于时,财用不乏,民用和同。"①

这段话,是古时很好的一幅耕籍图。它对帝王的耕籍,虽然不免美化,掩盖了其中残酷的阶级剥削,但它却生动地描写了古时农耕的情形,描写了音乐在古时农业生产中所起的"省风"的重要作用。立春时,阳气发动,充满而上升;土气松动,膏泽而肥沃;正是开始春耕、举行籍田典礼的大好时候。在这样重要的关键时刻,乐官的责任,就是要用他的音律来省察风土,听测和风什么时候来,风气和土气是否宜于耕种,然后向王报告。报告以后,管农的官(稷)还要向百姓宣布,要大家都去耕种土地。如果土地没有耕种好,管刑狱的司寇还要治他的罪。这样,音乐就不单纯是供少数几个统治阶级摆摆架子和享乐消遣的东西,而成为组织人民从事生产活动的一个重要工具了。

音乐的"省风"作用,《左传》和《国语》中还有不少记载,如:

《左传》昭公二十一年:"天子省风以作乐……则和于物。物和则嘉成。"
《国语·周语下》:伶州鸠曰:"乐以殖财。"(韦昭解说:"古者以乐省土风而纪农事,故曰:'乐以殖财。'")

音乐的"省风"作用,不仅表现在农业生产上,同时也表现在战争上:

《左传》襄公十八年:"楚人伐郑……甚雨及之,楚师多冻,役徒几尽。晋人闻有楚师,师旷曰:'不害!吾骤歌北风,又歌南风。南风不竞,多死声,楚

---

① 《国语·周语上》,第15—20页。

必无功。'"

《周礼》:"太师执同律以听军声,而占其吉凶。"

《史记索隐·律书》:"凡敌阵之上,皆有气色。气强则声强,声强则其众劲。律者,所以通气,故知吉凶也。"

凡此,都是通过音乐的"省风",以了解敌情,从而有助于战争。

音乐的"省风"作用,还表现在"听乐知政"上。《左传》襄公二十九年,吴公子季札观于周乐,是个著名的例子:

使工为之歌周南、召南,曰:"美哉!始基之矣,犹未也,然勤而不怨矣。"为之歌邶、鄘、卫,曰:"美哉!渊乎!忧而不困者也。吾闻卫康叔武公之德如是,是其卫风乎?"为之歌王,曰:"美哉!思而不惧,其周之东乎?"为之歌郑,曰:"美哉,其细已甚,民弗堪也,是其先亡乎?……"

这是通过每一个国家的音乐,然后来省察这个国家的政治以及她的气运。

因此,从阴阳五行的观点来看春秋时的音乐美学思想,可以说当时对于音乐的看法,主要是实用的。音乐通过"省风",参与当时的农业生产、战争、政治以及其他方面的活动。音乐不是可有可无的,而是社会生活中不可分割的一个组成部分。那么,古人是怎样通过音乐来"省风"的呢?前面说过,古人认为音乐与风具有密切的关系。不同季节来自不同方向的风具有不同的特点,如强度、温度、湿度等。这些特点,使得不同季节来自不同方向的风,能够发出不同高度和不同性质的声音。这些声音,反映到音乐上,就成为不同的音调和音律。正因为这样,所以古人认为可以通过不同高度和不同性质的音调,听测出不同季节、不同方向的风。我国是世界上最早进入农耕生活的国家之一,为了农业生产的需要,很早就注意到天象和阴阳气候的变化,很早就积累了关于天文和律历方面的大量知识。例如对于风,殷商的卜辞中,就有很多精微的观察和记录了。胡厚宣先生《甲骨学商史论丛初集》中有《甲骨文四方风名考证》一文,当中引了刘晦之善斋所藏甲骨文一片,就记录了四方风的名字:

东方曰析,凤(风)曰劦
南方曰夹(夹),凤曰兕

西方曰𢘿,凤曰彝

□(北)□(方)曰□,□(凤)曰殴

后来旧中国的中央研究院第十三次发掘殷墟,得有武丁时卜辞,亦有"贞帝于东方曰析,凤曰劦……"的关于四方风的类似记载。到了《山海经》和《尚书·尧典》,则以神话的形式,对不同方向的风作了更为详细的描述。

由于当时对于风已经有了这样丰富的知识,所以职掌音乐的乐官,就有可能听测出不同的风来。他们能够分辨出什么风有利于农业的生产,什么风不利于农业的生产。上文所引的"瞽告有协风至",这"协风"正与甲骨文中所说的"凤曰劦"相同。它来自东方,是立春左右阳气震动时的春风,因此有利于农业生产。乐师的职责,就是要听测"协风"什么时候来,以便及时地组织生产。

三、音乐的"宣气"作用

"省风"还只是了解风的方向和性质,"宣气"则更进了一步,要求音乐在阴阳阻滞、不能通畅运行的时候,起到宣导疏通的作用。古人根据阴阳五行的观点,认为气的流通是非常重要的。气如不流通,马上就会影响万物的生长:

《国语·楚语下》:"夫民,气纵则底,底则滞,滞久而不振,生乃不殖。"
《国语·周语下》:"弗震弗渝,脉其满眚,谷乃不殖。"

这都是说,气不流通,作物就不能生长。但是,自然界的气候,总有阴阳和顺,四时有序,风雨有节的时候;也有阴阳不顺,四时失序,风雨不节的时候。碰到前者,物登年丰,没有什么说的。碰到后者呢?怎么办?古人就要求音乐能够发挥积极的作用,使不顺的阴阳顺,使不和的风雨和。这就是音乐的"宣气"作用了。《吕氏春秋·察传篇》所说的:"夔于是正六律,和五声,以通八风,而天下大服。"以及《古乐篇》所说的:"昔陶唐氏之始,阴多滞伏而湛积,水道壅塞,不行其原。民气郁阏而滞著,筋骨瑟缩不达,故作为舞以宣导之。"在古代,舞与乐是分不开的,因此此地所说的,都是音乐的"宣气"作用。

关于音乐的"宣气"作用,《左传》和《国语》中也有不少记载,如:

《左传》隐公九年:"夫舞所以节八音而行八风。"

《国语·周语下》:伶州鸠曰:"物得其常曰乐极。极之所集曰声,声应相保曰和,细大不逾曰平。如是而铸之金,磨之石,系之丝木,越之匏竹,节之鼓而行之,以遂八风。于是乎气无滞阴,亦无散阳,阴阳序次,风雨时至,嘉生繁祉,人民和利,物备而乐成。上下不罢,故曰乐正。"

《国语·晋语》:"乐以开山川之风也。"

"节八音而行八风"、"开山川之风"、"遂八风"等,都是说,通过音乐舞蹈的作用,能够使天地阴阳之气和顺,八方之风流通无阻,从而"阴阳序次,风雨时至,嘉生繁祉,人民和利,物备而乐成"。为什么称为"八风"呢?那就因为风来自八个不同的方向:东、南、西、北、东南、西南、西北、东北。方向不同,风的性质和温度、湿度等也不同。音乐的作用,就是要使八方之风按照季节顺畅流通,从而万物各顺其时,各遂其生。

音乐的六律和六吕,在"宣气"的当中,各有其特殊的作用。这一点,伶州鸠在《国语·周语下》中,曾有比较详细的论述:

夫六,中之色也,故名之曰黄钟,所以宣养六气、九德也。由是第之,二曰太簇,所以金奏赞阳出滞也……

这里说,在六律中,黄钟和太簇二者,一个"宣养六气",一个"赞阳出滞",都具有"宣气"的作用。至于六吕呢?他说:

为之六闲(即六吕),以扬沉伏,而黜散越也。元闲大吕,助宣物也。二闲夹钟,出四隙之细也(韦昭解说:"四隙,四时之间气微细者。")。三闲仲吕,宣中气也……五闲南吕,赞阳秀也。

这里说,六吕也都具有"宣气"的作用。《释名》:"律,述也,所以述阳气也。"《律历志》:"吕,旅,助阳气也。"更是从律、吕的名称上,来说明音乐具有"宣气"的作用。

音乐之所以具有"宣气"的作用,是因为音乐的律、吕,是由阴阳二气构成的,阳曰律,阴曰吕。音乐的律吕和天地之间的阴阳二气相通,因此,我们能够通过音乐的作用,来使天地之气疏通,以达到为人们的生产斗争服务的目的。关于这一点,明朝的朱载堉在其所著《乐律全书·黄钟历议上》,谈到《律数》时,曾根据《汉书·律历志》对此作过比较详细的说明。现摘引于此,以供参考:

　　至治之世,天地之气,合以生风。天地之风气正,十二律定。十二律者,六律为阳,六吕为阴。律以统气类物,一曰黄钟,二曰太簇,三曰姑洗,四曰蕤宾,五曰夷则,六曰无射。吕以旅阳宣气,一曰大吕,二曰夹钟,三曰仲吕,四曰林钟,五曰南吕,六曰应钟……

然后,他分别论述了六律和六吕各自是怎样宣气助物的。最后,他说:

　　故阴阳之施化,万物之终始,既类旅于律吕,又经历于日辰,而变化之情可见矣……纲纪之交,以原始造设,合乐用焉。律吕唱和,以育生化成,歌奏用焉。指顾取象,然后阴阳万物靡不条鬯该成。

朱载堉把整个天地万物,阴阳四时,都用音乐的律吕来解释。他的论述,要比伶州鸠的详细多了。然而,他却夹杂了许多战国末年以来唯心主义化了的阴阳五行说,因此糟粕也特别多。但是,在认为音乐的律吕可以宣导天地之气,"以育生化成"这一点上,他和春秋时关于阴阳五行的唯物主义的讲法仍然基本上是一致的。因此,我们特地引证于此,以供读者作为进一步研究的参考。

　　总之,不论是"省风"也好,"宣气"也好,春秋时唯物主义的思想家,都是用物质性的阴阳和五行来解释音乐,并因为阴阳和五行直接与生产有关,所以他们也把音乐的作用直接与生产联系在一起。这一点,他们和原始时代强调音乐在生产中的地位和作用,基本上是一致的;而和殷周奴隶主贵族把音乐与"天命"联系在一起,强调音乐要为反动的神权政治服务,则是相反的。因此,这样的音乐美学思想,应当说是有其一定的进步意义的。但这并不等于说,他们只看到音乐与生产的关系,而看不到音乐与政治的关系。春秋时具有唯物主义观点的思想家,他们本身都是"王官",都是属于奴隶主贵族阶级的,因此,他们也很重视音乐与政治的关系。《国语·周语下》中单穆公所讲的一段话,就是一个例子:

　　夫耳内和声,而口出美言,以为宪令,而布诸民,正之以度量,民以心力,从之不倦。成事不贰。乐之至也。口内味而耳内声,声味生气。气在口为言,在目为明。言以信名,明以时动。名以成政,动以殖生。政成生殖,乐之至也。

"政成生殖,乐之至也。"这说明了春秋时比较开明的思想家,是看到了音乐与政治的关系的,他们要音乐也能为政治服务。但是,他们和殷周奴隶主贵族不同的地方,是他们始终不忘记生产,始终把"政成"与"生殖"联系在一起,认为音乐最高的境界,是使政治和生产都取得很高的成就。至于殷周的奴隶主贵族呢?则只知道用音乐来"制礼作乐",把音乐当成单纯的权力的象征,用来巩固他们反动的政权。其所以会有这样的差别,就因为春秋时比较先进的思想家,已经感到奴隶制在开始崩溃,为了挽救这一崩溃的局面,所以他们能够在不同程度上关心人民的利益。而人民的最大利益应当是生产,人民所最关心的也是生产,因此,他们就要求作为意识形态的音乐艺术,能够为生产服务。可是,反动的奴隶主贵族阶级则不然,他们只关心他们反动的政权,他们根本不关心人民切身的利益,所以为生产服务的主题就始终不为他们所重视了。

四、阴阳五行与五声、六律、八音

春秋时具有唯物主义观点的思想家,不仅用阴阳五行来解释音乐的性质和作用,而且还用阴阳五行来解释音乐中的一些具体问题,如像五声、六律、八音。

古书中常常谈到五声、六律、八音,如:

《尚书·尧典》:"声依永,律和声,八音克谐,无相夺伦。"
《尚书·益稷》:"予欲闻六律、五声、八音。"
《周礼·大司乐》:"以六律、六同、五声、八音。"
《周礼·大师》:"掌六律六同,以合阴阳之声。"

《左传》和《国语》中,更是经常提到五声、六律、八音,如:

《左传》僖公二十四年:"耳不听五声之和为聋,目不别五色之章为昧。"
《左传》昭公二十年:"声亦如味,一气、二体、三类、四物、五声、六律、七音、八风、九歌,以相成也。"

《左传》昭公二十五年:"为九歌、八风、七音、六律,以奉五声。"

那么,什么是五声、六律、八音呢?它们和阴阳五行又有什么关系呢?我们说,音乐是听觉艺术,离不开声音。五声、六律、八音,就是音乐领域中客观存在的一些声音现象。所谓"五声",是因为声音有高低,按照声音的高低排列,由低到高,便很自然地形成了一个五声音阶。那便是:

  宫 商 角 徵 羽

宫、商、角、徵、羽,便是古人所说的"五声"。它们大致相当于现代音乐简谱上的:

  1 2 3 5 6

从这里看来,可见古人是没有 4 音的。后来加上变宫、变徵,又形成了一个七声音阶:

  宫 商 角 变徵 徵 羽 变宫
  1 2 3 ♯4 5 6 7

五声的音高并不是固定不变的,它们随着调子的不同而转移。但是,由于它们之间的距离是固定不变的,例如宫音与商音之间,永远相距一个"整音";角音与徵音之间,永远相距一个"短三阶"。正因为这样,所以只要第一级的音高确定了,其他各级的音高也就确定了。例如古人经常以宫音作为音阶的起点,只要宫的音高确定了,全部五声音阶各级的音高也就确定了。《淮南子·原道训》说:"故音者,宫立而五音形矣。"就是这个意思。《国语·周语下》,伶州鸠更明确地指出:声音是由宫到羽的,"大不逾宫,细不过羽。夫宫,音之主也,第以及羽"。但是,并不是所有的音乐都是以宫作为音阶的起点的,也有以商、或角、或徵、或羽,作为音阶的起点。《管子·地员篇》中有一段描写五声的文字,就是以徵音为起点的:

凡听徵，如负豕觉而骇；凡听羽，如马鸣在野；凡听宫，如牛鸣窑中；凡听商，如离群羊；凡听角，如雉登木以鸣，音疾以清。

这就和宫、商、角、徵、羽的顺序不同，而是徵、羽、宫、商、角。以宫作为音阶起点的，是宫调式；以商作为音阶起点的，是商调式；以此类推，分别有角调式、徵调式、羽调式。根据这个道理，五声音阶可以有五种不同主音的调式，七声音阶则可以有七种不同主音的调式。《史记·刺客列传》："高渐离击筑，荆轲和而歌，为变徵之声，士皆垂泪涕泣。又前而为歌曰：'风萧萧兮易水寒，壮士一去兮不复还。'复为羽声慷慨，士皆瞋目，发尽上指冠。"所谓"变徵之声"，就是变徵调式；"羽声"，就是羽调式。不同调式的音乐，具有不同的感染力，产生不同的音乐效果。

关于"六律"，则是用来测量声音的高低的。五声的音高虽然不是固定不变的，但在实际的音乐实践中，总要确定一个音高。我们今天拉提琴的人，有一种定音器，用来测量声音的高低，古人则用"律"来测量声音的高低。《国语》中伶州鸠说"律以平声"、"律所以平均出度也"，就是这个意思。

"律"是律管，古人用竹制成。《史记索隐》："古律用竹，又用玉，汉末以铜为之。"蔡邕《月令章句》也说："截竹为管谓之律。"这都是说，古人用竹管来测量声音的清浊高低。开始只是几根长短不齐的长管子，偶然用来吹奏。后来为了好听，逐渐将其增长或缩短，不但竹管的数目确定为十二，而且各管的长度也有一定的比例。于是形成了十二律。十二律的名称是：

1. 黄钟；3. 太簇；5. 姑洗；7. 蕤宾；9. 夷则；11. 无射；
2. 大吕；4. 夹钟；6. 中吕；8. 林钟；10. 南吕；12. 应钟。

这十二律中，奇数六律称为阳律，一般叫六律，即：1. 黄钟；3. 太簇；5. 姑洗；7. 蕤宾；9. 夷则；11. 无射。至于偶数的六律则称为阴律，一般叫"六吕"，也叫"六闲"或"六同"，即：2. 大吕；4. 夹钟；6. 中吕；8. 林钟；10. 南吕；12. 应钟。古书上所说的"六律"，则是包括阳律六律、阴律六吕说的，合称律吕。

音高用律来确定，例如宫调式的音乐，就可以分别用十二律来确定宫音的高低。用黄钟律来确定宫音，称为黄钟宫；用大吕律来确定宫音，称为大吕宫；其余以此类推。这样，就有十二种不同音高的宫调式。商、角、徵、羽调式的音乐，也可以各有十二种不同音高的调式。因此,五声音阶的五种调式,用十二律来定音,五乘十二,共可得六十调。七声音阶的七种调式,按照同样的道理,用十二律来定音,七乘十二,则有八十四调。当然,这只是从理论上来说,有这种可能性。实际上,并不见得全部用上。用上的,应当说只是少数。

由于律是根据律管一定的长短来测量音高的,所以古人常常把律和历算、度、量、衡并称,这就因为它们都是根据一定的数量关系来测量客观事物的。《后汉书·律历志》说:"物生而后有象,象而后有滋,滋而后有数……夫一、十、百、千、万,所用同也;律、度、量、衡、历,其别用也。故体有长短检以度,物有多少受以量,量有轻重平以权衡,声有清浊协以律吕,三光运行纪以历数。"这就是说,用尺来量物的长短叫做度,用斗斛来量物的多少叫做量,用秤来称物的轻重叫做衡,用历法来算日、月、星三光的运行叫做历,用律来测量声音的清浊高低叫做律。正因为这样,所以古人常常律度并称,或者律历并称。

律管的长度究竟怎么算法呢?古今有不同的说法。我们今天还没有发现律管的遗物,很难确定哪一种说法是正确的。我们所能明确地知道的,只有两点:(1)古人律管的长度,是以黄钟管为标准的。先定了黄钟管的长度,然后按照"三分损益法"①,来定其余各个律管的长度。(2)黄钟管的长度是用"累黍"的办法来确定的。黍是古人主要的粮食之一。他们就用日常生活中的黍粒,来确定黄钟管的长度。横黍一百粒为尺,纵黍八十一粒为律。因此,律管也称"黍管"。"横黍为度,纵黍为律"的讲法,也是这样来的。

最后,关于"八音"。《汉书·律历志》说:"《书》曰:'子欲闻六律、五声、八音',言以律吕和五声,施之八音,合之成乐。"这是说,五声由十二律来协和,通过八类不同的乐器表现出来,然后方才成为音乐。八音,是由八类不同的乐器发出的声音。乐器很多,古人把它们归纳起来,认为不外是由金、石、土、革、丝、木、匏、竹等八类物质材料所构成。《周礼·大师》:"皆播之以八音:金、石、土、革、丝、木、匏、竹。"郑玄注说:"金,钟镈也;石,磬也;土,埙也;革,鼓鼗也;丝,琴瑟也;木,柷敔也;匏,笙也;竹,管箫也。"郑玄所说,不过是举例式的,事实上乐器比这多得多。但不管怎么多,它们都归入以上八类。宋人陈旸所著《乐书》,对于"八音"所属不同种类的乐器,曾有详细的说明,此地就不多谈了。

---

① "三分损益法",最初见于《管子·地员篇》:"音疾以清,凡将起五音。凡首,先主一而三之,四开以合九九。以是生黄钟小素之首以成宫。三分而益之以一,为百有八,为徵。不无有三分而去其乘,适足,以是生商。有三分而复于其所,以是成羽。有三分去其乘,适足,以是成角。"

古人提出五声、六律、八音的说法，说明他们对于客观存在的音乐现象，已经掌握了一定的规律，初步总结出某些音乐的美学理论。我们知道，理论的总结是离不开一定的世界观的。必须先通过实践的斗争，形成一个比较统一的世界观，然后才能把庞杂纷纭的客观事物，统一到一个整体的结构中来，说明它们相互间的关系，说明它们在整体结构中各自所占的地位和各自所起的作用。这样，个别事物就不再仅仅是个别事物，而是结合到一定的整体的规律中，成为有规律性的东西。殷周以前，奴隶主贵族阶级用神或上帝来统一地解释世界，因此，各种自然现象和社会现象，包括音乐现象在内，都用神的意志来加以说明。到了春秋时像我们前面所说的，随着阶级斗争形势的变化，神的权威开始垮台了，于是统治阶级中的一些开明的分子，提出了唯物主义的"阴阳"和"五行"的学说。他们用"阴阳"和"五行"来统一地解释各种自然现象和社会现象，也用"阴阳"和"五行"来解释音乐现象。五声、六律、八音的说法，就是在"阴阳"和"五行"学说的影响下，而后形成起来的。这一点，我们可以从下列几个方面的情况看出来：

（1）按照"阴阳""五行"的说法，认为"天六地五"，天有六气，地有五行。五声、六律，正是和这种说法相呼应的。五、六之数相符合，这是一。用阴阳二气来解释六律，阳数六律，阴数六吕，这是二。"用其五行……章为五声"（《左传》昭公二十五年），更是明显地把五声和五行联系在一起，用五行来说明五声的产生，这是三。

（2）按照"阴阳""五行"的说法，世界万物都是由于五种基本物质元素：金、木、水、火、土，在阴阳二气的作用下，而后产生和形成的。因此，音乐的五声、六律、八音，也不是凭空而来的，而是根据发音的物质材料和声音清浊大小的客观实际情况，而后由宫到羽，自然形成的。伶州鸠所说的："度律均钟……纪之以三（韦昭解："三，天、地、人也"），平之以六（韦昭解："平之以六律也"），成于十二（韦昭解："十二，律吕也"），天之道也。"（《国语·周语下》）这个"天之道"，就是自然之道。从这一自然之道出发，伶州鸠对于由不同的物质材料所构成的乐器，其所发的不同声音，作了唯物主义的说明："故器重者从细，轻者从大。是以金尚羽，石尚角，瓦丝尚宫，匏竹尚议（注："议，从其调利也。"），革木一声。"对于"八音"的这种唯物主义的解释，和当时阴阳五行说用物质的属性来解释一切，应当说是相一致的。

（3）"五行"说，主张"和"，反对"同"。"同"如水与水相济，产生不出什么变化，因而也就得不出任何新的结果。"和"则不然。它是相反相异的物质，统一在一起,从而引起矛盾,发生变化,产生出新的结果来。他们把这一理论运用到音乐上,认为音乐如果只是同一种声音反复重复,就单调乏味,产生不出音乐的美来。反过来,不同的五声,不同的六律,不同的八音,相反相成,结合在一起,就会产生出美妙的音乐。

《左传》昭公二十年,晏子对齐侯就谈到了这个"和"与"同"的问题。晏子说:"和如羹焉。水火醯醢盐梅以烹鱼肉,燀之以薪,宰夫和之,齐之以味,济其不及,以泄其过。"这是说,不同的五味相和,然后美味以成。"声亦如味。一气,二体,三类,四物,五声,六律,七音,八风,九歌,以相成也。清浊,小大,短长,疾徐,哀乐,刚柔,迟速,高下,出入,周疏,以相济也。"这里,晏子可说相当精辟地用"和"的道理,阐明了音乐之所以美的原因。

《国语·郑语》里面,史伯对这一"和"的道理,更直接用"五行"说来加以说明。他说:"夫和实生物,同则不继。以他平他谓之和,故能丰长而物归之。若以同裨同,尽乃弃矣。故先王以土与金、木、水、火杂,以成百物。是以和五味以调口,刚四支以卫体,和六律以聪耳……声一无听,物一无文,味一无果(注:"果,美。"),物一不讲(注:"讲,论校也。")。"这段话,完全是用"五行"的观点,来说明音乐中"声一无听"、"和六律以聪耳"的道理。地上的"百物",是"土与金、木、水、火"相杂,然后构成的。因此,音乐中美妙的声音也必须由不同的五声、六律、八音,相反相成,"以他平他",然后才能形成。希腊的赫拉克利特说:"互相排斥的东西结合在一起,不同的音调造成最美的和谐,一切都是斗争所产生的。"[①]春秋时的"五行"说,正与赫拉克利特的这一讲法相一致。列宁称赫拉克利特为"辩证法的奠基人之一"[②],那么,"五行"说"以他平他"的讲法,为什么不是辩证法的早期观点呢?因此,在阴阳五行说的影响下,春秋时的音乐美学思想,不仅有了素朴的唯物主义观点,而且初步具备了某些辩证法的观点。

(4)然而,阴阳五行说中的辩证法观点是不彻底的,这就因为他们所强调的,不是对立面的斗争,而仅只是对立面的统一。他们认为五行有序,阴阳调和,万物处于正常的"和平"或"中和"的状态,才是他们的理想。他们的这一理想,也反映到音乐美学思想中来。《国语·周语下》中,伶州鸠就这样说:

---

① 《古希腊罗马哲学》,第 19 页。
② 列宁:《拉萨尔〈爱非斯的晦涩哲人赫拉克利特的哲学〉一书摘要》,《列宁全集》第 38 卷,第 390 页,人民出版社,1959 年。

> 夫政象乐,乐从和,和从平。声以和乐,律以平声。……物得其常曰乐极(韦昭解:"物,事也;极,中也。"),极之所集曰声,声应相保曰和,细大不逾曰平……细抑大陵(韦昭解:"大声陵之,细声抑而不闻。"),不容于耳,非和也;听声远越,非平也;妨政匮财,声不和平,非宗官之所司也(韦昭解:"宗官、宗伯,乐官属也。")。夫有和平之声,则有蕃殖之财。于是乎道之以中德,咏之以中音,德音不愆,以合神人。神以是宁,民以是听。

像伶州鸠这样一些人,还是属于奴隶主贵族阶级中的分子,因此,虽然由于阶级斗争形势的变化,使他们能够发表一些比较开明的议论,在当时具有一定的进步意义。但他们本身毕竟还是"王官",还居于统治的地位,因此,他们就不可能完全逾越他们阶级所属的范围。他们只是希望统治阶级不要剥削得过分,能够适可而止,调和矛盾,也就够了。就这样,他们提出"和"与"平"作为他们的政治理想,也作为他们衡量音乐的理想标准。因为强调"和"与"平",所以他们反对过大的声音,而主张"中声"或"中音"。伶州鸠说:"古之神瞽,考中声而量之以制。"韦昭解说:"考,合也。谓合中和之声,而量度之以制乐者。"这是把"中和之声",作为制乐的美学标准。《左传》昭公元年,医和给晋侯看病,用音乐来作譬喻,也特别强调"中声"。他说:

> 中声以降,五降之后,不容弹矣。于是有烦手淫声慆堙心耳,乃忘平和,君子弗听也。

从以上四个方面来看,可见阴阳五行的观点,对春秋时音乐美学思想的影响是多方面的。五声、六律、八音的产生和形成,固然受到它的影响;它的一些唯物主义的和辩证法的观点,使当时的音乐美学思想取得了一些进步;而它的一些缺陷和局限性,也使当时的音乐美学思想产生了一些缺点和局限性。

五、阴阳五行的神秘化及其在音乐美学思想中的反映

唯物主义的阴阳和五行的观点,到了春秋末和战国时期,很少有人再提到了。这是因为当时"诸侯力政",斗争十分尖锐激烈,现实的政治和伦理问题更为

迫切,所以谈论阴阳五行的人,也就比较少了。这时,音乐美学思想,更多地和政治伦理问题结合在一道。战国时关于"礼乐"问题的争论,就是一个明显的例子。同时,像孔丘这样一些人,他们虽然"敬鬼神而远之",但实质上是相信天命的唯心主义者,因而对于唯物主义的阴阳和五行,自然也不会感到太大的兴趣。可是,到了战国中叶以后,百家争鸣,各家为了在理论上压倒敌人,于是他们对于一些理论上的根本问题,不能不进行比较深入的研究。当时各家都在理论上提出了比较有系统的看法,例如道家的"道"、名家的"名"、宋尹学派的"气"、法家的"法"、墨家的"辩"等,都是例子。比较之下,儒家因为比较讲求实际,所以在理论上较为浅薄。为了补救这一缺陷,儒家的思孟学派,就把本来是唯物主义的阴阳和五行,加以唯心主义的改造,然后再结合他们所宣扬的"天命论"以及政治伦理学说,使之成为唯心主义的阴阳五行说。从此以后,阴阳五行说不但不再是唯物主义的,而且成了"二千年来迷信之大本营"①。关于这点,荀子在《非十二子篇》中,讲得十分清楚:

略法先王而不知其统,犹然而材剧志大,闻见杂博,案往旧造说,谓之五行。甚僻违而无类,幽隐而无说,闭约而无解。案饰其辞而祗敬之曰:此真先君子之言也。子思唱之,孟轲和之。世俗之沟犹瞀儒嚾嚾然不知其所非也,遂受而传之,以为仲尼、子游为兹厚于后世,是则子思、孟轲之罪也。

这里明确地指出,阴阳五行说是子思、孟轲所倡导的,而且变得"甚僻违而无类,幽隐而无说,闭约而无解",完全成了唯心主义的东西了。荀子与子思、孟轲相去不远,当不会毫无根据。然而,问题在于现存的子思、孟轲的著作中,并找不到任何直接谈论阴阳、五行的东西。对于这一疑难,从章太炎开始②,学术界曾经做过许多研究,提出了一些可贵的看法。由于本文不是专门研究这个问题的,不拟多谈。我们只想指出两点:(1)子思、孟轲虽然没有直接谈到阴阳五行,但他们的某些言论,却与后来把阴阳五行神秘化了的驺衍,相互一致。例如子思的《中庸》说:"国家将兴,必有祯祥;国家将亡,必有妖孽。"这与驺衍的看法:"凡帝王之将兴也,天必先见祥乎下民",可说完全一致。孟轲的"五百年必有王者兴",

---

① 梁启超:《阴阳五行说之来历》,《古史辨》第五册,第351页。
② 章太炎著有《子思孟轲五行说》一文,见《文录》一,第8页,浙江图书馆,1917—1919年。

与驺衍的"五德转移,治各有宜,而符应若兹",也是相互契合的。因此,我们可以说驺衍是属于思孟派的儒家。他把思孟派的唯心主义观点与阴阳五行结合起来,形成了一套完整的神秘化的阴阳五行说。(2)驺衍前后,出现了《易系辞传》、《月令》、《洪范》、《吕氏春秋》以至汉初董仲舒的《春秋繁露》等书。这些书,都是儒家的著作,都从不同的方面把阴阳五行说神秘化。因此,我们认为驺衍的阴阳五行说,应当是战国末期儒家一脉相承的学说。

当时各家,都要为天下的统一制造理论根据。这是新的阶级斗争形势的需要。驺衍的阴阳五行说,也是为这一目的服务的。《史记·封禅书》说:"驺衍以阴阳主运显于诸侯。"《集解》引如淳的话说:"今其书有《主运》。五行相次转用事,随方面为服。"那就是说,他把本来是唯物主义的阴阳和五行,加以唯心主义的改造,使之与儒家的"天命论"相结合,从而用阴阳五行来代替主宰人间的"天",让五行"相次转用事",来主宰世界的命运。那么,"五行"怎样"相次转用事"、怎样支配世界的命运呢?《吕氏春秋·应同篇》曾用驺衍的观点,对此作了具体的论述:

> 凡帝王之将兴也,天必先见祥乎下民。黄帝时,天先见大螾大蝼。黄帝曰:"土气胜!"土气胜,故其色尚黄,其事则土。及禹之时,天先见草木秋冬不杀。禹曰:"木气胜!"木气胜,故其色尚青,其事则木。及汤之时,天先见金刃生于水。汤曰:"金气胜!"金气胜,故其色尚白,其事则金。及文王之时,天先见火,赤乌衔丹书集于周社。文王曰:"火气胜!"火气胜,故其色尚赤,其事则火。代火者必将水。天且先见水气胜,水气胜,故其色尚黑,其事则水。

这种土气胜、木气胜、金气胜、火气胜、水气胜的讲法,完全是把五行的自然属性作了唯心主义的解释,从而为帝王的改朝换代,制造了新的天命论的理论根据。秦始皇统一天下后,就最先采用了驺衍的说法。《史记·封禅书》说:"驺子之徒论著终始五德之运,及秦帝而齐人奏之,故始皇采用之。"《秦始皇本纪》也说:"始皇推终始五德之传,以为周得火德,秦代周德,从所不胜。方今水德之始,改年始朝贺皆自十月朔,衣服旄旌节旗皆上黑。"这就是说秦始皇以为周既属火,那么,水胜火,所以他以水德自任,一切朝章制度皆按照水德来做。

对于人类社会的历史,驺衍用"五行相胜"的说法来加以解释;而对于季节变化等自然现象,他却又用"五行相生"的说法来加以解释。《吕氏春秋》的《十二纪》和《礼记》的《月令》,都是根据木生火、火生土、土生金、金生水的"五行相生"的讲法,来解释四时的代序和自然现象的生灭的。

从这种"五行相胜"或"五行相生"的阴阳主运的说法出发,驺衍把天道、人事,也就是自然现象和社会现象,都统一在一个完整的系统里面,从而形成了一个天人合一——天人的感应思想体系。就在这个思想体系的基础上,音乐也被赋予了唯心主义的天命论的色彩,在"五德终始"的循环的命运论中,扮演了一个重要的角色。有了音乐的伴奏,四季的变化,万物的生长,历史的兴衰,朝代的更替,都好像组成了一组和谐而又有规律的乐曲。整个宇宙,也都仿佛音乐化了。

驺衍本人关于音乐的言论,我们没有看到什么材料。但《礼记·月令》、《吕氏春秋·十二纪》以及《淮南子·时则训》,却是按照驺衍阴阳五行说的理论,对音乐在整个宇宙和社会生活中的地位,作了一个比较完整的描述。除了《时则训》略有不同之外,《月令》和《十二纪》不但内容相同,连文字也基本一样。因此,这三篇东西我们实在可以当成一篇东西来看。它们都把整个宇宙按照季节的变化,描述成为一个"五德终始"的循环过程。现在,我们选择其中的一些项目,列表于次:

季　节	春	夏	中央①	秋	冬
五　行	木	火	土	金	水
方　向	东	南	中	西	北
帝	太皞	炎帝	黄帝	少皞	颛顼
神	勾芒	祝融	后土	蓐收	玄冥
虫	鳞	羽	倮②	毛	介
音	角	徵	宫	商	羽
数	八	七	五	九	六
味	酸	苦	甘	辛	咸
色	青	赤	黄	白	黑

以上只是列举了一些主要的项目,其他一些自然现象或社会现象,无不按照

---

① 一年只有四季,为了配合五行,所以《月令》加了一个中央,或者"季夏"。
② 吴氏澄曰:"倮,人类也。人类之尊于羽毛鳞介,犹土之尊于木火金水也。"

五行说的理论,分别隶属于这个系统里面。在我们看来,好像不可理解,但主张阴阳五行说的人,却以为很自然。例如拿"数"来说,为什么春天是"八"呢?他们说,这就因为春天属木,"五行数五,木第三,故数八"(《吕氏春秋》高诱注)。又为什么春天的"味"是酸呢?他们说:这就因为"春,东方木王。木味酸。酸者,钻也。万物应阳钻地而出"(同上)。同样,对于音乐的五声,他们也是这样来理解。他们把角、徵、宫、商、羽的五声,分别按照木、火、土、金、水的顺序,隶属于一年的四季。现在,我们把郑玄在《月令》中有关的注释,摘引于下,以说明他们为什么要这样安排:

  角:角,"属木者。以其清浊中和象也。春气和则角声调……《汉书·律志》曰:角,触也。物触地而出,戴芒角也。"

  徵:徵,"属火者。以其微清,事之象也。夏气和则徵声调。《汉书·律志》曰:徵,祉也。物盛大而繁祉也。"

  宫:宫,"声始于宫……属土者。以其最浊,君之象也。季夏之气和,则宫声调。《汉书·律志》曰:宫,君也。倡始施生,为四声纲也。"

  商:商,"属金者。以其浊次宫,臣之象也。秋气和则商声调。《汉书·律志》曰:商之为言章也,物成熟可章度也。"

  羽:羽,"属水者。以其最清,物之象也。冬气和则羽声调。《汉书·律志》曰:羽,宇也。物聚藏,宇覆之也。"

这样,本来只是一种声音现象的五声,和神秘化了的阴阳五行说结合在一道,就不仅具有五行的性质,具有适应不同季节的形而上学的含义,而且和社会生活中的君臣关系也配合在一道了。这样,五声具有命定的特点,不同的季节只能具有不同声调的音乐。违反了这个规定,那便是"不当令",将会带来灾难和不利的结果。音随四季,一年十二月,正好与十二律相配:

  孟春之月,律中太簇;仲春之月,律中夹钟;季春之月,律中姑洗;仲夏之月,律中蕤宾;孟夏之月,律中中吕;季夏之月,律中林钟;孟秋之月,律中夷则;仲秋之月,律中南吕;季秋之月,律中无射;仲冬之月,律中黄钟;季冬之月,律中大吕;孟冬之月,律中应钟。

所谓"孟春之月,律中太簇",郑玄在《月令》中注说:"律,候气之管,以铜为之。中,犹应也。应谓吹灰也。"郑玄这里说的律管以铜为之,是指汉末而言,事实上古代是用竹管。每个律管中实以葭灰。某个月份到了,和这个律管相应的葭灰,就飞动起来。孟春之月,也就是一月,太簇这个律管中的葭灰飞动起来,所以说"律中太簇"。其他各个月,也各有与之相应的律管。杜甫《小至》说"吹葭六琯动飞灰";李商隐《池边》说"玉管葭灰细细吹,流莺上下燕参差",都是用的这个典故。由于古人把十二月和十二律相配,所以后世作家常常喜欢用十二律来代表不同的时令月份。例如曹丕《与吴质书》就说:"方今蕤宾纪时,景风扇物。"蕤宾是五月之律,所以这是指五月。又例如陶潜《自祭文》说:"岁惟丁卯,律中无射。"无射是九月之律,所以这是指九月。

不仅季节月令与五声十二律紧密相配,而且朝代的更换,制度的兴替,也莫不与音乐的五声十二律发生密切的关系。顾颉刚在《五德终始说下的政治和历史》一文中,曾对这一关系,列表示之如下:

五 德	正 朔	服 色	度 数	音 律	政 术
土	?	上黄	以五为纪	上黄钟	?
木	建寅	上青	以八为纪	上姑洗	助天生
金	建丑	上白	以九为纪	上无射	助天收
火	建子	上赤	以七为纪	上林钟	助天养
水	?	上黑	以六为纪	上大吕	助天诛
根据书籍	春秋繁露	吕氏春秋	月 令	月 令	洪 范

那就是说,按照阴阳五行家看来,每一次朝代的变革,都必须在历法上、衣服的颜色上、制度上、官名上,以及音律等方面,都来一次变革。所谓"改正朔,易服色,法制度,定官名,兴礼乐"(贾谊语),就是这个意思。那么,为什么要来这个变革呢?《汉书·律历志》说:"帝王必改正朔,易服色,所以明受命于天也。"不但朝代更换,须要改元更制,改变音律;有时,同一个帝王,为了缓和阶级矛盾,欺骗人民,也常采用改制的手法,表明他重新"受命于天"了。

因此,根据阴阳五行家的理论,音乐是按照五行的次序,随着季节和朝代的变换而变换的。五行统一于阴阳,阴阳统一于天,因此,归根到底,音乐要受"天"的支配,要为"天命论"服务。如果音乐不是按照阴阳五行的这一"天命"的自然

秩序,那么,就会引起反常的现象。《列子·汤问篇》中,就有下面一段记载:

> 匏巴鼓瑟,而鸟舞鱼跃。郑师文闻之,弃家从师襄游……于是当春而叩商弦,以召南吕,凉风忽至,草木成实。及秋而叩角弦,以激夹钟,温风徐回,草木发荣。当夏而叩羽弦,以召黄钟,霜雪交下,川池暴沍。及冬而叩徵弦,以激蕤宾,阳光炽烈,坚冰立散。将终命宫而总四弦,则景风翔,庆云浮,甘露降,醴泉涌。师襄乃抚心高蹈曰:微矣子之弹也,虽师旷之清角,驺衍之吹律,亡以加之。

《列子》是伪书,不可信。但它这段话,却把在阴阳五行家影响下的音乐,那种神秘的力量,描写得十分生动而具体!你看!春天的时候,弹了应当在秋天弹的商弦,激来了应当是在八月演奏的音律南吕,结果立刻引起了自然界的变化:"凉风忽至,草木成实",春天变成了秋天。反过来,在秋天时弹了应当在春天弹的角弦,激来了应当是在二月演奏的音律夹钟,结果也会使秋天变成春天:"温风徐回,草木发荣!"

对于音乐的这种神秘化的说法,随着阴阳五行说在两汉向着谶纬神学方向的发展,变得愈来愈离奇和荒唐了。"师旷之清角"和"驺衍之吹律",就是两汉谶纬神学家们所喜欢引用的两个例子。根据张湛的注释,"师旷之清角"讲的是这样一个故事:

> 师旷为晋平公吹清角。一奏之,有白云从西北起;再奏之,大风至而雨随之;三奏之,裂帷幕,破俎豆,飞廊瓦。左右皆奔走,平公恐伏,晋国大旱,赤地三年。

至于"驺衍之吹律",则讲的是:"北方有地美而寒,不生五谷,驺子吹律暖之,而禾黍滋也。"

你看!音乐的神通多广大!它可以使"晋国大旱,赤地三年"。它也可以使从来不生五谷的地方生出五谷来。阴阳五行说发展到谶纬神学,真是无稽到了极点,反动到了极点,同时也正好说明它已无路可走,只有死路一条了。当时唯物主义哲学的代表人物王充,就曾经对谶纬神学以及它所宣扬的音乐美学观点,给予猛烈的抨击,从而使它不得不随着汉王朝的灭亡而衰亡了。

私家讲学和诸子百家的兴起

殷周奴隶主贵族相信"帝",相信"天",强调人与天的关系,因而那时的音乐美学思想,带有较多的神学唯心主义的色彩。到了春秋时代,奴隶主贵族阶级内部开始发生分化,一部分人不再那么相信带有"吉凶"意义的"天道",更多地用本身就是自然现象的"阴阳"和"五行",来解释世界,来解释音乐,因而音乐美学思想就更多地从人与生产的角度,来强调音乐在生产中的地位和作用,来要求音乐能为生产服务。正因为这样,所以具有较多的唯物主义的成分。到了春秋末期和战国,这时,由于阶级斗争形势的激化,各国都发生了剧烈的社会变化,革新与保守的斗争更是发展到了白热化的程度,因此,人们的注意很自然地从天上转移到了人间,从外物转移到了人的自身。就这样,现实的人与人的关系,也就是政治伦理的关系,被明确地提到了首要的地位。音乐在这种情况下,也就更多地从社会政治伦理的观点来加以理解了。社会政治伦理的关系,当时被概括地表现在"礼"的当中,因此,音乐在社会政治生活中的地位和作用,也就看它和"礼"的关系如何了。正因为这样,所以联系"礼"来研究音乐,以至"礼乐"不分,成了当时诸子百家音乐美学思想中的一个重要特点。儒、墨、道、法以及其他各家,差不多都环绕着"礼乐"的问题,展开了一场激烈的争论。至于春秋时曾一度受到重视的"阴阳"和"五行"思想,到战国末期,方才重新以"阴阳五行说"的面貌出现。

这是先秦音乐美学思想发展的一个大概轮廓。我们要明白其中演进和转化的痕迹,还得从当时整个社会政治形势的变化和诸子百家的兴起谈起。

诸子百家的兴起,是和私家讲学分不开的。在殷周奴隶社会中,文化知识由奴隶主贵族垄断。当时的甲骨文字,就垄断在他们的手中。据郭宝钧同志说:"及今甲骨文字出土者逾十万片,而其中万分之九千九百九十九,出自殷王朝宫廷所在(小屯与侯家庄),他处所出的不到万分之一。而大批甲骨文所具名的贞人,总不过 120 人。可见文化垄断之情形。"① 胡厚宣同志在《五十年甲骨文发见的总结》中,也说,到一九五一年止,共出土甲骨文十六万一千二百五十九片,全部出在安阳。"在安阳出甲骨的地方则有小屯、后冈和侯家庄三处,小屯占最大多数。侯家庄只出过四十二片,后冈只出过一片。"这些,都是"皇家的东西"②。

到了西周,仍然是"学在官府",民间不仅没有著述,而且也无书可学。这一情形,过去学者曾经一再谈到,例如:

  章学诚《校雠通义》:"古无文字……有官斯有法,故法具于官;有法斯有书,故官守其书;有书斯有学,故师传其学;有学斯有业,故弟子习其业。官守学业,皆出于一,故私门无著述文字。"

  章太炎《检论·订孔》:"古者世禄,子就父学为畴官。宦于大夫谓之宦御事师(《曲礼》:"宦学事师",学亦作御)。言仕者又与学同(《说文》:"仕,学也。"),明不仕则无所受书。"

在这种"官守学业,皆出于一"、"不仕则无所受书"的情况下,《汉书·艺文志》所说的"王官",应当说就是唯一有学问知识的人。他们有点像中世纪的"僧侣",既掌握政权,又垄断知识。他们的学问,"皆原于一,不离其宗"。那就是说,无论内容和目的,他们的学问都是由统治者规定好了的。离开了统治人民的规章制度,再也没有学问了。而且由于学问都在官府,畴人世官,代代相传。只此一家,别无分店。因此,既用不着讲学,也用不着研究,他们的学问自然是十分贫乏的了。到了春秋时期,有了奴隶起义了,有了新兴的地主阶级的萌芽,于是,奴隶主贵族不再是那么铁板一块,他们之间发生了一些分裂。由官家所控制的学问,也就开始发生一些不同的争论。"阴阳"和"五行"的说法,就是在这种情况下产生出来的。然而,即使这时,"学在官府"的基本情况,仍然没有得到改变。当时发表一些比较开明的议论的人,如管仲、子产、史伯、伶州鸠等,都还是奴隶主贵族中的一些官吏。他们议论的目的,与其说是要改革现存的秩序,不如说是要修修补补,以便更好地维持现存的秩序。这样,他们的学说就明显地带有两面性:一方面带有一些开明的唯物主义的倾向,另一方面又在不同的程度上还相

---

① 郭宝钧:《中国青铜器时代》,第 276 页,三联书店,1963 年。
② 胡厚宣:《五十年甲骨文发见的总结》,第 16 页,商务印书馆,1951 年。

信鬼神占筮之类。反映到音乐美学思想中,也是一方面用"阴阳"、"五行"等自然现象来解释音乐,另一方面又并没有排除音乐的巫术性质。

可是,到了春秋末和战国时期,情况发生了很大的变化。奴隶起义的规模不断扩大,"壮者散而之四方者,几千人矣"①。像"名声若日月"②的柳下跖,甚至"从卒九千人,横行天下,侵暴诸侯"③。同时,地主阶级正式登上历史舞台,他们不但"贵货易土,土可贾焉",打破了奴隶社会中"田里不鬻"④的规定,而且他们的代表人物商鞅、吴起等都先后掌握政权,实行"变法",取消奴隶主的土地世袭制度,公开承认土地私有,确立了封建的土地所有制。随着所有制关系的变化,一些奴隶主贵族开始沦落了:

《左传》昭公三年:"栾、郤、胥、原、狐、续、庆、伯,降为皂隶。"

《论语·季氏》:"禄之去公室五世矣,政逮于大夫四世矣,故夫三桓之子孙微矣。"

这真是一个阶级关系大变化的时代!孔丘本来是奴隶主贵族的子孙,这时也不得不"为贫而仕","尝为委吏矣","尝为乘田矣"⑤。贵族下降,原来垄断文化学术(包括音乐)的知识分子,也就是所谓"王官",也不得不从上层社会中流散开来,降在民间:

《论语·微子》:"太师挚适齐,亚饭干适楚,三饭缭适蔡,四饭缺适秦,鼓方叔入于河,播鼗武入于汉,少师阳、击磬襄,入于海。"

太师挚等都是奴隶主贵族中掌管音乐的乐官,随着贵族阶级的没落,他们不得不跟着降在民间。其他许多贵族阶级中的知识分子,都遭遇着同样的命运。但他们不同于一般贵族的,是他们有"知识"。因此,他们到了民间,还可以靠出卖知识来维持生活,这就是"讲学"。这种"讲学",既不由官方来任命,也不用官方来

---

① 《孟子·梁惠王下》,参看章文虞编:《孟子新译》,第55页,香港宏业书局,1978年。
② 《荀子·不苟篇》,参看章诗同注《荀子简注》,第17页,上海人民出版社,1974年。
③ 《庄子·盗跖篇》,参看郭庆藩辑:《庄子集释》第4册,第990页,中华书局,1961年。
④ 《礼记·王制篇》,参看王梦鸥选注:《礼记译注》,第75页。
⑤ 《孟子·万章下》,参看章文虞编:《孟子新译》,第297页。

给俸禄,而是由民间出"束脩"。孔丘所说的:"自行束脩以上,吾未尝无诲焉。"(《论语·述而》)所指的,就是这一点。与"官学"相对立,私家讲学就这样兴了起来。从事私家讲学的,除了下降民间的"王官"之外,还有从民间中产生出来的知识分子。《韩非子·外储说上》就说:"中牟之人,弃其田耘,卖宅圃,而随文学者,邑之半。"这说明了当时民间从事"文学"的人,实在不少。因为他们都是私家之学,用不着遵守官学的一套,所以:"从西周'皆原于一,不离其宗','以天为宗,以德为本'的观念世界,一下子便析而突变为'判天地之美,析万物之理'的百家一察之学。"①

私家讲学和诸子百家,便是这样兴起来的。在这个变化的过程中,孔丘是非常突出的一个人物。章太炎《诸子学略说》即说:"虽然孔氏之功则有矣,变禨祥神圣之说而务人事,变畴人世官之学而及平民。"那就是说,孔丘有两大功劳:一是把奴隶主贵族阶级的神学转变为注重"人事"的政治伦理学;二是把贵族世袭的畴人世官之学普及到民间,成为私家之学。当时私家讲学的,并不限于孔丘。邓析、少正卯等,都在讲学。但使私家的"讲学"成为一种"显学",却是从孔丘开始的。因此,我们历来都把孔丘当成是诸子百家的第一家。这所谓"家",是和"官"相对而言的。"官"以"公"作为幌子,垄断一切。他们只讲"正邪",也就是正统与异端;而不讲"是非",也就是合不合于客观的事实。"家"却公开承认"私"。他们为了赢得拥护者,不得不正视客观的事实,不得不明辨是非。因此,在当时来说,"公"与"私"的对立,实际上是"官"与"民"的对立。从历史唯物主义的观点来看,"私"在当时是进步的。以私家讲学的面目出现的诸子百家,是顺应时代的潮流而产生出来的。就是他们,在中国的历史上,放射出了灿烂的光辉!

当时私学的兴起和诸子百家的形成,过去曾有许多讲法:

《孟子·滕文公下》:"世道衰微,邪说暴行有作。臣弑其君者有之,子弑其父者有之……圣王不作,诸侯放恣,处士横议,杨朱、墨翟之言盈天下。"

《庄子·天下篇》:"天下大乱,圣贤不明,道德不一,天下多得一察焉以自好。譬如耳目鼻口,不能相通……判天地之美,析万物之理……百家往而不反,必不合矣。后世之学者,不幸不见天地之纯,古人之大体,道术将为天下裂。"

---

① 侯外庐等:《中国思想通史》第一卷,第139页。

《荀子·解蔽篇》:"今诸侯异政,百家异说。"

《汉书·艺文志》:"诸子百家,其可观者,九家而已。皆起于王道既微,诸侯力政,时君世主,好恶殊方。是以九家之术,蜂出并作,各引一端,崇其所善。以此驰说,取合诸侯。"

以上这些说法,都一方面肯定了当时的形势是"世道衰微"、"天下大乱",另一方面则因此得出了"处士横议"、"道术将为天下裂"的百家争鸣的结论。各国诸侯,为了扩大自己的势力,都在努力争取知识分子,做"养士"的工作。"养士"成了当时流行的风气。《韩非子·外储说左下》,记载"季孙养孔子之徒",《右上》又记载齐田成子养士的故事。到了战国,鲁穆公、齐威王、齐宣王、梁惠王、燕昭王等,更是争相养士。孟尝君等四公子,就是因为大量养士,不仅赢得了千古的美名,而且成为当时左右形势的重要人物。正因为这样,所以颜斶敢于公开地顶撞齐宣王,说:"士贵耳,王者不贵。"(《战国策·齐策》)这和后世那种"臣罪当诛兮,天王圣明"(韩愈:《羑里操》)的讲法,比较起来,真是不可同日而语了。由于"士"的地位的这种变化,所以私家讲学和百家争鸣的局面,也就愈益鼎盛。

因为是私家讲学,不再是"学在官府",所以原来那种靠"官"吃饭、世袭世禄的情况,不复存在了。靠"官"吃饭,只要谨守职务,不得罪上司,就可以坐享其成。重要的是要得到上司的欣赏,而不是研究学问。私家讲学可不行了,得靠真本领、真学问吃饭。这样,就不得不进行比较深入的观察和研究,不得不做到"其持之有故,其言之成理"(《荀子·非十二子篇》)。因此,那时学人的政治地位虽然降低了,但他们的学问却的确是提高和增长了。同时,因为是私家讲学,可以比较地不受"在上者"的意见的支配,比较地能够不是根据现成的概念和成见,而是根据客观的事实来发表议论、来明辨是非,因此,思想就比较活跃,富有创造性和争论性。正因为这样,所以才称为"百家争鸣"。

这一情况,反映到音乐美学思想中来,首先,是在春秋时仅有的一些零星的言论和意见,这时开始进行比较深入的研究,形成了一些比较系统的关于音乐的理论。一些有关音乐的专门论著,如墨子的《非乐》、荀子的《乐论》,以至《礼记》中的《乐记》等,以及一些很有见地的有关音乐的美学理论,如孔丘的"乐节礼乐"、老子的"大音希声"、庄周的"至乐无乐"、孟轲的"与民同乐"等,都纷纷出现,并且都产生了比较大的影响。其次,是这些关于音乐的美学理论,它们都不是以某一家的是非为是非,而是各是其所是,各非其所非,从而在音乐美学思想中,形成了一个热烈的"争鸣"的局面。这一"争鸣"的关键问题,就是"礼乐"问题。有的主张"礼乐",有的反对"礼乐"。在主张"礼乐"的当中,各人的主张又不尽相同;在反对"礼乐"的当中,那更是各异其趣,各有各的说法。正因为这样,所以在相互论难、相互批驳的当中,"礼乐"问题愈来愈研究得深入细致,"礼乐"问题的"争鸣"也就成了我国先秦时代音乐美学思想发展中的一件大事。

为了理解"礼乐"问题争论的实质和核心,我想先对先秦时代的"礼乐"制度,作一些介绍和探讨。

先秦时代的"礼乐"制度

《礼记·礼运篇》说:"夫礼之初,始诸饮食。其燔黍捭豚,汙尊而抔饮,蒉桴而土鼓,犹若可以致其敬于鬼神。"这段话,首先说明了"礼"起源于上古时代日常生活的饮食之间,并没有什么神秘;其次,说明了即使在"汙尊而抔饮"的简陋阶段,也是"蒉桴而土鼓",礼与乐是相并而行的;最后,它还说明了举行礼和乐的目的,是为了"致其敬于鬼神"。因此,礼乐的起源,一方面与人们的日常生活分不开,是由于日常生活的需要;另一方面又与祭神分不开,是由于祭神的需要。这就因为上古时期的原始人类,他们的生活与祭神的宗教迷信密切地结合在一起,祭神成了他们生活中十分重要的一个组成部分。

到了奴隶社会阶级分化以后,祭神和打仗,成了奴隶主贵族垄断的两件大事。《左传》文公二年即说:"国之大事,惟祀与戎。"正因为这样,所以与祭神(祀)和打仗(戎)密切联系在一起的"礼"与"乐",也就为奴隶主贵族所垄断了。拿"礼"来说,最初就是指奴隶主祭神的仪式,作"禮"。《说文》说:"禮,履也。所以事神致福也。从示,从豊。"甲骨文中,礼字作"豊",王国维在《释礼》一文中,说:

案殷虚卜辞有豊字,其文曰:卜贞醴豊(《殷虚书契后编》卷下第八页)。古拜玨同字……则豊即豊矣。又有豐字(《书契前编》卷六第三十九页)及豐字(《后编》卷下第二十九页)。豐豐又一字……此二字即小篆豊字所从之曲。古凵冂一字……知曲可作豐豐矣。豊又其繁文。此诸字皆象二玉在器之形。古者行礼以玉,故《说文》曰:"豊,行礼之器。"其说古矣。惟许君不知拜字即玨字,故但以从豆象形解之。实则豊从玨在凵中。从豆乃会意字而非象形字也。盛玉以奉神之器谓之曲若豊。推之而奉神人之酒醴亦谓之醴。又推之而奉神人之事通谓之礼。其初当皆用曲若豊二字。其分化为醴禮二字,盖稍后矣。①

这就很清楚了,古时的"礼",指的就是行礼之器,所谓"盛玉以奉神之器谓之曲若豐。"后来推广开来,凡是"奉神人之事通谓之礼"。这样,礼就和祀分不开了。古人事事祀神,所以事事讲礼。就是打仗,也要祭神,所以也要讲礼:出师载玉以行,胜利归来则有献俘的礼。因此,礼的范围,可说包括了古代奴隶主贵族的一切活动。刘师培"典礼为一切政治学术之总称"的说法,正是指此而言的。周人以"德"来配天,怎样配呢? 也是要通过"礼"。当时所说的"礼",实际上是指周礼。儒家所说的"三礼",其中的《周礼》,是讲周代的政治制度和政府组织;《仪礼》,是讲周代奴隶主贵族各人按照等级所应遵循的礼节和仪式;《礼记》,则是后人记载前人有关周礼的言论,并从理论上来加以概括和总结。

在奴隶社会中,等级是很森严的,所以为奴隶主贵族所垄断的礼,也就有严格的尊卑贵贱的等级规定:

> 《大戴礼记》:"王者天太祖,诸侯不敢怀,大夫士有常宗,所以别贵始,德之本也。郊止天子,社止诸侯,道及士大夫,所以别尊卑。尊者,事尊;卑者,事卑。宜钜者,钜;宜小者,小也。故有天下者,事七世;有国者,事五世;有五乘之地者,事三世;有三乘之地者,事二世;待年而食者,不得立宗庙。"(《礼·三本篇》)

"礼"就是这样"以别贵始",其目的是为了"别尊卑",达到"尊者,事尊;卑者,事卑"。地位等级的差别,决定了祭祀等级的差别。祭天的"郊祀",只能由天子来祭;祭地的"社祀",则到诸侯为止;"道"这种除丧服的祭,也就到大夫士为止。至于一般劳动人民,也就是"待年而食者",则根本没有资格参加任何的祭祀,甚至连祭祖宗的"宗庙"都不能立。参加祭祀,就是行礼。劳动人民没有资格参加祭祀,所以也就没有资格行礼了。"礼不下庶人",就是这个意思。

这种带有明显的阶级烙印的"礼",事实上是奴隶主贵族用来统治人民的工具。儒家的著作,早就明确地指出了这一点:

---

① 王国维:《观堂集林》(一),第 290—291 页,中华书局,1959 年。

《礼记·曲礼》:"夫礼者,所以定亲疏,决嫌疑,别异同,明是非也。"
《礼记·祭统》:"凡治人之道,莫急于礼。"

因为"礼"是"治人之道",所以过去的统治者一直非常重视:

《左传》昭公五年:"礼所以守其国,行其政令,无失其民者也。"
《左传》僖公十一年:"礼,国之干也。"
《国语·鲁语上》:"夫礼,国之大节也。而节,政之所成也,故慎制礼以为国典。"
《礼记·礼器》:"礼也者,合于天时,设于地财,顺于鬼神,合于人心,理万事者也。"

这些,都说明了"礼"在古代社会生活与政治生活中的重要地位。但是,"礼"不能独行,必须和"乐"配合在一起。这就因为祭神必须娱神,娱神必须有歌舞和乐舞。在礼的进行当中,如果没有乐相配,不仅将失去礼的那种庄严肃穆的气氛,而且礼的节奏和顺序,也将无法控制。正因为这样,所以有礼的地方,必须同时有乐。"三礼"里面,无论举行什么样的祀典或礼节,没有不伴随着乐的。因此,对于古代社会来说,乐是附从于礼的。言礼就得包含有乐在里面。我们无论是要了解当时音乐的情况,或者是要探讨当时的音乐美学思想,都应当把礼和乐联系起来谈。例如《周礼·大司乐》:

> 以六律、六同、五声、八音、六舞、大合乐,以致鬼神示,以和邦国,以谐万民,以安宾客,以说远人,以作动物。

"六律"、"六同"等,指的是音乐;"致鬼神示"、"和邦国"等,指的是礼。通过音乐,以达到礼治的目的。这就是当时对于音乐的看法。由于祭祀是当时最大的礼,所以音乐与祭祀的关系最为密切,不同的祭祀都按照不同的音乐来进行。《大司乐》说:

> 乃分乐而序之,以祭,以享,以祀:
> 乃奏黄钟,歌大吕,舞云门,以祀天神;

> 乃奏大蔟,歌应钟,舞咸池,以祀地示;
> 乃奏姑洗,歌南吕,舞大磬,以祀四望;
> 乃奏蕤宾,歌函钟,舞大夏,以祭山川;
> 乃奏夷则,歌小吕,舞大濩,以享先妣;
> 乃奏无射,歌夹钟,舞大武,以享先祖;
> 凡六乐者,文之以五声,播之以八音。

这些话,说明了古时的音乐,是有严格的规定的。必须根据不同的祭祀,按照事先规定好了的礼节,演奏事先规定好了的音乐。祭天神时,所用的乐,无论歌、舞、乐章、乐调以至乐器等,都不同于祭地示的,也不同于祭祖先的。《大司乐》继续说:

> 凡乐:圜钟为宫,黄钟为角,大蔟为徵,姑洗为羽,雷鼓雷鼗,孤竹之管,云和之琴瑟,云门之舞,冬日至,于地上之圜丘奏之,若乐六变,则天神皆降,可得而礼矣。
> 凡乐:函钟为宫,大蔟为角,姑洗为徵,南吕为羽,灵鼓灵鼗,孙竹之管,空桑之琴瑟,咸池之舞,夏日至,于泽中之方丘奏之。若乐八变,则地示皆出,可得而礼矣。
> 凡乐:黄钟为宫,大吕为角,大蔟为徵,应钟为羽,路鼓路鼗,阴竹之管,龙门之琴瑟,九德之歌,九磬之舞,于宗庙之中奏之,若乐九变,则人鬼可得而礼矣。

以上的话,说明了乐备而礼具。对于不同的对象,在不同的时间和地点,演奏了不同的音乐,然后天神、地示或人鬼就会降临,从而举行不同的礼。

不仅祭祀的礼离不开音乐;王、诸侯、大夫、士等,他们的生活也离不开音乐。王的一举一动,都有音乐相伴随。《大司乐》就说:

> 王出入,则令奏王夏。尸出入,则令奏肆夏。牲出入,则令奏昭夏。帅国子而舞。
> 大射:王出入,令奏王夏。及射,令奏驺虞。
> 诏诸侯以弓矢舞。

> 王大食，三宥，皆令奏钟鼓。
> 王师大献，则令奏恺乐。

其他诸侯、大夫、士等，也都各按等级，各有不同的音乐。他们朝觐、宴会、迎送宾客等，都按照一定的礼节进行，而这一礼节又是具体地通过音乐来进行的。因此，古代礼、乐不分。礼仪举行的过程，常常就是音乐演奏的过程。所谓"礼乐相须为用"，就是这个意思。《论语·学而》中，有子说：

> 礼之用，和为贵。先王之道，斯为美。小大由之，有所不行。知和而和，不以礼节之，亦不可行也。

有人认为"此文内和即指乐"[①]，我认为是有一定道理的。因为"和"本来是一种乐器[②]，而儒家言乐又经常用"和"来形容，如"乐者，天地之和也"等，即是。正因为这样，所以"礼"的具体运用，就表现在"乐"的上面。如果把乐和舞去掉了，礼就完全成了一个空架子。反过来，如果去掉了"礼"，古代奴隶主贵族的"乐"，也就失去了意义。清代邵懿辰在《礼经通论》中说："乐之原在《诗》三百篇之中，乐之用在《礼》十七篇之中。"这就很好地把礼和乐的关系以及乐是礼的具体运用这一点，讲清楚了。

《仪礼》这部书，讲的是具体的礼节和仪式。这些礼节和仪式是怎样进行的呢？是按照音乐的节奏来进行的。例如"燕礼"，根据注解："燕，安也，饮酒以安之也。燕有四等：卿大夫有王事之劳，一；饮四方聘使，二；聘使还国，三；君无事而饮，四。"因此，燕礼完全是一种宴饮的礼节。而这一礼节的进行，处处离不开音乐。根据《仪礼》的记载，先是"乐人悬"，宾主献酬之后：

> 乐正先升……工四人，二瑟，小臣鼓何瑟，面鼓执越，内弦右手，相入，升自西阶，北面东上，坐。小臣坐授瑟乃降，工歌《鹿鸣》、《四牡》、《皇皇者华》……笙入，立于悬中，奏《南陔》、《白华》、《华黍》……乃间歌《鱼丽》，笙《由庚》；歌《南有嘉鱼》，笙《崇丘》；歌《南山有台》，笙《由仪》。遂歌乡乐，《周

---

① 参考罗倬汉：《论礼乐之起源》，《学原》，第1卷第7期。
② 参考郭沫若：《释和言》，《甲骨文字研究》，第96页。

南》:《关雎》、《葛覃》、《卷耳》;《召南》:《鹊巢》、《采蘩》、《采蘋》……宾醉,北面坐,取其荐脯以降,奏《陔》。

这样,燕礼的过程,事实上就是音乐演奏的过程。行什么样的礼,奏什么样的乐。乐工多少人,乐器多少种,乐工怎样出场,怎样入座,唱什么歌,演奏什么乐器,都是按照礼的规定来进行。因此,音乐是为礼服务的,而礼也就表现在音乐当中。一举一动,合乎音乐的节奏,也就合乎礼了。燕礼如此,其他飨礼、射礼等等,无不如此。例如飨礼,《礼记·仲尼燕居》中,曾经这样加以描写:

> 大飨有四焉……两君相见,揖让而入门,入门而悬兴。揖让而升堂,升堂而乐阕。下管《象》、《武》、《夏籥》序兴。陈其荐俎,序其礼乐,备其百官,如此,而后君子知仁焉。行中规,还中矩,和鸾中采齐。客出以《雍》,彻以《振羽》。是故君子无物而不在礼矣。

"大飨"是诸侯相见之礼。他们之间,从进门到出门,都要"行中规,还中矩",而这个规矩,都是由音乐来指挥的。从这里,可见音乐在礼的当中起着多么重要的作用!不懂得音乐,也就不懂得礼;去掉了音乐,礼也就无从进行了。因此,郑樵《通志》说:"礼乐相须为用,礼非乐不行,乐非礼不举。"(《乐略·乐府总序》)在儒家看来,礼、乐二者是缺一不可的。《仲尼燕居》就说:

> 达于礼而不达于乐,谓之素;达于乐而不达于礼,谓之偏。

"礼乐"就是这样,在古代的社会生活与政治生活中,不仅占据重要的地位,而且成为一种制度。但是,春秋战国以后,随着社会历史条件与阶级斗争形势的变化,却出现了"礼崩乐坏"的局面。这一局面,在音乐当中明显地反映了出来。首先,装点奴隶主贵族"礼仪三千"的礼乐制度,维持不下去了。原来为王家服务的音乐家太师挚等,甚至不得不散到民间。原来为周天子所垄断的音乐,再也不能为他们所垄断了。《论语·八佾》所记载的"季氏八佾舞于庭",就是一个例子。佾是舞的行列,按照礼的规定,只有天子才能享用八八六十四的舞佾。季氏是鲁国的大夫,不过是天子的陪臣,可是竟然也用起天子的舞佾来了。"三家者以《雍》彻",这又是一个例子。三家指孟孙氏、叔孙氏、季孙氏,《雍》是《诗经》中《周颂》的一篇。按照礼的规定,应是天子祭完宗庙毕,撤(彻)去祭品时才唱《雍》这首歌。可是,三家也居然唱起来了,这难道不是对于周礼的破坏,对于周天子垄断音乐的冲击吗?不仅这样,随着当时各国的交往增加,商业发达,以及地主阶级的兴起,在奴隶主贵族的"雅乐"之外,另外出现了"新声"、"新乐"。"新声"、"新乐"愈来愈流行,不仅在民间占了优势,甚至也冲进了贵族统治阶级,一些贵族统治阶级中的人物,也喜欢"新声"、"新乐"了。例如:

> 《礼记·乐记》:"魏文侯问于子夏曰:'吾端冕而听古乐,则唯恐卧。听郑卫之音,则不知倦。'"
> 《孟子·梁惠王下》:"齐宣王曰:'寡人非能好先王之乐也,直好世俗之乐耳。'"

所谓"郑卫之音"、"世俗之乐"等,指的都是新兴起来的"新声"、"新乐"。这些新声、新乐,是不受或至少不完全受礼的限制和束缚的。

在这种情况下,甚至朝觐聘问这样一些大典,也常常违背了礼乐制度的规定,演奏了一些不符合礼的要求的音乐。《国语·鲁语下》叔孙穆子聘晋的故事,就是一个突出的例子:

> 叔孙穆子聘于晋,晋公飨之,乐及《鹿鸣》之三,而后拜乐三。晋公使行人问焉,曰:"子以君命镇抚敝邑,不腆先君之礼,以辱从者,不腆之乐以节之。吾子舍其大而加礼于其细,敢问何礼也?"
> 对曰:"寡君使豹来继先君之好,君以诸侯之故,贶使臣以大礼。夫先乐金奏《肆夏》、《樊》、《遏》、《渠》,天子所以飨元侯也;夫歌《文王》、《大明》、《绵》,则两君相见之乐也,皆昭令德以合好也,皆非使臣之所敢闻也。臣以为肆业及之,故不敢拜。今伶箫咏歌及《鹿鸣》之三,君之所以贶使臣,臣敢不拜贶。夫《鹿鸣》,君之所以嘉先君之好也,敢不拜嘉……"

对于烦琐的奴隶社会的礼乐制度,到了春秋末年时的晋悼公,已经搞不清楚了。因此,他会对来聘的使臣,演奏了一些照礼的规定所不应当演奏的音乐。而这个使臣叔孙穆子,却很讲究这一些,所以他只接受了一些礼所规定的音乐,而对于礼所没有规定的音乐则不敢接受。晋悼公派人来问他,他还发表了以上的一通议论。但议论尽管议论,事实却说明春秋末年时,礼乐制度已经不再那么严格地遵循了。到了战国时,那就更不用说了。

面对这种"礼崩乐坏"的局面,究竟是继续主张和维护"礼乐"制度,还是反对和取消"礼乐"制度呢?于是,就在当时的意识形态领域中展开了一场热烈的争论。大致说来,儒家主张和维护"礼乐"制度,墨、道、法三家,则从不同的立场和观点,反对和取消"礼乐"制度。关于他们的争论,我们将在下面谈论孔丘、墨翟、老子、庄周、孟轲、荀况、商鞅、韩非等人的音乐美学思想的时候,分别加以论述。

评孔丘的"正乐"思想

在战国时,积极宣传和主张"礼乐"的,是以孔丘为代表的儒家。

本来,在殷周的奴隶社会中,礼和乐是相须为用的。周公最大的政治措施之一,便是"制礼作乐"。但是,把"礼"和"乐"连接在一起,成为一个专门的名词,并形成了一套完整的哲学和美学的思想体系的,却是从孔丘开始。孔丘以六艺教,六艺的头两项就是礼和乐。他在《论语》中,也一再谈到"礼乐",如:"乐节礼乐"、"礼乐征伐"(《季氏篇》)、"先进于礼乐"、"后进于礼乐"(《先进篇》)、"文之以礼乐"(《宪问篇》)等,均是。当时其他各家,也都把"礼乐"当成是以孔丘为代表的儒家的重要思想之一。例如墨翟就说,儒者"繁饰礼乐以淫人"(《墨子·非儒下》);庄周也说:"其在于诗书礼乐者,邹鲁之士,搢绅先生,多能明之。"(《庄子·天下篇》)因此,我们要谈孔丘的"正乐"思想,不能离开了礼,单独谈乐。对于儒家来说,"礼乐"是一个完整的概念,儒家的美学思想应当说就是礼乐思想。孔丘"正乐",主要的不外两个目的:(1)他要用"礼"来统帅"乐"。他所要正的"乐",不是其他的"乐",而是要能够为"礼"服务的"乐"。(2)他要用"礼乐"来反对其他非礼之"乐",如像郑卫之音等。因此,他提出"礼乐"这个口号来,不仅有音乐上的美学意义,而且是具有鲜明的政治倾向性的。

这样,为了更好地理解孔丘"正乐"的思想,我们有必要先探讨一下孔丘的政治倾向性。什么是孔丘的政治倾向性呢?对于这个问题,历来有两种相反的看法:一种认为孔丘是没落的奴隶主贵族,他周游列国,讲学和从政,都是为了复辟西周的奴隶制度,因此,他的政治倾向完全是反动的;另一种则认为孔丘袒护乱党,反对人殉,主张"爱人",主张用仁政来反对奴隶主的暴政,因此是进步的。这两种看法,我们认为都看到了问题的一面,各有其一定的道理,但却都是片面的。从阶级出身来说,孔丘的确是没落的奴隶主贵族,他的政治理想也的确是要复辟西周的奴隶制度,他所鼓吹的"礼乐",实际上是把周公"制礼作乐"的思想加以理想化和系统化,因此,从整个思想体系和政治倾向来说,孔丘无疑是一个保守派。他一再说:"吾从周"(《八佾篇》)、"如有用我者,吾其为东周乎?"(《阳货篇》)甚至连做梦都忘记不了周公,"久矣吾不复梦见周公"(《述而篇》),就是具体的说明。但是,他这个奴隶主贵族又是没落了的,他不仅"贫且贱",而且一生不得意,"斥乎齐,逐乎宋、卫,困于陈、蔡之间"(《史记·孔子世家》),"累累乎若丧家之犬"。正因为这样,所以他对于人民的疾苦和奴隶主的暴政,又是有比较深刻的认识和体会的。《礼记·檀弓下》中"苛政猛于虎"这句名言,就是他提出来的。他要用仁政来反对苛政,用德政来反对暴政。为了达到这个目的,一方面,他把西周的奴隶制加以美化,以作为托古改制的根据;另一方面,他又适应新的阶级斗争形势的需要,对奴隶制提出了一些改革的主张。孟轲说孔丘是"圣之时者也",这个"时"字,很能说明问题。"山梁雌雉,时哉时哉!"(《乡党篇》)他看到野鸡因危而飞,因安而集,就连连发出了"时哉时哉"的感慨①。他看到流水,觉得一切都在变,于是又发出了"逝者如斯乎?不舍昼夜"的叹息。他尊为经典之一的《易经》,他从中所体会到的重要道理之一,也是"变通者,趣时者也"(《易·系辞下》)。这样,孔丘并不是一个顽固的保守派,而是一个趋时革新的保守派。他"席不暇暖","知其不可而为之"(《宪问篇》),他要把奴隶制加以改良,使之适应时代的变化,从而达到维护和巩固奴隶制的目的。他固然"述而不作,信而好古"、"好古敏以求之"(《述而篇》),但他"温故"是为了"知新"(《为政篇》),他对三代的文物制度都不是死死地抱住不放,而是要因时而有所"损益","择其善者而从之"。唯其如此,他才既有继承,又有创新,成为当时第一个"显学"。后代的封建统治阶级还没有把他神化以前,具有独立见解的历史学家司马迁,就情不自禁地赞叹说:"天下君王至于贤人众矣,当时则荣,没则已焉。孔子布衣,传十余世,学者宗之。自天子王侯,中国言六艺者折中于夫子,可谓至圣矣。"(《孔子世家》)

正是从这种革新的保守派的政治立场出发,孔丘提出了"正乐"的主张。所谓"正",包含得有整顿、改正和革新的意思;所谓"乐",就是为殷周奴隶主的礼制服务的乐。因此,他的"正乐",既是要恢复殷周的礼乐制度,而又加进了新的内容。这一新的内容,主要是"仁"。"人而不仁如礼何!人而不仁如乐何!"(《八佾篇》)离开了"仁",礼和乐都没有什么意思。只有充实了新的仁的内容,才能够"道之以德,齐之以礼",才能够"以乐化民"。因此,孔丘"正乐",就是要用他的所谓"礼乐",来推行他所向往的仁政和德政,来使殷周的奴隶制重新恢复生命!

---

① 参看商承祚:《"色斯举矣……"新论》,《中山大学学报》,1963年第3期。

然而，孔丘恓恓惶惶，是要从政的。他每时每刻都在幻想着："如有用我者。"他的思想和言论，多是关于政治与伦理的。他讲求实际，不爱"怪力乱神"之类的空谈。那么，对于音乐他又为什么会如此重视，把"正乐"看得如此重要呢？要回答这个问题，首先我们应当知道，他是一个非常懂得音乐的人。他会唱歌：

> 子与人歌而善，必使反之，而后和之。（《述而篇》）
> 子于是日哭，则不歌。（《述而篇》）

他会击磬鼓瑟：

> 子击磬于卫，有荷蒉而过孔氏之门者，曰："有心哉！击磬乎？"（《宪问篇》）
> 孺悲欲见孔子，孔子辞以疾，将命者出户，取瑟而歌，使之闻之。（《阳货篇》）

他对于音乐也具有很高的欣赏和评论的能力：

> 师挚之始，《关雎》之乱，洋洋乎盈耳哉！（《泰伯篇》）
> 乐其可知也。始作，翕如也；从之，纯如也，皦如也，绎如也；以成。（《八佾篇》）

他的弟子，也都很懂得音乐。他们讲学，经常是弦歌不断。甚至危难之时，困于陈、蔡，"不得行，绝粮。从者病，莫能兴"，他们依然"讲诵弦歌不衰"（《孔子世家》）。"孔子游于匡，宋人围之数匝，而弦歌不辍。"（《庄子·秋水篇》）他们从政，也要弦歌。例如子路为武城宰，"子之武城，闻弦歌之声"（《阳货篇》）。遗风所及，到了汉高祖诛项籍，引兵围鲁，"鲁中诸生尚讲诵习礼，弦歌之音不绝"。正因为这样，所以反对儒家的人，常用"弦歌"来骂他们。例如墨翟就说：

> 孔某盛容修饰以蛊世，弦歌鼓舞以聚徒，繁登降之礼以示仪，务趋翔之节以观众。（《墨子·非儒下》）
> （儒者）弦歌鼓舞，习为声乐。（《墨子·公孟篇》）

后世称赞儒家的人,也用"弦歌"来代表他们。例如张孝祥的词《六州歌头》说"洙泗上,弦歌地",即是一例。由于孔丘和儒家与音乐的关系这样密切,所以后世有不少关于孔丘和音乐的传说。刘向《说苑》就记载了这样一个故事:

> 孔子至齐郭门外,遇婴儿,其视精,其心正,其行端,孔子曰:"趣驱之,趣驱之,韶乐将作。"

这是用他所最喜欢的"韶乐"的美,来形容天真圣洁的婴儿,来形容婴儿的心灵的美。

明人朱载堉在其所著《乐律全书》中,有"先学诗乐而后经义益明"的说法。那就是说,因为孔丘经常谈到音乐和诗歌,所以只有当我们懂得了音乐和诗歌,才能更深更多地领会孔丘著作的涵义。朱载堉的讲法不一定完全正确,但从这里,我们却可以看出来,孔丘对于音乐的修养是怎样的高,音乐在他的思想中占有怎样的地位。正因为这样,所以他才把"正乐"作为他的重要活动和任务之一。

其次,孔丘的"正乐",还和他站在没落的奴隶主贵族的立场分不开。他对于西周的礼乐制度非常向往。他认为理想的政治,就是按照礼乐的方式来推行仁政和德政。然而,当时的客观形势却是一个"礼崩乐坏"的局面。因此,为了挽救这一个局面,补苴罅漏,他提出了"正乐"的思想。《汉书·礼乐志》就特别指出了这一点:

> 周道始缺,怨刺之诗起。王泽既竭,而诗不能作。王官失业,雅颂相错,孔子论而定之,故曰:"吾自卫反鲁,然后乐正,雅颂各得其所。"是时,周室大坏,诸侯恣行……自此礼乐丧矣。

《史记·太史公自序》也说:

> 周室既衰,诸侯恣行。仲尼悼礼废乐崩,追修经术,以达王道,匡乱世反之于正,见其文辞,为天下制仪法,重六艺之统纪于后世。

这就是说,由于周代奴隶社会的解体,"礼废乐崩",所以孔丘要"匡乱世反之于正"。在这"匡乱"、"反正"的当中,十分重要的一个环节,就是"正乐"。为什么

呢?这就因为当时为周礼服务的"乐",已经濒于崩溃的边缘了。乐的崩溃,象征着奴隶制的崩溃:

> 周室俱坏,乐尤微眇,以音律为节,又为郑卫所乱,故无遗法。(《汉书·艺文志》)
>
> 周室既衰,雅乐渐废,淫声迭起……(马端临:《文献通考·经籍考》)

孔丘因为自己对音乐有很高的修养,凭着他的音乐敏感,对于为周礼服务的音乐的衰落,感到特别忧虑。当他短期执政于鲁国,对于当时一些新兴起来的非礼之乐,已经感到很大的不快。例如他陪鲁君与齐君相会于夹谷,齐国奏"四方之乐",也就是外国的音乐,他就加以反对,说:"吾两君为好会,夷狄之乐何为于此!"齐国又奏"宫中之乐","优倡侏儒为戏而前",他更受不了,要把奏乐的人杀掉,说:"匹夫而营惑诸侯者罪当诛!请命有司!"而当鲁君接受了齐国的女乐,三日不朝,他更愤而离开了鲁国。这些,都是《孔子世家》中所记载的事实。可见他在捍卫礼乐、反对非礼之乐的上面,是怎样的坚决了。

到了晚年,他周游列国,到处失败之后,感到政治上已经无可作为,乃把全部的希望寄托在意识形态的工作上面。其中主要有两项:一是编《春秋》,想通过《春秋》来"正名",以达到"拨乱世,反诸正"(《公羊传》哀公十四年);二就是"正乐",想通过对诗和音乐的整理和删改,来维护和保存殷周的礼乐制度。他自己说:"吾自卫反鲁,然后乐正,雅颂各得其所。"(《子罕篇》)郑玄注说:

> 反鲁,鲁哀公十一年冬。是时道衰乐废,孔子来还,乃正之,故雅颂各得其所。

《雅》、《颂》是《诗经》中的两个部分。古时,诗都是合乐的。这里的《雅》、《颂》,实即指雅乐和颂乐。所谓雅乐,是古代奴隶主贵族宴饮时享用的音乐;颂乐,则是奴隶主贵族祭祀时所用的音乐。孔丘特别提出雅、颂两个部分,并以之作为他"正乐"的标准,可见他是要把古代奴隶主贵族的音乐,重新加以整理,重新用来占领意识形态的领域。对于这一点,司马迁讲得很清楚:

> 古者诗三千余篇,及至孔子,去其重,取可施于礼义,上采契后稷,中述

殷周之盛,至幽厉之缺,始于衽席,故曰:"《关雎》之乱以为《风》始,《鹿鸣》为《小雅》始,《文王》为《大雅》始,《清庙》为《颂》始。"三百五篇孔子皆弦歌之,以求合《韶》《武》《雅》《颂》之音。礼乐自此可得而述,以备王道,成六艺。(《孔子世家》)

这就很清楚了,孔丘"正乐",是要把诗中"可施于礼义"的,都加以弦歌,使之"合《韶》《武》《雅》《颂》之音",从此以后,乐才又重新从属于礼,称得上是"礼乐"了。

一切的保守派,都要维护现存的秩序和利益,孔丘也并不例外。"礼",是现存秩序的象征,所以他要把礼作为"正乐"和一切意识形态工作的最高标准:

博学于文,约之以礼,亦可以弗畔矣。

这句话,他在《雍也篇》和《颜渊篇》中,都曾讲过。在《子罕篇》中,颜渊也说:孔丘"博我以文,约我以礼"。因此,对于"约之以礼"这一点,他是反复致意,并当作他的一个重要的指导思想的。本来,有了人类社会,就已经有礼,像《礼记·礼运篇》中所说的:"夫礼之初,始诸饮食。"但是,孔丘所特别看重的,却是周礼。他说:

夏礼,吾能言之,杞不足征也;殷礼,吾能言之,宋不足征也。文献不足故也,足则吾能征之矣。(《八佾篇》)

正因为夏、殷之礼已不足征,所以他自命为周礼或者西周文化的继承者。他对于西周的文化,真是推崇备至:

周监于二代,郁郁乎文哉,吾从周。(《八佾篇》)
周之德,其可谓至德也已矣。(《泰伯篇》)
文王既没,文不在兹乎?(《子罕篇》)
如有用我者,吾其为东周乎?(《阳货篇》)

他一方面大力称赞周代的文化和礼,另一方面又要以继承这一文化和礼作为自己的责任。他"正乐",正是要以"礼"为中心,来完成他给自己所规定的这一历史任务。正因为这样,所以他谈诗谈乐,都离不开礼:

兴于诗,立于礼,成于乐。(《泰伯篇》)

这里,他把诗、礼、乐三者联系在一起,并以礼为中心,把礼看成是诗与乐的立足点。刘宝楠在其所著《论语正义》一书中,对于这句话,作了这样的解释:"学诗之后,即学礼,继乃学乐。盖诗即乐章,而乐随礼以行,礼立而后乐可用也。"那就是说,诗、礼、乐三者,孔丘是把它们看成一体的,诗包括在乐之中,而乐又"随礼以行",因此,三者当中,又以礼最为重要。诗与乐都是为礼服务的。因此,诗与乐都要以礼作为标准。《季氏篇》所说的"乐节礼乐",也是这个意思。刘宝楠注说:"礼得其体,乐得其和,动必由之,有制节也。"又说:"是言在位者,有礼乐之节也。"这都是说,乐应当以礼来节制。在阶级社会中,礼是由阶级地位来决定的,不同的阶级地位有不同的礼,因此,由礼来节制的乐,首先要符合阶级地位。孔丘"正乐",对于那些不符合阶级身份和地位的乐,都坚决反对。《八佾篇》就记载了两件孔丘反对非礼之乐的事,其一是:

孔子谓季氏,八佾舞于庭,是可忍也,孰不可忍也。

马融注说:"佾,列也。天子八佾,诸侯六,卿大夫四,士二。八人为列,八八六十四人。鲁以周公故受王者礼乐,有八佾之舞。季桓子僭于其家庙舞之,故孔子讥之。"这就是说,按照礼制,只有天子才应该有八佾之舞,可是季氏不过是一个陪臣,公然违反礼制,私自用起天子的乐舞来了,所以孔丘要加以反对。

另一件事是:

三家者以《雍》彻。子曰:"'相维辟公,天子穆穆',奚取于三家之堂?"

《雍》是《诗经·周颂》中的一篇,是天子祭祀宗庙完毕后,撤(彻)去祭品时所奏的乐章。但是,鲁国的大夫孟孙氏、叔孙氏、季孙氏三家,却违反礼制,也用《雍》乐来撤(彻)去祭品,因此,孔丘骂了起来,说:"诗里面讲得很清楚:'天子庄严肃穆的祭礼,诸侯只是陪祭而已。'你们三家是什么东西,居然也用起天子的乐章来了。"

像这种不依礼制、乱用礼乐的做法,孔丘认为是"天下无道"的表现。他说:

> 天下有道,则礼乐征伐自天子出;天下无道,则礼乐征伐自诸侯出。(《季氏篇》)

孔丘"正乐",就是要恢复礼乐的传统,使在春秋战国之际已经走向"礼废乐崩"的局面,能够重新稳定下来。这是孔丘"正乐"的政治目的。在这方面,他是把礼、乐、刑、政一并看待的。《子路篇》有一段对话:

> 子路曰:"卫君待子而为政,子将奚先?"子曰:"必也正名乎?"子路曰:"有是哉!子之迂也!奚其正?"子曰:"野哉由也……名不正,则言不顺;言不顺,则事不成;事不成,则礼乐不兴;礼乐不兴,则刑罚不中;刑罚不中,则民无所措手足……"

宋代的陈旸在其所著的《乐书》中,解释这段话说:"礼以道其志,乐以和其声,政以一其行,刑以防其奸,礼乐刑政,其极一也。所以同民心而出治道也。孔子为政于卫,必以正名为先。"这就很清楚了,孔丘的提倡礼乐,是与刑政一道的。后来《礼记·乐记》继承并发挥了孔丘的这一讲法。在孔丘看来,刑政要正名,礼乐也要正名。所谓"正名",就是《颜渊篇》所说的:"君君、臣臣、父父、子子。"那也就是说,一切要恢复古代奴隶制社会的秩序:当君的应当要像个当君的样子,当臣的应当像个当臣的样子,当父亲的应当像个当父亲的样子,当儿子也应当像个当儿子的样子。有人说,孔丘所说的"立于礼"的"立",本字应当是"位"。例如《卫灵公篇》:"子曰:'知柳下惠之贤,而不与立也。'"俞樾《群经平议》就说:"不与立于朝廷而曰不与立,文义未足。立当读为位。"这样,"立于礼",就是要各安其位。"正名",正是要恢复礼制,正是要各安其位。

然而,春秋战国之际,由于阶级斗争形势的急剧变化,要各安其位,已经是不可能的了。周礼究竟是什么样子,谁也不得而知了。现存的三礼——《周礼》、《仪礼》、《礼记》,根据学者们的考证,证明都不是周代的,而是战国和两汉的儒者所编造的。在当时的情况之下,要完全恢复古代的礼乐,已经是不可能的了。作为"圣之时者也"的孔丘,顺应时代的潮流,对礼乐也就作了适当的革新:他不仅作了新的解释,而且也充实了新的内容。这样一来,表面上他讲的还是周代的礼乐,但骨子里已经是他孔丘自己的货色了。关于这个问题,我们想从下列几个方面来理解:

第一,他按照自己的需要,把古代奴隶主贵族的礼乐,尽量加以美化,用来作为他"正乐"的最高理想。当时的鲁君,对于古代的雅乐,没有听说感到什么兴趣,而对于齐国所陈的"女乐文马",却"为周道游,往观终日,怠于政事"(《孔子世家》)。这一情形,孔丘不是不知道。但是,正因为这样,所以他为了"正乐",为了抬高古代雅乐的地位,就拼命加以美化。只要有机会,他都要对古代奴隶主贵族的雅乐,特别是《韶》乐,称赞备至:

> 子谓《韶》,尽美矣,又尽善也。谓《武》,尽美矣,未尽善也。(《八佾篇》)
> 子在齐闻《韶》,三月不知肉味,曰:"不图为乐之至于斯也。"(《述而篇》)
> 行夏之时,乘殷之辂,服周之冕,乐则《韶》《舞》。(《卫灵公篇》)

另外,他对于《周南》、《召南》,也很赞赏:

> 子谓伯鱼曰:"女为《周南》、《召南》矣夫?人而不为《周南》、《召南》,其犹正墙面而立也与?"(《阳货篇》)

《韶》传说是古代虞舜之乐,《武》是周武王之乐,《周南》和《召南》是周公和召公之乐。他对这些古代奴隶主贵族的音乐,真是吹捧得无以复加。而且他还以《韶》作为最高的审美理想,定出了评价音乐的两大标准:善和美。最好的音乐,不仅要美,而且要善。《韶》乐是尽美而又尽善,《武》乐则是尽美而未尽善。为什么呢?孔安国注说:

> 韶,舜乐名。谓以圣德受禅,故尽善。武,武王乐也。以征伐取天下,故未尽善。

这也就是说,因为儒家把禅让看得比征伐高,所以孔丘把《韶》乐看得比《武》乐高。禅让为什么比征伐高呢?那也无非是儒家想把古代的帝王美化,想用美化了的古代帝王,来宣扬他们的仁政和德政,宣扬他们的所谓"礼治"。因为禅让更符合于"礼",所以也就更"善"。孔丘所说的"善",其实应当就是"礼"。他是把"礼"作为标准,来评价音乐的美丑善恶的。

孔丘美化古代奴隶主贵族的音乐,还可以从他学习《文王操》的故事来看:

> 孔子学鼓琴师襄子,十日不进。师襄子曰:"可以益矣。"孔子曰:"丘已习其曲矣,未得其数也。"有间,曰:"已习其数,可以益矣。"孔子曰:"丘未得其志也。"有间,曰:"已习其志,可以益矣。"孔子曰:"丘未得其为人也。"有间,有所穆然深思焉,有所怡然高望而远志焉。曰:"丘得其为人,黯然而黑,几然而长,眼如望羊,如王四国,非文王其谁能为此也!"师襄子辟席再拜,曰:"师盖云《文王操》也。"(《史记·孔子世家》)

你看,孔丘是怎样沉醉在古代奴隶主贵族的音乐里面!他向师襄子学《文王操》,一直学到可以从琴声中想象出文王这个"人"的形象来。"乐云,乐云,钟鼓云乎哉?"(《阳货篇》)他学乐,的确志不在乐,而是要从音乐里面,思慕和向往古代的奴隶主贵族。他明明知道这些奴隶主贵族以及他们的音乐,在现实生活中已经失去地位了,失去号召力了,可是,他仍然要通过"正乐",来尽量加以美化,以便恢复他们的生命力。这种美化,已经不单纯是复旧,而是托古改制,号召亡灵来为现实的斗争服务。

第二,与美化奴隶主贵族音乐的同时,孔丘"正乐"的另一个内容,是极力排斥当时新兴的音乐郑卫之音。他一再说:

> 放郑声,远佞人。郑声淫,佞人殆。(《卫灵公篇》)
> 恶紫之夺朱也,恶郑声之乱雅乐也,恶利口之覆邦家者。(《阳货篇》)

郑声是新声或新乐的代表。根据《礼记·乐记》的记载,当时各国都有新乐,子夏把它们贬称为"溺音",说:

> 郑音好滥淫志,宋音燕女溺志,卫音趋数烦志,齐音敖辟乔志。此四者皆淫于色而害于德,是以祭祀弗用也。

《汉书·礼乐志》说哀帝时"郑声尤甚"。哀帝"疾之,又性不好音"。即位之后,乃下诏罢郑卫之声。根据孔光、何武的奏疏,罢的当中:"……郑四会员六十二人,一人给事雅乐,六十一人可罢。……楚四会员十七人,巴四会员十二人,铫四会员十二人,齐四会员十九人,蔡讴员三人,齐讴员六人,竽瑟钟磬员五人,皆郑声,可罢。"这样,可见郑声并不限于郑国,而是包括了各个地方的音乐。其所以称为"郑声","盖国风雅颂,皆雅乐之所歌也;若郑卫之声,则别为当时之俗乐,虽亦必有歌曲,然其所歌,必非十五国风之诗也"(孙希旦:《礼记集解》)。这是把郑声和雅乐相对而言。雅乐是孔丘在《诗经》中所肯定了的,郑声则是各国的俗乐。其所以以郑卫为代表,根据魏源《诗古微》的讲法,是因为:

> 三河为天下之都会,卫都河内,郑都河南……据天下之中,河山之会,商旅之所走集也。商旅集则货财盛,货财盛则声色辏。

这是说,郑卫因为地处三河的中心,交通方便,商业发达,所以各国新兴的音乐,最容易集中到郑卫两国。郑卫之声便这样成了新兴的音乐的代表。它和古代的雅乐相对,自成为一种新乐,或称俗乐。孔丘出于保守的立场,对于这样的音乐是很不喜欢的。

郑卫这种新乐的特点,从孔丘和一般儒家看来,是"淫"。什么是"淫"呢?《左传》隐公三年:"骄奢淫泆,所自邪也。"孔颖达疏:"淫,谓嗜欲过度;泆,谓放恣无艺。"这是说,过度地纵欲,叫做"淫"。《书·大禹谟》"罔淫于乐"注也说:"淫,过也。"《左传》昭公元年:"于是有烦手淫声,慆堙心耳,乃忘平和,君子弗听也。"这都是把淫声与平和中正之声相对立,凡是过分纵欲的音乐,都称之为"淫声"。《周礼·大司乐》:"凡建国禁其淫声、过声、凶声、慢声。"注说:"淫声,若郑卫也。"这又是把郑卫之声称为"淫声",并以之与过声、凶声、慢声相提并论。《礼记·乐记》对于"淫声",讲述得更为详细:"世乱则礼慝而乐淫,是故其声哀而不庄,乐而不安,慢易以犯节,流湎以忘本,广则容奸,狭则思欲,感条畅之气,而灭平和之德,是以君子贱之也。"又说:"奸声乱色,不留聪明;淫乐慝礼,不接心术。"总的来说,郑卫的淫声,就是不合礼的音乐。因此,孔丘在"正乐"的时候,要坚决地加以反对。

不仅郑卫的淫声,孔丘要反对,一切非礼之乐,他都要反对。他的得意弟子子由,有一次鼓瑟,因为"不合雅颂"(马融语),他就大加责备,说:

由之瑟，奚为于丘之门？（《先进篇》）

那就是说："子由这样不合雅颂的音乐，怎么敢在我这里演奏呢？"这件事，《说苑·脩文篇》有过较详细的记载：

> 子路（即子由）鼓瑟，有北鄙之声。孔子闻之曰："信矣，由之不才也。"冉有侍，孔子曰："求（冉有）来，尔奚不谓由？夫先王之制音也，奏中声为中节，流入于南，不归于北。南者生育之乡，北者杀伐之域。故君子执中以为本，务生以为基，故其音温和而居中，以象生育之气。忧哀悲痛之感，不加乎心；暴臣淫荒之动，不在乎体。夫然者，乃治存之风，安乐之为也。彼小人则不然，执末以论本，务刚以为基，故其音湫厉而微末，以象杀伐之气。和节中正之感，不加乎心；温俨庄恭之功，不存乎体。夫杀者，乃乱亡之风，奔北之为也。昔舜造南风之声，其兴也勃焉，至今王公述而不释。纣为北鄙之声，其废也忽焉，至今王公以为笑……今由也匹夫之徒，布衣之丑也，既无意乎先王之制，而又有亡国之声，岂能保七尺之身哉？"冉有以告子路。子路曰："由之罪也。小人不能耳，陷而入于斯。宜矣，夫子之言也。"遂自悔，不食七日而骨立焉。

这段话，不管是不是刘向编造的，但它基本上是符合孔丘"正乐"的宗旨的。孔丘在《易·系辞下》说"天地之大德曰生"，又说"生生之谓易"。他用"生"来解释天地万物，又用"生"来作为他的音乐美学思想的哲学基础。凡是合乎"生"的，他都认为是好的；凡是与"生"相反的，也就是"杀"，他就加以反对。南方合乎"生"，所以他赞成南方的音乐，认为是美的；北方"杀"，不合乎"生"，所以他反对北方的音乐，认为不美。这一精神，在《中庸》"子路问强"一段话中，有过类似的说法：

> 子曰："南方之强与？北方之强与？抑而强与？宽柔以教，不报无道，南方之强也，君子居之。衽金革，死而不厌，北方之强也，而强者居之。故君子和而不流，强哉矫！中立而不倚，强哉矫！国有道不变塞焉，强哉矫！国无道，至死不变，强哉矫！"

这是说，北方看起来，敢于斗争，不怕死，很强。但其实这不是真正的强。真正的强,应当是南方那种"和而不流"、"中立而不倚"等中庸之道。这一看法,运用到音乐美学思想上,孔丘就把古代的雅乐当成是南方的音乐,加以肯定和赞美;而对于北方这种地方的音乐,则贬之为"北鄙之声",加以否定和谴责。子路不过因为弹奏了一下这种"北鄙"的音乐,他就认为"不合雅颂",大发脾气,并借此发挥了一通他的音乐美学理论,以至子路吓得七日不敢吃饭,瘦得只剩一把骨头。

第三,孔丘美化古代的雅乐,反对新兴的俗乐,因此是一个保守派。但他不仅保守,还要革新。革新与保守是矛盾的,怎样处理这个矛盾呢?就在处理这一矛盾的当中,促使他的哲学和美学思想都出现了一些辩证的因素,从而他不仅述,而且作;不仅继承了古代奴隶主的一些衣钵,而且有了新的发展。这一发展,表现在哲学思想上,是对于仁义思想的强调,表现在美学上,则是对于礼乐思想的强调。而这二者之间又是有关系的,因此,为了更好地理解孔丘的礼乐思想,我们有必要先谈一下他的仁义思想。

《易·说卦》说:

> 昔者圣人之作易也,将以顺性命之理。是以立天之道曰阴与阳,立地之道曰柔与刚,立人之道曰仁与义。

这是把仁与义看成是和阴与阳、柔与刚一样,是对立而又统一的一对概念。仁是对人而言的,要"爱人",要"己所不欲,勿施于人",要"己欲达而达人,己欲立而立人"。义是对己而言的,《中庸》说:"义者,宜也。"是说自己处理事情,要得其宜。《论语·里仁篇》说:"君子之于天下也,无适也,无莫也,义之与比。"刘宝楠《正义》解说:"义之与比,是言好恶得其正也。"《里仁篇》又说:"君子喻于义,小人喻于利。"《正义》又解说:"能礼义故能喻于义,不能礼义故喻于利。"这是把礼与义并提,认为凡是合于礼的,就是好恶得其正,就是正当的行为,因此自己应当勇敢地去做。正是在这个意义上,孔丘有"见义不为,无勇也"(《为政篇》)的讲法,孟轲也有"舍生而取义者也"(《告子上》)的讲法。循此推演,《礼记·经解》说:"除去天地之害,谓之义";《荀子·强国篇》说:"夫义者,所以限禁人之为恶与奸者也。"凡此,都是儒家思想中的积极因素。儒家是保守的,是要恢复和巩固古代奴隶制的,为什么会产生这种积极的思想因素呢?我们说,这一方面是由于形势所逼。当时"礼废乐崩",奴隶制正在开始解体,为了保存它,就必须有所革新,必须注进新的血液。孔丘和他的追随者们,正是看到了这一点,所以提出仁义的思想,要当时的奴隶主能够"其养民也惠,其使民也义"(《公冶长篇》),能够"修己以安百姓"(《宪问篇》)。另一方面,则是当时急剧的社会矛盾和变革,使孔丘悟出了一个哲学道理:要保存现有的秩序,必须不安于现有的秩序。《易·系辞下》说:

> 子曰:"危者安其位者也,亡者保其存者也,乱者有其治者也。是故君子安而不忘危,存而不忘亡,治而不忘乱,是以身安而国家可保也。"

那就是说,为了安而不至于转危,在安的时候就不要忘记危,就应当防止向危的方向转化。怎样防止呢?那就要行仁政和德政,以仁义为心了。就是在这个意义上,孔丘发现了奴隶社会所忽视的"人",提出了仁义的思想。他以这一思想,作为他政治伦理哲学的基础。

"仁近于乐,义近于礼",孔丘的仁义思想直接影响到他的礼乐思想。他的"正乐",不仅要恢复古代的雅乐,反对新兴的俗乐,而且要把仁义的新内容注进到他的礼乐思想中去,从而使他的礼乐思想成为他整个政治伦理哲学的一个组成部分,即所谓"礼乐刑政"的思想。《汉书·艺文志》说:

> 仁之与义,敬之与和,相反而皆相成也。

"敬"是礼,"和"是乐,因此礼与乐的关系,有如仁与义的关系。礼别贵贱,维护现存的秩序;而"歌乐者,仁之和也"(《孔子家语·儒行解》)。那就是说,音乐可以调和人们的关系,使这一关系不至于太紧张。《学而篇》说:

> 礼之用,和为贵。先王之道,斯为美。小大由之,有所不行,知和而和,不以礼节之,亦不可行也。

这段话,很好地说明了礼和乐的关系。礼要乐来调和,乐要礼来节制。正因为这样,所以孔丘的美学思想——礼乐思想,是从政治伦理的需要出发来谈的。也正因为这样,所以他"正乐"的时候,谈的是乐,但立足点却在礼的上面。而这礼,又是充实进了仁义的内容的。《颜渊篇》说:

> 颜渊问仁。子曰:"克己复礼为仁,一日克己复礼,天下归仁焉。为仁由

己,而由人乎哉?"颜渊曰:"请问其目。"子曰:"非礼勿视,非礼勿听,非礼勿言,非礼勿动。"

这段话,各人理解不同,但把它看成是孔丘思想的中心,则差不多很少例外。分歧是在于对"克己复礼"的解释。"克己"的"克",有人释为"胜",有人释为"任",但无论是"胜"或"任",我们认为它都包含有"人"的自觉性的意思在里面。因为能够自觉地意识到自己是"人",所以我们才一方面要加重自己的责任感,另一方面则应当把旁人也看成是"人",所谓"己所不欲,勿施于人",正是这个意思。从这一点来说,孔丘给当时奴隶主的暴行,提出了一定的制约的要求,是很明显的。至于"复礼"的"复",很多人都解释为"恢复",这也未尝不可以。但我们认为"复"的最恰当的解释,似乎应当是"反"的意思。《论语正义》说:"反犹归也。"那就是说,克己而能归于礼,按照礼办事,那就是仁了。这句话并不是孔丘的发明,《左传》昭公二十年:"仲尼曰:'古也有志,克己复礼,仁也。'"志是记载,因此,孔丘不过引了古书的成语,用来说明他关于仁的概念。要具体地实行仁,按照礼办事,就得"非礼勿视,非礼勿听,非礼勿言,非礼勿动"。这样,礼就不是抽象的,而成为具体的行为规范了。

孔丘的"正乐"就是要使乐服从礼的规范:

> 孔子曰:"益者三乐,损者三乐。乐节礼乐,乐道人之善,乐得贤友,益矣。乐骄乐,乐佚游,乐宴乐,损矣。"(《季氏篇》)

在这里,孔丘区分了"礼乐"与"宴乐"。前者服从礼的规范,因此益;后者不服从礼的规范,因此损。那么,乐要怎样才能服从礼的规范,成为"乐节礼乐"的"乐"呢?当时诗、乐不分,孔丘谈诗的话,可以同样适用于乐。他关于诗,提出了下列的一个规范:

> 诗三百,一言以蔽之曰:"思无邪。"(《为政篇》)

"思无邪",应当说,就是非礼无思。孔丘不仅要求人们的视、听、言、动,一举一行,都要合乎礼,而且也要求人们的思想意识,也要合乎礼。他"正乐",就是要使诗和乐"立于礼"、"约之以礼",然后达到"无邪"的程度。邪与正是对立的,合乎礼的就正，不合乎礼的就邪。至于是否合乎客观的事实，他是不管的。因为从客观的事实出发，那是一个是非的问题，而不是正邪的问题。孔丘只重正邪，不重是非，在儒家思想统治下，只有正与邪、正统与异端之争，而没有是与非、正确与错误之争；在音乐美学思想中长期只重雅乐、不重新乐，这一点，孔丘是不能辞其咎的。但是，虽然这样，孔丘还只是在理论上提出"思无邪"的要求，在具体的做法上，他还没有走到汉儒以后那样极端。他的删诗，就是一个明显的例子。现存《诗经》中许多并不符合"思无邪"的标准的东西，他都保存了下来。《野有死麕》，写的是淫奔，难道还不"淫"吗？《大雅·瞻卬》，骂天骂人难道还不是"戾"而且"怨"吗？可是孔丘都没有把它们删掉。这一点，顾炎武早就看到了，而且有所议论。他说：

> 孔子删诗，所以存列国之风也。有善有不善，兼而存之。犹古太师陈诗以观民风，而季札听之，以知其国之兴衰。正以二者之并陈，故可以观，可以听。世非二帝，时非上古，固不能使四方之风，有贞而无淫，有治而无乱也。文王之化，被于南国；而北鄘杀伐之声，文王不能化也。使其诗尚存，而入夫子之删，必将存南以系文王之化，存北音以系纣之风，而不容于没一也。是以桑中之篇，溱洧之作，夫子不删，志淫风也。叔于田为誉段之辞，扬之水、椒聊为从沃之语，夫子不删，著乱本也。淫奔之诗，录之不一而止者，所以志其风之甚也。……选其辞，比其音，去其烦且滥者，此夫子之所谓删也。后之拘儒，不达此旨，乃谓淫奔之作，不当录于圣人之经。是何异唐太子宏，谓商臣弑君，不当载于春秋之策乎？①

鲁迅也看到了这一点，他说：

> 怨而不戾，怨而不怒，哀而不伤，乐而不淫，虽诗歌，亦教训也。然此特后儒之言，实则激楚之言，奔放之词，《风》《雅》中亦常有。②

顾炎武和鲁迅的话，我们认为是很正确的。对于古人应当全面评价，不能只

---

① 顾炎武：《日知录》，卷三《孔子删诗》条。参看《日知录》下册一，第 3 页，台湾商务印书馆，1956 年。
② 鲁迅：《汉文学史纲要》，第 13 页，人民文学出版社，1977 年。

攻其一点,而不及其余。

第四,我们还想谈一点,那就是孔丘"正乐",除了"礼乐刑政"这一政治上的目的之外,还有更重要的道德教育上的目的,也就是"诗书礼乐"一方面的内容。他以"诗书礼乐"教,想通过诗书和礼乐来达到他培育理想的人格的目的。正因为这样,所以他谈礼乐,就不限于礼乐本身,而是含有更多的意义,赋予更高的要求:

> 礼云礼云,玉帛云乎哉?乐云乐云,钟鼓云乎哉?(《阳货篇》)
> 人而不仁,如礼何?人而不仁,如乐何?(《八佾篇》)

那也就是说,礼和乐都不过是手段,它们的目的,是在于培育出能够行仁政和德政的"仁人"来。《述而篇》说:"志于道,据于德,依于仁,游于艺。"这"艺",可以说包含得诗与乐在内,因此诗与乐应当是以"道"、"德"和"仁"作为前提的。《八佾篇》有一段记载:

> 子夏问曰:"巧笑倩兮,美目盼兮,素以为绚兮,何谓也?"子曰:"绘事后素。"曰:"礼后乎?"子曰:"起予者商也,始可与言《诗》已矣。"

这里的几句诗,意思很清楚,只是形容一个女子长得好看,经过打扮之后格外好看,但孔丘却用"绘事后素"来回答。郑玄注说:"凡绘画,先布众色,然后以素分布其间,以成其文。喻美女虽有倩盼美质,亦须礼以成之。"正因为这样,所以子夏理解为"礼后乎?"意思是说,一个人必须有很好的道德品质,才谈得上美,谈得上行礼作乐。孔丘谈诗,很少从诗的本身来谈,差不多都是从道德教育上来谈的。如《学而篇》:

> 子贡曰:"贫而无谄,富而无骄,何如?"子曰:"可也,未若贫而乐,富而好礼者也。"子贡曰:"《诗》云:'如切如磋,如琢如磨',其斯之谓与?"子曰:"赐也,始可与言《诗》已矣,告诸往而知来者。"

这也是用诗来说明道德教育上的问题。《宪问篇》:

> 子路问成人。子曰:"若臧武仲之知,公绰之不欲,卞庄子之勇,冉求之艺,文之以礼乐,亦可以为成人矣。"

这段话,与前面"绘事后素"一段话的意思,基本上相同,都强调用礼乐来教育人,使之成为"成人",也就是完美的人。《说苑·辨物篇》谈到颜渊问仲尼:"成人之行何若?"解答说:"成人之行……既知天道,行躬以仁义,饬躬以礼乐,夫仁义礼乐,成人之行也。穷神知化,德之盛也。是成人为成德之人。"这就很清楚了,孔丘"正乐",就是要以仁义礼乐来培养"成人"的。《先进篇》说:

> 子曰:"先进于礼乐,野人也;后进于礼乐,君子也。如用之,吾从先进。"

《论语正义》说:"野人者,凡民未有爵禄之称也。""君子者,卿大夫之称也。""夫子弟子,多是未学,故亟亟以礼乐教之。所云兴于诗,立于礼,成于乐,即是从先进。"这一方面说明了孔丘以礼乐为教,另一方面则说明了孔丘不管野人、君子,只要谁先进于礼乐,他就从谁。这在当时世卿世禄的时代,不能不说有其一定的进步意义。

那么,怎样以礼乐为教呢?《尚书·尧典》说:

> 帝曰:"夔!命汝典乐,教胄子:直而温,宽而栗,刚而无虐,简而无傲。"

直与温、宽与栗、刚与无虐、简与无傲,都可说是两个对立的方面。夔用音乐教胄子,要求同时注意到这两个方面,而不是只注意一个方面。这可说是儒家"乐教"的传统观点。《左传》襄公二十九年,季札观于周乐,所称颂的也正是符合这种观点的音乐:

> 至矣哉!直而不倨,曲而不屈;迩而不逼,远而不携;迁而不淫,复而不厌;哀而不愁,乐而不荒;用而不匮,广而不宣;施而不费,取而不贪;处而不底,行而不流。五声和,八风平,节有度,守有序,盛德之所同也。

孔丘"正乐",就是要用"五声和,八风平,节有度,守有序"的音乐,来教育人。所谓"乐而不淫,哀而不伤"(《八佾篇》)、"和而不流"(《中庸》)、"怨而不怒"(朱熹)

等说法,以及汉儒所说的"温柔敦厚"的"诗教"等,都是从此演变出来的。在这些说法中,孔丘所强调的音乐美学理想是"和"。"乐"与"和",在儒家的美学思想中,差不多具有同样的意义。《仲尼燕居》说:"礼法天地之别,乐法天地之和。"《乐记》说:"礼者天地之别也,乐者天地之和也。"都说明了这个问题。

"和"与"同"是相对的。"同"是泯去差别,"和"则是在差别中求平衡,在矛盾中求统一。孔丘"正乐",用礼乐来教育人,就是要在礼乐的相反相成的调节中,来达到"和",达到"允执其中"(《尧曰篇》),从而造就出"中庸之德"(《雍也篇》)和"礼乐皆备"(《乐记》)的人才。

音乐教育的这种"和"的作用,我们还可以从下面的两段话中看出来:

> 声亦如味……君子听之,以平其心,心平德和。(《左传》昭公二十年)
> 既和且平,依我磬声。(《诗·商颂·那》)

因此,孔丘对于乐的要求,往往就是对于人的要求。而要达到这样的要求,必须礼与乐相配合,以礼来节乐,以乐来化礼。《礼记·仲尼燕居》说:

> 子张问政。子曰:"师乎!前!吾语女乎。君子明于礼乐,举而错之而已。"子张复问。子曰:"师!尔以为必铺几筵,升降酌献酬酢,然后谓之礼乎?尔以为必行缀兆,兴羽龠,作钟鼓,然后谓之乐乎?言而履之,礼也;行而乐之,乐也。君子力此二者,以南面而立,夫是以天下太平也。"

这样,礼指的并不是筵席酬酢等烦琐的礼节;乐指的也不是舞蹈钟鼓等音乐。礼指的是合乎礼的行为,乐指的是对这一行为的爱好和趣味。因此,孔丘"正乐",推行"乐教",最后的目的,并不在于礼乐的本身,而在于通过礼乐,来培养和教育能够推行仁政和德政的理想的统治者,从而达到"天下太平"。在这种情况下,普天之下,都在一片和乐的声音当中,"克己复礼",归于仁,归于治。所谓:

> 安善治民,莫善于礼;移风易俗,莫善于乐。(《孝经》)

这就是为什么孔丘要把"正乐"看成他晚年最重要的一项任务了。然而,当时列国并争,讲的是"耕战",是"法术",他们根本反对礼乐,自然更不重视了。秦汉以后,封建专制的君主,包括秦始皇这样的暴君在内,方才想到礼乐,重视礼乐,但他们不过是把它当成他们宝座上的一点装饰,用来威吓和麻痹人民罢了。因此,礼乐在封建社会当中所起的不是进步作用,而是反动作用,也就不言而喻了。

评墨翟的"非乐"思想

与儒家的"礼乐"思想针锋相对,鲜明地提出"非乐"思想来的,是墨翟。他除了写了专门讨论音乐的《非乐篇》之外,在《三辩》《公孟》《节用》等篇中,都一再谈到他的"非乐"思想。他之所以要"非乐",反对儒家的"礼乐",是因为他的阶级立场和思想路线,和儒家是根本对立的。

春秋战国时,我国奴隶制社会发生剧烈的变化。在这个变化中,以孔丘为首的儒家,基本上站在奴隶主贵族的立场上,一方面要维护奴隶主贵族的统治秩序,另一方面又要适应新的变化的形势,于是他们把周代的"礼制"和"乐制",拿来加以改革和理想化,用来作为维护奴隶主贵族统治的思想武器。正因为这样,所以原来虽有联系但却并不联结在一起的"礼"和"乐",他们把它们联结在一起,成为一套系统的"礼乐"理论。他们说:"君子三年不为礼,礼必坏;三年不为乐,乐必崩。"(《论语·阳货》)他们把"礼乐"看得比什么都重要。孔丘这个人,"虽然曾经阔气过"[①],但他出世时,却也并不太富,提倡"君子食无求饱,居无求安"。然而,尽管这样,在《论语·乡党篇》中所记载的他的衣食起居,却无不处处按照"古之礼乐"的规定,如"狐貉之厚以居"、"食不厌精,脍不厌细"等。至于一般王公大人,更是一言一行、亦步亦趋,无不要求符合"礼乐"的制度:

> 古之君子必佩玉,右徵羽,左宫商,趋以《采荠》,行以《肆夏》。(《礼记·玉藻篇》)
>
> 天子……燕处则听雅颂之音,步行则有环佩之声。(《礼记·经解上》)

像这样阔气的"礼乐"制度,一般下层人民,由于"礼不下庶人",不但没有资格享受,就是有资格享受,也享受不起。而且这种"礼乐",事实上是建立在残酷

---

① 鲁迅:《而已集·小杂感》,《而已集》,第146页,人民文学出版社,1976年。

地剥削劳动人民的衣食血汗之上的,所谓"上不厌其乐,下不堪其苦"(《墨子·七患篇》)。因此,从一般劳动人民的利益出发,必然要反对这样的"礼乐"。墨翟是不是出身于劳动人民,由于生平事迹不详,我们不得而知。但有几点,则是比较地可以肯定的:第一,他肯定不是王公贵族,而是比较贫贱的。《贵义篇》中,他自称为"贱人"。楚国的穆贺,也说他的学说是好的,但只是"贱人之所为",而不会为君王所采用。他还对越国的公孙过说:"翟度身而衣,量腹而食,比于宾萌。""宾萌"是奴隶。这句话是说,他虽然不是奴隶,但生活的享受却与奴隶差不多。第二,他不是奴隶,却又为什么这么"贱"和"苦"呢?有人说,墨子的"墨"不是姓,而是"刑徒役夫"的称呼。江瑔《读子卮言·论墨子非姓墨》即说:"古之所谓墨者,非姓氏之称,乃学术之称也。"钱穆据此以为墨乃古代刑法之一,"墨盖刑徒役夫之称"(《国学概论》上卷第44页)。荀子在《王霸篇》中,也曾称墨子的学说为"役夫之道"。第三,《贵义篇》又说他"载书甚多"。人家问他为什么要读这么多书,他说:"翟上无君上之事,下无耕农之难,吾安敢废此?"这就说明他并不是劳动人民。在当时来说,劳动人民是不可能读很多书的。但他虽然不是劳动人民,却是比较接近劳动人民的。从《鲁问》和《公输》两篇,我们还知道他会做木工。因此,即使他不是劳动人民,但他是参加过一些劳动生产,接近过一些劳动人民的。正因为这样,所以他懂得一些劳动人民的疾苦,知道"民有三患:饥者不得食,寒者不得衣,劳者不得息"(《非乐篇》)。他的思想、言论,基本上能够反映劳动人民的一些愿望。例如在《尚贤篇》中,他反对"无故富贵"。他把"远鄙郊外之臣,门庭庶子,国中之民,四鄙之萌人",都归纳到他"尚贤"的范围之内,并明确地指出:"列德而尚贤,虽在农与工肆之人,有能则举之。""官无常贵,而民无终贱。"这些,都说明了他是具有平民色彩的思想家,他是小生产者和小私有者的代言人。他所从出的阶级立场,与儒家是根本对立的。

　　因为他的阶级立场与儒家根本不同,所以对于儒家所鼓吹的"礼乐"思想,他不但不能接受,而且大力反对。他从劳动人民的生产利益出发,把"利"字作为他"非乐"思想的理论基础。历史的经验告诉我们,凡是剥削阶级和过去反动的统治阶级,他们最卑鄙无耻,最自私自利,霸尽了天下的一切,掠夺了人民的一切,可是他们却绝口不言"利"、不言"私",把"利"字和"私"字看得比洪水猛兽还可怕。他们满口讲的,都是什么"义"呀、"公"呀,以及字典上所能够找到的一切冠冕堂皇的词汇。然而,事实上呢?他们是把一己的"大私"当成天下的"大公"。"四人帮"就是一个明显的例子。反过来,一些比较能够代表人民的利益说话的思想家,对于他们来说,"任何一种东西,必须能使人民群众得到真实的利益,才是好的东西"①。正因为这样,所以他们总是把人民的疾苦放在第一位,把兴利除弊放在第一位。在他们看来,"利"是千百万人民生死攸关的问题,是衣食住行的基本物质的保证问题。不解决"利"也就是国民经济的问题,一切都无从谈起。墨家和儒家在这个问题上发生了热烈的争论。不论其他,专此一点,我们就可以说,儒家是虚伪的、反动的。墨家虽然也有他的局限性,如主张"尚同",主张"君主"统治,主张"天志"和"明鬼"等,但至少在这一点上,他在某种程度上反映了人民的愿望和要求!

的确,墨子是重"利"的。儒家强调"义"、"利"之辩,反对"利"。孔子说:"君子喻于义,小人喻于利。"(《论语·里仁》)孟子也说:"何必曰利?亦有仁义而已矣。"(《梁惠王上》)孔子在和子贡的谈话中,甚至不惜去兵、去食,但就是不肯去掉统治阶级统治人民的"信"。他们高高在上,吃得饱,穿得暖,自然不知道老百姓没有"食"的苦处,所以他们宁肯"去食",也要死死抱住他们的"信"。其实,他们朝三暮四,朝令夕改,说话从来不算数,他们又何尝讲"信"? 墨翟却完全不同。他大声疾呼,一而再、再而三地把"利"字标了出来,放在他的思想言论的首位:

> 仁人之事者,必务求兴天下之利,除天下之害。(《兼爱下》)
> 凡足以奉给民用则止。诸加费不加于民利者,圣王弗为。(《节用篇》)
> 凡费财劳力,不加利者,不为也。(《辞过篇》)

在《经上篇》,墨翟甚至以"利"来释"义",说:"义,利也。"著名的"三表法",最重要的也是最后"于何用之"一条:"废(发)以为刑政,观其中国家百姓人民之利。"(《非命上》)把"中"不"中"国家百姓人民之"利",看成是评价真理的最重要的一个标准。不仅这样,他还认为工艺的"巧"和"拙",也应当用"利"的标准来衡量:"故所为功,利于人谓之巧;不利于人谓之拙。"(《鲁问篇》)"利"与"不利",就这样成了墨家衡量是非善恶的标准,也成了墨家衡量音乐艺术的审美标准。

在这里,我们想首先说明的,是过去有人认为墨翟的"非乐",是反对文化,反对艺术,反对人类的感情。例如荀子就说:"墨子蔽于用而不知文"(《解蔽篇》);庄子说墨子"其生也勤,其死也薄,其道大觳,使人忧,使人悲,其行难为也"(《天

---

① 毛泽东:《在延安文艺座谈会上的讲话》,第25页,人民出版社,1975年。

下篇》)。近人冯友兰也认为墨子"排除感情"①。这些批评,应当说是有根据的,因而是有一定的道理的。墨子"非乐"的讲法,确实存在着片面性和绝对化的缺点。但是,如果我们通观墨子原书的全文,仔细研讨他"非乐"的本意,我们就将发现:他"非乐"的片面性,并不像批评他的人所说的那么严重。

首先,墨翟从来没有否定过人有审美的要求和音乐的爱好。他说:"子墨子之所以非乐者,非以大钟鸣鼓琴瑟竽笙之事,以为不乐也;非以刻镂华文章之色,以为不美也;非以刍豢煎炙之味,以为不甘也;非以高台厚榭邃野之居,以为不安也。"这就很明显地说明了,墨子并没有否定人有审美的需要和爱好。刘向《说苑·文质篇》中,载有禽滑釐与墨子的一段对话,尤其能说明这个问题:

> 禽滑釐问于墨子曰:"锦绣絺纻,将安用之?"墨子曰:"恶? 是非吾用务也。……今当凶年,有欲予子隋侯之珠者,不得卖也,珍宝而以为饰。又欲予子一钟粟者,得珠者不得粟,得粟者不得珠。子将何择?"禽滑釐曰:"吾取粟耳,可以救穷。"墨子曰:"诚然! 则恶将事夫奢也? 长无用,好末淫,非圣人之所急也。故食必常饱,然后求美;衣必常暖,然后求丽;居必常安,然后求乐。为可长,行可久,先质而后文,此圣人之务。"

这就很清楚了,墨子并不是从根本上否定音乐的审美价值和意义,他之所以"非乐",是因为要"先质而后文",要先解决"温饱"的迫切需要,再解决音乐的审美需要。

其次,墨子所处的时代,是战国初期。在他看来,那时主要的矛盾是:"当今之时,天下之害孰为大? 曰:若大国之攻小国也,大家之乱小家也,强之劫弱,众之暴寡,诈之谋愚,贵之敖贱,此天下之害也。"(《兼爱下》)在这样一种情况下,"饥者不得食,寒者不得衣,劳者不得息"。因此,解决这些问题,才是当时首要的任务。但作为"显学"的儒家,却抛开这些现实的问题不谈,而去奢谈什么"礼乐"! 墨子对此非常不满,骂他们:

> 吏不治则乱,农事缓则贫,贫且乱政之本,而儒者以为道教,是贼天下之人者也。且夫繁饰礼乐以淫人,久丧伪哀以谩亲,立命缓贫而高浩居,倍本

---

① 冯友兰:《中国哲学史》上册,第123页,中华书局,1947年。

弃事而安怠傲，贪于饮食，惰于作务，陷于饥寒，危于冻馁，无以违之。(《非儒下》)

在墨子看来，儒家空口以"道"为教、"繁饰礼乐以淫人"的等等做法，实在是"贼天下之人者也"，要使天下之人"陷于饥寒，危于冻馁"。因此，为了反对儒家的"礼乐"思想，墨子提出了"非乐"的主张：

仁之事者，必务求兴天下之利，除天下之害，将以为法乎天下，利人乎即为，不利人乎即止。且夫仁者之为天下度也，非为其目之所美，耳之所乐，口之所甘，身体之所安，以此亏夺民衣食之财，仁者弗为也。……虽身知其安也，口知其甘也，目知其美也，耳知其乐也，然上考之，不中圣王之事；下度之，不中万民之利；是故子墨子曰：为乐非也。(《非乐上》)

这段话，是墨子"非乐"思想的基本论点。从这一论点出发，他反复论证了为乐之害：

第一，要为乐，必须制造乐器。"今王公大人，虽无造为乐器，以为事乎国家，非直掊潦水折壤坦而为之也，将必厚措敛乎万民，以为大钟鸣鼓琴瑟竽笙之声。"那就是说，制造乐器，不是随便可以从水里地里捞取点什么来制造的，它需要费用。费用哪里来呢？无非"厚措敛乎万民"，也就是剥削老百姓。因此，音乐还没有派上什么用场，已经给人民带来很大的痛苦了。

第二，乐器制造好了，毫无用处。"厚措敛乎万民，以为舟车"，墨子不反对，因为舟车有用。可是乐器呢？人民的三患是"饥者不得食，寒者不得衣，劳者不得息"，可是吹奏音乐，"撞巨钟，击鸣鼓，弹琴瑟，吹竽笙，而扬干戚"，又能解决这"三患"中的哪一患呢？一患都解决不了。同时，当时天下的大患是战乱不息，大国攻小国，"强劫弱，众暴寡，诈欺愚，贵敖贱，寇乱盗贼并兴"，可是吹奏音乐，"撞巨钟，击鸣鼓，弹琴瑟，吹竽笙，而扬干戚"，能够解决这个大患吗？一点都解决不了。因此，在墨子看来，对于"兴天下之利，除天下之害"，音乐毫无用处，所以"为乐非也"。

第三，音乐不但没有用处，而且还有极大的坏处，那就是浪费劳动力，妨碍生产。因为钟要人撞，鼓要人击，找谁呢？老人与小孩不行。他们或则"耳目不聪明"，或则"股肱不毕强"。于是势必要找壮年。找壮年，"使丈夫为之，废丈夫耕稼树艺之时；使妇人为之，废妇人纺绩织纴之事"。因此，王公大人为了享乐，必然要浪费劳动力，妨碍生产，所以墨子说："为乐非也。"

第四，为乐之非，还不止于此。等乐器和撞击乐器的人全都准备好了，王公大人要听音乐了。一个人听，必然寡淡无味，他要人陪他听。"与君子听之，废君子听治；与贱人听之，废贱人之从事。"因此王公大人作乐多了，必然要影响工作和生产，所以墨子说："为乐非也。"

第五，演奏音乐的人，为了要保持面目颜色的姣好，衣服的华丽整齐，必然要"食必粱肉，衣必文绣"。这样，如果"兴乐万，万人不可衣短褐，不可食糠糟"，其结果，势必造成大量的奢侈浪费，"亏夺民衣食之财"，因此墨子又说："为乐非也。"

第六，墨子还从人与动物的差别，来说明为乐之非。动物不耕不织，"衣食之财，苟已具矣"。但人不同，人需要劳动。"今人与此异者也。赖其力者生，不赖其力者不生。君子不强听治，即刑政乱；贱人不强从事，即财用不足。"这就是说，人要靠劳动，才能生存；不劳动，就不能生存。君子和贱人，虽然"分事"不同，但他们都要"从事"，则是一样的。这是人和动物的根本差别。如果大家都像动物一样不劳动，都"说乐而听之"，那么，王公大人不能"听狱治政"，就会"国家乱而社稷危"；士君子不能"内治官府，外收敛关市山林泽梁之利"，就会"仓廪府库不实"；农夫不能"蚤出暮入，耕稼树艺"，就会"叔粟不足"；妇人不能"夙兴夜寐，纺绩织纴"，就会"布缲不兴"。一句话，音乐妨害了各阶层的人的工作，对国家人民十分不利，所以墨子说："为乐非也。"

最后，再从历史上的教训来看，"察九有之所以亡者，徒从饰乐也"。"启乃淫溢康乐"，结果也弄到"上者天鬼弗戒（式），下者万民弗利"。因此，墨子说："今天下士君子，请将欲求兴天下之利，除天下之害，当在乐之为物，将不可不禁而止也。"这里，墨子从"非乐"的思想，发展到"禁乐"的主张了。

以上是《非乐篇》中墨子之所以要"非乐"的种种理由。在《三辩篇》中，程繁对于墨子的"非乐"思想，提出了疑问，说："夫子曰：圣王不为乐。昔诸侯倦于听治，息于钟鼓之乐；士大夫倦于听治，息于竽瑟之乐；农夫春耕夏耘，秋敛冬藏，息于聆缶之乐。今夫子曰：圣王不为乐。此譬之犹马驾而不税，弓张而不弛，无乃非有血气者之所不能至邪？"对于这个问题，不仅当时程繁这样疑难过，后世批评墨子"非乐"的人，也多从这个角度来质问。这确实是墨子片面性的一种表现，因此，他无法从正面回答，只能举出历史上的事实，按照自己的理解，勉强加以解说。他说：

> 昔者尧舜有茅茨者，且以为礼，且以为乐。汤放桀于大水，环天下自立为王，事成功立，无大后患，因先王之乐，又自作乐，命曰《护》，又修《九招》。武王胜殷杀纣，环天下自立以为王，事成功立，无大后患，因先王之乐，又自作乐，命曰《象》。周成王因先王之乐，又自作乐，命曰《驺虞》。周成王之治天下也，不若武王；武王之治天下也，不若成汤；成汤之治天下也，不若尧舜。故其乐逾繁者，其治逾寡。自此观之，乐非所以治天下也。

这段话，首先说明先王都是"事成功立，无大后患"，然后作乐。其次，则一代一代相比较，说明"乐"与"治"是相反的。"乐"愈繁者"治"愈小，因此"乐非所以治天下也"。

在《公孟篇》中，墨子和公孟之间又展开了一场辩论。据各家考证，都认为公孟是儒家之徒。墨子诘难儒家，说照儒家的做法，"或以不丧之间，诵诗三百，弦诗三百，歌诗三百，舞诗三百"，这样，整天忙于歌乐舞乐，"若用子之言，则君子何日以听治？庶人何日以从事？"那就是说，用那么多的时间去从事歌舞音乐，哪里还有时间去听治和从事呢？公孟回答说："国乱则治之，国治则为礼乐；国治则从事，国富则为礼乐。"意思是说，国家治了，国家富了，就可以为礼乐了。对于这一点，墨子仍然不同意，说：

> 国之治，治之废，则国之治亦废。国之富也，从事故富也，从事废，则国之富亦废。故虽治国，劝之无厌，然后可也。今子曰：国治则为礼乐，乱则治之，是犹噎而穿井也，死而求医也。古者三代暴王，桀纣幽厉，茶为声乐，不顾其民，是以身为刑僇，国为戾虚者，皆从此道也。

这是说，国家纵使治了、富了，但要继续从事，不断努力，才能保持治和富的局面。如果因为治了、富了，就放松了，以为可以为礼乐了，那结果就会走向治和富的反面，成为不治不富。三代暴王，就是明显的例子。因此，墨子的"非乐"思想是非常彻底的，在任何情况下，都不应该纵情音乐。

墨子这样彻底地反对"礼乐"，归根到底，是从功利主义出发的。他以有用、无用，有利、无利，作为衡量应否需要音乐的标准。在他和公孟的辩论中，下面一

段话,最能说明他之所以反对儒家"礼乐"的根本目的:

> 问于儒者:何故为乐?曰:乐以为乐也。子墨子曰:子未我应也。今我问曰:何故为室?曰:冬避寒焉,夏避暑焉,室以为男女之别也,则子告我为室之故矣。今我问曰:何故为乐?曰:乐以为乐也。是犹曰:何故为室?曰:室以为室也。(《公孟篇》)

墨子认为,做任何事情,都要有一个实用的功利目的。造房子,就有造房子的目的。可是作乐却回答不出任何目的来,因此他反对音乐,一再地说:"为乐非也。"对于墨子的这一"非乐"思想,我们应当具体地历史地分析,不能一概说对,或者一概说不对。首先,像我们前面说的,他的"非乐"思想,是有其明确的现实意义和针对性的。他的矛头,始终对准儒家所称颂的"王公大人"和"当今之主"。说这些"王公大人"以及"当今之主","繁饰礼乐以淫人",造成"上不厌其乐,下不堪其苦"的严重局面,"亏夺民衣食之财",而且妨害了国家的工作和生产,因此,墨子从劳动人民的疾苦和利益出发,严厉地批评儒家的"礼乐"思想,反对为奴隶主享乐服务的"礼乐",这从当时来说,应当说是进步的,我们应当加以肯定。至于有人因为墨子主张"天志"、"明鬼",主张"上之所是,必皆是之;上之所非,必皆非之",主张"天子又总天下之义,以上同于天"(《尚同篇》),因而全面地否定墨子。我们说,这是不公平的。我们承认,墨子的这些讲法,在今天看来,都是糟粕,应当批判、抛弃。但是,在当时的历史条件下,不主张"君主"而主张"民主",不主张"上同"而主张"下同"的,又有谁呢?可说一个都没有。至于在当时要完全排斥"天志"、"明鬼"等迷信思想的,也是很少有的。我们不能苛求古人,更不能因为墨子的思想中存在着某些糟粕,以至连他反对当时"王公大人"纵情声乐的"非乐"思想,也一概加以否定。这样做,是违反历史唯物主义的。

当然,我们这样说,并不等于说墨子的"非乐"思想,完全是正确的。我们今天的人,还在不断地犯错误,何况墨子?墨子的错误,主要表现在两个方面:第一,他只看到"王公大人"的"礼乐"妨害生产、影响人民生活的一个方面,而没有看到作为精神文明的音乐艺术,有它本身的积极作用。正因为这样,所以他把"治"与"乐"对立起来,把农夫的"耕稼树艺"和"聆缶之乐"对立起来,从而不仅否定了"王公大人"纵情声色的音乐,也反对了劳动人民作为生产活动组成部分的音乐。这就未免太绝对化了。要知道,在原始社会中,音乐是和劳动分不开的,音乐就产生于劳动之中。不仅在原始社会中是这样，就是到了后来，虽然音乐和劳动生产的关系不再那么直接，但进步的音乐始终起着鼓舞人民、教育人民的作用，则始终是一样的。因此，墨子看不到音乐在整个社会生活中的积极作用，仅仅因为反对"王公大人"的"礼乐"，从而把整个音乐都反对了，这就未免只知其一、不知其二，未免因噎废食了。第二，墨子在反对儒家"礼乐"思想的时候，没有看到儒家"礼乐"思想的阶级本质。正因为这样，所以他只是从奢侈浪费和"亏夺民衣食之财"方面来加以反对，而没有看到儒家鼓吹"礼乐"，主要的是有其政治的目的的。儒家把"礼"和"乐"结合在一起来鼓吹，就说明了他们不是"为乐而乐"，他们是要以"乐"为"礼"服务的。墨子看不到这一点，只是抓住"乐"来反对，这样，就显得不深刻和没有力量了。墨子之所以有这样的错误，这和他本身的阶级局限性是分不开的。虽然他比较接近劳动人民，但他的整个思想体系也并没有超出当时的统治阶级的范围。他要"尚同"，正表明了这一点。正因为墨子有这样的局限性，所以当程繁和公孟向他提出诘问时，他的回答就显得勉强，而不够振振有辞了。

评老子"大音希声"和庄周"至乐无乐"的音乐美学思想

战国时,儒家提倡礼乐,想用礼乐来"安善治民,移风易俗"。墨家和法家则反对礼乐,认为礼乐不仅无用,而且"亏夺民衣食之财"、不利于耕战。这样,他们都是从政治、经济上有用或无用的角度来考虑礼乐,他们的态度都是积极的。以老子和庄周为代表的道家则不同了,他们是从形而上学的"道"的观点来探讨礼乐。一方面,他们瞧不起礼乐,加以轻视和嘲笑,以为"夫礼者忠信之薄,而乱之首"(《老子》第三十八章)。儒家所说的礼乐,不过是"乐之末"(《庄子·天道篇》),实际上是"屈折礼乐"(《庄子·马蹄篇》)。因此,他们认为"礼乐遍行,则天下乱矣"(《庄子·缮性篇》)。另一方面,他们又认为"礼乐"不是真正的音乐。真正的音乐是形而上的、与"道"合一的音乐,也就是"大音希声"和"至乐无乐"。这样,他们的态度虽然是消极的,但却从更高的艺术境界来否定和取消"礼乐",从而使音乐和艺术能够超出"礼"的规范,按照音乐和艺术本身的规律来发展。

一、老庄思想的社会根源

关于老子,历史上传说很多,都说他比孔丘略早,孔丘曾多次向他问学。但老子究竟是谁,却又一直没有定论。司马迁在《史记·老子韩非列传》中,差不多同时提出了四个老子:一个是比孔丘略早的李耳,又叫李聃;一个是与孔丘同时的老莱子;一个是魏献公时代的周太史儋;还有一个是魏国将军宗的父亲。究竟哪一个是《老子》一书的作者呢?司马迁没有肯定地回答。从宋朝以来,我国学者都在进行探讨,但是也没有最后的结论。不过,根据清代学者和"五四"以后学者(如冯友兰的《中国哲学史》等)的研究,根据《老子》一书的文体及其所表现的思想内容,证明《老子》一书不可能早于孔丘,而是战国中期的作品。除了前人的论证之外,我们再从思想发展史的规律方面,补充两点:第一,《史记·太史公自序》说:"道家使人精神专一,动合无形,赡足万物。其为术也,因阴阳之大顺,采儒墨之善,撮名法之要。与时推移,应物变化。"这是说,道家采纳了当时各家的主张,因此是后起的。不仅这样,而且《老子》书中具有强烈的怀疑和批判的精神,所谓"大道废,有仁义;智慧出,有大伪"(第十八章)、"法令滋章,盗贼多有"(第五十七章)等等,都是针对儒法两家而言的。按照思想史发展的规律,都是先有了某些"显学",建立了某些信条,然后才有怀疑者和批判者出现。因此,不论"老子"其人为谁,但《老子》一书,肯定是在儒墨等"显学"之后出现的。第二,从思想方法上来说,孔丘的"正名"、墨家的"三表法"等,都是强调"名"与"实"的统一,"正名"的目的也正是为了"正实"。辩者出现,方才将"名"、"实"分离,离开"实"来说"名"。就是在这一思维方法发展的轨道上,《老子》一书能够提出"先天地生"的"道"来,作为宇宙万物的根本起源和原理。这应当说是中国哲学从殷周神学天道观解放出来之后,向着形而上学方向探索的一个巨大发展。比起春秋时阴阳五行的观点来说,它从唯物主义的方向转向了客观唯心主义的方向;但从思想本身的发展来说,因为它探讨了更为普遍的规律,所以不能不说是一个进步。老子的"大音希声"和庄周的"至乐无乐"的音乐美学思想,也正是在这种哲学思想的基础上,方才能够产生和形成起来的。

但是,《老子》一书,虽然出现在儒墨等"显学"之后,却在《庄子》、《荀子》、《韩非子》等之前。这就因为这些书不仅经常引征《老子》,而且对它作了研究。这样,我们可以肯定《老子》是战国中期的作品。

至于庄周,他的生卒年和很多事迹,都是史有明文的。他生于周烈王七年(前369),卒于周赧王二十九年(前286)。这正是孟轲所说的"争地以战,杀人盈野;争城以战,杀人盈城"(《孟子·离娄篇》)的战国时期。

战国时剧烈的社会变化和阶级斗争的形势,就是产生老庄思想的社会根源。顾炎武《日知录》卷十三《周末风俗》条,说:

> 自《左传》之终,以至此(指六国称王),凡一百三十三年,史文阙轶,考古者为之茫昧。如春秋时,犹尊礼重信,而七国则绝不言礼与信矣。春秋时犹宗周王,而七国则绝不言王矣。春秋时犹严祭祀,重聘享,而七国则绝无其事矣。春秋时犹论宗姓氏族,而七国则无一言及之矣。春秋时犹宴会赋诗,而七国则不闻矣。春秋时犹有赴告策书,而七国则无有矣。邦无定交,士无定主,此皆变于一百三十三年之间。

这真是一个大变化的时代。传统制度、传统信念、传统风尚，都在废，都在崩。乱世出英雄，各国为了争强夺胜，问鼎周室，不得不重视和招纳人才，于是"士"的地位乃大大提高。《史记·魏世家》就记载了一个颇有典型意义的故事：

  子击（魏文侯之子）逢文侯之师田子方于朝歌，引车避，下谒。田子方不为礼。子击因问曰："富贵者骄人乎？且贫贱者骄人乎？"子方曰："亦贫贱者骄人耳。夫诸侯而骄人则失其国，大夫而骄人则失其家。贫贱者，行不合，言不用，则去之楚、越，若脱躧然，奈何其同之哉！"

正是在这种情况下，许多"士"都积极欲有所作为，所谓"孔席不暇暖，而墨突不得黔"（韩愈《争臣论》），都各想以其道"易"天下。商鞅、吴起、苏秦、张仪等，更是由贫贱而直取卿相。但是，与此相反，另外还有一些"士"，他们看厌了列国的纷争，看穿了世事的不可为，因而隐居不仕。孔丘所碰到的楚狂接舆、长沮、桀溺等，已经开其风气，战国时那就更多了。老子和庄周，应当说是这些隐士中最为杰出的人物。《史记》称老子为"隐君子也"，"其学以自隐无名为务"。庄周就更明显了，《秋水篇》说：

  庄子钓于濮水。楚王使大夫二人往先焉，曰："愿以境内累矣。"庄子持竿不顾。曰："吾闻楚有神龟，死已三千岁矣。王巾笥而藏之庙堂之上。此龟者，宁其死为留骨而贵乎？宁其生而曳尾于涂中乎？"二大夫曰："宁生而曳尾涂中。"庄子曰："往矣！吾将曳尾于涂中！"

《史记》也有类似的记载，说楚威王将聘庄周而以为相。庄周说："我宁游戏污渎之中自快，无为有国者所羁，终身不仕，以快吾志焉。"

  这些"隐士"，既然是"隐"，所以不会在朝而会在野。因为在野，所以旁观者清，他们对现实的矛盾和人民的疾苦，往往看得比较清楚。但是，也因为他们"隐"，所以虽然看到了矛盾，却又不想参与矛盾，更不想解决矛盾，而只想引身后退。这两个方面，不仅是产生老庄思想的社会根源，而且也是老庄思想的两个根本特点：看不惯现实而又丢开现实不管。由于看不惯现实，所以他们充满了愤激的情绪，对现实作出了严厉的批判。例如老子就说：

朝甚除，田甚芜，仓甚虚，服文采，带利剑，厌饮食，财货有余，是谓盗夸。（第五十三章）

民之饥，以其上食税之多，是以饥。民之难治，以其上之有为，是以难治。民之轻死，以其上求生之厚，是以轻死。（第七十五章）

天之道损有余而补不足，人之道则不然，损不足以奉有余。（第七十七章）

这对当时的阶级矛盾和阶级剥削，揭露得多么深刻！庄周更是一个具有强烈的愤世嫉俗的感情的人。他是什么阶级出身，我们不知道，但他的生活确实过得极其清苦。《外物篇》说他："家贫，故往贷粟于监河侯。"《列御寇篇》说他："处穷闾阨巷，困窘织履，槁项黄馘。"《山木篇》说他："衣大布而补之，正縻系履而过魏王。"而他所处的，又是被称为"桀宋"的宋康王时代。宋康王荒淫暴戾，无恶不作："盛血以韦囊，县而射之，命曰'射天'。淫于酒妇人。群臣谏者辄射之。"（《史记·宋微子世家》）但他却自以为"仁义"、"英明"、了不起，一再不顾人民的死活，发动侵略战争。处在这种"昏上乱相"之间，庄周看透了统治者的虚伪、残暴和罪恶，因此，他"以天下为沉浊，不可与庄语"，乃"以卮言为曼衍，以重言为真，以寓言为广"（《天下篇》），嬉笑怒骂，写下了《胠箧篇》、《盗跖篇》等中国文学史上极其罕见而又十分辛辣和尖锐的讽刺文学作品！他大骂："彼窃钩者诛，而窃国者为诸侯。"他痛恨那些以"圣人"自居而专干坏事的统治者，说："圣人之利天下也少，而害天下也多。""圣人不死，大盗不止。"（《胠箧篇》）正因为这样，所以他对儒墨的吹捧"圣人"，甚为反感，说：

今世殊死者相枕也，桁杨者相推也，刑戮者相望也，而儒墨乃始离跂攘臂乎桎梏之间。意！甚矣哉！其无愧而不知耻也！甚矣！吾未知圣知之不为桁杨接槢也，仁义之不为桎梏凿枘也，焉知曾史之不为桀跖嚆矢也。故曰："绝圣弃知，而天下大治。"（《在宥篇》）

对于那些汲汲于功名富贵、嫉贤害能、靠打击旁人以求向上爬的人，他也无情地加以揶揄和嘲笑：

惠子相梁，庄子往见之。或谓惠子曰："庄子来，欲代子相。"惠子恐，搜于国中,三日三夜。庄子往见之,曰:"南方有鸟,其名为鹓鶵。子知之乎?夫鹓鶵发于南海,而飞于北海,非梧桐不止,非练实不食,非醴泉不饮。于是鸱得腐鼠,鹓鶵过之,仰而视之,曰:'吓!'今子欲以子之梁国吓我邪?"(《秋水篇》)

这些,都说明了庄周对于当时的社会矛盾和人情世态,是看得比较透的。然而,他是以隐居在藐姑射山上的神人的姿态来看待这些矛盾的,因此,他的态度完全是消极的,即是弃而不管的。他和老子一样,相信宇宙的根本大法是"道",而"道"的根本特点就是"法自然"。那也就是说,一切顺应自然,一切听他去,也就天下大治了。这样,如果说儒、墨、法等各家都强调人,强调"有为",强调"人能弘道,非道弘人";那么,以老庄为代表的道家则恰好相反,他们强调自然,强调"无为",强调"不敢为天下先",强调"顺物自然"、"无以人灭天"。荀子说:"庄子蔽于天而不知人。"(《解蔽篇》)这一批评是完全正确的。正因为看不到人的作用,所以老庄在反对"礼乐"的时候,连人类的文化都一齐反对掉了。在音乐美学思想中,他们主张"大音希声"和"至乐无乐",正是这一思想态度的反映。他们在那战火纷飞的战国时代,看不到出路,找不到出路,于是就干脆不要出路。他们看到了当时统治阶级利用"礼乐"所造成的危害,于是不仅否定"礼乐",而且连世俗的音乐本身也被他们否定了。这是他们哲学思想的局限,也是他们音乐美学思想的局限。

二、老子"大音希声"的音乐美学思想

鲁迅在《"出关"的"关"》一文中,谈到"孔老相争,孔胜老败"时说:"老,是尚柔的;'儒者,柔也',孔也尚柔,但孔以柔进取,而老却以柔退走。这关键,即在孔子为'知其不可为而为之'的事无大小,均不放松的实行者,老则是'无为而无不为'的一事不做,徒做大言的空谈家。"(鲁迅《且介亭杂文末编》)这段话,很深刻地说明了孔、老二人思想和政治态度上的分歧,也说明了他们在对待音乐和艺术的态度上的分歧。孔丘以柔进取,音乐和其他艺术都是他进取中所采用的柔术。他"正乐",就是要利用音乐的感染力量,来为"礼"服务,来达到"以乐化民"的目的。老子则不然,他像一位世故的老人,看透了人生的浮沉和世事的沧桑,觉得一切"有为"都是多余的,不如听任自然,"无为而无不为"(《老子》第三十七章)。

这表现在音乐美学思想上,就是他的"大音希声"的理论。

要理解老子"大音希声"的意义,我们还得先从"道"谈起。

> 有物混成,先天地生。寂兮寥兮,独立而不改,周行而不殆,可以为天下母,吾不知其名,字之曰道,强为之名曰大。(第二十五章)
>
> 道生一,一生二,二生三,三生万物。万物负阴而抱阳,冲气以为和。(第四十二章)

这就很清楚了,"道"是先天地而生的,它是万物之"母"。《韩非子·解老篇》说:"道者,万物之所然也,万理之所稽也。"这也就是说,"道"是天地万物的总原理、总规律。它有点像柏拉图所说的"理念",因此是客观唯心主义的;但它又和柏拉图的"理念"不尽相同,那就因为柏拉图的"理念"是与希腊的宗教结合在一道的,含有浓厚的神学意义;老子的"道"则只有形而上学的意义,而没有任何神学的意义。这种形而上学的"道",它存在于具体的"万物"之前,它不是具体的"万物",而是视之不见,听之不闻,因此什么都不是,只可以说"无"。但"万物"又由它产生出来,所以又不能不说"有":

> 天地万物生于有,有生于无。(第四十章)

当"道"还处于"无"的状态的时候,它是"道"的本身,因此是至善至美的。当它一旦进入"有"的状态,成了具体的"物",它就只是"道之华",是"道"的一种显现,再不像"道"本身那样完美无缺了。这一理论,运用到音乐美学中,就成了:

> 大音希声。(第四十一章)

那就是说,最完美的音乐,是作为"道"的音乐,是音乐的本身。这种音乐,我们是听不到的。"听之不闻名曰希"(第十四章),这"希"不是说没有声音,而是说我们听不到。我们听到的,只是声音的现象,它再好再美,也赶不上音乐的本身。有同志用白居易《琵琶行》中"此时无声胜有声"的话来解释"大音希声",但我们认为白居易这句话,只是说音乐演奏的时候,有时虽然"无声",但这"无声"是具有表现力的,甚至于胜过了"有声"。它与绘画中的以"虚"当"实"、以"白"当"黑",

有点相似。但"大音希声"却不是这个意思。"大音"是指音乐的本身,是音乐的"道",从它本身的性质来说,就是"听之不闻"的。我们能够听到的,只是音乐的演奏。这些演奏出来的音乐,无论怎样完美,比起音乐的"道"来说,总是有缺陷的。济慈《希腊古瓶歌》说:"听到的音乐是美的,听不到的音乐更美。"与老子所说的"大音希声",倒有点仿佛相似。

萧统《陶渊明传》说:"渊明不解音律,而蓄无弦琴一张。每酒适,辄抚弄以寄其意。"无弦琴当然弹不出声音来,陶渊明之所以抚弄它,只是为了"寄其意"。但从此我们似乎也可以这样来解释:最完美的琴声只存在于想象和思维当中,它是完美的典型,我们固然弹不出,弹出来也听不见。因为无论怎样高明的琴师,它所弹奏出来的琴声,都不可能是绝对完美的。我们要通过作为"物"的琴声来寄托我们的情思,也总是有所局限的。因此,为了保持琴声的完美和理想,为了充分地寄托我们的情思,所以陶渊明宁可蓄无弦琴。陶渊明的这一做法,具体地说明了老子"大音希声"一语的含义。

与讲"大音希声"的同时,老子还讲了"大方无隅"、"大象无形"等,而归结为"道隐无名"。高亨说:"道隐无名,疑当作大道无名。"(高亨《老子正诂》)所谓"大方"也,"大象"也,"大音"也,都是就"道"而言的;所谓"隅"也,"形"也,"声"也,则是就"物"而言的。老子把形而上的"道"看得比形而下的"物"更为根本,更为重要,当然是唯心主义的。他的"大音希声"的讲法,是一种唯心主义的音乐美学理论。但是,他的这一讲法,促使我们去探讨音乐的"道",去探讨音乐现象之外的音乐的普遍规律,却也不能不说是音乐美学思想的一种进步。

其次,老子的"道"是变化的。春秋战国是一个急剧变化的时代,因此当时的思想家很多都看到了变。孔丘慨叹"逝者如斯夫",墨翟慨叹"染于苍则苍,染于黄则黄",都是注意到了变。老子冷眼旁观,更是看出了变。

> 大曰逝,逝曰远,远曰反。(第二十五章)
> 反者道之动。(第四十章)

"逝"、"远"、"反"都是变。任何事物都是朝着与自己本身相反的方向变。因此,物极必反,任何事物发展到顶点,都会成为自己的对立面:

> 物或损之而益,或益之而损。(第四十二章)

> 祸兮福之所倚,福兮祸之所伏。(第五十八章)
> 正复为奇,善复为妖。(同上)

正因为这样,所以懂得"道"的人,应当"致虚极,守静笃。万物并作,吾以观复"(第十六章)。那就是说,懂得"道"的人,应当冷眼旁观,观看事物按照"道"的规律来变化和发展。他称这为"观复"。所谓"复",也就是事物向相反的方向变,而又回复到原来的地位。他把这种"复",看成是"道"之"常"。"常",就是万物尽管变,但"道"本身不变的根本原理。

> 知常曰明;不知常,妄作,凶。(第十六章)

圣人因为能够知常,知道事物总是向相反的方向变,所以他能够"知其雄,守其雌,为天下谿"(第二十八章)。他能够"无为而无不为"。

老子的这种讲法,运用到政治和处世上,成为一种"道术"。汉初"黄老之术",就是从此演变而来的。所谓"柔弱胜刚强"(第三十六章)、"以其不争,故天下莫能与之争"(第六十五章)等都是。而运用到美学上,运用到美、善等价值的评价上,则成为相对主义和取消主义:

> 唯之与阿,相去几何?美之与恶,相去何若?(第二十章)
> 天下皆知美之为美,斯恶已;皆知善之为善,斯不善已。(第二章)

那就是说,由于天下事物都在向相反的方向发展,美的可以变成恶的,善的可以变成不善的,因此美与善也就没有什么绝对的意义了,它们的价值都是相对的。魏源在《老子本义》中,解释这两句话说:

> 盖至美无美,至善无善。苟美善而使天下皆知其为美善,则将相与市之托之,而不可常矣。此亦犹有无、难易、长短、高下、音声、前后之类。然当其时,适其情,则天下谓之美善。不当其时,不适其情,则天下谓之恶与不善。圣人知有名者之不可常,故终日为而未尝为,终日言而未尝言,岂自知其为美为善哉?……夫有名之美善,每与所对者相与往来兴废,以其有居则有去也。苟在己无居,夫将安去?此乃无为不言之美善,无与为对,何至于美斯

恶,善斯不善哉？斯真所谓常善也。

这是说,具体的美和善,都是相对的,都是立物而名的。物有兴废,其美其善,都不可常有,都在向相反的方向变化。天下人都知道的美和善,常常是不可靠的。方且以为美,以为善,时过境迁,都变成恶,变成不善了。这一道理,运用到音乐美学上,那就是"大音希声"的另一方面的涵义。音乐的形而上的"道",是不变的,永远是美的善的；可是表现在现实生活中的音乐的声音,却是因时因地而变的,此时此地以为美,彼时彼地又以为不美。因此,值得珍贵的是"大音希声"的音乐本身,而不是一些管弦之乐的表面现象。儒家"繁饰礼乐",表面上看起来是重视音乐,其实正由于他们的重视,结果使礼乐走到反面,变成非礼非乐了。这一层意思,老子并没有直接讲,我们是从他的思想体系推论出来的。

第三,因为道是无为的,所以老子主张"无欲"。正是从"无欲"出发,所以他反对音乐,说：

五色令人目盲,五音令人耳聋,五味令人口爽。（第十二章）

在老子看来,人因为有欲,所以争,争则乱。儒家提倡礼乐,想用礼乐来节欲。但事实上不仅不能节欲,反而会刺激起更大的欲望,所谓"益生曰祥"（易顺鼎《读老子札记》："祥即不祥"）,就是这个意思。因此,最好的办法是"无欲"。他认为"罪莫大于可欲"（第四十八章）,"祸莫大于不知足,咎莫大于欲得"（第四十六章）。这样,圣人要治天下,莫如"常使民无知无欲"（第三章）,"见素抱朴,少私寡欲"（第十九章）,"去甚,去奢,去泰"（第二十九章）。理想的社会,是要使人民"甘其食,美其服,安其居,乐其俗"（第八十章）。那就是说,人民要安于现状,有什么吃什么,有什么穿什么（冯友兰《中国哲学史》上卷将此句理解为："即在《老子》之理想社会中,尚须'甘其食,美其服,安其居,乐其俗',则其民非绝对无欲明矣。"冯先生是哲学界的前辈,对中国哲学史深有研究,但在这一点的解释上,我认为是不符合《老子》原意的）。如果不是这样,而要去追求"声"、"色"、"味"的享受,那么,根据"反者道之动"的原理,事物将会走向自己的反面,所谓：

金玉满堂,莫之能守；富贵而骄,自遗其咎。（第九章）

因为，五色、五音、五味，本来是满足人的目、耳、口的欲望的；可是，根据老子的思想体系，这些东西却反而足以伤害人的目、耳、口。因此，为了顺应"道"的自然，保全"真"和"朴"，他反对五色、五音、五味。对于老子的这一讲法，王夫之在《尚书引义·顾命篇》中曾加以批评，说：

> 老氏曰："五色令人目盲，五音令人耳聋，五味令人口爽。"是其不求诸己而徒归怨于物也，亦愚矣哉！……夫欲无色，则无如无目；欲无声，则无如无耳；欲无味，则无如无口。固将致怨疾乎父母所生之身，而移怨于父母。

王夫之的批评是正确的。但是，老子并不在乎这种批评，因为在他看来："吾所以有大患者，为吾有身。及吾无身，吾有何患！"（第十三章）连"身"他都觉得多余了，他还要什么音乐艺术和文化呢？因此，老子的音乐美学思想，归根到底是要取消世俗的现实的音乐艺术。如果他还承认什么音乐的话，那也无非是一种自然的像婴儿的号叫那样的声音：

> 终日号而不嗄，和之至也。（第五十五章）

对于这句话，王弼注说："无争欲之心，故终日出声而不嗄也。""嗄"，河上本作"哑"。魏源在《老子本义》中也说："心动则气伤，气伤则号而哑。今终日号而泰然，是其心不动而气和也。"像这种像婴儿那样不动心的呼号，当然是一种自然的声音了。老子所欣赏的，不是五音繁会的"礼乐"，而是这种顺应自然之道的音乐。老子不是向前看，而是向后看，在这里也得到了一个证明。但是，正是老子提倡顺应自然之道的音乐，它在中国二千多年沉沉昏暗的封建社会中，却常常像一股新鲜的空气，号召人们冲破礼教的樊篱，走向广阔而又朴素的自然。不事雕琢的自然，"清水出芙蓉"的自然，是中国文人最高的美学理想之一。这一美学理想，又不能不说是导源于老子。老子在中国美学思想史上的贡献，应当说主要的是在这一面。消极的思想却起了积极的作用，这正是历史的辩证法。

三、庄周"至乐无乐"的音乐美学思想

庄周的思想是老子的进一步发展。他们二人，都以"道"为万物的根本原理，

都重视自然无为,都轻视或反对人为的礼乐文化,《庄子·天下篇》又特别称赞关尹、老聃,誉之为"古之博大真人",因此,历来都是老、庄并称。其实,他们二人之间的差别还是很大的:

第一,《庄子·天下篇》虽然很推重老聃,但并没有把老、庄归为一派,而是列为两派。这就说明了在庄子看来,他和老子是有差别的。

第二,老子讲"道",着重在"知常"。"常"是"道"所表现出来的根本原则。掌握了这个原则,就可以驾驭万事万物,处身应世,无往不利。因此说:"知常曰明。"那么,这个原则是什么呢?这就是我们前面所说的任何事物发展到了极点,都会走到自己的反面。所谓"兵强则不胜,木强则兵。强大处下,柔弱处上"(第七十六章)。懂得了这个道理,"是以圣人为而不恃,功成而不处"(第七十七章),"为无为,事无事,味无味"(第六十三章)。从这里,老子总结出了一系列处身、治国、用兵的理论,总名之为"无为而无不为"。一方面是"无为",另一方面却又"无不为"。庄周可就不同了。他讲"道",不是要从"道"中总结出任何与现实世界有关的原则,而是要从现实世界中彻底地超脱出去,与"道"同化,混为一体,"上与造物者游,而下与外死生、无终始者为友","应于化而解于物"(《庄子·天下篇》)。这样,老子的"道",还有一定的积极意义,是一位世故老人看透了现实矛盾的经验的总结。庄周的"道",则是一个极端愤世嫉俗的人,要一脚踢开现实世界,从而发挥自己的想象,要到另外一个世界去找"逍遥游",也就是绝对的精神的自由。

第三,对于后世的影响,他们也是各自不同的。道家之名,始于汉代。但汉初是指黄老,汉末方才老庄并称。陈沣《东塾读书记》卷十二引洪稚存的话说:

> 自汉兴,黄老之学盛行,文景因之,以致治。至汉末,祖尚玄虚,于是始变黄老而称老庄。

为什么会这样呢?这就因为《老子》经过韩非等法家的改造之后,成为黄老刑名之学,在汉初曾为夺取了政权的新兴地主阶级服务,在"无为而治"的旗号下,曾经起过一定的历史进步作用。但庄周,尽管他本身在揭露现实的矛盾上,有时比老子还要尖锐和深刻,他的感情也比老子更为激越,但因为他"以谬悠之说,荒唐之言,无端崖之辞",过分地敝屣尘世,遁入清虚的世界,结果反而为汉末"祖尚玄虚"的玄学所看重。庄周瞧不起达官贵人,他宁可像乌龟一样地在泥淖中爬来爬去,也不愿意去当侯王的卿相,但历史却开了他一个大玩笑:他死后,他的学说和理论,却偏偏被我国封建社会中的达官贵人,请到他们的筵席上去当清客。至于一些不得意的官场人物,或者一些的确有操守而又狷介不俗的知识分子,那更是从不同的角度把庄周引为知己、奉为挚友了。正因为这样,所以在中国长期"独尊儒术"的封建社会中,唯独庄周没有遭到过排斥。他不是"异端",而是"正统"。这一点,侯外庐等在其所编著的《中国思想通史》第一卷中,曾有很好的说明:

> 庄子的思想,从其影响于中国士大夫的历史来看,实在不是"异端",而是"正统"。上自秦、汉、魏、晋的黄老与玄学,中至宋、元、明的理学,下至近代的唯心主义都有其血液贯注着。正如宋人叶適所说:"自周之书出,世之悦而好之者有四焉:好文者资其辞,求道者意其妙,汩俗者遗其累,奸邪者济其欲。"(《水心文集》)

由于老、庄的思想存在着以上的一些差别,所以他们的音乐美学思想,就其反对礼乐这一点来说,虽然是一致的;但具体的内容,却各不相同。一般地说,庄周比老子更懂得音乐。他自己会鼓琴,会唱歌。他的妻子死了,他"鼓盆而歌",就是一个明显的例子。他的文章中,也一再谈到音乐,并经常用音乐来做比喻。例如《养生主篇》中,他用"合乎《桑林》之舞,乃中《经首》之会",来形容庖丁的解牛。《桑林》和《经首》,都是乐舞的名字。因为他懂得音乐,又谈得比较多,所以他的音乐美学思想,就要比老子的更为丰富和复杂得多。

庄周的音乐美学思想,主要表现在《至乐》、《天运》、《天道》、《马蹄》、《齐物论》等篇之中。现在,我们想从下列几个方面来谈:

第一,庄周先从哲学方面,提出了"至乐无乐"的命题。从字面上看,它与老子"大音希声"的提法,相差不多;但从实际内容看,却不尽相同。庄周此地所说的"乐",不是指音乐,而是指快乐和幸福。但如果解决了什么是快乐的"乐",那么,作为审美意识形态之一的音乐,能不能给我们带来快乐的问题,也就比较容易解决了。庄周认为,人都是希望得到快乐的,但什么是快乐呢?"奚乐奚恶"呢?对于世俗的人来说,"所乐者,身安、厚味、美服、好色、音声也……所苦者,身不得安逸、口不得厚味、形不得美服、目不得好色、耳不得音声"。因此,音乐对于世俗的人来说,是快乐的源泉之一。但是,这些世俗的快乐并不一定都能得到,得不到,就"大忧以惧",反而变成了苦。而且即使得到,也是费尽心机,"诏诏然如将不得已"。这样,"今俗之所为,与其所乐,吾又未知乐之果乐邪?果不乐邪?"因此,在庄周看来,世俗的所谓"乐",不是真乐,真正的快乐是"无为":"吾以无为诚乐矣。"什么是"无为"呢?那就是恬淡寂寞,无所追求,随遇而安,与物俱化,因而也就无往不乐。但是,这样的乐,"又俗之所大苦也,故曰:至乐无乐"。那就是说,真正的快乐是无为,但世俗人又不懂得这种快乐,所以说"至乐无乐"。

懂得了"无为"是真正的快乐,就能够"通乎命"、"观乎化",生死都无所谓了,自然能够达到"至乐"的境界。庄周的妻子死了,惠子往吊,"庄子则方箕踞,鼓盆而歌"。这是把妻子的死,当成乐。他看见空髑髅,髑髅对他说:"死无君于上,无臣于下,亦无四时之事,从然以天地为春秋,虽南面王,乐不能过也。"这更是直接歌颂"死",把"死"当成"至乐"。庄周的这种思想,当然是消极颓废的,他从愤世嫉俗而轻世遗俗,把精神的超脱看成是"至乐",以至于把"死"都作为审美意识的最高理想了。联系他的"逍遥游"的思想来看,他在物质上打不破现实的束缚,于是从精神上来追求绝对的自由。他以为能够得到精神上的逍遥,就是人生最大的快乐了。

第二,无为是至乐,而无为是道、是自然,因此,庄周在具体地谈到音乐的时候,他像老子那样,区分了作为"道"的音乐与作为"形色名声"的音乐。他说:

> 视而可见者,形与色也;听而可闻者,名与声也;悲夫!世人以形色名声,为足以得彼之情。夫形色名声,果不足以得彼之情。(《天道篇》)

> 礼法度数,刑名比详,治之末也;钟鼓之音,羽旄之容,乐之末也。(《天道篇》)

这就很清楚了,他把"形色名声"的音乐,"钟鼓之音"的音乐,看成是"不足以得彼之情",是"乐之末"。与这种音乐相反,另外有一种与"道"相合的音乐,那是听不见的:

> 视乎冥冥,听乎无声。冥冥之中,独见晓焉;无声之中,独闻和焉。(《天地篇》)

现实世界的音乐,是从这种听不见的音乐中产生出来的:

> 夫道,渊乎其居也,漻乎其清也,金石不得无以鸣。故金石有声,不考不鸣。(《天地篇》)

"道"本身是没有声音的,但金石的声音,却是从"道"产生出来的。因为金石本身具有发声的"道",所以我们一敲金石,金石就发出声音来了。

"道"的特点是"朴素而天下莫能与之争美",它是天地万物的"大事大宗"。因为无从与它"争美",人的一切礼乐教化,在它的面前都是杳乎其小的。因此,人生最大的快乐,不是与"道"争乐,而是要与"道"同化,顺乎"道"的自然无为,从而达到"与天和"的境界。自然、天、道,在庄子的哲学中,经常是相联系在一起的:道就是天,天就是自然。能够顺应自然,"与天和",也就通乎道了。这时,人就可以达到"天乐"。"天乐",是庄周最高的音乐境界,也是他最理想的人生的幸福境界。他说:

> 与人和者,谓之人乐;与天和者,谓之天乐。(《天道篇》)
> 庄子曰:"吾师乎!吾师乎!鳌万物而不为戾,泽及万世而不为仁,长于上古而不为寿,覆载天地刻雕众形而不为巧,此之谓天乐。"(《大宗师》)

成玄英疏说:此地所说的"吾师",乃是"自然至道"。因为懂得了"自然至道","仰合自然,方欣天道之乐也"(郭象注语)。一般人所说的"戾"、"仁"、"寿"、"巧"等,都失去意义了。比起这种"天乐"来,"形色名声"与"钟鼓之音"的乐,自然也失去意义了。

把合乎道、顺乎自然的"天乐",当成是"至乐",这在庄周的著作中,是时时提到的。例如《齐物论》中,他就以"人籁、地籁、天籁"来加以比喻。说"人籁"是"比竹",也就是箫笛之类;"地籁"是大地万物的窍穴因风所发出来的声音;"天籁"则是:"夫吹万不同,而使其自已也。咸其自取,怒者其谁邪?"那就是说,"天籁"就是自然而然,就是音乐本身的"道"。庄周把"天籁"看得比"地籁"高,又把"地籁"看得比"人籁"高。儒家的礼乐和现实世界的音乐,都属于"人籁"的范围。因此,他都是看不起的。

第三,他认为"钟鼓之音"等是"乐之末",而向往与"自然至道"相合的"天乐"。那么,怎样才能达到"天乐"呢?对于这个问题,他在《天运篇》中讲了很长的一段话:

北门成问于黄帝曰:"帝张《咸池》之乐于洞庭之野,吾始闻之惧,复闻之怠,卒闻之而惑。荡荡默默,乃不自得。"帝曰:"女殆其然哉!吾奏之以人,徵之以天,行之以礼义,建之以太清。夫至乐者,先应之以人事,顺之以天理,行之以五德,应之以自然,然后调理四时,太和万物。四时迭起,万物循生,一盛一衰,文武伦经。一清一浊,阴阳调和,流光其声。蛰虫始作,吾惊之以雷霆。其卒无尾,其始无首。一死一生,一偾一起,所常无穷,而一不可待,女故惧也。吾又奏之以阴阳之和,烛之以日月之明,其声能短能长,能柔能刚,变化齐一,不主故常。在谷满谷,在阬满阬,涂却守神,以物为量。其声挥绰,其名高明,是故鬼神守其幽,日月星辰行其纪,吾止之于有穷,流之于无止。予欲虑之而不能知也,望之而不能见也,逐之而不能及也,傥然立于四虚之道,倚于槁梧而吟。目知穷乎所欲见,力屈乎所欲逐,吾既不及已夫。形充空虚,乃至委蛇,女委蛇,故怠。吾又奏之以无怠之声,调之以自然之命,故若混逐丛生,林乐而无形,布挥而不曳,幽昏而无声。动于无方,居于窈冥,或谓之死,或谓之生,或谓之实,或谓之荣,行流散徙,不主常声。世疑之,稽于圣人。圣也者,达于情而遂于命也。天机不张,而五官皆备,此之谓天乐。无言而心说,故有焱氏为之颂曰:'听之不闻其声,视之不见其形,充满天地,苞裹六极。'汝欲听之,而无接焉,而故惑也。乐也者,始于惧,惧故祟。吾又次之以怠,怠故遁。卒之于惑,惑故愚。愚故道,道可载而与之俱也。"

这段话,真是说得恍惚荒谬,玄之又玄,很不容易理解。首先,他不是从我们一般所说的音乐来欣赏和理解音乐,而是从"道",从广阔的天地来欣赏和理解音乐。正因为这样,所以他不是把音乐放在庙堂之上或者某一个狭小的地方来听,而是放在"洞庭之野"来听。成玄英疏说:"洞庭之野,天地之间,非太湖之洞庭也。"其次,他所描写的音乐的效果,和儒家经典《书·舜典》所描写的完全不同。《舜典》形容"韶乐",听了叫人"神人以和"、"心气和平"、"清明在躬";而庄周所描写的,则是叫人"惧"、"怠"和"惑"。通过这样的过程,然后达到"愚"。所谓"愚",是老子所说的"我愚人之心也哉"的"愚",是《天地篇》所说的"与天地为合,其合缗缗,若愚若昏"的"愚"。因此,这"愚"不是蠢笨的意思,而是与道为一,所谓"愚故道",正是这个意思。另外,庄周在这段话中,还对音乐的形象思维,作了极其生动的描写:"在谷满谷,在阬满阬。涂却守神,以物为量。"这差不多就是刘勰所说的"寂然凝虑……神与物游"(《神思篇》)的意思。"予欲虑之而不能知也,望之而不能见也,逐之而不能及也",这更是把音乐形象那种似可知而又不可知、似可见而又不可见的特点,深刻地表达了出来。

然而,这段话主要的内容还不在这里,而在于怎样达到"天乐"。为了达到"天乐",黄帝在广阔的天地之野,为北门成演奏《咸池》的音乐,一连演奏了三遍。第一遍,北门成听了"惧";第二遍"怠";第三遍"惑"。"惧"就是惊惧的意思。"怠"和"惑",成玄英疏说:"怠,退息也;……惑,阁也。不悟至乐,初闻之时,惧然惊悚,再闻其声,稍悟音旨,故惧心退息。最后闻之,知至乐与二仪(天地)合德,视之不见,听之不闻,故心无分别,有同暗惑者也。"为什么听三遍,会有"惧"、"怠"、"惑"三种不同的反应呢?这就因为至乐是与天地万物、阴阳四时、人伦自然,相互呼应,相互转化的。当中变化无常,"其卒无尾,其始无首",第一遍听的时候,掌握不住这种变化,"而一不可待,女故惧也"。郭象注说:"初闻无穷之变,不能待之以一,故惧然悚听也。"正是这个意思。听第二遍的时候,听者随着声音化去,"止之于有穷,流之于无止"。郭象注说:"随变而往也。"因为能够"随变而往",所以就"形充空虚,乃至委蛇"。成玄英疏说:"夫形充虚空,则与虚空而等量;委蛇任性,故顺万境而无心;所谓隳体黜聪,离形去智者也。只为委蛇任性,故悚惧之情怠息。"那就是说,听第二遍之所以"怠",是因为与物同化,忘智绝虑,一切听之,所以也就不疲于追逐外物,得到退息了。听第三遍的时候,则完全是听之以"自然之命","流行散徙,不主常声"。这时,"听之不闻其声,视之不见其形,充满天地,苞裹六极"。音乐完全与"道"相合,这就是"天乐"。郭象注说:"此乃无乐之乐,乐之至也。"因为是"无乐之乐",所以"汝欲听之,而无接焉,而故惑也"。所谓"无接",就是说超越了感觉把握的范围,因此"惑"。这"惑",不是惑疑主义者的"惑",而是"大智若愚"的"惑"。由惑而愚,由愚而与道合一。音乐与道合一,混沌自然,这就是"天乐",也就是庄周最高的音乐境界。

第四,因为以"天乐"为"至乐",最高的音乐是自然的,不是人为的,庄周就用"天"来反对"人",认为人为的一切音乐,如五声六律等,都是毫无意义的。他在《骈拇篇》中说:

> 是故骈于足者,连无用之肉也;枝于手者,树无用之指也……是故骈于明者,乱五色,淫文章,青黄黼黻之煌煌。非乎?而离朱是已。多于聪者,乱五声,淫六律,金石丝竹黄钟大吕之声。非乎?而师旷是已。

离朱传说是黄帝时最明目的人,能够在百里之外察秋毫;师旷是晋平公时的乐师,当时最有名的音乐家。但是,按照庄周的美学思想看来,离朱和师旷的"明"和"聪",都只是人为的,和"道"比起来,他们的"明"和"聪",不仅是有限的,而且是有害于五色和五声的。他反对师旷,就是反对人为的音乐。他认为人为的音乐,将会破坏自然的"天乐",因此,他主张:

> 擢乱六律,铄绝竽瑟,而天下始人含其聪矣。灭文章,散五采,而天下始人含其明矣。(《胠箧篇》)

但是,这并不是说,庄周不承认离朱的眼是明的,师旷的耳是聪的;也不是不承认五色是能悦目的,五音是能悦耳的;而是他有他自己的看法:

> 属其性乎五声,虽通如师旷,非吾所谓聪也;属其性乎五色,虽通如离朱,非吾所谓明也……吾所谓聪者,非谓其闻彼也,自闻而已矣;吾所谓明者,非谓其见彼也,自见而已矣。(《骈拇篇》)

这就是说,师旷只能听外面的某种声音,离朱只能看外面的某种颜色,他们的"聪"和"明",都是对外物而说的,都是有所属有所待的。庄周的所谓"自闻"和"自见",则与此不同。照郭象的注(郭象注:"以此系彼为属。属性于仁,殉仁者耳。"以此类推,属性于五声,是殉于五声)来看,是"自任闻见,则万方之聪明,莫不皆全也"。那就是说,师旷和离朱的聪和明,都是有限制的,只能听到某一种声音,看到某一种颜色,而庄周的所谓"自闻"和"自见",则是听任自然,这样,一切声音,一切颜色,无不毕听,无不毕见。只执着于某一种声音和颜色上,反而会破坏这种天然的声音和颜色。就在这个意义上,他反对师旷和离朱。

为了要保全这种"自闻"和"自见"的自然境界,庄周比老子的"小国寡民"还要进了一步,要求回到"同与禽兽居,族与万物并"的所谓"至德之世"。到了"至德之世","同乎无知,其德不离;同乎无欲,是谓素朴"(《马蹄篇》)。因为"素朴",所以一切是自然的、完美的,也就用不着什么音乐、什么礼乐文化了:

> 纯朴不残,孰为牺尊?白玉不毁,孰为珪璋?道德不废,安取仁义?性情不离,安用礼乐?五色不乱,孰为文采?五声不乱,孰应六律?(《马

蹄篇》）

庄周以一个隐士的身份，看不起现实，看不起礼乐；但因为他脱离了现实，力求逃避现实，所以他的反对现实变成了否定现实，他的反对礼乐变成了否定人类的文化，这就不能不说他的态度是消极的、颓废的以至虚无的了。正因为这样，所以虽然他的文笔十分生动和深刻，他对现实的批评十分尖锐和有力，他对于文艺创作提出一些十分富有启发性和哲理性的见解，但是，他除了给一些骚人墨客和不满意现实的人，以一种感情上的慰藉和精神上的麻醉之外，他在历史上起的主要是消极作用，这和他的这一根本的思想态度，是分不开的。

第五，因为庄周的"至乐"，是顺应自然的"天乐"，所以欣赏音乐，也要适乎万物之"性"，合乎万物各自的自然。他在《至乐篇》中举了两个例子，来说明这个问题：

> 昔者海鸟止于鲁郊，鲁侯御而觞之于庙。奏《九韶》以为乐，具太牢以为膳。鸟乃眩视忧悲，不敢食一脔，不敢饮一杯，三日而死。此以己养养鸟也，非以鸟养养鸟也。
>
> 《咸池》《九韶》之乐，张之洞庭之野，鸟闻之而飞，兽闻之而走，鱼闻之而下入，人卒闻之，相与还而观之。

这是说，万物各有其"性"，适其性就乐，失其性就苦。鲁侯以养人之道养鸟，虽然隆矣重矣，但因为不符合鸟的自然之"性"，所以鸟反而忧，反而悲，终至死了。鸟、兽、鱼、人，他们"性"各不同，因此他们对于音乐的反应也就不同。人是能够欣赏音乐的，因此，听到音乐，就围拢来观赏，但鸟、兽、鱼却不但不能欣赏，反而感到害怕，因此听到音乐都跑掉了。庄周所讲的，应当说是事实。但可惜的是，他却没有因此从人类社会的立场，来说明音乐艺术的社会本质，而是相反的，他用此来否定音乐和其他艺术的客观价值，否定美丑的客观价值，从而达到了美学上的相对主义和虚无主义。他在《齐物论》中说：

> 无物不然，无物不可。故为是举莛与楹，厉与西施，恢诡谲怪，道通为一。
>
> 毛嫱丽姬，人之所美也，鱼见之深入，鸟见之高飞，麋鹿见之决骤。四者

孰知天下之正色哉？

一方面，从"道"的观点来看，美不美，乐不乐，都是一样的，没有什么可或不可。因此，细小的草茎（莛）与粗大的屋柱（楹），丑陋的恶鬼（厉）与美丽的西施，都无美丑之分，完全是一样的。这样，庄周就否定了审美对象的质的规定性，从而取消了审美对象存在的意义。另一方面，毛嫱、丽姬，人都以为美，但鱼、鸟、麋鹿却并不以为美。谁又知道人的审美能力一定高于鱼、鸟、麋鹿呢？因此，人作为审美主体的审美能力也被否定了，从而取消了审美主体存在的意义。不仅这样，庄周最后还取消了审美的标准：

　　果且有成与亏乎哉？果且无成与亏乎哉？有成与亏，故昭氏之鼓琴也；无成与亏，故昭氏之不鼓琴也。（《齐物论》）

成与亏，应当是音乐成与败的两个标准。佢是，庄周从"道通为一"的"齐物论"观点来看，根本不承认什么成与亏。他认为成与亏，只是音乐的现象；而对于音乐的"道"来说，则是无成与亏的。因此，古代著名的音乐家昭文，当他鼓琴的时候，他能够表达出琴音的某些方面，这是"成"。但还有更多的方面他表达不出来，这时就"亏"。所谓"鼓商则丧角，挥宫则失徵，未若置而不鼓，五音自全"（成玄英疏语）。郭象注讲得更清楚：

　　夫声不可胜举也。故吹管操弦，虽有繁手，遗声多矣。而执龠鸣弦者，欲以彰声也。彰声而声遗，不彰声而声全。故欲成而亏之者，昭文之鼓琴也；不成而无亏者，昭文之不鼓琴也。

这样，不鼓琴反而胜过鼓琴，有"成"反而会"亏"，无"成"反而会"全"，那还有什么审美的标准可言呢？没有审美的标准，必然走到主观的任意性，走到主观的唯心主义。在美学思想上，庄周讲"道"，是他的客观唯心主义；而他评价具体的美学现象，却又常常滑到主观唯心主义。《山木篇》中有一个故事，说：

　　阳子之宋，宿于逆旅。逆旅有妾二人，其一人美，其一人恶。恶者贵而美者贱。阳子问其故。逆旅小子对曰："其美者自美，吾不知其美也；其恶者自恶,吾不知其恶也。"

《知北游篇》又说:

> 是其所美者为神奇,其所恶者为臭腐。臭腐复化为神奇,神奇复化为臭腐。

这些,都是泯灭美丑的客观标准,而以主观的任意性来决定。因此,庄周要游乎"道",以为得是"道",就可以"得至美而游乎至乐"(《田子方篇》),但因为他脱离了实际,不能用客观的实践来检验事物的美丑,结果却陷入了美学上的相对主义和虚无主义。而相对主义和虚无主义,又总是要导致主观的唯心主义的。庄周的美学思想,就是以客观唯心主义始,而以主观唯心主义终。

第六,也是最后,庄周揭露了美丑的相对性和虚无性,否定了人为的美和艺术,否定了儒家的"礼乐"和世俗的音乐美学思想,是不是说,他对我国美学思想的发展,包括音乐美学思想的发展,就只有消极的否定的一面,而没有任何积极的建树和贡献呢?我们说,绝对不能这么看。在我国美学思想和文学艺术发展的过程中,庄周的影响和贡献,可以说超过了诸子百家中的任何一家。如果说,在我国过去的社会政治伦理思想方面,儒家占了压倒的优势;那么,在美学思想和文艺思想方面,庄周不说三分天下有其二,至少是与儒家平分天下。

庄周的影响和贡献,主要表现在两个方面。首先,他对于儒家"礼乐"思想和世俗的文艺思想的反对和否定,就是他的贡献。他反对雕琢,崇尚自然;反对繁缛,崇尚素朴;反对虚伪,崇尚真情。他说:

> 天地有大美而不言,四时有明法而不议,万物有成理而不说。圣人者,原天地之美而达万物之理,是故至人无为,大圣不作,观于天地之谓也。(《知北游》)

天地之所以有大美,是在于天地"莫之为而常自然"(《缮性》)、"澹然无极而众美从之"(《刻意》)。要得到这种"大美",就应当"顺物自然"(《应帝王》)、"复归于朴"(《山木》)、"朴素而天下莫能与之争美"(《天道》)。因为自然而又朴素,所以都是天性的真实流露,没有任何虚伪和矫揉造作,因此"真":

>真悲无声而哀,真怒未发而威,真亲未笑而和。真在内者,神动于外,是所以贵真也。(《渔父》)

"真在内者,神动于外",正是在庄周这种思想的影响下,我国历史上一些具有血性的先进的文人学者,能够冲破礼教和世俗的审美观念的束缚,写出一些真实地反映现实、富有真情实感和个性的好文章!

其次,庄周通过寓言的方式,描写了大量劳动实践的故事。由于文艺创作也是一种劳动实践,因此,它们对于文艺创作者的修养和创作的方法,富有极大的启发性。在我国历史上,庄周应当说是最早探讨文艺创作的规律的一位哲学家和美学家。他所要探讨和说明的,是这样一个真理:劳动当中最高明的技术,是合于自然之"道"的技术。那就是说,掌握物的自然之性,使之合乎人的自然之性,二者达到高度的结合,就会出现人类劳动的奇迹,出现近乎"道"的"技"。《养生主》中的庖丁解牛,《达生》中的梓庆削木为鐻,以及吕梁丈夫的潜水、佝偻丈人的捕蝉等等,都是这样。拿梓庆削木为鐻来说:

>梓庆削木为鐻,鐻成,见者惊犹鬼神。鲁侯见而问焉,曰:"子何术以为焉?"对曰:"臣工人,何术之有!虽然,有一焉。臣将为鐻,未尝敢以耗气也,必齐以静心。齐三日,而不敢怀庆赏爵禄;齐五日,不敢怀非誉巧拙;齐七日,辄然忘吾有四枝形体也。当是时也,无公朝,其巧专而外骨消。然后入山林,观天性。形躯至矣,然后成见鐻;然后加手焉。不然则已。则以天合天,器之所以疑神者,其是与?"(《达生》)

鐻是一种乐器。匠人梓庆做这种乐器,高妙到了"神"的地步。为什么能够这样呢?根本的原因,是在于他能够"以天合天"。"天"指的是自然之性。"以天合天",第一个"天",指的是人的自然之性,第二个"天",指的是物的自然之性。"以天合天",就是说,以人的自然之性去合乎物的自然之性,二者相合,自然可以做成最为高妙的乐器了。那么,怎么才能达到人的自然之性呢?庄周曾有"外重者内拙"的讲法。那就是说,一个人如果老是考虑到外在的得失、毁誉等等,他的心就静不下来,结果就会变得很笨,什么事都做不好。正因为这样,所以梓庆在削木为鐻以前,先要斋三日、五日、七日,目的就是要"静心",以保持自己的自然的本性。只有这样,才能够"用志不分,乃凝于神"。另一方面,又怎样才能够达到物的自然之性呢？这就得深刻地熟悉外物，"观天性"。吕梁丈夫潜水，之所以能够随着漩涡潜入水底，又能够随着漩涡浮到水面，那就因为他"长于水，而安于水性也。吾所以然而然，命也"。那就是说，他从小与水打交道，熟悉和掌握了水的自然之性，因此，就能够与水性相周旋，而不感到任何的吃力了。

在同一篇《达生》中，庄周还讲了工倕的故事：

> 工倕旋而盖规矩，指与物化而不以心稽，故其灵台一而不桎。忘足，履之适也。忘要，带之适也。知忘是非，心之适也。不内变，不外从，事会之适也。始乎适而未尝不适者，忘适之适也。

工倕之所以能够"指与物化"，就因为他的心完全与外物融化一致，因此不受任何的拘束了。到了这种境界，庄周称之为"适"。但真正的"适"，是"忘适之适"。就像穿鞋子、系腰带，如果老是想到鞋子和腰带，那就还谈不上"适"。"适"的鞋子和腰带，是穿在脚上和带在身上，根本就想不到。这种"忘适之适"，运用到劳动技术和文艺创作上，应当说，就是"无法之法"，就是"功夫到处，处处是法"，就是"自然而然，无所不然"。庄周在这里，掌握了人类劳动实践的规律，也掌握了文艺创作和审美的规律。他在这方面的影响，是巨大的，也是积极的和进步的。

人是复杂的，人的思想更是复杂的。庄周的美学思想，一方面是"五色不乱，孰为文彩？五音不乱，孰为六律"？反对音乐和其他文学艺术；另一方面，他又对音乐和文艺创作的规律，作出了最为深刻的总结，对我国文学艺术的发展，起过巨大的推动作用。对于这种复杂的情况，我们应当具体地分析，辩证地对待。

四、结　　语

王先谦在《庄子集解》的《序》中说，庄周"内交于监河"、"通谒于梁魏"、"说剑赵王之殿"，并不是没有救世之心的。但结果都行不通，而且还受到"同声之友"的妒忌和排挤，于是转而"嫉时"、"愤浊世"，走到彻底厌世和虚无的道路，"其志已伤，其词过激"。王先谦的这一分析，虽然还没有涉及庄周思想的社会根源和阶级本质，但基本上是符合庄周的实际情况的。在庄周自己是"嬉笑怒骂"，以舒其"愤懑"；恬虚淡漠，宁可曳尾于泥中。庄周有其志，有其行，不管怎样，他的思想和文章，包括他的音乐美学思想和言论在内，都是自成一派，千古不朽！但是，他对于两千余年来中国封建社会中的知识分子的影响,从总的方面来说,却不是积极的,而是消极的。

关于庄周的音乐美学思想,我们还想讲几句。庄周虽然是反对礼乐的,他的"至乐无乐"的思想,就是认为礼乐的"乐",不是"至乐",而是"无乐"。但是,另一方面,他的"至乐无乐"的思想,却又和儒家有某种内在的联系。儒家有两面:一是"达则兼善天下",二是"穷则独善其身"。当他们"达"的时候,要讲"礼乐";当他们"穷"的时候,却又有另外一种"乐",那就是孔丘的"饭蔬饮水,曲肱而枕之,乐在其中",颜回的"在陋巷不改其乐"。庄周的"至乐无乐"的思想,从某种意义上来说,是发扬了儒家这一方面的生活理想和美学理想的。宋代陈旸《乐书》在注释《论语》"文之以礼乐,亦可以为成人矣"一句时说:

> 亦可以为成人者,惟颜子可以当之。庄周谓回忘礼乐,则又进于此,岂特可以而已哉!

"回忘礼乐"事,见《庄子·大宗师篇》,它与《盗跖篇》等一样,都是庄周的"寓言",当然不足以用来说明儒家的思想。但陈旸从此看到儒道两家美学思想的某种内在关系,却也未尝没有道理。中国封建社会的统治阶级,是"外儒内法";而中国封建社会的知识分子,则很多是"外儒内道"或者"外道内儒"。"外儒内道"的例子很多,差不多大多数中国的旧知识分子,都带点"内道"的倾向。至于"外道内儒"的例子,也是所在多有的。嵇康、阮籍,就是明显的例子。阮籍崇奉老庄,反对名教,可是他却不允许他的后辈向他学样。对于这一点,鲁迅在《魏晋风度及文章与药及酒之关系》(《而已集》)一文中,讲得很清楚。鲁迅说:

> 例如嵇阮的罪名,一向说他们毁坏礼教。但据我个人的意见,这判断是错的。魏晋时代,崇奉礼教的看来似乎很不错,而实在是在毁坏礼教,不信礼教的。表面上毁坏礼教者,实则倒是承认礼教,太相信礼教。

鲁迅这段话,讲得非常深刻。它既说明了老庄为什么不是"异端"而是"正统",也说明了何以老庄反对礼乐、而主张礼乐的人却又经常溺爱老庄。我国的各门艺术,音乐、绘画、诗、词等,无不是儒道思想同时并存。庙堂的钟鼓之音与小园庭院的古琴古筝,一个道貌岸然、气象森严,一个清虚悠淡、飘然出世;一个儒,一个道;一个入世,一个出世;然而就是它们,共同表现了中国古代音乐美学思想相反相成的两个方面。正因为这样,所以我们谈老庄的音乐美学思想的时候,就不要只看到它们是"天乐",是自然之音;同时也要看到它们是"人乐",是社会复杂的阶级斗争形势的特殊反映。

评孟轲"与民同乐"的音乐美学思想

孟轲直接谈音乐的地方不多,他主要是谈社会政治伦理哲学。但当时音乐是整个社会政治伦理活动中的一个组成部分,因此,他要谈这些,不能不谈到音乐问题。像当时其他一些思想家一样,他的音乐美学思想,是附属于他的社会政治伦理思想的。在此,我们想联系他的政治伦理思想,来谈他的音乐美学思想。

孟轲是邹人,靠近鲁国,属于所谓"邹鲁之士,搢绅先生"(《庄子·天下》)。《史记·孟荀列传》说他:"受业子思之门人……序诗书,述仲尼之意。"我国历来都把他当成儒家的嫡派正传,孔、孟并列,称孔丘为"至圣",称孟轲为"亚圣"①。孟轲自己,也俨然以孔丘的继承人自居。他说:

乃所愿,则学孔子也。(《公孙丑上》)
昔者禹抑洪水,而天下平;周公兼夷狄,驱猛兽而百姓宁;孔子成《春秋》,而乱臣贼子惧……我亦欲正人心,息邪说,距诐行,放淫辞,以承三圣者。(《滕文公下》)

孔丘是要把殷周的"礼乐"制度,加进新的"仁义"的内容,然后适应新的情况和需要,予以充实和改进,以作为他的政治纲领。因为孟轲要以孔丘的继承者自任,所以他也必然会主张和提倡"礼乐"。他说:

仁之实,事亲是也;义之实,从兄是也;智之实,知斯二者弗去是也;礼之实,节文斯二者是也;乐之实,乐斯二者。乐则生矣,生则恶可已也。恶可已,则不知足之蹈之,手之舞之。(《离娄上》)

---

① "亚圣"的提法,始于赵岐为《孟子章句》所作的《题辞》:"命世亚圣之大才者也。"

这段话,汉儒赵岐《孟子章句》注说:"礼乐之实,节文事亲从兄,使不失其节,而文其礼敬之容,而中心乐之也。"全祖望在《经史问答》中也说这段话"综罗五德,至于制礼作乐之实,不外乎此"。那就是说,他们都是从"礼乐"的角度来理解这段话的,认为孔丘制礼作乐的实质,都包括在这里面了。政治伦理的内容,以事亲从兄的仁义二者为主。智是要懂得这个道理,礼是要对这二者加以节文。懂得了,而又有了节制和文饰,于是乐便产生了。乐之不已,于是手舞足蹈,有了歌舞了。因此,在孟轲看来,音乐的产生,完全是服从政治伦理的需要,也就是完全服从"礼"的需要的。这和孔丘所讲的"人而不仁,如乐何"(《论语·八佾》),可说完全是一脉相承的。

《史记·乐书》引到太史公的话说:"夫上古明王举乐者,非以娱心自乐,快意恣欲,将欲为治也……故乐所以内辅正心而外异贵贱也;上以事宗庙,下以变化黎庶也。"这段话,是从儒家的立场,总结了古代的音乐,是要为政治服务的。事实上,孔丘礼、乐并提,正是要使音乐与政教相辅而行。孟轲继承孔丘的传统,也是一直把音乐与政教相提并论,并一直用音乐来说明他的政治理论的。例如:

> 离娄之明,公输子之巧,不以规矩,不能成方员。师旷之聪,不以六律,不能正五音。尧舜之道,不以仁政,不能平治天下。……圣人既竭目力焉,继之以规矩准绳,以为方员平直,不可胜用也;既竭耳力焉,继之以六律,正五音,不可胜用也;既竭心思焉,继之以不忍人之政,而仁覆天下矣。(《离娄上》)

这里,他谈到了规矩方圆,谈到了五音六律,但他谈它们,都不是谈规矩方圆和五音六律的本身,而是用它们来说明"仁政"。又例如:

> 仁言不如仁声之入人深也,善政不如善教之得民也。善政,民畏之;善教,民爱之。善政得民财,善教得民心。(《尽心上》)

对于"仁言"和"仁声",赵岐注说:"仁言,政教法度之言也;仁声,乐声雅颂也。"因此,"仁声"所指的是符合"礼"的音乐。孟轲把"仁声"看得比"仁言"更为重要,是他看到了音乐的感染力量,认为音乐"入人深",可以"得民心"。赵岐进一步注说:"言明法审令,民趋君命;崇宽务化,民爱君德;故曰移风易俗,莫善于乐。"这就明确地点明了：孟轲是要利用音乐的感染力量，来达到征服人民的心，来达到"移风易俗"，使"民爱君德"，不仅畏服，而且心服。

孟轲的音乐美学思想，主要的就是要使音乐能够为他的"仁政"服务。那么，什么是他所说的"仁政"呢？他从主观唯心主义出发，认为"仁，人心也"，每个人都有"仁心"、"善心"、"不忍人之心"，即同情旁人之心。把这种"心""扩而充之"，推广到个人的为人处世，是一种人格上的修养；推广到政治上去，则是统治者同情老百姓的痛苦，不施行"暴政"，而施行"仁政"。所谓：

> 人皆有不忍人之心。先王有不忍人之心，斯有不忍人之政矣。(《公孙丑上》)

> 老吾老，以及人之老；幼吾幼，以及人之幼；天下可运于掌。(《梁惠王上》)

孟轲是颇有抱负的，他慷慨激昂，声言："方今天下舍我其谁哉！"他"后车数十乘，从者数百人"，周游列国，游说诸侯，所要达到的目的，就是要实行"仁政"。而"仁政"的具体表现，则是"先王之道"：

> 今有仁心仁闻，而民不被其泽，不可法于后世者，不行先王之道也。……诗云："不愆不忘，率由旧章。"遵先王之法而过者，未之有也。"(《离娄上》)

但是，"先王之道"已经成为历史的陈迹。当时的客观形势是：

> 当是之时，秦用商君，富国强兵。楚、魏用吴起，战胜弱敌。齐威王、宣王用孙子、田忌之徒，而诸侯东面朝齐。天下方务于合从连衡，以攻伐为贤。(《史记·孟荀列传》)

那就是说，当时新兴的地主阶级已经开始在夺取政权，他们执行法治路线，奖励耕战，实行富国强兵。他们把蒙在历史面纱里的过去那种温情脉脉的所谓"礼乐"气象，全都撕开了，而代之以赤裸裸的耕战政策。他们用刀和剑来开辟自己前进的道路，无疑是残酷的，然而却符合历史的必然规律。孔丘和孟轲提出"仁政"和"先王之道"来,对抗这一历史规律,当然事实上是办不到的。但是,历史的辩证法往往是复杂的,孔孟复古的政治路线和"礼乐"思想,在实际的政治斗争中虽然行不通,但他们打着复古和"礼乐"的旗号,来对现实所进行的一些分析和批评,却往往是很深刻的、有力的。例如孟轲说:

> 庖有肥肉,厩有肥马,民有饥色,野有饿莩,此率兽而食人也。兽相食,且人恶之。为民父母行政,不免于率兽而食人,恶在其为民父母也?(《梁惠王上》)
> 齐宣王问曰:"汤放桀,武王伐纣,有诸?"孟子对曰:"于传有之。"曰:"臣弑其君可乎?"曰:"贼仁者谓之贼,贼义者谓之残,残贼之人,谓之一夫。闻诛一夫纣矣,未闻弑君也。"(《梁惠王下》)

这些言论,都具有很高的人民性,铿铿锵锵,掷地可以作金石声。孔孟的政治路线虽然失败了,但他们的言论思想却具有深远的影响,以至被后代的封建帝王用来作为笼络和统治人民的思想工具,不是没有原因的。不仅在后代经过封建统治阶级改造过的孔孟思想是如此;就是在当时,在那"杀人盈野,杀人盈城"的战国时代,孟轲提出以"仁心"为基础的"仁政",提出"以德服民"的"王政",也并不是没有客观现实的基础的。这个基础,就是当时各国的君主,为了扩大和巩固自己的地盘,为了"王天下",统一中国,都在想方设法,争取人民,招徕人民。鲁迅曾说,中国过去的历史,可以分作两个阶段:"一、想做奴隶而不得的时代;二、暂时做稳了奴隶的时代。"①其实,中国过去的统治者,又何尝不可以分为两个阶段呢?那便是:一、做不稳君主的时代;二、暂时做稳了君主的时代。当他们做稳了君主时,完全是一副刽子手的面目,所实行的基本上是"霸政";当他们还没有做稳君主的时候,他们却对人民表现出一副慈悲的面孔,装出一副关心人民疾苦的样子,口口声声要实行什么"仁政"、"王政"。孟轲所游说的战国时代,正是各国君主都在互相争夺、谁也没有坐稳"宝座"的时代,因此,对于那些兵甲还不那么坚、仓廪还不那么实的君主来说,争取人民的拥护,就成了当务之急了。也正因为这样,所以孟轲所鼓吹的"仁政"或"王政",在当时还具有一定的号召力和说服力。他的讲法,虽然事实上没有可能被采用,但他能够拥徒呼众,处处受到接

---

① 鲁迅:《坟·灯下漫笔》,参看《鲁迅全集》第1卷,第213页。

待,也不能不说是有一定的原因的。

怎样笼络民心呢?首先,他向当时各国的统治者,反复陈述民心的重要性,并且认为只有实行他所说的"王政",才能得到民心:

> 桀纣之失天下也,失其民也。失其民者,失其心也。得天下有道,得其民,斯得天下矣。得其民有道,得其心,斯得其民矣。得其心有道,所欲与之聚之,所恶勿施,尔也。(《离娄上》)
>
> 天下不心服而王者,未之有也。(《离娄下》)
>
> 苟行王政,四海之内,皆举首而望之,欲以为君。(《滕文公下》)

其次,他又把过去原始公社的氏族制度理想化,用来大力宣扬"王政"的好处:

> 五亩之宅,树之以桑,五十者可以衣帛矣。鸡豚狗彘之畜,无失其时,七十者可以食肉矣。百亩之田,勿夺其时,数口之家,可以无饥矣。谨庠序之教,申之以孝悌之义,颁白者不负戴于道路矣。七十者衣帛食肉,黎民不饥不寒,然而不王者,未之有也。(《梁惠王上》)

最后,他还提出了"民为贵,社稷次之,君为轻"(《尽心下》)的著名理论。孟轲在当时能够提出这样的理论,不仅是难能可贵的,而且说明了他的思想中的确有为人民说话的极其光辉的一个方面。但是,有人因此认为:"孟子以为一切政治的经济的制度,皆为民设。"① 有人因为孟轲讲了这句话,所以认为他已不同于孔丘"尊王正名之旨"②。还有人认为:"这便是所谓'古典的民主'了。"③ 与这些言论相反,有的封建暴君如朱元璋之流,甚至因此大发脾气,于洪武三年,下令撤去孔庙中孟轲配享的牌位;于二十七年,又令老儒刘三吾编《孟子节文》,把这句话以及类似的话删去。所有这些赞扬或反对,可以说都没有真正懂得孟轲的原意。老实说,不但作为儒家代表人物之一的孟轲,在当时不可能有"民主"的思想,就是春秋战国时的诸子百家,也没有一个不是主张"君主",没有一个有"民

---

① 冯友兰:《中国哲学史》上册,第146页。
② 钱穆:《国学概论》上册,第49页,商务印书馆,1946年。
③ 侯外庐:《中国古代思想学说史》,第215页,文风书局,1946年。

主"的思想的。不但春秋战国时的诸子百家,就是整个中国的封建社会,直至黄宗羲等明清之际的思想家出现以前为止,又有谁有"民主"的思想呢?因此,我们实在没有必要,超出历史的范围,把"民主"或其他类似的桂冠,加到孟轲的头上去。

那么,孟轲为什么要讲"民为贵,社稷次之,君为轻"的话呢?我们说,从孟轲的思想体系来看,他这样讲,正是从君主的立场出发,用此来笼络民心。你看,他接着这句话讲的,是"是故得乎丘民为天子"。那就是说,要为"天子",就得行"王政",就得"得乎丘民"。正因为这样,所以对于"天子"来说,笼络人民要比君主本人,更为重要些。"民为贵"的"贵"字,就是重要的意思。在《尽心下》中,他说:"诸侯之宝三:土地、人民、政事。宝珠玉者,殃必及身。"所谓"民为贵"的"贵"字,正是这里所说的"宝"字的意思。无论"贵"也好,"宝"也好,他都是从君主的立场出发,并为君主打算来说话的。当时列国纷争,谁也没有做稳君主,谁都有可能被赶下台去,因此,为了稳住自己的地位,并进一步扩大自己的势力,以至兼并天下,当上"天子",就必须把人民放在首要的地位。只有这样,人民才会"加多",土地才会"加广"。孟轲所说的"保民而王",正是这个意思。因此,他所说的"民为贵",实际上是希望君主能够看重人民,以争取人民的拥护,而并不具有任何我们今天所说的"民主"的思想。这一点,事实上古代的一些注释家,已经看到了。例如赵岐就说:

> 君轻于社稷,社稷轻于民……言得民为君,得君为臣,民为贵也。

朱熹也说:

> 盖国以民为本,社稷亦为民而立,而君之尊又系于二者之存在,故其轻重如此。

近人张岱年因此认为:"孟子'民为贵'说,虽不是以民为主,却是以民为本,可称之为'民本论'。"①我认为这一讲法,还是比较切合孟轲思想的实际的。

---

① 张岱年:《孟子"民为贵"疏释》,《中国哲学史研究集刊》第二辑,第41页,上海人民出版社,1982年。

正因为孟轲看到了人民的重要性,看到了"国以民为本",所以他要实行"仁政"和"王政",他要把"君为主"与"民为贵"这两个看似矛盾的方面,统一起来。应当说,他在当时有这样的思想,还是极其难能可贵的。要知道,在封建社会中,为了一己的私利,而不顾小民死活的统治者,比比皆是;而像孟轲所希望的那样,主张"仁民而爱物"的君主,只是少数,因此,也就格外显得可贵了。

"与民同乐"的音乐美学思想,正是在"民为贵"、"保民而王"的政治伦理思想的指导下,产生出来的。与其说它仅只是孟轲的一种音乐美学思想,不如说,它是孟轲整个"仁政"思想的一个组成部分。为了得乎丘民而为天子,王就必须"乐民之乐,忧民之忧"。这样,"乐",就不仅仅指音乐,而是指一切美的享受。那就是说,王所享受的一切美的东西,应当与民同享:

> 孟子见梁惠王。王立于沼上,顾鸿雁麋鹿曰:"贤者亦乐此乎?"孟子对曰:"贤者而后乐此,不贤者虽有此,不乐也。……古之人,与民偕乐,故能乐也。《汤誓》曰:'时日害丧,予及汝偕亡。'民欲与之偕亡,虽有台池鸟兽,岂能独乐哉?"(《梁惠王上》)

> 齐宣王见孟子于雪宫。王曰:"贤者亦有此乐乎?"孟子对曰:"有!人不得则非其上矣。不得而非其上者,非也。为民上而不与民同乐者,亦非也。乐民之乐者,民亦乐其乐;忧民之忧者,民亦忧其忧。乐以天下,忧以天下,然而不王者,未之有也。"(《梁惠王下》)

这里的"乐",包括了台池鸟兽、园林宫殿。"乐"是快乐的意思,是对于美的事物的享受的意思。因此,这里所说的"与民同乐",范围是相当广的。推此而言之,音乐自然也应当包括在内,音乐也应当"与民同乐":

> (齐宣王)曰:"寡人非能好先王之乐也,直好世俗之乐耳。"(孟轲)曰:"王之好乐甚,则齐其庶几乎?今之乐,由古之乐也。"曰:"可得闻与?"曰:"独乐乐,与人乐乐,孰乐?"曰:"不若与人。"曰:"与少乐乐,与众乐乐,孰乐?"曰:"不若与众。""臣请为王言乐。今王鼓乐于此,百姓闻王钟鼓之声,管龠之音,举疾首蹙頞而相告曰:'吾王之好鼓乐,夫何使我至于此极也?父子不相见,兄弟妻子离散。'今王田猎于此,百姓闻王车马之音,见羽旄之美,举疾首蹙頞而相告曰:'吾王之好田猎,夫何使我至于此极也?父子不相见,

兄弟妻子离散。'此无他，不与民同乐也。今王鼓乐于此，百姓闻王钟鼓之声，管籥之音，举欣欣然有喜色而相告曰：'吾王庶几无疾病与？何以能鼓乐也？'今王田猎于此，百姓闻王车马之音，见羽旄之美，举欣欣然有喜色而相告曰：'吾王庶几无疾病与？何以能田猎也？'此无他，与民同乐也。今王与百姓同乐，则王矣。"（《梁惠王下》）

这段话，把孟轲"与民同乐"的音乐美学思想，相当完整地表达了出来。分析起来，主要有下列几层意思：

第一，人都有审美的感情，爱好音乐的活动。因此，作为一个国王，或者贤者，爱好音乐，并没有什么错误。不仅没有错误，而且只有贤者，才能真正懂得应当怎样爱好音乐。懂得了应当怎样爱好音乐，那么，照孟轲看来："王之好乐甚，则齐其庶几乎？""甚"字一般注释均为"大"、为"遍"，那就是说，如果王所爱好的音乐又大又遍，充满广众，合人己君民而共之，那对齐国来说，将是一件好事。齐国的政治也就差不多了。

第二，当时奴隶主贵族已经开始解体，新兴的地主阶级已经开始在很多国家夺取政权，因此，为奴隶主贵族服务的"古乐"，已经不大吃香了，甚至连齐宣王这样的人也在喜欢新兴的"世俗之乐"了。对于这一"今乐"与"古乐"的斗争，当时宣扬"先王之政"的儒家，基本上是维护"古乐"的。孔丘"恶郑声之乱雅乐也"（《论语·阳货》），态度就很鲜明。孟轲呢？一方面，他和孔丘一样，"恶郑声，恐其乱乐也"（《尽心下》）。但另一方面，为了因势利导，他又不能不承认"今之乐"，并企图把"今之乐"纳入"古之乐"的范围，说什么"今之乐，由古之乐也"。这样，孟轲在"古乐"与"今乐"之间，采取了调和的态度。在他看来，只要王能够"与民同乐"，古乐、今乐，都是一样的。这一点，说明了孟轲的思想，还是比较开明的。

第三，要点是王应当"与民同乐"。如果能够"与百姓同乐，则王矣"。反过来，如果不能够与百姓同乐，而是"独乐"，那就会遭到百姓的怨望和反对，至少得不到百姓的拥护。所谓"乐民之乐者，民亦乐其乐；忧民之忧者，民亦忧其忧。"正是这个意思。因此，孟轲"与民同乐"的思想，从根本的性质来说，是要音乐为政治服务的。他所考虑的，不是音乐本身的问题，而是音乐如何更好地为政治服务，如何使音乐沟通人民与君主之间的感情，消除人民与君主之间的隔阂。他看到了人民，认为应当"与民同乐"，这是他进步的地方。然而，他之所以要"与民同乐",其目的仍然是为君主的利益设想的,认为只有这样,才能"然而不王者,未之有也"。因此,孟轲"与民同乐"的思想的本质,仍然是一种"君主"的"王政"思想。有的同志认为孟轲提出"与民同乐"的思想,是"闪烁出古代民主精神的光华",我认为讲得过分了一些。

第四,宋代陈旸在《乐书》中,对于"齐宣王见孟子于雪宫"一段,曾从儒家的立场,加以发挥。我认为很能说明孟轲"与民同乐"思想的实质。他说:

> 齐宣王之于国,外有游畋之囿,内有雪宫之乐。游畋之囿,则专利而已,非与民同利也。雪宫之乐,则独乐而已,非与民同乐也。故有为人下者,不得是乐而非其上,则为不知命。为人上者,有是乐而弗与民同,则为不知义。义命所在则是,义命所去则非。今王苟知独乐为非,而忧乐与民同,则在下者亦将以君事为忧乐,而不非其上矣。以《易》求之,比则乐民之乐,而下至于顺从;师则忧民之忧,而民至于从之。是忧乐施报之效也。故推乐民之乐,而乐以天下;推忧民之忧,而忧以天下;则天下虽广,风俗同,而如一家;中国虽大,心德同,而如一人。万邦孰不向之以为方,下民孰不往之以为王哉! 文王乐以天下,而庶民子来。宣王忧以天下,而百姓见忧。如此而已!

这段话,把孟轲"与民同乐"的思想实质和政治目的,讲得十分透彻。原来"与民同乐",并不是要王降低身份,真的与民一样地"同乐",而是为了:(一)使人民知"义命"之所在。为人上者,不与民同乐,这是不知义。为人下者,得不到这个乐就对上加以怨非,这是不知命。如果王能够与民同乐,则"在下者亦将以君事为忧乐,而不非其上矣。"这也就是说,人民懂得了"义命"之所在,虽然得不到王之乐,但也不再非议其上了。(二)在"与民同乐"的当中,能够做到"风俗同"、"心德同",笼络人民,从而使下民都向着王,像儿子拥护父亲一样地拥护王。因此,孟轲"与民同乐"的思想,实际上是要音乐为他"王道"政治服务。孔、孟的音乐美学思想,都具有浓厚的政治伦理色彩。

然而,在阶级社会中,音乐明显地具有阶级性。儒家的"礼乐"思想本身就具有严格的等级的规定。在这种情况下,又怎么能够使王"与民同乐"呢? 在现实生活之中,齐宣王可以有雪宫之乐,一般老百姓是不可能有雪宫之乐的。那么,孟轲又怎样来贯彻他的"同乐"思想呢? 马克思和恩格斯在《德意志意识形态》中说:"每一个力图取得统治的阶级……都必须首先夺取政权,以便把自己的利益说成是普遍的利益。"①孟轲"与民同乐"的思想,正是要把"王之乐"说成就是"民之乐",或者用"王之乐"来普遍地代表"民之乐"。为了达到这个目的,他提出了一套完整的唯心主义先验论的理论。他认为人性是天生的,生来就相同的,因此,人的审美爱好和趣味,也是天生就相同的:

> 口之于味也,目之于色也,耳之于声也,鼻之于臭也,四肢之于安佚也,性也。(《尽心下》)

赵岐注说:"此皆人性之所欲也。"那就是说,人的感觉器官相同,因而人对于味、色、声、臭、安佚,天生都是有所欲求的。不仅天生都是有所欲求的,而且这一欲求的天性,人与人之间都是相同的:

> 至于味,天下期于易牙,是天下之口相似也。惟耳亦然。至于声,天下期于师旷,是天下之耳相似也。惟目亦然。至于子都,天下莫不知其姣也。不知子都之姣者,无目者也。故曰:口之于味也,有同耆焉。耳之于声也,有同听焉。目之于色也,有同美焉。(《告子上》)

人的感觉器官相同,爱好相同,因而美丑也相同。"至于声,天下期于师旷,是天下之耳相似也。""耳之于声也,有同听焉。"正因为这样,所以人与人之间,才能共同欣赏音乐。人与人之间如此,王与民之间也如此。

> 故凡同类者,举相似也,何独至于人而疑之? 圣人与我同类者。(《告子上》)
> 尧舜与人同耳。(《离娄下》)

因此,王与民的地位不同,但他们都是人,他们的感觉器官与人性是相一致的,因此,他们就有了"同乐"的基础和可能性。正是在这一人性相同的基础和可能性上,孟轲提出了"与民同乐"的音乐美学思想。

---

① 马克思、恩格斯:《德意志意识形态》,第28页。

不仅这样,在孟轲"与民同乐"的思想中,还有惟"贤者而后乐此,不贤者虽有此不乐也"的思想。那就是说,真正懂得乐的,真正能够"与民同乐"的,是"贤者",而不是一般的人。这贤者,指的是明王,是圣人。儒家的"王道"和"王政",事实上就是要以"圣王"来治天下。圣王以仁义为心,"由仁义行",不断加强自己的人格修养,然后达到"大丈夫"的境界:

> 居天下之广居,立天下之正位,行天下之大道,得志与民由之,不得志独行其道。富贵不能淫,贫贱不能移,威武不能屈,此之谓大丈夫。(《滕文公下》)

这里,孟轲提出了一种伟大高尚的人格理想:"富贵不能淫,贫贱不能移,威武不能屈。"两千多年来,成为中国人民追求的榜样。就是到了我们今天,仍然放射出光芒。但是,我们要说明的,是孟轲所要追求的人格理想,不是自由的个性,而是与天下国家结合在一起的、符合当时统治者规范要求的"圣王"。他有点像柏拉图所说的"哲学王"。"哲学王",是最有智慧的人,同时又是最开明的统治者。孟轲所说的能够"与民同乐"的"贤者",就是这样的"圣王"。他说:"圣人,人伦之至也。"(《离娄上》)因此,圣王应当尽量提高自己的人格修养,以达到人的极致。这时,他不再是一个普通的人,而是一个与天地为一的伟大人物。至少从精神修养上来看,应当如此:

> 夫君子所过者化,所存者神,上下与天地同流,岂曰小补之哉?(《尽心上》)
>
> 万物皆备于我矣,反身而诚,乐莫大焉。(同上)

孟轲喜欢讲大话,但他是真心诚意地讲大话,而不是把假话当成大话,因此,他的大话里面,有一股真挚的感人力量,用他自己的话来说,有一股"浩然之气"。什么是"浩然之气"呢?他说:"其为气也,至大至刚,以直养而无害,则塞于天地之间。"孟轲这种"养气"的讲法,对后来的文艺理论和美学思想都影响很大。从曹丕《典论·论文》中"文以气为主"的说法,一直到清代的桐城派,都强调文与气的关系。例如桐城派的管同,在《与友人论文书》中,就说:"蓄我浩然之气……而其文亦随之以至矣……舍养气而专言为文,不可以言为文也。"

然而孟轲此地所讲的"浩然之气",却不是就文章而言的。他讲的是"贤者"、

"圣人"的人格修养。"贤者"、"圣人",不是一般只具有个别性的人,而是个别性与国家天下以至天地万物统一在一起的人。他们经过"养气"或者其他的修养方式,把个体一己内心的"善端","扩而充之",从而达到"与天地同流"、与整个宇宙相结合的地步。"贤者"、"圣人",既是个别的人,又是与整个天地同体同德的人。正因为这样,所以他们能够把个人的"乐","扩而充之","得志与民同之",从而"与民同乐"。因此,孟轲强调只有"贤者"才能"与民同乐"。同时,通过"与民同乐",也反映了"贤者"本人的人格修养。《公孙丑上》引了子贡的两句话:"见其礼而知其政,闻其乐而知其德。"这样,能不能"与民同乐",事实上也反映了统治者是不是"贤者"、是不是能够平治天下。因此,孟轲"与民同乐"的音乐美学思想,是与圣王的人格修养分不开的。但这种人格修养,是属于圣王的,是圣王按照一定的规范所进行的"同听"、"同乐",而并不包含我们今天所说的自由或个性的意思在里面。有的同志因为看到了孟轲强调人格修养,就把孟轲看成是重视个体的精神自由,我认为不完全切合孟轲思想的实际。重视个体的精神自由的,应当是庄周。

由于孟轲强调人格修养,所以他的美学思想也强调人格的美。但这种人格的美,也不是我们今天所理解的个性的美或者自由的美,而是一种符合社会伦理的规范性的美。下面一段话,就具体地说明了这个问题:

> 可欲之谓善,有诸己之谓信,充实之谓美,充实而有光辉之谓大,大而化之之谓圣,圣而不可知之之谓神。(《尽心下》)

这段话,对于了解孟轲的美学思想,十分重要。但它的基本观点,是从社会伦理方面来谈美。它以"善"为起点,经过"美"的中介,达到"大"、"圣"、"神"。这"大"、"圣"、"神",是道德的范畴,也是审美的范畴。在这整段话中,伦理道德与审美是统一在一起的,而不是分开来的。是道德上的修养,化成了美的光辉显现。"大"、"圣"、"神"是善的,也是美的。它们以个体的"可欲"作为基础,达到"上下与天地同流"的神圣境界。而其最终目的,仍然不外圣王的"修其身而平天下"(《尽心下》)。因此,孟轲的美学思想,归根到底,只是他的政治伦理思想的一种表现。"与民同乐"的音乐美学思想,正是这种美学思想在音乐中的表现。我们与其从音乐的本身来理解"与民同乐"的音乐美学思想,不如从政治伦理的角度来理解更为合适。

评荀况的《乐论》及其音乐美学思想

荀况是战国末期赵国人。当时"诸侯异政,百家异说"(《解蔽篇》),政治上的客观要求是结束列国纷争的局面,实行统一的封建国家。学术思想上也要求批判各家的"异说",建立能够熔铸百家于一炉的比较完整的思想体系。当时各家都在朝着这个方向努力,荀况也对自己提出了这样一个历史任务。他在《非十二子篇》和《解蔽篇》中,都对当时各家的学说进行了清理和批判,分别指出了他们各自的长处和短处。另一方面,他又提出了"学也者,固学一之也"、"君子贵其全也"(《劝学篇》)的主张,要求建立一种不是"蔽于一曲,而闇于大理"(《解蔽篇》)的理论。《史记·孟荀列传》说他:"推儒、墨、道德之行事兴坏,序列著数万言而卒。"也是说他的学问并不是以一家为限,而是要"推儒、墨、道德"各家的言论,加以综合,以便自成一个体系。但是,尽管这样,他对于孔丘,却是特别推重的:

> 孔子仁知且不蔽,故学乱术足以为先王者也。一家得周道,举而用之,不蔽于成积也。故德与周公齐,名与三王并,此不蔽之福也。(《解蔽篇》)
>
> 通则一天下,穷则独立贵名。天不能死,地不能埋,桀跖之世不能汙,非大儒莫之能立,仲尼、子弓是也。(《儒效篇》)

正因为这样,所以他的学说虽然与孟轲不同,但在要以孔丘的继承人自任这一点上,他们却是一致的:

> 今夫仁人也,将何务哉?上则法舜禹之制,下则法仲尼、子弓之义,以务息十二子之说,如是则天下之害除,仁人之事毕,圣王之迹著矣。(《非十二子篇》)

孔丘的音乐美学思想是"礼乐"思想,主张"乐节礼乐","文之以礼乐"(《论语·宪问》)。荀况要"法仲尼、子弓之义",所以也特别强调"礼乐"思想,说:"先王之道,礼乐正其盛者也。"(《乐论》)不仅这样,他还说:"礼乐法而不说。"(《劝学篇》)《荀子简释》引梁启超的话说:"礼乐有一定之声容而未尝说明其理,故曰:'法而不说。'"那就是说,过去孔丘谈"礼乐",还只注重"声容"的方面,而没有从理论上来详细地加以论述。为了弥补这一不足,所以荀况专门写了《礼论》、《乐论》以及《荀子》中的其他各篇,对"礼乐"作了比较深入、细致和全面的探讨,从而给"礼乐"思想提供了比较完整的理论。后来《礼记·乐记》在《荀子》的基础上,进一步加以发挥和发展,儒家"礼乐"的音乐美学思想,就终于在我国形成了。

但是,过去有人根据卢文弨[①]的话,说《荀子》各篇皆有注,唯独《乐论》无注,因此断定《乐论》不是荀况的著作,而是出于"荀门之杂纂"[②]。我们认为这一讲法,不能说完全没有道理,但仅仅因为有注无注来判断是不是荀况的著作,论据未免太单薄了一些。同时,从思想体系来看,《乐论》与《荀子》的其他各篇,可说如出一辙,很难说不是出于一人之手。例如《乐论》的主要矛头是针对墨子的"非乐"思想,其他《富国》、《礼论》等篇,也都是这样的思想。那么,有什么理由说,《富国》、《礼论》是荀况的著作,而唯独《乐论》不是呢?至于《乐论》中有些段落,与后来《乐记》完全相同,那正好证明《乐记》是承袭荀学而来的,而不能以此证明《乐论》不是荀况的著作。

总之,我们认为《乐论》就是荀况的著作。《乐论》以及《荀子》其他各篇中的音乐美学思想,是继承了孔丘的"礼乐"思想而又有了新的发挥的。在中国过去占统治地位的"礼乐"思想,最初是由荀况的《乐论》奠定比较完备的理论基础,然后又由《乐记》加以新的发展,集其大成的。关于荀况的这一音乐美学思想,我们想分别从礼乐的起源、礼乐的作用,以及音乐与现实的关系等三个方面来谈。

一、礼 乐 的 起 源

孔丘谈"礼乐",目的是为了"正乐"。也就是说,当时"礼崩乐坏",他要恢复殷周奴隶社会"制礼作乐"的传统,用合于"礼"的"乐"来反对"非礼"的"乐"。因此,对于孔丘来说,"礼乐"是历史上的既成事实,是当然的,无可非议的;问题是

[①] 卢文弨(1717—1796):清校勘学家,著有《抱经堂文集》等。
[②] 参考郭沫若:《青铜时代》,第174页,群益出版社,1947年。

在新的情况下,应当加以革新和巩固,使它不致"崩坏"。至于"礼乐"本身究竟是什么,它是怎样起源的,具有什么样的性质和作用等,他却很少从理论上来进行深入的分析和探讨。荀况则不然。他根据新的时代的需要,联系整个宇宙、社会和人生,对"礼乐"的起源、性质和作用等,都作了比较详细的深入的探讨,从而提出了一系列有关"礼乐"的理论。清人凌廷堪说:

> 时至春秋,即升降袭裼之节,鼎俎笾豆之数,士大夫已渐不能详言之,况礼之深焉者乎?降而七雄并争,六籍皆阙,而《礼》为尤甚……守圣人之道者,孟、荀二子而已。孟子长于《诗》《书》……至于《礼经》,第曰"尝闻其略"……盖仅得"礼"之大端耳。若夫荀卿氏之书也,所述者皆《礼》之逸文,所推者皆"礼"之精义。……夫孟氏言"仁"必申之以"义",荀氏言"仁"必推本于"礼"。推本于"礼"者,其与圣人节性防淫之旨,威仪定命之原,庶几近之。然而,节文器数,委曲繁重,循之者难则缅之者便,好之者鲜则议之者众;于是荀氏渐绌,性道始丽于虚,而"仁"为杳渺不可知之物矣。①

这段话,首先说明了春秋战国时,"礼崩乐坏",因而讲"礼"的人很少。还在讲"礼"的,不过孟轲、荀况两家。其次,在孟、荀二家中,孟轲主要讲的是《诗》《书》,对于"礼",不过得其"大端"。只有荀况,方才"所述者皆《礼》之逸文,所推者皆'礼'之精义"。那就是说,只有荀况,方才真正坚持了"礼"的传统,对"礼"作了深入的研究。第三,孟、荀二人,都以孔丘的"仁学"作为自己的哲学基础,但孟轲所谈的多是主观修养的"义",荀况所谈的则是客观实在的"礼"。由于"礼""委曲繁重",喜欢的人不多,所以荀况的学说逐渐衰落了;而孟轲那一套不切实际的空话和大话,反而发展起来,使"仁"成为"杳渺不可知之物"。这里,不管凌廷堪怎样从考据学家重实的精神出发,为荀学的衰落而感到惋惜;但他指出荀学的关键是"礼",则是很重要的。我们谈荀况的音乐美学思想,也应当联系"礼"来进行探讨。荀况的"乐论"可说是他的"礼论"的补充,要懂得他的"乐论",应当先懂得他的"礼论"。

那么,荀况的"礼论"是怎么一回事呢?要说明这个问题,先得从他的"明于

---

① 凌廷堪(约1755—1809):《校礼堂文集》卷十《荀卿颂》,《安徽丛书》本,第1—2页,安徽丛书编印处,1935年。

天人之分"(《天论》)谈起。所谓"明于天人之分",就是要把天(自然)与人(社会)分开来。他受了道家"道法自然"的影响,认为"不为而成,不求而得,夫是之谓天职"(《天论》)。那就是说,自然的天,其所作所为,是一种客观的存在,不以人的意志或愿望为转移。"天行有常,不为尧存,不为桀亡。"同样的天,同样的日月星辰,"禹以治,桀以乱",可见人间的治乱与天无关。这样,他既否定了墨家的"天志",也否定了儒家的"天命"。他把孔丘所说的"天生德于予",或孟轲所说的"天将降大任于斯人也"的那种人格化的"天",还原为"自然"的"天"。作为"自然"的天,就是自然而然,按照自然的规律生长万物:

> 天地合而万物生,阴阳接而变化起。……天能生物,不能辨物也;地能载人,不能治人也。(《礼论》)

那就是说,万物是按照天地合气、阴阳交接的自然规律而生长的,这是"天职",我们人不应当"与天争职"。至于"辨物"和"治人"这样一些有意识的活动,则是人类才有的,我们也不应当强加到"天"的上面去。在"天"的面前,"大巧在所不为,大智在所不虑"(《天论》)。只有这样,才能"明于天人之分"。但是,他把天和人分开来,不是说,我们在"天"的面前,完全是无能的。我们区分天与人,正是为了要按照自然本身的规律来认识自然,改造自然:

> 大天而思之,孰与物畜而制之?从天而颂之,孰与制天命而用之?……错人而思天,则失万物之情。(《天论》)

因此,荀况一方面尊重客观的自然,另一方面又并不放弃人的努力。他反对"错人而思天",他要"人定胜天"。就是在这种思想的指导下,他探讨了礼和乐的起源,探讨了礼和乐的性质和作用。

首先,他明确地指出"礼义"是人类社会的事。他说:

> 在天者莫明于日月,在地者莫明于水火,在物者莫明于珠玉,在人者莫明于礼义。……故人之命在天,国之命在礼。(《天论》)

中国古代,一些人喜欢用自然现象来解释社会现象。荀况则把自然与社会区分

开来,指出"礼义"是人类社会的现象,因此,我们只应当从人类社会来探讨礼乐的起源,而不应当把礼乐看成是由天所生:

> 礼起于何也?曰:人生而有欲,欲而不得,则不能无求,求而无度量分界,则不能不争。争则乱,乱则穷。先王恶其乱也,故制礼义以分之,以养人之欲,给人之求。使欲必不穷乎物,物必不屈于欲,两者相持而长,是礼之所起也。故礼者养也。刍豢稻梁,五味调香,所以养口也;椒兰芬苾,所以养鼻也;雕琢刻镂黼黻文章,所以养目也;钟鼓管磬琴瑟竽笙,所以养耳也;疏房檖䫉越席床第几筵,所以养体也。故礼者养也。(《礼论》)

这是说,礼是起源于人的"欲"和"养"的两个方面。一方面,人天生都是有"欲"的,"欲"而没有度量分界,将会争。争之不已,就会乱。为了防止争和乱,所以需要有礼义来分之。礼就起源于"分"的需要。另一方面,人天生的各种欲望应当得到满足。"礼者,养也。""养"就是指要满足欲望、维持人的生活的意思。因此,礼还起源于人类生活的需要。人要活下去,就得有衣、食、住、行以及审美等各方面的需要。他们需要食物以养口,需要雕琢文章等以养目,需要钟鼓琴瑟等以养耳,需要床第几筵等以养体。人类有各种各样的需要,因此有各种各样的活动,有各种各样的产品。"礼"和各种音乐等艺术,都是为了"养人之欲",适应人类生活的需要,而后产生和形成起来的。那么,人为什么会有音乐等艺术的欲望和需要呢?又应当怎样来满足它们呢?这就涉及人性的问题。

荀况认为,人本身也是自然的产物,因而人性就是自然的秉赋:

> 散名之在人者,生之所以然者谓之性。性之和所生,精合感应,不事而自然谓之性。(《正名》)

梁启雄在《荀子简释》中注说:"这性字指天赋的本能,心理学上的性。"正因为人性是自然天赋的本能和秉赋,所以人的感官、感情以至心灵等,也都是自然的产物,不过荀况把"自然"称为"天",说:

> 天职既立,天功既成,形具而神生,好、恶、喜、怒、哀、乐臧焉,夫是之谓天情。耳、目、鼻、口、形,能各有接而不相能也,夫是之谓天官。心居中虚,

以治五官,夫是之谓天君。(《天论》)

因为人的各种感情、感官等,都是自然的产物,所以人有各种欲望和爱好,也是自然而然的,没有什么奇怪:

> 饥而欲食,寒而欲煖,劳而欲息,好利而恶害,是人之所生而有也,是无待而然者也,是禹桀之所同也。目辨白黑美恶,耳辨音声清浊,口辨酸咸甘苦,鼻辨芬芳腥臊,骨体肤理辨寒暑疾养,是又人之所常生而有也,是无待而然者也,是禹桀之所同也。(《荣辱篇》)

这是说,人天生有各种感官,天生有各种欲望,这是凡人皆然,大家一样的。对于人的这种天生的欲望,荀况反复强调:

> 夫人之情,目欲綦色,耳欲綦声,口欲綦味,鼻欲綦臭,心欲綦佚,此五綦者,人情之所必不免也。(《王霸篇》)
>
> 目不欲綦色,耳不欲綦声,口不欲綦味,鼻不欲綦臭,形不欲綦佚。此五綦者,亦以人之情为不欲乎?曰:"人之情欲是已。"曰:若是则说必不行矣,以人之情为欲此五綦者而不欲多,譬之是犹以人之情为欲富贵而不欲货也,好美而恶西施也。(《正论篇》)

正因为人之情天生是有欲的,"耳欲綦声"也是这种欲望之一,因此,音乐就顺乎人情、合乎人性,适应人类社会生活的需要,自然而然地产生出来。荀况认为墨翟"非乐"的错误,就在于不懂得这个道理:

> 夫乐者,乐也,人情之所必不免也。故人不能无乐。乐则必发于声音,形于动静;而人之道,声音动静性术之变尽是矣。故人不能不乐。乐则不能无形,形而不为道,则不能无乱。先王恶其乱也,故制雅颂之声以道之,使其声足以乐而不流,使其文足以辨而不諰,使其曲直繁省廉肉节奏足以感动人之善心,使夫邪汙之气无由得接焉,是先王立乐之方也。而墨子非之,奈何!(《乐论篇》)

这是说,音乐是"人情之所必不免"的。在音乐的声音动静当中,"人之道","性术之变",都表现在里面了。反过来,它也说明了人性是离不开音乐的,"故人不能无乐"。音乐就是从人性本身的需要当中产生出来的。但是,如果音乐"形而不为道",就会乱。为了防止乱,所以要"制雅颂之声以道之"。荀况的这一讲法,与孔、孟基本上是一致的。他们都承认音乐是一种快乐,是一种天生的欲望,是"人情之所必不免",是应当用礼来加以节文,因而都主张"礼乐"的。但是,荀况和孟轲之间却有一个根本的差别,那就是孟轲认为凡是天生的东西都是善的、好的。正因为天生的东西都是善的、好的,所以仁、义、礼、智,也都是"我固有之也"(《孟子·告子》)。文化教养等,无非是发展人天生的"善端"罢了。荀况则不然。他认为天生的东西不仅不是善的、好的,而且是恶的、坏的。正因为人性是恶的,所以需要有人为的文化,各种意识形态如音乐艺术等,来进行教化和节制,以使恶的人性纳入社会的规范,适应社会生活的需要。这就是荀况著名的"性恶论"。他说:

> 今人之性,生而有好利焉,顺是,故争夺生而辞让亡焉;生而有疾恶焉,顺是,故残贼生而忠信亡;生而有耳目之欲有好声色焉,顺是,故淫乱生而礼义文理亡焉。然则从人之性,顺人之情,必出于争夺,合于犯分乱理而归于暴。故必将有师法之化,礼义之道,然后出于辞让,合于文理,而归于治。用此观之,然则人之性恶明矣,其善者伪也。(《性恶》)

在荀况看来,人的自然的性是恶的;人的社会的性,所谓善的一面,则是伪的。如果照自然的性发展下去,人对于音乐的爱好,不过是"耳目之欲",与"食色性也"没有两样,完全是一种动物式的欲望。这样,为了使人从动物的境界中脱离出来,就必须对人的天性的性,"起礼义,制法度,以矫饰人之情性而正之,以扰化人之情性而导之也"(《性恶》)。那就是说,要根据社会生活的需要,对人性加以教养和规范,而这就是"伪"。"伪",不是虚伪,而是人为和后天的文化。人作为一个社会的人,应当是"性"和"伪"的结合,也就是自然与人为两方面的结合:

> 性者,本始材朴也;伪者,文理隆盛也。无性则伪之无所加;无伪则性不能自美;性伪合,然后成圣人之名,一天下之功于是就也。故曰:天地合而万物生,阴阳接而变化起,性伪合而天下治。(《礼论》)

荀况的这一见解,可说相当精辟。一方面,他看到了"性"与"伪"都是必需的,二者互为条件,缺一不可。另一方面,他又看到了"性"与"伪"的矛盾和统一。正是在它们的矛盾和统一中,然后才产生了人类社会的政治、文化、艺术等。例如人的耳朵,生来就能听声音,这是自然的性,"不可学,不可事"的;但仅仅能听声音,还不能成为音乐。必须经过学习,懂得音律,然后才能成为音乐。而这就是"伪"了。因此,音乐也是"性伪合",而后产生出来的。那么,"性"与"伪"怎样才能"合"呢?荀况说:

> 圣人清其天君,正其天官,备其天养,顺其天政,养其天情,以全其天功。如是,则知其所为,知其所不为矣,则天地官而万物役矣。(《天论》)

这就是说,一方面是人的天然的感官,天然的欲望,荀况承认它们的正当性,因而要"全其天功"。另一方面,又要"清"、"正"、"备"、"顺"、"养",以达到"欲虽不可去,求可节也"(《正名篇》)。用什么来"节"呢?这就是"伪",也就是"礼义":

> 凡礼义者,是生于圣人之伪,非故生于人之性也。……圣人积思虑,习伪故,以生礼义而起法度,然则礼义法度者,是生于圣人之伪,非故生于人之性也。(《性恶》)

由于荀况强调人为的"伪",所以他十分强调"礼"。他一再谈到"礼",把"礼"看成是社会生活的最高规范。这样,作为社会生活一个方面的音乐,自然也要受到礼的规范了。儒家的"礼乐"思想,就这样成了荀况音乐美学思想的一个中心内容:

> 先王之道,礼乐正其盛者也。(《乐论》)
> 故礼乐废而邪音起者,危削侮辱之本也。故先王贵礼乐而贱邪音。(同上)
> 乐行而志清,礼修而行成。耳目聪明,血气和平,移风易俗,天下皆宁。美善相乐。(同上)
> 乐也者,和之不可变者也。礼也者,理之不可易者也。乐合同,礼别异。礼乐之统,管乎人心矣。穷本极变,乐之情也;著诚去伪,礼之经也。(同上)

总之，荀况从人的自然的性，谈到音乐的起源是人情的必然，是自然而又不可避免的。但作为社会的人，不仅有性，还有伪，他要把音乐纳入礼的规范中。这样，他所主张的，就不是一般的音乐，而是符合于礼的要求的音乐，也就是"礼乐"。这种"礼乐"，起源于"性伪合"，也就是起源于先天的人性与后天的礼义的结合。为了更好地理解荀况的这一音乐美学思想，我想再进一步谈谈他对于礼乐的作用的看法。

二、礼乐的作用

先秦诸子音乐美学思想的一个共同特点，都是不离开政治来谈音乐。他们关于"礼乐"的争论，其实就是争论音乐与政治的关系。法家从"齐之以刑"的政治路线出发，认为音乐对政治无用，所以反对"礼乐"；儒家则从"齐之以礼"的政治路线出发，强调音乐对于政治的作用，所以主张"礼乐"。荀况在这个问题上，是坚决站在儒家的立场的。但因为他后起，受了道家的"道"和法家的"法"的思想的影响，因此，他的"礼乐"思想就不仅是"齐之以礼"的，而且也是"齐之以刑"的。

首先，他把"礼"的范围看得极其广泛，从自然以至人类社会，莫不有"礼"：

> 天地以合，日月以明，四时以序，星辰以行，江河以流，万物以昌；好恶以节，喜怒以当；以为下则顺，以为上则明，万变不乱，贰之则丧也。礼岂不至矣哉！（《礼论》）

这是说，天地万物，以至人类的思想感情、政治伦理，都是在按照"礼"的秩序以运行。"万变不乱"者，都是因为有"礼"的关系。这样的"礼"，不仅无所不包，而且具有形而上的性质，有点像道家所说的"道"。在一切按照"礼"的秩序的运行当中，荀况把"理"引进了"礼"，认为"礼之理"有似规矩方圆，是事物客观的规律和准则：

> 故绳墨诚陈矣，则不可欺以曲直；衡诚县矣，则不可欺以轻重；规矩诚设矣，则不可欺以方圆；君子审于礼，则不可欺以诈伪。故绳者，直之至；衡者，平之至；规矩者，方圆之至；礼者，人道之极也。（《礼论》）

正因为礼是像方圆规矩一样的客观规律和标准,是"人道之极",所以它在国家社会生活中,就起着像法一样的作用:

> 国无法则不正。礼之所以正国也,譬之犹衡之于轻重也,犹绳墨之于曲直也,犹规矩之于方圆也,既错之人而莫之能诬也。(《王霸篇》)
> 礼者,法之大分,类之纲纪也。(《劝学篇》)
> 礼义生而制法度。(《性恶篇》)

就在这个意义上,荀况把过去殷周奴隶社会中世袭的、为奴隶主贵族阶级垄断的"礼",改造成了"法",改造成了自然和社会中客观存在的规律和标准。一个人的地位,并不能决定他懂不懂得礼;相反,一个人的地位,应当由他懂不懂得礼来决定:

> 贤能不待次而举,罢不能不待次而废……虽王公士大夫之子孙也,不能属于礼义,则归之庶人。虽庶人之子孙也,积文学,正身行,能属于礼义,则归之卿相士大夫。(《王制篇》)

这样,原来是"不下庶人"的"礼",受身份地位所制约的"礼",到了荀况手上,却成了衡量人才的客观标准。不管是王公士大夫的子孙,或者是庶人,只要懂得"礼",按照礼义行事,就可以达到卿相士大夫的地位。反过来,如果不懂得"礼",不能按照礼义行事,纵然是王公士大夫的子孙,也应当降为庶人。荀况认为只有这样,才能保证:

> 朝无幸位,民无幸生。(《王制篇》)

因此,对于荀况来说,"礼"成了"法"的根据,"法"则成了"礼"的具体实行。"治之经,礼与刑,君子以修百姓宁。"(《成相篇》)正因为这样,所以儒家的礼治路线与法家的法治路线,在荀况身上得到了统一。难怪以后正统的儒家要排斥荀况了。例如朱熹看了《成相篇》以后,就说:"荀卿全是申韩,观《成相》一篇可见。……其要归于明法治、执赏罚而已。"(《朱子语类》)

其次,荀况之所以终于不是法家,而仍然是儒家,我们认为主要有两点:一是他所说的"礼",与法家所说的"法",虽然有联系,但毕竟不是一回事。二是他把"礼"与"乐"联系起来,形成了一套系统的"礼乐"思想。这就只能是儒家,而不可能是法家了。

关于第一点,法家的"法",是"著于宪令",是政治上强制的措施,是与"势"和"术"结合在一起的。荀况所说的"礼",虽然与"法"具有同样的客观标准的意思,但它是由于人类社会生活的需要,自然而形成的。与这种"礼"结合在一道的,不是"势"与"术",而是"仁"与"义",因此,荀况经常"礼义"并提。他说:

> 水火有气而无生,草木有生而无知,禽兽有知而无义。人有气有生有知亦且有义,故最为天下贵也。力不若牛,走不若马,而牛马为用,何也?曰:人能群,彼不能群也。人何以能群?曰:分。分何以能行?曰:义。故义以分则和,和则一,一则多力,多力则强,强则胜物,故宫室可得而居也。……故人生不能无群,群而无分则争,争则乱,乱则离,离则弱,弱则不能胜物。故宫室不可得而居也,不可少顷舍礼义之谓也。(《王制篇》)

这段话,从人类社会的特点,谈到人之所以为人,人和动物的差别,就在于能群。人之所以能够群,是因为能够"义以分"。这"义以分",就是礼。因此,礼是义与分的结合。按照礼来分,就能维持人类社会的秩序,使之各安其位:

> 分均则不偏,势齐则不壹,众齐则不使。有天有地而上下有差,明王始立而处国有制。夫两贵之不能相事,两贱之不能相使,是天数也。势位齐,而欲恶同,物不能澹(赡)则必争,争则必乱,乱则穷矣。先王恶其乱也,故制礼义以分之,使有贫、富、贵、贱之等,足以相兼临者,是养天下之本也。《书》曰"维齐非齐",此之谓也。(《王制篇》)

因此,人类有贫、富、贵、贱的等级和地位的差别,不是先天的,而是起于社会生活的需要。有了这种差别,而又能够"制礼义以分之",社会才不会乱。没有这种差别,反而会争、会乱,所谓"维齐非齐",正是这个意思。荀况理想的政治,是有差别而又符合"礼":

> 至道大形,隆礼至法则国有常,尚贤使能则民知方,纂论公察则民不疑,

赏克罚偷则民不怠,兼听齐明则天下归之,然后明分职,序事业,材技官能,莫不治理,则公道达而私门塞矣,公义明而私事息矣。如是,则德厚者进而佞说者止,贪利者退而廉节者起。(《君道篇》)

但是,社会不仅要"分",还要"合"。礼主要是分,使社会分得有理。至于"合",则有待于"乐"。这就涉及第二点,也就是"礼"与"乐"的关系和"礼乐"的作用问题了。总的来说,礼是适应人类社会生活的需要,建立一种合理的客观的政治秩序;乐也是适应人类社会生活的需要,用来调和礼所建立的这一政治秩序,使之和谐,得到文饰,从而达到"合"的社会要求:

故乐在宗庙之中,君臣上下同听之,则莫不和敬;闺门之内,父子兄弟同听之,则莫不和亲;乡里族长之中,长少同听之,则莫不和顺。故乐者,审一以定和者也,比物以饰节者也,合奏以成文者也;足以率一道,足以治万变。(《乐论》)

这是说,按照"礼"的规定:"贵贱有等,长幼有差,贫富轻重皆有称。"(《礼论》)这一切,都是"分"的,有差距和矛盾的;但有了"乐",却把"分"合起来,把这一切差距和矛盾调和起来,达到"和"。荀况对于音乐的看法,与其他儒家一样,都是一再强调"和":

乐也者,和之不可变者也;礼也者,理之不可易者也。乐合同,礼别异。(《乐论》)

恭敬,礼也;调和,乐也。(《臣道篇》)

《乐》言是其和也。(《儒效篇》)

《乐》之中和也。(《劝学篇》)

那么,音乐为什么能够起到"和"的作用呢?这就因为音乐一方面能够调节人的感情,使之不乱:

夫民有好恶之情而无喜怒之应,则乱。先王恶其乱也,故修其行,正其乐,而天下顺焉。(《乐论》)

另一方面,从个人的修身养性以至天下的安宁方面来说,音乐具有巨大的陶冶性情和调和矛盾的作用:

> 君子以钟鼓道志,以琴瑟乐心;动以干戚,饰以羽旄;从以磬管;故其清明象天,其广大象地,其俯仰周旋有似于四时。故乐行而志清,礼修而行成,耳目聪明,血气和平,移风易俗,天下皆宁,美善相乐。故曰:乐者乐也。君子乐得其道,小人乐得其欲。以道制欲,则乐而不乱。以欲忘道,则惑而不乐。故乐者,所以道乐也。金石丝竹,所以道德也。乐行而民向方矣。(《乐论》)

这段话,把音乐的作用,从个人以至天下国家,都作了很好的描绘。在荀况看来,只要音乐能够按照礼的方式进行,"以道制欲",那么,音乐不仅能够给我们带来快乐,而且从个人以至整个宇宙,都能达到和谐的境界。正因为他强调音乐的"和"的作用,所以能够达到"和"的目的的音乐,他称为"礼乐",他赞成;不能达到"和"的目的的非礼之乐,他称为"邪音",他反对:

> 夫声乐之入人也深,其化人也速,故先王谨为之文。乐中平则民和而不流,乐肃庄则民齐而不乱。民和齐则兵劲城固,敌国不敢婴也。如是,则百姓莫不安其处,乐其乡,以至足其上矣。然后名声于是白,光辉于是大。四海之民莫不愿得以为师,是王者之始也。乐姚冶以险,则民流僈鄙贱矣。流僈则乱,鄙贱则争。乱争则兵弱城犯,敌国危之。如是,则百姓不安其处,不乐其乡,不足其上矣。故礼乐废而邪音起者,危削侮辱之本也。故先王贵礼乐而贱邪音。(《乐论》)

这段话,对音乐的作用,进一步作了具体的分析。他认为音乐的声音深入人心,能够"化人",因而音乐不仅关系到人民的性情心术、风俗习惯,而且关系到兵劲城固、关系到国家的隆替强弱。"礼乐"与非礼的"邪音",它们的差别,就在于"礼乐"中平、肃庄,也就是"和",因而百姓安居乐业,国富民强,天下归心,这就是王政的开始。反过来,非礼的"邪音","姚冶以险",也就是不"和",因而百姓流僈鄙贱,作乱相争,敌国乘机入侵,终至造成国家的衰亡败落。荀况把音乐与国家的治乱紧密相联的这一观点,是儒家一贯的观点。它到了《礼记·乐记》,得到了更为充分的发展。

就是根据这种"礼乐"的观点,荀况批判了墨翟"非乐"的思想。他认为墨翟仅仅从经济的观点来"非乐",来"为天下忧不足",未免太狭隘了一点,是"蔽于用而不知文"(《解蔽篇》)。根本的问题,不在于"不足";"天地之生万物也,固有余足以食人矣;麻葛、茧丝、鸟兽之羽毛齿革也,固有余足以衣人矣",因此,"有余不足,非天下之公患也,特墨子之私忧过计也"(《富国篇》)。那么,"天下之公患"是什么呢?他说:

> 天下之公患,乱伤之也。胡不尝试相与求乱之者谁也?我以墨子之"非乐"也,则使天下乱;墨子之"节用"也,则使天下贫。非将堕之也,说不免焉。墨子大有天下,小有一国,将蹙然衣粗食恶,忧戚而非乐;若是则瘠,瘠则不足欲,不足欲则赏不行。墨子大有天下,小有一国,将少人徒,省官职,上功劳苦,与百姓均事业,齐功劳。若是则不威,不威则罚不行。赏不行,则贤者不可得而进也。罚不行,则不肖者不可得而退也。贤者不可得而进也,不肖者不可得而退也,则能不能不可得而官也。若是则万物失宜,事变失应,上失天时,下失地利,中失人和,天下敖然,若烧若焦。墨子虽为之衣褐带索,嚼菽饮水,恶能足之乎?既以伐其本,竭其原,而焦天下矣。(《富国篇》)

> 故先王圣人为之不然。知夫为人主上者,不美不饰之不足以一民也,不富不厚之不足以管下也,不威不强之不足以禁暴胜悍也,故必将撞大钟,击鸣鼓,吹笙竽,弹琴瑟,以塞其耳;必将雕琢刻镂,黼黻文章,以塞其目;必将刍豢稻粱,五味芬芳,以塞其口。然后众人徒,备官职,渐庆赏,严刑罚,以戒其心;使天下生民之属,皆知己之所愿欲之举在是于也,故其赏行;皆知己之所畏恐之举在是于也,故其罚威。赏行罚威,则贤者可得而进也,不肖者可得而退也,能不能可得而官也。若是则万物得宜,事变得应,上得天时,下得地利,中得人和,则财货浑浑如泉源,汸汸如河海,暴暴如丘山,不时焚烧,无所臧之,夫天下何患乎不足也?故儒术诚行,则天下大而富,使而功,撞钟击鼓而和。《诗》曰:"钟鼓喤喤,管磬玱玱。降福穰穰,降福简简,威仪反反。既醉既饱,福禄来反。"此之谓也。(同上)

以上两段话,非常重要。它不仅系统地论述了礼与乐的关系,而且在礼与乐的关系这一基本的前提下,系统地论述了音乐、政治与生产三者之间的关系。这在我国的音乐美学思想史上,还是第一次。那就是说,在荀况看来,音乐不仅辅礼而行,调和贵贱等级的差别,而且它还能够帮助国家实行赏罚,维持政治秩序,从而起到促进生产的作用。但是,墨子却看不到这一点。墨子只看到主公大人的"礼乐",撞大钟,击鸣鼓,骄奢淫佚,糜费民财,因而以为妨害生产,所以要反对,要"非乐"。荀况则指出,使天下乱、使天下贫的,不是"礼乐",而正是墨子的"非乐"和"节用"。为什么呢?这就因为照墨子那样,大家"衣粗食恶"、"均事业,齐功劳",就显不出君主的威势。显不出威势,就不能进行赏罚。不能进行赏罚,贤者就不能进,不肖者就不能退,于是"万物失宜,事变失应,上失天时,下失地利,中失人和,天下敖然,若烧若焦"。因此,"非乐"和"节用",不仅不能增加生产,反而使天下乱,使天下贫。反过来,如果提倡"礼乐",一方面,"为人主上者",因为有了音乐等的烘托和渲染,"撞大钟,击鸣鼓,吹笙竽,弹琴瑟",因而有了威势,可以"渐庆赏,严刑罚";另一方面,为人臣下者,他们都是有欲望的,都希望得到赏,避开罚。这样,在"赏行罚威"的当中,贤者进,不肖者退,于是"万物得宜,事变得应,上得天时,下得地利,中得人和";于是"财货浑浑如泉源,汸汸如河海,暴暴如丘山";于是"天下何患乎不足"了。因此,音乐本身虽然不能从事生产,增加生产,但它却可以通过政治、通过礼,来达到促进生产的目的。就这样,荀况把"大而富"的经济,"使而功"的政治和"撞钟击鼓而和"的音乐,三者统一起来。荀况的"礼乐"思想,包含了政治上的礼、经济上的富和音乐上的和。他这种讲法,不仅比墨子"衣褐带索,嚽菽饮水",要更为全面,更具有重要的意义;而且比孔丘、孟轲的"主忠信"、讲"仁义",似乎也要更为切合实际。孔丘口口声声,宁可"去食"、"去兵",不肯"去信"。这在理论上讲,未尝没有一定的道理。但是,应当知道,老百姓如果吃不饱肚子,"信"是立不起来的。荀况专门写了《富国篇》,而且把国家的富与礼和乐联系起来讲,应当说是很有见地的。他从音乐、政治与生产三者的关系中,来探讨音乐在人类社会生活中的地位和作用,也显得比他同时的一些思想家,要更为全面和正确。

但是,由于荀况是从"礼乐"可以提高主上的"威势"这一点来谈的,所以他的"礼乐"思想,只能限于统治阶级。他所理解的政治,只是"天子之礼制"。这样,他就错误地认为:

饮食甚厚,声乐甚大,台榭甚高,园囿甚广,臣使诸侯,一天下,是又人情之所同欲也,而天子之礼制如是者也。(《王霸篇》)

这就公开地把"礼乐"这顶堂皇的桂冠,套在帝王赤裸裸的剥削生活的上面,为之装饰,为之吹捧!明明喝的是老百姓的血,但却高高在上,自以为了不起,自以为有功!秦始皇、汉武帝以及历代的帝王,无不假借"天子之礼制",大搞"威仪反反"而又劳民伤财的"礼乐制度"。荀况的本意固然并不完全如此,但他和其他儒家所鼓吹的"礼乐制度",两千余年来,却的确是起了统治人民和欺骗人民的反动作用。

另外,荀况还有一种讲法,说:"故百乐者,生于治国者也;忧患者,生于乱国者也。急逐乐而缓治国者,非知乐者也。故明君者,必将先治其国然后百乐得其中;阇君者,必将急逐乐而缓治国,故忧患不可胜校也。"(《王霸篇》)这里,他把"礼乐"与"治国"分开来,显然不同于儒家用"礼乐"来"治国"的思想。这是明显地受了法家的影响。它不能代表荀况主要的思想,所以我们也就不多谈了。

三、音乐与现实的关系

荀况在我国音乐美学思想史中,不仅第一个比较系统地谈到了礼与乐的关系,谈到了"礼乐"的起源、性质和作用,从而奠定了我国"礼乐"的思想理论基础;而且他对音乐与现实的关系问题,也第一个作了比较正确的阐述。

荀况是一个唯物主义者。他从唯物主义的认识论出发,认为我们认识外物,包括主观和客观两个方面:

> 凡以知,人之性也;可以知,物之理也。(《解蔽篇》)

这就是说,从主观方面说,人的自然的天性,是具有认识外物的能力的;从客观方面说,外物有客观规律可循,因而是可以认识的。主客两方面结合起来,于是就构成了认识:

> 所以知之在人者,谓之知;知有所合,谓之智。智所以能之在人者,谓之能;能有所合,谓之能。(《正名篇》)

梁启雄在《荀子简释》中说,"知"是指本能的"知",也就是人天生具有的认识的能力;"智"是指"智识"的"智",也就是认识的结果。"智所以能之在人者谓之能"的

"能",是指本能的"能";"能有所合谓之能"的"能",是指才能。本能的"知"和"能",是人主观方面所具备的先天的认识条件;而智识的"智"和才能的"能",则是主观的认识能力符合了客观事物的规律,然后形成的。因此,重要的是"合":"凡论者,贵其有辨合,有符验。"(《性恶篇》)就是这个意思。

从这一唯物主义的认识论出发,荀况认为音乐与现实的关系,首先要求人在主观方面,具有听知音乐的感觉器官——耳朵。音乐是通过耳朵这一感觉器官来反映客观现实的:

> 然则何缘而以同异? 曰:缘天官……形、体、色、理,以目异。声、音、清、浊、调、竽、奇声,以耳异。甘、苦、咸、淡、辛、酸、奇味,以口异。香、臭、芬、郁、腥、臊、洒、酸、奇臭,以鼻异。疾、养、沧、热、滑、铍、轻、重,以形体异。说、故、喜、怒、哀、乐、爱、恶、欲,以心异。(《正名篇》)

那就是说,对于形形色色的客观世界,我们之所以能够认识,那是因为我们有不同的感觉器官。我们对于各种各样的声音之所以能够听知,那是因为我们有耳朵这个听觉器官。如果没有耳朵这个听觉器官,"以聋辨声"(《修身篇》),那是不行的。然而,有了耳朵这个听觉器官,何以知道我们就能够听知外物的声音呢? 荀况说,这是由于"徵知":

> 心有徵知。徵知,则缘耳而知声可也,缘目而知形可也,然而徵知必将待天官之当薄其类然后可也。(《正名篇》)

这是说,耳朵听到客观外物的声音,还需要"心"的思维器官去加以取舍、综合和印证。"心不使焉,则白黑在前而目不见,雷鼓在侧而耳不闻。"(《解蔽篇》)这样,没有感觉器官的耳朵,我们根本听不到外物的声音;但听到了外物的声音,如果没有"心"的思维器官去"徵知",这一声音也就没有意义,等于"听而不闻其声"。"心"受到了干扰,感觉器官也就不能完成它们的任务:

> 心忧恐则口衔刍豢而不知其味,耳听钟鼓而不知其声,目视黼黻而不知其状,轻煖平簟而体不知其安。故向万物之美而不能嗛(快)也。(《正名篇》)

因此，我们欣赏音乐，是有待于耳朵与"心"的统一，然后才能知其美。但是，这还只是人的主观的一个方面。另外，还有客观的一面，也就是外物的一面。我们用感觉器官去感知外物，应当"当簿其类"，也就是用不同的感觉器官去感知不同的外物或外物不同的方面。我们用耳朵去听的，只能是发出声音的客观事物。如果用耳朵去听颜色和香臭，我们将什么都听不见。耳朵必须听钟鼓笙竽之类，然后才能听出音乐来："钟鼓管磬琴瑟竽笙，所以养耳也。"（《礼论》）那种认为"刍豢不加甘，大钟不加乐"的讲法，荀况认为是与"山渊平"（即"山与泽平"）一类的诡辩一样，是"惑于用实以乱名者也"（《正名篇》）。客观上存在着钟鼓等的音乐，反映到主观上，我们的感受也就不能不是音乐。

但是，由于乐器的客观性质不同，所以它们所引起的主观的审美感受也就不同：

> 声乐之象：鼓大丽，钟统实，磬廉制，竽笙箫和，筦龠发猛，埙箎翁博，瑟易良，琴妇好，歌清尽，舞意天道兼。鼓，其乐之君邪！故鼓似天钟似地，磬似水，竽笙箫和筦龠似星辰日月，鞉柷拊鞷椌楬似万物。（《乐论》）

不仅不同的乐器具有不同的审美性质和象征意义，而且不同的音乐内容更可以引起不同的审美反应：

> 故齐衰之服，哭泣之声，使人之心悲；带甲婴轴，歌于行伍，使人之心伤；姚冶之容，郑卫之音，使人之心淫；绅、端、章、甫，舞《韶》歌《武》，使人之心庄。（《乐论》）

这里，荀况看到了声音与感情的一致性，认为什么样的声音可以引起什么样的感情，因此，他主张儒家的"礼乐"思想，要把音乐纳入"礼"的规范，加以控制："夫民有好恶之情而无喜怒之应，则乱。先王恶其乱也，故修其行，正其乐，而天下顺焉。""故君子耳不听淫声，目不视女色，口不出恶声。此三者，君子慎之。"（《乐论》）就这样，荀况从唯物主义的音乐美学思想出发，却引导到了唯心主义的结论。这并不是荀况一人如此，而是历史的辩证法本来如此。当时的思想家无不以政治家自命，他们研究任何问题都要引向政治的结论，因此，唯物主义与唯心主义就经常交织着出现在他们的身上。那就是说，当他们面对客观的现实，研究音乐如何反映现实的时候,他们是唯物主义的;但当他们要用他们主观的政治概念来套这一客观的事实,使音乐服从于他们政治的需要的时候,他们却常常走向了唯心主义。

人都是通过感官来感知外物的。人的感官都是相同的,因此,他们的感知外物也都应当是相同的:"凡同类同情者,其天官之意物也同。"(《正名篇》)"目辨白黑美恶,耳辨音声清浊"(《荣辱篇》),这是任何人都一样的,"禹、桀之所同也"。然而,为什么同样具有听觉器官,有的人歌唱得好,有的人却唱不好;有的人琴弹得好,有的人却根本不会弹呢?同样听音乐,有的人听了,懂,能够成为知音;有的人却不懂,听了等于不听呢?这是为什么呢?这就涉及荀况所说的学习和专一的问题了。

荀况是非常重视和强调后天的学习的。他的《荀子》一书,开头第一篇,就是《劝学篇》。《劝学篇》的第一句,就是"学不可已"。然后反复强调学习的意义和重要性:"吾尝终日而思矣,不如须臾之所学也。"要学习得好,必须专一:"锲而舍之,朽木不折;锲而不舍,金石可镂。"就是这个意思。在音乐方面,同样如此。并不是有的人,天生是音乐家。他们之所以成为音乐家,会唱歌,会弹琴,是因为他们肯学习,会学习,专心一意地学习:

> 好乐者众矣,而夔独传者,壹也……自古及今,未尝有两而能精者也。曾子曰:是其庭可以博鼠,恶能与我歌矣。(《解蔽篇》)

根据注释,"是"字应是"视"字,"庭"字应是"莛"字。这句话是说:"莛者,歌时可持以击节,亦可用之博鼠,今歌者视其莛可以博鼠,心既别驰,必不能歌。故曰:'恶能与我歌矣。'"①因此,音乐家要能成为音乐家,必须专心一意地学习,否则就不可能:"目不能两视而明,耳不能两听而聪。"(《劝学篇》)

关于音乐与现实的关系,荀况所谈的,大致是这一些。他探讨了人的主观感觉器官与客观现实之间的关系,探讨了人是怎样通过耳朵这一听觉器官来与外在世界建立起音乐的审美关系的。他的探讨,应当说是很有积极意义的。以后《礼记·乐记》中"心物感应"的说法,基本上继承了他的观点,而又有了新的发挥。但是,荀况并不满足于音乐本身。他从儒家的观点出发,总是要把音乐从属

---

① 梁启雄:《荀子简释》,第 300 页,上海古籍出版社,1957 年。

于"礼",从属于现实的政治秩序,说什么:

> 乐者,出所以征诛也,入所以揖让也。征诛揖让,其义一也。出所以征诛,则莫不听从;入所以揖让,则莫不从服。故乐者,天下之大齐也,中和之纪也。(《乐论篇》)
>
> 且乐者,先王之所以饰喜也;军旅鈇钺者,先王之所以饰怒也。先王喜怒皆得其齐焉。是故喜而天下和之,怒而暴乱畏之。先王之道,礼乐正其盛者也。(同上)

这就完全把音乐当成了政治的工具。正因为这样,所以他专门谈论音乐的《乐论》,反而不如《正名》等篇具有那样深刻的意义。这就因为《乐论》主要谈音乐与政治的关系,受到了儒家正统的"礼乐"思想的限制;而《正名》等篇主要是谈音乐与现实的关系,直接从客观的现实来谈音乐的一些美学问题,自然也就更符合客观的事实。

评商鞅、韩非的音乐美学思想

西方古代的美学思想，以诗论为主；中国古代的美学思想，则以乐论为主。加上周代的"制礼作乐"，把"礼"和"乐"当成治理国家的重要手段。因此，有关音乐的美学思想，在我国古代就特别发达。战国时，诸侯力政，各国纷争，都想称王称霸，统一天下。但怎样统一呢？这在诸子百家之间，由于立场不同，因而观点也就不同，他们之间展开了热烈的争论。儒家兴起于奴隶主贵族势力比较强大的邹鲁之间，他们受到旧有的诗书礼乐的传统的影响比较深，因而他们希望恢复和改革旧有的"礼治"，主张"齐之以礼"，想用革新以后的礼乐仁义来统一天下。这反映到美学思想上，就形成了以"礼乐"为中心的音乐美学思想。他们的这一"礼乐"思想，受到了墨、道、法诸家的反对，从而掀起了一场有关"礼乐"问题的百家争鸣。

商鞅、韩非，代表法家，站在新兴的地主阶级立场上，针对儒家"齐之以礼"的"礼治"思想，倡导"齐之以刑"的"法治"思想。他们认为"礼乐"不仅不足以富国强兵、兼并天下，而且适足以弱国弱兵，导致国家的衰亡。因此，他们坚决反对儒家的"礼乐"思想。例如商鞅，就直接把"礼乐"斥为"六虱"之一。他说：

> 六虱：曰礼乐，曰诗书，曰修善，曰孝弟，曰诚信，曰贞廉，曰仁义，曰非兵，曰羞战。国有十二者，上无使农战，必贫至削。十二者成群，此谓君之治不胜其臣，官之治不胜其民，此谓六虱胜其政也。十二者成朴①，必削。（《商君书·靳令》）

不仅这样，他还认为国有"礼乐"就败，国无"礼乐"就强：

---

① 章诗同注："朴，丛、群。"《商君书》，章诗同注本，上海人民出版社。

> 国强而不战,毒输于内,礼、乐、虱官生,必削;国遂战,毒输于敌,国无礼、乐、虱官,必强。(《商君书·去强》)

韩非也把"儒以文乱法",称为"五蠹"之首:

> 其学者,则称先王之道以籍仁义,盛容服而饰辩说,以疑当世之法,而贰人主之心。(《韩非子·五蠹》)

这里所说的"学者",就是指儒家。"称先王之道以籍仁义,盛容服而饰辩说",就是说儒家鼓吹先王的礼乐仁义,繁文虚饰,用来引诱和欺骗人主,把人主引到"好辩说而不求其用,滥于文丽而不顾其功"(《韩非子·亡徵》)的亡国道路上去。

商鞅和韩非为什么要对儒家的"礼乐"思想反对得如此激烈呢?马克思和恩格斯说"意识在任何时候都只能是被意识到了的存在"①,那就是说,任何思想和理论都不可能是凭空产生的,而都是时代和社会的产物。商鞅和韩非是法家的代表人物,他们和儒家"礼乐"思想的激烈斗争,正反映了当时客观政治形势的激烈变化。这一变化,他们是有非常清醒的认识的:

> 上世亲亲而爱私,中世上贤而说仁,下世贵贵而尊贵。(《商君书·开塞》)
>
> 上世竞于道德,中世逐于智谋,当今争于气力。(《韩非子·五蠹》)

那就是说,商鞅、韩非从历史的发展,认识到了他们所处的时代,是"贵贵而尊官",是"争于气力"的时代,因此,他们认为儒墨那一套"尊贤使能"、"泛爱众而亲仁",以及什么"礼乐"、"道德"之类,已经行不通了,要统一中国,建立强大的政权,必须尊君重法,"争于气力",也就是说,要用暴力来统一天下。就这样,他们用赤裸裸的君主专制和耕战政策,来取代儒家温情脉脉的"礼乐仁义"。在商鞅和韩非看来,这是历史发展的客观要求。他们用历史发展的观点,来反对儒家和墨家要恢复古代奴隶主的"先王之政":

---

① 马克思、恩格斯:《德意志意识形态》,第19页。

> 前世不同教,何古之法?帝王不相复,何礼之循?……礼、法以时而定,制、令各顺其宜,兵、甲、器备各便其用。臣故曰:治世不一道,便国不必法古。汤、武之王也,不修古而兴;殷、夏之灭也,不易礼而亡。然则反古者未必可非,循古者未足多是也。(《商君书·更法》)
>
> 是以圣人不期修古,不法常可。论世之事,因为之备。宋人有耕田者,田中有株,兔走触株,折颈而死,因释其耒而守株,冀复得兔。兔不可复得,而身为宋国笑。今欲以先王之政,治当世之民,皆守株之类也。(《韩非子·五蠹》)

商鞅、韩非这种"古今不同道"、"世事变而行道异"的历史观,应当说是进步的。但是,进步的不一定都是美好的。每一个新兴的剥削阶级,都是例证。他们代表了历史前进的方向,但他们本身却充满了血与火的罪行。西方资产阶级以血与火来进行原始资本的积累,是如此;我国以法家为代表的新兴地主阶级,也是如此。他们为了要建立地主阶级大一统的专制政权,他们不要空谈仁义,他们公开地直接地要用暴力来兼并天下。正是在这种要求下,他们反对儒家的"礼乐"。他们认为儒家要把古代的"先王之政"和"礼乐"制度应用到"当今争于力气"的战国时代,无异是"守株待兔",不仅非常滑稽可笑,而且将给国家带来极大的危害:

> 言先王之仁义,无益于治。……故明主举实事,去无用,不道仁义者故,不听学者之言。(《韩非子·显学》)

因此,商鞅和韩非是从反复古的立场,是从"举实事,去无用"的立场,是从新兴地主阶级夺取政权的立场,来反对儒家的"礼乐"思想的。他们要"论事之世,因为之备"。"礼乐"是古代的东西,不适宜于当今之治,因此,他们要激烈地反对。他们反对"礼乐"的思想,主要表现在下列的几个方面:

第一,"礼乐"具有腐蚀的作用,不利于政权的巩固。

商鞅、韩非身处战国时代,不仅要夺取政权,而且要兼并天下。因此,怎样励精图治,建立强有力的中央集权政治,成了他们整个思想体系的中心。为了达到这个目的,统治者本身必须是健全的。但是,儒家的"礼乐"思想,表面上是要对统治者荒淫腐朽的生活加以"节文",使统治者提高主观的人格修养,以成为圣君、贤君；实际上则是以"制礼作乐"作为借口，放肆地纵欲享乐，作威作福。商鞅看到了这一点，一针见血地指出：

> 礼乐，淫佚之征也。（《商君书·说民》）
> 乐则淫，淫则生佚。（《商君书·开塞》）

因此，被儒家吹得天花乱坠的"礼乐"，在商鞅看来，不过是淫佚的别名，没有什么了不起。

韩非对于声色女乐，也是极力反对的。他在《十过》中所举的十过，有两条是关于声色女乐的：

> 四曰不务听治，而好五音，则穷身之事也……六曰耽于女乐，不顾国政，则亡国之祸也。

关于"好五音"这一点，韩非举了晋平公要师旷演奏《清商》、《清徵》、《清角》等乐曲为例，说因为演奏了这些音乐，结果"晋国大旱，赤地三年，平公之身遂癃病"。从而说明人主如果不务听治，而纵欲于音乐，将会造成很坏的结果。至于"耽于女乐"，是说秦国故意以"女乐二八遗戎王……戎王……见女乐而说之，设酒张饮，日以听乐，终岁不迁，牛马半死"。结果为秦国所灭。因此，韩非把"好五音"和"耽于女乐"，当成"十过"中的两过，用来警惕人主，不要受到它们的腐蚀。

然而，目喜色，耳喜音，人天生是有欲望的。儒家提倡"礼乐"，正是要"乐节礼乐"，用"礼乐"来节制人的欲望。儒家的这一看法，应当说还是比较现实、比较合乎人情的。但道、法两家不然，他们都反对欲望。道家是从消极方面来逃避欲望，认为"圣人之治"，应当"常使民无知无欲"（《老子》第三章）。法家接受了道家的观点，而又进一步加以发展，认为不仅要"无欲"，而且要禁欲。韩非说：

> 人有欲则计会乱，计会乱而有欲甚。有欲甚则邪心胜，邪心胜则事经绝，事经绝则祸难生。由是观之，祸难生于邪心，邪心诱于可欲。可欲之类，进则教良民为奸，退则令善人有祸。奸起则上侵弱君，祸至则民人多伤。然则可欲之类，上侵弱君而下伤人民。夫上侵弱君而下伤人民者，大罪也。故曰："祸莫大于可欲。"是以圣人不引五色，不淫于声乐，明君贱玩好而去淫

丽。(《解老》)

正因为欲望的危害如此严重,所以韩非反对欲望,要禁止欲望。而儒家的"礼乐",在他看来,会把人引到纵情声色:"耳目竭于声色,精神竭于外貌"(《喻老》)。因此,他为了保证统治者不受腐蚀,政权能够巩固,他就坚决地反对"礼乐"。

第二,从人性的观点来看,"礼乐"不利于治。

要统治人,就得懂得人性,根据人性的特点来加以管治。战国时各家的学说,都是要统一天下,统治人民,因此他们都对人性的问题加以研究。儒家中的孟轲一派,认为人性是善的,因此,只要发展人性的善端,注重人格的教养,使每个人都向着善的方向发展,就可以达到天下大治了。而发展人性的善端的办法,最好的莫过于"礼乐"。荀况一派,则认为人性是恶的,"其善者伪也"(《性恶》)。为了把人从恶引到善,这就需要礼乐刑法一起并用:"立君上之势以临之,明礼义以化之,起法正以治之,重刑罚以治之,使天下皆出于治,合于善也。"(《性恶》)韩非是荀况的学生,他继承了荀况"性恶"的观点,而又进一步加以发展。他抛弃了荀况"礼乐"方面的思想,而发展了刑与法方面的思想。那就因为他把人性之恶,看得比荀况更为严重得多。他认为人"皆挟自为心"(《外储说左上》)、相互"用计算之心以相待"(《六反》)。因此要用儒家那套温情脉脉的"礼乐"思想来治人,是行不通的。他说:

> 夫严家无悍虏,而慈母有败子,吾以此知威势之可以禁暴,而德厚之不足以止乱也。夫圣人之治国,不恃人之为吾善也,而用其不得为非也。恃人之为吾善也,境内不什数;用人不得为非,一国可使齐。为治者用众而舍寡,故不务德而务法。(《显学》)

这样,在韩非看来,善人是少数,恶人是多数,因此,要用"礼乐"来打动人民的心,使人民心悦诚服地接受统治,这是不可能的。要统治人民,就得用法,使他"不得为非"。那么,人民为什么会服从法,服从法的统治?这是出于利害的关系。人与人间的关系,在法家看来,就是利害的关系。例如:

> 且父母之于子也,产男则相贺,产女则杀之。此俱出父母之怀衽,然男

子受贺,女子杀之者,虑其后便、计之长利也。故父母之于子也,犹用计算之心以相待也,而况无父子之泽乎?(《六反》)

父子之间的关系,尚且是利害关系,何况其他?又例如:

> 舆人成舆,则欲人之富贵;匠人成棺,则欲人之夭死也。非舆人仁而匠人贼也,人不贵则舆不售,人不死则棺不买。情非憎人也,利在人之死也。(《备内》)

做车子的人希望人富贵,做棺材的人希望人早死,这与他们心地的善良与否无关,而在于利害。人主统治人民,人民之所以接受统治,不敢反抗,也并不是因为人民喜爱人主,而只是因为人主掌握庆赏杀罚之权,行其威势:

> 杀戮之谓罚,庆赏之谓德。为人臣者,畏诛罚而利庆赏,故人主自用其刑德,则群臣畏其威而归其利矣。(《二柄》)
>
> 凡治天下,必因人情。人情者有好恶,故赏罚可用。赏罚可用,则禁令可立,而治道具矣。(《八经》)

这都是说,因为"人情有好恶",好赏恶罚,所以人主就利用了这一点,把赏罚当成工具。在权衡利害的面前,人臣就趋赏避罚,不得不乖乖地接受统治了。正是在这一点上,韩非强调"明主""不养恩爱之心而增威严之势"(《六反》)。他认为"不恃赏罚而恃自善之民,明主弗贵也"(《显学》)。他甚至公开宣称:"君不仁,臣不忠,则可以霸王矣。"(《六反》)他从这样一种人性的观点出发,自然要反对儒家"礼乐"的思想,反对"仁义之说"了。

第三,"礼乐"不利于富国强兵的耕战政策。

战国之际,既然是"争于气力",这"气力"的具体表现,就是国富兵强。要国富,必须耕;要兵强,必须战。因此,法家都十分强调耕战。他们所说的有用的"实事",所指的就是耕战。例如商鞅就一再说:

> 国之所以兴者,农战也。(《商君书·农战》)
> 国待农战而安,主待农战而尊。(同上)

民之欲利者,非耕不得;避害者,非战不免。境内之民,莫不先务耕战而后得其所乐。故地少粟多,民少兵强。能行二者于境内,则霸王之道毕矣。(《商君书·慎法》)

韩非也主张:"国富以农,距敌恃卒。"(《韩非子·五蠹》)他完全同意商鞅的耕战政策,并一再加以称道:

商君教秦孝公以连什伍、设告坐之过,燔诗书而明法令,塞私门之请而遂公家之劳,禁游宦之民而显耕战之士。孝公行之,主以尊安,国以富强。(《和氏》)

但是,以孔孟为代表的儒家,却把礼乐仁义,看得比耕战重要得多。孔丘宁可"去兵"、"去食",也要"存信"。孟轲更是公开宣称:"城郭不完,兵甲不多,非国之灾也;田野不辟,货财不聚,非国之害也。上无礼,下无学,贼民兴,丧无日矣。"(《孟子·离娄上》)那就是说,在孔孟看来,最重要的是"礼乐仁义",而不是什么耕战。孟轲甚至认为:"善战者服上刑。"(同上)

针对儒家重礼乐、轻耕战的思想,商鞅、韩非为了推行他们的耕战政策,更是大力反对"礼乐"思想。他们在这方面的言论很多,现在摘要举例如下:

农战之民千人,而有诗书辩慧者一人焉,千人者皆怠于农战矣。(《商君书·农战》)

国用诗、书、礼、乐、孝、弟、善、修治者,敌至必削国,不至必贫国。不用八者治,敌不敢至,虽至必却;兴兵而伐必取,取必能有之,按兵而不攻必富。(《商君书·去强》)

夫言行者,以功用为之的彀者也。……今听言观行,不以功用为之的彀,言虽至察,行虽至坚,则妄发之说也。是以乱世之听言也,以难知为察,以博文为辩;其观行也,以离群为贤,以犯上为抗……是以儒服、带剑者众,而耕战之士寡;坚白无厚之词章,而宪令之法息。(《韩非子·问辩》)

夫耕之用力也劳,而民为之者,曰:可以得富也。战之为事也危,而民为之者,曰:可以得贵也。今修文学,习言谈,则无耕之劳而有富之实,无战之危而有贵之尊,则人孰不为也。是以百人事智,而一人用力。事智者众,

则法败；用力者寡，则国贫。此世之所以乱也。(《韩非子·五蠹》)

因此，为了推行"以功用为之的彀"的耕战政策，所以商鞅、韩非大力反对"修文学，习言谈"的"礼乐"思想。

第四，"礼乐"不利于中央集权的君主专制。

儒法两家都主张"君主"，都主张尊君而抑民。而且为了尊君，还都主张"愚民"。他们的学说，都是为君主服务的。但是，他们"尊君"的方式却是不同的。儒家按照血缘的亲疏关系，要求保持"君君、臣臣"的等级制度。然而，尊者贵者，无功无劳，无德无能，怎么能够维持他们高高在上的地位呢？儒者认为，一方面统治者应当发善心、施仁政、行礼教，以便笼络人民；另一方面，则要靠一套"经仪三百，威仪三千"的礼乐制度，就在"钟鼓喤喤，磬管将将"(《诗经·周颂·执竟》)、"礼仪卒度"(《诗经·小雅·楚茨》)、"威仪反反"(《诗经·周颂·执竟》)的当中，达到"上好礼，则民莫敢不敬"(《论语·子路》)的统治目的。

法家则不同。他们认为要"尊君"，必须加强中央集权；要加强中央集权，就必须"明法"。尊君与明法，是一件事情的两个方面。要尊君，必须明法；明法的目的，就是为了尊君。商鞅在《开塞》篇中，指出了"立君"的历史原因：

> 天地设而民生之……民众而无制，久而相出为道，则有乱。故圣人承之，作为土地、货财、男女之分。分定而无制，不可，故立禁；禁立而莫之司，不可，故立官；官设而莫之一，不可，故立君。既立君，则上贤废而贵贵立矣。

这里，商鞅的确看出了"立君"的历史趋势。立君的目的，就是为了"一"，为了建立中央集权的统治。但君用什么来"一"、来统治呢？那就要靠"法"。因此，"尊君"与"明法"，二者是分不开的。

> 圣王者不贵义而贵法，法必明，令必行，则已矣。(《商君书·画策》)
> 凡人主德行非出人也，知非出人也，勇力非过人也。然民虽有圣知，弗敢我谋；勇力，弗敢我杀；虽众，不敢胜其主；虽民至亿万之数，县重赏而民不敢争，行罚而民不敢怨者，法也。(同上)

同时，在"法"的面前，"无功而受事，无爵而显荣"(《韩非子·五蠹》)，是不允许

的。这样,就打破了奴隶主贵族的世袭制:

> 故明主之吏,宰相必起于州部,猛将必发于卒伍。夫有功者必赏,则爵禄厚而愈劝;迁官袭级,则官职大而愈治。夫爵禄劝而官职治,王之道也。(《韩非子·显学》)

总之,要尊君,必须"明吾法度,必吾赏罚"(《韩非子·显学》)。只有这样,中央集权的统治才能巩固。如果按照儒家的"礼乐"行事,必然要破坏"法治",从而不利于君主的专制。因此,商鞅和韩非都反对"礼乐":

> 故事诗书、谈说之士,则民游而轻其君。(《商君书·算地》)
> 君好法,则端直之士在前;君好言,则毁誉之臣在侧。(《商君书·修权》)
> 仁义修则见信,见信则受事;文学习则为明师,为明师则显荣:此匹夫之美也。然则无功而受事,无爵而显荣,为政如此,则国必乱,主必危矣。(《韩非子·五蠹》)

战国时,儒法两家都具有积极进取的精神,他们都要各以其道以易天下。然而儒家所看重的却是主观人格的修养,养吾浩然之气,知其不可而为之。这样,他们的音乐美学思想,就着重在与礼相结合的乐,一方面,"立于礼,成于乐";另一方面,"以乐化民"。法家则不然。法家强调客观的规律:"夫缘道理以从事者,无不能成。"(《韩非子·解老》)规律不能靠主观的修养,而要由客观来加以强制。"法"就是一种强制。音乐等文学艺术,是和强制相反的。因此,一般说,法家不重视音乐等文学艺术。诗、书、礼、乐,都一再遭到法家的排斥。他们反对儒家的"礼乐"思想,也说明了他们对于文学艺术的不重视。他们打天下,不要靠"礼乐",而要靠"法",靠"耕战"。

但是,我们是不是因此就可以说:以商鞅和韩非为代表的法家,就完全反对文学艺术,完全没有音乐美学思想可言呢?过去,的确有这样的看法;今天,也仍然有同志有这样的看法。他们说:商鞅"不主张给人民任何文化生活"[①]。我们

---

① 参看《中国古代著名哲学家评传》第一卷,第 250 页,齐鲁书社,1982 年。

说,这种看法是有一定的道理的。不过,天下的事情是很复杂的。就在商鞅和韩非反对音乐的言论中,表现了他们不少的音乐美学思想。不仅这样,而且他们对音乐还有许多积极的、正面的主张。现在,我们就分几个方面,来加以论述。

(1) 他们不是从根本上反对音乐,而是认为比较起"法"和"耕战"来,应当有个轻重缓急,音乐应当放在后面。治定而后制乐,这就是他们的主张:

> 汤、武既破桀、纣,海内无害,天下大定。筑五库,藏五兵,偃武事,行文教,倒载干戈,搢笏作乐,以申(歌颂)其德。(《商君书·赏刑》)
> 所谓明者,无所不见,则群臣不敢为奸,百姓不敢为非。是以人主处匡床之上,听丝竹之声,而天下治。(《商君书·画策》)

这种讲法,和荀况在《王霸》篇所讲的"故明君者,必将先治其国然后百乐得其中"的讲法,可说完全是一样的。韩非在《五蠹》篇中,更从人们的审美活动是建立在物质基础之上的这一唯物主义的观点,来说明这个问题:

> 故糟糠不饱者,不务粱肉,裋褐不完者,不待文绣。夫治世之事,急者不得,则缓者非所务也。

因此,商鞅、韩非并不是完全不要音乐,也并不是完全忽视人们的审美活动。他们是从轻重缓急的上面,把音乐放在治的后面,放在物质生活的后面,认为只有先解决了治和物质生活的问题,然后才谈得上音乐,然后才能满足人们审美的要求。

(2) 他们反对儒家的"礼乐",但不反对有实际用处,能够为法家的法治路线和耕战政策服务的音乐:

> 民之欲富贵也,共阖棺而后止。而富贵之门必出于兵,是故民闻战而相贺也,起居饮食所歌谣者,战也。(《商君书·赏刑》)

"起居饮食所歌谣者,战也。"怎么能说商鞅完全反对音乐呢?他只是要求音乐要能够为耕战服务罢了。

至于韩非,强调"举实事,去无用"。这是他立法的政治标准,也是他对待音

乐和一切艺术的审美标准。对于一些无用的音乐和艺术,他是坚决反对的。他曾举过许多例子,来说明他的这一美学观点:

> 宋人有为其君以象①为楮叶者,三年而成。丰杀茎柯,毫芒繁泽,乱之楮叶之中,而不可别也。此人遂以功食禄于宋邦。列子闻之曰:"使天地三年而成一叶,则物之有叶者寡矣。"(《韩非子·喻老》)

> 墨子为木鸢,一年而成,蜚一日而败。弟子曰:"先生之巧,至能使木鸢飞。"墨子曰:"不如为车輗者巧也。用咫尺之木,不费一朝之事,而引三十石之任。致远力多,久于岁数。"(《韩非子·外储说左上》)

> 客有为周君画荚者,三年而成。君观之,与髹荚者同状,大怒。画荚者曰:"筑十版之墙,凿八尺之牖,而以日始出时,加之其上而观。"周君为之。望见其状,尽成龙蛇禽兽车马,万物之状备具。周君大悦。此荚之功,非不微难也,然其用与素髹荚同。(同上)

楮叶、木鸢、画荚等等,都是非常巧妙的,韩非也并不否定。但是,由于它们无用,"美下而耗上",因此他坚决反对。反过来,如果真正有用的东西,如车輗,他却加以赞美和肯定。

对于音乐,韩非也是根据有用或无用的标准,来加以评价:

> 宋王与齐仇也,筑武宫。讴癸倡,行者止观,筑者不倦。王闻召而赐之。对曰:"臣师射稽之讴,又贤于癸。"王召射稽使之讴,行者不止,筑者知倦。王曰:"行者不止,筑者知倦,其讴不胜如癸美,何也?"对曰:"王试度其功:癸四板,射稽八板。擿其坚:癸五寸,射稽二寸。"(《韩非子·外储说左上》)

> 兹郑子引辇上高梁而不能支。兹郑踞辕而歌,前者止,后者趋,辇乃上。(《韩非子·外储说右下》)

在这里,韩非肯定了讴癸、射稽、兹郑子等人的音乐,这就因为他们的音乐能够促进生产,有用。而歌的美丑,也并不在于人们听的如何,而在于它们实际功效的

---

① 顾广圻曰:"象,《列子·说符》篇作玉。"见王先谦:《韩非子集解》卷七,第4页,扫叶山房,1925年。

大小。表面上看,讴癸能够使"行者止观,筑者不倦";而射稽唱时,"行者不止,筑者知倦";似乎讴癸的歌要比射稽更美。然而从实际的功用上来看,讴癸唱时,只能筑四板,而射稽唱时,却能筑八板;讴癸唱时,所筑的墙的坚度,可以射进去五寸;而射稽唱时,所筑的墙的坚度远远超过于此,只能射进去二寸。就这样,韩非认为射稽唱的歌,要比讴癸的美。韩非的这一音乐美学思想,应当说是继承了古代唯物主义美学思想的传统,认为音乐应当在生产斗争中发挥作用,而不应当像儒家所鼓吹的"礼乐"那样,只是装装门面,歌功颂德。另外,韩非所肯定的音乐家,差不多都是名不见经传的民间音乐家,而不是儒家所吹捧的那样一些在朝做官的"乐师",如师挚、师旷等。当然,我们既不能以此断定法家的音乐美学思想比儒家的高明,也不能以此断定法家的音乐美学思想比儒家的进步。我们只是因此指出:他们之间由于政治路线的不同,所以在音乐美学思想上就出现了根本的差别。

(3) 关于音乐的内容与形式问题,商鞅和韩非都没有直接谈到。但从他们的思想体系来看,无疑的是强调内容先于形式的。在这方面,韩非的论述很多:

> 礼为情貌者也,文为质饰者也。夫君子取情而去貌,好质而恶饰。夫恃貌而论情者,其情恶也。须饰而论质者,其质衰也。何以论之?和氏之璧,不饰以五采;隋侯之珠,不饰以银黄。其质至美,物不足以饰之。夫物之待饰而后行者,其质不美也。(《韩非子·解老》)

很明显,韩非认为美在情,而不在貌;美在质,而不在文;美在内容,而不在形式。只有当失去了内容的时候,然后才在形式上力求装饰。"礼繁者实心衰也",正因为缺乏真实的感情,所以才"用礼以貌情也"。强调形式,必然会造成"以文害用"。对于这个问题,韩非举了秦伯嫁女和买椟还珠两个例子,来加以说明:

> 昔秦伯嫁其女于晋公子,令晋为之饰装。从文衣之媵七十人。至晋,晋人爱其妾而贱公女。此可谓善嫁妾,而未可谓善嫁女也。楚人有卖其珠于郑者,为木兰之柜,薰以桂椒,缀以珠玉,饰以玫瑰,辑以羽翠。郑人买其椟而还其珠。此可谓善卖椟矣,未可谓善鬻珠也。(《韩非子·外储说左上》)

这两个例子,非常生动地说明了:韩非从"举实事,去无用"的角度,是强调情、质和内容的。儒家的"礼乐","好辩说而不求其用,滥于文丽而不顾其功"(《韩非子·亡徵》),这是他所坚决反对的。同时,他又考虑到:"上用目,则下饰观;上用耳,则下饰声。"(《韩非子·有度》)因此,他对于君王提倡什么样的音乐和艺术,要求就格外严格。

（4）关于文学艺术创作的特殊规律问题。由于先秦诸子都还没有意识到文艺是一种独立的意识形态,因此,他们都还没有自觉地专门地来探讨这个问题。但是,客观存在的事实和实践的需要,又使他们不能不在不同的程度上涉及这个问题。庄周庖丁解牛、轮扁斫轮、梓人为鐻、吕梁丈夫没水等寓言,都通过"进乎技"的各门技艺,探讨了艺术创作的一些特殊规律。他所谈的是技艺,但实际上已是艺术创作的问题。庄周之外,先秦诸子中,应当说韩非对这个问题的探讨,比其他诸人都更多、更深。首先,韩非像庄周一样,非常善于讲故事。他用许多生动的形象化的故事,如"矛盾"、"守株待兔"、"买椟还珠"等,来说明他的政治思想和哲学、美学等思想。因此,他是具有文艺创作的秉赋和才能的。其次,他对一些专门的文艺创作问题,提出一些相当精辟的见解。这里,我们举几个例子:第一,他最早正式提出了想象的问题。想象是文艺创作不同于其他思维活动的一个重要特征。没有想象,就谈不上文艺创作。韩非虽然还没有有意识地意识到这一点,他更没有从文艺创作的特殊规律来探讨想象问题,但他的确是我国最早涉及这个问题的思想家。他说:

> 人希见生象也,而得死象之骨。案其图以想其生也。故诸人之所以意想者,皆谓之象也。(《韩非子·解老》)

这里所说的"意想",可说就是想象。此外,他又说:"先物行,先理动,之谓前识。前识者,无缘而忘(妄)意度也。"(《解老》)这里所说的"意度",虽然韩非是以否定的口气来谈的,但也应当说是一种想象。

第二,在《外储说左上》中,他讲了一个小故事:

> 客有为齐王画者,齐王问曰:"画孰最难者?"曰:"犬马最难。""孰易者?"曰:"鬼魅最易。"夫犬马,人所知也,旦暮罄于前,不可类之,故难;鬼神,无形者,不罄于前,故易之也。

这个小故事,说明了文艺应当真实地反映生活。但要真实地反映生活,并不容易。画犬马难,画鬼魅易,就是一个例子。韩非通过这个例子,说明了他对于文艺的真实性的重视。他把真实地反映生活的"画犬马",看得比不是真实地反映生活的"画鬼魅",更有价值和意义。他的这一看法,后来在王充的《论衡》中,得到了进一步的发展。但宋代的欧阳修,认为这不过是一种"画以形似为难"的讲法,其实画鬼神也并不容易。(《题薛公期画》)

第三,在《外储说右下》中,他又讲了一个小故事:

> 田连、成窍,天下善鼓琴者也。然而田连鼓上,成窍擫下,而不能成曲。亦共故也。

在这个小故事中,说明了音乐的演奏是有个性的,不能"共"。同一个琴,只能由一个人来演奏。两个人共鼓一个琴,结果什么都演奏不出来。韩非的本意,是要借此以说明人主不能与臣下"共势",而必须独专其"势"。但实际上,他却说明了音乐是一种个体的精神劳动,是富有个性的,因此不能两个人同时来鼓一个琴。

第四,在《外储说右上》中,韩非还谈到了音乐的教学问题:

> 夫教歌者,使先呼而诎之,其声反清徵者,乃教之。一曰:教歌者先揆以法,疾呼中宫,徐呼中徵。疾不中宫,徐不中徵,不可谓教。

这段话,说明韩非不仅一般地懂得音乐,而且懂得音律。他正是根据音律的法则,来探讨声乐的教学的。

从以上几个方面来看,可见韩非并不是不懂文艺创作。他不仅懂,而且对文艺创作中的一些基本问题,还谈得相当深刻,相当正确。那么,我们又有什么理由说:以商鞅、韩非为代表的法家,完全反对音乐、完全反对文艺呢?事实上,他们所反对的只是儒家的"礼乐"!

但是,历史的辩证法是很复杂的。以商鞅和韩非为代表的法家,反对"礼乐"。可是,他们"尊君"、"重法"的思想,却又为儒家的"礼乐"制度开辟了道路,并使儒家的"礼乐"制度能够在我国封建社会中长期存在下来。这就因为"礼乐"的目的,就是要在揖让进退、钟鼓齐鸣、乐舞交融的当中,来达到别尊卑、别贵贱,使在上者"威仪反反",使在下者敬畏而不敢犯上。它表面上是和平的、雍容和睦的,但实际上它是以法家的"尊君"作为前提,以建立统治者的威严作为目的的。这一点,只要我们看一看故宫,那庄严到不敢令人仰视的建筑,那肃穆到不敢令人喘息的气氛,不就是儒家"礼乐气象"的具体表现吗?而法家所追求的,不也正是这样的一种"气象"吗?不过,他们不是要通过和平的"礼乐"方式来达到,而是要通过"法",通过"威"和"势"来达到。其所以要"威"和"势",就是为了"尊君"和"抑民"。商鞅和韩非,一再说:

> 民弱国强,民强国弱。故有道之国,务在弱民。(《商君书·弱民》)
> 君尊则令行,官修则有常事,法制明则民畏刑。法制不明,而求民之行令也,不可得也。民不从令,而求君之尊也,虽尧舜之知,不能以治。(《商君书·君臣》)
> 民者固服于势,寡能怀于义。(《韩非子·五蠹》)
> 彼民之所以为我用者,非以吾爱之为我用者也,以吾势之为我用者也。(《韩非子·外储说右下》)

因此,在法家看来,国与民是对立的,君与民也完全是对立的。要强国,就得弱民;要尊君,就得抑民。而尊君抑民的唯一办法,就是严刑峻法,提高君的威势。在他们没有取得天下的时候,他们采用的办法是耕战政策。而在他们取得了天下的时候,不管他们愿意不愿意,他们都不可避免地要采用儒家那一套他们所反对的"礼乐"制度。秦始皇是一个例子,汉高祖也是一个例子。汉高祖本来不喜欢儒家,用儒生的帽子来溺小便。可是当他当上了皇帝,儒生叔孙通等为他"共起朝仪"、"起礼乐",结果,"自诸侯王以下莫不振恐肃静",他乃高兴地说:"吾乃今日知为皇帝之贵也!"(《史记·刘敬叔孙通列传》)这样,可见儒、法两家,在"礼乐"的问题上,虽然争论十分激烈,似乎互不相容;但在实际的应用上,他们却又不谋而合,共同为封建帝王服务。中国两千多年来的历史,从表面上看,似乎是尊儒抑法;但从实质上来看,又不能不说儒、法合流。这里的根本原因,就在于他们都要"尊君",都是君主统治人民的工具!

评《礼记·乐记》的音乐美学思想

一、前　言

我国古代是一个音乐发达的国家,先秦是我国古代音乐最为发达的时期之一。同时的古希腊,主要只有七弦琴、奥洛斯(aulos)管等几种乐器,而我国先秦见于记载的有近七十种乐器,仅仅《诗经》所载就有廿九种。① 古希腊音乐,主要限制在声乐念唱中,他们的音乐家同时多是诗人。我国先秦则有了相当规模的专业音乐工作者,周代已建立了王家的音乐机构"大司乐",所辖乐师,据《周礼》所载,达到了一千四百六十三人。② 世子和国子所受的教育中,音乐占了重要的地位。《礼记·内则》说:"十有三年,学乐,诵诗,舞勺。成童舞象,学射御。二十而冠,始学礼,可以衣裘帛,舞大夏。"据《穆天子传》卷二:"天子西征,至于玄池。天子三日,休于玄池之上。乃奏广乐,三日而终,是曰乐池。"据近人考证,"玄池"乃是与里海相连的黑湖。③ 这说明早在周穆王时,我国的音乐已经传到了现在中亚一带。正因为我国古代音乐这样发达,所以当时的美学思想,主要是音乐美学思想。孔丘大量有关音乐的言论,荀况的《乐论》,以至《礼记》中的《乐记》,则成了这一音乐美学思想的代表作。

我们今天的美学,研究的根本问题是美。美不美,以及怎样才算美,成了审美欣赏和评价中的一个重要问题。先秦的音乐美学思想,则把乐不乐,以及怎样才算乐,当成重要的问题。孔丘闻《韶》,三月不知肉味,说:"不图为乐之至于斯也。"④ 谈到居丧之家,又说:"闻乐不乐。"⑤ 这里所说的"乐",一方面指音乐,另一

---

① 参见杨荫浏:《中国古代音乐史稿》上册,第41页。
② 同上,第34页。
③ 同上,第40页。
④ 《论语·述而》。参看朱熹集注:《论语》上册卷四,第6页,中华书局,1936年。
⑤ 《论语·阳货》。参看朱熹集注:《论语》下册卷九,第11页。

方面指快乐。评价音乐和艺术的标准,就看它能不能给我们带来快乐。荀况更直截了当地说:"夫乐者,乐也,人情之所必不免也,故人不能无乐。"①这是说,人情都是喜欢快乐的,因此以音乐为代表的文学艺术,应当给人带来快乐。其他如墨子所说的"非乐",孟轲所说的"与民同乐",庄周所说的"至乐无乐",也都是指快乐而言。先秦各家正是都从乐不乐的观点来看待以音乐为代表的各种艺术,因此,就对什么叫做乐,以及怎样才能给人带来真正的快乐的问题展开了热烈的争论。争论中,儒家坚持"礼乐"的观点,认为只有"礼乐"才是真正的"乐",才有利于国家社会,其他的"乐"则是"淫乐",不利于国家社会。墨、道、法三家,反对儒家的"礼乐"观点。但因为儒家不仅有一套完整的观点,而且它从"人情"出发,维护文学艺术,强调文学艺术在治理国家和协调社会生活中的地位,能够投合历代封建统治阶级的政治需要和审美需要,因此,儒家的以"礼乐"为中心的音乐美学思想,终于在统治阶级中取得了胜利。反之,墨法两家,用狭隘的功利观点,把美与真、美与善对立起来,违反了人情,违反了人类对于文学艺术的需要,因此,他们的观点,没有能够普遍流传。

《乐记》既是《礼记》中的一篇,又是一部独立的著作。经过战国时期的百家争鸣,它把儒家的"礼乐"思想,加以丰富和系统化,成为先秦儒家"礼乐"思想的总结和集大成。如果说,亚里士多德的《诗学》,是根据盛行于希腊时的史诗、悲剧和喜剧等艺术实践,对于古代希腊美学思想的总结,而"雄霸了西方的美学思想二千年"②,那么,《乐记》则是根据我国先秦时包括歌、舞在内的音乐艺术的实践,对于我国先秦时期音乐美学思想的总结,从而在我国音乐美学思想发展史上产生了极为深远的影响。它在我国美学思想史中的地位,康熙时敕撰的《律吕正义》,曾经这样说:"囊括古今言乐之道,精粗本末,觊缕无遗。"我们认为这一评价,还是合乎事实的。两千多年来的中国封建社会,有关文学艺术的美学思想,从《毛诗序》开始,一直到晚清各家论乐的观点,基本上没有超过《乐记》所论述的范围。因此,《乐记》在我国的音乐美学思想发展的历史中,不仅是第一部最有系统的著作,而且还是最有生命力、最有影响的一部著作。这样,我们就不能不特别重视了。

---

① 《荀子·乐论》,参看章诗同注:《荀子简注》,第 221 页。
② 车尔尼雪夫斯基:《美学论文选》,第 129 页,人民文学出版社,1957 年。

二、《乐记》的作者和时代

谈到《乐记》,首先碰到的是作者和时代的问题。这个问题,从古到今,聚讼纷纭,莫衷一是。今人也有不少论述。① 我想在他们的基础上,补充一些意见。

我国历代都有雅乐和俗乐、古乐和今乐之争。谈到《乐记》的作者和时代,差不多每次都和要恢复雅乐和古乐的问题,联系在一起。其中最重要的有两次。第一次提出这个问题来的,是汉初。《汉书·艺文志》说:

> 战国从衡,真伪分争,诸子之言纷然淆乱。至秦患之,乃燔灭文章,以愚黔首。汉兴,改秦之败,大收篇籍,广开献书之路。②

这就是说,战国之时,百家争鸣,因而学术繁荣,书籍甚多。到了秦始皇,为了实行愚民政策,焚书坑儒,书籍多数燔灭。汉兴以后,为了改变这个状况,历代帝王,都鼓励献书。于是许多埋没了的古书,都渐次重新出现,《乐记》也应当是其中的一种。

《乐记》是怎样重新出现的呢?《隋书·经籍志》记述其经过说:

> 乐者,先王所以致神祇,和邦国,谐万姓,安宾客,悦远人,所从来久矣。周人存六代之乐,曰《云门》、《咸池》、《大韶》、《大夏》、《大濩》、《大武》。其后衰微崩坏,及秦而顿灭。汉初,制氏虽纪其铿锵鼓舞,而不能通其义。其后窦公、河间献王、常山王、张禹,咸献《乐书》。③

这是说,古乐早已有了,但到秦代而顿灭。汉初窦公、河间献王、常山王禹等人,共献《乐书》,于是失散了的古乐,又重新出现了。

《汉书·艺文志》记述得更为详细:

---

① 如吴毓清:《〈乐记〉的成书年代及其作者》,《音乐学丛刊》,1981年第1期;如孙尧年:《〈乐记〉作者问题考辨》,《文史》,1981年第10辑;等等。主要文章,均收集在人民音乐出版社编辑部编的《〈乐记〉论辩》一书,1983年版。
② 《汉书·艺文志》,《汉书》第6册,第1701页,中华书局,1962年。
③ 《隋书·经籍志》,《隋书》第4册,第927页,中华书局,1973年。其中"常山王、张禹"一句,据《汉书·艺文志》,应为"常山王禹"。

> 自黄帝下至三代,乐各有名。孔子曰:"安上治民,莫善于礼;移风易俗,莫善于乐。"二者相与并行。周衰俱坏,乐尤微眇,以声律为节,又为郑卫所乱,故无遗法。汉兴,制氏以雅乐声律,世在乐官,颇能纪其铿锵鼓舞,而不能言其义。六国之君,魏文侯最为好古,孝文时得其乐人窦公,献其书,乃《周官》《大宗伯》之《大司乐》章也。武帝时,河间献王好儒,与毛生等共采《周官》及诸子言乐事者,以作《乐记》,献八佾之舞,与制氏不相远。其内史丞王定传之,以授常山王禹。禹,成帝时为谒者,数言其义,献二十四卷记。刘向校书,得《乐记》二十三篇,与禹不同,其道寖以益微。①

这也是说,古代礼、乐并行,代有雅乐。但后来散失了;雅乐与古乐,不复存在。这样,为了搜集古代的文献,朝廷"广开献书之路"。先秦时的乐人窦公,也被找了来。另外,像河间献王这样的人,也以其地方的力量,搜集古书古乐。《汉书·景十三王传》,说到河间献王时,说:

> 修学好古,实事求是。从民得善书,必为好写与之,留其真,加金帛赐以招之。由是四方道术之人不远千里,或有先祖旧书,多奉以奏献王者,故得书多,与汉朝等。……献王所得书皆古文先秦旧书,《周官》、《尚书》、《礼》、《礼记》、《孟子》、《老子》之属,皆经传说记,七十子之徒所论……修礼乐,被服儒术,造次必于儒者。②

这说明了河间献王所得的书,"皆古文先秦旧书"。他"修礼乐",曾向武帝"献雅乐","献八佾之舞"。正因为这样,所以他能够与毛生等"共采《周官》及诸子言乐事者",整理出一部《乐记》来。《汉书·艺文志》所开列的《王禹记》二十四篇,应当就是河间献王所搜集和整理的《乐记》。这一《乐记》,很明显的,它的原本不是汉人新作,而是"先秦旧书"。至于刘向校书所得的"《乐记》二十三篇",孙尧年同志说:

> 《乐记》既入中秘,则推断刘向校得之二十三篇与《王禹记》同属一本,并

---

① 《汉书·艺文志》,《汉书》第 6 册,第 1711—1712 页。
② 《汉书·景十三王传》,《汉书》第 8 册,第 2410 页。

不为过(惟两本辗转流传,内容难免更动,其不同或不仅一卷之差)。①

我认为这一讲法,是有道理的。河间献王献书到了中秘,刘向校书中秘,得之而加以校定,这是很可能的。《史记正义》说:

  《乐书》者,犹《乐记》也,郑玄云以其记乐之义也。此于《别录》属《乐记》,盖十一篇合为一篇。②

这是说,《史记》中的《乐书》,就是《乐记》。这一《乐记》,在刘向的《别录》中,就属《乐记》。其中虽有某些不同,但基本上是一回事。因此,《乐记》应当是河间献王所献的"先秦旧书"。正因为这样,所以它才需要搜集和整理,需要献上朝廷。这是在我国第一次恢复雅乐和古乐的时候,《乐记》被提出来了。

  我国第二次较为重要的恢复雅乐和古乐的活动,是梁武帝的时候。这时,又把《乐记》提了出来。《隋书·音乐志》对此曾有详细的记载:

  梁氏之初,乐缘齐旧。武帝思弘古乐……于是散骑常侍、尚书仆射沈约奏答曰:"窃以秦代灭学,《乐经》残亡。至于汉武帝时,河间献王与毛生等,共采《周官》及诸子言乐事者,以作《乐记》……案汉初典章灭绝,诸儒掇拾沟渠墙壁之间,得片简遗文,与礼事相关者,即编次以为礼,皆非圣人之言。《月令》取《吕氏春秋》,《中庸》、《表记》、《防记》、《缁衣》皆取《子思子》,《乐记》取《公孙尼子》,《檀弓》残杂,又非方幅典诰之书也。礼既是行已经邦之切,故前儒不得不补缀以备事用。乐书事大而用缓,自非逢钦明之主,制作之君,不见详议。汉氏以来,主非钦明,乐既非人臣急事,故言者寡……"③

这段话,说明了古乐衰微的原因,也说明了《乐记》是在梁武帝"思弘古乐"的时候,又重新被注意的。因此,《乐记》虽然不一定是先秦原书,但却是根据先秦有关音乐的遗书和言论,整理而成,则是比较可以肯定的。否则,我国两次恢复古乐的运动,不会都把《乐记》当成修复的对象。

---

 ① 孙尧年:《〈乐记〉作者问题考辨》,《文史》,1981 年第 10 辑。
 ② 《史记正义》,《史记》第 4 册,第 1175 页,中华书局,1982 年。
 ③ 《隋书·音乐志》,《隋书》第 2 册,第 287—288 页。

那么,先秦时《乐记》原书的作者又是谁呢?上引《隋书·音乐志》,其中南朝的沈约认为是公孙尼子。唐朝张守节所作的《史记正义》也说:"其《乐记》者,公孙尼子次撰也。"根据这一点,郭沫若在《公孙尼子与其音乐理论》一文中,断定《乐记》的原作者是公孙尼子。但是,他又认为现存的《乐记》,并不是公孙尼子的原著。他说:

> 今存《乐记》,也不一定完全是公孙尼子的东西,由于汉儒的杂抄杂纂,已经把原文混乱了。①

为了证明这一点,他还说:

> 据现存的资料,《乐记》十一篇的次第已经有三种:不知道那一种是公孙尼子所原来有的,或者都不是。而内容也有些疑问。例如《乐论篇》言"礼乐之情同,故明王以相沿也",而《乐礼篇》则言"五帝殊时不相沿乐,三王异世不相袭礼";又如《乐论篇》言"乐至则无怨,礼至则不争",《乐化篇》言"乐极和,礼极顺",而《乐礼篇》则言"乐极则忧,礼极则偏"。这些显然不像是一个人的论调。《乐礼篇》很可疑,因为里面有一节,差不多和《易·系辞传》完全相同……这无论怎样,有一边总不免是剿袭。因此关于《乐礼》的一节应该不是公孙尼子的东西,至少也应该怀疑。
>
> 此外《乐言》、《乐情》、《乐化》、《乐象》四篇,都有与《荀子·乐论篇》同样的文句或章节。论时代,荀子当后于公孙尼子,但荀子不至于整抄前人的文字以为己有。②

因此,郭沫若虽然认为《乐记》的原作者是公孙尼子,但又并不认为《乐记》中全是公孙尼子的东西。孙尧年同志在《〈乐记〉作者问题考辨》一文中,不同意公孙尼子是《乐记》的原作者,而认为:

> 《乐记》是西汉中期以前儒家论乐的综合著作,主要为荀子学派的

---

① 郭沫若:《青铜时代》,《郭沫若全集》历史类,第1卷,第490页,人民出版社,1982年。
② 同上,第488—490页。

作品。①

我基本上同意孙尧年同志的看法,但有一些补充:

第一,古书作者失传,一般难于考定。在我们没有确凿的证据以前,固然不必肯定一定是某人之作,但也不必否定一定不是某人之作。马国翰《玉函山房辑佚书》中既然保存有公孙尼子论乐的某些话,与《乐记》相同,那么,我们就不必完全否定公孙尼子与《乐记》有某些关系。今人张舜徽在《中国古代史籍校读法》中说:

> "记"是疏记的意思。经传中的《礼记》,便是七十子后学者解说礼经的文字。《礼记正义》说:"记者,共撰所闻,编而录之。"

公孙尼子既是孔丘的弟子,即使他本人的观点有与《乐记》不同的地方,但他撰述其所闻,某些言论流传到《乐记》中,并非不可能。因此,即使我们不同意公孙尼子是《乐记》的原作者,但也不必完全排斥他。

第二,《乐记》的原书,应当是"先秦旧书"。河间献王与毛生等,"共采《周官》及诸子言乐事者,以作《乐记》"。这就说明了《乐记》所本的原书,是《周官》及先秦诸子言乐事者。它里面,有孔、孟的言论,有荀况的《乐论》,还有《易·系辞传》、《左传》、《吕览》以至《礼记》中其他各篇有关的文章。正因为这样,所以《乐记》有许多地方与它们相同。因此,《乐记》不是一人一时之作,而是汉初儒者搜集和整理了先秦谈乐的言论,特别是儒家谈乐的言论,综合起来,编辑成的一部著作。它的原作者,应当是先秦儒者,它的编辑者则是汉初儒者。梁启超说:

> 他(指《礼记》)的性质是孔门论礼丛书。他是儒家思想,尤其是礼教思想最发达到细密时的产品。他是七十子的后学,尤其是荀子一派,各记其师长言行,由后仓、戴圣、戴德、庆普等凑集而成的。他的大部分是战国中叶和末叶已陆续出现,小部分是西汉前半儒者又陆续缀加的。②

---

① 孙尧年:《〈乐记〉作者问题考辨》,《文史》,1981 年第 10 辑。
② 梁启超:《古书真伪及其年代》,第 128 页,中华书局,1955 年。

这段话,我认为比较平允,合乎实际情况。其中指出包括《乐记》在内的《礼记》,是"儒家思想,尤其是礼教思想最发达到细密时的产品",更是重要。战国中叶以后,儒、墨、道、法等各家显学,俱已成立,各有专著。为了辩难取胜,论证愈来愈精密,文体愈来愈专门周详。《大学》、《中庸》、《易传》等都是例子。关于"礼乐"问题,儒家一直很重视,这时更趋向于系统化和理论化。《乐记》应当就是在这个基础上产生出来的。由于古人著述,并不避讳抄录前人著作,因此《乐记》大量抄录了《荀子》、《易传》、《左传》、《吕览》等的文字。这一方面,形成了议论驳杂、内容矛盾的某些现象;另一方面却也综合了先秦以来儒家音乐美学思想,成为儒家在这方面的代表作。

第三,如果《乐记》的音乐美学思想,形成于战国末叶;那么,它的成书年代,最晚不得晚于《史记》的成书年代。这是因为《史记》的《乐书》,基本上取自《乐记》。必须先有《乐记》,然后才会有《史记》的《乐书》。《史记正义》谈到《乐书》时说:"今此文篇次颠倒者,以褚先生升降,故今乱也。"那是说,《乐书》是褚少孙编进《史记》的。褚少孙是元帝、成帝时博士。《乐记》的传授者王禹也是成帝时的"谒者"。因此,《乐记》的最后编辑成书,当不得晚于成帝时代。至于以后的增补损益,可说一直延续到汉末。《隋书·经籍志》说:

> 汉末马融遂传小戴之学,融又定《月令》一篇,《明堂位》一篇,《乐记》一篇,合四十九篇。而郑玄受业于融,又为之注。

陆德明《经典释文·序录》也说:

> 《礼记》者,本孔子门徒共撰所闻,以为此记。后人通儒,各有损益……后汉马融、卢植,考诸家同异。附戴圣篇章,去其繁重,及所叙略,而行于世,即今之《礼记》是也。郑玄亦依卢、马之本而注焉。

这都是说,包括《乐记》在内的《礼记》,是一直到东汉末年,马融、卢植等,还在有所"损益"。因此,《乐记》的思想体系,虽然形成于战国末年;它的成书,在于汉初;但一直到汉末,儒者还在对它进行增补编定。这样,我们就不应当把《乐记》看成是一人一时的作品,而应当看成是先秦儒家音乐美学思想的总结和集大成。

第四,《乐记》的音乐美学思想,虽以荀派为主,但并不以荀派为限。思孟学派以及阴阳五行的学说,都有反映。拿思孟学派来说,这派在战国末叶,向着"天人合一"与修身养性的"修身、齐家、治国、平天下"的方向发展,这在《乐记》中,都有表现。如"修身及家,平均天下,此古乐之发也",即是一例。至于"礼乐极乎天而蟠乎地","大人举礼乐,则天地将为昭焉"等讲法,与《孟子·尽心上》的"上下与天地同流"、《中庸》的"赞天地之化育",以及《易传·文言》的"与天地合其德"等,更可说若合符契,相为表里。拿阴阳五行说来说,《乐记》中也有明显的印记。例如《乐言篇》说:

> 是故先王本之情性,稽之度数,制之礼义,合生气(郑注:阴阳气也)之和,道五常(郑注:五行也)之行。使之阳而不散,阴而不密;刚气不怒,柔气不慑。四畅交于中而发作于外,皆安于其位而不相夺也。

这段话,明显地是受了阴阳五行说的影响。由于阴阳五行说是在战国末年方才兴盛起来的,因此,反过来,它又可以证明《乐记》的音乐美学思想,是在战国末年方才最后形成。

总结以上所说,我们认为《乐记》虽然不是一人一时的作品,但它是儒家的著作,却是无疑的。在儒家中,它又以荀况的《乐论》为主,吸收了其他儒家(包括阴阳家)的观点。它的成书,可能是在汉初,但它的基本思想、理论体系,以至主要的章节,却在战国末年,即已形成。正因为这样,所以我们把它看成是先秦儒家关于"礼乐"问题的一个总结。

三、音乐的本质

儒家的"礼乐"思想,是从人出发,并以人为中心的美学思想。孔丘所说的"人而不仁,如礼何?人而不仁,如乐何?"[①]已经是从做人的观点,来谈礼和乐。以后《文心雕龙·声律篇》说:"夫音律所始,本于人声者也……先王因之,以制乐歌。故知器写人声,声非效器者也。"唐代孔颖达《毛诗正义》说:"乐本效人,非人效乐。"这些,都是从儒家以人为本的思想出发,把"人声"当成是音乐的根本。《乐记》对于音乐的本质的看法,正是儒家这种以人为本的观点的最早而又最有

---

① 《论语·八佾》。参看朱熹集注:《论语》上册卷二,第2页。

系统的阐述。《乐本篇》一开头就说：

> 凡音之起,由人心生也。人心之动,物使之然也。感于物而动,故形于声;声相应,故生变;变成方,谓之音;比音而乐之,及干戚羽旄,谓之乐。乐者,音之所由生也,其本在人心之感于物也。

这是从人与物的关系,把音乐的起源,看成是"人心之感于物"。张守节在《史记正义》中说:"物者,外境也。外有善恶来触于心,则应触而动,故云物使之然也。"又引皇侃的话说:"夫乐之起,其事有二:一是人心感乐,乐声从心而生;一是乐感人心,心随乐声而变也。"这都是说,音乐是由人心当中产生的。人心为什么会产生音乐呢?那是由于受了客观现实的感动。因此,是心物的关系,是心物感应,产生了音乐。心物感应,是音乐起源的根本。能够感于物而形成音乐的,只有人心。因此,音乐是人所独有的。《乐记》一再强调这一点,说:

> 凡音者,生于人心者也。乐者,通伦理者也。

为了强调音乐与人类社会伦理的独特关系,《乐记》还区分了声、音、乐三者的不同,说:

> 是故知声而不知音者,禽兽是也;知音而不知乐者,众庶是也;唯君子为能知乐。

郑玄注:"宫、商、角、徵、羽,杂比曰音,单出曰声。"孔颖达疏:"音,即今之歌曲也。"因此,单纯发出声来,这是人与禽兽都相同的。不仅发出声来,而且能够按照宫、商、角、徵、羽,排比变化,形成高低抑扬各种各样的音调,于是就有了歌曲。这是人能办得到,而禽兽却办不到的。但是,真正的音乐还不仅到此为止,它还要通伦理,也就是说,它要使音乐在社会生活中发挥作用。《乐记》的作者从他当时的阶级观点出发,认为这只有"君子"才能办得到。"君子",指的当然是统治阶级。过去,只有统治阶级才有文化,才懂得音乐的作用和意义,因此,"唯君子为能知乐"。整篇《乐记》,都可以说是用"君子"的眼光,来探讨音乐的本质及其在社会生活中的地位和作用的。

儒家有一个特点,那就是他们既是理性主义者,又是感情主义者。他们要情理适中,要一切既合乎情,又合乎理。他们对于音乐的看法,也是如此。他们从心物感应出发,谈到音乐的起源。心物感应而后产生音乐,这音乐又是为了什么呢?为了表达感情。《乐记》认为音乐的目的,就是表达感情。它说:

> 情动于中,故形于声,声成文谓之音。(《乐本》)
> 乐也者,情之不可变者也;礼也者,理之不可易者也。乐统同,礼辨异,礼乐之说贯乎人情矣。穷本知变,乐之情也;著诚去伪,礼之经也。礼乐偩天地之情。(《乐情》)
> 夫乐者乐也,人情之所不能免也。乐必发于声音,形于动静,人之道也。(《乐化》)

以上几段话,一而再,再而三地谈到,音乐是人的感情的表现。人心感于物,必有所动;这一动,就产生了感情。感情通过声音表达出来,变成方,也就是按照一定的规律和形式来表现,这就成为音乐。因此,音乐离不开感情。乐以情为本,音乐的本质,就在于表现人的感情。"乐也者,情之不可变者也。"正是这个意思。人都有感情,因此,人都需要音乐,这是"人之道",没有什么可以责备的。"夫乐者乐也,人情之所不能免。"荀况曾经这样讲,《乐记》接受了这一观点,继续这样讲。不仅这样,它还说:"礼乐偩天地之情。"郑玄注:"偩,犹依象也。"这是说,礼乐不仅不违反"人情",要表现人的感情;而且它还是天地的感情的仿效,它要表现天地的感情。人孰无情?正是情之所在,产生了天地间的音乐和艺术!《乐记》一再说:"凡音者,生人心者也。""乐者,心之动也。"这"人心"、这"心之动",所指的都是感情。它还说,音乐是"先王本之情性"(《乐言》),这"情性",更是人的感情。因此,音乐的本质,归根到底,是以情为本,是人的感情的表现。

正因为音乐是人的感情的表现,所以感情不同,其所发出来的声音也就不同:

> 故其哀心感者,其声噍以杀;其乐心感者,其声啴以缓;其喜心感者,其声发以散;其怒心感者,其声粗以厉;其敬心感者,其声直以廉;其爱心感者,其声和以柔。(《乐本》)

哀、乐、喜、怒、爱、敬,这六者都是心感于物之后所产生出来的感情。六种感情不同,因而表现在音乐当中,也就成为六种不同的音乐。反过来,表现不同感情的音乐,演奏出来,也会引起人不同的感情反应:

> 夫民有血气心知之性,而无哀乐喜怒之常,应感起物而动,然后心术形焉。是故志微噍杀之音作,而民思忧;啴谐慢易繁文简节之音作,而民康乐;粗厉猛起奋末广贲之音作,而民刚毅;廉直劲正庄诚之音作,而民肃敬;宽裕肉好顺成和动之音作,而民慈爱;流辟邪散狄成涤滥之音作,而民淫乱。(《乐言》)

这样,音乐的声音是富有感情的,而感情也表现为不同的音乐的声音。音乐的声音与感情的一致性,或者二者有着紧密的联系,这是《乐记》音乐美学思想中很重要的一个理论。《乐记》所宣传的音乐的社会作用,基本上是从这一理论出发的。这一点,我们后面再谈。

由于音乐是感情的表现,而感情总是有个性特点的,因此,音乐的表演应当适合各人的个性特点。《师乙篇》说:"夫歌者,直己而陈德也。"《礼记集解》引孔颖达的话,解释说:"皆因其德性之所近,而歌以合之也。"这是说,每个人要根据自己的"德性"、即个性,来唱歌。个性不同,所唱的歌也应不同:

> 宽而静,柔而正者,宜歌《颂》;广大而静,疏达而信者,宜歌《大雅》;恭俭而好礼者,宜歌《小雅》;正直而静,廉而谦者,宜歌《风》;肆直而慈爱者,宜歌《商》;温良而能断者,宜歌《齐》。

但是,这是不是说,《乐记》已经认识到了音乐的个性特点,因而强调音乐的个性表现呢?我看还不能这么说。个性的承认和在艺术中的真正表现,是在资产阶级出现以后的事。《乐记》所说的"直己而陈德",这里的"德",相当于亚里士多德在《修辞学》或贺拉斯在《诗艺》中所说的"性格"。这种"性格",不是我们今天所理解的个性化的性格,而是古代所理解的类型化的性格。在封建社会中,感情不能悖逆理性的统治,个人不能超越社会的规范。儒家的美学思想,承认感情,而且认为音乐等艺术是"人情之所不能免",音乐的本质就在于表现感情。但是,像我们前面说的,儒家不仅是感情主义者,它还同时是理性主义者,它要把感情纳入理性的规范,把个人纳入社会的规范,从而把以音乐为代表的艺术纳入礼的规范。正因为这样,所以它提倡"礼乐"。在儒家看来,情理适中的"礼乐"才能真正体现音乐的本质。《乐记》所宣传的正是儒家这种正统的"礼乐"观点。它说:

> 不知声者不可与言音,不知音者不可与言乐。知乐则几于礼矣。礼乐皆得,谓之有德。(《乐本》)

> 乐者为同,礼者为异。同则相亲,异则相敬。乐胜则流,礼胜则离。合情饰貌者,礼乐之事也。(《乐论》)

像这种礼乐并举、礼乐互释的情况,在《乐记》中是从头贯彻到底的。它的目的和内容,首先是处理好情与理的关系:

> 人生而静,天之性也;感于物而动,性之欲也。物至知知,然后好恶形焉。好恶无节于内,知诱于外,不能反躬,天理灭焉。夫物之感人无穷,而人之好恶无节,则是物至而人化物也。人化物也者,灭天理而穷人欲者也。……是故先王之制礼乐,人为之节。(《乐本》)

中国宋明理学中所讲的"天理"、"人欲"问题,最初在《乐记》中已有了阐述。在《乐记》看来,"感于物而动"的感情,是属于"性之欲"、即"人欲"的范围。"人生而静"的"天之性",则是属于"天理"的范围。人性受到物的感动,发为感情,这是"人情之所不能免"的,《乐记》并不反对。不仅不反对,而且认为这正是音乐等艺术产生的原因。但是,如果人性不断地受到物欲的感动和引诱,这时人将失去人的本性,不是人去控制物,而是人化于物。到了"人化物"的地步,就会"灭天理而穷人欲"。到了"灭天理而穷人欲"的地步,就会:"于是有悖逆诈伪之心,有淫佚作乱之事。是故强者胁弱,众者暴寡,知者诈愚,勇者苦怯,疾病不养,老幼孤寡不得其所,此大乱之道也。"(《乐本》)这样的情况,《乐记》的作者当然是反对的。为了反对这种情况,他提出"制礼乐,人为之节"的主张。那就是说,对表现感情的音乐艺术,应当用"礼"来加以节制,使之符合"天理"的要求,不要超出"天理"的范围。正因为这样,所以它说:

> 是故先王之制礼乐也,非以极口腹耳目之欲也,将以教民平好恶,而反

人道之正也。(《乐本》)

那就是说,礼乐表现感情,不是无限制地满足人的一切欲望,而是要"反人道之正",使之符合人情天理。"合情饰貌",《礼记集解》引陈澔的话,解释说:"合情者,乐之和于内,所以救其离之失;饰貌者,礼之检于外,所以救其流之失。"那就是说,"礼乐"既要照顾到人内心的感情,又要照顾到这一感情外部的表现。既要合乎人情,又要不失礼仪。只有这样,才能够"乐文同,则上下和矣"(《乐论》)。

其次,《乐记》的礼乐思想,重视的是"立乐之方"。这个"方",应当说就是"礼"。《乐化》说:

故人不耐无乐,乐不耐无形。形而不为道不耐无乱。先王耻其乱,故制雅颂之声以道之,使其声足乐而不流,使其文足论而不息,使其曲直繁瘠廉肉节奏,足以感动人之善心而已矣,不使放心邪气得接焉。是先王立乐之方也。……故乐者,审一以定和,比物以饰节,节奏合以成文,所以合和父子君臣,附亲万民也。是先王立乐之方也。

这段话,两次谈到"立乐之方"。这个"方",不是音乐本身创作的方法或规律,而是从当时统治阶级的立场出发,对音乐所提出的两个要求或标准。第一个要求,是音乐应当有"道"。这个"道"不是别的,就是"雅颂之声"。"雅颂之声"所感动的是人的"善心",而不是"放心邪气"。那就是说,音乐应当"善",而不应当"邪"。第二个要求,是"审一以定和","合和父子君臣",使音乐达到:"是故乐在宗庙之中,君臣上下同听之,则莫不和敬;在族长乡里之中,长幼同听之,则莫不和顺;在闺门之内,父子兄弟同听之,则莫不和亲。"儒家理想的"立乐之方",就包括这两个方面。归纳起来,它不外是要求个人服从社会的规范,要求音乐在"礼"的秩序所规定的范围内,来表达自己的感情。

首先,拿第一个要求来说,音乐应当感动人的善心。什么是"善心"呢?儒家认为这就是人天生的合乎社会伦理之心。孟轲所说的"四端"、"君子所性,仁义礼智根于心",[①]就相当于《乐记》所说的"善心"。因此,《乐记》在人性论上,所继承的是孟轲的"性善"说。音乐"立乐之方",就是应当启发人的"善心"。"雅颂之

---

① 《孟子·尽心》。参看张兆璿、沈元起编译:《白话孟子读本》卷七,第11页,广益书局,1934年。

声"能够启发人的善心,因此"雅颂之声"是音乐的标准。在这个标准的要求之下,音乐不仅有一个乐不乐的问题,还有一个善不善的问题。这样,儒家"礼乐"的音乐美学思想,事实上又是荀况所说的"美善相乐"的思想。音乐不仅要美,而且还要善。孔丘赞美"韶",说:"尽美矣,又尽善也。"①可说是儒家最高的音乐美学理想。《乐记》主张"德音",反对"溺音",也可以说是这一美学理想的具体反映。

其次,音乐感动了人的"善心",其所导致的社会效果,就是"合和父子君臣"。"父子君臣"是一个庞杂的社会群体,它本身应当是充满了矛盾和差异的,又怎么能够"合和"起来,使大家"和敬"、"和顺"而又"和亲"呢?前面我们谈到,在儒家的音乐美学思想看来,人的声音与人的感情是一致的。正因为这样,所以通过音乐上声音的一致,可以达到人们感情上的一致。"审一以定和",孙希旦在《礼记集解》中说:"一者,谓中声之所止也……盖五声下不踰宫,高不过羽。若下踰于宫,高过于羽,皆非所谓和也。故审中声者,所以定和也。"这是说,音乐演奏,应当审定一个中声,不过高,不过低,演奏起来,自然和。音乐的声音和,它所产生的效果,打动的感情,也自然和。就这样,儒家希望通过音乐演奏的声音,来使本来不和的"父子君臣","合和"起来。儒家"立乐之方",正在于此。

总之,《乐记》认为人是有感情的。音乐的本质,就是人的感情的表现。但是,人的感情如果没有节制地表现出来,就会乱。为了防止乱,使音乐起到不是分离社会,而是团结社会的目的,就要不仅合情,还要合理。这种既合情又合理的音乐,就是"礼乐"。《乐记》中心的音乐美学思想,就是"礼乐"思想。

四、音乐的作用

《乐记》的音乐美学思想是"礼乐"思想,因此,强调音乐的社会作用,成了它的一个重要特点。这一作用,归结起来,可以说就是一个"和"字。"乐和民性"、"乐者天地之和也",从个人以至天下国家,从天下国家以至整个宇宙,音乐都能起到"和"的作用。

中西美学思想差异很大,但在强调"和"这一点上,似乎又有其共同点。希腊的毕达哥拉斯派,早已把音乐看成是"对立因素的和谐的统一"。赫拉克利特也

---

① 《论语·八佾》。参看朱熹集注:《论语》上册卷二,第14页。

说:"不同的音调造成最美的和谐。"我国早在春秋时,也已提出了"和"的音乐美学思想。晏子指出了"和"与"同"的不同,史伯也说:"夫和实生物,同则不继。以他平他谓之和,故能丰长而物归之。"①以后从孔丘开始,儒家都把"和"当成是最高的音乐美学理想。《国语·周语下》中,"乐从和"这句话,可说是儒家音乐美学思想中经典不刊之论。《乐记》正是继承了儒家"和"的音乐美学思想,来阐述音乐的作用的。

首先,从个人来看,"乐和民性"(《乐本》)、"乐者敦和"(《乐礼篇》)、"君子反情以和其志"(《乐象》)等等,都是说,通过音乐,能够使人陶冶性情,志气和顺。正因为这样,所以《乐记》主张"致乐以治心"。它说:

> 君子曰:礼乐不可斯须去身。致乐以治心,则易直子谅之心油然生矣。(《乐化》)

> 故乐也者,动于内者也;礼也者,动于外者也。乐极和,礼极顺。(同上)

"子谅",《韩诗外传》作"慈良"。上面一段话是说,我们随时随地都不能离开礼乐。有了礼乐,就可以提高人们内心的修养,平易、正直、慈爱、善良的心,就会油然而生。接着,《乐记》又说:

> 易直子谅之心生则乐。乐则安,安则久,久则天,天则神。天则不言而信,神则不怒而威。

《礼记集解》在这句话的后面,引了真德秀的话,解释说:"礼之治躬,止于严威,不若乐之至于天且神者,何也?乐之于人,能变化其气质,消融其渣滓。故礼以顺之于外,而乐以和之于中。此表里交养之功,而养于中者实为之主。故圣门之徒,立之以礼,而成之以乐也。"这是说,礼是治身的,还限于外表,只是在外表上使我们顺从;而乐则是治心的,它能够从根本上改变人的气质,消除人的坏习惯,自然而然地使人心地和平,和谐而又和顺。因此,音乐在培养人的品德上,实在非常重要。

在《乐象》中,《乐记》作者还从荀况声气感应之说,来证明不同的音乐能够培

---

① 《国语·郑语》。参看《国语》,第515页。

养出不同的人的品德来：

> 凡奸声感人，而逆气应之；逆气成象，而淫乐兴焉。正声感人，而顺气应之；顺气成象，而和乐兴焉。倡和有应，回邪曲直，各归其分。而万物之理，各以类相动也。是故君子反情以和其志，比类以成其行：奸声乱色，不留聪明；淫乐慝礼，不接心术；惰慢邪辟之气，不设于身体；使耳目鼻口心知百体，皆由顺正以行其义。然后发以声音，而文以琴瑟，动以干戚，饰以羽旄，从以箫管，奋至德之光，动四气之和，以著万物之理。

这是说，音乐的声音有奸正，人的气质秉赋有逆、顺。奸声与逆气相应，就成了"淫乐"；正声与顺气相应，则成了"和乐"。"淫乐"与"和乐"，这在儒家是两种相反的音乐。"淫乐"败坏人的德行，不利于品德的修养，应当排斥；"和乐"则培养人的德行，有利于品德的修养，因此应当提倡。《乐记》这段话，就是提倡"和乐"，反对"淫乐"。它认为"万物之理，各以类相动也"，因此奸声与逆气、正声与顺气，是"倡和有应"的。在这种情况下，君子为了培养自己的德行，就应当"反情以和其志，比类以成其行"。"反情以和其志"，是说君子应当回归自己善良的本性，按照自己的本性来接受正当的音乐，也就是"和乐"。"比类以成其行"，《史记正义》说："万物之理以类相动，故君子比于正类以成己行也。"这也是说，声音的奸正，与人的善恶，是比类相应的，因此，君子应当通过正声来培养自己的德行。为了达到这个目的，奸声乱色，就不应当留于耳目之内；淫乐慝礼，就不应当接于心术之间。只有这样，耳目鼻口心知百体，才能够"顺正以行其义"。这时的音乐，才能够"奋至德之光，动四气之和，以著万物之理"。其最高的境界，就是"乐行而伦清，耳目聪明，血气和平，移风易俗，天下皆宁"。

接着，《乐记》还描写了一段《大武》之乐的演奏过程，来具体地说明音乐与培养人的德行之间的关系。它认为通过"和乐"的演奏，能够"情见而义正，乐终而德尊。君子以好善，小人以听过。故曰'生民之道，乐为大焉'"。

因为音乐的演奏，关系到德行的培养，因此对于音乐来说，德是根本，乐只是表现。只有诚于中，才能形于外；只有真正有德的音乐，才能感动人心；因此，作为"治心"的音乐，是不可以为伪的：

> 德者，性之端也；乐者，德之华也。金石丝竹，乐之器也。诗，言其志也；

歌,咏其声也;舞,动其容也。三者本于心,然后乐器从之,是故情深而文明,气盛而化神,和顺积中,而英华外发,唯乐不可以为伪。(《乐象》)

这就不但要"致乐以治心",而且为了达到这个目的,对从事音乐工作的人,提出了很高的要求。这个要求,不仅是艺术上的,而更重要的是道德修养上的:

德成而上,艺成而下。(《乐情》)

这就是说,只有"德成而上",才能"艺成而下";只有"和顺积中",才能"英华外发"。用我们今天的话来说,就是音乐工作是一种关系到人的灵魂的工作,因此,只有我们的灵魂高尚,我们才能够去打动旁人的心,高尚旁人的灵魂。弄虚作假,在音乐工作中是绝对行不通的。

其次,再从国家社会来说,音乐的作用,是"声音之道,与政通矣"(《乐本》),是"先王之为乐也,以法治也"(《乐施》),是"揖让而治天下者,礼乐之谓也"(《乐论》)。总之一句话,《乐记》极力把音乐与国家的政治紧密地联系起来,极力用儒家传统的教化说,来说明音乐在国家社会中的地位和作用。

"声音之道,与政通矣。"这是因为声音与人的感情是相一致的,因此,通过音乐的声音,就可以了解到人民的感情。人民的感情则是与一国的政治情况相联系的,因此,通过音乐的声音又可以了解一国的政治情况。《左传》中季札观乐,就是一个明显的例子。《乐记》则在理论上作了说明:

凡音者,生人心者也。情动于中,故形于声,声成文谓之音。是故治世之音安以乐,其政和;乱世之音怨以怒,其政乖;亡国之音哀以思,其民困。

"君子"之所以称为"能知乐",就因为他能"审声以知音,审音以知乐,审乐以知政"。

由于音乐与政治如此相通,所以"先王之为乐也,以法治也"。郑玄注:"以乐为治之法。"这样,在《乐记》的作者看来,音乐就不仅与政治密切相关,而且直接成为"为治之法"。就在这个意义上,它把礼、乐、刑、政相提并论,说什么:

礼以导其志,乐以和其性,政以一其行,刑以防其奸。礼、乐、刑、政,其

极一也,所以同民心而出治道也。(《乐本》)

礼节民心,乐和民性,政以行之,刑以防之。礼、乐、刑、政,四达而不悖,则王道备矣。(同上)

很明显,礼、乐、刑、政,都成了"治道"。儒家的"礼乐"思想,其所以受到历代封建统治阶级的欢迎,原因就在这里。下面一段话,把音乐的这种作用,讲得尤其明显:

乐至则无怨,礼至则不争。揖让而天下治者,礼乐之谓也。暴民不作,诸侯宾服;兵革不试,五刑不用;百姓无患,天子不怒;如此,则乐达矣。(《乐论》)

不仅这样,它甚至指出:"明则有礼乐,幽则有鬼神。"这就不仅把礼乐与刑政并提,而且与鬼神并提。可见《乐记》大谈礼乐,其目的并不是为了音乐本身,而是把音乐服从于当时统治阶级的政治需要。音乐能不能得到发达,也不在于音乐的本身,而在于当时的统治阶级:

王者功成作乐,治定制礼。其功大者其乐备,其治辨者其礼具。(《乐礼》)

那就是说,儒家所说的"礼乐",归根到底,是适应"圣人",也就是"功大者"的喜爱和需要的。"圣人"为了"著其教",为了向老百姓进行"教化",使老百姓潜移默化,服从统治,所以十分重视音乐。这一点,《乐施》讲得很清楚:

乐也者,圣人之所乐也。而可以善民心,其感人深,其移风易俗,故先王著其教焉。

第三,音乐的作用,不仅到此为止,《乐记》还把它扩大到了天地宇宙中去,说:

夫歌者,直己而陈德也,动己而天地应焉,四时和焉,星辰理焉,万物育

焉。(《师乙》)

重视人与人的伦理关系的儒家,为什么要把音乐的作用扩大到天地宇宙中去呢?这一方面,可能是受了战国末叶正在兴起的天人感应论和阴阳五行说的影响,要到天上去找寻"礼乐"的形而上学的理论根据;另一方面,则因为古人喜欢用自然现象来解释社会现象。在他们看来,自然现象是永恒的、神圣的,如果能把"礼乐"这一社会现象比附到自然现象上去,那么,"礼乐"也就具有了永恒性和神圣性,因而它的作用也就更为广大无边了。正因为这样,所以它说:

乐由天作,礼由地制……明乎天地,然后能兴礼乐。(《乐论》)

那么,礼乐与天地宇宙究竟有什么关系呢?《乐礼》对此曾有比较详细的论述,它说:

天尊地卑,君臣定矣。卑高已陈,贵贱位矣。动静有常,小大殊矣。方以类聚,物以群分,则性命不同矣。在天成象,在地成形,如此,则礼者天地之别也。地气上齐,天气下降,阴阳相摩,天地相荡,鼓之以雷霆,奋之以风雨,动之以四时,煖之以日月,而百化兴焉,如此,则乐者天地之和也。化不时则不生,男女无辨则乱升,天地之情也。及夫礼乐之极乎天而蟠乎地,行乎阴阳而通乎鬼神,穷高极远而测深厚,乐著大始而礼居成物。著不息者天也,著不动者地也。一动一静者,天地之间也。故圣人曰:"礼乐云。"

这段话,讲得很玄妙。但归纳起来,不外两层意思:(1)"天尊地卑",是天地有天地的"礼";"天地相荡",是天地有天地的"乐"。人间的"礼乐",仿自天地的"礼乐"。(2)"礼乐"的高度发展,可以"极乎天而蟠乎地",从而与天地合一。因此,礼乐的作用,不仅是人间的,而且著乎天地之间,成天地而造化育。

《乐情》关于"礼乐"赞天地而成化育的作用,讲得尤其明白。它说:

是故大人举礼乐,则天地将为昭焉。天地䜣合,阴阳相得,煦妪覆育万物,然后草木茂,区萌达,羽翼奋,角觡生,蛰虫昭苏。羽者妪伏,毛者孕鬻,胎生者不殰,卵生者不殈,则乐之道归焉耳!

这更是把礼乐的作用,说得神乎其神。似乎没有礼乐,天就要垮,地就要崩,草木就要不长,万物就要不生。反过来,有了礼乐,那就天地䜣合,阴阳相得,万物生长,草木茂盛,植物动物,兽类虫类,无论胎生的卵生的,都一齐欣欣向荣。礼乐的作用真是其大无边了。在今天看起来好像有点好笑,但古人却是真心诚意地这样相信的。他们认为天与人是相通的。天与人的根本都是生命。礼乐的作用,就在于助长宇宙万物的"生生不息"。儒家就是想用"礼乐"在天地宇宙间的这种作用,来加强"礼乐"在人间的作用。

这样,从个人来说,礼乐要"和民性";从社会来说,礼乐要"上下和";从整个宇宙来说,"乐者天地之和也"。所强调的都是"和"。礼乐的作用,在《乐记》看来,就在于协调个人以至宇宙的生命,以达到"和"。达到了"和",就可以天下太平:

> 五色成文而不乱,八风从律而不奸,百度得数而有常,小大相成,终始相生,倡和清浊,迭相为经。故乐行而伦清,耳目聪明,血气和平,移风易俗,天下皆宁。(《乐象》)

这些话,应当说并没有什么不好。音乐如果真能起到这样的作用,我们应当欢迎。但是,对于阶级社会的东西,我们还要作阶级的分析。过去任何一个统治阶级,为了达到统治的目的,都要讲一些漂亮的门面话。《乐记》这些话,也是为了适应当时统治阶级的需要,而后讲出来的。为了了解这一点,我们想再探讨一下《乐记》有关制礼作乐的言论。

五、"唯圣王为能和乐"

"唯圣王为能和乐"这句话,不是出自《乐记》,而是出自《吕氏春秋·察传》。它是引孔丘的话。然而,唯圣王为能和乐、为能制礼作乐的思想,却贯穿在《乐记》的当中。例如,它说:

唯君子为能知乐。(《乐本》)
先王之制礼乐也。(同上)
故知礼乐之情者能作,识礼乐之文者能述。作者之谓圣,述者之谓明。

> 明圣者,述作之谓也。(《乐论》)
> 　圣人作乐以配天,制礼以配地。(《乐礼》)
> 　先王之道礼乐可谓盛矣。(《乐化》)

所有以上的话,都是把礼乐的制作权,划归圣王,认为只有圣王才能制礼作乐。为什么只有圣王才能制礼作乐呢?《乐记》和其他儒家的著作,都是从两个方面来回答的,那就因为圣王有德有位。

首先,从德的方面来说。孔丘说:"有德者必有言,有言者不必有德。"① 重德轻言,这是十分明显的。《乐记》继承了这一传统,提倡"德成而上,艺成而下"。说什么:

> 乐者,非谓黄钟大吕弦歌干扬也,乐之末节也,故童者舞之……乐师辩乎诗,故北面而弦。(《乐情》)

这是说,音乐并不是黄钟大吕弹琴唱歌舞蹈一类的东西。这些都是末节,让孩子们去表演就可以了。"乐师辩乎诗"一句话,孔颖达疏说:"乐师辩晓声诗,但知乐之末节,故北面而鼓弦。"这也是说,乐师只懂得乐的技艺,所以只能坐在下面吹吹打打。这不仅看不起音乐的技艺,而且也看不起从事音乐工作的乐师。中国古代艺术工作始终与匠人并列,没有地位,就是这个原因。艺不重要,重要的是德:"德者,性之端也;乐者,德之华也。"德与乐的关系,一个是根本,一个是外部的表现,主次的地位摆得清清楚楚。只有德积于中,然后才可以"英华发外"。这一点,如果指的是音乐工作者应该提高本身的品德修养,这并没有什么错。《乐记》也的确有这方面的意思,我们前面已经指出来了。但是,《乐记》谈德,更多的并不是指音乐工作者的修养,而是指什么人才有德。这就不仅是修养问题,而是地位的问题。"乐者,所以象德也"(《乐施》)这句话,郑玄注说:"乐所以使民象君之德也。""乐者,非谓黄钟大吕弦歌干扬也。"这句话,郑玄也注说:"言礼乐之本在人君也。"这都是说,只有圣王才有德,音乐的目的就是要使人民以圣王为榜样,跟着圣王学。因此,德是有范围的,只有圣王才能有德。圣王作的乐,称为"德音":

---

① 《论语·宪问》。参看朱熹集注:《论语》下册卷七,第15页。

圣人作为父子君臣以为纪纲。纪纲既正,天下大定。天下大定,然后正六律,和五声,弦歌诗颂,此之谓德音。德音之谓乐。(《魏文侯》)

反过来,不是圣王功定所作的乐,而是民间所作的,则不能称为"德音",而是"溺音"。子夏把郑音、宋音、卫音、齐音,都归之为"溺音",说它们"皆浸淫于色而害德,是以祭祀弗用也"(《魏文侯》)。古代祭祀是国家的头等大事,不能参加祭祀的音乐,当然都不是好的音乐,应当排斥。

因此,德是评价音乐的首要标准。但是,究竟什么是德?怎样才算有德呢?这个问题,儒家讲了几千年,始终没有讲清楚。这不但因为"德"抽象、空洞、没有具体内容,而且因为历代的封建统治阶级,正是要使它抽象、空洞、没有具体内容。因为只有这样,才能叫人莫测高深、摸不着边际,从而既可以令人敬畏,又可以任意解释。究其实质,问题并不在于什么是德,而在于谁才配有德。这就涉及我们所要谈的第二个问题——"位"了。

《易·系辞传》说:"圣人之大德曰位。"这就一语道破了问题的实质。圣人之所以有德,是因为他有位。反过来,圣人因为有位,所以也就有德。唯有德者才能制礼作乐,圣王有位有德,所以"唯圣王为能和乐"。《中庸》说:"虽有其位,苟无其德,不敢作礼乐焉。虽有其德,苟无其位,亦不敢作礼乐焉。"这里,好像德与位相提并重,但其实,位才是主要的,德不过是陪衬。只要有圣人之位,就可以作乐:

王者功成作乐,治定制礼。其功大者其乐备,其治辩者其礼具。……乐极则忧,礼粗则偏矣。及夫敦乐而无忧,礼备而不偏者,其唯大圣乎……故圣人作乐以应天,制礼以配地。礼乐明备,天地官焉。(《乐礼》)

"其功大者其乐备",完全是用地位的大小来衡量音乐的高低。而且,也唯有大圣人,才能"敦乐而无忧,礼备而不偏"。儒家所吹捧的一些先王之乐,如传说中黄帝的《云门》、《大卷》,唐尧的《大咸》,虞舜的《大韶》,夏禹的《大夏》,商汤的《大濩》,武王的《大武》等,莫不是圣王夺得了天下之后,为了表扬功德,而后制作出来的。由于他们的地位高,所以他们的音乐,也就成了不可逾越的典范。《乐记》所记载的武王的《武》乐,正好说明了这个问题:

> 夫乐者，象成者也。揔干而山立，武王之事也。发扬蹈厉，太公之志也。《武》乱皆坐，周召之治也。且夫《武》，始而北出，再成而灭商，三成而南，四成而南国是疆，五成而分周公左、召公右，六成复缀，以崇天子。(《宾牟贾》)

这里，它一开头就说明音乐是歌功颂德"象成者也"的。《武》的制作，就是歌颂周武王的事业成就，大功告成。《武》乐共有六成，也就是六段。第一段写武王出征，第二段写武王灭商，第三段写武王胜而南旋，第四段写武王征服南方，第五段写周公、召公的治绩，第六段把这一切都归功于王上，"以崇天子"。像这样的音乐，如果没有武王之位，又哪能配有？哪能配作呢？至于孔子，因为无"位"，所以他要"述而不作"。到了后世，推崇孔子，封他"素王"、"至圣"，他也就从"无位"而变成"有位"了。

儒家以德与位为标准的音乐美学思想，后来不仅为封建统治阶级所接受，而且加以改造和发展，成了支配中国封建社会两千多年来占统治地位的音乐美学思想。拿德来说，后来发展成为忠孝节义、三纲五常的封建道德。不仅所有的艺术都要表现这样的德，而且每一个细节描写，都离不开这种德。明朝朱载堉的《乐律大全》，在谈到舞学不可废时，他所记录的《人舞舞谱》，就把舞乐的每一个姿势，都和孔孟之道的四端、三纲、五常，联系在一起。为了说明问题，我们摘引部分段落于下：

> 四势为纲，象四端也：
> 　一曰上转势，象恻隐之仁；
> 　二曰下转势，象羞恶之义；
> 　三曰外转势，象是非之智；
> 　四曰内转势，象辞让之礼。
> 八势为目，象三纲五常也：
> 　一曰转初势，象恻隐之仁；
> 　二曰转半势，象羞恶之义；
> 　三曰转同势，象笃实之信；
> 　四曰转过势，象是非之智；
> 　五曰转留势，象辞让之礼。
> 此五势象五常。

六曰伏睹势,表尊君于君;

七曰仰瞻势,表亲爱于父;

八曰回顾势,表和顺于夫。

此三势象三纲。

从这里,可见当时封建的道德,是怎样庸俗地与音乐舞蹈,附会结合在一起。

至于"位",那更是封建的等级社会对于音乐等艺术的严格要求。任何艺术,从音乐、绘画、建筑,以至舆马、服装等,无不服从于"位"的规定,成为"位"的等级的表现。据说明朝的著名画家沈周,有一次,太守请他画一幅《五马行春图》。他画了,送给太守。太守一看,大怒说:"怎么这样看不起我?难道我还不配有个跟班的么?"沈周听了,无可奈何,只好另外画了三对跟班,太守才算满意了。① 这好像是一个笑话,但其实它倒典型地揭示了封建阶级美学思想的根本实质。他们不关心艺术家怎样表现人物的精神境界,怎样描写人物的性格和品质,他们所关心的,只是几个跟班,只是他们的地位。

《乐记》所宣传的美学思想,强调"唯君子为能知乐",强调圣王的制礼作乐,并把德和位看成是评价音乐的首要标准,不能不说是这种封建美学思想的"始作俑者"。

六、余 论

关于《乐记》的音乐美学思想,本来可以到此为止了,但意犹未尽,不免再赘几句,以为余论。

第一,《乐记》心物感应之说,在我国美学思想史中,影响甚大。《毛诗序》的"情动于中而形于言",《文心雕龙》的"人禀七情,应物斯感",《诗品》的"气之动物,物之感人,故摇荡性情,形诸舞咏",以至历代兴趣、性情、境界等等之说,无不源于心物感应。如果说,西方古代美学思想重在"摹仿说",奠基于亚里士多德的《诗学》理论;那么,中国古代美学思想则重在"言志说",它的奠基者应当就是《乐记》心物感应的音乐美学理论。

第二,《乐记》的教化说,影响尤其深远。《史记》和《汉书》都是从这个角度,

---

① 卢光照:《历代画家故事》,第95页,人民美术出版社,1958年。

来评价《乐记》的。《史记·乐书》说:"夫上古明王举乐者,非以娱心自乐,快意恣欲,将欲为治也。正教者皆始于音,音正而行正。故音乐者,所以动荡血脉,通流精神而和正心也。"《汉书·礼乐志》说:"人函天地阴阳之气,有喜怒哀乐之情。天禀其性而不能节也,圣人能为之节而不能绝也,故象天地而制礼乐,所以通神明,立人伦,正情性,节万事者也。"这都是把音乐看成是教化的手段。《毛诗序》更把它归纳为几句话:"经夫妇,成孝敬,厚人伦,美教化,移风俗。"正因为这样,所以与"诗教"一样,"乐教"在中国古代的音乐美学思想中,占据着重要的地位。"教"是以人为对象的,因此,中国古代美学思想所重视的是现实的人伦关系,一切从人出发。即使谈到天地化育之类,也归结于人伦社会。这和西方美学思想喜欢作纯哲学的形而上学的探讨,是有其明显的分歧的。

第三,《乐记》认为音乐的声音是与人的感情相通的,因而通过音乐的声音,可以了解一国的感情,从而了解一国的政治。采风观俗,成了我国古代乐官的一个重要责任。这一论点,影响也颇深远。但持异议者,也颇不乏其人。例如桓谭的《新论》,当中的雍门周与孟尝君的一段对话,就是一例。雍门周说,他的琴声只能令悲哀的人悲,而不能令不悲哀的人悲。那就是说,音乐的声音并不一定能产生某种感情。唐太宗讲得尤其明显,他说:"夫音声岂能感人?欢者闻之则悦,哀者听之则悲,悲悦在于人心,非由乐也。"[①]而嵇康的《声无哀乐论》,标题就和《乐记》的声有哀乐论唱反调。他说:"声音自当以善恶为主,则无关于哀乐;哀乐自当以情感而后发,则无系于声音。"善恶是美丑的意思,声音只有美丑可言,而与感情的哀乐无关。因为音乐的声音与感情无关,所以"八音和谐",也就无关于"风俗移易"。嵇康的这种讲法,有它特定的历史背景。他所强调的是音乐本身的艺术特点,因此,他会把《乐记》以及其他儒家著作所一再反对的郑声加以肯定,说:"郑声是音声之至妙。"这样的观点,在中国过去是很少的,但在西方现代的音乐美学思想中却颇有势力。汉斯立克的《论音乐的美》,就是一例。为了发展我国的音乐创作,继承我国古代音乐的优秀遗产,怎样总结这一争论的历史经验,我认为是值得重视的。

第四,任何美学思想,都是时代的产物和反映。它反映了时代的某些真实,就必然会具有某些优点和值得借鉴的地方。《乐记》提倡心物感应,提倡和,提倡音乐的社会作用和社会效果等等,无疑是正确和进步的,即使在今天,仍然具有

---

① 吴兢:《贞观政要·礼乐》,第233页,上海古籍出版社,1978年。

一定的现实意义。但是，它既然是时代的产物，也必然会受到时代的限制。我国先秦时代，音乐非常发达，可是到了后来，愈来愈衰退。这不能不说和《乐记》所宣传的"礼乐"思想，有某些关系。"乐"被绑在"礼"的车子上，必然会失去它的创造性和独立性。中国古代的庙堂之乐，死气沉沉，不正是这一现象的表现吗？《儒林外史》描写祭泰伯祠时，企图恢复古代的"礼乐"。那场面写得很庄严，气氛也很隆重，然而读了之后，始终觉得有几分喜剧感。这倒并不是吴敬梓的艺术力量低弱，而是证明了"礼乐"的衰微命运，作者虽使出了九牛二虎之力，力图重新灌注以生命力，也终于无可奈何！至于《乐记》强调"唯君子为能和乐"，强调德和位的音乐标准，那就更容易把中国的美学思想引向庸俗化和势利化。《儒林外史》中的一些读书人，以为官大学问就好，不就是这种思想的表现？正因为这样，所以在中国封建社会中，长期形成了一种恶习：那就是哪一个人有才，他就会遭到诽谤和打击。屈原和曹雪芹，就是最突出的例子。反过来，当一个人有位有势，则顶礼者有之，膜拜者有之，一片乌烟瘴气，弄得社会长期停滞，不能前进。现在，应当是和这些恶习彻底决裂的时候了。

后　记

　　编写完《先秦音乐美学思想论稿》,时已黄昏,人感累倦,乃凭椅休息。万籁俱寂,百念不兴,真有庄子所谓"坐忘"、"体解"之乐。然而,正当此时,忽有 A 君来访。寒暄之后,问我近来干些什么？我以《论稿》相对。他听了,沉默了一会,忽然问我:"你懂音乐吗？"我说:"不懂！"他又问:"你懂先秦的音乐吗？"我说:"更不懂！"他哗然从座位上跳了起来,指着我说:"既然不懂,你为什么要搞什么先秦音乐美学思想？这岂不是隔靴搔痒,乱弹琴吗？"我一时被他问得答不出话来,过了一会,才反问道:"你是诗人吗？"他有点出乎意外,说:"我是诗人,不是诗人,又怎样？""你不是诗人,可是你怎么研究起诗来？你不是正在写一本《唐诗研究》吗？"

　　他听了,不慌不忙地重又坐下,说:"我研究唐诗,和你研究先秦音乐,这完全是两回事。唐诗有大量的文字记载,有大量的历史资料,还有大量的研究成果,供我参考,让我探索。而且我从小喜欢读唐诗,很多都能背诵出来。这样,我研究唐诗,是有根有据的,怎么能和你研究先秦音乐相提并论？你在什么地方听人演奏过先秦的音乐？又在什么地方看到过先秦的乐谱？先秦的乐器是什么样子,你见过几件？……"

　　我不等他说完,抢着说:"就是听过、见过,我也完全不懂。"

　　"那就好了。那你为什么还要去研究先秦的音乐美学思想？这岂不是不自量力,自讨苦吃吗？"

　　我说:"不自量力,这是真的。但你要明白：我所研究的是先秦的音乐美学思想,而不是先秦的音乐。"

　　"这又有什么不同？难道先秦的音乐美学思想,不是来自先秦的音乐？不懂得先秦的音乐,怎么会懂得先秦的音乐美学思想？"

　　我说:"这两方面,的确互有联系。我不懂得先秦的音乐,的确给我研究先秦的音乐美学思想,带来了很大的困难和局限。但是,人都是有局限的。全面发展,什么都懂的人,毕竟是很少的。黑格尔这样伟大的哲学家、美学家,他谈雕塑、绘画、音乐、诗歌,谈得头头是道,但是,你能说他自己能够雕刻?能够画画?能够弹琴唱歌吗?他都不会!别林斯基谈起果戈理的小说来,真是灵思奔涌,妙语百出,读起来叫人称快。但是,你曾听说别林斯基写过小说吗?至少我没有听说过。像黑格尔、别林斯基这样伟大的人物,都有局限,何况我这样一个极其普通的人?我不过做一点我力所能及的工作罢了。"

"你扯到哪里去了?黑格尔没有画过画,没有弹过琴,但他却懂得绘画和音乐;别林斯基没有写过小说,但他却懂得小说。他们都是做了他们力所能及的工作。可是你,不懂音乐,却偏要去研究音乐,这不正是做了你力所不及的蠢事吗?我看,你是白辛苦一番了。"

我说:"白辛苦也就只好白辛苦了。不过,话我还得说清楚。我认为研究音乐,可以从两方面来研究:一是研究音乐的形象,也就是音乐本身的规律;二是研究音乐的思想,也就是有关音乐的哲学理论。"

我的话还没有说完,A君迫不及待,又从座位上跳了起来,说:"难道形象与思想,是可以分开的吗?贾宝玉的思想不就体现在贾宝玉的形象的当中吗?《二泉映月》的思想不就体现在《二泉映月》的形象的当中吗?"

我说:"你谈的是创作。在创作中,作品的思想与作品的形象,的确像血流在血管里一样,二者融合在一起,是不可分的。但我们现在谈的,是研究工作。在研究工作中,为了方便,既可以把血和血管分开来研究,也可以把思想和形象分开来研究。我这里所研究的先秦时代的音乐美学思想,就是不谈当时音乐作品所创造的音乐形象,而只谈当时的一些哲学家、思想家以及其他的一些人,对于音乐的一些想法和看法……"

我的话还没有讲完,A君抢着说:"什么音乐形象?什么音乐美学思想?我简直搞不清楚,你可否解释一下?"

我说:"音乐形象,指的是音乐本身。每一部音乐作品,都要按照音乐本身的特殊规律,来塑造音乐的形象。形象都是具体的,由感性的物质材料构成的;音乐的形象就是由声音这种特殊的感性的物质材料构成的。声音的各种因素,如音响、旋律、节奏、音调、音色,等等,都是构成音乐形象的感性物质材料。对于这些物质材料的因素,必须有音乐的实践,专门的训练,才能懂,才能掌握。但是,仅仅有物质材料,还不能构成音乐形象。音乐形象应当是音乐家所创造出来的。音乐家把自己富有思想内容的感情,或者说把自己已经变成了感情的思想,渗透到、灌注到他所已经掌握了的、非常熟悉的音乐的物质材料中,使这些物质材料活起来,充满了人的感情,因而它们不仅是物质的,而且也是精神的;不仅是自然的声音,而且也是符合人类心灵的要求、富有人间感情色彩的声音。这样的声音,富有高度的表现力。它表现出人类社会的悲哀和欢乐,向往和追求;它表现出人心最内在的隐秘、懊恼和憧憬,它是人心对人心的倾诉……只有这时,音乐的形象方才诞生出来。它打动人们的心,使人们低回、留恋、激动和兴奋,人们情不自禁地跟着音乐的旋律而忧郁,而叹息,而慷慨激昂,而义愤填膺……音乐的美,就美在音乐家在他的作品中创造了这种生动而又感人的音乐形象。先秦时代的音乐作品,绝大多数都已失传了。它们所创造的音乐形象,虽然史书上还有某些记载和描述,如荆轲的"风萧萧兮易水寒"等;但毕竟因为只是一些记载和描述,所以它们那种生动的形象,也顶多只能依稀仿佛于想象之中,事实上是不可能再复活过来了。当然,如果有人能够根据古代的乐事、乐理、乐器等,找出古代的音阶、音律、旋宫转调等,重新把古代的音乐形象复活过来,进行研究,那是再好不过了。但这不是我所敢希冀于万一的。

"我这本《先秦音乐美学思想论稿》,一不是研究先秦时代的音乐本身,二不是研究先秦时代有关音乐的历史资料,三不是研究先秦时代音乐家们所创造的音乐形象。这些是音乐史家的事。杨荫浏先生的《中国古代音乐史稿》,就是这方面的专著。我这里所要探讨的,只是先秦时代有关音乐的美学思想。所谓音乐美学思想,包括两个方面:一是通过当时人们关于音乐的言论,来了解当时人们的美学思想;二是联系当时人们的审美观点,来探讨当时人们对于音乐的审美要求和审美评价。因此,我所探讨的,主要是先秦时代表现在音乐领域当中的美学思想。这些美学思想,事实上就是人们对于音乐的一些看法和想法。这些人,他们有的可能很懂音乐,有的可能完全不懂音乐,但他们都听过音乐,都对音乐有过一些感受和体会,并且通过文字流传了下来。我这里所要研究的,主要就是根据先秦时代诸子百家著作中所留传下来的有关音乐的言论,研究这些言论所产生的时代社会背景,以及在诸子百家的哲学体系中所占有的地位。因此,我这里所研究的,不是先秦时代音乐家们关于音乐的理论,而是当时的诸子百家对于音乐的看法和想法,他们有关音乐的美学思想。由于这些美学思想紧密地与他们的哲学思想联系在一起,并构成他们哲学体系当中的一个组成部分,因此,我把这些音乐美学思想,主要是当成一种哲学理论来进行探讨的。在探讨的过程中,我密切地注意到两个问题:第一,先秦的哲学家,很少是从纯哲学的角度来探讨哲学问题的,他们都是从当时社会政治伦理的需要,来探讨哲学问题。他们的哲学都带有浓厚的政治伦理的色彩。这反映到音乐美学思想上,也同样都带有浓厚的政治伦理色彩。他们没有人只是为谈音乐而谈音乐的,他们都是从政治伦理的需要来谈音乐。正因为这样,所以在写这本小书的时候,我时刻注意从社会政治伦理方面,来探讨先秦音乐美学思想的历史发展,注意它们是怎样随着社会政治的变化而变化的。第二,春秋战国是一个'百家争鸣'的时代,私家讲学蜂起,各是其所是,各非其所非。这反映到音乐美学思想上,自然也就形成了不同的派别和观点,他们相互之间展开了热烈的争论。我这一本小书,力图展现出当时不同的观点,介绍出他们之间的争论。这样,你可以知道我这本书,根本不是谈音乐本身的规律和理论,而是联系音乐或者通过有关音乐的言论,来谈哲学,来谈政治和社会。正因为这样,所以我这个不懂音乐的人,也才敢于大胆地来试一试。"

听了我上面的一番话,A 君呷了口茶,顺了一下身子,说:"原来你是把音乐美学思想,当成有关音乐的哲学理论来研究。你注意的对象,主要不是音乐和音乐家,而是和音乐有关的哲学家以及他们的哲学理论。"

我赶快说:"是的,我正是这样做的。"

A 君说:"不过,我还是感到奇怪:中国古代的美学思想,丰富得很,范围宽得很;你为什么不从你所比较熟悉的文学、绘画等方面入手,而偏要从你所不熟悉的音乐入手呢?"

我说:"一个人想做点什么,这是有其工作需要或性格方面的必然性;但究竟具体地做点什么,却常常充满了偶然性。我想学习一点中国古代的美学思想,这是早有打算的,具有一定的必然性。但从先秦的音乐美学思想入手,这却完全是偶然的。记得 1975 到 1976 年之间,我从牛棚放了出来,回到了教研组。我用不着天天去参加强迫性的劳动,而可以自由来去和看书了。但是,我又还不够格参加教学或其他任何正式工作。因此,我那时真是百事不管,成了我一生中少有的空闲时候。没有事,我就天天上图书馆。我本来喜欢历史,这时,我就大量翻阅我国古代的著作,以及近人研究我国古代的著作。翻阅中,我发现我国古代讨论音乐的资料特别多,使我认识到音乐在我国古代社会生活中的重要地位。于是,我产生了研究我国古代音乐美学思想的念头。恰好这时,我看到了顾颉刚主编的《古史辨》,当中有好几篇谈论阴阳五行的文章,而且它们都把阴阳五行与音乐联系在一起来谈。我根据它们提供的线索,再去查阅《左传》、《国语》等书,慢慢形成了《阴阳五行与春秋时的音乐美学思想》一文的构思。不久,我把它写成了文章。接着,我又陆续写了孔子、墨子、老子、庄子、孟子、荀子、商鞅、韩非子、《礼记·乐记》等多篇文章。这些文章,就是现在这本《先秦音乐美学思想论稿》的初稿。本来,还想写两篇,一是《评〈易传〉的音乐美学思想》,二是《评〈吕氏春秋〉的音乐美学思想》。但因为'四人帮'垮台,我的工作一天一天多起来,再无暇顾及这方面的工作,也就只好把它搁在一边了。"

A君两手一拍,说:"好呀!你真是塞翁失马焉知非福呀!靠边,靠边,靠出了一部著作来!"

我听了,不禁有点感慨:"说什么塞翁失马焉知非福?我从五八年就开始靠边。如果不是将近二十年的靠边,我想,我至少会比现在多做一点工作的。现在,党解放了我,不仅给了我工作的机会,而且信任我,使我无比地感激和兴奋,我真想好好地再干它二十年。但可惜的是,我现在已经进入老境,精神愈来愈差,过去一天能做的事,现在一个礼拜不一定做得好。记得黑格尔说过:一个人年轻的时候,想吃樱桃,但吃不到。年纪大了,有条件买樱桃了,但又胃口不行了,吃不下了。我自己觉得,我真有这么一点情况:年轻时有的是精力和时间,但却白白地浪费了;年纪大了,想工作也知道应该怎样工作了,但却没有时间和精力了。人生大概就是这样在矛盾中蹉跎过去!"

A君忽又站了起来,说:"我看你呀,也是自作自受。不能工作,就不工作,有什么了不起?你拼死拼活地干,又能有什么好处?……"

我看A君情绪有点激烈,赶快制止说:"你怎么能这样说?做学问,本来是出于爱好,出于对真理的追求,出于想对社会有一点贡献,而不在于对自己有什么好处。如果要讲好处,自然用不着走学问这一条道路了。而且,党今天这样重视知识分子,正是我们生逢其时、力图报效的大好时候,怎么能够斤斤计较于什么好处?"

A君也跟着和平了,重又坐了下来,说:"我始终觉得:一个人做学问,固然不是求个人的好处,但却总有一点目的,总有一点追求。你在'四人帮'统治的时候,那时根本不要学问,你却去搞先秦的音乐美学思想,难道你就没有一点目的和追求?难道纯粹是偶然的吗?"

我说:"一个人总是社会的产物,时代的产物。社会和时代总要给人以影响。这个影响,可以来自正面的接受,也可以来自反面的抗击。我从正、反两面,都接受过'四人帮'的影响。

"那你谈谈,你是怎样从正、反两面受到'四人帮'的影响的?"

我说:"我不否认,在初稿当中,我曾正面接受过'四人帮''评法批儒'的一些影响。但这个影响不是太大,所以我很快就把它们改正过来了。唯一留下的痕迹,是孔子不称孔子,而称孔丘;孟子不称孟子,而称孟轲。我保留了这个痕迹,一方面是想说明,对古人直呼其名,也未尝不可以;另一方面则是想说明,一个人要完全不受时代社会的影响,是多么不容易!"

"至于从反面抗击'四人帮'的影响,那我这整部稿子也不乏明证。当时,我当然不敢公开地反对'四人帮'的主张,但我在我这本书中所提出来的一些看法,却明显地是与'四人帮'不同的。例如'四人帮'只关心自己的政权,不关心人民的生活;他们只要政治,不要生产;因此,他们要文学艺术直接从属于政治,而不要为人民的生活服务,为生产服务。我这部稿子,则强调音乐与人民生活的关系,与生产的关系。认为反动的统治阶级,只把音乐当成巩固他们反动政权的工具;进步的阶级,则把音乐与人民的生活和生产联系起来。这就是针对'四人帮'而言的。其次,'四人帮'喜欢搞形而上学,把古代的学者和学术,划成进步的和反动的,进步的一切都进步,反动的一切都反动。我认为这样做,也不符合历史的事实。我这本书,就反其道而行之。我认为历史上有成就的学者,不管他是哪一派,必然都能真实地反映历史的某些真实,因而必然都具有一定的真理性和进步性。否则,他们就不可能受人注意。正因为这样,所以我对孔子、老子、墨子、庄子以至商鞅、韩非等,都肯定了他们的成就,并都指出了他们的缺点。另外,历史上的各个学派,往往难于简单地划线。他们往往同中有异,异中又有同。'四人帮'那种粗暴而又简单的划线的办法,实在错误。"

A君想了一想,忽然又问:"你不是说,'四人帮'粉碎以后,你忙了起来,无暇顾及这部稿子吗?怎么,现在又有机会把它整理和修改出来?"

我说:"这也是慢慢地一部分一部分地加以整理的。记得一九七七年,'四人帮'粉碎后的第一年,学校恢复了中断多年的校庆科学讨论会。我当时很兴奋,把《阴阳五行与春秋时的音乐美学思想》一篇整理出来,交到系里并写信给《社会科学战线》,问他们要不要这样的东西。他们回信说:要!于是,第一篇有了出路。以后各篇,也是偷空陆陆续续整理,先后发表在《中国社会科学》、《美学》、《文艺理论研究》、《学术月刊》、《复旦学报》以及《中国古代美学艺术论文集》等上面。发表后,一些同志提过一些宝贵的意见,如李庆甲同志对庄子部分、蒋凡同志对《礼记·乐记》部分,都曾提过一些意见。我根据同志们的意见,以及我所新发现的资料,又修改过不止一遍。对于提过意见的同志,我都表示感谢。"

A君看了看表,准备走了,但他还在说:"这样看来,你这部东西,出来也真不容易。"

我说:"这都怪我自己水平太差,花的力气也不够多。如果能再给一个机会让我天天上图书馆,再仔细修改一遍,我相信,至少应当比现在更像样子一些。但这样的机会,不可能再有了,所以我也只好把现在这个稿子拿出来。人民文学出版社的林东海同志,一方面给了我热情的鼓励和支持,另一方面又非常认真仔细地帮我看了稿子,提了许多宝贵的意见。这部书的能够出版,是和他的帮助分不开的,因此,我要特别表示我的谢意。书出来以后,缺点一定仍然不少,希望你和同志们多多给我批评和指正。"

"人无完人,书也不可能有完书,记得这是你自己说过的话。我相信读者们会给你批评和指正的。"A君一方面说,一方面站起来,拱手告辞了。

我送走了A君,回来重新想了一遍刚才的谈话,随手记下来,便成了这篇《后记》。

1984 年 12 月 30 日

附　　　录

蒋孔阳《德国古典美学》、《先秦音乐美学思想论稿》导读

朱立元　朱志荣

蒋孔阳先生是中国当代美学的大家，著述颇丰、影响深远。对于自己一生的著作，他生前曾回顾道："影响较大的是《德国古典美学》，而我自己特别心爱的则是《先秦音乐美学思想论稿》。这原因，首先是因为我是中国人，写中国的东西，特别感到亲切。"[①]根据蒋先生自己的上述看法，我们特将这两部蒋先生最看重的著作合编出版，作为对他巨大学术贡献的纪念。下面，我们分别对这两部著作概括的述评。

关于《德国古典美学》

《德国古典美学》自从1980年由商务印书馆出版至今，已经走过了35个年头。期间重印了许多次，2014年又作为商务印书馆《中华现代学术名著丛书》之一种出了新版。[②]虽然历经学界的风风雨雨，它依然以自己敏锐的学术眼光、自觉的历史意识、辩证的研究方法、深刻的理性思辨、严谨的思维逻辑、卓越理论分析和独立的科学结论，经受住了时间的检验，而成为这一领域无可争议的经典成果。是的，对于德国古典美学的系统研究蒋先生不是国内第一人。在他之前，朱光潜先生的《西方美学史》就以相当大的篇幅评述了康德、席勒、歌德、黑格尔等人的美学思想，但是第一，这只是整个《西方美学史》中的一个段落、一个部分，而不是对德国古典美学专门、系统的研究；第二，可能由于篇幅所限，它尚未涉及上述四人以外的费希特、谢林、费尔巴哈等重要代表人物美学思想的考察，而且并

[①] 转引自郑元者：《在知识谱系中构筑学术个性》，载蒋孔阳《德国古典美学》，第436页，商务印书馆，2014年。

[②] 本导读所有引用《德国古典美学》的引文均出自此新版，只注页码。

没有将德国古典美学这些代表人物的理论、学说作充分的历史耙梳和考量。所以，蒋先生的《德国古典美学》既是主要的德国古典美学家的专论，又是西方美学史中关于德国古典美学的断代史专著，在我国西方美学研究领域，这一类型的著作当时还是第一部，自有其填补空白、不可替代的独特价值。此后，国内才陆续出版了关于古希腊罗马美学、中世纪美学、文艺复兴时期美学、现代西方美学史等断代史著作。《德国古典美学》的这个开创之功不可低估。三十多年来，可能由于该书所达到的高度学术水平很难整体上超越，国内几乎没有出版过同类著作，而只有对于德国古典美学若干代表人物美学思想的专门研究。在蒋先生和我主编的《西方美学通史》（七卷本，1999年出版）中第四卷就是德国古典美学卷，主要由曹俊峰、张玉能和我三位蒋先生的学生执笔撰写，篇幅上倒是"扩容"了，材料、内容增加了不少，但是，总体框架、基本思路和主要观点都继承、延续了《德国古典美学》，没有根本上的超越。这不是学生不敢超越老师，而实在是老师深厚的学术造诣令我们难以企及。

《德国古典美学》的写作，蒋先生是作了长期、大量的理论准备的。首先是悉心阅读、钻研马克思主义经典著作，努力掌握唯物史观，积极参与了上世纪五六十年代的美学大讨论，撰写了一系列有独到见解的美学论文，使他对美学的基本理论问题有了比较深入、系统的了解。其次，从六十年代初期起，他就在复旦中文系开设西方美学课程，围绕教学，他广泛收集西方美学的材料，在深入研究的基础上编写讲义。令人震惊的是，当时校系有关领导把蒋先生作为有资产阶级和修正主义文艺观点的对象加以监视使用，一方面让他开课，另一方面又组织学生对他进行批判。我的一位1963年毕业的学长亲口告诉我，当时领导要他们上课后批判蒋先生的资产阶级学术思想，他们只能走走形式、做做样子地批一下，然后又恭恭敬敬地请蒋先生继续讲课，因为他们确实非常喜欢听蒋先生的西方美学课。就这样，蒋先生一边挨批、一边坚持讲课，这是何等令人感动的情景啊！在讲授西方美学课的同时，蒋先生尤其注意大量收集与德国古典美学相关的西文资料。他不仅仔细阅读了德国十八、十九世纪的大量哲学、美学、文学、历史的原始材料和中外有关的研究著作，取得了写作的第一手材料，而且把网撒开，对西欧其他国家的美学、文艺理论也博览群采，还参与主编了《西方文论选》，翻译了李斯托威尔的《近代美学史评述》（上海译文出版社1979年出版）和其他一些西方文论和美学的重要章节。这一切，都为他写作《德国古典美学》作了充分的理论准备，使他在写作过程中不仅做到材料丰富详实，而且纵横今古，挥洒自如。

到 1965 年,该书的初稿已经完成,但是"文化大革命"的"急风暴雨"把它一下打入了冷宫。粉碎"四人帮",蒋先生获得了解放,《德国古典美学》也获得了新生。蒋先生以精益求精的态度对全书进行了重大的修改和润色,进一步提高了该书的学术质量。

《德国古典美学》自觉运用马克思主义的唯物史观和辩证方法,系统地论述了德国古典美学的形成、发展及其历史地位和局限,在一些重大的美学问题上有新的突破和建树,对于建构、发展我国自己的美学学科已经起到并将继续发挥重要的启示的作用。

一、运用唯物史观在多重关系中揭示德国古典美学的性质和历史地位

世界上万事万物都是在三维空间中运动的,包括美学在内的社会意识形态的发展也处于各种纵横交错的、具体历史的社会关系之中,也具有假想的三维空间,因而也不是平面的,而是立体的,不是静止的,而是运动的。蒋先生认为,"一件事物的地位,并不是由它本身所决定的,而是由它和周围事物的关系来决定的",德国古典美学的性质和历史地位也"是由它和周围各种现象的历史关系所决定的"(55—56 页),只要把它同周围各种事物的多种复杂关系作立体的、运动的把握和比较,它本身的性质特点、理论形态、发展方向和历史地位等何以是现在这样而不呈现为其他样式,也就得到了充分的揭示。《德国古典美学》正是按照这样一个思路展开的。

首先,作者不仅着重考察了德国古典美学的哲学基础(这一点一般人都注意到了),而且十分注意分析十八世纪末、十九世纪初德国社会的经济状况和阶级关系,抓住德国资产阶级的两面性,探索德国古典美学的根本性质。这其实正是马克思恩格斯在一系列著作中剖析、评价德国古典哲学时所使用的基本方法。《德国古典美学》就是自觉地遵循了马恩的历史唯物主义原理,坚持了物质生产最终决定精神生产的观点,避免了西方美学研究中常有的用理论释理论、以思想论思想的局限性和片面性。就是在研究美学与其他上层建筑、意识形态的关系时,作者也不只探讨美学与哲学的关系,同时分析了政治斗争对美学的重大影响。他指出,法国大革命和资本主义生产方式造成个人与社会分裂的现实,加深了德国资产阶级知识分子思想的矛盾,反映到美学中,就是"把人性的分裂看成是现代社会所固有的矛盾,并把这一矛盾当成是他们美学的出发点。如何在审美的自由活动中克服人性的分裂,克服矛盾,让人性重新回复到希腊古代的'和谐'而又'静穆'的境界,就成了他们美学的最高理想"(13 页)。这个分析是准确

而中肯的,抓住了德国古典美学的关键问题——普遍人性论的社会理想。在某种意义上,可以说康德、席勒、黑格尔的美学都是从这里出发,以解决这种分裂和矛盾为旨归的。如席勒的美学代表作《审美教育书简》的写作动机就直接是由当时的政治斗争促成的,"所以对法国革命的看法,就成了这本书的基本出发点"(203页),他对法国革命的矛盾遑遽态度充分反映在他的美学观点上。《德国古典美学》认为,席勒看出资本主义生产方式导致人性分裂,劳动者在劳动中享受的审美感情被剥夺殆尽,"是正确的,卓越的",与马克思《巴黎手稿》"对资本主义社会'疏远化的劳动'(按:即'异化劳动')的分析""在某些方面""相一致";但他把资本主义制度的罪恶归结为"人性的分裂和堕落",他的人道主义抗议只是"要求道德上的自我完善和人格上的提高"则是消极的、错误的(206页)。这个批判性分析既看到了那个时代政治对美学的直接影响,也抓住了席勒美学思想的核心,是切中深要害的。

其次,《德国古典美学》还强调了文艺思潮对美学的影响,相比之下,朱光潜先生《西方美学史》就显得对此注意不够。蒋先生认为,当时德国文学从"狂飙突进"的浪漫主义运动向歌德、席勒晚年的古典主义创作过渡,反映到美学上,就是既重视天才、想象、感情等浪漫主义要求,又强调规律、理性规范和静穆理想等古典主义原则。这就从另一个侧面揭示了德国古典美学的一个重要特点,同时也揭示了美学与文艺的内在联系。

《德国古典美学》也不孤立地罗列、介绍若干美学家及其美学理论,而是进行纵(历史)横(不同民族、不同美学家)两方面的多层次比较,深入分析从康德到黑格尔各位美学家及其理论之间有批判、有继承、有发展的内在联系,把整个德国古典美学写成一个有机的相互联系的历史过程。从纵的方面看,全书结构就是按历史顺序、理论上的承继关系和哲学思想的根本性质角度来论述六位主要美学家的:康德、费希特(主观唯心主义)──→谢林、席勒(从主观唯心向客观唯心主义过渡),歌德(唯物主义,例外)──→黑格尔(客观唯心主义);而对于每一位美学家同其他美学家之间的理论继承和发展关系,该书也在各章中作了具体周详的说明,使人无论从总体还是局部,都感到庞大复杂的德国古典美学中贯穿着一条明晰的、有规律可循的历史线索,这是该书很大的成功。特别值得赞许的是,该书对德国古典美学的思想渊源作了较为深广的探索。不少研究者都曾指出德国古典美学继承、改造、调和英国经验派和德国理性派的理论倾向,却常常忽视十八世纪启蒙运动对德国古典美学的重要影响。蒋先生则专门列了一节阐述这种历史联系,指出启蒙运动在重视文艺教育功能、倡导现实主义主张、提出浪漫主义要求、初步的艺术发展观等方面给予德国古典美学以深刻而有益的影响。这是一个创见,也完全符合历史实际,有助于更全面、正确地说明德国古典美学中历史进步因素的来源。

该书还把这种历史比较深入到许多重要美学概念、观点的历史演变方面。如论及黑格尔的理念论时,同柏拉图进行比较,指出二者同是客观唯心主义观点,但不同在柏拉图的理念"完全超越于现实世界之上",是空洞抽象、静止不变的;而黑格尔的理念则"要进入现实世界","成为现实世界的实际内容和主宰",并且是一个在矛盾中不断自否定又自确定的"发展过程","具有丰富的内容",是真实具体的(241、242页)。这就揭示了黑格尔理念论的辩证因素。又如论及歌德自然观时,作者巧妙地引入了对"自然"概念的历史发展的梳理和介绍,并与康德将世界分为本体和现象两个世界、进而认为美是超现实的主张进行对比,从而给予歌德自然观的唯物主义性质及其的现实主义美学思想以较高的评价(177—179页)。此外,对理性、感性与理性统一、人的本质对象化等重要美学概念,该书都从历史发展角度进行了比较,这既有助于揭示德国古典美学的独创性与历史特点,又给人以高屋建瓴、纵观古今、说理透彻之感。

从横的方面看,《德国古典美学》注意依据马恩大量的有关论述,把当时的德国同英法等其他民族进行多方面比较。指出,德国资产阶级"在政治上,它既不能像法国的资产阶级那样,进行大胆的暴力革命,确立资产阶级的统治地位;在经济上,它又不能像英国资产阶级那样,大力地推动产业革命,相比之下德国的资产阶级是软弱无力的"(3—4页)。这是法国美学取战斗唯物主义形态、英国美学取感性经验主义形态、德国美学取思辨唯心主义形态的根本原因。由此也形成三国美学的不同特点:英国美学"重经验"(43页),"注重感觉经验的心理分析"(45页);法国启蒙美学"主要是联系当时的现实斗争和艺术实际,来探讨文艺与现实的关系",具有"现实的战斗意义";而德国美学则"只是着力于建立抽象的美学体系",虽具有"系统的完整性和思想的周密性",现实的战斗性却减退了(31页)。

对于不同的美学家如费希特与谢林、歌德与席勒等等。作者也努力进行对比的研究。在歌德与席勒的对比中,作者指出二人"所处的历史条件和阶级地位是相同的;不同的,是他们所走的具体道路"(168页)。由于前者,他们的政治倾向和艺术思想基本一致。由于后者,"一个研究自然科学,一个研究唯心主义哲学;一个注意现在,一个追求理想;一个从客观现实出发,一个从主观想象出发"(173页)。唯其如此,歌德才能继承"莱辛、赫尔德等人一线相传的启蒙运动者唯物主义的美学"(174页),而席勒则成为康德主观唯心主义美学向黑格尔客观唯心主义美学过渡的转折点(175页)。正是这种纵、横的比较,层层深入地揭开了德国古典美学的历史特点,使之清晰地、富于立体感和运动感地呈现在读者面前。

可见,运用唯物史观和辩证法在多重关系(亦即多重规定)中揭示一个美学流派出现的历史必然性,不仅仅是一个方法问题。蒋先生正是依靠着这个武器,得以深入德国古典美学的"大厦",发现许多"秘密通道",从而发前人未发之声,述他人未述之见。

二、发掘贯穿德国古典美学的精髓——辩证法因素

德国古典美学在唯心主义外衣下包藏着无数珍奇,它的精髓是什么?中外不少研究者都作过探索,但都有不同程度的局限,要么偏重了对具体美学家的贡献作细密的分析,而缺乏对德国古典美学的精华作总体上的理论概括;要么有了这种概括却未能贯彻到对每一美学家的具体分析中去。《德国古典美学》善采众家之长,将这两方面有机结合起来,作出了自己的独特贡献。蒋先生指出德国古典美学同其哲学一样,最大优点就在于充满了辩证法因素,从康德的审美判断的辩证观到席勒的感性内容与理性形式统一的"活的形象"、"审美外观",再到黑格尔的辩证美学,都贯穿着这一精神。这一正确的总概括,是我们打开德国古典美学宝库的钥匙。尤其值得称道的是,该书以比为主导线索,对德国古典美学家们思想中辩证法的具体运用作了可贵探索,这在当时具有开拓性意义。如书中专写了"黑格尔的辩证法及其在美学中的运用"一节,指出其美学成功地运用了矛盾论(如冲突说),认识从抽象到具体、从简单到复杂(如"美是理念的感性显现"),事物相互联系和转化(如情境、情致说),质量互变(如艺术史观)以及内容与形式统一等一系列辩证法的基本观点,从而从方法论高度系统地总结和发掘出黑格尔美学的精华所在。在阐述"美是理念的感性显现"这个黑格尔美学的核心定义时,蒋先生也比朱光潜先生前进了一步,他不仅解释了"感性显现"的意思,而且回答了感性显现的原因是"由于人要通过实践的活动,在外在事物中来实现自己、认识自己"(271页),认为这反映了黑格尔把艺术看成是"人的自我创造"、是劳动的产物的合理思想。这样该书就更深刻地揭示了这一核心定义的辩证因素。

《德国古典美学》对康德美学中的辩证因素,也作了充分的论述,认为康德关于美和崇高、艺术和天才、审美意象等理论"处处揭示了矛盾,论述了矛盾",并指出形成这种矛盾的根源是由于康德"徘徊于经验派美学与理性派美学之间,徘徊于浪漫主义与古典主义之间",这"形成了他美学中的一些辩证的合理的因素"(134页)。这后一"徘徊",是蒋先生关于康德美学辩证因素的独特发现,完全符合历史实际。此前别人从未作过这样的探讨。而且,这实际上也为我们指明了理解康德美学的一个重要途径。

历来的德国古典美学研究,常常只提康德、黑格尔,而对同消极浪漫派联系过分密切的费希特、谢林则讳莫如深。国内把他俩当成反动哲学家研究者有之,把他们当成美学家研究者几无其人。但实际上,此二人乃康德向黑格尔过渡的重要桥梁,并且他们的美学思想同整个德国古典美学有着不可分割的内在联系。略去或跳跃过他们,历史就会出现不可理解的空白。《德国古典美学》冲破这一禁区,专列一章评述了二人的美学观点,填补了这个空白。仅此一点就是一个推进;作者还重点阐述了费希特、谢林从"自我"哲学和"同一"哲学出发的美学观点,具体剖析了他们的美学对消极浪漫主义文艺的恶劣影响。但作者并未以偏概全,一棍子打死他们,而是将他们同消极浪漫派的观点作了严格的区分,如指出费希特的"'理智的直觉'还不是完全反理性的,它是理性与自由意志的结合。可是消极浪漫主义者却完全把它当成一种反理性的东西……浪漫主义者的直觉就带有神秘主义的意味了"(133页)。甚至对消极浪漫派首领弗·许莱格尔,亦未作全盘否定,而是如实地指出他在总的倾向上是反动的,在艺术史观、反古典主义及对但丁、莎士比亚的翻译、研究上,"也作出了一定的历史贡献,推动了当时美学思想的发展"(134页)。

三、总结马克思主义美学对德国古典美学的批判与继承

提炼、总结马克思主义经典作家对德国古典美学的批判和继承,是《德国古典美学》的一大贡献。

该书一方面将马克思主义经典作家对德国古典美学的批判、继承和改造归纳为四个问题:(1)美学的性质问题;(2)人的对象化和美的本质问题;(3)艺术的历史发展问题;(4)典型问题。蒋先生紧紧抓住这四个问题,而不是其他问题进行探讨,至少表明了两点:一是马克思主义经典作家极为丰富的美学思想中,这四点比较集中、突出地体现了他们对德国古典美学的批判性借鉴、改造和接受,抓住这四点,就既抓住了马克思主义美学思想如何在批判和继承德国古典美学的基础上形成和发展起来的基本线索,这一点《德国古典美学》已作了具体而精辟的阐述;也抓住了马克思主义经典作家美学思想的核心内容,为我们建构马克思主义现代美学理论提供了思想资源和基本理路;二是蒋先生的美学研究具有很强的问题意识,他是带着解决美学理论建设、发展的许多重大而难解的基本问题,努力从马克思主义经典作家那里寻找路径和答案,上述四点就显示了他这种努力的初步成果。他的结论是,马克思主义经典作家批判改造了德国古典美学这些方面的优秀成果,把美学研究提高到了科学的水平。当然,蒋先生何以带着上述四个问题而不是其他问题去学习、研究马克思主义美学理论,则既有他本人对美学理论的思考和理解,也有他那个时代美学界所特别关注的重要美学问题综合形成的时代的研究视野,这个视野引导和制约着包括蒋先生在内的美学家们研究的聚焦点,比如美的本质问题、典型问题等就是如此。

该书另一方面概括地阐发了蒋先生自己对若干美学基本问题的见解。蒋先生在对马克思主义经典作家美学观点进行综合研究的基础上,提出自己一系列重要看法,如:他认为美学的对象应该"是研究人对现实的审美关系的"(14页);马克思主义美学应当"建立在辩证唯物主义和历史唯物主义的基础上",应当从现实的人是"一切社会关系的总和"①来理解人的本质和人的审美能力;人的本质对象化的关键是"物质的劳动实践","人的本质是劳动,美的本质也是劳动",要克服私有制下的劳动异化只有进行社会革命(403—404页);艺术之历史发展的根本动力是物质生产,但艺术生产同物质生产的发展并非绝对平衡的,艺术不是消极的,也应"成为干预生活和推动历史前进的有力工具",艺术发展无顶峰,艺术的美好未来在共产主义(407—408页);典型是"深刻地反映了社会生活某些方面的本质规律而又取得了一定艺术成就和个性化了的艺术形象"(413—414页),典型化应当遵循现实主义原则,"从生活到形象",把"个性化与概括化统一在一起"(415页),把典型人物与典型环境统一在一起(418—419页);如此等等。这些观点中有不少是作者多年苦心钻研的成果,已经初步形成为有内在联系的、独特的、系统的理论,在国内有相当影响。以马克思主义美学思想为指导,对德国古典美学的研究帮助他形成这套理论;这套理论又促进了他用马克思主义的唯物史观对德国古典美学进行创造性的研究。

---

① 《马克思恩格斯选集》第1卷,第60页,人民出版社,1995年。

四、《德国古典美学》的书写特点与风格

《德国古典美学》在形式上、叙述方法上也有鲜明的特色。

首先,该书很注意把史、论结合起来。该书并不是专门的美学史著作,但是由于蒋先生高度自觉的历史意识,有意识地将各位德国古典美学家的思想和学说按照历史发展的内在脉络加以梳理、叙述和展示,所以我们可以把它当作一部断代美学史来看;但是,该书更加注重"论",注重通过历史叙述对带规律性的东西作缜密的探究和系统的总结。有的地方,它有意突出"论",而对"史"的材料作了选择,突出了重点。如末章虽论述了资产阶级左右翼对德国古典美学的批判继承关系,但作者着眼点显然不在叙述整个德国古典美学终结与分化的历史。他基本上未记叙黑格尔学派分裂的历史过程,也未提及十九世纪下半叶到二十世纪初期新康德主义和新黑格尔主义学派的形成和发展,而仅仅阐明其右翼代表叔本华、克罗齐在哪些方面、站在什么立场上、从什么方向批判德国古典美学,目的在揭露他们夸大德国古典美学的唯心主义因素,否定其合理内核,"将它推向反理性直觉主义的方向"的实质(372 页)。这并不是不重视历史叙述,而是强化了论述,同样达到了史与论的结合。

与此相应的另一特色是以评串介、评介结合。全书对六位古典美学代表的介绍、叙述十分详备、完整,但这种介绍、叙述渗透着作者的独特评价。其基本方法是用评论把介绍、叙述串起来,加以提高深化。如在比较黑格尔与康德时,作者说:"在康德那儿是不可知的'物自体',到黑格尔这儿,便变成了思想自己认识自己、自己实现自己的'绝对理念'了。……但是,绝对理念不是某一个人或者某一群人的思想,而是一种客观存在的普遍的思想……因此,黑格尔的唯心主义,就不同于康德的主观唯心主义,而是一种客观唯心主义。"(244 页)这段话是介绍、叙述也是论述评价,充满作者鲜明的价值评判。全书不仅每个美学家叙述完后都有"小结"总评,提纲挈领、点明要害,而且具体论点也是夹叙夹评,使观点与材料结合得更紧密。

条理清楚,说理透彻是该书的又一特色。德国古典美学体系林立、结构庞大、内容鱼龙混杂,要以有限的篇幅对这一流派作出条分缕析、明白透彻的说明实属不易。蒋先生却把一团乱麻理成条条经纬,织成整齐的"布匹"。康德、黑格尔是德国古典美学中两个大头,该书分别用六十多页、一百二十页的篇幅详加介绍,内容虽丰富繁多,但读来却眉清目楚、严密紧凑,给人以一气呵成、毫不费力之感。这是颇具功力的。如果说德国古典美学是一座巨大的迷宫,那么蒋先生

的书,就指引读者沿着一条明亮的通道,去走遍迷宫的每一座殿堂,领略其中的种种神奇景象。

最堪称道的是《德国古典美学》文风朴实无华,语言形象生动、通俗易懂。德国古典美学的艰深晦涩是众所周知的。然而,蒋先生知难而进,成功地解决了这个困难。在不曲解有关美学家原意的前提下,力求用通俗流畅的语言和浅显明白的例子进行解释,从而化抽象为具体,变艰深为浅近,使人易解易懂、一目了然。如介绍康德"没有概念的必然性"观点时,作者风趣地说:"感觉上的快感,因人因时因地而异。有人喜欢吃甜的,有人喜欢吃辣的;有人喜欢喝红茶,有人喜欢喝绿茶;……没有人要求普遍一致。可是,审美判断却不同了,它要求普遍的承认。你认为《红楼梦》是美的,鲁迅的小说是美的,西湖是美的,你也要求旁人有同样的看法。……因此,审美判断是有普遍性的。"(84页)这就把一般快感同审美判断清楚地区别开来了。再如论及席勒的"审美外观"这一重要概念时,蒋先生以马为例,说马的"外现""具有马的形式,也和马的感性存在相联系,但却不是实际用来乘骑的马,而是作为我们审美观照的对象。这种外观,实际上就是艺术的形象"(213页)。这样解释不但化难为易,而且生动形象,富有吸引力。由于作者注意把美学思想同当时文艺创作联系起来考察,所以论述中常常顺便介绍有关古典名著,有时还直接引征作品,如论歌德、席勒时多次引用了《浮士德》和席勒诗歌的片断。这不但有助于阐明他们的美学思想,也增添了全书的生动性,使人读来饶有兴味。蒋先生这种美学研究深入浅出、晓畅明白、通俗易懂的叙述风格与朱光潜先生颇为相似,是学术研究达到很高境界的大家才能做到的。《德国古典美学》之所以能够成为经典,这是一个重要原因。

当然,诚如蒋先生所说,"人无完人,书也不可能有完书"[①]。《德国古典美学》也存在不足之处。在我看来,最明显的不足首先是,该书过分强调和批判了德国古典美学代表人物的唯心主义思想体系,其中暗含着一种哲学上唯物主义一定进步、唯心主义一定反动,美学上现实主义一定高于浪漫主义的评价标准,这不免有点简单化;其次是把德国古典美学家们的所有局限几乎都归结为德国资产阶级的两面性、软弱性,也有简单化之嫌。不过,我认为,这不是蒋先生个人的问题,而是时代的烙印。此书写作于"文革"前夕、完成于"文革"刚刚结束之际,

---

[①] 蒋孔阳:《西方美学研究中的一项重要成果——评介〈西方美学史〉》,《文学评论》,1980年第2期。

学术界"左"的影响远未肃清,以阶级斗争和唯心唯物之争为纲依然是处于学界主流的意识形态,思想解放运动还没有到来。所以,该书这方面的不足乃是那个时代留下的痕迹,是不能责怪蒋先生的。至于其他一些不足,相比之下,只是枝节性、局部性的,瑕不掩瑜,完全不影响该书所取得的重大成就,这里就从略了。

关于《先秦音乐美学思想论稿》

蒋孔阳先生的《先秦音乐美学思想论稿》由11篇20世纪70年代末至80年代中期陆续发表的专论集结而成,初稿完成于"文革"后期。全书虽未着意构筑宏观的理论体系,但各篇之间的安排,围绕着先秦"礼乐",贯穿于历史的脉络之中,既独立成文,议论专精,又紧密联系,聚焦于一点。在书中,蒋孔阳先生以文物考古与文献资料互证,以器物和铭文等与文献相辅相成,既重视对文本的细读和阐释,从常见的文本分析中形成自己独到的见解,又通过曾侯乙墓的编钟等出土的乐器研究音乐美学思想。他所运用的中国上古实物和文字记载材料,都是感性具体的。他从商周文献中大量乐器的名称和音乐故事,判断早期音乐舞蹈生活的丰富,以及音乐和其他相关艺术的统一,并重视史料的梳理和分析,重视不同的史料文献的相互参证,切实考察音乐观念与阴阳五行观念的关系,将阴阳五行观念与春秋时代音乐美学思想结合起来,纲举目张,阐释具体的音律等,将史料与思想相互印证,从史料的记载中看出端倪,如通过《论语》和《史记·孔子世家》"子与人歌而善"、"子击磬于卫"、"讲诵弦歌不衰"等对孔子及其弟子音乐修养的判断,并由此看出他们的音乐欣赏能力和正乐的基础。他还从神话传统中探讨音乐思想,考察神话故事以揭示音乐的特征。我们从中可以看出他独到的研究方法。

一、以先秦音乐为切入点,把音乐思想放到整个文化背景中理解

蒋孔阳先生以先秦音乐为切入点,去审视中国古典美学的核心问题。《先秦音乐美学思想论稿》的第一篇论文,就是《音乐在我国上古时期社会生活中的地位和作用》。在这篇论文中,蒋孔阳认为,我国古代的思想家基本都是联系音乐来探讨整个文艺现象的规律,他们把乐论当成整个文艺理论,因此,"探讨音乐在我国古时期社会生活中的地位和作用,事实上就是探讨整个文艺在当时的地位和作用"[①]。接着,蒋孔阳进一步从上古人类的生理特点、劳动生活、乐器的由

[①] 《蒋孔阳全集》第1卷,第396页,上海人民出版社,2014年。

来、"巫"的表现形式等方面多角度展开研究,以丰富的史料论证了音乐在上古时期的重要地位。

作者在书中不是孤立地看问题,而是把具体的音乐与整个宇宙联系起来,把音乐与宇宙生命精神紧密地联系起来,与整个社会生活联系起来,重视从天、地、人的整个系统中谈音乐。音乐体现了自然是顺情适性的精神,是人类的重要精神活动,涉及政治和社会等。正是基于这样的背景和美学基础,蒋孔阳先生从音乐的哲学基础方面研究先秦的音乐美学思想。他重视对整体背景的把握,从社会背景中揭示出具体现象的内在原因,揭示出音乐美学思想形成变化的缘由,从音乐的社会功能的角度看它的审美特点。他把孔子的具体思想放到整体思想的背景中去理解,放到总体文化背景中去理解。他认为孔子从礼与乐的关系中谈乐,把乐当成礼的具体运用,以乐配礼,以礼约乐。他将庄子论述其他技艺的观点,如"梓庆削木"[①]、"忘适之适"[②]与其音乐思想联系起来加以阐述。在分析荀子的音乐美学思想时,他把荀子的音乐观与荀子对孔子礼乐观的继承联系起来,并结合荀子的性情说加以分析,阐释其内在逻辑关系。他还把儒道墨诸家思想放在一起比较,阐释其相异之处和特点。

蒋孔阳先生重视各种意见的优点所在,辩证地看待一个人的音乐思想,不作简单、片面的处理,对孔子如此,对老庄如此,对韩非、商鞅也是如此。如对孔子,他强调其保守与革新的复杂性,体现了孔子的中庸精神。他对于孔子改革创新的一面能给予客观的评价,并高度评价孔子对音乐的欣赏和评论能力,这在当时尤其难能可贵。他对于孔子的拨乱反正和正乐,也能辩证地看待,充分肯定了孔子托古改制的特点,而不认为是简单的复辟。他还指出:"就在商鞅和韩非反对音乐的言论中,表现了他们不少的音乐美学思想。不仅这样,而且他们对音乐还有许多积极的、正面的主张。"[③]在对孔子、荀子和庄子等人的分析中,他反对片面性和绝对化。他把老庄思想中音乐的道技关系加以比较,考辨异同。在分析荀子礼乐的起源、性质和作用的系统性方面,蒋孔阳认为他发展了孔子的思想。这些看法都体现了蒋先生在论述先秦音乐美学思想时对辩证法的娴熟运用。

二、谨慎分析,服膺事实,以真理为依归的科学态度

蒋先生在书中谨慎分析,服膺事实,以真理为依归,坚持不同意见。从蒋孔

---

① 陈鼓应注译:《庄子今注今译》,第525页,中华书局,2009年。
② 同上,第529页。
③ 《蒋孔阳全集》第1卷,第568页。

阳先生对《乐记》作者的看法中,我们可以看出他对古籍认定的严谨性和慎重的要求,其推论也极为小心谨慎。近人冯友兰,以为墨子不近人情,排除感性。要求客观公正地评价墨子,反对人云亦云。对于冯先生的观点,蒋先生并不盲目追随,而是结合时代背景对墨子的思想作同情的理解,不夸张,不偏激,认为墨子并非简单地反对乐,而是要"先质而后文"①;指出墨子意在反对当时的"王公大人"。因此,蒋先生认为声乐的"非乐"思想,有合理的成分。另外,蒋先生从韩非"夫教歌者,使先呼而诎之,其声反清徵者,乃教之。一曰:教歌者先揆以法,疾呼中宫,徐呼中徵。疾不中宫,徐不中徵,不可谓教"②的论述中,看出"韩非并不是不懂得文艺创作。他不仅懂,而且对文艺创作中的一些基本问题,还谈得相当深刻,相当正确","事实上,他们所反对的只是儒家的'礼乐'!"③从中见出蒋先生全面细致的分析和深刻的洞见。

　　蒋先生具有明确的问题意识,并在分析诸子各家基本思想的基础上,得出结论,使问题明确,结论可靠。如"先秦诸子音乐美学思想的一个共同特点,都是不离开政治来谈音乐",④这就抓住了礼乐关系这个先秦音乐美学的核心问题。"先秦的音乐美学思想,则把乐不乐,以及怎样才算乐,当成重要问题。"⑤把"乐不乐"、"怎样才算乐"看成先秦音乐美学思想中的重要问题。他把诸子的音乐思想放进他们的总体思想中加以理解,如"孟轲的美学思想,主要的就是要使音乐能够为他的'仁政'服务"⑥。他把《庄子》各篇综合起来加以分析和评价,而不断章取义。诸如对天乐和至乐关系的分析、"至乐无乐"和儒家礼乐关系的分析等,都是在综合的基础上得出的结论,立论可靠,言之成理。他重视荀子和其他儒家对音乐的"和"的强调,从他们的思想整体中阐释"和"。蒋孔阳以先秦音乐为切入点,不是把"美",而是把"和"看作先秦音乐美学思想的核心。

　　围绕"礼乐",蒋孔阳逐一论述了先秦诸子的不同主张。作为本书的主体,蒋孔阳既对各派的音乐思想条分缕析,展开详密的考证与阐发,又紧紧扣住他们在"礼乐"问题上的分歧,从史料深入到理论高度,透析各家音乐思想背后的哲学主张。一方面,在维护"礼乐"的阵营中,战国时积极宣传和主张"礼乐"的是以孔子

---

① 刘向:《说苑·反质篇》,刘向著、程翔译注《说苑译注》,第538页,北京大学出版社,2009年。
② 陈奇猷校注:《韩非子新校注》,第794—795页,上海古籍出版社,2000年。
③ 《蒋孔阳全集》第1卷,第573页。
④ 同上,第546页。
⑤ 同上,第577页。
⑥ 同上,第525页。

为代表的儒家。把"礼"和"乐"连接在一起成为一个专有名词始于孔子。孔子"正乐",是要在"礼乐"的相反相成的调节中,来达到"和",从而造就出"中庸之为德"①和"礼乐皆得"②的人才。孟子与荀子都是孔子"礼乐"思想的继承者,蒋孔阳着重分析了孟子"与民同乐"③的美学思想;对于荀子,蒋孔阳则认为他的"礼乐"思想,是对孔子思想的继承和发挥,后又由《乐记》集其大成。《礼论》、《乐论》等篇系统地谈到"礼"与"乐"的关系,给"礼乐"思想提供了比较完备的理论。另一方面,反对儒家"礼乐"思想的阵营以墨、道、法三家为代表。蒋孔阳指出墨子"非乐"思想是从功利主义出发的,他以有用、无用、有利、无利作为衡量音乐的标准,具有片面性和局限性;蒋孔阳认为,以老子和庄子为代表的道家则从形而上学的"道"的观点来探讨"礼乐",他们是从更高的艺术境界来否定和取消"礼乐",从而使音乐和艺术能够超出"礼"的规范,按照音乐和艺术本身的规律来发展;对于商鞅、韩非子等法家,蒋孔阳则从他们反复古的立场阐述他们反对"礼乐"的言论,但他认为,这并不代表他们完全反对文学艺术,他们所反对的是儒家的"礼乐",然而他们"尊君"、"重法"的思想与儒家"礼乐"制度实质上不谋而合。凡此种种,蒋孔阳都能做到论从史出,以独到的眼光、细致的分析深探底蕴,理清似是而非的同中之异、异中之同。他不满足于从宏观上区分维护与反对这两大阵营,还深入到阵营的内部,辨别出同是"礼乐"的维护者,孔孟荀各有侧重;同是反对"礼乐",墨、法两家采取的是功利的态度,道家采取的则是超越的态度。即便同是功利的态度,墨家与儒家的"礼乐"根本对立,而法家与儒家则殊途同归。这些分析都非常细致、辩证、深刻,令人信服。

三、视野开阔,注重中西比较和追源溯流的研究方法

在对音乐和文学的关系阐释中,蒋先生具有比较视野,注重与希腊等西方思想观念的比较。他能对先秦音乐背景与古希腊音乐背景有适度的比较,参证了柏拉图、亚里士多德思想和赫拉克利特关于音乐的见解,并且借鉴西方近现代研究成果和方法研究先秦音乐,如近代人类学家斯通普夫等。他用济慈《希腊古瓶歌》中的"听到的音乐是美的,听不到的音乐更美"④与老子的"大音希声"⑤相比

---

① 杨伯峻译注:《论语译注》,第72页,中华书局,2006年。
② 吉联抗译注:《乐记》,第6页,人民音乐出版社,1979年。
③ 杨伯峻译注:《孟子译注》,第20页,中华书局,2008年简体字版。
④ 参见[英]济慈著,屠岸译:《夜莺与古瓮》,第15页,人民文学出版社,2008年。屠译为:"听见的乐曲是悦耳,听不见的旋律更甜美。"
⑤ 陈鼓应注译:《老子今注今译》,第345页,商务印书馆,2003年。

较,并以陶渊明的无弦琴特征加以具体阐释。他对《乐记》心物感应说和教化说的评价,能够有更高的眼界,在中西比较中进行评判,而不是被文本牵着鼻子走,就事论事地作简单的评述。在研究《乐记》时,他把其中的问题归纳为"音乐的本质"、"音乐的作用"等,显然是以西方学术系统为参照坐标的。

蒋先生重视和辩证地看待历代对先秦音乐美学的思想的评价,重视历代对经典文献的阐释,对近人王国维、闻一多、郭沫若、高亨、杨荫浏等人的阐述,尤其给予了重视。他十分重视前人的考证和阐释、重视实证的方法,如对冯友兰的老子解释,他对于冯友兰继承清代学者证明"《老子》一书不可能早于孔丘"[①],蒋先生又从《史记·太史公自序》和思想方法等方面进一步加以论证。而对于老子"甘其食,美其服,安其居,乐其俗"[②]的理解上,则认为冯友兰先生的理解不符合老子的原意[③],并且作了详细的阐释。

蒋孔阳辟专章探讨了《礼记·乐记》的音乐美学思想。蒋孔阳先生高度评价了《乐记》的地位,认为它是先秦儒家"礼乐"思想的总结和集大成,从《毛诗序》开始,一直到晚清各家论"乐"的观点,基本上没有超过《乐记》所论述的范围。蒋孔阳主要从《乐记》关于音乐的本质及其作用等方面论述其美学思想,肯定《乐记》提倡心物感应、"和"及音乐的社会作用等在今天仍具有一定的现实意义。同时,蒋孔阳还深刻指出,"乐"与"礼"的捆绑有损于音乐的创造性和独立性,因此不可避免地具有时代的局限性。蒋孔阳对《乐记》的高度评价,是在整个乐论史制高点上的俯瞰,他对《乐记》的贡献与局限的分析,在历史研究中注入了当代意识,既注重实证,又依托理论,二者辩证统一,避免了单纯的"我注六经"或者"六经注我"的褊狭。

总之,蒋孔阳先生从先秦音乐美学思想入手,研究中国古代美学,既尊重中国古代美学思想和审美意识的自身规律,把音乐放到中国古人的整体宇宙观中去理解,重视先秦总体思想与音乐思想的关系,如儒家的礼与乐的关系,道家的道与乐的关系等,又运用西方现代学术方法进行理论阐述,重视史论结合和中西比较,重视辩证地看待具体音乐现象。他将诸子思想的分析和史料考证与实物考古结合起来,使乐器与文献相辅相成,体现了美学思想与审美意识的统一。且洞察入微,分析细致。本书的写作虽然开始于 70 年代中期,不可避免地打上了

---

① 《蒋孔阳全集》第 1 卷,第 497 页。
② 陈鼓应注译:《老子今注今译》,第 345 页。
③ 《蒋孔阳全集》第 1 卷,第 506 页。

那个时代的烙印,如对诸子直呼其名等,但在写作当时"批林批孔"的社会环境下,他仍能借鉴顾炎武和鲁迅等人的观点,要求全面客观地评价孔子,是难能可贵的。

写于 2014.12—2015.3

蒋孔阳著述年表

1940 年
夏,在《合川日报》上发表有关鲁迅的一篇短文。这是第一次发表文章。

1942 年
春假撰写《力的呼唤——读〈弥盖朗基罗传〉》,发表在《中国青年》上,这是第一次在杂志上发表文章。

1951 年
7 月 7 日,《学习苏联小说描写英雄人物的经验》一文完稿,发表于《人民文学》9 号。这是第一次在大刊物上发表文章。

1953 年
5 月 20 日,论文《要善于通过日常生活来表现英雄人物》完稿,发表于《文艺月报》9 月号。

1954 年
10 月,开始写《文学的基本知识》一书。

1956 年
以季摩菲耶夫的文艺理论体系为主干,结合教学和中国文学的实际,写成了《文学的基本知识》一书。

1957 年
10 月,著作《论文学艺术的特征》由上海新文艺出版社出版。

1959 年
8 月中旬,撰《论美是一种社会现象》,发表于《学术月刊》9 月号。

1961 年
参与伍蠡甫先生主持的《西方文论选》编译工作。

1963 年
论文《歌德论自然与艺术的关系》发表于《学术月刊》4 月号。

1964 年

结合教学撰写《德国古典美学》一书,完成初稿。受教育部委托着手翻译李斯托威尔著《近代美学史评述》一书。

1965 年

《德国古典美学》完稿,交付商务印书馆,准备出版。《近代美学史评述》译竣。

1976 年

完成《先秦音乐美学思想论稿》一书的初稿。

1977 年

上半年复旦大学中文系成立了《文学概论》编写组,担任"形象与典型"部分的撰写工作。本年至 1978 年之际,对书稿《德国古典美学》作了一次认真的大修改。

1978 年

应承人民文学出版社的组稿,开始构想《美学新论》一书的写作。

1979 年

发表《灵感小议》、《什么是美学——美学研究的对象和范围》、《建国以来我国关于美学问题的讨论》等很有影响的论文。

1980 年

《美和美的创造》一文载《学术月刊》3 月号。6 月,《德国古典美学》由商务印书馆出版;译著《近代美学史评述》由上海译文出版社出版。著作《形象与典型》由百花文艺出版社出版。

1981 年

5 月,论文集《美和美的创造》由江苏人民出版社出版。

1982 年

发表《中国古代美学思想与西方美学思想的一些比较研究》、《美的规律与劳动的关系》等论文。

1983 年

正式开始撰写《美学新论》这一总结性著作。在纪念马克思逝世一百周年之际,先后发表了多篇学习《1844 年经济学—哲学手稿》的文章。3 月,被聘为《中国大百科全书》哲学卷美学编写组副主编。筹办《美学与艺术评论》丛刊。

1984 年

著作《德国古典美学》获上海高教文科科研成果二等奖。论文《评〈礼记·乐记〉的音乐美学思想》发表于《中国社会科学》第 3 期。6 月,开始筹备《西方美学名著选》的编选工作,担任主编。被聘为《哲学大辞典》副主编兼《美学卷》主编。8 月,撰《谈谈审美教育》,发表于《红旗》第 22 期。

1985 年

发表《唐诗的审美特征》等论文。

1986 年

论文《美在创造中》发表于《文艺研究》第 2 期。3 月,论文集《美学与文艺评论集》由上海文艺出版社出版。5 月,著作《美和美的创造》获上海市社联(1979—1985 年度)优秀学术成果特等奖。8 月,著作《先秦音乐美学思想论稿》由人民文学出版社出版。9 月,著作《德国古典美学》获上海哲学社会科学奖优秀著作奖。发表《论人是"世界的美"》于《学术月刊》12 月号。

1987 年

1 月 1 日,被聘为《辞海》编辑委员会编委、分科主编。发表《朱光潜、宗白华给我们的启迪》、《加强作家主观的人格力量》、《中国艺术与中国古代美学思想》、《美感的诞生》和《美是人的本质力量的对象化》等论文。11 月,主编的《20 世纪西方美学名著选》(上册)由复旦大学出版社出版。

1988 年

主编的《20 世纪西方美学名著选》(下册)由复旦大学出版社出版。7 月,选集《蒋孔阳美学艺术论集》由江西人民出版社出版。

1989 年

主持的《哲学大辞典·美学卷》的编纂工作进入尾声。发表《美感的心理功能》、《西方文化冲击下的中国现代美学》、《主体意识和社会责任感》、《且说说我自己》、《在人生选择的道路上》等文章。

1990 年

主编的《19 世纪西方美学名著选》(英法美卷)由复旦大学出版社出版,获华东区大学出版社首届优秀图书二等奖。发表《说丑》等论文。主持申报的《西方美学通史》作为国家社科基金"八五"重点规划课题正式立项。

1991 年

应承首都师范大学出版社之约,开始考虑编选《文艺与人生》一书。3 月,应约撰写《只要有路,我还将走下去》。主编的《哲学大辞典·美学卷》由上海辞书出版社出版。

1992 年

发表《论崇高》、《通俗文学与高标准》、《憧憬和希望》、《我与美学》等文章。《美学新论》完稿,7 月 12 日撰毕"后记"。

1993 年

主编的《社会科学争鸣大系(1949—1989) 文学·艺术·语言卷》由上海人民出版社出版。9 月,著作《美学新论》由人民文学出版社出版。

1994 年

2 月,散论文集《文艺与人生》由首都师范大学出版社出版。7 月,《美学新论》获上海市哲学社会科学优秀成果著作一等奖。

1995 年

4 月,《美学新论》校订本由人民文学出版社重印。4 月 4 日,《读书人的追求是觉醒》一文完稿。发表《建立具有中国特色的文艺理论》等文章。12 月 15 日,著作《美学新论》获全国高等学校首届人文社会科学研究优秀成果著作一等奖。

1996 年

《杂谈审美文化》一文发表于《文艺研究》第 1 期。

1997 年

自选集《美在创造中》由广西师范大学出版社出版,在"自序"中申明自己的治学态度是"为学不争一家胜,著述但求百家鸣"。《德国古典美学》由商务印书馆再版。年底,四卷本的《蒋孔阳文集》正式纳入安徽教育出版社的重点出版计划。

1998 年

至 4 月初,《蒋孔阳文集》的编选工作完成并交付出版。10 月,《美的规律——蒋孔阳自选集》("世纪学人文丛"之一)由山东教育出版社出版。

1999 年

6 月 26 日下午 1 点 30 分,因病抢救无效,在上海第一人民医院逝世,享年 77 岁。12 月,《蒋孔阳全集》第 1—4 卷由安徽教育出版社出版。

复旦百年经典文库书目

第一辑

修辞学发凡　文法简论	陈望道著/宗廷虎、陈光磊编
宋诗话考	郭绍虞著/蒋　凡编
中国传叙文学之变迁　八代传叙文学述论	朱东润著/陈尚君编
诗经直解	陈子展著/徐志啸编
文献学讲义	王欣夫著/吴　格编
明清曲谈　戏曲笔谈	赵景深著/江巨荣编
中国古代土地关系史稿　中国土地制度史	陈守实著/姜义华编
中国经学史论著选编	周予同著/邓秉元编
西方史学史散论	耿淡如著/张广智编
中外历史论集	周谷城著/姜义华编
中国问题的分析　荒谬集	王造时著/章　清编
中国思想研究法　中国礼教思想史	蔡尚思著/吴瑞武、傅德华编
长水粹编	谭其骧著/葛剑雄编
古代研究的史料问题　五十年甲骨文发现的总结　五十年甲骨学论著目　殷墟发掘	胡厚宣著/胡振宇编
《法显传》校注　我国古代的海上交通	章　巽著/芮传明编
滇缅边地摆夷的宗教仪式　中国帆船贸易与对外关系史论集　男权阴影与贞妇烈女：明清时期伦理观的比较研究	田汝康著/傅德华编
哲学与中国古代社会论集	胡曲园著/孙承叔编
《浮士德》研究　席勒	董问樵著/魏育青编

第二辑

德国古典美学　先秦音乐美学思想论稿	蒋孔阳著／朱立元编
乐府诗述论	王运熙著／杨　明编
中国的文学与批评	顾易生著／汪涌豪编
古史新探	杨　宽著／高智群编
诸子学派要诠　秦史	王蘧常著／吴晓明编
西洋哲学小史　宇宙发展史概论	全增嘏著、译／黄颂杰编
儒道佛思想散论	严北溟著／王雷泉编
谈艺录　中国画论研究　欧洲文论简史	伍蠡甫著／林骧华编
形态历史观　丹麦王子哈姆雷的悲剧	林同济著、译／林骧华编
世界文学史话　古今和歌集	杨　烈著、译／林骧华编

图书在版编目(CIP)数据

德国古典美学　先秦音乐美学思想论稿/蒋孔阳著;朱立元编. —上海:复旦大学出版社,
2020.10
(复旦百年经典文库.第二辑)
ISBN 978-7-309-14459-8

Ⅰ.①德… Ⅱ.①蒋… ②朱… Ⅲ.①美学史-德国-古代 ②音乐美学-美学思想-研究-中国-
先秦时代　Ⅳ.①B83-095.16 ②J601-092

中国版本图书馆 CIP 数据核字(2019)第 140337 号

德国古典美学　先秦音乐美学思想论稿
蒋孔阳　著
朱立元　编
责任编辑/王汝娟

复旦大学出版社有限公司出版发行
上海市国权路 579 号　邮编:200433
网址:fupnet@fudanpress.com　http://www.fudanpress.com
门市零售:86-21-65102580　团体订购:86-21-65104505
外埠邮购:86-21-65642846　出版部电话:86-21-65642845
上海盛通时代印刷有限公司

开本 787×1092　1/16　印张 32.25　字数 544 千
2020 年 10 月第 1 版第 1 次印刷

ISBN 978-7-309-14459-8/B·704
定价:178.00 元

如有印装质量问题,请向复旦大学出版社有限公司出版部调换。
版权所有　侵权必究